谨以此书

献给中华人民共和国成立70周年

汉语语法发展史稿

HANYU YUFA
FAZHAN SHIGAO

林玉山 ◎ 著

厦门大学出版社
XIAMEN UNIVERSITY PRESS
国家一级出版社
全国百佳图书出版单位

图书在版编目(CIP)数据

汉语语法发展史稿/林玉山著. —厦门:厦门大学出版社,2018.12
ISBN 978-7-5615-6935-1

Ⅰ.①汉… Ⅱ.①林… Ⅲ.①汉语—语法—语言学史 Ⅳ.①H14-09

中国版本图书馆 CIP 数据核字(2018)第 082787 号

出 版 人	郑文礼
责任编辑	曾妍妍
封面设计	张雨秋
技术编辑	朱 楷

出版发行 *厦门大学出版社*

社　　址 厦门市软件园二期望海路 39 号
邮政编码 361008
总 编 办 0592-2182177　0592-2181406(传真)
营销中心 0592-2184458　0592-2181365
网　　址 http://www.xmupress.com
邮　　箱 xmup@xmupress.com
印　　刷 厦门市金凯龙印刷有限公司

开本 787 mm×1 092 mm　1/16
印张 29.75
插页 2
字数 706 千字
印数 1～2 000
版次 2018 年 12 月第 1 版
印次 2018 年 12 月第 1 次印刷
定价 108.00 元

厦门大学出版社
微信二维码

厦门大学出版社
微博二维码

目　录

第一篇

词法的发展

第一章　名词的发展

名词是表示人或事物等的词。

名词一般可分为：

1. 普通名词：包括动物、物品、建筑物、农作物、农事、人体、疾病、生理活动、自然物、职官、事件名词等。如：人、兽、马、牛、羊、兵、弓、刀、贝、石、舟、车、宗、家、室、门、户、年、禾、麦、田、身、耳、目、齿、川、火、水、山、风、云、雷、侯、日、臣、史、父、母、兄、子、小子、大夫、公安局、法院、宇航员等。

2. 专有名词：包括人名、国族名、地名、神祇名、先人名等。如：般、望乘、雀、行、龙、商、鼓、师、帝、东母、岳、巫、河、出日、入日、上甲、武丁、父甲、母乙、北京大学、故宫等。

3. 抽象名词：表示抽象意义的名词。如：事、祸、害、灾、本性、爱情、经验等。

4. 时间名词：如：祀、秋、春、月、中日、夕、小食、甲子、乙丑、壬戌、冬天、中午等。

5. 处所名词：如：邑、鄙、奠、方等。

6. 方位名词：如：东、西、南、北、中、左、右、上、下、内、外、西南、北东、外面、里头、中间、周边、以下、上边等。

第一节　上古时期汉语名词

一、殷商时期的名词

（一）名词的句法功能

1. 作主语。

丁酉卜，宾贞：妇好有受生？（《甲骨文合集 13925》）

2. 作宾语。

贞：惠王往伐邛方？（《甲骨文合集 614》）

3. 作兼语。

庚子卜：令吴省廪？（《甲骨文合集 33237》）

4. 作定语。

贞：行弗其载王事？（《甲骨文合集 5454》）

5. 作中心语。

贞：我用哭俘？（《甲骨文合集903正》）

6. 作状语。

时间名词还常作状语，跟其他类名词不太一样。如："子卜：翌辛丑王逐兕？"（《甲骨文合集10402》）方位名词也可直接作状语。如："其西逐，擒？"（《甲骨文合集28791》）

7. 受数词或数量词组修饰。

数词修饰名词时，数词一般在名词之前。如："贞：王于生七月入？"（《甲骨文合集5161》）

但当名词作宾语时，修饰名词的数词或数量词组一般放在名词之后。如"邑执兕七？"（《甲骨文合集10437》）

(二)名词的活用

1. 活用为一般动词。

辛丑卜，贞：王西？（《甲骨文合集5343》）

这是方位名词"西"用作一般动词，意思是西行。

2. 意动用法。

戊辰卜，王贞：妇鼠娩，余子？（《甲骨文合集14115》）

此例义为妇鼠分娩，我以妇鼠子为子。

二、西周时期的名词

(一)名词的句法功能

1. 作主语。

乙亥，王诰毕公，乃赐史贝十朋，由于彝，其于之朝夕鉴。（春秋·无名氏《史颂簋铭》）

2. 作宾语。

包（庖）无鱼。（春秋·无名氏《周易·姤卦》）

3. 作定语。

献身在毕公家，受天子休。（春秋·无名氏《献簋铭》）

4. 作状语。

颂其万年无疆，且扬天子显令。（春秋·无名氏《史颂簋铭》）

5. 作谓语。

已！汝惟小子，乃服惟弘。（春秋·孔丘整理《尚书·康诰》）

6. 作兼语，表人物。

王命作册逸祝册。（春秋·孔丘整理《尚书·洛诰》）

(二)名词的活用

1. 活用为一般动词。

笃公刘，于豳斯馆。（春秋·无名氏《诗经·大雅·公刘》）

无妄之疾，勿药有喜。（春秋·无名氏《周易·无妄第二十五》）

2. 意动用法。

①不如我闻而药之也。（春秋·左丘明《左传·襄公三十一年》）

②毋金玉尔音，而有遐心。（春秋·无名氏《诗经·小雅·白驹》）

"金玉"意为"把……看作金玉"。

3. 使动用法。

我疆我理,南东其亩。(春秋·无名氏《诗经·小雅·信南山》)

"南东"应理解为"使……向南或向东"。

4. 为动用法。

食之饮之,君之宗之。(春秋·无名氏《诗经·大雅·公刘》)

"君、宗"之意为"做他们的君主,当他们的族长"。

三、先秦两汉时期的汉语名词

(一)名词的句法功能

1. 作主语。

丘闻之。(战国·吕不韦《吕氏春秋·先己》)

2. 作宾语。

孟子见梁惠王。(战国·孟轲《孟子·梁惠王上》)

3. 作定语。

有狗彘之勇者,有贾盗之勇者,有小人之勇者,有士君之勇者。(战国·荀况《荀子·荣辱》)

4. 作状语。

豕人立而啼。(春秋·左丘明《左传·庄公八年》)

5. 作谓语。

董狐,古之良史也。(春秋·左丘明《左传·宣公二年》)

6. 作补语。

出亡十七年。(战国·吕不韦《吕氏春秋·不广》)

(二)名词的活用

1. 用作动词。

①欲左者左,欲右者右。(战国·吕不韦《吕氏春秋·异用》)

②请夜之。(战国·吕不韦《吕氏春秋·达郁》)

"左"、"右"应分别理解为"向左"、"向右";"夜"理解为"以夜继昼"。

2. 用作量词。

①尧有子十人。(战国·吕不韦《吕氏春秋·去私》)

②为之九成之台。(战国·吕不韦《吕氏春秋·音初》)

(三)词头及叠用

1. 词头。

"有"字,加于专有名词之前。如:有扈、有倕、有凤等。

2. 叠用。

世世乘车食肉。(战国·吕不韦《吕氏春秋·安死》)

祖伊尹世世享商。(战国·吕不韦《吕氏春秋·慎大》)

一终曰"燕燕往飞"。(战国·吕不韦《吕氏春秋·音初》)

四、上古时期名词演变情况及特点

周秦两汉时期,名词是汉语最发达的词类,它也在不断发展中,表现出以下特点:

(一)名词数量随着社会的发展也日益增多

(二)名词的类别也越来越多

甲骨文里,抽象名词还不多见。春秋以后,汉语词汇中的抽象名词大大丰富起来。出现了"道、名、孝、仁、爱、信、恕"等表示哲学和思想观念方面的词。

还出现了专有名词、方位名词、时间名词等。如:

东土受年。(《甲骨文合集 9735》)

道不行,乘桴浮于海。(春秋·孔丘《论语·公冶长》)

太保、太史、太宗皆麻冕彤裳。(春秋·孔丘整理《尚书·顾命》)

婀荷甘日中夈户而入,曰:"老龙死矣!"(战国·庄周《庄子·知北游》)

(三)名词的语法功能也越来越多

在甲骨文里,名词作谓语较少,到了春秋以后,名词也常作谓语。如:

①思齐大任,文王之母。(春秋·无名氏《诗经·大雅·思齐》)

②纺鱼赪尾,五室如燬。(春秋·无名氏《诗经·周南·汝坟》)

③子曰:觚不觚,觚哉觚哉!(春秋·孔丘《论语·雍也》)

例①"文王之母"是判断谓语,《诗经》以四字句为主,不需要加别的成分;例②"赪尾"是描写性谓语,描述"纺鱼"的形态;例③有否定词"不",名词"觚"带有动词的性质,充当谓语。

(四)名词形态的发展

关于上古汉语名词的形态,尚未有人进行过专门研究。据王力《汉语史稿》,上古名词的前面往往有类似词头的前附成分,如"有"字。

①有夏多罪,天命殛之。(春秋·孔丘整理《尚书·汤誓》)

②有殷受天命惟有历年。(春秋·孔丘整理《尚书·召诰》)

普通名词的前面,也有加"有"字的。如:

①予欲左右有民,如翼。(春秋·孔丘整理《尚书·益稷》)

②有王虽小,元子哉!(春秋·孔丘整理《尚书·召诰》)

我们很难得出结论说一切名词都能具有这种形态。但某些名词却总是和"有"字一起使用。如"众"字可能是奴隶的通称,《尚书》里常常把众说成"有众"。

古代名词常带有一种类似前缀的成分,这种成分历来的称呼不一,古人管它叫"发语词"或是"发声词",往后又有称为"语首助词"、"提顿语气词"或"句首语气词"。叫法不同,但都指的是同类的成分。这种成分以"有"比较典型,如:

①能哲而惠,何扰乎马醒兜,何迁乎有苗。(春秋·孔丘整理《尚书·皋陶谟》)

②有扈氏威侮五行,怠弃三正。(春秋·孔丘整理《尚书·甘誓》)

先秦以前,"有"经常出现在国名、地名、部族、姓氏的前面,如:"有娀"、"有周"、"有扈"、"有仍"、"有虞"、"有帝"、"有莘"、"有殷"、"有熊"、"有穷"、"有皇"、"有巢"等。到了晚周,作品里已经少见,秦汉以后,除了朝代名称之外,基本不用"有"了。但类似"有"的"维"、"匪"等还继续附加在"名词"的前面(有时也出现在别种词的前面),只是与"有"不尽相同,如:

①维此王季。(春秋·无名氏《诗经·大雅·皇矣》)

②匪兕匪虎,串彼旷野。(春秋·无名氏《诗经·小雅·何草不黄》)

③匪风发兮,匪车偈兮。(春秋·无名氏《诗经·桧风·匪风》)

还有个"夫"字,古籍中亦多用作"发语词",在名词前也与"维"、"匪"类似,如:

①夫战,勇气也。(春秋·左丘明《左传·庄公十年》)

②夫将者,国之辅也。(春秋·孙武《孙子·谋攻》)

除此之外,还有"于"字和"句"字,见于"于越"和"句吴"。

于越入吴。(《春秋·定公五年》)

作为冠首字,"于越"就是"越","句吴"就是"吴":

①句,音钩。夷俗语之发声也,亦犹越为于越也。(唐·颜师古注《汉书·地理志》)

②服虔云:"吴蛮夷,言多发声,数语共成一言。"(唐·孔颖达等《春秋左传正义》)

到上古末期,产生了一个新的词头"阿"字,"阿"本是歌部字。可以说,现代词头的"阿"字保存了古音,"山阿"的"阿"字则跟着一般歌头字发展了。

上面的"有"、"维"、"匪"、"夫"等的用法,现代汉语都没有继承。历来的语言学者多认为是句子中的语气词。至于是否是古代汉语名词的一种附加成分(即形态),尚无定论。王力曾指出"有"是类似名词的附加成分。其未论及,也未作定论。除此之外还有"于"、"句"字,古人认为这两个字是外族语言里专有的"发声"。

总之,如果上古时代名词有词头的话,它的规则还是无法确定的。到了战国以后,除了仿古之外,就不再有这一类的词头了。

第二节　中古时期汉语名词

一、魏晋南北朝时期的名词

(一)作主语

诸侯以惠爱为德,家叔以余贫苦,遂见用于小邑。(晋·陶渊明《归去来兮辞·并序》)

(二)作宾语

加以寒暑异令,乖违德性。(南朝·梁·庾信《小园赋》)

(三)作定语

萧瑟仲秋日,飚唳风云高。(晋·孙绰《秋日》)

(四)作谓语

名乐浪人为阿残;东方人名我为阿,谓乐浪本其残余人。(晋·陈寿《三国志·魏书·东夷辰韩传》)

(五)作中心语

如何一旦为奔亡之虏,闻鸣镝而股战。(南朝·宋·丘迟《与陈伯之书》)

二、隋唐五代时期的名词

(一)作主语
今之君子则不然,其责人也详,其待己也廉。(唐·韩愈《原毁》)
(二)作兼语
安得广厦千万间,大庇天下寒士俱欢颜。(唐·杜甫《茅屋为秋风所破歌》)
(三)作宾语
入春才七日,离家已二年。(隋·薛道衡《人日思归》)
(四)作定语
念天地之悠悠,独怆然而涕下。(唐·陈子昂《登幽州台歌》)
(五)作状语
朝避猛虎,夕避长蛇,磨牙吮血,杀人如麻。(唐·李白《蜀道难》)

三、中古时期名词演变情况及其特点

(一)名词直接用作谓语的范围小了
中古时期汉语名词的句法功能大致和上古时期基本相同,在句中可以充当主语、宾语和定语。但由于系词"是"的大量使用,名词直接用作谓语的范围比之上古时期范围大为缩小。

(二)名词的发展主要表现在词头词尾上
名词的词头词尾可以看成是名词的语法形态的一种,它的演变发展体现了名词语法的发展特点。词尾"子"产生于先秦,词头"阿"产生于汉代,到中古时期应用范围大大扩展;六朝以后产生了新的词头"老"、新的词尾"儿"和"头"。

1. 词头的产生及发展历史。

(1)词头"阿"。词头"阿"字最初用作疑问代词谁的词头(阿谁)。而"阿谁"可能是从"伊谁"变来的。"伊谁"在《诗经》里已经出现了。

①有皇上帝,伊谁云憎。(春秋·无名氏《诗经·小雅·正月》)
②伊谁云从?惟暴之云。(春秋·无名氏《诗经·小雅·何人斯》)

到了汉代以后,"伊谁"变了"阿谁"。

道逢乡里人,家中有阿谁?(《汉乐府·十五从军征》)

汉代以后,"阿"字的用途扩大了。它不但可以作亲属和人名称呼的词头,也可以作人称代词的词头。它作为人名的词头是从小字开始的。《汉武故事》说武帝的皇后小字作阿娇,曹操字阿瞒,刘禅字阿斗。

作为亲属称呼的词头也有如下例子:
①阿翁讵宜以子戏父!(南朝·宋·刘义庆《世说新语·排调》)
②阿爷无大儿,木兰无长兄。(《乐府诗集·木兰诗》)

作为人称代词的词头有如下例子:
吴人之鬼,住居建康,小作冠帽,短制衣裳,自呼阿侬。(北魏·杨衒之《洛阳伽蓝记》)

潘允中在《汉语语法史概要》还提到姓氏前加"阿",始见于南北朝。太田辰夫的《中国语历史文法》中认为,"阿"作为名词的前缀,放在亲属称呼或人名前面,一部分从汉代就有,魏晋以后特别发达。

现代北京话已经没有了词头"阿"。在现代汉语的某些方言里,除了"阿谁"、"阿你"等不再存在外,其他的两种用途都还存在。此外,有些方言还把"阿"字加在数词前面表示排行,如闽南话。粤方言词头"阿"还可用在姓氏前。

(2)词头"老"。词头"老"字来源于形容词"老"字,最初表示年老或年长的意思,后来由这种形容词"老"字逐渐虚化成词头。词头"老"字可以用于人和动物两方面。这两种用法都是在唐代产生的。某些称呼前可以加词头"老"字,例如"老娣"、"老兄"。这是一个词头,后来继承了这种用法。

姓上加"老",实际上起源于唐代。唐代白居易《编集拙诗成一十五卷因题卷末戏赠元九李二十》:"每被老元偷格律,苦教短李伏歌行。"老元指元稹。

动物的名称上加词头"老"字,唐代已经有了,唐代朱揆《谐噱录》中说"大虫老鼠,俱为十二属",可见称为老鼠起于唐代。到了宋代,虎也可称为老虎。

志村良治认为"老"可以用在称呼前,也有用于人名前,或用于动物的名称前。太田辰夫认为"老"作为名词的前缀,除了放在姓名、称呼之前外,也用于若干动物的名词前面。它的广泛使用比"阿"晚,在现代北京话中也用。

词头"老"字,到现在也没有什么发展,它不能适用于一切名词。

2. 词尾的产生及发展历史。

(1)词尾"子"。词尾"子"比词尾"儿"产生得早。就现代普通话来说,鉴定词尾的主要标准是轻音,但是古代的史料并没有把轻音记录下来。现在我们只能凭意义来判定它是不是词尾。有六种"子"字不应该认为是词尾:①儿子的"子";②作尊称的"子",如"君子";③指禽兽虫类的初生者,如"虎子";④指鸟蛋,如凤子、鸡子;⑤指某种行业的人,如渔子;⑥指圆形的小东西,如《史记·高祖本纪》:"左股有七十二黑子"。但是,在某些情况下,也不太好断定,如:

又闻项羽亦重瞳子。(汉·司马迁《史记·项羽本纪》)

因此,我们至少可以说在上古时代"子"字已经有了词尾化的迹象。先秦时期,"子"开始虚化成名词的词尾,可以放在表示人的名词后面但还是带有某种实义。词尾"子"从魏晋开始普遍化了。"子"具有创造新词的能力,中古时期表现出极为活跃的构词活力。如"交子"是我国纸币的开始,"会子"是后来另一种钞票,这些新词都由词尾"子"来构成。

(2)词尾"儿"。词尾"儿"的起源比"子"晚些。词尾"儿"产生于宋代。如:

守着窗儿,独自怎生得黑?(宋·李清照《声声慢》)

"儿"的本义是小儿,因此,凡未脱离小儿的实际意义的都不能认为是词尾。

有些儿字虽不用本义,但是表示旧社会所谓下等人(侍儿)或不道德的人(偷儿),也不算词尾。"儿"词尾,是从"小儿"的意义发展来的。鸟虫类也用"儿",但是其中有两种情况:一指其初生者,二指词尾。由于文字上缺乏轻音的表示(而且当时词尾不一定就用轻音),我们不容易划清上古时期这两种情况的界限。

孩儿的"儿"不一定指词尾,可能像婴儿一样,"儿"有它的实在意义。

至于无生之物,无所谓初生者,"儿"的词尾性质就非常明显了。如:小车儿上看青天。

如果作一个比较谨慎的说法,应该说词尾"儿"是从唐代才开始产生的。

小称容易发展为爱称,但是,就普通话来说,只有"儿"发展为爱称,"子"没有发展为爱称。如"老头儿"是爱称,"老头子"不是爱称。

在开始变为词尾的时候,"儿"和"子"不一定都念轻音。至少可轻可重,否则没法把儿和子放在律诗里。名词儿化的情形也比较后起,所以词尾"儿"能在律诗中独占一个音节,且用作韵脚。

(3)词尾"头"。除了"子"和"儿"之外,比较常用作词尾的还有"头"。首先我们要鉴别似是而非的情况,如石头,这个词的年代很早,现在南京在东汉末就称石头城。但是石头又称石首,可见头字是有实义的。码头在唐代就有了,但写作马头,可见头字仍有意义。

真正的词尾如下:

人饷魏武一杯酪。魏武啖少许,盖头上题"合"字以示众。众莫能解。(南朝・宋・刘义庆《世说新语・捷悟》)

词尾"头"的产生,应该在南北朝。宋元以后,词尾"头"用得更加普遍了。

潘允中认为"头"在上古后期西汉以前一直是个实词。到南北朝"头"的意义开始虚化,可视为词尾的初期形式。但同一时期,也有完全虚化的。到了宋代,"头"发展为词尾已是无疑。

志林良治认为"头"从中古前期开始就具有词尾化的倾向,到中古最末期已经能附缀于一般的事物,相当普遍化,是从方位词发展而来的。方位词"上"、"下"、"边"、"里"、"外"等,在唐末已明显地词尾化了。太田辰夫总结了名词后缀和后助名词,名词后缀有"子、头、儿、家、巴、上、下、下里、里下、边"等,后助名词有"里、样、般、来"等。

第三节　近代时期汉语名词

一、宋元时期的名词

(一)作主语
世事与我了不相关。(宋・程颢、程颐《二程语录・外书》卷七)

(二)作定语
龟山与廖尚书说义利事。(宋・朱熹《朱子语类》卷一〇二)

(三)作宾语
潭中有斑鱼廿余头,闻转石声,洋洋远去,闲暇回缓,如避世士然。(元・李孝光《大龙湫记》)

(四)作中心语
如因富岁而赖,因凶岁而暴,岂才质之本然邪?(宋・程颢、程颐《二程语录・遗书》卷一八)

(五)作状语
朝驰五花马,暮脱千金裘。(元・萨都剌《早发黄河即事》)

二、明清民初时期名词

(一)作主语

人孰能无死？（明·夏完淳《狱中上母书》）

(二)作定语

恩卿妙音，六院推首。某相遇之初，每闻绝调，辄不禁神魂之飞动。（明·冯梦龙《警世通言》卷三十二）

(三)作谓语

庐山据浔阳、彭蠡之会，环三面皆水也。（清·恽敬《游庐山记》）

(四)作补语

观其坐高堂，骑大马，醉醇醴而饮肥鲜者，孰不巍巍乎可畏，赫赫乎可象也？（明·刘基《卖柑者言》）

(五)作状语

李傕抱头鼠窜，回见董卓，说孙坚如此无礼。（明·罗贯中《三国演义》第六回）

(六)作宾语

居左者右手执蒲葵扇。（明·魏学洢《核舟记》）

(七)作中心语

汝之诗，吾已付梓；汝之女，吾已代嫁；汝之生平，吾已作传。（清·袁枚《祭妹文》）

三、近代时期名词的演变情况及特点

(一)名词的句法功能更加全面

近代汉语名词的句法功能和中古、上古基本相同，在句中主要充当主语、宾语和定语。随着时间的推移，时代的发展，名词的句法功能也发展了，显示了多方面的句法功能，几乎所有的句法功能名词都能承担，如可作补语、状语、谓语、中心语等。

近代汉语名词作谓语，由于系词"是"的广泛运用，名词直接作谓语的范围小了许多。近代汉语名词作状语，除了极少数像上古、中古汉语那样，名词放在动词谓语前边直接充当状语外，更多的是借助其他手法，使名词能更广泛地作状语，主要有如下几种手法：

一是在名词前加上"如"、"似"、"如同"之类：

不数日间，应募之士，如雨骈集。（明·罗贯中《三国演义》第五回）

二是在名词后边加上"似（也似）"、"般（一般）"之类：

那时节，我若叫你出来，你可休似乌龟一般缩了头，再也不肯出来。（元·康进之《李逵负荆》第一折）

三是用介词"将"、"把"、"拿"、"以"、"用"和事物名词组成介词结构作状语：

归馆，郡之士皆知余至，则大欢。有以经义请质难者；有发史事见问者。（清·龚自珍《己亥六月重过扬州记》）

(二)名词词头词尾的进一步发展

词头、词尾可看成是词的形态。形态是词法范围内的构词和构形的语法形式。

汉语名词的词头词尾，多由上古汉语的名词、形容词逐渐虚化而来，如"子"、"儿"、"老"、

"头"等,这些词头、词尾在近代汉语得到进一步的发展。

1. 阿。"阿"产生于汉代,它可放在疑问代词"谁"的前边作词头,但更多的是放在表示亲属称呼的名词前边。到了近代汉语里,词头"阿"用得更为广泛了。

其旁葬汝女阿印,其下两家,一为阿爷侍者朱氏,一为阿兄侍陶氏。(清·袁枚《祭妹文》)

2. 老。"老"是由形容词"老"逐渐虚化而来,汉代以后,"老"开始虚化,就现在所看到的史料来看,名字上加"老"比姓上加"老"起源晚些,最初见于宋代的史料。如:

①老可能为竹写真,小坡今与竹传神。(宋·苏东坡《题过所画枯木竹石》)

②快读老坡秋望赋,大千风月一毫端。(宋·范成大《寄题永新张教授无尽藏》)

排行上加"老"起源最晚。中古于排行只用"阿"(如今粤语),到什么时候能用"老",现在还未研究清楚,不过在清以前已经可以这样用了,如清朝吴敬梓《儒林外史》:

①赵氏有个兄弟老二在米店里做生意。(第六回)

②龙老三,你又来做甚么?(第二十九回)

"老婆"、"老师"的"老",最初不是词头,在宋代,老婆的"老"还表示年老的意思。宋代释道原《景德传灯录》:"苦哉浮杯,被老婆摧折。"到了元代,妻子也可以称老婆了,这时"老"字才变成词头,如:

我两个不曾娶老婆哩。(元·无名氏《秋胡戏妻》)

"老师"出现很早,《史记·孟子荀卿列传》:齐襄王时,而荀卿为老师。这里的"老"字表示年辈最尊的意思,而不是词头。到了明代中叶,门生称座主为老师,这时老师是表示齿德俱尊的意思,"老"字还不能就看成纯粹的词头。不过"老"已经有了词头化的迹象了。到了清代,老师的"老"才真正变成词头。

到了近代汉语,"老"用得相当广泛。"老"可用在姓、称谓、动物名称等前边。

①今日大有缘法,遇着老孙。(明·吴承恩《西游记》第三十一回)

②你是个男子汉,倒叫老娘受气。(明·兰陵笑笑生《金瓶梅词话》第一回)

③他是我们那里有名的光棍,叫做石老鼠。(清·吴敬梓《儒林外史》第二十九回)

近代汉语还出现"老"放在基数"二、三、四、五、六"等前边,表示排列:

太尊同你不密迩,同太尊密迩的是彭老三、方老六他们二位。(清·吴敬梓《儒林外史》第五十五回)

3. 子。词尾"子"是由名词"子"(表示小称的)虚化而来的。汉代以后,词尾"子"开始使用,到了近代汉语里,词尾"子"用得非常广泛。

"子"可以放在无生命事物名词、人或动物名词以及时间或动量词的后边:

①方季子之南游也,驱车瘴癞之乡,蹈不测之波。(清·魏禧《吾庐记》)

②这会子打他几下子没要紧。(清·曹雪芹《红楼梦》第一百二十回)

③子灿又尝见其写物帖子,甚工楷书也。(清·魏禧《大铁椎传》)

4. 儿。词尾"儿"的前身也是小称,汉代以后,"儿"开始虚化,到了近代汉语,"儿"用得非常广泛。

"儿"可以加在有生物或无生物的名词、人的姓名、叠音动词、形容词、副词、时间词、量词等的后边:

①待明日宰个小小鸡儿请你。(元·康进之《李逵负荆》第三折)

②我思量些羊肚儿汤吃。(元·关汉卿《窦娥冤》第三折)

③老爷且歇歇儿,等进去商量定了再回。(清·曹雪芹《红楼梦》第一百二十回)

④捧着一个长长儿的衣囊似的。(清·曹雪芹《红楼梦》第一百二十回)

⑤你来迟了,昨儿已经给人了。(清·曹雪芹《红楼梦》第九回)

潘允中认为在宋元明平话小说里,名词词尾"儿"用得很普遍。在《水浒全传》里的儿化法,不仅有名词,还有数量词。显示出词尾"儿"化,在南宋、元、明时期,已有了新发展。志村良治也认为"儿"大约从唐代开始使用,到近世才发展起来。

5. 头。词尾"头"也是从名词虚化而来的,汉代以后,"头"开始虚化,到了近代汉语,得到更大的发展。

①问你身上有几条骨头?(宋·程颢、程颐《宋儒语录·河南程氏遗书》)

②客长,吃馒头点心去。(明·冯梦龙《喻世明言》卷三十六)

但也有"头"有实义,不能看作词尾。如:

年头月尾无一是,咄咄痴顽不识字。(宋·林光朝《艾轩集·痴顽不识字歌》卷一)

第四节　现代汉语名词

一、现代汉语名词的定义和分类

现代汉语各个词类中,"名词是个开放的类,字典里大部分是名词。名词不但是比任何别的词类多,并且比别的词类加在一块儿还多"(赵元任《汉语口语语法》)。而且名词占据几乎所有的句法位置,现代汉语三大类实词中,动词可以充当谓语、补语和定语等 3 种句法成分,形容词可以充当谓语、定语、补语和状语等 4 种句法成分,名词可以充当主语、宾语、谓语、定语和状语等 5 种句法成分,传统所说六大句法成分中,名词的功能就有其五。名词的重要性由此可见一斑。

长久以来,由于词类划分的标准各家各异,对名词的定义和分类也就有所差异。

我们认为汉语的形态不发达,最为有效的鉴别依据是词的语法功能,词的语法功能指的是:充当句法成分的能力、词与词的组合能力、词的黏附能力。对名词的定义是指称人和事物,除了指称人或事物的名词之外,名词也可以表示一些抽象的概念、性质、关系等。可将名词分为一般名词(专有名词和普通名词)和特殊名词(时间名词、处所名词、关系名词、有序名词)。

二、现代汉语名词的语义

名词系统的语义所指为大千世界里林林总总的万事万物,也包括人类所创造的精神世界的方方面面。将之简单地区分,就是普通名词、专有名词、集合名词、抽象名词,而时间词、处所词和方位词完全可以归入普通名词当中。由于名词的形态和用法都较为稳定,所以要在定义和分类上有所突破绝非易事,相比之下,它的语法特征和语言形态则较有可研究之处。

就微观方面而言,名词的语义结构可分为以下 4 个层次:概念义层、性质义层、特征义层和语用义层。概念义是词的本质意义,是人类认识某一主观或客观事物的结果,是词义所指的内容。具体表现为词典中的释义。名词的概念义体现了名词的事物义。概念义应包括类属义和性质义。类属义指明事物所属的类别或所包括的范围。"农民"一词的类属义就是"(属于)体力劳动者",它所表示的是一种分类意义,以此区别于"工人"这个次语义场。

性质义或称之为内在性质义、本质义,是词义本身所具有的,是词的概念义的重要组成部分,具有区别于其他词的语义特征。名词的性质义至少包括以下内容:[＋－生命义]、[＋－抽象事物义]、[＋－指称义]、[＋－陈述义]、[＋－时间义]、[＋－空间义]、[＋－数量义]、[＋－性质义]、[＋－状态义]、[＋－形状义]、[＋－程度义]、[＋－事件义]、[＋－物质义]、[＋－固体义]、[＋－气体义]、[＋－液体义]、[＋－粉末义]、[＋－原料义]、[＋－成品义]、[＋－气味义]、[＋－味道义]。特征义或称之为附加特征义,不一定是词义本身所具有的,而是词义所指本身所含有的性质,它与概念义的关系是间接的,不固定的。观察名词特征义的角度也是多方面的,因而往往具有不稳定的特点。如"农民"的特征义可以是"朴实、憨厚、勤劳、节俭、保守"等。附加特征义有可能逐渐趋于稳定而独立出来成为新的义项,成为名词的性质义。如名词"牛"具有"固执、倔强"的特征义,现在已经成为独立的义项。

语用义包括语体义和评价义,它是游离于词义之外的语体色彩义。如"农民"的语体义是"正式",评价义是"褒义"。

名词、动词和形容词是现代汉语的三大实词,一般认为名词具有空间性,动词具有时间性,形容词具有程度性。动词的时间性和形容词的程度性得到了比较充分的研究,名词的空间性也已得到学者们的重视。沈家煊根据名词所指事物的特点,将名词分为有界名词和无界名词。有界名词所指事物要占据一定的空间,而且有一定的边界,它是一个"个体",如"结果、桌子"等;无界名词也要占据空间,但是没有一定的边界,如"水"占据一定的空间,但它自身没有一定的边界,不能成为一个"个体","水"就是无界名词。有界和无界的对立实际上反映了名词不同的空间性特点,不同类的名词在句法上一系列的对立大都可以运用这一语义性质进行解释。需要指出的是,名词的空间性不是一成不变的,当名词进入到具体的句法位置之后,其空间性就会发生某些变化。如"一块黄金"和"黄金时间"中的"黄金",二者的空间性显然不同,其中的原因还需要深入的研究。

三、现代汉语名词的语法特点

名词的语法特点包括构词形态特点、句法形态特点、组合特点、句法功能特点。

(一)构词形态特点

名词具有较大数量的构词形态,或者说汉语构词形态的大部分或绝大部分都是为了名词而"设立"的。这首先表现在现代汉语拥有相当数量的名词词缀。老牌前缀如"阿－、老－、反－"等,新出前缀如"非－准－超－"等;老牌后缀如"－者、－子、－儿、－头"等,新出后缀如"－员、－性、－化、－生"等。其次,这些词缀具有两个明显特点:①大多数名词词缀具有构成指人名词的能力。如"－子、－儿、－头、－员、－工、－者、－生、－众、老－、阿－"等构成的名词全部、大部或部分都是指人名词。这一点使带有这些词缀的指人名词与非指人名词从词形上区别开来;②几乎全部词缀都是名词所专用的,这就使名词具有了与其他词类区别开来的构词标志。如与形容词的词缀"可－、非－、－化"等相区别,与动词的词缀

"—于、—以"乃至句法形态"—着、—了、—过"等相区别,与区别词的词缀"—型、—级、—性"等相区别。更何况动词、形容词基本没有专用的词缀。

(二)句法形态特点

1. 一般情况下名词不能重叠。但在两种情况下可以重叠或复叠。一是名词量化,即有些名词可以表示单位,带有量词的性质时,可以重叠,如:天天、年年、队队、家家户户。重叠的量化名词表示的是"每一",兼表"众多",如"日日夜夜"、"分分秒秒"。二是部分名词对举时可以复叠。两个单音节名词复叠,既可以是同义的,也可以是类义,如"山山水水"、"枝枝叶叶"、"瓶瓶罐罐"等,名词复叠表示"全面而纷繁"的意思。少数重叠或复叠的名词已定型为成语,如"婆婆妈妈"等,而且往往用的是引申义和比喻义。

2. "们"作为一个复数形态标志,用于指人个体名词后表复数,也可以表示"类的意义"。

3. "的"作为领有标志,用于名词后。但这一点在形式上与区别词后的"的"表示属性标志和状态词后的"的"表示状态有所混同。

(三)组合特点

1. 绝大多数能受"数词+名量词"短语的修饰或补充。这是汉语名词的突出特点,使名词既有别于动词经常受动量词修饰或补充,也有别于形容词一般不可以受数量词修饰或补充。更重要的是有别于其他语言的名词。集体名词主要受个体量词的修饰,如:一条鱼、一坛酒。除了个体名词,其他名词和量词的组合都要受到限制。①集体名词不受个体量词短语的修饰,一般只能用"批"、"些"、"点"等集合量词来表示不定数,如"一批船舶"、"一些枪支"。②抽象名词没有具体的形状,一般只能用表示类别的"一种"、"一类"来修饰,如"一种感情"、"一类看法"。③专有名词表示独一无二的人或事物,一般也不受量词短语的修饰。但是为了强调,如"中国出了个毛泽东";进行比较,如"三个臭皮匠,一个诸葛亮";用于比况,如"一个李公朴倒下去了,千千万万个李公朴站起来了";表示特例,如"绝不允许搞两个中国","一个北京市就有十几个刘慧芳",就可以接受个体量词修饰。④时间名词和处所名词充当状语时一般不受个体量词修饰。⑤时间名词和处所名词充当状语时一般不受量词短语修饰,但充当主、宾语时可以受量词短语修饰,如:一个晴朗的早晨、在某个地方、一共有两个后院。至于不可量名词,任何情况下都不能受量词的修饰。如:一个赤子、一位笔者、一个世人。但也有例外:一是部分表事件的名词可以受动量词修饰。如:一场会议、两次战争、三场大病。这把名词分出了另外一个类别。二是口语中数词为"一"时,量词可以直接(不借助于数词)修饰名词。如:买双鞋、喝口水。

2. 一般不能受副词修饰,不能说"不爱情"、"非常智慧"。但是:①名词在对举时可以受副词的修饰。如:人不人,鬼不鬼;僧不僧,道不道;小王就小王,多一个人总比少一个人强。②有序名词入句后可以直接受副词修饰。如:已经清明了,小河还没有解冻。都大姑娘了,还疯疯癫癫的。③少数名词做谓语、主语或独词句时可以受程度副词修饰;某些范围副词、时间副词和程度副词可以直接修饰名词。

3. 能直接或间接受名词修饰。如:理论基础=理论的基础、盘子底儿(歧义)=盘子的底儿。

4. 经常能直接或间接受形容词修饰,如:白纸、白花、寒冷的冬天、美妙的歌喉。并且经常直接受状态形容词修饰。如:热乎乎的包子、绿莹莹的光。

5. 可以直接(少)或间接(多)受动词修饰,而动词和名词均为双音节且名词为抽象义时更为明显。如:学习文件、团结的班子。

6. 受体词性代词修饰。如:我的母亲、我的老师。

7. 能直接受区别词修饰。如:木头盒子、金项链。

(四)句法功能特点

1. 最主要的功能是作主语、宾语和定语。名词充当主语和宾语是无条件的。充当定语不是名词的基本功能,绝大多数名词可以直接充当定语,有些要带"的",如:

①价钱决不会比别家出得少!(主语)(鲁迅《阿 Q 正传》)

②我不能当主席。(宾语)(张天翼《华威先生》)

③她可嘻嘻笑着,走近炕桌边,看栓柱的日记。(定语)(康濯《我的两家房东》)

④人家栓柱文化可比你高哩!(定语)(康濯《我的两家房东》)

2. 名词一般不能直接充当状语,但表示方式(电话联系、广播找人)、原因(友情出演)、比况(产量直线上升)时可以无须带"地"直接充当状语,而且,时间名词都可以位于主语之前充当句首修饰语。如:

今天你还教人把行李送到这儿来是什么意思?(丁西林《压迫》)

3. 名词都可以充当介词宾语,同介词一起构成介词短语,充当状语、定语或补语。如:

①太太,把这三件雨衣都送到老爷那边去么?(状语)(曹禺《雷雨》第二幕)

②轧轧轧的轮机声和洋油臭,飞散在这和平的绿的田野。(补语)(茅盾《春蚕》)

③我看见跟现在这个月牙儿一样的月牙儿;多少次了。(定语)(老舍《月牙儿》一)

四、现代汉语名词词尾的发展

"五四"以后,由于西洋语言的影响,现代汉语有了一些新兴的名词词尾。

首先应该甄别似是而非的情况。"工人"、"诗人"中的"人"不能认为是词尾。"主义"中的"义"也不是词尾。

真正新兴的名词词尾是"品"、"性"、"度"等。"品"字当物品,是鸦片战争以后的事。"性"字和英语词尾 ty、ce、ness 大致相当。"性"是从日语里借用的。这是受了日文译文的影响。"度"字大致相当于英语词尾 th。这也是受了日文译文的影响。"度"字这个词尾产生得比较晚。

"五四"以后新兴的名词词尾,"家"、"者"、"手"等,都来源于古汉语的实词虚化。"家"、"者"都有词尾的性质。志村良治认为"家"从唐代开始就成为人称代词的附加成分。

现代汉语名词后缀主要有 11 个:边、面、首、头、儿、巴、家、每、的、子、者;可分为两类:表方位、表人事。下面分述之。

(一)表方位

1. 边。能和方位名词、数词、形容词、指示代词以及名词等结合为"×+边"式结构,表方位。如:左边、后边、旁边、外边;一边、两边、半边;近边;这边、那边;影边儿、腮边、桌头边、枕头边、门边儿。

2. 面。能和方位名词、数词、形容词、动词等结合为"×+面"式结构,表方位。如:前面、上面、下面、外面、里面;对面;正面。

3. 首。能和方位名词、名词词组等结合为"×+首"式结构,表方位。

如:南首、前首、下首、左首、门首、后门首、角门子首。

(二)表人事

1. 头。能和名词、方位名词、动词、形容词、指示代词以及量词等结合为"×+头"式结构,表事物。如:丫头、团头、牢头;罩头、后门头、转角头;念头、牵头、带头;黑头、先头、正头;这头、那头;尺头。

2. 儿。能和动词、形容词等结合为"×+儿"式结构,表事物。如:歇儿、用儿、架儿、担儿、先儿;也可表示方位:那儿、这儿。

3. 巴。能和名词等结合为"×+巴"式结构,表事物。如:嘴巴、尾巴。

4. 家。能和名词、名词词组、形容词等结合为"×+家"式结构,表事物。如:奴家、火家、人家、东家;小孩子家、老人家;亲家、冤家。

5. 每(们)。能和名词、名词词组、人称代词等结合为"×+每(们)"式结构,表事物。如:孩子每、先生们、老子每、小厮每、怪臭肉每、你们、我每、俺每、咱每。

6. 的。能和动词、动词词组、代词、形容词等结合为"×+的"式结构,表事物。如:唱的、谈的、砍头的、砍嘴的、别的、小的。

7. 子。能和名词、动词、形容词、数词及其词组、形容词等结合,表事物。如:娘子、妗子、嫂子、主子、舅子、婆子、珠子、脚子、勾子、架子、望子、耍子;老子、酸子、顶子、口子、片子、一回子、家子。

8.者。能和名词、动词等结合,表事物,如:记者、老者、作者、学者、读者、编者、劳动者、患者、笔者。

第二章 动词的发展

　　动词是表示行为、活动、变化、关系等的词。吕叔湘指出："动词是句子中的中心、核心、重心，别的成分都跟它挂钩，被它吸住。"（吕叔湘《句型和动词学术讨论会开幕词（代序）》，中国社会科学院语言研究所现代汉语研究室《句型和动词》，语文出版社 1987 年，P1）

第一节　上古时期汉语动词

一、殷商时期动词

（一）殷商时期的动词类别

　　甲骨文承载的是一种较为成熟的语言，其语法体系自成系统，后代语言中所出现的词类在甲骨文中已基本具备。张玉金在《甲骨文语法学》中认为甲骨文中的词类有 11 种，即名词、动词、形容词、副词、量词、代词、数词、感叹词、介词、连词、语气词等。他说："动词是指表示动作、行为、存在、变化、消失及心理活动的词。"

　　1. 从意义上把动词分为以下几类：

　　（1）动作行为动词，这在甲骨文中比较常见，包括运动、取予、动作、视听、言语、使令、饮食、盥洗、住休、疾梦、生育、贞卜等细类。如"及、从、取、畀、保、振、见、听、令、曰、乎、饮、飨、浴、盥、寝、宿、疾、梦、孕、育、生、逐、田、铸、作、比、共、望、步、涉、征、伐、来、凡、御、戍、俘、擒、衣、败、刖、劓、害、求、雨、风、祝、祭"等。

　　（2）心理活动动词，这类词很少，如"每（悔）、疑、畏"等。

　　（3）存现消失动词，如"出、兴、在、有、亡、丧、死"等。

　　（4）能愿动词，如"克"。

　　（5）趋向动词，如"往、来"等。

　　2. 在甲骨文中没有判断动词。根据能否带宾语，张玉金又把甲骨文中的动词分为以下两类：

　　（1）及物动词，指能够带宾语的动词，如"癸巳卜：王逐鹿？"（《甲骨文合集 10294》）

　　（2）不及物动词，指不能带宾语的动词，如"贞：王听，唯祸？ 贞：王听，不唯祸？"（《甲骨文合集 5298 正》）

　　3. 根据动核结构中动词所联系的动元的数目，张玉金又把动词分为以下 4 类：

(1)一价动词,主要指不及物动词,如"往、来、出、入、归"等。

(2)二价动词,指能带一个宾语的动词,如"取、以、追、及"等。

(3)三价动词,指能带两个宾语的动词,如"受(授)、易(赐)、侑"等。

(4)四价动词,指能带三个宾语的动词,这种动词仅见于甲骨文,如"祷、告、御"等。

(二)殷商时期的动词语法特点

甲骨文中动词具有以下语法功能。

1. 做谓语或谓语中心。如"贞:王归?"(《甲骨文合集 5193 正》);及物动词可带宾语,如"侑大甲?"(《甲骨文合集 1428》)。

存在动词和实义动词一样,可以单独作谓语。

连系动词只有"是、惟、为"3 个。

能愿动词不能单独作谓语,只能和实义动词或存在动词在一起,构成偏正谓语。

2. 作定语。如:之日夕有鸣鸟?(《甲骨文合集 17366 反》)

3. 作主语。"乙巳卜争(贞):告方出于祖乙于大……"(《甲骨文合集 651》)

4. 作宾语。"甲辰卜即贞:王宾执福,无祸。"(《甲骨文合集 25377》)

5. 能受否定副词"不、勿"修饰,如"贞:我不受年?"(《甲骨文合集 9724》)。

6. 甲骨文中的动词可以活用为使动动词、为动动词。

用如使动动词的主要是"来、归、先、既"等,它们原来都是自动动词,如"贞:师般其来人?"(《甲骨文合集 1036》)"来人"即使人来。用如为动动词的主要是一些祭祀动词,如"宾、酒、祷"等。这些为动动词所带的宾语可以是动词语也可以是名词语,如:"丁丑卜,行贞:王宾父丁劦,亡尤?"(《甲骨文合集 23120》)"宾"指为父丁的劦祭而举行的"傧"礼。

二、西周时期汉语动词

(一)西周时期的动词类别

张玉金在《西周汉语语法研究》中根据基本意义的不同把西周时期动词分为以下几个类别:

1. 行为动词。这是表示人物行为的,可以分为以下两类:一类是行为他动词,一类是行为自动词。行为他动词所表示的行为可以涉及其他人物上,这种动词可以带宾语。如"保、报、秉、比、卑、配、匹、命、伐、对、令、即、从、易、事"等。行为自动词一般不带宾语,所表示的行为不会涉及其他人物。例如"函、拜手、还、敬、祀、戍、中、冬"等。

2. 心理动词。这是表示人物的心理活动的。如"哀、爱、怛、惮、悼、吊、怼、恶"等。

3. 存现动词。这是表示存在或不存在、出现或消失的。如"在(时常写作'才')、有、亡、无、出、丧"等。

4. 像似动词。这是表示像似意义的,如"如、似"等。

5. 能愿动词。这是一类辅助动词,用在动词或形容词前边表示可能性、必要性和意愿性。如"能、敢、可、克、义、宪(戫)、肯"等。在殷商时代,能愿动词很少,只有一个"克",但到了西周时代,这种动词增多了。

如果根据动词所联系的动元的数目,又可以把动词分为一价动词如"步、至、退、各(格)、往"等,二价动词如"替、作、知、采、食、履、咥"等,三价动词如"易(赐)、赏、舍、降"等,零价动词如"雨、有"等。

(二)西周时期的动词语法特征

1. 在组合能力上的特征。能受副词修饰,但一般不受程度副词的修饰;大部分动词能带宾语。如:"公既定宅。"(春秋·孔丘整理《尚书·洛诰》)

2. 在句法功能上的特征。一是充当谓语或谓语中心,如"汝念哉"(春秋·孔丘整理《尚书·康诰》)。二是作主语、宾语,这有两类情况:第一,动词带上别的词或短语,构成短语以后再作主语、宾语,这时动词的陈述义不变,动词的词性不变。这又有两种情况:动词加上"其、厥"之后作主语或宾语,如"天命厥配,受命既固"(春秋·无名氏《诗经·大雅·皇矣》);动词带上宾语构成动词性短语,作主语、宾语,如"岂弟君子,求福不回"(春秋·无名氏《诗经·大雅·旱麓》)。第二,单个动词作主语、宾语,如"履错然,敬之,无咎"(春秋·无名氏《周易·离卦》)。三是作定语,如"九五,飞龙在天,利见大人"(春秋·无名氏《周易·乾卦》)。四是作状语,比较常见的是能愿动词作状语,如"奔走事厥考厥长"(春秋·无名氏《尚书·酒诰》)。

此时期动词的活用,主要有两种情况:一是词类间的活用,比如动词活用为名词,如"辛卯,王渔于敏池,乎井从渔,攸赐渔"(《井鼎铭》)。二是动词类的活用,比如动词的使动用法,如"用追孝、敦祀、邵各、乐大神"(《瘭钟铭》)。

三、先秦时期的动词

(一)先秦时期的动词类别

李佐丰《先秦汉语实词》中认为,根据宾语的性质,先秦汉语的动词首先可以分为基本动词和能愿动词两大类。

1. 基本动词主要表示行为、活动、变化、关系等。动词当中,绝大多数是基本动词。如:言、语、恶、伐、居、没、旱、衰、有、为等。行为、活动、关系等一般都可以涉及主语之外的人、物,所以,基本动词一般都可以带体词性宾语,如"境内皆言兵"(战国·韩非《韩非子·五蠹》)。根据主语的不同,基本动词又可分为两类:普通动词和特殊动词。

(1)普通动词主要表示行为、活动、状态、变化等。

A.根据宾语的不同,普通动词可以分为不及物动词和及物动词两大类。

a.不及物动词是意义内向的动词,即动词所表示的行为、变化除了陈述主语之外,通常并不支配或指向其他的人、物。不及物动词的特点是不可以带直接宾语。根据是否能带宾语,不及物动词又可以分为两类:真自动词和准自动词。其中真自动词是典型的不及物动词,特点是根本不带宾语,或极少带宾语,当然一般也就不能带直接宾语。这样的动词数量不多,卒、薨、崩、疾、病(病重)、饥、旱、灾、枯、宴、次(驻扎)、宿、狩、往、叹、吠等都是常用的真自动词。准自动词是具有及物动词某些特点的不及物动词,数量比真自动词多,常用的有:怒、惧、惮、喜、说(悦)、耻、死、至、出、入、反(返)、归、走、逃、田、坐、起、涉、济、飞、畔(叛)、降、朝、盟、会、遇、亡、成、败、立、定、惊、尽、竭、兴,等等。

b.及物动词是意义外向的动词,即是说及物动词所表示的行为、活动可以支配或经常指向主语之外的某个人、物。及物动词的特点是可以带直接宾语。当动词有支配意义时,直接宾语表示受事,在直接宾语中,受事宾语最多。但直接宾语并不限于受事;除了与事之外,只要是行为、活动所经常指向的人、物都可能由直接宾语表示。根据是否具有不及物动词的特点,及物动词可以区分两类:真他动词和准他动词。真他动词是典型的及物动词。常用的真他动词有:曰、谓(对……说)、之、适、如、就、及、侵、犯、围、伐、袭、杀、戮、事、救、率、帅、追、送、迎、执、奉、患、知、忘、遭、憎、恶、笑(讥笑)、图、言、思、虑、望、梦、悔、怨、谋、占、筮、钓、射、守、盗、窃,等等。真他动词的特点是经常带并且只带直接宾语。准他动词是具有不及物动词某些特点的及物动词,如"赐、授、遗、劝、诲、教、语、告、为、饮、食、鼓、御"等。

B.根据主语和宾语的特点,普通动词还可以区分为状态动词和行为动词两个大类。

a.状态动词表示非自主的状态、变化,属不及物动词。特点是在不带宾语时,它们的主语是"当事主语"。这种当事主语并不施行某种行为、活动,而是表示具有某种状态、变化的人、物。醉、惊、亡、兴、败、成、定、溃、坏等,都是常用的状态动词。行为动词表示自主的行为、活动,特点是,在不附加什么条件的情况下,主语一般都是施事主语。及物动词都是行为动词。

b.行为动词是在不及物动词中经常带或只带间接宾语的动词。这些行为动词属于准自动词。如:入、出、归、反(返)、坐、战、登、济、恐、惧、怒、说(悦)、惑,等等。根据宾语的性质,行为动词可以分为两类:抽象动词和具体动词。抽象动词主要表示与心理、感知、情绪、言语等有关的抽象行为。如:思、知、忘、耻、惑、占、憎、恶、视、见、闻、恐、惧、以……为、以为(认为)、谓、言、劝,等等。具体动词主要表示心理、言语等之外的各种具体行为。如:食、饮、居、如(到……去)、围、侵、取、诛、杀、放、略、事、养、守、子、与等。这种具体行为通常只是涉及人、物,所以具体动词通常带体词性宾语。

(2)特殊动词主要表示分类、存现、使令等关系,数量不多,但出现频率较高。如:曰(叫作)、谓(叫作)、为(成为、认为)、如、若、犹、有、无、使等。这类动词与基本动词主要的不同,是可以用谓词性短语、主谓短语、"之"字短语(主语、谓语之间加"之"构成的短语)作主语。

2.能愿动词主要表示可能性、可行性和愿望、态度等。这种可能性、可行性和愿望、态度都是针对某种行为、活动的。所以它们通常只可以带谓词性宾语,不带体词性宾语。常用的能愿动词有:能、获、得、克、可、可以、足、足以、愿、欲、敢、肯等。在能愿动词所带的谓词性宾语中,以动词性宾语最为常见,如"臣愿悉言所闻"(战国·韩非《韩非子·初见秦》)。

(二)先秦时期的动词语法特征

先秦汉语动词表示人或事物的动作、行为、变化等意义,主要作叙述句的谓语,也可以在句中作宾语、主语、定语,较少作状语。从结合关系上看,动词前可受副词、疑问代词、数词和介宾结构的修饰,一般不受人称代词、指示代词和数量结构的修饰;动词后可有介宾结构作补语;动词可跟代词"所"构成"所"字结构。

下面具体讨论先秦时期汉语动词的句法功能。

1.作谓语。庖有肥肉,厩有肥马,民有饥色,野有饿莩。(战国·孟轲《孟子·梁惠王上》)

2.作宾语。善人为邦百年,亦可以胜残去杀矣。诚哉,是言也。(春秋·孔丘《论语·子路》)

3.作主语。侵掠如火,不动如山。(春秋·孙武《孙子·军争》)

4.作定语。将受命於君,合军聚众,圮地无舍,衢地交合,绝地无留,围地则谋,死地则战。(春秋·孙武《孙子·九变》)

5.作状语。西门豹簪笔磬折,向河立待良久。(汉·司马迁《史记·滑稽列传》)

四、上古时期汉语动词演变情况及特点

(一)单音动词占绝大部分

殷商时期,动词绝大多数是单音节的,但复音化倾向在甲骨文中已经出现。到先秦时期,复音词逐渐增多,但单音动词仍占绝大多数。据殷国光《〈吕氏春秋〉词类研究》,《吕氏春秋》共有动词 1418 个,其中单音动词有 1225 个,复音动词有 193 个。

(二)基本句法功能是作谓语

上古动词没有时体的区别,由副词、语气词、时间词和上下文来表示动作发生的时间。如:

齐师伐我,公将战。(春秋·左丘明《左传·庄公十年》)

(三)助动词的产生与发展

甲骨卜辞中已经有了"可"、"克"等助动词,上古时期,助动词也在不断发展。到秦汉时期,助动词有了更大的发展,有 3 类:一是表示可能的,有"可、是、何、能、良、得、耐、而、克、果、可以、足以";二是表示应当的,有"当、合、殆、尚、任、容、庸、如、宜、若、将";三是表示意志的,有"敢、欲、愿、忍、肯、屑、憨"等。

潘允中《汉语语法史概要》认为:上古动词的特点:"上古前期的动词、名词、形容词往往是合一的。……汉语动词之所以为动词,并不是依赖形态来表示,而是表现在它的意义、词序和句子中的语法功能——如充当谓语,可接受副词的修饰,等等。……此外,有极小一部分动词,在字形上也和名词有所不同,这就是有关表示动作偏旁的形声字。……从构词法来说,上古的动词以单音词为主,但也开始出现了一些双音复合的动词……和双音单纯词。"(中州书画社 1982 年,P41)

第二节 中古时期汉语动词

一、魏晋南北朝时期的动词

(一)魏晋南北朝时期的动词类别

魏晋南北朝时期在我国历史上是一个纷乱的时期,政局动荡不安,人民播迁不定。汉族向边远地带转移,外族向中原地区推进,加强了各民族之间的交流和融合。这一时期,无论在语音、词汇或语法方面,较之先秦两汉,都有显著的变化。此时期动词时态表示法有了新发展,动量词初步成熟。

柳士镇在《魏晋南北朝历史语法》中按照以语法功能为主、同时辅以词汇意义的词类划分原则,将魏晋南北朝时期汉语中的词分为名词、动词、形容词、数词、量词、代词、副词、介词、连词、助词、叹词 11 类。他说:"动词是表示人或事物的动作、行为与发展、变化的词。动词的主要用途是充任句中的谓语。动词有及物动词与不及物动词之分。及物动词可以带有充任宾语的支配对象,而不及物动词不可以带有充任宾语的支配对象。""动词中比较特殊的小类是助动词与判断词。助动词的主要用途是充任句中的状语,又有表示可能、应当、意愿

与被动的分别。表示可能的主要有'可、能、得、足、克、堪、容、办、可以'，表示应当的主要有'应、当、宜、合、须'，表示意愿的主要有'欲、敢、肯、愿'，表示被动的主要有'见'。"在魏晋南北朝时期，判断词主要有"为"和"是"。如："自兹以往，至于九族，皆本于三亲焉，故于人伦为重者也。"（南北朝·颜之推《颜氏家训·兄弟》）"明公定是陶公大儿耳！"（南北朝·颜之推《颜氏家训·风操》）

（二）魏晋南北朝时期的动词语法特点

魏晋南北朝时期动词的句法功能有：

1. 作谓语。夫人之相知，贵识其天性，因而济之。（魏·嵇康《与山巨源绝交书》）

2. 作宾语。童孺纵行歌，斑白欢游诣。（晋·陶渊明《桃花源记》）

3. 作主语。风雨纵横至，收敛不盈廛。（晋·陶渊明《怨诗楚调示庞主簿邓治中》）

4. 作定语。昔叔向婴罪，祁奚救之，未闻羊舌有谢恩之辞，祁老有自伐之色。（南朝·宋·范晔《后汉书·范滂传》）

二、隋唐时期的动词

（一）隋唐时期的动词类别

隋唐时期的动词类别也继承了魏晋南北朝时期的动词分类，基本上分为及物动词和不及物动词，动词中比较特殊的小类是判断词和助动词。

其后四年，而归视汝，又四年，又往河阳省坟墓。（唐·韩愈《祭十二郎文》）

得杨八书，知足下遇火灾，家无余储，仆始闻而骇，中而疑，终乃大喜。（唐·柳宗元《贺进士王参元失火书》）

羌笛何须怨杨柳，春风不度玉门关。（唐·王之涣《出塞》）

言之而是，虽在仆隶刍荛，犹不可弃；言之而非，虽在王侯卿相，未必可容。（《唐太宗集·纳谏》）

"视"、"省"是及物动词，"骇"、"疑"、"喜"是不及物动词，"须"是助动词，"是"、"非"是判断词。

（二）隋唐时期的动词语法特点

隋唐时期延续魏晋南北朝时期动词的句法功能，可以作谓语等，具体说明如下：

1. 作谓语。你是王法罪人，凤凰命我责问。明日早起过案，必是更着一顿。（王重民等编《（唐）敦煌变文集》卷三《燕子赋》）

2. 作主语。欲到龙门看风雨，关防不许暂离营。（唐·周墀《贺王仆射放榜》）

3. 作宾语。上元少女绝还往，满灶丹成白玉烟。（唐·曹唐《小游仙》）

4. 作定语。直似潭中吞钩鱼，何异空中荡罗鸟。（五代·南唐·静、筠二禅师《祖堂集》卷四）

5. 作状语。日高丈五睡正浓，军将打门惊周公。（唐·卢仝《走笔谢孟谏议寄新茶》）

三、中古时期汉语动词的发展情况及特点

（一）中古时期汉语动词助动词的发展

此时期助动词的发展主要表现在两方面：一是单音节助动词增添了一些新形式，二是出现了一批组合使用的双音节助动词。

1. 新兴的单音节助动词。此时期萌生发展的单音节助词主要有表示可能的"堪、容、办"

与表示应当、须要的"应、合、须"。以下分类举例说明。

（1）表示可能的"堪、容、办"。"堪"字在先秦两汉时主要用作动词，意思是"经得起"、"能承受"，此时期在这一基础上又萌生出表示可能的助动词用法。如"人皆慑战，慧景一人不堪复进。"（晋·法显《法显传》）"容"字先秦时即已萌生了表示可能的助动词用法，如《左传·昭公元年》："故有五节，迟速本末以相反，中声以降，五降之后，不容弹矣。"刘淇《助字辨略》云："此容字，可辞也。容之为可者，容有许意，转训为可也。"但后来这种用法并未流行开来。此时期助动词"容"字的运用显著增多，既可以表示"能够"的意义，又由此引申出"或许"的意义。如"窃感古人一饭之报，况受顾遇而容不尽乎！"（南朝·宋·范晔《后汉书·李固传》）"办"字在此时期之前用作动词，意思是"办理、治理"，引申为"办成、具备"，此时期在这一基础上又萌生出表示可能的助动词用法。如"吾故知玄德不办有此，必为人所教也。"（晋·陈寿《三国志·法正传》）

（2）表示应当的"应、合、须"。"应"字读为平声，在先秦两汉时主要用作动词，意思是"承受"。东汉时又萌生出表示应当的助动词用法，此时期开始普遍运用，如"汝父子唯应急走耳。"（唐·李百药《南齐书·王敬则传》）"合"字在西汉时已有表示应当的助动词用法，如《史记·司马相如列传》："然则受命之符合在於此矣。"但运用并不广泛。此时期运用显著增多，如"奸猾纵恣，罪合灭族。"（南朝·宋·范晔《后汉书·阳球传》）"须"字也是在汉代时有了表示须要的助动词用法，此时期运用普遍，如"当今岂须烦此！"（南朝·梁·刘义庆《世说新语·规箴》）

2. 组合使用的双音节助动词。此时期助动词运用中，又出现了一批双音节形式的用例。其组成又可以分为两类：一是助动词与助动词的组合使用，二是副词与助动词的组合使用。这里所说的助动词之间的组合使用，同现代汉语双音节助动词相比，有两点明显的不同。首先是两个组成成分之间还处于临时性的同义组合阶段，它们既可以共同使用，拆开后又可以分别使用；其次是这种组合的顺序有时颠倒过来也不影响整体意义。

（1）助动词与助动词的组合，主要有 10 组 13 种形式：当须/须当、当应/应当、宜当/当宜、宜须、应须、宜应、应合、容可、容得、办得，前 7 组 10 种形式表示应当与须要，仅最后 3 种表示可能。

（2）副词与助动词的组合，主要有以下 4 组 12 种形式：要应/要须/要当/要宜、会当/会应/会须、必须/必应/必宜、容或/容脱，其中前 3 组 10 种形式表示应当与须要，仅最后 2 种表示或许。

（二）中古时期动词的发展

魏晋南北朝时期动词的发展，从形态方面看，主要表现为新的时态表示法的萌生与发展。

1. 时态表示法。新兴的动词时态表示法反映在过去时态与现在时态两个方面。

（1）过去时态表示法。此时期除继续沿用前期表达方式，将"已、既"等副词放在谓语动词之前充任状语，表示动作完成之外，又萌生发展了两种表达方式。一是将部分虚化了的具有"完结"义的动词"毕、竟、讫、已、罢、了"等放在谓语动词或其宾语之后充任补语，表示动作的过去时态。如："鬓鬟蝉轻松，凝了一双秋水。"（唐·白居易《宴桃源》）"须臾闻已，身毛皆竖。"（王重民等编《（唐）敦煌变文集·祇园因由记》）二是并用前期习用的传统表达方式与此时期兴起的后起表达方式，即在谓语动词之前用"已、既"等副词充任状语的同时，又将"竟、讫、已"等放在谓语动词或其宾语之后充任补语，以此来表示动作的完成。这种表示动作时态的成分由谓语动词之前移往谓语动词之后,由用副词充任状语从时间上对动作进行修饰,变为用部分虚化了的动词充任补语从结果上对动作进行补充说明,在汉语语法史上是一次极为重要的转变。而且这类"完结"义动词部分虚化后充任补语以表示过去时态,此时期已经形成规范,以至当它们用于一些名词之后,这些名词就可以活用为动词充任谓语。如:"其兽将死,自至人所。既自死已,乃噉其肉。"(南朝·陈·真谛译《立世阿昆昙论》)

(2)现在时态表示法。此时期除继续沿用前期表达方式,将"方、正"等副词放在谓语动词之前充任状语,表示动作持续与进行之外,又萌生了新的表达方式,将逐步虚化了的动词"箸(著、着)"字放在谓语动词之后,表示动词的现在时态。动词"箸、著、着"此时期可以交错运用,无意义与用法上的区别。

此时期"箸(著、着)"字除去单独用作谓语动词之外,尚有如下3类用法:一是用于动词及其宾语之后,表示处置意义,其后另有表示处置地点的处所补语。如"序受剑,衔须著口中。"(晋·干宝《搜神记》卷十六)二是部分虚化处于谓语动词之后充任补语,在表示处置意义的同时兼表依附状态,其后另有表示依附对象的处所补语。如"虎初取,便负著背上。"(晋·干宝《搜神记》卷五)三是进一步虚化附于谓语动词之后,表示动作的持续状态,其后无须表示依附对象的处所补语。如"我诗有生气,须人捉着,不尔便飞去。"(南朝·梁·钟嵘《诗品》卷下)其中第三类的"著"字,在词义上进一步虚化,它单独用于谓语动词之后,已经完全弃置了领有处所名词的职能,而表示动作的持续状态,并且使它很容易发展为表示动作进行的现在时态。但是"著"字的这种用法在此时期尚属少见,它还只是处于萌芽阶段。发展到唐代以后,这类用法才逐渐增多,并渐渐发展成为现在的时态助词。

汉语中动词时态表示法的发展主要表现在过去时态与现在时态表示法的演变上,将来时态表示法的变化只不过是表示将然的时间副词的更迭而已。从过去时态与现在时态两种表示法来看,其变化可以粗略地分为两个阶段:第一,用以表示时态意义的成分由副词充任状语转化为动词部分虚化后充任补语,在位置上也由谓语动词之前移至谓语动词之后(指现在时态以及过去时态谓语动词无宾语)或其宾语之后(指过去时态谓语动词有宾语);第二,这种充任补语的动词进一步虚化,以至最终丧失实义,在位置上又附着于谓语动词之后(指现在时态以及过去时态谓语动词无宾语)或越过宾语而附着于谓语动词之后(指过去时态谓语动词有宾语),成为仅表示谓语动词动作业已完成或正在进行的时态助词。

从功能方面看,主要表现为同计量动作的数量短语的组合以及动词补语式的广泛应用。另外,此时期助动词在数量上也比前期增添了不少新形式。

2. 此时期动词的重叠形式。汉语中动词的重叠形式主要有两种:一是单音节动词重叠的形式,二是双音节动词重叠的ABAB式。在魏晋南北朝时期动词的重叠形式只是AA式。此时期的AA式动词重叠常常用来表示动作的反复与持续,尚未发展出后来作为主要用途的表示尝试与短暂的语法意义。

AA式的动词重叠起源较早,《诗经·大雅·公刘》"于时处处,于时庐旅,于时言言,于时语语",《诗经·周颂·有客》"有客宿宿,有客信信",就采用了这种方式。不过,这类用法一则在《诗经》之外的典籍中甚为少见,《诗经》中也仅此数例,二则从意义上看它们都带有较为浓重的描写性质,还很难说是表示动作的反复与持续。真正的具有反复与持续语法意义的动词重叠,是从东汉末期多见起来的,如《后汉书·植典传》载灵帝时京师民谣"行行且止,避骢马御史",以及《古诗十九首》中"行行重行行",就都运用了这种 AA 式的动词重叠。随后,魏晋南北朝时期文人的诗歌中也常常出现这种形式。如"飞飞双蛱蝶,低低两差池"(梁武帝《古意》)。这一时期韵文之中的 AA 式动词重叠,虽然有时仍然具有一定程度的描写性质,但其主要作用显然已是表示动作的反复与持续。而当这种重叠形式的动词用于散文之中充任谓语时,不仅使它表示反复与持续的作用表现得更为突出,而且增添了强调动作行为的修辞意义,只不过其用例不及诗歌常见而已。如"自王莽篡汉,常愤愤"(南朝·宋·范晔《后汉书·宗室四王传》)。

3. 与其他类词的组合关系。在动词与其他类词或词组的组合关系上,此时期较之先秦两汉也有了新发展。主要有两点:一是动词与计量动作的数量短语的组合开始兴起,二是动词与动词或形容词组成的动词补语式明显增多。

先秦两汉时期,在需要表示动作行为的数的概念时,一般将数词直接放在动词前面充任状语,例如《论语·公冶长》"季文子三思而后行",有时为了强调动作的次数,亦可以在动词词组的后面加上"者"字并将数词移至后面谓语的位置,如《史记·项羽本纪》"举所佩玉玦示之者三"。由于动量词在西汉刚刚萌芽,东汉期间发展也并不很快,因而这个时期还很少能够反映出动作行为的单位。魏晋南北朝时期,动量词的发展已经初步成熟,数词在与动词组合时常常会用上一个动量词作为中介,因此数量动词组开始兴起,而由数词与动量词组成的数量词组也就成了区别动词与其他类词的一个语法标志。

此时期动词与计量动作的数量短语组合的形式可以分为两类:(1)动词+数词+动量词,这是数量词组充任动词补语的形式,这种现象较为普遍,如"今欲思论一过,数日当以相与"(晋·陈寿《三国志·吴志·赵达传》)。(2)数词+动量词+动词,这是数量词组充任动词状语的形式,这种现象相对较少,如"彼尝愿欲共我一过交战"(南朝·梁·沈约《宋书·索虏传》)。

(三)中古时期汉语动词语法特点

中古汉语动词的语法特点主要表现为时态表示法与助动词的发展。上古汉语中的动词时态主要用副词来表示,"既、已"等表示过去时态,"方、正"等表示现在时态,"将、且"等表示将来时态。中古时期,过去时态与现在时态出现了新的表达方式。用表示"完结"义的动词"毕、竟、讫、已、了"置于谓语动词之后充任补语以表示动作的完成,用表示"附着、放置"义的动词"著"字置于谓语动词之后充任补语以表示动作的持续。表示将来时态的副词则产生了"欲、要"两种新形式。"毕、竟、讫、已、了"与"著"字本来均为实义动词,当它们置于谓语动词之后充任补语时,词义已经部分虚化,只是说明谓语动词动作的完成与持续。尽管它们尚未发展为时态助词,但是汉语中这种表示动作时态的成分由谓语动词之前移往谓语动作之后,由用副词充任状语从时间上对动作进行限制,变为用部分虚化了的动词充任补语从结果上对动作进行补充说明,却是一次极为重要的转变。现代汉语中的时态助词"了"与"着"在唐宋时期的最终形成,正是以中古期间的上述用法为基础发展而来的。

第三节 近代时期汉语动词

俞光中在《近代汉语语法研究》说到:"近代汉语动词的一些重要语法特征,可以说正处于先秦两汉汉语和现代汉语的中间阶段。有些语法内容是先秦特有的,近代汉语期可以看到其消失态势;有些语法内容是现代汉语具有的,近代汉语期可以看到其形成态势。例如词类活用现象,比之先秦大为减少而有遗留。"如"故看得道理小了佗底"(宋·朱熹编《河南程氏遗书》)。

一、宋元时期的动词

(一)宋元时期的动词分类

宋元时期的动词分类,还是可以分为及物动词、不及物动词以及特殊的小类判断词和助动词:

但令身未死,随力报乾坤。(宋·文天祥《即事》)

圣贤之处世,莫不于大同之中有不同焉。不能大同者,是乱常拂理而已;不能不同者,是随俗习污而已。(宋·程颢、程颐《二程集·河南程氏粹言》)

朕与卿等皆当取前代善恶为勉。(明·宋濂《元史·列传》第二十六)

(二)宋元时期汉语动词的句法功能

1. 作谓语。《水调》数声持酒听,午醉醒来愁未醒。(宋·张先《天仙子》)
2. 作宾语。当年万里觅封侯,匹马戍梁州。(宋·陆游《诉衷情》)
3. 作定语。宴酣之乐,非丝非竹,射者中,弈者胜。(宋·欧阳修《诉衷情》)
4. 作主语。盲坡不能耕,死亡在迟速。(宋·梅尧臣《田家语》)
5. 作状语。余与四人,拥火以入,入之愈深,其进愈难,而其见愈奇。(宋·王安石《游褒禅山记》)

二、明清时期的动词

(一)明清民初时期的动词分类

明清时期的动词分类,仍然继承前期动词的分类,可以分为及物动词、不及物动词以及特殊的小类判断词和助动词:

①西门庆家中已盖了两月房屋,三间玩花楼装修将完,只少圈棚还未安磉。(明·兰陵笑笑生《金瓶梅》第十六回)

②师父,你也只好罢休!(明·施耐庵《水浒全传》第三十二回)

③功成身退是男儿。(明·于谦《还京述怀》)

④大丈夫能屈能伸。(清·李伯元《文明小史》第三十六回)

(二)明清民初时期的动词句法功能

1. 作谓语。以是人多以书假余,余因得遍观全书。(明·宋濂《送东阳马生序》)
2. 作主语。子固仁者,然愚亦甚矣,从井以救人,解衣以活友。(明·马中锡《中山狼传》)
3. 作状语。有狼当道,人立而啼。(明·马中锡《中山狼传》)
4. 作定语。然非其涵养畜聚之素,非真有一段千古不可磨灭之见。(明·唐顺之《答茅鹿门知县二》)
5. 作宾语。少年急起着冠,揖而坐,极道寒暄。(清·蒲松龄《公孙九娘》)

三、近代时期汉语动词的演变情况及特点

动词的构形法中有两种特殊的情形,一是用重叠的方式表示语法意义,如 AAB 式、

ABAB 式等；二是类似动词词头、词尾的附加成分。

（一）重叠式

重叠是动词的重要构词形式，重叠后的动词，均增加了新的语法意义。从古到今，动词的重叠形式大概有以下几种：

1. AA 型。早在《诗经》中就已出现一些动词的叠用形式。例如"采采卷耳，不盈倾筐"（《诗经·周南·卷耳》）。"采采"表示动作的重复，意即"采了又采"。这种叠用形式沿用很久，如："行行重行行，与君生别离"（《古诗源·古诗十九百》），"生人作死别，恨恨那可论"（《乐府诗集·焦仲卿妻》），"黄流滚滚，时复起风涛"（《董解元西厢记》），"来来来俺且看西府秦王面"（《元剧·尉迟恭三夺槊》），等等。元曲中还有"动词＋语气词"的叠用形式。如："看咱看咱思临厚，交咱交咱难消受……看者看者咱征斗，都交死在咱家手。"（《元剧·汉高皇濯足气英布》）

上述动词叠用形式所表示的语义是动作的重复，动词的意义通过重叠得到加强，语势比单个动词浓重。今天仍有"来来来"、"滚滚滚"之类说法，不过一般表示这种语义采取重复动词间带有停顿的形式（如"走，走！"）或带有副词"又"的形式（如"看了又看"）。单纯动词的重叠而今表示一种短时、尝试的语态，如"听听"、"谈谈"、"研究研究"之类。

现代汉语中这种动词重叠在历史上产生较晚，这种重叠是从"动一动"的形式简缩而来。这种 AA 型表示反复、持续的下限并不明确，但大约在宋元时已用得很少了。在现代作为短时态，变成表示动作施行的时间短暂。这恐怕是从重复的动词中间加"一"这种形式变来的，随着"一"的省略，就不表示次数了。重复的动词中间插"一"，从宋代就能见到。这种"一"被省略恐怕是在元代。这种 AA 型中带后缀"儿"的很多。在元曲中，有在用"一"的情况下后面的动词带"儿"的。如"告一告儿"、"睡一睡儿"，这些例中，第二个"告""睡"是看作名词或量词而加上后缀"儿"的，而在不用"一"的情况下，元代大约还不带"儿"。但在明清，在不用"一"的情况下也有带"儿"的例子。此外，还可用于为了强调而重复单纯的动词。这种形式多用于命令，中古有其例。

动词的 AA 型重叠形式在现代汉语中也常常用于表命令，但这是借用短时态的委婉语气，而不是本质的命令。

2. AABB 型。这种重叠形式产生很早，在《诗经》中已有此类重叠形式，如"战战兢兢，如临深渊，如履薄冰"（春秋·无名氏《诗经·小雅·小旻》），"战战"和"兢兢"连在一道就是恐惧戒备的意思。这种重叠形式为后代所继承，如"臣战战栗栗，唯恐不终"（汉·司马迁《史记·李斯列传》）。在唐五代以前这种动词重叠形式仅是偶或用之，普遍运用是在宋元以后。如：

引的我半生忙，十年闹，无明夜攘攘劳劳。（元·武汉臣《散家财天赐老生儿》第三折）

近现代汉语中"AABB"型动词重叠出现很多，如"哭哭啼啼"、"吵吵闹闹"、"拖拖拉拉"、"说说笑笑"之类。值得注意的是，其中有的是双音动词重叠，AB 成词，如"战栗"、"烦恼"、"焦躁"、"吵闹"、"拖拉"；有的是单音动词重叠后的叠加，AB 不成词，"战兢"、"战惶"、"来去"、"哭啼"等。不管 AB 成词与否，一旦构成 AABB 的形式，所表示的语义都是动作的重复。现代汉语中形容词重叠一般采用 AABB 形式（如"干干净净"），动词重叠取 ABAB 形式（如"讨论讨论"），AABB 型的动词重叠应视为特例，严格说来，它只是一种表状态的词而已。

3. ABAB 型。这种重叠形式出现较晚,不过最晚在明代已出现了。如:

①累先生任细用心,与我回背回背。(明·兰陵笑笑生《金瓶梅词话》第十二回)

②你买份礼儿知谢知谢他,方不灭了人情。(明·兰陵笑笑生《金瓶梅词话》第十三回)

这种重叠形式表示的语义是短时或尝试。

《诗经·大雅·公刘》:"京师之野,于时处处,于时庐旅,于时言言,于时语语。"意思是:在这儿住住,在这儿待下来,在这儿谈谈,在这儿说说。同样的例子,还见于《诗经·周颂·有客》的"有客宿宿,有客信信"(一宿曰宿,再宿曰信)。可见动词重叠,起源于公元前 6 世纪之前,不过当时还是个别现象罢了。

中古以后,动词重叠的,渐渐多了起来。如:

常从你等诸人面门出入,未证据者看看。(唐·慧然《临济慧照禅师语录》)

动词重叠的重要发展之一,是结构中间可以插入数词"一"。这在中古后期和近代前期的文学语言里已经常常出现,如:

①问问狭路相逢时如何?师便拦胸托一托。(宋·释道元《传灯录》十二)

②师以脚踢空,吹一吹云:是什么义?(宋·释道元《传灯录》十)

这里的第二个"托"、"吹"很像动量词,其实不是,因为"一"并非实义数词,而凡动量词前接之数词都必定具有实义。而且"托一托"与"托托","吹一吹"与"吹吹",语义也没有什么不同,前者只是后者的色彩变化,结构是一样的。

动词的这两种重叠法都一直沿用在现代汉语里。

在现代汉语里有一个新发展是:双音节动词也可以重叠,并且有的还带宾语,如:

①我从此以后要做点慈善事业,积积德,弥补弥补。(曹禺《日出》)

②我应该多观察观察这一帮东西。(曹禺《日出》)

(二)动词附加

汉语中动词有无词头、词尾等附加成分? 这是个有争议的问题。

王力认为:上古动词和名词一样,还没有词头或词尾之类的附加成分,但有类似这样的东西,多出现在先秦的韵文里,散文罕见。在汉代后,已经归于消失。古人一律解释为"辞也",且称词尾为形尾。观点类似于王力的"类似词尾,而句法非词尾"之说。孙锡信也认为只是貌似,而非真正词尾。王力《汉语语法史》中认为,较为重要的类词头有"言、曰、爰"等 3 个,类词尾有"思、止"。潘允中《汉语语法史概要》中认为,动词词头有"言、于、曰、爰、薄、聿"等 6 个。

1. 类后加成分。

(1)思、止:上古汉语动词还有类似词尾的后加成分,就是"思"字和"止"字。"思"和"止"是叠韵,而且是同属齿音。如:"江之永矣,不可方思","君子至止,言观其旂"。以上所述各字算不算词头、词尾,尚待进一步的研究。比方"思"和"止"一般都在一句的后面,也像语气词。即使算是词头、词尾,它们在后代也没有留下任何痕迹。

(2)得:词尾"得"字来自动词"得"。从汉代开始,"得"就可以放在动词的后面。后代也一直沿用着这种结构。如"隐机倚不织,寻得烂熳丝。"(南北朝·佚名《青阳度》)但是这种"得"具有很明显的"获得"的意义,它还有动词的性质。嵇康《养生论》的"得"和"致"并举,就更可以看出这点。

"得"后置以后,在另一些句子里,"得"字又具备了另一种意义,"达到行为的目的"的意义,而这种意义往往使"得"成为倒装的"能"。这样"得"就开始虚化了。唐人诗文中很多这种例子,如"乱后谁归得?他乡胜故乡。"(唐·杜甫《得舍弟消息》)但是,这种"得"和动词之间还可以被"不"字甚至被"未"隔开。如:"天边老人归未得。"(唐·杜甫《天边行》)由此可见,这种"得"还不是真正的词尾。不过词尾"得"也正是从这种"得"发展来的。

真正的词尾"得"是在唐代产生的,这个时代,词尾"得"已经有了两种性质。一种是作为递系句的动词词尾。如"旆下依依认得真"。到了宋代,这种"得"字更为常见了。如"周子看得这理熟"、"此事看得极好"。另一种是作为紧缩句的动词词尾。如"感得九龙吐水,沐浴一身"(王重民等编《(唐)敦煌变文集·八相变》)。到了宋代,由于"得"和使成式配合,来表示"能够",成为能愿式中的动词词尾。如"江南游女,问我何年归得去"(宋·苏轼《减字木兰花·江南游女》)。"得"由原来的"获得"意义转化为"达成",由"达成"的意义更进一步地虚化,而成为动词的词尾。它作为递系式与紧缩式的动词词尾的时候,是表示造成某种情况。但是紧缩式的词尾"得"后面可以用句子形式,而且往往表示夸张。当它作为能愿式的动词词尾的时候,是表示达到某种目的。因为递系式和能愿式的词尾"得"是同源的,所以能用同一的结构形式。如"修理得好"表示"修理的结果良好";在能愿式里,"修理得好"表示"能修理好"。在后代的文艺作品中,这两种性质的"得"字都可以写成"的"。

词头方面,潘允中提到的还有"于、薄"。孙锡信本较之潘本又多了"载"。

中古时期,"允"具有很强的构词能力,同时比较早地词头化了。在词尾化现象中,"道"在变文中已经词尾化了。但在现代汉语中,它的类推功能已经被淘汰了。

孙锡信《汉语历史语法要略》谈到了动词附加:

上古时期没有动词的附加成分,中古以后,尤其是宋元以后的近代汉语逐渐从实义动词的运用中滋生出一些动词的后附加成分。因为:①这些成分不再保留动词的本来意义;②后附于别的动词,位置固定;③从发展趋势看这些成分都读轻声或可读轻声;④带有抽象、概括的语法意义。

(3)着——在——de:现代汉语中"吃在肚里"是"吃到肚里"的意思,整个格式带有趋向性,而"走在路上"是"在路上走着"的意思,整个格式不带趋向性,如果要表示趋向,得说"走到路上"。这种现象表明"吃在肚里"的"在"不同于"走在路上"的"在",而相当于"走到路上"的"到"。如果把动词记作 V,处所方位词记作 Np,我们可以说"V 在 Np"格式中的"在"兼有"在"和"到"的用法,"在"不仅可以表示"所在",还可以表示"所向"。"在"可以用如"到",这个事实促使"在"的语音形式发生靠拢"到"的趋势。

在北方口语中可以发现"V 在 Np"中的"在"往往也读作"·de"。由于"在"具有明显的后附性,使用中逐渐弱化为轻声,而且表示动态或静态的语法意义,为此无妨将它看作动词的一个后加成分。

"在"成为一个动词的后加成分经历了相当长的发展过程。"在"本是动词,可单独带宾语。从先秦时期开始,"在"已可组成"在 NpV 宾"的格式,如"在齐闻韶"、"在陈绝粮"(《论语》),直到南朝·宋·刘义庆《世说新语》时,"在"的运用仍限于此种格式。如:

①简文在暗室中坐,召宣武。(《言语》)
②唯有一郎在东床上袒腹卧,如不闻。(《雅量》)

此时未出现"V 在 Np"的形式,处在 V 与 Np 之间的不是"在",而是"箸"。如,

长文尚小,载箸车中……文若亦小,坐箸膝前。(《德行》)

使人曳箸泥中。(《文学》)

显然在《世说新语》中"在"与"箸"是有区别的:①"在"用于 V 前,"箸"用于 V 后;②"在"介出动作行为的方所,表示动作行为正在持继的状态,而"箸"表示动作行为的趋向,相当于现代的"到"。这种"着(箸)"在萧齐时的《百喻经》中也可见例证:"汝可赍一死妇女尸安着屋中(《妇诈称死喻》)。"《百喻经》中已可见到"在"用于 V 与 Np 之间的例证:

①凡夫之人亦复如是,颠倒在怀,妄取欲乐。(《二鸽喻》)

②时树上人至天明已,见此群贼死在树下。(《五百欢喜丸喻》)

"颠倒在怀"意为"在怀里颠倒着",此例表示某种持续着的状态(与"走在路上"相当),"在"表示动作的持续;"死在树下"意为"在树下死了",表示事物的消失、变化(这类"V 在 Np"也可表示事物的出现)。《百喻经》中未出现表示趋向的"V 在 Np"格式。北魏杨衒之《洛阳伽蓝记》中有二例表趋向的"V 在 Np":

①忽夜中有柱自来在楼上。(北朝・北魏・杨衒之《洛阳伽蓝记・序》)

②或有人慕其高义,投刺在门,元慎称疾高卧。(北朝・北魏・杨衒之《洛阳伽蓝记・景宁寺》卷二)

不过此二例尚不典型。前例可能是"忽夜中有柱自来,在楼上",后例"投刺在门"是连动式,"在"是实义动词,不同于"投在门上"的"在"。这用法延续至唐代,如"在道为王積所杀,掠其钱物,委尸在竹林中"(唐・李肇《国史补》卷上)。

典型的表趋向的"V 在 Np"式出现在唐代。如:

①未及进用,为军中沙汰,因配在浙东,止得散将而已,竟无官。(唐・赵璘《因话录》卷四)

②长者来在门,荒年自糊口。(唐・杜甫《送重表侄王砅评事使南海》)

五代时运用更见普遍。如:

①遂搅典尺,抛在一边,渐近前来。(王重民等编《敦煌变文集・庐山远公话》)

②收得插在怀中。(王重民等编《(唐)敦煌变文集・唐太宗入冥记》)

这个时期表示趋向的"着"仍在沿用,形成"在"、"着"并用的局面:

①抛着丛林之中,遂先还家。(王重民等编《(唐)敦煌变文集・搜神记》)

②我捉得,系着织机脚下。(王重民等编《(唐)敦煌变文集・前汉刘家太子传》)

试作一比较:

⎰抛着丛林之中
⎱抛在一边

⎰系着织机脚下
⎱香车系在谁家树(唐・冯延巳《鹊踏枝》)

"在"与"着"的功能完全相同,表明"在"在"V 在 Np"格式中已逐渐取代"着"。到宋元时期已不见"V 着 Np"的形式,"在"已完全取代了"着"。如:

①配在花果山紫云洞。(宋・无名氏《大唐三藏取经诗话》第十一)

②买一朵归来,与娘插在肩头上。(宋金・九山书会《张协状元》第五出)

综上所述,可知"在"与 V、Np 连用经历了 3 个阶段:

①用于"在 NpV","在"置 V 前,始于先秦,沿用至今;

②用于表示持续状态的"V在Np"和表示事物出现、消失的"V在Np",见于南北朝时;

③用于表示趋向、动态的"V在Np",见于唐代,五代以后普遍运用。

"在"用在V后表示趋向、动态是取代"着"的结果(二者是取代关系,不是发展关系),这表明"在"用于V后由表示"所在"发展出表示"所向"的意思。"在"、"着"的合流使"V在Np"格式具有多义性,同时也增强了"在"的后附性,使"在"成为拥有丰富语法意义的动词后加成分。

(4)看:"看"在上古汉语和中古汉语中一直是个实义动词,有"探访"、"观察"、"视"等义,近代汉语中"看"用于一般行为动词后,是一个后加成分,表示尝试语态。这种"看"在南北朝时已现端倪。如:

①婆罗门不信是粪,以手探看,遂作一孔。(北朝·北魏·杨衒之《洛阳伽蓝记》)

②妇怪不语,以手摸看,谓其口肿。(南朝·萧齐·印度僧人求那毗地《百喻经·唵米决口喻》)

唐五代以后这种用法的"看"已相当普遍。如:

①不须隐匿,具实说看。(王重民等编《(唐)敦煌变文集·降魔变文》)

②唯愿世尊莫形则,要甚从头请说看。(王重民等编《(唐)敦煌变文集·难陀出家缘起》)

③略说身上伎艺看。(王重民等编《(唐)敦煌变文集·庐山远公话》)

从上举例可见用"看"时动词前往往用"试",这表明"看"已成为表示尝试态的一个语法成分。正因如此,"看"后来逐渐趋于用在表示尝试、短时语态的重叠动词后,这种趋势在宋代已开始表现出来。如:

和尚试辊一辊看。(宋·释普济《五灯会元》卷十九)

(5)来:"来"在甲骨文和金文中,皆象麦形。《诗经·周颂·思文》:"贻我来牟。"《说文》释"来"说"一来二缝,像芒刺之形"是正确的,但又说"周所受瑞麦,天所来也"却属附会。实际上行来之"来"是个假借字。"来"作为行来之"来"已很久远,如《诗经·卫风·氓》:"来即我谋。"但早在先秦时"来"已有虚化迹象,虚化的"来"用在感叹词后表示加深感叹的语气,如:

子桑户死,孟子反子琴张相和而歌,曰:"嗟来!桑户乎!"(战国·庄周《庄子·大宗师》)

也可用于句末表示祈使语气:

虽然,若必有以也。尝以语我来!(战国·庄周《庄子·人间世》)

这种"来"很像现在的语气词"吧"。这种用法一直延续到近代仍有遗留。如:

仁贵随我去来,用你时万事俱休。(元·佚名《薛仁贵征辽事略》)

上古、中古时"来"的这种用法到了近代汉语中发生了转移现象,这种转移表现在:

①"来"有时表示祈使语气,相当于今之"吧",但有时"来"并不表示祈使语气;

②"来"可用于句末,也可紧跟在动词后面,作为动词的后附成分。

2. 前缀:划定古代汉语词缀主要是有助于理解古代作品句子的结构和意义,而对现代汉语词缀的区别则关系到词的构成问题。构词法是语法中词法的一部分,它与语音学、词汇学、构形法、造句法有极密切的关系。构词法的研究成果可以给词典编纂法、拼音文字的拼写法提供有力的参考性建议。

古代汉语的前缀主要有:阿、第、老、初、小、可。后缀主要有:子、儿、头、员、者、性、式、手、家、化、度、然。这些词缀只有少数在古代汉语就是不自由语素,而绝大多数是由自由或半自由语素因词汇意义虚化而演变成的。

古代汉语、现代汉语的词缀虽然各不相同，但它们都属于汉语词汇系统中的构词要素，它们具有共同的特点：①词缀没有实在的词汇意义，并且位置固定，但它们大部分能表示词性，是某一词性的标志。②词缀的数量很少，适用范围很小，但它不是只跟某一个词根构词，它可以跟好些词根构词，具有类的作用，有较强的构词能力。但它们的构词能力在古今中不一样，在方言和共同语中也不同，如"阿"在方言中是能产的，而在共同语中却未必能产。③从有文字记载以来，汉语词汇经过数千年的历史过程，古代汉语与现代汉语已大不相同了，而词缀的产生一方面得益于某些有实在意义的词根逐渐虚化，另一方面得益于构词法更加完善和丰富，除了先秦的并列式和偏正式等外，附加式复音词大量增加。

3. 动词时态：了、着、过。潘允中认为古代既然没有什么动词词尾，那么，现代汉语中的助词就是另外一回事了。它们是由古代动词逐步虚化完成的助词。

（1）了：现代汉语里，"了、着"表示动词的情貌（体）。"了"表示完成貌，"着"表示进行貌，"了"表示时点，"着"表示时面（时线）。但是，它们并不是从开始就具有这样明确的职能的，它们经过了曲折的发展过程。

"了"字在先秦史料中没有出现。《说文》："了，尦也，从子无臂，象形。"这是"了戾"的"了"（"了戾"是"缭绕"的意思），和今天的"了"毫无关系。魏晋以后，"了"字的另一种新的意义就是"了解"（朱骏声认为是"憭"字的假借）。郭璞《尔雅序》："其所易了，阙而不论。"这种意义的"了"在南北朝最为常见（如佛家的"了悟"），直到今天，它还作为"了解"的构词成分。但是，这种意义的"了"字和完成貌"了"字也没有历史关系。

和完成貌"了"字有历史关系的是"终了"（内动）、"了结"（外动）的意义的"了"字。这种"了"在汉代已经出现了。王褒《僮约》："晨起洒扫，食了洗涤。"虽然《说文》没说到这种意义。由此看来，"终了"和"了结"的"了"比"了解"的"了"出现得更早。这两种意义大约是不同来源的，恰巧它们都假借"了戾"的"了"作为书写的形式罢了。

"终了"和"了结"的"了"在晋代以后史料中颇为常见，它还是动词的性质。如："且有小市井事不了"，"为客无时了，悲秋向夕终"。就在唐人诗句中，"了"字已经在很多地方不用作谓词，而逐渐虚化。实际上它变了补语的性质，仅仅表示行为的完成。如："半啼封里了，知欲寄谁将"，"二三豪杰为时出，整顿乾坤济时了"。这种"了"字显然还含有"完毕"（或"终了"）的意义，所以在散文中有时候还写成"已了"、"既了"。如"太子作偈已了，即便归宫"。但是，就一般情况来说，"了"字已经很像形尾，因为它已经紧贴在动词后面了。下面是唐代俗文学里的一些例子："今既偿了，不得久往"，"示现皆生佛国，看了却归天界"。

那么，这种"了"算不算真正的形尾呢？仔细看来，它还不是形尾，因为当动词后面带有宾语的时候，"了"是放在宾语的后面，而不是紧贴着动词的。如："但得上马了，一去头不回"，"作此语了，遂即南行"。但是作为真正的形尾"了"，在南唐已经出现了，因为它紧贴着动词而且放在宾语的前面。不过，这时候，这种"了"是很少见的。如"林花谢了春红，太匆匆！"到了宋代，虽然一般仍像唐代一样，"了"字放在宾语的后面，如："也须是做一件事了，义理会一件"，"印第一个了，印第二、第三个"。但是真正的形尾"了"字，在宋代已经逐渐多起来了。如："等闲妨了绣功大"，"更添了几声啼鴂。"

孙锡信《汉语历史语法要略》、潘允中《汉语语法史概要》在这方面有论述："了"——现在经常用在动词后面,表示动作的完成的"了",是由表示"完了"或"了结"义的动词"了"虚化而来的。《广雅·释诂四》:"了,讫也。"即"完了"的意思。其实表示"完了"的"了",产生的时代比产生在东汉时代的《广雅》要早很多。在西汉王褒《僮约》(公元前1世纪作)里就有这样一句:"晨起洒扫,食了洗涤。""了"即完毕。"了"的这种用法,当然可以肯定是当时活的语言的反映。由前证后,《广雅》所释,也就有了根据,而不是突然而来的。

到了中古时期的南北朝,"了"作为表示完成了的形尾,已经逐渐明显,它经常紧接在动词后面了。如:

①禾秋收了,先耕养麦地,次耕余地。(北朝·北魏·贾思勰《齐民要术·杂说》)

②切[近]见世人耕了,仰着土块,并待孟春。(北朝·北魏·贾思勰《齐民要术·杂说》)

与此同时,"了"也有仍然作动词"终了"用的。这只能说"了"的两种用法同时存在,可不能以后者来否定前者。下面是动词"了"的发展:

①天下大器,非可稍了。……官事末易了也。(唐·房玄龄《晋书·傅咸》)

②纯曰:"且有小市井事不了,是以来后。"(唐·房玄龄《晋书·庾纯》)

唐代以后,在文学语言中,"了"用作动词后缀即形尾,已经很广泛;但同时也仍可作为表示"完了"义的实词用,一如南北朝时的情形,如:

A.作动词形尾用的:

①且说《汉书》修制了,莫道词人唱不真。(王重民等编《(唐)敦煌变文集》)

②朝臣知了泪摧摧。(王重民等编《(唐)敦煌变文集》)

③智深相了一相,走到树前。(明·施耐庵《水浒全传》第七回)

B.作实词"完了"用的:

春花秋月何时了,往事知多少?(五代·南唐李煜《虞美人》)

"了"的这两种用法,一直沿用到现在。

大约在宋代有一个新旧规则同时并用的时期,到了元代以后,新规则战胜了旧规则,人们不再说(例如)"做一件事了,又理会一件",而是说"做了一件事,再做一件"了。如:"缘何屈了他?""不合信媒人口,嫁了张员外。"从此以后,汉语动词形尾"了"字有了固定的位置,形成了今天"了"字的职能。

(2)着:形尾"着"的来源和"了"稍有不同。"着"本作"著"。"著"字有几种意义,几种读音。最常见的意义是"显著"的"著"和"著书"的"著",都读知母御韵。另有两个常见的意义:第一是"附著"的"著",读入澄母药韵;第二是"著衣"的"著",读入知母药韵。后人为了要求分别,把入声的"著"写成"着"。形尾"着"字就是从"附着"的意义演变而来的。

现代汉语表示动作进行体的形尾"着",最初是一个动词,写作"著",意思是"附著"、"著落"。后来它虚化为形尾,紧紧跟在动词后面。下面是"著"的本义用例:

①而淮阳之比大诸侯,仅如黑子之著面。(汉·班固《汉书·贾谊传》)

②案味甘之露,下著树木;察所著之树,不能茂于所不著之木。(汉·王充《论衡·是应》)

在中古时期,"著"已经开始分化,一面仍保留本义,一面虚化为形尾,不单独使用,而是紧紧接在动词后面,表示动作正在某种状态中。如:

①长文尚小,载箸车中。(南朝·宋·刘义庆《世说新语·德行》)

②寄君靡芜叶,插著丛台边。(南朝·陈·徐陵《玉台新咏》卷六)

这里的"著(箸)"还多少有"附著"的意义,相当于"在","载著车中",就是载在车中。这跟现代汉语表示动作进行体的形尾"著"并不完全相同。但是,与此同时,南北朝作品也有下面这种句子,其中的"著"不但表示动作的进行,而且有些"著"的后面还带着宾语。现代汉语"著"后可接宾语这种句法正是起源于此。如:

①看(地)乾湿,随时尽磨著。(北朝·北魏·贾思勰《齐民要术·杂说》)

②切[来]见世人耕了,仰著土块。(北朝·北魏·贾思勰《齐民要术·杂说》)

唐代以后,"著"已作"着",并已经普遍使用,后面可带宾语,也可以不带,和现代汉语的用法是大致相同的。这表示"著"虚化为动词形尾已经完成。如:

①有黑狗出来,捉汝袈裟,衔着作人语,即是汝阿娘也。(王重民等编《(唐)敦煌变文集》)

②卿与寡人同记著。(王重民等编《(唐)敦煌变文集》)

"附着"的"着"在最初的时候是纯粹的动词。这种意义一直沿用到后代。下面是一些"附着"或和"附着"有关的例子:"风行而著于土","常恐祖生先吾着鞭"等。在汉末,"着"字已经有了虚化的迹象,它不是句中的谓词,而是放在动词后面和动词构成使成式的结构。如:"如必有所悬并"等,到了南北朝以后,"着"字开始虚化。一方面,它不用作谓词;另一方面,它在某种程度上保存着"附着"的意义。在这种情况下,动词加"着"字构成一个类似使成式的结构。这时候,"着"字一般只用于处所状语的前面,并且常常和"前"、"后"、"上"、"下"、"中"、"边"等字相照应。如:"长文尚小,载箸车中","以绵缠女身,缚着马上,夜自送女出。"这种"着"字颇有"在"字的意义(附着某处就是在于某处),但是它是连上念的,不是连下念的,所以和"在"不同。在这个时候,动词后面并不带有宾语。

到了唐代,带"着"字的动词后面开始可以有宾语,"着"字的意义也有了变化,它带有"到"的意思。如:"还应说着远行人","道著姓名人不识","暗中摸索著,亦可识之"。这一类的"着"字演变到现代汉语里,多数念重音,所以它不是形尾。在此情况下,动词加"着"也构成了类似使成式的结构。真正形尾"着"字似乎还是继承了表示处所的"着"字。下面这些例子显示着过渡时期的情况,因为这些"着"字还只表示着一种静态,而没有表示行为正在进行中。如"堆着黄金无买处"。真正表示行为在进行中的形尾"着"字在宋代已经存在了。如:"如战陈厮杀,擂着鼓,只是向前去,有死无二"(宋·朱熹《朱子语类辑略卷七》)。但是进行貌的形尾"着"字的普遍应用是由元代的史料证实的。如"只见一个男子搭着个妇人","不要歪厮缠,衙里久等着哩"。到宋代,"着"字已经像现代汉语的"着"一样,用在谓语形式的状语里。如"似担百十斤担相似,须硬著筋骨担"。上文所说的表示静态的"着"字也沿用下来。如"只恁地关着门在这里"。在元代,最值得注意的是连"同"字后面也可以跟着"着"字了。如:"同着殿中侍御史陈师锡共写着表文一道。"

如果拿"了"和"着"相比较,我们可以说,作为表示情貌的形尾,"了"比"着"的时代早些。同时形尾"了"的普遍应用时代也比"着"早些;就拿《朱子语类》来说,其中"了"字已经很多了,而"着"字好像还处于萌芽状态,只有少数的例子。但是,直到元代,"了"和"着"的分工还是不够明确的。有时候,"着"字表示行为的完成,等于现代汉语里的"了"字。如:"若不实说,便杀着你。"有时候,"了"字又表示行为的持续,等于现代汉语里的"着"字。到了明代以后,特别是17世纪以后,"了"和"着"才有了明确的分工。这是汉语语法的一大进步。总之,动词形尾"了"和"着"的产生,是近代汉语语法史上划时代的一件大事。它们在未成为形尾以前,经历过一些什么发展过程,是值得我们深切注意的。

上面说过,表示情貌的形尾"着"字是由"附着"于某一处所的意义演变来的,这就牵涉一个动向问题。在南北朝时,"着"的动向是向下、向前等("坐箸膝前","悬著帐中")。不仅"着"字是这样,其他类似形尾的字也是这样。

(3)过:"过"字也是表示动向的,它表示着从甲处所到乙处所的过程。等到它虚化以后,它表示行为的成为过去,如"看过"、"吃过"。它所表示的过去的意念比完成貌所表示的更为强烈,而且它往往表示一种经历,所以有时候在"了"字前面再加"过"字,如"看过了戏"。在否定语里,要强调行为没有实现,也用"过"字,如"没有吃过饭";但是不能再用"了"字,如"没有吃过了饭"就不行。由于它后面可以加形尾"了"字,所以它本身还不能认为形尾。这一个"过"字在唐代已经有了萌芽。到了宋代,就逐渐多起来了。如:"看过了后,无时无候,又把起来思量一篇","须事事理会过,将来也要知个贯通处"。

"起来"和"下去"在某些情况下也是表示情貌的。"起来"表示开始貌("笑起来"、"唱起来"),"下去"表示继续貌("念下去"、"搞下去")。"起来"表示情貌也是较晚的事。大概在元代产生。如:"恐怕火盆内有小炭延烧起来。"如果有宾语,宾语就夹在"起"和"来"的中间。如:"且说史进就中堂又放起火来","看那些人放起火来"。"下去"表示情貌,是由于"起来"的类化。它的起源最晚。在《儿女英雄传》中,才发现用"下去"表示继续貌的例子:"便静静儿的听他唱下去。"五四运动以后,新兴的动词词尾有"化"字。这个词尾大致等于英语的-ize,多数使名词转化为动词,也有少数是使形容词转化的。如:"工业化(industrialize)"这样用"化"字对译,是由日本译文传到中国的。当然,由于类化的结果,我们自己也可以创造一些"化"尾的动词,例如"形象化"、"规律化"等。

4. 不及物动词变为及物动词。汉语动词分及物、不及物两类,及物动词可以带宾语,不及物动词一般不可以带宾语。可是,在上古汉语和中古汉语中,不及物动词也有带宾语的情况,这时表示"使宾语怎么样"的意思。这种用法一般称之为使动用法。如:

庄公寤生,惊姜氏。(春秋·左丘明《左传·隐公元年》)

这并没有改变动词的性质,只是词类的活用。

但是,在历史发展中,确实有些及物动词变成不及物动词。王力《汉语语法史》举了一些例子:"去"字本是不及物动词,表示离开某地。如:"鸟乃去矣,后稷呱矣。"(《诗经》)上古汉语的"去"用作不及物动词时,大致相当于现代汉语的"走了"。例如"鸟乃去矣"可以译为"鸟飞走了"。

同时,"去"字又可以用作及物动词,表示离开某地。如:"桓公去国而霸诸侯。"(《墨子》)这种"去"字,表示离开某地。和我们今天所说去广州的"去"意义正相反,"去广州"的"去"表示到某地去。这个表示到某地去的"去"出现较晚,是从不及物动词"去"发展来的,其过渡形式是"投某地去"、"奔某地去"等。如:"五丫头哪里去了?"(《红楼梦》)把目的地(处所)移到"去"字的后面去,就变成了"去广州"的形式,"去"又变成了及物动词。

同样还有"往"在上古汉语中也是不及物动词,如:

①今朕必往。(春秋·孔丘整理《尚书·汤誓》)

②往见四子藐姑射之山。(战国·庄周《庄子》)

到了南北朝以后,开始有用作及物动词的例子,如:"阮光禄赴上陵,至都,不往殷刘许。"

（南朝·宋·刘义庆《世说新语·德行》）

"至"在上古也是不及物动词，它和"来"一样，不带宾语。如："凤鸟不至，河不出图。"（春秋·孔丘《论语》）

战国以后，这种语法规则不再严格遵守，"至"字也有用作及物动词的。如：

子墨子不听，遂北，至淄水。（战国·墨翟《墨子》）

比较："行十日十夜而至于郢"（战国·墨翟《墨子》）与"七日七夜至老子之所"（战国·庄周《庄子》）

又比较"至于齐，反舍于鲁"（战国·庄周《庄子·田子方》）与"至齐，见辜人焉"（战国·庄周《庄子》）

就可以看出，战国以后，"至"字既可以用作不及物动词，又可以用作及物动词。

"焉"字等于"于是"，实兼介词"于"与代词"是"的作用，因此，"焉"字可以放在不及物动词"往"的后面。在疑问句里，"焉"字等于"于何处"，因此，"焉"字可以放在不及物动词"往"的前面。在疑问句里，"恶乎"也等于"于何处"，因此，"恶乎"也可以放在不及物动词"往"的前面。

一向以"适、之、往"三字为同义。但是，从语法上说，"往"与"适、之"不是同义词。"往"是不及物动词，不带宾语；"适、之"是及物动词，带宾语。由于"适、之"是及物动词，所以在疑问句中，"适、之"的前面用疑问代词"奚"或"何"，不用"焉"。"往"用作及物动词，大约在南北朝以后。

"至"："至"在上古汉语里也是不及物动词，它和"来"字一样，不带宾语。

"问"：有些动词，按其性质来说，应该是及物的；但也可以省略直接宾语。当其带宾语时，既可以只带直接宾语，也可以兼带间接宾语。而其直接宾语和间接宾语，又与后代有所不同。这一类的典型例子就是"问"字。"问"字的直接宾语，在明显可知时，或不必说出时，可以省略，只带间接宾语。在上古汉语里，"问"字直接宾语指事，间接宾语指人。《论语》里大量的例子都符合这个规则。

在《墨子》《庄子》《荀子》等书里，基本上还是依照这个语法规则。

"问"字后面的代词，直接宾语指事，用"之"；间接宾语指人，用"焉"。但是，战国以后，这个语法规则已经不能严格遵守，有一些例外。有时候，直接宾语也可以指人。"问"后面的"之"字，有时也可以指人。

从此以后，所问的人不但可以用作间接宾语（"于"字为介），而且可以用作直接宾语，所问的事，不但可以用作直接宾语，而且可以用作间接宾语（"以"字为介）了。

5.助动词的发展。史存直《汉语语法史纲要》和孙锡信《汉语历史语法概要》、太田辰夫《中国语历史文法》都提到了助动词的发展，概括如下：

（1）可能：可、可以、能、能够。"可"早在先秦时已广泛运用。如：

①天不可信，我道惟宁王德延。（春秋·孔丘整理《尚书·君奭》）

②可爱非君，可畏非民。（春秋·孔丘整理《尚书·大禹谟》）

"可以"本是"可"和"以"的组合，如"它山之石，可以为错"（《诗经·小雅·鹤鸣》），意思是"它山之石，可用来做磨刀石"。由于习惯性的连用，其中"以"的介词功能往往丧失，作用近似于词尾，附着在"可"后，"可以"的词义与"可"相当。如：

正月日至，可以有事于上帝。（春秋·无名氏《礼记·杂记下》）

"能"也运用很早。"能"与"可"的区别在于："可"表示客观上容许如何，而"能"表示主观上有能力如何。在先秦各种典籍中均可找到"能"的用例。如：

予仁若考，能多材多艺，能事鬼神。（春秋·孔丘整理《尚书·金滕》）

"能"后也可加"以"，如：

有得百里之地而君之，皆能以朝诸侯，有天下。（战国·孟轲《孟子·公孙丑上》）

"能勾"、"能够"的普遍运用当在元代。如：

①但得个知州，也是我不待屈不能勾。（元·郑光祖《虎牢关·三战吕布》）

②轿夫只许你两个，要三个也不能够。（宋·江东老蟾《京本通俗小说·拗相公》）

（2）应该：应、当、应当、应该、宜、合、该。"应"和"当"在现代汉语中已不大见到，但在古代，这两个助动词在这一组中是较早运用的，尤其以用"当"为常。先秦时的例子：

①文王既勤止，我应受之。（春秋·无名氏《诗经·周颂》）

②仲父不当尽语我昔者有道之君乎！（春秋·管仲《管子》）

"应当"和"应该"出现较晚。"应当"在南北朝时有所应用，但例不多，如：

一切皆悉应当如此。（南朝·宋·求那跋陀罗《过去现在因果经》）

"应该"出现更晚，因为"该"在古代只有"具备"、"完备"的意义，"该"作助动词用，大约始于元代。如：

①老迈，正该，命运拙饥寒煞。（《元剧·公孙汗衫记》第三折）

②本利该还他二十两。（《元剧·窦娥冤》第一折）

上边例句中"该"已是"应该"的意思，不过助动词"应该"的出现更晚，约在明清时。"该"之前有个"合"，作助动词用。"合"早在汉代已运用，如：

①然则受命之符，合在於此矣。（汉·司马迁《史记·司马相如列传》）

②臣愚以为宜如旧制，不合翻移。（南朝·宋·范晔《后汉书·杜林传》）

"合"在后代沿用下来，直至元明时期。如：

蓬莱足云气，应合总从龙。（唐·杜甫《伤春五首·其一》）

上边例中杜诗"应合总从龙"句"应合"即"应该"。我们推测。"该"是来自"合"。在"合"、"该"之前表示"应该"义的，最常用的是"宜"。"宜"的使用比"合"早，先秦时已很普遍，后来沿用很久。如：

①夫子有三军之惧，而又有桑中之喜，宜将窃妻以逃者也。（春秋·左丘明《左传·成公二年》）

②不安其位，宜不能久。（春秋·左丘明《左传·成公六年》）

"宜"还可与"应"连用，更显出它的助动词功能。如：

宜应慨然主志，念自裁抑。（南朝·宋·宋文帝《与江夏王义恭书》

"宜"在"合"、"该"这些口语词汇出现后，多用于文言，至今还保留在书面语中。

（3）必要：须、必须、要。"须"在汉代已常使用，表示必得如何。如：

愿得其众，不须复烦大将。（汉·班固《汉书·冯奉世传》）

"须"在魏晋以后运用更多，如：

适有事务，须自经营，不获待坐，良增邑邑。（三国·魏·应璩《与满公琰书》）

当今岂须烦此。（南朝·宋·刘义庆《世说新语·任诞》）

白日放歌须纵酒，青春作伴好还乡。（唐·杜甫《闻官军收河南河北》）

《世说新语》中出现"必"和"须"连用一例："名士不必须奇才,但使常得无事,痛饮酒,熟读离骚,便可称名士。"(《任诞》),此例中"必"、"须"尚未凝成一个词。

"必须"是"必"和"须"熔铸成的词,"必"和"须"意义相似,如:

富贵必从勤苦得,男儿须读五车书。(唐·杜甫《柏学士茅屋》)

"必"和"须"互文,"必"义同"须"。"必须"作为一个助动词,表示事理上和情理上的必要。"必须"和"须要"都是唐代开始使用的助动词。如:

负恩必须酬,施恩慎勿色。(唐·王梵志《王梵志诗校辑》)

"须要"早期也说成"要须",如:

①要须在前去,前客避后客。(唐·王梵志《王梵志诗校辑》)

②作猛兽要须成斑。(唐·魏徵等《隋书·梁士彦传》)

"要"作助动词,上古时未见。《世说新语》中出现了助动词"要"的用例,表示"当"、"须"意,不过例极少。如:

①乐令善于请言,而不长于手笔。将让河南尹,请潘岳为表。潘云:"可作耳,要当得君意。"(南朝·宋·刘义庆《世说新语·文学》)

②卿试掷地,要作金石声。(南朝·宋·刘义庆《世说新语·文学》)

刘淇《助字辩略》云:"要当,犹要须,重言也。"

"要"表示单纯的未来的用法,是时代再晚些才出现的,从宋元开始能见到。"要"有这种用法和"欲"有表示意愿和未来的用法是同一道理。

(4)意欲。"肯"是古代汉语中就有的。在清初的北京话中有用作"容易……"之意,和意志全然无关的用法。"敢"在古代汉语中就用。从五代到近古有用于推量的,但现代不这样用了。"欲"是古代汉语的词,现代已不用了。但是从中古到近古,多用来构成复音词,作助动词用。"欲"有与意志无关,只表示单纯的未来的用法,但这种用法时代要稍晚。"愿"在古代汉语中用,现在已不用。"情愿"的"情"是"从心里"的意思,但失去意义成了前缀一类的东西。"愿意"大约到清代才能看见。"爱"有的和意愿无关,只用作"常"、"频"的意思。这和"肯"是同一个道理。"懒待"也写作"懒得"、"懒怠"。

(5)被动。纯粹用作被动的助词只有"见"。它作为助动词,在古代汉语中广泛使用,但在现代汉语中逐渐不用了,用法也有限制。也就是说,只像"见怪"、"见笑"那样,和极少数的动词配合,已经前缀化了。总之,只是古代汉语在某些较文的表达形式中的残留。被动还可以用兼语动词"被"来表示。这种"被"也可以看作助动词,但"被"和"见"是不同的。"被"在像"被他打"、"被别人骂"的场合,可以认为这些是被动句。但是,"见"不能这样用。而且,像"使"、"叫"那样不表示被动,而是当作使役的兼语动词,古代有时候也像助动词那样使用。

(6)难易适否。某些形容词常常作助动词用。但限于表示难易、适当不适当。

"难"古代汉语中就有。"难以"意义大致和"难"相同,但是它是纯粹的助动词。这个"以"是后缀,可能是由"可以"、"足以"类推而成。"容易"也可以解释为副词。"好"表示某事是适当的、容易的。早先大约是委婉地表示义务、当然。

6.复合动词。复合动词中有行为和它的结果同时表现的。复合动词中前面的词是动词,后面的词是自动词的是使成复合动词。多数使成复合动词产生在唐代。

后面的词是自动词或形容词,称为结果复合动词。结果复合动词是由使成复合动词类推而来的，它的确立比较晚，直到唐代还几乎不用。

动词和它的主体的关系直接的有他动的意味，其关系间接的可以看作是使动。

7.后助动词。后助动词在古汉语中不存在。它的存在成为现代汉语的一个特征。后助动词分为这样7种：(1)表示趋向的。(2)表示动态的。(3)表示可能的。(4)表示对象的。(5)表示程度、状态的。(6)表示决定的。(7)引入补语的。

(1)表示趋向的：单一的后助动词：～起　～进　～出　～上　～下　～回　～过　～开　～住　～来　～去　复合的后助动词：上一行的7种再加上"来"、"去"而成。

"起"表示向上方的动作。也有并非实际动作，而仅仅是抽象的感觉。"起"和"上"的不同之点在于："起"仅仅意识到动作的起点，不意识到动作的到达点。与此相反，"上"是清楚地意识到动作的到达点。"起"又表示动态（开始）。作为后助动词的用法，大概比表趋向的要产生得晚。

"起来"比"起"晚，五代才能见到。起来也用来表示单纯的设想、假定、条件等，这种用法也在较早的时候就可以看到。

"起去"这个后助动词用得极少，但还是有时见到。它和"起来"大体相同，但动作离开说话的地方而去的语气较强。

"进"表示进入某种事物内部的动作。这个后助动词直到宋代还几乎不用，是元代才使用的，在那以前用"入"。

"入"原是等立的复合动词的后面一部分。把它看作后助动词，是因为从现代汉语来看，可肯定它有虚词化的倾向；但是有很多例子在古代汉语中不一定能说是后助动词。

"出"指的是和"进"相反的方向，即向外部实施的动作。它最早是等立的复合动词后面的部分，但后来或是成为使成复合动词一类的东西，或是虚化了。

"上"是向上的动作，在明确地预想到达点的情况下使用。

除此之外，"上"还有多种意义和用法。其中多数是从元代开始普遍使用的。"上"有表示开始的，这是新用法。

"下"表示方向向下的动作。它原来是动词，和前面的动词复合在一起。稍后，可以见到"下"也有不表示向下的动作，而仅仅用于感觉上的。

"回"表示返回某处的动作的后助动词。"回"本是旋转的意思，由此而变为返回的意义。"回"用在复合动词的后部，虚化以后成了后助动词，但在隋以前几乎都不能见到。

"转"在北京话中不用，但在江南它用如"回"，古代也有例子，可能仍然是南方方言。

"过"是具有"从二物间通过"这种意义的后助动词。原本是动词，在古代汉语中也有少数处于复合动词的后一部分的例子，唐代开始就用得多了。这种从空间经过的"过"后来也用于时间场合，这就成为表完成的了。但是它和"了"意义稍有差异，做完某种动作的感觉较强。这种用法是宋代产生的。"过去"、"过来"比"过"出现得晚，从五代、宋开始使用。

"开"是表示开的动作，或者离开、分开的后助动词。早先很少，大约在唐代时开始使用，很多应该看作是构成等立动词或使成复合动词的。

"住"表示动作最终的状态作为不动的东西存续下来。原来"住"就是"停留"的意思，多用于和运动有关的动词。用于像"记住"那样和动作无关的心理活动的动词可能时代较晚。"住"又表示陷于困难没有对策。

"定"在现代汉语中用得很少了,是表示动作固定、确实的后助动词。有时和"住"几乎没有区别。

"来"是表示动作向说话者的方向施行的后助动词。它被看作后助动词是因为常念轻声,而且意义虚化,什么具体的意义也不表示。但较早的用法中应该看作是等立的复合动词的也很多。"来"还有表示设想、假定、条件等的。它不表示动作实际在向说话者接近,而是从在心理上感觉动作的接近而产生的,这也始于唐代。另外,从宋代开始也使用后助动词"起来"。

"去"是表示动作远离说话者而去的后助动词。"去"原是动词,它由处于等立复合动词的后一部分的用法虚化而成为后助动词。但是在唐代,表示继续的"去"不论是和动词并用还是和形容词并用,都是帮助表示单纯的状态,表示随着继续,状态渐渐加深,这种用法更为普遍。在现代汉语中用"下去"表示程度的逐渐增加,或许是由此发展来的。

(2)表示动态:动态指的是动词的时间状态。表示动态有用副词、助词的,也有用动词重复的。但更多的是用后助动词。

这种后助动词称为动态后助动词。动态后助动词多由趋向后助词发展而来,因此,是由空间概念转变为时间概念。

开始态:起来、起、上、了。

短时态:用动词的重叠形式。

持续态:表示持续的后助动词是"着"。

进行态:上来、下来、下去。

完了态:了、过、下、得。

反复态:～来、～去,动词重复两次。在唐代开始使用。古汉语中,动词的重叠形式也可表反复态。

(3)表示可能:

    A 式   B 式   C 式

肯定:V＋得、 V＋得了、V＋得＋好

否定:V＋不得、V＋不了、V＋不好

(4)表示对象处所:表示对象处所的后助动词有"给"、"到"、"在"、"的"等。"的"用法很广,所以也可以不分出来作为后助动词而仍作为助词的一种用法。其余几个词都是介词附属词化而成的,把它们看作后助动词主要根据它们语音上的特征,即它们辅助前面的动词时,中间没有停顿,常常轻声化。作为现代汉语来看,它们就不是介词的一种用法,而应该说是别的词类。

(5)表示程度状态:～大发了、～不多了、～不高儿、～不远儿、～得过。

(6)表示决定:～定了、～铁了。

(7)用以引出补语的"得"、"个":跑个冠军、冷得发抖。

8. 兼语动词。兼语动词有用于使役的和用于被动的两种。

(1)使役:现代汉语用"叫"、"使"、"让"。

"叫"原先写作"教"。可能是从教唆的意义转化而成为使役的。在古代可以叫作兼语句,但还有许多不限于明确的使役。"叫"原来是表示"呼"的意义的动词。它用在兼语句中,表示"呼唤(某某)做(某事)"的意思,后来变成单纯的使役意义。

"使"用作使役在古代汉语中是很普遍的,在现代汉语中用"使"是较文的说法。在现代汉语中还有"使得"这种说法,这原来是江南方言,意思和"使"相同。

"让"是由表示"谦让"、"劝诱"的意义的动词发展来的。"让"从那样的原义发展而来,具有委婉的意味,所以,用于容许的意义也较多。

在古代汉语中作为使役的兼语动词的除"使"之外有"令"、"遣"。从唐代开始又用"放"、"著"等。

有的兼语句不使用兼语动词,而凭借一般动词。在以这种兼语句来表达使役的情况下,它的第一个动词用"请"、"催"、"劝"、"嘱咐"、"吩咐"、"打发"以及其他各种词。

(2)被动:太田认为在现代汉语中表示被动的兼语动词有"被"、"蒙"、"叫"、"让"。被动的表达古今有很大的差别。此外,他还较详细地介绍了"被"、"蒙"、"叫"、"让"。

白话的被动句的表达很丰富。主要的有:

动词后面带宾语的;动词是使成、结果复合动词,或者是带后助动词的。

9. 同动词。同动词可以分为一致、类似、认定、同一这几类。

(1)一致。古代汉语在表示一致时不用同动词,因此,就只用等立词组来表示一致。但是,等立词组是不明确、不稳定的,所以,只用等立词组来表示一致比较少,较多的是用某些词来辅助,以期意义的明确,如助词"也"。

在《史记》中有若干"是"用作同动词的例子。在文章中普遍用是从魏晋开始。"是"成为同动词后,还担负了别的各种职能,其中之一是表原因。还有像"是中国人都爱中国"那样,指所有事物的。"好是好"这种姑且承认,然后又转折的说法,从明代开始可以见到。"是"的否定,在现代汉语中是"不是"。在原先,除此以外还用"非是"、"未是"。原本古代汉语的"非"是和"不是"相当的,又把它加在"是"上构成"非是"当然是不必要的,但是,"是"原本是代名词,否定它是用"非";"是"成为同动词后,大概因为在代名词的"是"前面用"非"的缘故,在同动词"是"的前面也用"非"了。

(2)类似。表示类似,古代汉语中用"犹"、"若"、"如"、"似"、"类"等,现代汉语中用"像"、"好像"、"似乎"、"如同"、"仿佛"等。

古代汉语的"犹"也写作"由",没有否定形式。"若"、"如"有否定的形式,在那种情况下从类似转而具有比较的意义。"似"也有类似的倾向。

表示类似的同动词常用与之相呼应的助词。

(3)认定。古代汉语中"认定"是用"为"来表示的。但"为"也有"变化"和"担任(官职)"的意思。"为"表示一致的用法,是由它们进一步虚化而来的。在现代汉语中用"算"、"算是"表示认定。从意义上看,"算作"同样表认定的,但它不是同动词。

(4)同一。同一用"同"、"等"、"等于"等表示。"同"早先就有,但多用作形容词,作为同动词大约是从唐代前后使用的。

"等"原来是表示等级、等类的名词,由此产生"相等"的意思。但原先是形容词,不是动词。

第四节　现代汉语动词

一、现代汉语动词的定义、语法特点和分类

动词是一种什么样的词类呢？过去诸家往往从词汇意义方面加以定义，如马建忠的《马氏文通》中说："动字者，所以言事物之行也。"黎锦熙的《新著国语文法》说："动词是用来叙述事物之动作或功用的。"王力的《中国现代语法》说："凡行为都是一种动态，所以我们把这种表示动态的词叫作动词。"概括以上各家的说法，动词无非就是表示动作行为的词。但是有些动词却并不表示动作行为，如有（我有一头小毛驴）、是（我是学生）等动词；有些如"加以"、"能够"、"具有"之类动词，本身也是不表示动作行为的。另外，有些词语表示动作，但不一定是动词，如"战争"、"思想"、"动作"、"行为"等。最重要的是汉语还有许多兼类词，如"在"、"对"等词既是动词又是介词；"活动"、"希望"既是动词又是名词。有些意义相类似，但是却属于不同的词类，如"腐烂"和"腐败"，前者属于动词，而后者却是"形容词"。因而单单靠意义来判断是否为动词，往往会迷惑我们的视线，得出"词无定类"的结论。

有些语法著作主张从"形态"来说明动词，也就是根据形态变化来判断词类。如俞敏、陆宗达替实词区分词类就是用这个标准的。他们认为汉语有狭义的形态变化，最显著的就是重叠式。动词能够重叠，重叠后表示"试一下"的意思。名词、形容词也可以重叠，但是表示的意思却不一样。汉语中也有重叠式，但是这种形态变化毕竟不是主流，绝大多数情况下，汉语都缺乏形态变化。而且有些动词没有重叠式变化，如：是、有、完成、谈话、出现、害怕、喜欢等。

汉语词类的划分既不能以意义，也不能依照狭义的形态，那么就只有语法功能了，所谓语法功能，指的是一个词在句法结构里的"活动能力"，也就是词与词的组合能力。当然有人提出可以以功能为主，参照形态和意义。如黄伯荣在《现代汉语》中提到汉语划分词类主要依据语法功能。只有在判定某些词的归类，用功能标准不足以显示其特点时，才要考虑形态和意义，在划大类中的小类时，意义常常显得很重要。黄伯荣把功能、形态和意义三者看成一个统一体，在划分词类时以功能为主，而且不同的功能也要分出主次，因为汉语词类往往是多功能的。就动词的语法特点（即语法功能上所表现出来的形态）而言，主要表现在以下几个方面：

1. 动词一般能跟否定副词"不"、"没"、"没有"相结合，否定副词"不"、"没"、"没有"在动词的前面修饰动词。如：不吃、没来、没有去等。动词跟否定副词"不"、"没"的结合具有普遍性。虽然有些词如"是"、"像"等少数几个词不能跟"没"结合，"有"、"开始"等不能与"不"结合。但是不能和"不"结合的，能与"没"结合，不能与"没"结合的可以与"不"结合，如"不是"、"不像"。

2. 大多数动词不能与程度副词相结合。如不能说"很走"、"非常休息"等。但是表示心理动作的动词可以和程度副词结合，如"很想念"、"很喜欢"等。有时动词前有程度副词。但不是修饰动词的，而是修饰整个述宾短语，如"很解决问题"、"很成问题"等，其实动词仍不能和副词相连，如不能说"很解决"、"很成"等。

3. 多数动词后边可以加动态助词"了"、"着"、"过"等表示某种动态。但是有一部分动词后面却不能加动态助词，如"在"、"像"、"加以"等。比较起来，动词后面能加助词"了"的比能加动态助词"着"、"过"的要普遍一些。

4. 大多数动词能带动量补语。但是也有一些不行，如"是"、"属于"、"像"、"希望"等。相比较加动量补语的动词比较普遍，如"打一顿"、"跑一圈"、"看一遍"。

5. 动词前边加体词，一般能组成主谓结构，即动词能作谓语。动词作谓语一般可以用肯定否定相叠的方式进行提问。

6. 动词重叠可以表示短时态或尝试态，即带有"试试"或"一下"的意思。汉语中相当一部分动词都具有这种变化，但是也有一部分动词，如"活"、"是"、"有"、"希望"、"开始"等没有这种重叠形式，所以普遍性差一些。

7. 动词后可以带名词宾语、双宾语、动词宾语、形容词宾语、小句宾语。比较特殊的是兼语句和存现句（动词加名词表示出现、消失、存在）。

对于上边所说的特点，在区别动词和其他词的时候，或判断某个词是否为动词时，都可以作为根据。但是有两点必须要注意：①对上述特点要区别对待。有些对内具有很大的普遍性，如能够跟否定副词；有一些对内的普遍性要小一些，如能带动态动词，能带补语，能重叠以后表示短时态或尝试态。普遍性大的可以框住整个的动词，但是普遍性小的在区分词类的时候也有一定的参考价值。②上边的特点，有些对外有一定的开放性。比如作谓语而言，形容词也可以作谓语，但就名词来说，不失为动词的一个特点。

动词和形容词的区别，历来是词类区分中一个争议比较大的问题，主要是因为汉语的动词和形容词，有很多共性。例如，动词和形容词都能作谓语；动词和形容词都能跟否定副词"不"结合；动词和形容词都能用肯定否定相叠的方式进行提问。正因为这样，许多语法书把动词和形容词合起来概括为一个更大的类，叫作"谓词"或"用词"，跟体词相对立。有些语法书干脆把动词和形容词合在一起，讲广义动词：吕叔湘的《汉语语法分析问题》把形容词看作动词中的"一种半独立的小类"，赵元任的《汉语口语语法》称形容词为不及物性质的动词。但是广义动词的内部还是存在着分类的问题，即动词和形容词如何划的问题。如《马氏文通》说："凡实字以言事物之行者曰动字"，"凡实字以肖事物之形者曰静字"。对于这一问题，过去有过几种说法：

①以意义为标准很不可靠，一来，意义相同的不一定是同类词。比如勇敢和勇气，在意义上似乎都可以说是"肖事物之形"，但都不是形容词；思维和思想，在意义上也可以说是"言事物之行"，但都也可以看成是名词。另外有些词在意义上很难拿得准，如"饿、饱"既可以说是肖事物之形，又可以说是言事物之行。

②依据词类在句子中的成分来加以区分。如黎锦熙的《新著国语文法》说："国语的 9 种词类，随他们在句中的位置或职务而变更，没有严格的分业"，也就是"依句品词"。这样也是很不可靠的。首先，"作述语"并不是动词的专利，形容词也可以作述语；其次修饰名词的也不一定都是形容词，也可以是动词。

③依据能否带宾语来区分。这种方法也有缺陷，因为不是所有的动词都能带宾语。

④依据能否跟"很"字结合来区分。确实大多数形容词能跟"很"结合，但有的却不可以，如红彤彤、乱哄哄等。另外，有的动词却能与"很"字搭配，如希望、愿意等。

所以替动词和形容词划界,必须依据它们各自的语法特点,分几个步骤。首先分出非谓形容词,然后分出复杂形容词,最后替简单形容词划界。简单形容词划界是可以依据能否跟程度副词,能否与"很"字结合,同时还要注意兼类的问题。

下面再来探讨动词内部分类的问题。动词内部复杂,因而可以依据不同的标准再进行分类。以下我们介绍几种分类的方法:①根据意义分类。有些著作,例如《中国文法要略》就依照意义和作用,把动词分为表示活动的动词、表示心理活动的动词、表示不很活动的动词、简直算不上活动的动词。吕叔湘的《语法学习》则把动词分为 3 类,分别为表示"有形的活动"的动词、表示"心理的活动"的动词、表示"非活动的行为"的动词。《普通话三千字常用字表》也是这样分类的,它把动词分为以下 15 类:表示五官的动词,表示主要用胳膊、手的动作的动词,表示整个身体的动作和生理变化、医疗等的动词,表示主要腿、脚动作的动词,表示日常生活的活动的动词,表示讲话、交际和办理事务等社会活动的动词,表示工农业生产、经济商业活动等的动词,表示政治、法律等社会活动的动词,表示军事、公安的动作的动词,表示旅游、运输和通讯的动词,表示教育、研究、书写、出版的动词,表示文艺、体育、游戏、娱乐活动的动词,表示感受、知觉、思维等心理活动的动词,表示自然界和一般事物的运动变化的动词,表示愿望、趋向、判断的动词。《中学教学语法提要》大体上也是从意义出发分类的,分成 7 类:表示动作、行为的动词,表示存在变化的动词,表示心理活动的动词,表示使令的动词,表示可能、愿意的动词,表示趋向的动词,表示判断的动词。②根据带宾语的情形分类。为此,有些语法书把动词分为及物动词和不及物动词两大类。张斌又进一步把及物动词分为必须带宾语的动词和可带可不带宾语的动词(后一种占绝大多数);可以带宾语的动词还可以根据带宾语的数量,分为带单宾语的和带双宾语的两类。另外还可以把不及物动词分为不能带宾语的和可以带施事宾语的动词。有些语法书则根据宾语的情况分为体宾动词和谓宾动词。如朱德熙的《语法讲义》就把动词分为体宾动词和谓宾动词,他说:"有的动词只能带体词性的宾语,不能带谓词性的宾语,如骑(马)、买(票)……我们管这类动词叫体宾动词。有的动词能带谓词性的宾语。如能(去)、会(写)……我们管这类动词叫谓宾动词。"有些语法书还加了一个带体谓宾的动词,这类动词既可以带体词性宾语又可以带谓词性宾语。③根据动词所联系的强制性名词性成分的数目进行分类。这样可以把动词分为单价动词、双价动词和三价动词(也有人把"价"称作"向")。联系着一个强制性名词性成分的动词,称作单价动词,如"来"、"病";联系着两个强制性名词性成分的动词,称作双价动词,如"看"、"写";联系着三个强制性名词性成分的动词叫三价动词,例如"给"、"告诉"。④根据语义特征分类,也就是根据动词对某个语义特征取值的情况分类。如,可以根据【+—自主】的语义特征,把动词分为自主动词和非自主动词。根据【+—持续】的语义特征,把动词分为持续动词和非持续动词。

以上介绍了动词的几种分类方法,有的语法书还分别对各种特殊的动词加以解释,如张斌的《新编现代汉语》还列出了动词附类,其中包括判断动词、趋向动词、能愿动词,还详细地介绍了各小类动词的语法特点和用法。

杨树达在《高等国文法》分动词为内动词、外动词、同动词和助动词。

赵元任在《汉语口语语法》提出广义上的动词,即任何可以受"不"或"没"修饰,可以作谓语或谓语中心成分的词。按照出现的环境为分 9 类:不及物动作动词、不及物性质动词(即形容词)、不及物状态动词、及物动作动词、及物性质动词、分类动词、"是"和"有"、助动词、广义上的动词。他是现代汉语动词分类的鼻祖。

根据动词的表义功用现代汉语动词可作以下分类：

①动作行为动词：走、坐、看、听、打、拿、批评、宣传、保卫、学习。

②心理活动动词：爱、恨、怕、想、喜欢、害怕、想念、觉得。

③表示存在、变化、消失：有、在、存、存在、出现、失去、消失。

④判断动词：是。

⑤能愿动词：能、会、愿意、敢、应该、要。

⑥趋向动词：上、下、进、出、回、过、起、开、来、上来、下来、进来、出来、回来、过来、起来、开来、去、上去、下去、进去、出去、回去、过去、开去。

下面我们再来分析一下动词在句子中间与名词的语义关系，因为这也是句法分析的重点。动词跟名词性词语之间的这种语义关系，也叫作"格关系"。其中名词性成分经常担任的语义角色是施事、受事、系事（与系动词连接的对象）、与事（动作行为的间接承受者）、结果、工具、方式、处所、时间、目的、原因、材料、致使（动作行为使动的对象）、对象。名词语义角色实际还有好多种，它与动词直接结合，也可以靠介词引进，因此介词也叫作"格标记"。另外，动词和名词之间的语义关系是由它们双方共同决定的，用一个动词与不同的名词搭配，就会产生不同的语义关系。

二、现代汉语动词的重叠形式

汉语动词一般为单音节和双音节，少数三音节的都是所谓的短语词，如"犯不着、免不得"等，它们都不能重叠。所以重叠只限于单音节和双音节的动词。

（一）单音节动词的重叠式

1. AA 式：如"看看、玩玩"等表示动作短暂或微量，也可表尝试或祈使等语义。AA 中间不停顿，后一音节须读轻声。

2. A 了 A 式：一般表示动作完成的意思。如"转了转车、擦了擦钟"等。

3. A 一 A 式：这类与 AA 式语法意义基本相同。加"一"更强调短促。如"推一推、看一看"，但不等于"A 一下"的意思。

4. A 了一 A 式。与"A 了 A 式"语法意义基本相同，也表示动作完成的意义。如"心横了一横、看了一看"等。其中"一 A"不轻读，不能去掉，也不能换为别的数量词组，否则为动量补语。如"看了一次、听了三回、学了三天"等后面的"一次、三回、三天"都是补语。

5. A 着 A 着式：中间不停顿，表示动作的连续。如"走着走着"、"洗着洗着"等，中间不能加标点。

（二）双音节动词的重叠式

1. ABAB 式：这是最常见的双音节动词重叠式。如"研究研究"、"商量商量"等。

2. AAB 式：内部结构为述宾型的，先让动词语素重叠后带宾语形式，可看作是单音动词重叠加上宾语的凝固。如"眨眨眼、帮帮忙、会会面、加加工、站站岗、说说情"等。

3. AABB 式：这类动词有人称为"状态动词"。它用的是形容词常见的重叠式，其内部结构一般都是同义或近义语素的联合，重叠后表示频率大或动作反复交替，具有很强的描写性,但它同一般行为动词又有相似的句法功能,可带时间、处所、对象、情态等类型状语;在句中可作谓语、定语、宾语等,所以不宜作形容词看待。AABB式内部又可分为二小类:

①有原式AB的:这类占多数,它是按语素逐个重叠而成的。如"拆拆洗洗、嘀嘀咕咕、唠唠叨叨、溜溜达达、拉拉扯扯、来来回回、勾勾搭搭、抄抄写写、拖拖拉拉、摇摇晃晃"等。

②无原式AB的:这类是单音动词A和B各字重叠后并列一起造成的,最初是句法上重叠,经长期使用,逐步变成词法上重叠,意义上也发生了融合。但有的比较凝固,有的则还比较松散。如"吵吵嚷嚷、骂骂咧咧、吹吹拍拍、出出进进、蹦蹦跳跳"等。

第三章　形容词的发展

形容词是表示性质、状态的词,它同动词一起被合称为谓词,因为都能作谓语。

第一节　上古时期汉语形容词

一、殷商时期的形容词

(一)分类

张玉金在《甲骨文语法学》中说:"表示性质、状态的词叫形容词。"他把甲骨文中形容词的种类归纳为:

1. 性质形容词:如"新、旧、大、小、白、黑、幽、赤、黄、利、嘉、凄、苦、吉、安、高、鲁、疾、宁、引、弘、及、物、埴、正"等。

2. 不定数量形容词:如:"多、少"等。

(二)语法功能

1. 作谓语或谓语中心,如"小驮子白? 不白。"(《甲骨文合集 3411》)

2. 能受副词、特别是否定副词"不"的修饰,也可以受介词结构的修饰。如"左赤马其利?"(《甲骨文合集 29418》)

3. 作定语。作定语的形容词都出现在名词前,如"疾雨亡丂?"(《甲骨文合集 12900》)在形容词定语和名词中心语之间不能插进其他词性的词,其他词性的词跟"定形＋中名"结合时,只能加在他们的前边或后边。如"白马五"(《甲骨文合集 9177》)、"我家旧老臣"(《甲骨文合集 3522》)。名词性中心语前的形容词定语,可以是一个,也可以是两个。有两个形容词定语的短语,又可分为两种情况:一种是两个形容词之间是并列关系,共同修饰后面的中心语,如"旧新家"(《甲骨文合集 28001》);第二种情况是紧挨名词的形容词先跟名词形成定中关系,外边的形容词再跟"形＋名"形成定中关系,如"有新大星并火"(《甲骨文合集 11503》)。

4. 作状语。甲骨文中的形容词可以出现在动词之前作状语。如"辛亥卜:小帝北巫?"(《甲骨文合集 34157》)甲骨文中的形容词可以活用为使动动词和意动动词。用如使动词的形容词主要有"宁、燠"等。如"癸卯卜,宾贞:宁风?"(《甲骨文合集 13372》)"宁风"即使风宁(停止)。

甲骨文中用如意动词的形容词很少,现在见到的,只有一个"吉"字。如"王吉兹卜"(《甲骨文合集 22913》），训为王以此卜为吉。

二、西周时期的形容词

(一)分类

此时期形容词可分为以下两类，即性质形容词和状态形容词。

1. 性质形容词。这是用来表示事物性状、性质的。这种形容词早在殷商时代即已产生，到了西周时代大量增加。例如"白、饱、卑、薄、明、艾、隘、敖、暴、悲、悖、比、敝、博"等。

2. 状态形容词。这是用来描摹事物的某种状态的。状态形容词有多种形式，有单音的，也有重言式、双声叠韵式、带词头词尾式等。如"苞、哀哀、蔼蔼、安安、奔奔、觱沸、鬅发、蔽芾、贲然、沃若、有泌、有椒、有驰"等。

(二)语法特征

1. 能受程度副词的修饰，西周汉语中有两个重要的程度副词"孔"和"大（太）"，凡是能受这种程度副词修饰的，就可以考虑是形容词。如"我有嘉宾，德音孔昭。"（春秋·无名氏《诗经·小雅·鹿鸣》）

2. 能够重叠，特别是状态形容词。重叠时一般是按 AA 式进行。如果是双音形容词，也可以按 AABB 式重叠。如：皇——皇皇，穆——穆穆等。

3. 不能带宾语。

(三)句法功能

1. 能够作定语，也能作谓语或谓语中心，如："帝谓文王，予怀明德"（春秋·无名氏《诗经·大雅·皇矣》）"天保定尔，亦孔之固。"（春秋·无名氏《诗经·小雅·天保》）

2. 作主语、宾语。形容词带上别的词语，构成短语之后再作主语、宾语。常见的是在形容词之前加上"其、厥"或其他定语，形成定中短语之后再作宾语，如"周道如砥，其直如矢"（春秋·无名氏《诗经·小雅·大东》）。或者两个形容词联合，构成一个并列短语，然后再作主语、宾语。如"不知稼穑之艰难。"（春秋·孔子整理《尚书·无逸》）单个形容词也可以作主语、宾语，如"惟厥罪无在大，亦无在多"（春秋·孔子整理《尚书·康诰》）

3. 作状语。如"其永宝用之。"（周·无名氏《善鼎铭》）

此时期形容词活用可以分两类，一是形容词活用为名词，二是形容词活用为动词。形容词活用为名词，这在此时期比较常见，如"靡明靡晦，式号式呼"（春秋·无名氏《诗经·大雅·荡》）。形容词活用为动词，这有三种情况：一是形容词用作一般动词，如"何草不黄，何人不矜"（春秋·无名氏《诗经·小雅·何草不黄》）；二是形容词的使动用法，如"燕及皇天，克昌厥后"（春秋·无名氏《诗经·周颂·雒》）；三是形容词的意动用法，如"丕显成康，上帝是皇"（春秋·无名氏《诗经·周颂·执竞》）。

三、先秦两汉时期的形容词

(一)分类

1. 性质形容词：性质形容词主要表示人、物的品德、性质特征。可以分为 3 组。

A 组：仁、义、忠、勇、知（智）、愚、慈、孝、贤、材、（不）肖、佞、廉、贪、鄙、狂、怯、老、幼、饥、饿、渴等。

B组:清、浊、甘、酸、平等。

C组:美、丑、恶、黑、白、寒、热、虚、弊、肥、淫、乱、佚(安逸、放荡)、宽、尊、贫、富、贵、贱、刚、强(强)、懦、弱、巧、孤、危、猛、凶、文、武等。性质形容词有以下3个特点。

(1)一般不作状语,而可以作定语。如"义士犹或非之"(春秋·左丘明《左传·桓公二年》)

(2)性质形容词通常用名词性词语或代词作主语。A组形容词主要表示人的道德、品质等,特点是通常用人物名词作主语,极少用其他类别的名词作主语,如"父义,母慈"(春秋·左丘明《左传·文公十八年》);B组形容词主要表示事物的特征,特点是通常用无生名词作主语,很少用有生名词作主语,如"其味甘"(春秋·无名氏《礼记·月令》);C组形容词表示人、物共有的特征及境况:用无生名词和有生名词作主语都较常见,如"山林川谷美,天材之利多。"(战国·荀子《荀子·强国》)

(3)在A组和C组中,有些形容词常表示某种道德规范。如:仁、义、忠、知(智)、孝、武等。它们常与动词性词语构成复句或连谓短语,从而对人们的行为作出评价。

2. 形态形容词:形态形容词主要表示人、物、事的形态、数量特征,可以分为3组。

A组:深、远、博、厚、长、广、高、大、巨、重等。

B组:浅、近、薄、短、小、轻等。

C组:坚、止、直、新、旧、静、疏、急、严、明、少(shào)、长(zhǎng)、丰、盛、寡、众、善、良、同、异等。

形态形容词有以下4个特点。

(1)形态形容词一般都可以作状语。如"小人长戚戚。"(春秋·孔子《论语·述而》)

(2)形态形容词常用体词性词语作主语。如"术与夜孰长。"(战国·墨翟《墨子·经说下》)除了用体词性词语作主语之外,一般地说,A组形容词用之字短语、谓词性词语作主语较常见;C组形容词用主谓短语、谓词性词语作主语较常见;而B组形容词充当谓语时,这3种主语都较少见。

(3)A、B两组形容词所表示的形态本来都是可用数量单位计量的,但在表示计量时,通常只是使用A组形容词。A组形容词可以用数量短语作谓语。由形容词加数量短语所构成的主谓短语说明有关事物在某种形态方面的数量特征,如"洞深,峭如墙,深百仞。"(战国·韩非《韩非子·内储说上》)

(4)B、C两组形容词的后边一般不加数量短语作谓语。B组与A组形容词具有反义关系,它们时常组合成联合短语,说明形态上互相对立的两个方面。如"量地远近,兴事任力"(春秋·无名氏《礼记·王制》)。C组形容词很少与A组形容词组合成联合短语使用。如"铠甲不坚者伤乎体。"(战国·韩非《韩非子·五蠹》)

3. 事态形容词:事态形容词主要表示对行为、事态的评价。可以分为3组。A组:难、易(容易);B组:宜、甚、久、速;C组:多、少。事态形容词有两个特点:

(1)事态形容词通常用作状语,很少作定语。在形容词中,"难"、"易"比较特殊,它们作状语时,具有其他形容词都没有的特点:主语经常表示受事。如"众怒难犯"(春秋·左丘明《左传·襄公十年》)。

(2)事态形容词常给之字短语、主谓短语、谓词性词语作谓语。其中,A、B两组给这3种词语作谓语最常见。"难"、"易"主要说明完成某种行为的费力程度,较常给谓词性词语作谓语;"宜"、"速"主要对事件加以评价,较常给之字短语作谓语;也较常给主谓短语作谓语。"甚"用之字短语、主谓短语作主语都较常见。

(二)语法特点

1. 形容词都可以不带宾语;如果带宾语,不能带直接宾语、间接宾语。个别形容词可与行为动词兼类,或活用为行为动词,在这种情况下,它们可以带间接宾语、直接宾语,同时,词义也发生显著的变化。

2. 性质、特征有一定的主观性,所以形容词带宾语时,可以带意动宾语。

3. 性质、特征一般有程度上的差异,因此形容词可以受程度副词修饰。甚、愈、俞、弥、益、兹、加、太、已、至、最、极是较常用的程度副词。

4. 性质、特征可以用作谓语来说明有关的人、物,也常用作修饰成分来说明人、物。因此,形容词经常用作定语。单音节形容词作定语时,其后一般不必用"之",例如"白"、"美"是两个比较常用的形容词,它们除了用作谓语的例句外,最常见的是作定语。

(三)句法功能

1. 作句子的述谓。在主题句中,单音形容词往往对主题的性状作出带有主观色彩的评判,或对主题语进行描写。形容词作述谓的另一个功能就是带宾语。形容词带宾语大多取"施事语＋形容词＋宾语"的形式,变化不多。偶尔可以取"双形共宾"的形式,如"我远而慢之"(春秋·左丘明《左传·襄公三十一年》),偶尔也对以取倒装宾语的形式,如"吾不能是难"(春秋·左丘明《左传·昭公元年》)。形容词作述谓可以用来表示比较,被比的可以是人、事物,也可以是事件,这主要有以下几种格式:甲 A 于乙,即述谓形容词带补语表示比较的对象,如"鲁之群室众于齐之兵车"(春秋·左丘明《左传·襄公十一年》);甲与乙孰 A,"与"字也可省去,如"父与夫孰亲"(春秋·左丘明《左传·桓公十五年》);N 孰 A 焉? N 往往是一个小主题语。N 前总有一个更高层次的主题语,如"奸王之位,祸孰大焉?"(春秋·左丘明《左传·庄公二十年》)"强本而节用,则天不能贫。"(战国·吕不韦《吕氏春秋·慎大》)

2. 形容词的主、宾成分功能。形容词直接作主语成分和宾语成分。相比之下,形容词作主语的用例远不如作宾语多,而且作主语时都需要一定的条件:①用于两相对比的情况。有3 种格式:主、宾对比,如一"且夫贱妨贵、少陵长、远间亲、新间旧、小加大义,所谓六逆也"(春秋·左丘明《左传·隐公三年》);并列句对比,如"是以远至迩安"(春秋·左丘明《左传·襄公二十四年》);并列词对比,如"美恶周必复"(春秋·左丘明《左传·昭公十一年》)。②形容词前有修饰语,例如"君之暴虐,子所知也。"(春秋·左丘明《左传·襄公十四年》)。③形容词前另有主题语,也使词义落实。例如:"师,直为壮,曲为老。"(春秋·左丘明《左传·宣公十二年》)④形容词作兼语,兼有宾语和主语的双重身份。如:"无不祥大焉。"(春秋·左丘明《左传·襄公三十年》)⑤形容词居于主题的地位,实际上是提前的宾语。如:"忠、信、笃、敬,上下同之。"(春秋·左丘明《左传·襄公二十二年》) 形容词作宾语的情况是大量的。但是像"兄弟致美"(春秋·左丘明《左传·文公十五年》)这样作宾语的形容词直接充任句子成分的情况还不多见。大量的用例是形容词作宾语的结构充任句子的某一成分。作宾语的形容词有时可带副词"不",谓词性很强。有时作宾语的形容词又带有定语,显示出体词的特点。

3. 形容词还具有作补语、状语等其他功能。作补语:《诗》曰:"惟此文王,小心翼翼。"(战国·吕不韦《吕氏春秋·行论》)

这是引自《诗经》的,先秦两汉时期,复音性质形容词不直接当补语,但单音性质形容词可以直接充当补语。

恐听缪而遗使者罪。(战国·吕不韦《吕氏春秋·贵生》)

晋文公亡久矣。(战国·吕不韦《吕氏春秋·不苟》)

作状语:

白露早降。(战国·吕不韦《吕氏春秋·季冬》)

大器晚成。(战国·吕不韦《吕氏春秋·乐成》)

四、上古时期汉语形容词演变情况及特点

(一)数量逐渐增加,用法逐渐增多

根据梁银峰《甲骨文形容词研究》,这一时期前期共有形容词 30 个。根据殷国光《〈吕氏春秋词〉类研究》,这一时期晚期出现在《吕氏春秋》这本书上的形容词:性质形容词 492 个,状态形容词 79 个,合计 571 个。显然数量有了很大的增加。

从功能来说,形容词的基本句法功能是做定语、状语和谓语。在甲骨文里,形容词作谓语、定语、状语。到了上古后期,以《吕氏春秋》为例,形容词可作主语、宾语、谓语、定语、状语、补语,分别是 78 例、164 例、392 例、177 例、102 例、14 例,分别占的百分比是 13.7%、28.7%、68.7%、31%、17.9%、2.5%。

(二)形容词词尾的发展

甲骨文中没有发现形容词词尾,周代产生了形容词词尾"然"、"焉"、"如"、"乎"、"若"、"而"、"尔"等。《吕氏春秋》还出现了"然"、"焉"、"乎"、"其"4 个形容词词尾。新出现了"其"这一形容词词尾。

(三)形容词词头的发展

"有"字可以放在单音形容词前,构成复音形容词。这种形式在甲骨文中没有发现,在《诗经》里出现多次,如:"子兴视夜,明星有灿"(春秋·无名氏《诗经·郑风·女曰鸡鸣》)。但到了晚周时,"有"作为形容词词头就很少见了。

(四)形容词重叠

1. 单音词重叠。在甲骨卜辞里未见,但已出现于《尚书》、《诗经》,这是最早可见的一种形式。

2. 复音词重叠。在《诗经》时代已经盛行,历代作品里都不断地涌现着这种结构的新词,有的一直沿用到现代汉语。

3. 词根加词尾。这种词尾常见的有"然"、"如"、"若"、"尔"、"而"、"焉"、"乎"7 个。这 7 个词尾,在先秦典籍里是使用得很普遍的,但是其中仍有一些差异,如《诗经》和《庄子》较多用"然",《孟子》也"然"多于"如",《论语》和《周易》则"如"多于"然",《左传》又往往用"焉"。

4. 词根重叠后加词尾。这种形式比上述 3 种似乎产生得较晚,但也不算很晚,春秋时代已有不少例子,战国就更普遍了。

5. 词根接叠音词尾。这种词根,它本身就是形容词,加了叠音词尾以后,就比原来的单音形容词更富于形象性。从《论语》里已有一些这种结构的词来看,这种词产生于春秋以前是可能的。在战国时期的《楚辞》里,带叠音词尾的形容词更是大量使用。

第二节　中古时期汉语形容词

一、魏晋南北朝时期的形容词

（一）分类

1. 性质形容词：表示事物的性质。如：缤纷、扶疏、广大、狭隘、笨拙、灵巧、细致等。

2. 状态形容词：表示人或事物的形态。如：长、短、高、矮、新、旧等。

3. 象声形容词，常用重叠音节的形式来模仿声音。如：嘤嘤、霍霍、萧萧等。

（二）语法功能

1. 作谓语。绍益骄，与太祖书，其辞悖慢。（晋·陈寿《三国志·魏志·荀彧传》）

2. 作宾语。事毕，兴问所食几何？续因口说六百余人，皆分别姓字，无有差谬。（南朝·宋·范晔《后汉书·独行传·陵续》）

3. 作定语。内外无幸曲之私，在上无矜大之色。（南朝·宋·范晔《后汉书·明帝纪》）

4. 作状语。于是大人先生乃逌然而叹。（晋·阮籍《与山巨源绝交书》）

5. 作主语。危可使安，死可使活。贵可使贱，生可使杀。（晋·鲁褒《钱神论》）

6. 作补语。每被课笃，勤劳经史，未知为子，可得安乎？（北朝·北齐·颜之推《颜氏家训·勉学》）

二、隋唐五代时期的形容词

（一）分类

1. 性质形容词：表示事物的性质，如：覆𥧔、憨痴、荒唐、慷慨等。

2. 状态形容词：表示人或事物的形态，如：湢灡、斑白、惨惨、刀刀、的的、娇饶、匼匝、嵘峭、宛转等。

3. 象声形容词：常用重叠音节的形式来模仿声音，如：檆檆、沥沥、喃喃等。

（二）语法功能

1. 作谓语。此翁白头真可怜，伊昔红颜美少年。（唐·刘希夷《代悲白头翁》）

2. 作状语。虬髯默默居未坐，见之心死。（五代·杜光庭《虬髯客传》）

3. 作主语。少壮能几时，鬓发各已苍。（唐·杜甫《赠卫八处士》）

4. 作定语。苍苍蒸民，谁无父母？（唐·李华《吊古战场》）

三、中古时期形容词的演变情况及特点

形容词在先秦两汉时期已经得到较为充分的发展。形态方面，出现了"然、如、若、尔、焉、乎"等一批后缀，重叠形式有 AA 式（如春秋·无名氏《诗经·小雅·白驹》"皎皎白驹"）、ABB 式（如战国·屈原《楚辞·九章·悲回风》"缥绵绵之不可纤"）、AABB 式（如春秋·无名氏《诗经·小雅·小宛》"战战兢兢，如履薄冰"）；功能方面，形容词可以充任定语、状语、谓

语、补语;这些特点,从魏晋南北朝时期继承下来得到运用。而形容词进一步的重要发展,例如一直沿用到现代的后缀"的、地"的产生,由 AB 式形容词重叠而成的 AABB 式,以及夹有中缀"里"的 A 里 AB 式,这些又都是唐代及以后产生的语法现象。因此可以约略地说,此期形容词出现重要的质的演变并不很多,发展的主要表现反映在某些固有形式运用的数量以及组合关系有所变化上。

(一)AA 式重叠形容词

AA 式重叠形容词起源很早,《诗经》中即有少数用例,秦汉时期续有沿用。这一期间 AA 式形容词的主要作用在于摹绘事物状态,用上了 AA 式形容词比单音节形容词具有更为浓重的描写性质。东汉以后,这种用法增多,同时在描写性质的基础上又加重了修辞上的强调作用。在魏晋南北朝时期,它在诗歌中较为常见,也可用于散文之中;当它用于散文中时,修辞上的强调作用似乎显得更重一些。AA 式重叠形容词在句中主要充任定语、状语、谓语。如:"昭昭素明月,辉光独我床。"(魏明帝《乐府诗》)

(二)形容语词尾的规范

上古时期形容词词尾"如"、"若"、"焉"、"而"、"尔",到了中古,逐渐被淘汰,大多被"然"所代替。如"沃若"改"沃然","卓尔"改"卓然","忽焉"改"忽然","空空如也"改"空空然",等等。"然"词尾仍然保留在中古时期里广泛使用。

此期出现了一个比较特殊的后缀"馨"字,主要有两类用法:①用于"好像"义的动词"如"字及其宾语后,表示"像……一样"、"像……一般"。如"冷如鬼手馨,强来捉人臂"(南朝·宋·刘义庆《世说新语·忿狷》)。②用于"宁、尔、如"等指示代词后,表示"那样、那般"或"这样、这般"。如"将刀来,破我腹,那得生如此宁馨儿!"(南朝·梁·沈约《宋书·前废帝纪》)

中古还产生了新的形容词词尾"底"、"生"、"地"。它们都产生于唐代。如:"借问别来太瘦生,总为从前作诗苦。"(唐·李白《戏杜甫》)又一日,雪峰告众云:"当当密密底。"(五代·静、筠二禅师《祖堂集》)"如何是水牯牛?"曹山云:"朦朦朣朣地。"(五代·静、筠二禅师《祖堂集》)刺史再问,师云:"太钝生。"(五代·静、筠二禅师《祖堂集》)

蒋礼鸿在《义府续貂》"馨"字条指出"馨"、"生"演变的情况:"唐人虽犹有'馨'语,而用之者盖稀,于是'生'字起而代之。若'太憨生'、'太瘦生'、'可怜生'之类是也。唐人小说称隋炀帝使虞世南作诗嘲袁宝儿曰:'垂肩嚲袖太憨生。'则隋、唐之间其为'馨'与'生'嬗变之交乎?"

(三)与其他词类的组合关系

先秦时,表示性状的叠音形容词充任定语、谓语时,它们在位置上同被修饰、被说明的名词直接相连,其间一般没有其他修饰成分,例如"渐渐之石"(春秋·无名氏《诗经·小雅·渐渐之石》)、"南山崔崔"(春秋·无名氏《诗经·齐风·南山》)。大约汉末开始,情况有了变化,表示性状的叠音形容词与被修饰、被说明的名词之间又可出现其他修饰成分,这在《古诗十九首》中表现得尤其明显。此期继续沿用,也是常见于诗歌之中。如"郁郁涧底松,离离山上苗。"(晋·左思《咏史》)

第三节　近代时期汉语形容词

一、宋元时期的形容词

(一)分类

1. 性质形容词:表示事物的性质。如:愚痴、回惶、仔细、质、羸、皎洁、衰老、贵、巉刻等。

2. 状态形容词:表示人或事物的形态。如:忡忡、滔滔、清夷、浩浩汤汤、隐耀、冥冥、郁郁、苍皇、卓卓、侃然、历历、区区、蔚然、穷厄等。

3. 象声形容词:常用重叠音节的形式来模仿声音。如:哕哕、潺潺、钒钑铮铮、唧唧等。

4. 后缀形容词:ABB 式的形容词。如:孤另另、尖趫趫、冷落落、明朗朗、絮叨叨、急忙忙、笑喧喧、闷恹恹、媚孜孜、怨哀哀、焦聒聒等。

(二)句法功能

1. 作定语。只是一个乡里粗鄙人,不识义理。(宋·程颢、程颐《二程语录·遗书》卷二下)

2. 作状语。如韩王者,当代功臣,一宅已致而欲有之,大煞不识好恶。(宋·程颢、程颐《二程语录·遗书》卷十)

3. 作补语。当时虽领此语,然不若近时看得更亲近。(宋·程颢、程颐《二程语录·外书》卷十二)

4. 作谓语。谷不登,麦不长,因此万民失望,一日日物价高涨。(元·刘时中《正宫·端正好》)

二、明清民初时期的形容词

(一)分类

1. 性质形容词:表示事物的性质。如:耄毛、卑、惊悸、旷古、宛娈、哀薄、伉直、惨戚等。

2. 状态形容词:表示人或事物的形态。如:煜然、畅达、奄奄、惨沮、涔涔、烨然、岑岑、徐徐、傲然、暇整、皦皦、像意、汲汲等。

3. 象声形容词:常用重叠音节的形式来模仿声音。如:呱呱、瓮瓮、洶洶、呵呵、簌簌等。

4. 后缀形容词:ABB 式的形容词。如:红鲜鲜、闹热热、暖烘烘、尖邓邓、赤白白、紧棚棚、细弯弯、轻袅袅、翘尖尖、香喷喷、平坦坦等。

(二)句法功能

1. 作谓语、补语。杭有卖果者,善藏柑,涉寒暑不溃,出之烨然。(明·刘基《卖柑者言》)

2. 作宾语。但生自蓬荜,安于贫贱久矣。(明·瞿佑《翠之传》)

3. 作状语。忽然间昏惨惨云迷雾罩,疏喇喇风吹叶落。(明·李开先《宝剑记》)

4. 作主语。邑邑而归,忧恸交集,又恐翁来视女,无词可以相对。(清·蒲松龄《五桂庵》)

5. 作定语。霎时间画就了这一幅惨惨凄凄绝代佳人绝命图。(清·洪昇《长生殿·弹词》)

三、近代汉语形容词的演变情况及特点

杨建国在《近代汉语引论》中把近代汉语形容词分为:性质形容词(单音节形容词如"白、清、大",AA式形容词如"淡淡、红红儿",AB式并立格形容词如"齐整、温柔"),状态形容词(AB式偏正格形容词如"斑白、焦干",ABB式形容词如"破设设、羞答答",ABC式形容词如"灰不答、呆答孩",AABB式形容词如"标标致致、即即世世",ABCD式形容词如"乞留屈律、滴羞笃速")。他认为近代汉语形容词的语法特点是单音形容词可以作状语。单音节性质形容词原本以作定语与谓语为常,可在发展过程中,它的一些成员悄没声地伸入了状语领域。这个过程汉魏时期就已开始。如"横刀",《集韵》释为"不顺理",分明是个形容词,故《汉书·主父传》"或说偃曰'太横!'"中,"横"就已用作谓语。进入近代,这进程速度加快,范围推广,而词义也悄悄地渐有转移。

太田辰夫的研究中提到了后助形容词,现代汉语的形容词有带附属词的,如"好多了",它构成一个句节,中间不能有停顿。而且,既不能用"少"、"不多"等来替换"多",也不能用"吗"、"呢"、"吧"等来替换"了"。因此,这个"多"不是形容词、副词,这个"了"也不是助词,只有把"多了"作为一个附属词来对待。这种后助形容词是现代汉语或白话所特有的,在古代汉语中没有。现代还没有完全成为附属词,也有不太稳定的,但看来设立这样一个词类是有必要的。后助形容词也有偶尔放在表心理活动的动词后面的,但以放在形容词后面为原则,所以,暂且不归入别的词类。促使这种后助形容词发达的原因是白话中比较句的发达。

(一)用于比较句的后助形容词

～得多　可能从元代开始使用,但在清代的标准语中很少见。如:"他的算计比你高的多。"(元·王晔《桃花女》第三回)"他肚子里比我们强得多呢。"(清·陈森《品花宝鉴》第五回)"～得多"也写作"～的多",前者较早,是从原本为结果补语的形式转化而成的。后助形容词"～得多"在宋代似乎没有,但宋代有作为结果补语的"～得多"。如:"如此逐旋崖去,崖得多后却见头头道理。"(宋·朱熹《朱子语类》卷十)

～多了　原来是结果补语,是"过多"、"多余"的意思,如:"你休打多了,则打两钟儿来勾了。"像这个例子那样,是用在动词后面的,但因为形容词也作述语,由此类推,也可以附着在形容词后面的,但直到明代,似乎还没有见到附着于形容词表比较的用法。

～多着呢　元代有"～多着哩"。原来"着"是后助动词,"哩"是助词,后来凝固成一个附属词。早先还有不用"着"的。"你是释迦牟尼佛?比佛少多哩。""你嫁了我时,比别人不强多着哩。"助词"哩"在清代标准语中没有,而是写作"呢",因而"多着哩"也变成了"多着呢"。

(二)不用在比较句中的后助形容词

～得很　"很"在元代写作"哏",稍晚写作"狠",再晚写作"很",它是副词,但原来说不定是个形容词,如:"那几个守户闲官老秀才,它每都哏利害。""哏"在元明的一般文献中很少用,但在《元典章》等特殊的文献中相当多。这是显示了方言的差异。"～得很"原来可能是结果补语,转化为附属词。元明时也有,但较罕见,到清代就很常用了。

～得慌　这是表示生理的痛苦程度之深的,原先也是结果补语,"由于……而惊慌"之意。现在两个字都读轻音,附属性很强,所以有人认为是后缀。也有认为是"～得很"音讹而成"～得慌"的,但这种说法不对,这两者是不同的。在元明,"～得慌"用得较多。如"被他打

搅得慌",试考察一下,这样附着在动词后面的例子很多,尤其是那些表示被动,或能带"了",以及"得"和"慌"的例子,就可以明白它在早先是结果补语,不过,和现代汉语相同的用法,从前也能见到,如"爹爹,我饿得慌"。

～了去了　是表示程度之甚和数量之过度的。如"人数多了去了"。有时也表示随着时间过去而程度加深的。如:"你心地好了去了。"(明·兰陵笑笑生《金瓶梅词话》第四十六回)但是不能追溯到比元代更早。作为这个词的中心的当然是"去"。"去"在唐五代产生了表示持续而程度的加深的用法。如"是个少年皆老去"(唐·杜荀鹤《重阳日有作》)这种"去"有时构成"将去",放在动词后面,这是近古以"下去"来表示的继续态的源头。如"不别运为,讶将去,钻将去,研将去"。这种"将"是由表示"持"的意思的动词转化而成的后助动词(或中缀),近古用得很多,但现代不用。现代和这个词非常近似的有"了",较早的用例有"如遇试则入去,据己见写了出来"。这也许让人感到和现代汉语的中缀"了"稍有不同。但是这种"了"用得多了,就失去自身的意义,而变成现代汉语那样的中缀了。这种"了"的中缀化的用法,原来是只能放在动词后面的,而在形容词后面也用,首先就出现了"好了去"之类的形式,在它后面再和助词"了"合用表示感叹,就成为"好了去了"这样定型化的格式。由此可见,它具有表时间的语气,可以说在语源上是接近的。

～不过　原本是表示不可能的,是"不能超过"、"不能过度"、"不能忍受"等意思。如"我身上冷不过"。"冷不过"的"不过",是自己受不了,自己不能克服它的意思,这个意义进一步转化,就被用作第三者不能胜过它,即"最……"的意思。

～极了　"极"在近古汉语中多用作副词,但是这个"极"原本是用作动词的,"～极了"是"到达极点"的意思。如"此是你虚极了"。这种"极了"有陈述功能,不能认为是附属词化了,这种用法稍有转化,放在形容词后面表示程度,这到清代能见到。如"想张家穷极了的人,见了银子,有什么不依的"。"极了"又可以单说"极",如"妙极"。"～极了"和"～极"的先后不清楚,恐怕"～极了"在先,省去其中的"了",大概是文人仿古的说法。

王力《汉语语法史》认为上古汉语的形容词也像动词一样,有些类似词头的附加成分。但是,某些附加成分是否应认为词头,比动词的"词头"更成疑问。因为它们不是专用作形容词的附加成分的。以"其"字为例:"北风其凉,雨雪其雰。"(春秋·无名氏《诗经·邶风·北风》)"蟋蟀在堂,岁聿其莫。"(春秋·无名氏《诗经·唐风·蟋蟀》)以"有"字为例:"不我以归,忧心有忡。"(春秋·无名氏《诗经·邶风·击鼓》)

但是,有一类字必须认为是形容词或副词的词尾,那就是"如"、"若"、"尔"、"然"、"而"、"耳"等。词尾"如、若、尔"在上古汉语里较为常见,而"而、耳"比较少见。如:"屯如邅如,乘马班如。"(春秋·孔丘整理《周易·屯卦》)"桑之未落,其叶沃若。"(春秋·无名氏《诗经·卫风·氓》)"鼓瑟希,铿尔,舍瑟而作。"(春秋·孔丘《论语·先进》)"我其以信相誓旦旦耳。"(春秋·无名氏《诗经·卫风·氓》)

王力还考证了形容词词尾(同时也是定语语尾)"的"字的历史。

"的"字的较早形式是"底"字,见于唐宋人的语录、话本等。如:"真实底事作么生?"(宋·释道元《传灯录》)"忽不娶齐女,亦是好底意思。"(宋·朱熹《朱子语类》四纂卷一)大家一向都认为"底"字是从"之"字变来的。(章炳麟《新方言》:"今凡言'之'者,音变如丁兹切,俗或作'的'。")这大概是可以相信的。"之"上古音是 tiə,后来在文言中的演变情况是 tiə→tɕiə→tɕi→

ʦĭ。"底"在白话里的演变应该是 tiə→tiə→ti。这样就造成一对骈词(doublet),"之"与"底"并存。但是,骈词虽同出一源,由于各自发展,意义可以分歧。就"之"和"底"来说,它们的语法作用也有不同之处。"之"字是介词,所以它必须放在名词的前面;"底"字是词尾(或语尾),所以它的后面可以没有名词,甚至它可以放在句末。像下面这些例子,就只能用"底"("的"),不能用"之"。如:"客又疑这仙翁,唐玄都观里咏桃花底。"(宋·刘克庄《后村长短句》)

有的学者以为这种"底"("的")字是从"者"字来的。(章炳麟《新方言》:"今人言'底'、言'的',凡有三义。在语中者,'的'即'之'字,在语末者,若有所指,如'冷的','热的','的'即'者'字。")这种说法遭遇三重困难:第一,"者"字在上古音属鱼部,在中古音属麻韵上声,它怎么样变成为"底"音,很难得到一个满意的解释;第二,"底"("的")字显然是形容词的词尾或定语的语尾,"冷的水"和"冷的"里面的"的"字显然是同性质的,说成两个来源,缺乏说服力;第三,人称代词后面的"底"("的"),和"你的"、"谁的",并不能译成文言"汝者"、"谁者"。我们认为这种"底"("的")字仍旧是来自古代的"之"字。由于发展的结果,它由介词变为词尾,最后这带词尾"底"("的")的形容词和定语都可以名物化。在形容词和定语名物化了之后,"底"("的")字本身似乎具有指代作用,其实不是的。

在唐宋时代,另一形容词词尾是"地"字。"地"字是和"底"字同一来源的。"地"和"底"的分工是,"底"用于一般的形容词和定语,"地"用于连绵词。如:"此一节,子思吃紧为人处,活泼泼地。"(宋·朱熹《四书集注》)由于连绵字(特别是叠音词)往往被用作状语,所以"地"字又是副词的词尾。如:"平白地为伊肠断。"(宋·苏轼《殢人娇》)即使不是连绵字,只要是用作状语的,也都写成"地"字。直到元明以后还是这样。我们可以说,在近代汉语里,用"底"作词尾的是有关性质种类的形容词,用"地"作词尾的是有关状态的形容词和副词。

在书面语言里,"底"、"地"改写作"的",最先见于宋人的话本,而话本是经元人改写的,当时"的"已经不念入声,所以它能表示[ti]音了,因此"的"字应用应该是元代以后的事。"五四"以后,汉语语法受西洋语法的影响,在书面语言里把形容词词尾和副词词尾区别开来,前者用"的",后者用"地"。甚至有人把名词定语的语尾和代词定语的语尾另立一类,和"的"字区别开来,写作"底"。这种分别还很少人遵守,在现代书面语言里,只讲究"的"和"地"的区别。

志村良治《中国中世语法史研究》中论述:相对比较方面使用准系词似乎从唐代开始,如"如斗大"(唐·韦应物《送孙征赴云中》)。不把"亦似无妻一般"(王重民等编《(唐)敦煌变文集·太子成道变文》)的"似"看作准系词,那就成为问题了,但在"虽是生离死一般"(唐·刘禹锡《怀妓》,一作刘损诗,题作《愤惋》)中,则单用"一般",表示"相同"的意思。"一般"是形容词化了的词,它的用法也从唐代开始见到。变文中还有"一众"(王重民等编《(唐)敦煌变文集·搜神记》)"一种"(王重民等编《(唐)敦煌变文集·维摩变文》),兼作副词和形容词用。上面提到的"如"还有"比……"的意思,如"大如斗"即"比斗大"的意思。"如"用在形容词之后,起辅助形容词的作用,但在"状如不觉"(南朝·宋·刘义庆《世说新语·雅量》)这样的例子中,"状"是样子的意思,"如"为了构成复音节而虚词化了。"犹如绳"(王重民等编《(唐)敦煌变文集·目连变文》)的"犹如"也写作"由如"。"阳坡软草厚如织"(唐·卢纶《山中》)是"比织成的还要厚"或"像织成的那样厚"的意思,既表示比较又表示类似。由此可以看出,使用"如"来表示事物的比较是从中古开始的。"嫩如金色软於丝"(唐·李白《永丰坊中垂柳》)等说明"於"也可以用于形容词后表示比较。在"如馨"(南朝·宋·刘义庆《世说新语·方正》)、"犹如"、"像"（《成具光明经》）以及单用的"如"、"於"之外，进一步使用了"更"、"似"等，中古后半期比较句的表达能力格外加强了。

"一般"用来表示相同，唐代经常使用。如"佛与慈悲出世闻（间），不但怨亲总一般"（《难陀出家缘起》）等，它还跟"如"、"同"等呼应，如"恰如粉面一般"（《妙法莲华经讲经文》）等，"～一般"起辅助名词的作用，渐渐助词化了。还有"一般都不向口"（《八相变》北京云字 24 号）等，"一般"用作副词，表示"同样"、"普遍"、"全部"的意思，近义词有"一体"，如"高下共同一体空"（《八相变》北京云字 24 号）。"多般"是"许多"、"多种多样"的意思。如"如此富贵多般"（《妙法莲华经讲经文》）等，还有用作副词的，如"道理多般深奥义"（《无常经讲经文》）。

"似"用于"霜叶红似二月花"（唐·杜牧《山行》），从唐代开始见到。"少许"既可以做副词也可以做形容词用，"少许便有余"（晋·陶潜《饮酒》二十首）的"少许"是副词，可它用在时间、场所词前面就变成形容词，如"容见花开少许时"（唐·王建《看石楠花》）。"好"复合成"好是"成为副词，如"好是主人无事日"（唐·王建《江楼对雨寄杜书记》），还可复合成"好个"起形容词的作用，如"好个忽忽些子"（唐·白居易《宴桃源》）等。

形容词的新生词汇中，"投分"（交情好）从六朝开始使用，如"投分参末将"（梁武帝《直石头》）等。还产生了"可憎"、"可怜"等带有"可"的形容词。"可～"后还可以再带有"儿"，如"兽头浑是可憎儿"（王重民等编《（唐）敦煌变文集·丑女缘起》），表示"看起来很讨厌"的意思。"可怜优钵罗花树"（唐·贯休《闻迎真身》）的"可怜"，比起表示"可爱"的意思来，更表示深深地感动。"可怜蓬阁秘书郎"（唐·王建《寄杨十二秘书》）的"可怜"接近"可哀"的意思。"可怜"在表示使人发生震颤的感动时使用。还有"丑差"（丑陋）、"差恶"（厌恶）等复合词都是口语。"庠序"（王重民等编《（唐）敦煌变文集·太子成道经变文》）又写作"祥序"，意思是言谈举止高雅舒缓大方，与六朝的"端祥"一脉相通。"忢耐"（王重民等编《（唐）敦煌变文集·游仙窟》、《捉季布传文》）、"忢耐"（王重民等编《（唐）敦煌变文集·韩擒虎话本》）或写作"颇奈"，是晋词，"岂有此理"的意思。

还有语法方面的问题，"无处投寻"（王重民等编《（唐）敦煌变文集·庐山远公话》）等的"投寻"可看作是形容补语，这是中国语特有的语法现象，值得注意。

第四节　现代汉语形容词

一、形容词界定及分类问题

1956 年，朱德熙在《现代汉语形容词研究》里，对形容词作了全面而又深入的研究。首先把形容词分为简单形式和复杂形式。①简单形式指的是形容词的基本形式，包括单音节形容词（大、红、多、快、好）和一般的双音节形容词（干净、大方、糊涂、规矩、伟大）。②复杂形式包括：A.形容词的重叠式：a.完全重叠，单音节形容词，如：小小儿、好好儿、远远儿。双音节形容词重叠式，如：干干净净、曲曲折折、大大小小。b.不完全重叠式，如：胡里胡涂、古里古怪。B.后加成分的形容词：双音节的，如黑乎乎、热乎乎、甜丝丝。多音节的，如傻里呱唧、脏里呱唧。C.状态形容词,如冰凉、雪白、通红、粉碎。D.以形容词为中心构成的词组,如很大、挺好、那么长、多么新鲜。

朱德熙认为,简单形式表示的是单纯的属性,复杂形式表示的属性都跟一种量的观念或是说话的人对于这种属性的主观估价作用发生联系。其中单音节的简单形式绝对是性质形容词,而复杂形式的形容词是状态形容词,双音节形容词正处于从简单形式成分逐渐转化为复杂形式成分的过程之中,也就是说双音节形容词正由性质形容词转化为状态形容词。(性质形容词如:大、红、好、多、快,状态形容词如:干干净净、胡里胡涂、干巴巴、香喷喷)朱德熙的形容词分类采用的是语法形式和语法意义相结合的标准。首先,根据形容词的语法形式分成两大类,简单形式和复杂形式。然后,再依据形容词的抽象、概括的语法意义指出:简单形式的形容词表示的是性质,复杂形式表示的是状况或情态。

朱德熙还在此文中讨论了两类形容词句法功能上的差异,指出它们分别充当"定语"、"状语"、"谓语"和"补语"。最后,附带讨论形容词重叠式的感情和色彩。之后,朱德熙在《语法讲义》里,明确地把形容词分为性质形容词和状态形容词两类。一个词的语法功能指的是这个词在句法结构中所能占据的语法位置。如形容词的功能有:前加"很",后加"的",后加"了",作谓语,作定语。词类是反映词的语法功能的类。但是根据语法功能分出的类,在意义上有一定的共同点。可见词的语法功能和意义之间有密切的联系。不过,我们划分词类的时候,却只能根据功能,不能根据意义。随后,朱德熙在《语法答问二》(1985年)中写道:语法功能指的是词和词之间的结合能力。例如通常说的形容词可以放在名词前头作修饰语,可以放在名词后头作谓语,可以用受程度副词("很、太"之类)修饰等。说得准确一点,一个词的语法功能指它所能占据的语法位置的总和。要是用现代语言学的术语来说,就是指词的(语法)分布(distribution),具体分析我们来看一下。

性质形容词包括单音节形容词(大、红、快、好)和一般双音节形容词(大方、干净、规矩、伟大)。状态形容词包括:

(1)单音节形容词重叠式:小小儿的。

(2)双音节形容词重叠式:干干净净(的)。

(3)"煞白、冰凉、通红、喷香、粉碎、稀烂、精光"等,这一类的重叠式是ABAB。

(4)带后缀的形容词,包括:"黑乎乎、绿油油、慢腾腾、硬梆梆",A里BC式:"脏里呱唧",A不BC式:"灰不溜秋、白不呲咧"。双音节形容词带后缀的只有"可怜巴巴、老实巴交"等少数例子。

然后,他指出了两类形容词意义上的区别,他说:"从语法意义上看,性质形容词单纯表示属性,状态形容词带有明显的描写性。从语法功能上看,这两类形容词也有很大的区别。"接着,又分析了两类形容词语法功能的不同。首先是作定语的情况:性质形容词,可以修饰名词,状态形容词,修饰名词必须加"的"。

丁声树在《现代汉语语法讲话》中认为,形容词是表示事物的性质的,可以用作修饰语,如"好办法,干净衣服、宽绰的院子"。也可以作谓语,如:"这个办法好、他的衣服干净、我们的院子宽绰"。

钱乃荣在《现代汉语》中认为,形容词的语法特点:①一般能受副词"不"、"很"修饰。②许多形容词有AA(儿的)或者AABB重叠式。③可以作谓词中心语(但不能带宾语)和宾语、补语,有些能作状语:"山花红了"、"旧房子"、"扫得干净"、"积极工作"。性质形容词单纯表示属性,状态形容词有明显的描写性。性质形容词作定语或者状语限制较大,状态形容词作定语或者状语比较自由,有一部分特殊的形容词不能作谓语,称作非谓形容词,具有明显的描写性。有唯状、唯定、定状 3 种。

王力后来在关于汉语有无词类的问题中提出了汉语划分词类的三个标准:词义、形态及句法标准(包括词的结合能力)。他认为句法标准是最重要的标准,在不能用形态标准的地方,句法标准却有决定作用的。吕叔湘则主张以意义和功能相结合的标准来划分词类。在他早期的《中国文法要略》中说:"意义和作用相近的归为一类","一般地说,有两个半东西可以做语法分析的依据,形态和功能是两个,意义是半个,在语法分析上,意义不能作为主要的依据,更不能作为唯一的依据,但不失为重要的参考项",可见吕先生是主张功能和意义相结合的标准。

最早提出功能标准的是方光焘与陈望道两位,在《中国文法革新论丛》中我们就见到:"从词与词的结合上也可以认清词的性质。"陈望道提出配置关系(即组合关系),会同关系(即聚合关系),主张根据这两种关系来划分词类。20 世纪 50 年代后,主张功能标准的学者越来越多,如胡附、文炼、丁声树、朱德熙等。

由此,我们对形容词作出了界定和分类。形容词是表示性质和状态的实词,可以分为性质形容词和状态形容词,形容词不能包括区别词,因为以功能来考察,区别词与形容词的功能根本不同。①形容词一般能单独作谓语或谓语中心,区别词却不能单独充当,形容词可以用"不"表否定,区别词不能;②性质形容词前边可以加"很"表示程度,区别词不能;③形容词多数可以重叠,区别词不能。沈家煊对形容词句法功能进行研究后也得出同样的结论,认为:"非谓形容词(即区别词)都是不加标记(标记包括'的'和作谓语时加'是'字)充当定语而且只能充当定语的,因此,它不是典型的形容词。"

自马建忠的《马氏文通》(1898 年)以后的许多汉语语法著作,在词的基本类之下往往再进行二次划分,分出若干个下位次类。但对于下位次类的具体划分,分歧很大。我们根据对现代汉语形容词二次划分中下位次类的数量多寡,可概括为以下 3 种状况:

1. 现代汉语形容词二次划分中的"零次类学派"。"零次类学派"所划分的形容词下位次类,大都承袭于马氏之说。马建忠的《马氏文通》(1898 年)将古代汉语静字分为象静字与滋静字两个下位次类。马氏解释说:"象静者,以言事物之如何也;滋静者,以言事物之几何也。曰如何,曰几何,皆形之显著者也。"这一学派比较有代表性者有三:一是黎锦熙、刘世儒的零次类学说。黎锦熙的《新著国语文法》(1924 年)和黎锦熙、刘世儒的《汉语语法教材》(1957年)两书均将现代汉语形容同分为性状形容词、数量形容词、指示形容词与疑问形容词 4 个下位次类。二是傅子东的零次类学说。傅子东的《语法理论》(1957 年)将现代汉语形容词分为性态形容词、由复音名词或动词孳生的形容词、由单音名词或动词孳生的形容词、数量词、指示形容词等 5 个下位次类。三是吕叔湘、胡裕树的零次类划分。吕叔湘的《中国文法要略》(1942—1944 年)、胡裕树主编的《现代汉语·增订本》(1987 年)均对现代汉语形容词没有再划分下位次类。但实际上,只有《马氏文通》的"象静字",《新著国语文法》和《汉语语法教材》的"性状形容词",《语法理论》的"性态形容词",才是目前大家所公认的形容词。所以,这 4 部著作对形容词的二次划分所产生的下位次类实际上不是形容词的下位次类,他们等于没有给形容词划分出下位次类。因而将以这 6 部著作为代表的现代汉语形容词下位次类划分学派称为"零次类学派"。

2. 现代汉语形容词二次划分中的二次类学派,这大致有以下几种情形:一是划分的次类数目虽多,但属于形容词的却只有两个次类。如廖庶谦的《口语文法》(1951 年)将现代汉语形容词分为声音形容词、代替形容词、数量形容词、空间形容词、时间形容词、性状形容词、疑问形容词 7 个下位次类。但是只有"声音形容词"和"性状形容词"才可归属于形容词之中。二是将形容词划分为性质形容词与状态形容词两个次类外,其具体内容却不尽相同。如张志公的《汉语语法常识》(1953 年)、黄伯荣、廖序东主编的《现代汉语·增订版》(1991 年)、朱德熙的《现代汉语形容词研究》(1956 年)和张静的《汉语语法问题》(1987 年)4 书,均将形容词划分为性质与状态两个下位次类,但所包容的具体次类的范围不同,实则名同实异。

3. 现代汉语形容词二次划分中的三次类学派,将现代汉语形容词划分为 3 个下位次类者,主要有二:一是张志公主编的初中《汉语》教材的三次类学说。张志公主编的初中《汉语》(1956 年)教材,将现代汉语形容词分为形状形容词、性质形容词与状态形容词 3 个下位次类。初中《汉语》教材从现代汉语形容词本身的意义出发,把表示看不到形象、摸不出形体显示事物内在特质的形容同叫性质形容词,如"可爱";把表示看得到形象、摸得出形体、显示事物外在特质的形容词叫状态形容词,如"活泼";把"美丽"、"灿烂"之类的形容词叫形状形容词。二是黄伯荣、廖序东主编的《现代汉语》的三次类学说。黄伯荣、廖序东主编的《现代汉语》(1980 年),将现代汉语形容词分为性质形容词、状态形容词与象声词三个下位次类。黄、廖本《现代汉语》的性质形容词与张本《汉语》所指相同,其状态形容词实际上与张本《汉语》的形状形容词与状态形容词两个下位次类所属的词相同。但《现代汉语》又从表意作用、句法功能角度出发,把"咚"、"哗啦"、"噼噼啪啪"等模拟声音的词单列为"象声词"这一形容词的下位次类。

邵炳军在《现代汉语形容词通论》中,认为:

①按照现代汉语形容词的抽象意义为标准划分出性质形容词、状态形容词、形状形容词与性状形容词 4 个下位次类。所谓性质形容词是表示事物恒常性性质的形容同,如甜、酸、优秀、诚实、美丽等;所谓状态形容词是表示事物临时性状态的形容词,加快、慢、迅速、绿油油等;所谓形状形容词是表示事物可视性形状的形容词,如圆、扁、尖、弯曲等;所谓性状形容词是既可表示事物恒常性性质、又可表示事物临时性状态的形容词,如活泼、冰凉、笔直、雪白等。

②按照现代汉语形容词的关系意义为标准划分出程度形容词与非程度形容词两个下位次类。所谓程度形容词是指可以受程度副词修饰的形容词,它所体现的关系意义是程度副词和形容词结合以后所发生的结构关系,这种结构关系可以表述为"ADV＋A"式;如我们可以说"很高"、"最伟大"、"非常激动"等。所谓非程度形容词是指与程度副词不能发生结构关系的形容词;如我们不能说"很鼎盛"、"最轻易"、"非常雪白"等。

③按照现代汉语形容词的功能意义为标准划分出唯谓形容词与非唯谓形容词两个下位次类。所谓唯谓形容词是指加了"的"也不能作定语、只能作谓语的形容词。如我们可以说"花红"、"她苗条"但不能说"红(的)花"、"苗条(的)她"。所谓非唯谓形容词是指既能作谓语又能作定语及其他成分的形容词。如我们既可以说"高个子"、"快速度"、"空洞的语言"、"红扑扑的脸庞",又能说"个子高"、"速度快"、"语言空洞"、"脸庞红扑扑"。

④按照现代汉语形容词的形态特征为标准划分的形态形容词与非形态形容词两个下位次类。所谓形态形容词是指具有词缀、叠词等构形形态和构词形态这一语法形式的形容词，如"小小的个子"、"老老实实的人"、"糊里糊涂的思想"、"热乎乎的心肠"、"黑咕隆咚的夜晚"、"煞煞白白的脸"。所谓非形态形容词是指不具备词缀、重叠等构形形态和构词形态这些语法形式的形容词，如"小个子"、"老实人"、"糊涂思想"、"热心肠"、"黑夜"、"脸煞白"等。

二、现代汉语形容词重叠形式

(一)形容词重叠式类别

关于现代汉语形容词的重叠形式，朱德熙在《现代汉语形容词研究》中将其分为 3 类：一是完全重叠式，有单音节重叠和双音节重叠二小类；二是不完全重叠式，例如：糊里糊涂、古里古怪；三是重叠式，冰凉冰凉、通红通红。田申瑛随后又补充三类：一是 ABB(的)式，如：甜津津、白茫茫；二是 BBA(的)式，如：笔笔直、喷喷香；三是 AABB 式，如：红红绿绿、大大小小。罗安源在《简明现代汉语语法》里把形容词的重叠式分为 AA 的(AA 儿的)式、AABB 式、A 里 AB 式、ABAB 式。邢福义在《汉语语法学》把形容词的重叠形式分为 AA 式、AABB 式、ABAB 式、A 里 AB 式、ABB 式。张斌、方绪军在《现代汉语实词》里把性质形容词重叠式分为完全重叠式和不完全重叠式，把状态形容词重叠式分为 ABAB 式、AABB 式、ABB 式以及 BBA 式。

赵元任《汉语口语语法》认为形容词重叠式，一般不受程度副词修饰；不能直接用"不"否定；没有比较级。吕叔湘在《现代汉语八百词》中则认为现代汉语形容词的重叠式可以修饰名词性成分，但无论哪种格式一般都必须带"的"；修饰动词短语，一般都带"地"；作谓语，一般都带"的"；在"得"字后作补语，AABB 式可省"的"，其他各式不能省；前面加上指数量短语或数量短语后作主语和宾语，必须带"的"。朱德熙《语法讲义》中认为形容词重叠式不受什么限制，可以作谓语，其中基式单独作谓语含有比较或对照的意思，而重叠式没有比较和对照的意思。另外，在叙述事物的过程时，不能用基式，只能用重叠式作谓语。可以作补语。由重叠式构成的格式可以受"已经、连忙、马上"一类时间副词的修饰，可以跟"把、被、给"等介词连用，还可以作状语，而由基式构成的格式就不能。例如：可以说"马上忘得干干净净、把眼睛睁得大大的、洗得干干净净地收着"，但不说"马上忘得干净、把眼睛睁得大、洗得干净地收着"。罗安源在《简明现代汉语语法》(1996)中认为现代汉语形容词的重叠式可以进入两种语法格式。一是数词＋量词＋形容词的重叠式＋名词。例如："一朵鲜红鲜红的花"。二是形容词的重叠式＋数词＋量词＋名词。例如："糊里糊涂的一个人、稀里哗啦的一场战斗"等。形容词重叠式可以单独成句，也可以作简单句的谓语。例如："小里小气的！鲜红鲜红的！他病病歪歪的、字歪歪扭扭的、脸圆圆的。"

(二)形容词重叠的组合功能

张斌、方绪军在《现代汉语实词》(2000 年)中认为现代汉语形容词重叠式在组合功能上：

①不受"不"、"很"修饰，如：不大大、不干干净净、很远远、很年年轻轻。

②有些形容词重叠式可以修饰"'一'＋动词"的形式：细细一看、轻轻一拉。

③有些重叠式可以直接修饰量词短语或前有量词短语的名词短语：满满一杯、短短几年时间。

④有些重叠式(一般后加"的")可以作"是"、"觉得"、"感到"、"显得"、"喜欢"等动词的宾语：道路是弯弯曲曲的、小屋显得干干净净的。

⑤形容词重叠式不能与量词短语组合：一米长、长一米，一尺高、高一尺，但"长长"、"高高"前后都不能加量词短语。

(三)形容词叠置的句法功能

①作定语，可以带"的"，带"的"的形式可以修饰前有量词短语的定中短语：红红的叶子、平平常常的一个人。

②直接能作状语，可以用带"地"的形式：高高兴兴回家去、低低地飞行。

③作补语一般要带"的"，而动词与补语之间要用"得"，还有些～AABB 式可以不带"的"：站得高高的、打扫得干干净净的、收拾得整整齐齐。

④作谓语时，也有重叠式后加"的"的形式：池水清清、个子矮矮的。

三、汉语形容词重叠形式的发展

形容词重叠肇源很早，不过先秦时大多属于构词重叠，而不是构形重叠，重叠的音节合在一道才能成词，单独一个音节是不成词的。构形重叠是经过长期发展才普遍孳生出来的。总的看来，形容词重叠包括 4 种形式，这 4 种形式从古至今大体都经历了由构词到构形两个发展阶段。

1. AA 式：AA 式的构词重叠在先秦早已有之，如"虎视耽耽"（春秋·孔丘整理《周易·颐》）、"翘翘错薪"（春秋·无名氏《诗经·周南·汉广》），而 AA 式的构形重叠在先秦时的例证很少。汉代以后，此类重叠逐渐增多，如"鸿水滔天，浩浩怀山襄陵"（汉·司马迁《史记·夏本纪》），其中的"AA"或作定语，或作状语，或作谓语，或作宾语，运用十分自由，与单个形容词一样可处在各个语法位置。到了唐宋时期，"AA"或为谓语，或为定语或为状语，其语法位置已局限于谓语、定语和状语，跟现代基本一致。到了金元时期，单音形容词的重叠式发展已十分成熟，使用多集中在定语和状语两个语法位置，与现代汉语相仿。由于助词"地"已广泛运用，作状语的形容词重叠式也常加"地"。

2. AABB 式：这种形式的叠音形容词也早在先秦时期出现，不过数量比 AA 式少得多，如"绵绵翼翼，不测不克"（春秋·无名氏《诗经·大雅·常武》）。现代汉语中 AABB 式的形容词基本上是由形容词 AB 复叠构成，如"大大方方"、"干干净净"、"清清楚楚"、"明明白白"，而先秦时的 AABB 式形容词，绝大多数不是如此情形，有相当一批 AABB 是由 AA 和 BB 拼合而成的，如有"昏昏"（战国·荀子《荀子·劝学》）、"默默"（战国·庄周《庄子·天地》），二者近义相连则成"昏昏默默"（战国·庄周《庄子·在宥》）。在长时期中，由 AB 式形容词孳生的 AABB 式形容词，数量非常有限。金元时期，AABB 式形容词大量出现，有一部分是由 AB 式孳生而成的，有一部分根本无 AB 式与之对应。如："唱呵！好风风韵韵，捻捻腻腻，济济楚楚。"（金·董解元《西厢记》卷三）。

3. ABB 式：现代汉语形容词中一些基本的构词方式在先秦时大体已经具备，但在近代汉语时期又出现了一些新的构词方式，"ABB"附加式形容词就是其中之一。所谓"ABB"附加式形容词，就是在单音节形容词后附重叠式词缀构成的形容词。它的后缀亦即后附字，指的是像"绿油油"、"白茫茫"一类结构中的"油油"和"茫茫"。这类后缀，也有跟在名词和动词后面的，如"水汪汪"、"笑盈盈"等。不过它们一带上这类后附字，也就变成形容词了。

现代汉语形容词的叠音后缀的直接源头是单音节形容词的重叠式。当然，它经历了一个漫长的演变过程。这种重言形式在《逸周书》、《尚书》、《诗经》等先秦典籍中已经出现,如"殷政总总若风草"(《逸周书·大聚》)。但是它的大量出现还是在《诗经》中,《诗经》中有 10 个主要的重言形式:芒芒、蒙蒙、荡荡、晃晃与煌煌、哄哄、赳赳、醺醺、悠悠、幽幽与油油等。"ABB"式构词法产生于春秋末期以前,而《楚辞》的重言形式则是"ABB"附加式形容词的源头。《楚辞》中"ABB"式构词法复合形容词与重言形式的单音节形容词重叠式并存。此时期"ABB"式重言合成词形容词的特征是:①"ABB"式复合结构是"词+词"的形容词性词组而不是"词根+词缀"的形容词;②"ABB"式结构中的"BB"仍然是单音节形容词的重叠式;③"ABB"式复合结构中"A"和"BB"的搭配不像现代汉语那样固定;④"ABB"式复合结构中的"A"与"BB"之间往往是同义词或近义词,"BB"往往具有修饰 A 的作用。由于受《诗经》中"AA"式单音节重叠式形容词和《楚辞》中"ABB"附加式复合结构形容词的影响,"ABB 附加式形容词在西汉时期已经开始出现了。但是,它的最终形成,却经历了两汉魏晋南北朝这一漫长的历史时期。如形成于西汉时期的"滂洋洋"的"洋洋"与"蓊湛湛"的"湛湛","饱蓬蓬"之"蓬蓬","怅悠悠"之"悠悠",形成于东汉时期的"漫浩浩"之"浩浩",形成于汉魏之际的"郁苍苍"之"苍苍",形成于西晋的"莽茫茫"之"茫茫"等。唐宋元是"ABB"附加式形容词的发展成熟时期。发展到唐代,就已形成并保留到现代的"ABB"附加式形容词,如"醉醺醺"、"乱纷纷/漫纷纷"、"绿油油/黑油油/慢悠悠/颤悠悠"等;在五代和宋代,"ABB"附加式形容词就较为多见,如"喜洋洋/懒洋洋/暖洋洋"、"静悄悄"、"红艳艳"等;在元曲中,"ABB"附加式形容词则更为常见了。

　　4. A 里 AB 式

　　现代汉语中有不完全重叠形式的形容词,如"糊里糊涂"、"啰里啰嗦"、"小里小气"之类。这种形容词的特点是仅重复 AB 中的 A 音节,另外加一衬字"里"。凡这样重叠构成的词均带有贬义,表示嫌弃、厌恶、指责的意味,这种重叠形式的词产生较晚,是纯粹口语化的词汇,在文言作品中找不到根源,大约是产生于金元时期的戏曲作品中。

四、现代汉语形容词的语法特点

(一)从句法功能上看,形容词能作谓语(或谓语中心语)和定语

①心地有些轻松,舒展了,想到旅费,并且嘘一口气。(鲁迅《伤逝》)(谓语)

②[果子]又象是繁密的星辰,鲜艳的星星不断的从她的手上,落在一个悬在枝头的篮子里。(丁玲《太阳照在桑干河上》)(定语)

(二)大部分形容词可以受程度副词的修饰

①从他那副厚实实的肩膀看来,是个挺棒的小伙。(茹志鹃《百合花》)

②大股的洪水终于被拦住了。可是风浪也更加凶猛起来。(马烽《我的第一个上级》)

③那天上午,孙主任已经同五个新分配来的大学生谈了话,心里感到非常失望。(谌容《人到中年》)

有一部分形容词不受程度副词的修饰,包括一些偏正式复合词、带叠音后缀的形容词、形容词的后缀形式。

(三)形容词不能带宾语

①还有乐园鸟飞翔,有鸾凤和鸣,姣妙娟丽,变态无穷。(徐迟《哥德巴赫猜想》)

②那一点光,那一点寒气,老在我心中,比什么都亮,都清凉,像块玉似的。(老舍《月牙儿》)

(四)大部分形容词可以重叠使用

①曲曲折折的荷塘上面,弥望的是田田的叶子。(朱自清《荷塘月色》)

②那虹发现的地方,已经有了小小的雷电,打开了层层的乌云。(瞿秋白《乱弹及其他·一种云》)

第四章 代词的发展

代词是具有替代和指示作用的词。

汉语的代词系统从古至今发生了很大的变化,其中有分有合,有词语的更替。本章从人称代词、指示代词、疑问代词3个分系统来分别阐述代词的发展过程。

第一节 人称代词的发展

王力认为,上古人称代词,第一人称有"吾"、"我"、"卬"、"余"、"台(音怡)"、"朕"等;第二人称有"汝(女)"、"若"、"乃"、"而"、"戎"等;第三人称有"其"、"之"、"厥"等。从意义上说,这些人称代词应该分为两大类:第一类是纯然指人的代词,即第一、第二人称;第二类是兼指事物的人称代词,即第三人称。从语音上说,这些人称代词又该分为两大类。第一类代词相互间是双声关系,第二类代词相互间是叠韵关系。上古人称代词具有相当整齐的系统,各个代词都有对应关系:第一人称的"吾"、"余"、"予"和第二人称的"汝"相应,都是古韵鱼部字;第一人称的"我"和第二人称的"尔"相应,都是古韵歌部字;第一人称的"台"和第二人称的"而"、"乃"("乃"是"而"的变体)相应,又和第三人称的"其"、"之"相应,都是古韵之部字;第一人称的"卬"和第二人称的"若"相应,是古韵阳铎对转;第一人称的"朕"和第二人称的"戎"相应,都是古韵侵部字。这绝不是偶然的。

一、第一人称代词的发展

在甲骨文中,第一人称代词有"我"、"鱼"、"余"、"朕"4个。这和周秦时代典籍中的第一人称代词"我"、"吾"、"予"、"卬"、"余"、"朕"、"台"等对照起来,除"我"、"余"、"朕"3个字完全相同之外,还有一个"鱼",就其上古音来说,和"吾"同属"疑"母"鱼"部,应该是同一个词的不同写法。同样,"余"、"予"也应该是同一个词的不同写法:"我"、"余"、"朕"这3个字在甲骨文中用得比较多,而"鱼"字则不常见。

①甲辰卜,宾贞:我共人?

贞:我勿共人?(《甲骨文合集9811》)

②庚辰卜,王贞:余亡害?(《甲骨文合集5002》)

③戊寅卜:朕出今夕?(《甲骨文合集22478》)

在金文中出现的第一人称代词是"我"、"盧"、"余"、"台"、"朕"等5个,不过"盧"字有时又写作"虞"、"(敔)","台"字又写作"辝"。这些人称代词可以单用,也可以两个并用。"我"和"余"字都可以用作主语、宾语和定语。"台"字和"余"字是一声之转,系一词的不同写法。金文有"余"无"予",《尚书》则有"予"无"余"。"余小子"这样的自称法,在金文中作"余小子"而在《尚书》中则作"予小子",间或也作"台小子",可见"余、予、台"3字是同一个词的不同写法。"朕"字用作宾语的例子在甲骨文和金文中虽未发现,但在《尚书》中则有不少。"虘"字在甲骨文和金文中都不常见,甲骨文中的"鱼"字只一见,金文中"虘、敔、虞、"只七见。在《尚书》中,"吾"字也只两见,一用为主语,一用为定语。《诗经》中则完全不见"吾"字。总起来说,"吾、鱼、虘"这个人称代词在西周以前是不大常用的。但是到了春秋以后,"吾"字就用得多起来。

"吾"字在先秦时代,除了否定句在宾语提到动词前面的情况下,不用于宾位,主要用于主位和领位。"吾"字到了战国时代,已经出现了少数例外,到了汉代,也有"吾"字用于宾位的情况。到了中古时期这种情况更为常见了。如:

①久矣,吾不复梦见周公。(春秋・孔丘《论语・述而》)

②吾见,其居於位也。(春秋・孔丘《论语・宪问》)

③余在,天下谁敢害吾者?(汉・王充《论衡・感虚》)

④为子则孝,为臣则忠,有忠有孝,何负吾邪?(南朝・宋・刘义庆《世说新语・贤媛》)

"我"字用于主位、领位和宾位。

①我欲仁,斯仁至矣。(春秋・孔丘《论语・述而》)

②三人行,必有我师焉。(春秋・孔丘《论语・述而》)

③太宰知我乎?(春秋・孔丘《论语・子罕》)

在上古时期,"吾"和"我"在语法上的分工主要表现在"我"只用于宾位,"吾"字则于主位和领位,在《论语》中"我"字用于主位和领位比"吾"字用于主位和领位少得多。如:

①如有复我者,则吾必在汶上矣。(春秋・孔丘《论语・雍也》)

②吾君杀我而不辜。(战国・墨翟《墨子・明鬼下》)

③今者吾丧我。(战国・庄周《庄子・齐物论》)

对于"余"、"予"和"台"字可以说是一个音的3种词形,在《金文》中见"余"不见"予",屡见"余小子"。《尚书》则见"予"不见"余",屡见"予小子",间亦作"台小子",可见"余、予、台"实经常互相通假。

"朕"字在《卜辞》和《金文》中只见主位和领位,还未见过宾位,但是联系到《尚书》"朕"字的用法,如:《盘庚下》"尔谓朕曷震动万民以迁"。又上篇"汝曷弗告朕?"其中"朕"就是宾位。到了秦始皇起,规定天子独用"朕"字,汉以后"朕"成了阶级习惯成语。

上古后期,还盛行另一自称代词"身",身的本义是本身,转为自称之词。《尔雅・释诂》云:"身,我也。"这表明"身"在先秦已被看作代词,如:

①鲁人从君战,三战三北。仲尼问其故。对曰:"吾有老父,身死,莫之养也。"(战国・韩非《韩非子・五蠹》)

②且王令三将军为臣先,曰:"视印如身,是重臣也。"(战国・吕不韦《吕氏春秋・应言》)

到了中古时期,第一人称代词有了新的形式,如"侬"、"俺"、"咱","侬"字出现于南北朝时期吴方言中的第一人称,但这个"侬"字一直带有方言的烙印,未能成为民族共同语,因此在书面语中比较少见;如:

天不夺人愿,故使侬见郎。(南北朝·无名氏《子夜歌》)

唐宋时又有复音代词"我侬"、"侬家"、"阿侬"、"侬阿"、"我家"、"我自"、"我咱"、"吾家"、"吾侬",意思都与"我"同。如:

王老小儿吹笛看,我侬试舞尔侬看。(唐·司空图《力疾山下吴村看杏花》)

"咱"和"俺"始见于宋代,"咱"字大概是"自家"二字的合音,所以最初是接在"我"、"你"后面一起用,成为我咱,你咱,即我自家、你自家的意思。"俺"字可能原来是北方某地的方言,这个字直到今天还通行于若干北方地区。"咱"也写作"偺"、"喒"。如:

①思量都为我咱呵,肌肤消瘦。(金·董解元《西厢记》卷三)

②你咱实话没些个。(北宋·刘知远《诸宫调》11)

③咱有一个计策。(宋·无名氏《五代史平话·梁史》)

④俺使他招那王镕。(宋·无名氏《五代史平话·梁史》)

史存直在《汉语语法史纲要》中认为上古汉语的第一人称代词没有"格"的变化,以上提到的多个人称代词主要是来源的不同。根据古音考查起来,这些第一人称代词大致可以分为3个系统:"我"、"吾"、"卬"是一个系统,"余"、"予"、"台"是一个系统,而"朕"则自成一个系统。这3个系统大约代表3个不同的来源。而同一个系统中的不同写法则代表不同的方音或不同的书写习惯。

上古第一人称代词经过发展逐渐发生了集中统一的现象。不但"我"、"吾"、"卬"这个系统逐渐集中于"我","吾"、"余"、"予"、"台"这个系统集中于"余"、"予",而且由于"朕"字后来为统治者所专用,所以秦以后常见的第一人称代词就有只有"我"、"吾"、"余"、"予"4个了。而且后3个,在活的口语里又渐渐失势,最后"我"就成了最通行的第一人称代词了,一直沿用到今天。

到了南北朝时期,由于南方另外成立了一个政治文化中心,于是吴方言中的第一人称代词"侬"也就随着进入了书面语,但这个"侬"字一直带有方言的烙印,未能成为民族共同语。因而在南朝的民歌中就形成了"侬"、"我"并用的局面。

"奴",也写作"弩"。六朝时北方方言中用为臣下对国君的谦称。进一步用为一般的自称。也作"阿奴",男女尊卑都可以用。宋代以后,"奴"一般只用作女人的自称。如:

①陈王宣问:"阿奴无德,滥处称尊。"(王重民等编《(唐)敦煌变文集·韩擒虎话本》)

②花茗胜如奴,花还解语无?(宋·张先《菩萨蛮》)

中古时产生了第一人称谦称"鄙"、"民"、"下官"等。"鄙"开始于汉末,多用于有地位、有身份的人。魏晋以后,"民"一般用于下级官吏对上级官吏。唐宋以后,口语中"民"已不再用为第一人称的谦称了。"下官"本指小官。引申为官吏自称的谦词。又引申为男女尊卑的一般的自称。上古汉语"某"是虚指代词。魏晋以后"某"往往用作第一人称代词"我"的替代词,表示谦虚的意思。在唐代,"某甲"、"某乙"也有这种用法。另外,"阿"和"乘"在中古方言中也用作第一人称代词。

近代汉语时期第一人称代词中,"我"仍然是基本形式,还有"吾"。还出现了"我咱"、"我自"、"吾当"、"吾农"第一人称代词单数,相当于"我"。而"我每"、"我们"、"吾每"、"吾等"则是第一人称复数。如:

①吾每且乐得开怀快畅地一晚。(明·凌濛初《二刻拍案惊奇》卷八)

②我自横刀向天笑,去留肝胆两昆仑。(清·谭嗣同《狱中题壁》)

二、第二人称代词的发展

出现在上古典籍中的第二人称代词有"女（汝）"、"尔"、"而"、"若"、"乃"、"迺"、"戎"等。这些字同属"泥"纽："女"在鱼部，"尔"在脂部，"而"在之部，"若"在铎部，"乃"、"迺"在蒸部，"戎"在东部。同一代词而有各种不同写法，可能是出于通假，也可能是代表不同的方言。甲骨文中已有"女"、"乃"等第二人称代词，"尔"、"而"则未见，"女"、"乃"同样用作定语，没有分别："女"字还用作宾语，用作主语的则未见。金文中已有"尔"、"而"等第二人称代词，用法也和"汝"、"乃"没有区别。

"戎"字和"汝"字为"阴阳对转"，大约是方音的差异，但后代文献中就少见。

第二人称代词"汝"、"若"、"尔"、"乃"等，到后代仍旧继续沿用。但在口语中还是走向了统一的趋势，随着通语的推广，"尔"字遂逐渐占了优势，而且由于语音的演变，到了唐代就产生了"你"字，从那以后民间文学里，均用"你"为对称代词，一直沿用至今。如：

①尔卜尔筮，体无咎言。（春秋·无名氏《诗经·卫风·氓》）

②你欲看，我亦欲看，何预汝事？（唐·张鷟《朝野金载》卷一）

③你等向前门只顾打入来。（明·施耐庵《水浒全传》第十八回）

"朕"、"乃"（而）

从殷代到西周，"朕"、"乃"（而）只限用于领位。如：

①臣作朕股肱耳目。（春秋·孔丘整理《尚书·益稷》）

②无废朕命。（春秋·无名氏《诗经·大雅·韩奕》）

春秋战国以后，"朕"字渐渐兼用于主位了，但是"乃"、"而"仍以用于领位为常。如：

①而先皆季氏之良也。（春秋·左丘明《左传·定公八年》）

②汝知而心与左右手背乎？（汉·司马迁《史记·孙子吴起列传》）

除此之外，"余"（予）和"吾"、"我"在语法上有什么不同，"汝（女）"和"尔"、"若"在语法上有什么不同，还没有人能够划分清楚。在原始时代，本来是"汝"字用于宾位，"尔"字用于领位的。所以在某些作品中仍保留着这种用法。《墨子》"汝"（女）字共现了 8 次，全都是用于主宾位的；"尔"字共现了 7 次，全都是用于领位的，可以作为例证。

在上古时代，领位不加"之"字，不能说"吾之"、"我之"、"予之"、"汝之"、"尔之"等。到了后代，才有加"之"字的。这是后代人称代词领位加"的"的先河。

钱宗武以今文《尚书》的"汝"、"尔"、"乃"、"而"作为研究对象，研究今文《尚书》的对称代词系统。指出：①《尚书》对称代词"汝"、"尔"、"乃"没有格的区别。②"汝"、"尔"、"乃"、"而"单复数同形。③《尚书》高频对称代词"汝"、"尔"具有感情色彩，感情表达有差别。④《尚书》的对称代词"汝、尔、乃、而"仅出现在人物对话中。这反映了对称代词的一个显著特点。对称代词只限于人物对话中使用的语用特征，是其区别于第一人称代词和第三人称代词的独特的语用特征。⑤《尚书》对称代词的研究，为文言对称代词的演变研究提供了重要语料。文言对称代词有 6 个：女（汝）、乃、尔、而、戎、若。"女（汝）"、"乃"是出现最早的对称代词。甲骨文和金文中即已出现"汝"、"乃"，然而自从《尚书》开始，"乃"的使用迅速减少，《诗经》、《论语》、《孟子》竟没有一个"乃"的用例。金文中开始出现"尔"、"而"。《尚书》中"尔"始见于《商书·汤誓》，"而"仅见于《周书·洪范》。"戎"仅见于《诗经》。"若"是由指代词转化而来的，在文言对称代词中出现最晚,大约始见于战国时期,主要用于主格、宾格和领格,使用频率低。高频对称代词仅有"女(汝)"、"尔"两个。《尚书》中高频对称代词也是"汝"、"尔"。"尔"虽晚出,在《尚书》中已略占优势,共出现 161 词次;"汝"虽早出但在《尚书》中已呈现衰势,共出现 148 词次。《诗经》里,"汝"仅出现 47 词次,"尔"却有 196 词次。文言对称代词的发展趋势是"尔"逐渐代替别的对称代词,生命力最强。到了唐代"尔"又衍生了"你"。《词诠》:"尔,汝也。音变为今语'你'字。"方以智《通雅》:"尔又为'汝','汝'又为'你',俗书作'你'。""你"后来进入现代汉语的词汇系统,一直沿用到今天。《尚书》"尔"的研究可以证明:①"尔"是高频对称代词。②"尔"的语法功能全面均衡。今文《尚书》"尔"161 见,主语 63 见,宾语 18 见,定语 39 见,同位语 41 见。而"汝"则主要作主语,主语占总词次的 60% 强;"乃"主要作定语,约占总词次的 92%。可知,在文言对称代词系统中,"尔"的自由度和选择度最大。汉语同义词的演变规律都是向自由度和选择度最大的词倾斜的。这是"尔"后来居上长盛不衰的根本内因。③"尔"受"我"的制约。对称代词受整个人称代词系统演变的制约,对称代词特别容易受自称代词的影响。"尔"受"我"的制约。"我"在文言自称代词系统中语法功能最为完备,生命力最为旺盛。王力认为上古人称代词"我和尔相配"、"我"的发展演变当然亦影响到"尔"的发展演变。

上古相当复杂的第二人称代词到中古逐渐统一为"汝"、"尔"两个。其中"尔"逐渐演变为"你"。"汝"在六朝以及唐宋,仍然广泛地使用着。魏晋以后,"伊"、"你"用作第二人称代词单数。第二人称还有"卿"、"若"、"官"、"仁"、"贤"、"尊"等。如:

①念尔零落逐寒风,徒有霜华无霜质。(晋·鲍照《梅花落》)

②未敢便相许,认闻侬家论,不持侬与汝。(《乐府民歌·华山畿其二》)

③余悲之,且曰:"若毒之乎? 余将告于莅事者,更若役,复若赋,则何如?"(唐·柳宗元《捕蛇者说》)

④闻道伊家,终日眉儿皱。(宋·黄庭坚《点绛唇》)

元明后,"你"成为第二人称代词单数的主要形式,"你咱"、"你伫"、"你侬"也有时作为第二人称单数。而复数则有"你每"、"你门"、"你们"、"你瞒(懑)"、"你咱"等,大多产生于宋代,元明并用,到清代渐统一为"你们"。如:

三兄弟,母亲的言语,说你不过去,待着母亲来接你那!(元·关汉卿《状元堂陈母教子》)

在近代汉语人称代词发展中,比较重要的是"您"、"恁"。可用于单数,也可用于复数,但不用于敬称。如:

您文武百官计议,怎生退了番兵?(元·马致远《汉宫秋》第三折)

"你"出现于中古,但书面上比较少用,元明以后,在白话作品中,"你"成为第二人称代词单数的主要形式。如:

(丑)你要到那里去?(末)向黄堂申冤理枉。(清·朱确《十五贯·廉访》)

三、第三人称代词的发展

先秦时没有专用作第三人称的代词,习惯上常用名词复数说法以表达他称,如:"阳货欲见孔子,孔子不见。归孔子豚。"(春秋·孔丘《论语·阳货》)当遇有需要第三人称代词的时候,则借用指示代词"彼"或"夫"。"彼"和"夫"在语法上基本没有什么区别,"彼"以用作主语

和宾语为常,但是"彼"字的指示性很重,又往往带感情色彩;"夫"则绝大多数用作主语,宾语仅偶一用之。如:

①彼丈夫也,我丈夫也,吾何畏彼哉?(战国·孟轲《孟子·滕文公》)

②彼夺其民时,使不得耕耨以养其父母。(战国·孟轲《孟子·梁惠王》)

③夫焉能相与群居不乱乎?(汉·戴圣编、汉·郑玄注《礼记·三年间》)

④使夫德而学焉,夫亦愈知治矣。(春秋·左丘明《左传·襄公三十年》)

此外,上古时期还有用指示代词"其"和"之","其"最初习惯上只用于领格和兼格,战国和秦以后可以用作主格,直到晋代以后才能用作介词后的宾格。如:

①父在观其志,父没观其行。(春秋·孔丘《论语·学而》)

②扁鹊曰:其死何如时?(汉·司马迁《史记·扁鹊传》)

③可引军避之,与其空城。(晋·陈寿《三国志·魏志》)

"之"字多用于宾格,如:

①学而时习之,不亦说乎!(春秋·孔丘《论语·学而》)

②安民则惠,黎民怀之。(春秋·孔丘整理《尚书·陶谟》)

"之"字有时被认为领格,在先秦时代,比较常见的形式是"为之"。例如:"千室之邑,百乘之家,可使为之宰也。"(春秋·孔丘《论语·公冶长》)其实是一种误解,这种"之"字应当认为是宾格,"为之宰"的"之"和"宰"是双宾语,意思是给千室之邑,百乘之家作宰。

到了东汉以后,又产生了"渠"、"伊"、"他"等第三人称代词。"伊"字大约起源于第四世纪到第五世纪,唐代继续使用着。如:

①使伊去,必能克定西楚。(南朝·宋·刘义庆《世说新语·方正》)

②勿学汝兄,汝兄自不如伊。(南朝·宋·刘义庆《世说新语·品藻》)

"渠"字始见于《三国志·吴志·赵达传》:"女婿昨来,必是渠所窃"。"渠"字应认为是"其"字变来的。到了唐代,"渠"字大量出现了。如:

①回头指大男,渠是弓弩手。(唐·杜甫《遭田父泥饮美严中丞》)

②莫掩夜窗扉,共渠相伴宿。(唐·白居易《北窗竹石》)

"伊"、"渠"在六朝、唐代的时候很重要,到了宋代,由于"他"字在口语里更普遍地应用,"伊"、"渠"已经很少见,但仍在一些方言中使用着。

第三人称代词"其"字用于领位,"之"字用于宾位。"厥"字的用法和领位的"其"大致相当。如:

①今时既坠厥命。(春秋·孔丘整理《尚书·召诰》)

②尽其心者,尽其性也。(战国·孟轲《孟子·尽心》)

③学而时习之,不亦说乎!(春秋·孔丘《论语·学而》)

上古第三人称不用于主位。凡是现代汉语需用主语"他"或"他们"的地方,在上古汉语里只用名词来复说上文,或者省略主语。如:

①齐侯欲以文姜妻太子忽,太子忽辞。(春秋·左丘明《左传·桓公六年》)

②以告,遂使收之。(春秋·左丘明《左传·宣公四年》)

上古有一个"彼"字可用作主语,但是"彼"字的指示性很重,又往往带感情色彩,并不是一般的人称代词。如:

彼丈夫也,我丈夫也,吾何畏彼也?(战国·孟轲《孟子·滕文公》)

"其"字在某些情况下很像主语,但是,实际上它仍是处于领位。"其"字在上古时代等于名词加"之"字。如:

①君子,所其无逸。(战国·庄周《庄子·无逸》)

②圣人之爱人也,人之与名,不告,则不知其爱人也。(战国·庄周《庄子·则阳》)

直到晋代以后,"其"字才能用作介词后的宾语。如:

有人遗其双鹤。(南朝·宋·刘义庆《世说新语·言语》)

也可以用于双宾语。如:

少君乃与其成药二剂。(晋·葛洪《神仙传》)

但是,"其"字永远不用作动词后的宾语。如:

若其欲来,吾角巾径还乌衣。(南朝·宋·刘义庆《世说新语·雅量》)

有时候,"其"字用作递系式的主语。如:

求其医理。(五代·杜光庭《仙传拾遗·徐福》)

到了现代,除普通话用"他"外,"伊"、"渠"仍在一些方言中继续使用。"他"作为人称代词,起源于唐代。如:

①绣羽衔花他自得,红颜骑竹我无缘。(唐·杜甫《清明》)

②虽作拒张,又不免输他口子。(唐·张文成《游仙窟》)

宋代以后,人称代词"他"更普遍地应用了。如:

这个却须由我不由他了。(宋·朱熹《朱子语类辑略》卷四)

人称代词"他"是从无定代词"他"变来的。"他"在上古时代是"别的",也写作"它"。"他"在上古可以指人,"他人"意思是"别人",人称代词的"他"正是从"他人"的"他"来的。"他"作为人称代词,起源于唐代。宋代以后,人称代词"他"字就更普遍地应用了。

太田辰夫指出了一种有意思的现象:第三人称代词的后助动词化。他指出:动词后面的"他",应当是那个动词的宾语,或是宾语的修饰语,但是,那样的"他"也有变为辅助动词的辅助词,不再具有作为宾语的功能的情况。"他"所处的情况,都包含对此不关心,不负责任,轻视的语气,而不是作为代词起指示作用。"他"的这种用法是从不关心的语气产生的。"他"表示不关心的语气从唐代就有。这种用法恐怕是由于"他"在成为第三人称以前是他称,由此意义变化而成的。如:

科头箕踞长松下,白眼看他世上人。(唐·王维《与卢员外象过崔处士兴宗林亭》)

对这个动作的不关心,后来就变为对这个动作本身的否定。"他"的这种功能是宋代产生的。在宋代,这种否定的"他"都在"知他"这一形式中出现,但后来不用了,在现代汉语中只保留"管他"。

郭锡良的《汉语第三人称代词的起源和发展》考察了先秦至唐代汉语第二、三人称代词的发展过程,认为:①汉语第三人称代词起源较晚,周代指示代词"之"、"其"(厥)开始向第三人称代词转化,从某种意义上说具有了第三人称代词的性质,但还没有完成其转化过程。②两汉时期,"其"的功能开始扩大,有取代"之"的趋势,但仍没有用作主语的形式。③六朝时期,"其"的功能进一步扩大,并产生了新的形式"伊"和"渠"。这时才有了真正的第三人称代词。"伊"和"渠"也是由指示代词发展而来的,"渠"可能就是"其"的口语形式。"伊"和"渠"

只保存在南方某些方言中。④现代汉语普通话第三人称代词"他"是由先秦的无定代词"他"演变成的。先秦时代的"他"的意义是"别的",汉末到南北朝时期"他"由"别的"演化出"别人"的意思,成为向第三人称代词转变的重要阶段。初唐"他"开始具有第三人称代词的语法功能,盛唐以后才正式确立起作为第三人称代词的地位。

近代汉语第三人称代词"他"是最主要的形式,还可以用于虚指,没有实义。其复数形式是"他们(满、懑)、它们、他每"。元代多用"他每",明后渐渐统一为"他们"。如:

①那时薛媪也风闻得黄埧登弟,欲待去污佗。(明·冯梦龙《醒世恒言》卷三十二)

②有和你素日嘻皮笑脸的那些姑娘,你该问他们去。(清·曹雪芹《红楼梦》第三十回)

"伊"字中古已是第三人称代词,近代汉语仍可见到,相当于"他",但已渐渐式微。

四、人称代词的单复数

上古人称代词的单复数没有明确的界限。当然,有些人称代词是专用单数的,如"朕"、"予"(余)、"台"、"卬",但是,"我"、"吾"、"尔"、"汝"则可兼用于复数。战国以后,人称代词曾加"侪"、"等"、"曹"、"属"等字表示复数的。如:

①吾侪小人皆有阖庐以辟燥湿寒暑。(春秋·左丘明《左传·襄公十七年》)

②公等皆去,吾亦从此逝矣!(汉·司马迁《史记·高祖本纪》)

③我曹言,愿自杀。(汉·班固《汉书·外戚传》)

但是,严格地说,这并不算人称代词的复数。"吾侪"、"吾等"、"我曹"、"我属"等于说"我们这些人","侪、等、曹、属"并非表示复数的词尾。真正的人称代词复数是"我们"、"你们"、"他们"。

"们"字唐以前就有,刘知几《史通·外篇·杂说》谈到王劭《齐志》说:"渠们底佃,江左彼此之辞。"可见南朝便在口语里常用"们"字表多数了。宋代则用"懑"字,元朝又写作"每",这些都是"们"的变体,都表示多数。如:

咱们祖上也是宋民。(宋·周密《葵辛杂织续集下》)

"们"的来源还不清楚,它大约是南北朝时吴地流行的方言。"们"也经过不分单复数的阶段。"懑"、"门"等不表示复数的例子,在宋元词曲中很不少。在明代小说里,"们"逐渐规范,用法也很明确,既可以接在代词后面,也可以接在名词后面,表示复数。如:

①自家懑都望有前程。(宋·晁元礼《鹊桥仙》)

②我扶你门归去。(元曲《张协状元》)

③我门也不枉在这里出力。(明·施耐庵《水浒全传》第九十七回)

④孙大圣又把唐僧撮着脚推下马来道:"兄弟们,仔细!仔细!那妖精又来也!"(明·吴承恩《西游记》第四十回)

"们"又写作"每"。他们的读音是否完全相同,尚待考证。但他们作为词尾的意义是一样的。如:

①我每同将军归投黄大王。(宋·无名氏《五代史平话·梁史》)

②若他们父子能却契丹,便要禅代我位,咱亦甘心。(宋·无名氏《五代史平话·晋史》)

但是,"咱每"往往表示单数。如:

③黄巢思量:"咱每今番下了第,是咱的学问短浅。"(宋·无名氏《五代史平话·梁史》

"您每"也可以表示单数。如:

朱五经看了这诗道:"秀才,您每下第不还乡?"(宋·无名氏《五代史平话·梁史》)

"咱每"压缩为一个音节,汉语拼音拼作 zán,汉字仍写作"咱"或"喒"、"偺"。"咱"可表单复数。

"你每"压缩为一个单音词,就是[tsam],后来变为[nin],汉语拼音拼作 nín,汉字写作"您"。"您"在最初的时候是表示复数的,等于说"你们"。例如:

①咱是您的姐夫。(宋·无名氏《五代史平话·汉史》)

②您孩儿们识个什么?(宋·无名氏《五代史平话·周史》)

在宋元时期,"您"也可用于单数,但并不表示尊重,相反,往往表示蔑称。如:

①欲得您生肉,以饱我士卒。(宋·无名氏《五代史平话·唐史》)

②您是不顾恩义的贼!(宋·无名氏《五代史平话·汉史》)

尊辈对卑辈也可以用"您"。如:

限一月您要收捕董璋。(宋·无名氏《五代史平话·晋史》)

"您"专作尊称,是近二三百年的事。

现代北京话人称代词第一人称复数有包括式或排除式的分别:包括式是"咱们",把对话人包括在内;排除式是"我们",把对话人排除在外。在《红楼梦》里,这种区别最为明显。如:

①咱们只管作诗,等他来罚他。(第四十三回)

②你老人家自己承认,别带累我们受气。(第十九回)

包括式"咱们"似乎在宋代就产生了。

五、人称代词的尊称和谦称

王力还谈到了有人称代词作用的尊称和谦称:这些尊称和谦称都是名词或名词性词组。汉族自古就认为用人称代词称呼尊辈或平辈是一种没有礼貌的行为。自称"余"、"我"之类也是不客气的。因此,古人往往用名词来作尊称或谦称。

在先秦时代,礼貌式大致可以分为 5 类。

①自称不用"余"、"我"等,而用自己的名。如:

子曰:"丘也幸,苟有过,人必知之。"(春秋·孔丘《论语·述而》)

②称人以爵位或身份,自称也可用身份。如:

公子若反晋国,则何以报不谷?(春秋·左丘明《左传·僖公二十四年》)

③称人以美德,如"子"、"先生"、"叟"等;自称以不德,如"寡人"、"不谷"、"孤"等。如:

A.非不说子之道,力不足也。(春秋·孔丘《论语·雍也》)

B.岂不谷是为?(春秋·左丘明《左传·僖公四年》)

④以地代人,作为尊称。如:

足下有意为臣伯乐乎?(汉·刘向整编《战国策·燕策》)

⑤以对话人所使用的人来代他。如:

寡人将率敝赋以从执事。(春秋·左丘明《左传·昭公二十五年》)

称谓方面,更加复杂。"卿"广泛使用,还可以合成"卿等"、"卿辈"、"卿曹"等。和上古的"卿"的用法相比有显著的差别。也出现了"一旧物"、"老"、"穷生"等用于不同场合的自我谦称。"大人"用于称父,"丈人"称呼尊长,"足下"用于友人关系。南方用"欢"称恋人,乐府中常见。称呼中表亲切的"阿"已相当普遍化了。

自称用"下官"是谦称,男女均可用。"仆"、"小人"、"小子"、"少府"也是谦称。"某"是"我们"的意思,有时用于第一人称,也有用于第三人称,男女皆可。"自家"从唐代开始使用,可用作自称代词。"儿"、"儿家"都是女子所用的自称。女子使用的称呼,除"卿"外,还有"君"、"官"用于妾称夫。妇人的自称有"妾",也用"小妾"、"贱妾"。"未亡人"称先亡了丈夫的女子。称故人的称呼还有"先公"、"亡叔"、"亡兄"等。

佛教称呼中,"贫道"是僧人的自称。"弟子"是一般人和僧人说话时的自称。"道人"、"上人"用于一般人称出家人,"檀越"、"居士"用于出家人称一般人。

称谓的复杂性还表现在詈词中,带有方言色彩。"貉子"骂年长的男子。"小子"、"小人"、"死狗"、"鬼子"、"奴子"、"竖儒"、"腐生"、"死公"、"庸儿"等都用作詈词。

六、其他人称代词

(一)反身代词

王力还谈到反身代词"自"、"相"。

"自"的古今的意义是一样的。"相"的最初意义(互相)也沿用到现在。但是,"相"很早就可以指单方面。可指人、指物。可以译作倒装的宾语"我"、"我们"、"他(他们)"等。如:

①儿童相见不相识。(唐·贺知章《回乡偶书》)

②耶娘妻子走相送。(唐·杜甫《兵车行》)

③与人期行,相委而去。(南朝·宋·刘义庆《世说新语·方正》)

这是由反身代词发展为代词宾语,发展的道路是很清楚的。

(二)无定代词

王力还谈到上古时代的两个无定代词"莫"和"或"。

"莫",杨树达称为"无指代名词",译为现代汉语是"没有谁"、"没有什么"。这种"莫"字,上古时代最常见。如:

①莫赤匪狐,莫黑匪乌。(春秋·无名氏《诗经·邶风·北风》)

②莫我知也夫!(春秋·孔丘《论语·宪问》)

"莫"前也可有先词,表示范围。如:

从者病,莫能兴。(春秋·孔丘《论语·卫灵公》)

到了汉代,"莫"发展为副词,等于说"勿",表示禁止。如:

莫如商鞅反者!(汉·司马迁《史记·商君列传》)

但"莫"作为无定代词,仍沿用至中古以后。如:

宽心应是酒,遣兴莫过诗。(唐·杜甫《可惜》)

直到今天,无定代词"莫"还存在某些成语里,如"莫名其妙"、"莫测高深"等。

"或"是"莫"的反面。"莫"是没有人,"或"是有人。"莫"是没有什么,"或"是有些。如:

或谓孔子曰:"子奚不为政?"(春秋·孔丘《论语·为政》)

"或"也可有先词,在此情况下,往往用两个以上的"或"。如:

是以臣或弑其君,下或杀其上。(战国·荀况《荀子·富国》)

（三）总称代词"大家"

总称代词"大家"（大伙儿）称代一定范围内所有的人，也指某个代象以外的所有人。

①大家拍手高声唱。（唐·杜荀鹤《重阳日有作》）

②说那里话！西湖是大家的，他游得，偏我们游不得。（明·周朝俊《红梅记》第二出）

（四）他称代词"人家"

他称代词"人家"有 3 种用法：①相当于第三人称，等于他/她（们）。②相当于别人，与"自己"相对。③转称自己（多为青年女性），略有不满或撒娇的口气。

①岂知你所为不义若此！点污了人家儿女。（明·凌濛初《二刻拍案惊奇》卷十一）

②你这泼猴……怎么上门子欺负人家！（明·吴承恩《西游记》第三十一回）

何乐士的《〈左传〉的人称代词》对《左传》中出现的人称代词作了细致的描写和分析，对每个代词出现的次数，充当的句子成分都做了定量统计。

七、现代汉语人称代词

古代汉语人称代词大部分延传下来，如第一人称的"我"、"我们"、"咱"、"俺"等，第二人称"你"、"你们"、"您"等，第三人称"他"、"他们"等。但也有消亡的，如"卬"、"朕"、"戎"、"厥"、"渠"、"伊"等。"您"也从没有敬意变成有敬意的。

现代汉语受西洋语言的影响，人称代词发生了两种重要的变化。

第一种变化是"他"字分化为"他"、"她"、"它"。这是受了西洋人称代词性别的影响，分为"阴、阳、中性"。

第二种变化是"它们"的应用。本来，指物的"他"（它）在汉语里是非常罕见的，至于复数形式更是绝对不用了。但是，由于吸收西洋语法，在书面语言中也逐渐有"它们"出现了。

第二节　指示代词的发展

一、指示代词和人称代词的关系

在上古汉语里，指示代词和人称代词的关系非常密切。

"之"用于指示的时候，是用作定语的，是近指的指示代词，等于现代的"这"。如：

①之子于归，宜其室家。（春秋·无名氏《诗经·周南·桃夭》）

②之二虫又何知？（春秋·庄周《庄子·逍遥游》）

"其"用于指示的时候，也是作定语的，是特指的指示代词，略等于现代汉语的"那种"、"那样"、"那个"。它具有特定的意义，古人用它来表示它后面的名词所表示的人物是适当的。如：

①非其鬼而祭之，谄之。（春秋·孔丘《论语·为政》）

②今欲举大事，将非其人不可。（汉·司马迁《史记·项羽本纪》）

第二人称"若"、"尔"同样可以用作指示代词，作为定语。"若"用于近指为常。如：

君子哉若人！尚德哉若人！（春秋·孔丘《论语·宪问》）

"尔"则用于远指为常，但在某些情况下，近指和远指的分别是不清楚的。"尔"用作定语，在上古时没有见到，在南北朝时才有。如：

尔时语已神悟，自参上流。（南朝·宋·刘义庆《世说新语·言语》）

"尔"、"若"是有共同来源的，但语法作用有一点不同：在用作指示代词的情况下，"若"不能用作宾语和谓语，而"尔"可以用作宾语和谓语，等于现代汉语的"那个"、"那样"或"这个"、"这样"。如：

名教中自有乐地，何为乃尔也？（南朝·宋·刘义庆《世说新语·德行》）

"尔"用于"那样"、"这样"的意义，一直沿用到唐宋以后。如：

果尔，后将易吾姓也。（唐·房玄龄《晋书·桓温传》）

指示代词细分之有近指代词、远指代词、旁指代词、无定代词等。甲骨文中的指示代词只有远指和近指之分，西周以后种类增多。

二、近指代词

目前所见甲骨文中的近指代词只有"兹"一个，如：

及兹月出采，受年？于生月出采，受年？（《屯南345》）

西周以后近指代词形式增多，有"兹"、"时"、"是"、"斯"、"此"等。如：

①时日曷丧，予及汝皆亡！（春秋·孔丘整理《尚书·汤誓》）

②今其人在是，胜也何敢言事？（汉·刘向编《战国策·赵策》）

③匪言不能，胡斯畏忌？（春秋·无名氏《诗经·大雅·桑柔》）

④此匹夫之勇，敌一人者也。（战国·孟轲《孟子·梁惠王下》）

在上古时代，最常见的指示代词是"是"、"斯"、"此"、"兹"，它们都是近指。如：

①太子曰："谨谢客。赖君之力，时时有之，然未至於是也。"（汉·枚乘《七发》）

②原斯瘼之攸兴，实执政之匪贤。（汉·赵壹《刺世嫉邪赋》）

③寄言摄生客，试用此道推。（晋·谢灵运《石壁精舍还湖中作》）

唐代出现近指代词"这"，宋以后使用更加频繁。如：

①为报江南三二日，这回应见雪中人。（《全唐诗·送好约法师归江南》）

②师曰："犹有这个纹彩在。"（五代·静、筠二禅师《祖堂集》）

③轻其人则遗可重这事，欲其事则存可弃之人。（宋·宋祁、欧阳修等《新唐书·列传》）

④等往回，看这把壶从那里出来。（明·兰陵笑笑生《金瓶梅词话》第五十七回）

近代汉语近指代词还有"遮"、"者"、"恁"等，如：

①遮个渔翁无愠喜，乾坤都在孤蓬底。（宋·张镃《渔家傲》）

②细想从来，断肠多处，不与者番同。（宋·晏几道《少年游》）

③恁样大事，如何反不词决？（明·冯梦龙《喻世明言》卷三十一）

三、远指代词

在甲骨文中"之"又用作远指代词，有时写作"止"。如：

辛巳卜，宾贞：其曰之？

贞：不曰之？

贞：其曰之？

贞：不曰之？

其曰之？

不曰之？（《甲骨文合集 18860》）

止夕允不雨？（《甲骨文合集 24684》）

西周以后远指代词形式增多，有"厥"、"其"、"彼"、"匪"、"伊"等。如：

①率时农夫，播厥百谷。（春秋·无名氏《诗经·周颂·噫嘻》）

②于皇时周，陟其高山。（春秋·无名氏《诗经·周颂·般》）

③陟彼崔嵬，我马虺隤。（春秋·无名氏《诗经·国风·卷耳》）

④匪风飘兮，匪车嘌兮。（春秋·无名氏《诗经·国风·匪风》）

⑤所谓伊人，在水一方。（春秋·无名氏《诗经·国风·蒹葭》）

唐代以后出现远指代词"那"字，后一直沿用至今。如：

①那年离别日，只道住桐庐。（《全唐词·刘采春》）

②对云："那个人。"师云："只如那个人，还觅牛也无？"（五代·静、筠二禅师《祖堂集》）

③哄动了那个县治。（明·兰陵笑笑生《金瓶梅词话》）

与"此"相对的是"彼"。"彼"是十足的远指代词。如：

彼亦一是非，此亦一是非。（战国·庄周《庄子·齐物论》）

在宋代，"那"有一种特殊用法，看起来似乎是多余的，其实它起着特指的作用。如：

朱温共那哥哥朱全昱、朱存侍奉那母亲王氏。（宋·无名氏《五代史平话·梁史》）

这种"那"的用法，后代没有沿用下来。

王力认为，"这"由指示代词"之"转变而来，"那"最初是疑问代词，后来转变为指示代词。产生于六朝，唐代只用作定语，宋代开始用作主语。"那"来源于上古的"尔"或"若"。如：

①想得那人垂手立，娇羞不肯上千秋。（唐·韩偓《想得》）

②西门庆道："你桂姨那一套衣服稍来不曾？"（明·兰陵笑笑生《金瓶梅词话》第十二回）

唐宋时代有状语代词，"能"、"能尔"、"能许"、"能样"、"能底"、"能亨"、"能地"、"能个"、"如许"、"尔许"等，略等于现代汉语的"这么"、"那么"。如：

①芳意何能早？孤荣亦自危。（唐·张九龄《庭梅咏》）

②着花能许细，落子不多长。（宋·杨万里《秋日见橘花》）

这些都可能来自"尔"。"宁馨"可能是"尔"的方言变形。由于当时"地"、"底"可以用作词尾，所以"能"的后面又可以带"地"、"底"，成为"能地"、"能底"等形式。

此外，在唐宋人的语录里，有"恁么"。从语音上看，"恁么"就是后来的"那么"，但在最初的时候，"恁么"可表"那么"、"这么"。

在宋元的词曲里，"恁么"只写作"恁"（惹），如：

恁受怕担惊。（元·王实甫《西厢记》三本三折）

等恁时，重觅幽香，已入小窗横幅。（宋·姜夔《疏影》）

近代又产生了一些复音代词，如"恁般"、"恁的"、"恁地"等：

①可惜恁般一块玉，如何将来只做得一副劝盃！（宋话本《碾玉观音》）

②粉脸生春,云鬓堆鸦,恁的般受怕担惊。(元·王实甫《西厢记》三本三折)

③武松道:"既是哥哥嫂嫂恁地说时,今晚有行李,便取了来。"(明·施耐庵《水浒全传》第二十四回)

四、旁指代词

甲骨文中未出现旁指代词用例。古汉语多用"他(它)"。偶有用"馀"、"异"等,意思就是旁的、别的、其他的。如:

①有孚盈缶,终来有它吉(春秋·无名氏《周易·比卦》)

②武人东征,不遑他矣。(春秋·无名氏《诗经·小雅·渐渐之石》)

③文子曰:"其馀皆数世之主也。"(春秋·左丘明《左传·襄公二十七年》)

④吾以汝为异之问,曾由与求之问。(春秋·孔丘《论语·先进》)

五、无定代词

无定代词有"无(毋)"、"莫"、"靡"等形式,甲骨文中未见用例,是西周时新出现的代词。如:

①天下莫与汝争能。(春秋·孔丘整理《尚书·大禹谟》)

②靡不有初,鲜克有终。(春秋·无名氏《诗经·大雅·荡》)

③相人多矣,无如季相。(汉·司马迁《史记·高祖本纪》)

另外,还有一类无定代词是在某一范围内,指其中一部分人或者事物,常用的词有"或"和"有",表示"有人"或"有的"。

①得敌。成鼓或罢。或泣或歌。(春秋·无名氏《周易·中孚》)

②日有食之。(春秋·无名氏《诗经·小雅·十月》)

六、特殊代词

两个特殊的代词:"者"、"所"。

"者"是所谓被饰代词,它通常用在形容词、动词、动词性词组后组成一个名词性的词组,表示"……的人"或"……的事物"。如:

老者安之,朋友信之,少者怀之。(春秋·孔丘《论语·公冶长》)

这种"者"一直沿用到现代,而且作为词尾,产生一些新词。

"者"又可以用于复指。复指有3种情况:

第一,"者"字结构等于后置的修饰语。如:

请益其车骑壮士,可为足下辅翼者。(汉·司马迁《史记·刺客列传》)

这种句法一直沿用到后代。

第二,"者"字直接放在名词后边,来复指主语,引出判断。这种"者"有"这个人"或"这个事物"的意思。如:

政者,正也。(春秋·孔丘《论语·颜渊》)

第三,"者"放在主谓结构或述宾结构的后面,这个主谓结构或述宾结构作为一个整体,来解释原因,有"这是因为"的意思。如:

故怀负石而赴河,是行之难为者也,而申徒狄能之,然而君子不贵者,非礼义之中也。(战国·荀况《荀子·不苟》)

这种"者",《马氏文通》以为是提顿,杨树达以为是表提示的语末助词,其实这种"者"仍是复指代词,不过用来引出原因罢了。

"所"是一种特殊代词,它放在动词前面,作为动词的宾语,它和动词结合后,成为名词性词组。如:

绿兮丝兮,女所治兮。(春秋·无名氏《诗经·邶风·绿衣》)

在开始的时候,"所"字结构是名词性词组,只用作主语或宾语。后来这种"所"字结构也可以用作定语。如:

舜本臣敁所厚吏。(汉·班固《汉书·张敝传》)

同时,"所"字结构又可以用作定语,修饰"者"字。这也是后起的语法现象。"所"字结构也可以用作介词的宾语。"所以"结构又发展为解释原因,后来又发展为推究原因,"所以"结构移到前面去。一直用到现在。汉代以后,"所"字用于被动句,"所"字词性虚化了,变为被动词的词头。

七、指示代词的来源

潘允中的《汉语语法史概要》着重分析具体的指示代词。他认为古汉语的指示代词同现代汉语相同,有远指和近指两种,在古今之间有一定的传承关系。"此"、"斯"、"兹"、"是"、"寔"、"时"、"之"是古代常见的近指代词,"彼"、"夫"、"匪"、"其"、"之"、"若"、"尔"是远指代词。这些指代词都可以用作定语。

(一)近指代词的来源

古汉语的近指代词虽然有好几个,但论其语源却是互相关联的。如"此",《广韵》:"此,雌氏切,清母。"《论语》里用"斯"而不用"此",其他古籍却常见,或作主语,或作定语。"斯"——《广韵》:"斯,息移切,心母。"《论语》里用得比较多。潘先生从文字方面观察,认为"此、兹、斯"3字都是精系三等字,属于齿头音,"是、寔、时"3字都属于正齿音。此解释方法与史存直同。潘先生由此推,这些近指代词在上古显然有同源的关系。他也同样引用了章太炎的《新方言》为例证,说明个别指代词现在仍然保留在方言里,连读音也还是上古音。

(二)由"之"到"这"

"之"也是古代常见的近指代词,中古属照系三等字,上古则接近端母。"寺"是从"之"得声,这可以反证"之"的音义与"时"、"是"等几个词正相近似。在中古的唐代,"之"已变作"者",也作"这",宋人作"遮"。现代汉语的"这"即来源于此。

(三)远指代词的来源

远指代词在文言和口语里各有一套。如:彼——原来是远指的指示代词,后来也用作第三人称代词。夫——古音"夫"读如"彼",所以"夫"、"彼"其实是同音异形词,但到了中古时期,"夫"就罕见了。先秦用例,"夫"也以作定语为常,罕见用于指代事物的。匪——其实在上古也是和"彼"、"夫"的同音异形词。"夫"、"彼"、"匪"3词在上古属于同一音系,唯后来的演变各不相同,现在口语里,除"彼"作为文言成分还保留一些用处外,其他"夫"、"匪"两个,其古音义都早已在活语言中隐退。它们和现代汉语指示代词"那"没有一点语源关系。

其——"其"在古书中是一个用得比较广泛的词,它的原始意义是竹箕,假借为远指的指示代词。若——"若"的中古音属日母,上古近泥母,和"那"音很接近。章太炎说"那"与"若"一音之转。"若"在上古时期已经用作指示代词或定语,唯远指、近指,界线不很清楚;但就语音系统来说,把它归入远指,似较合理。尔——"尔"在上古和"若"、"乃"同属泥母或接近泥母字,所以先秦典籍,除了用"若"充当远指代词外,有时也用"乃",等于今语"那"、"那样"。在中古时期的《世说新语》里较多用"尔"来表示远指,等于今语"那"。有时和"乃"连结为双音词"乃尔",意思都和现在口语的"那样"或"这样"完全相同。

(四)由"若"、"乃"、"尔"到"那"

现代汉语的"那",来源于上古的"若"、"乃"、"尔"是肯定的。不过,"那"在先秦时代已产生,直到南北朝时都只作疑问代词,偶然也用作远指代词"那个"、"那边"、"那样"的"那"。到了唐代,"那"才完全取代了"乃"、"尔",而有"那人"、"那边"的说法。

史存直在他的著作《汉语语法史纲要》中也认为,就近指指示代词来说,"兹"、"此"、"斯"3字都属于齿头音,大约是同一词的不同写法;"是"、"寔"、"时"3字都属于正齿音,是同一词的不同写法就更明显;"之"字属于照母三等,可能是从端母变来的。值得讨论的是"之"、"是"、"寔"、"时"这几个字的关系。"之"属"照"母三等字,古音接近"端"母。而对于"是"、"寔"、"时"三字,书中介绍了章太炎《新方言》中所说"《尔雅》时、寔,是也。《广雅》是,此也"。章太炎运用对照说明"是"、"此"是一个词的不同方音。现代通用的近指指示代词"这",当是古代近指指示代词"之"的后身。"这"字原读如"彦",义为"迎"。借为指示代词,是从唐朝开始的,到宋代用得就更普遍了。有时借用"遮"、"者"。后来在使用中逐渐统一,"这"字就成了最通用的近指指示代词。上古远指指示代词有"彼"、"夫"、"匪"、"其"、"厥"、"若"、"尔"、"乃"等。这里面,"彼"、"夫"、"匪"同属"帮"母,应归一系;"其"、"厥"同属"见"母,可能与"渠"字有关系;"若、尔、乃"同属"泥"母,应该是现代远指指示代词"那"字的来源。现代通用的远指指示代词"那",当是从"若"、"尔"或"乃"演变出来的。"那"字在唐代就出现,后来一直沿用。此外还有"宁馨"、"宁许"中的"宁"字,"能"、"能尔"、"能许"、"能亨"、"能底"中的"能"字以及稍晚一点的"恁"、"怎么"、"恁地"中的"恁"字,大约也都出于同一来源。现代汉语的"那么"多半是从"恁么"演变出来的。

志村良治在《中国中世语法史研究》中对汉语的指示代词和疑问代词系统进行了详尽的论述。他认为,在中古末期,汉语的指示代词系统"这"、"那"已经确立。在讨论"这"的来源的时候,不应仅限于某一特定的字,而可以把它限定在出自舌音系近指指示词系统这一大的范围内,从它跟其他各种舌音系指示词的关联上看它的来源。他认为唐代产生的指示代词"那"跟疑问代词"那"的来源不同。志村良治还构建了中世汉语的疑问词系谱。

第三节　疑问代词的发展

甲骨文语料中的代词只有人称代词和指示代词两种,尚无疑问代词用例,疑问代词始出现于西周,沿用至今。主要有"谁"、"何"、"孰"、"曷"、"胡"、"恶"、"安"、"焉"、"奚"等。如:

①二人从行,谁为此祸?(春秋·无名氏《诗经·小雅·何人斯》)

②嗟我何人?独不遇时当乱世!(战国·荀况《荀子·成相》)

③女与回也孰贤?(春秋·孔丘《论语·公冶长》)

④曷足以美七尺之躯哉?(战国·荀况《荀子·劝学》)

⑤又胡可得而有邪?(战国·庄周《庄子·知北游》)

⑥居恶在?仁是也?路恶在?义是也?(战国·孟轲《孟子·尽心上》)

⑦行贤而去自贤之行,安往而不爱哉?(战国·庄周《庄子·山木》)

⑧天下之父归之,其子焉往?(战国·孟轲《孟子·离娄上》)

⑨子奚哭之悲也?(战国·韩非《韩非子·和氏》)

一、疑问代词的种类

疑问代词按其所询问的对象的不同,可以分为 3 类:第一类是问人的,如"谁"、"孰";第二类是问事物的,如"何"、"曷"、"胡"、"奚";第三类是问处所的,如"恶"、"安"、"焉"。

(一)"谁"和"孰"

"谁"和"孰"意义也大致相同,实际是同一语音的词,只是"谁"限于指人,"孰"则可指人也可指事物。现代汉语的"谁"是古汉语"谁"的沿用。"孰"是"谁"的转音字,两者的不同在于:"孰"兼用于对事物的疑问。这个职能表示"孰"已有新的发展。如:

①吾谁欺?欺天乎!(春秋·孔丘《论语·子罕》)

②谁生历阶,至今为梗?(春秋·无名氏《诗经·大雅·桑柔》)

"谁"可用作谓语。如:

然则富贵为贤以得其赏者谁也。(战国·墨翟《墨子·尚贤(中)》)

偶然也用作定语。如:

吾不知谁之子,象帝之先。(春秋·老聃《老子》)

"谁"的另一形式是"畴",用法大致与"谁"相同。如:

①畴咨若是登庸?(春秋·孔丘整理《尚书·尧典》)

②畴可与乎比抗?(汉·张衡《思玄赋》)

"谁"和"畴"在语音上的差别,可能是由于地域的不同或时代的不同。

"孰"主要用于选择问。如:

女与回也孰愈?(春秋·孔丘《论语·公冶长》)

"孰"也可用于指无生之物,"谁"不能。如:

天下之害孰为大?(战国·墨翟《墨子·兼爱(下)》)

"何"指物,以用于宾语为常。如:

朕又何知?(战国·庄周《庄子·在宥》)

(二)"何"、"曷"、"奚"、"胡"

上古也是同一语源的疑问代词。用法上,除"何"可以兼指人外,其余都指事物和处所。这几个词声同义同,只是词形不同,是由于汉字的特殊形式所产生的一个特点。

"何",指事物,等于现代汉语"什么",可作定语。

"何"用作定语,兼指人和事物。如:

①是何人也？（战国·庄周《庄子·养生主》）

②此何木也哉？（战国·庄周《庄子·人间世》）

"何"用作状语，大致等于现代汉语的"为什么"或"怎么"，如：

夫子何哂由也？（春秋·孔丘《论语·先进》）

"曷"、"奚"、"胡"的应用范围比"何"窄得多，它们不能指人，不用作主语。

"奚"作宾语的比较少见，"曷"、"胡"用作宾语者更是个别的情况。它们通常只用作状语，很少用作定语。如：

①子奚不为政？（春秋·孔丘《论语·为政》）

②曷足以美七尺之躯哉？（战国·荀况《荀子·劝学》）

③又胡可得而有邪？（战国·庄周《庄子·知北游》）

"遐"、"侯"应是"胡"的音变。这两个字作为疑问代词只出现在上古时代，后代就罕见了。在上古，它们只用作状语。如：

①乐只君子，遐不眉寿？（春秋·无名氏《诗经·小雅·南山有台》）

②君乎！君乎！侯不迈哉？（汉·司马相如《封禅颂》）

就先秦的情况来说，"恶"、"安"、"焉"只是指处所，且意义相通。如：

①天下恶乎定？（战国·孟轲《孟子·梁惠王上》）

②安往而不爱哉？（战国·庄周《庄子·山水》）

③人焉廋哉？（春秋·孔丘《论语·为政》）

"盍"和"何"、"曷"等同一语源。"盍"有"何"和"何不"二义，而且只限于作反诘副词用，而不用于指代事物或处所。

上述的这些疑问代词，在中古以后的文言作品里绝大多数是沿用的；但在口语里，除"谁"、"何"外，已经绝迹。

从南北朝起，史料中出现了一个疑问代词"底"，它的意义和"何"相同。如：

日冥当户倚，惆怅底不忆？（南北朝·无名氏《子夜歌》）

到了唐代以后，"底"用得更普遍了。如：

花飞有底急？老去愿春迟。（唐·杜甫《可惜》）

(三)"恶(乌)"、"安"、"焉"

"恶"和"乌"是一音而异形，没有分别。在意义方面，"恶"、"乌"、"安"、"焉"都是指处所，但是虚指，不是实指，和"何"义非常接近，口语是"哪里"的意思。

有些"恶"、"安"、"焉"虽不明显指处所，并且大致可以由"何"、"曷"、"胡"、"奚"代替，但是由于本义不同，引申义也有细微的区别。这一类的"恶"、"安"、"焉"，实际上等于现代汉语的"哪里"；"恶得"、"恶能"、"安能"、"焉能"、"焉得"等于"哪里能够"，"安知"、"焉知"等于"哪里知道"。

二、疑问代词的演变和发展

现代汉语的"哪"字，直到"五四"时代还写作"那"，实际上，在中古时代，疑问代词"那"字比指示代词"那"字常见，依据现有史料看来，疑问代词"那"产生时代早于指示代词"那"字，真正对处所提出疑问，就用"何处"；如果是反诘句，就用"那"字来代替上古的"恶"、"安"、

"焉"。"那"字产生的时代比"什么"、"争"都早得多,大约在先秦时代就产生了。到了东汉时代,词意稍变,等于现代汉语表示反问的"哪"。"那"字在魏晋南北朝也有出现。到了唐代,已用得很普遍了。疑问代词"那里"是从"那"字发展过来的,但是用途扩大了,它可以问处所,又可以表示反问。

"怎"字在唐代多写作"争",到宋代才写作"怎",同时也写作"怎生"、"怎么"、"怎末"、"怎的"、"作么"、"作么生"、"则么"。

关于"什么"和"怎"的来源,现在还搞不清楚。

太田辰夫认为"多早晚","多"具有疑问意味大概从元代就有。它和不表示疑问而只表示时间的"早晚"结合在一起。

"多喒"一般都说"喒"是"早晚"的合音,但在元曲中的"多喒"大多是具有推测意味的副词,明代的"多喒"显然是表疑问的指示代名词。

"多会儿"是和"这会儿"、"那会儿"对应的表疑问的指示代名词,到清代后期才出现。

志村良治认为疑问代词在中古末期产生了"甚"、"甚没"、"甚谟"。它们源于"是勿"、"是物"、"是没"、"拾没",从唐代中期开始出现,是现代汉语"甚么"的前身。追溯从后汉开始使用的"等",六朝时使用的"底"等疑问代词的复杂情况。上古的"何",汉代复合成"何等",复音节化了。中古也这样用。"等"也单独用作疑问代词,"何"也可以复合成为"何物",这里的"物"不是名词"东西"的意思,而应把"何物"看作复音节疑问词,功能和后来的"甚么"相当。

另一方面,南朝乐府中出现了"底",可能是南方口语的疑问代词 ti 的反映。"底"在唐代主要复合成为"底物"、"底事"。"是物"、"是没"可以认为在后来变成了"甚么"、"甚谟","没"跟"物"、"勿"相通,从"是物"到"甚没"声音发生了变化。"是物"、"是没"唐代口语里常用,在这个过程中,"是"由禅母转入审母,"没"也舒声化了,并由此引起连读音变的现象。连音现象的结果是第一个音节变音,可认为与"甚"字相当。"甚"不是"是物"的合音。五代写作"什摩"、"甚摩",宋代写作"甚么"、"什么"。现代的"什么"产生的基础在唐末就已形成了。

在专论中,志村良治还讨论了疑问代词"底"和"甚么"。他探寻了"底"的系谱及"甚么"的成立。

贝罗贝、吴福祥的《上古汉语疑问代词的发展与演变》以先秦两汉十余种文献为考察对象,探讨上古汉语疑问代词的发展与演变。

上古前期疑问代词的使用情况是:①事物类代词中,"何"是最重要的形式。不仅见次率最高,而且句法功能也较同类代词全面。②人物类代词中,"谁"的见次率最高,是该类疑问代词的主要形式。③方式、情状类代词中,单音节疑问代词"何"、"胡(遐)"、"曷"主要用来询问事理["胡(遐)"、"曷"只限于询问事理],双音节疑问代词"如何"、"奈何"、"如台"主要用来询问方式或性状。在询问事理的疑问代词中,"胡(遐)"的见次率最高;在询问方式或性状的疑问代词中,"如何"的见次率最高。可见,在上古前期的方式、情状疑问代词中,"胡(遐)"、"如何"是主要形式。④原因目的疑问代词中,"胡(遐)"的见次率最高,是该类疑问代词的主要形式。⑤时间疑问代词中,"曷"的见次率最高,是该类疑问代词最主要的形式。⑥上古前期,所有处所疑问代词均只见个别用例。相比较而言,"何"的见次率稍高。⑦上古前期,数量疑问代词使用极为少见。

上古中期疑问代词的使用情况是:与上古前期相比,上古中期的疑问代词系统有显著的变化:①词项的词汇兴替和功能变化。主要表现在一些旧有的疑问代词在这个时期业已消失或开始衰落(如"畴"、"如台"以及时间类疑问代词"何"、处所类疑问代词"胡"等),若干新兴的疑问代词开始广泛使用(如"孰"、"奚"、"恶"、"若何"、"何如"、"何若"、"何以"、"奚如"、"奚若"、"何故"、"几"),与此同时,有些疑问代词的功能也发生了显著变化(如原因目的疑问类代词"何")。②功能相同的疑问代词之间频率对比的变化。譬如原因目的疑问类代词,上古前期以"胡(遐)"、"曷(害)"为常见,出现频率分别为 61.5% 和 24.5%,"何"则少见,出现频率仅为 13.8%。但上古中期,这 3 个代词的频率对比发生了较大变化,"何"的见次率为 59.9%,是使用最多的原因目的疑问类代词,"胡(遐)"、"曷(害)"则变得少见,见次率分别为 5% 和 0.6%。③疑问代词系统构成的变化。在上古前期的疑问代词系统中,时间疑问代词是一个重要的类(这类疑问代词的用例总量超过处所疑问代词和数量疑问代词),但上古中期,由于时间类代词"何"的消失以及"曷(害)"的衰微,时间疑问代词作为一个次类趋于消失。另一方面,新兴疑问代词的大量出现,也造成这个时期很多疑问代词用法相同、功能重合(如方式、情状类代词中询问事理的"何"、"胡"、"曷"、"安"、"焉"、"恶"、"奚"在语义和句法功能上完全相同),从而导致这个时期的疑问代词系统变得繁复、庞杂。

上古后期疑问代词的使用情况是:新兴疑问代词的出现和旧有疑问代词的消亡仍是这个时期疑问代词发展与演变的主要表现。这个时期产生的疑问代词有事物疑问代词"何所"、"何等",方式情状疑问代词"云何",原因目的疑问代词"奈何"以及数量疑问代词"几所";而在这个时期的文献或实际语言中消失的疑问代词有事物疑问代词"曷"、"胡"、"奚"、"孰"、"恶"、"焉",方式情状疑问代词"胡"、"奚"、"曷"、"恶"、"焉"和"若何"、"何若"、"奚如"、"奚若",人物疑问代词"孰",原因目的疑问代词"胡"、"奚"、"曷"、"盍",以及处所疑问代词"恶"、"焉"、"奚"。如果仅就疑问代词的词项而言,这个时期出现的疑问代词有"何所"、"何等"、"云何"、"几所"4 个,而实际消亡的疑问代词有"孰"、"胡"、"奚"、"曷"、"恶"、"焉"、"盍"、"奚若"、"奚如"、"若何"、"何若"11 个。由于实际消亡的疑问代词数量远多于新产生的疑问代词,所以这个时期的疑问代词系统得到了较大程度的调整和简化。进一步观察会发现,这个时期产生的疑问代词均为双音节形式,而消失的多数为单音节形式。我们认为这种情形可能与语言结构特点的变化有关。我们知道先秦汉语中词汇结构(特别是包括疑问代词在内的功能词)大都是单音节形式,但入汉以后(特别是后汉时期),汉语词汇出现了强烈的双音化趋势。在这种背景下,由先秦延续下来的单音节疑问代词由于种种原因未能双音化(譬如句法功能的限制、见次率太低),因而被兼并、淘汰。另一方面,新产生的疑问代词之所以会采取双音节形式,也正是为了适应这个时期出现的词汇双音化趋势。这个时期,疑问代词的演变也体现在系统结构的变化上。时间疑问代词在上古前期疑问代词系统中是一个重要的功能类,降至上古中期这个功能类已趋于消亡,而到了上古后期,随着时间疑问代词的完全消失,这个时期疑问代词系统的结构因之发生了变化。

贝罗贝和吴福祥对上古汉语疑问代词的发展与演变得出以下几点认识:

①从西周到东汉,汉语疑问代词发展与演变的主要表现是频率变化、功能发展以及词汇兴替。频率变化是指同一个疑问代词在不同阶段的使用次数的变化,功能发展指的是同一个疑问代词在不同阶段句法功能的发展,词汇兴替则是指功能相同的疑问代词之间的历时替换。②上古汉语疑问代词的演变也体现在系统结构的变化上。③上古汉语疑问代词的产

生主要有文字假借、功能扩展以及词汇化等三个途径。大体说来,单音节疑问代词的形成主要采用文字假借和功能扩展的方式,双音节疑问代词的出现则主要是句法单位词汇化的结果。上古汉语中某些旧有疑问代词的消失主要导源于相关疑问代词的功能扩展以及特定时期语言结构的演变,此外,可能也与方言因素的消长有关。

"自己"是古汉语的"自"和"己"复合而成,唐末五代时已有。"各自"从古就很常见,但结合不紧密,可能还是两个词,中古近古所见均如此,自称"各自"是清代出现的北京话。"自个儿"是从唐以后的"自家"发展来的。"别人"具有较强的名词意味。这个词大约在唐代产生。在唐以前叫"他人"或"他"。

上古汉语流传下来的疑问代词"谁"、"孰"、"何"、"奚"、"焉"、"胡"、"安"、"曷"等在中古和近代期继续使用,而六朝以后又产生了"几多"、"几许"、"多少"、"何意"、"何缘"、"何物"、"何当"、"缘何"、"谁当"、"阿谁"、"他谁"、"那个"、"那里"、"阿那边"等60多个的疑问代词。如:

①嗟夫!予尝求古仁人之心,或异二者之为,何哉?(宋·范仲淹《岳阳楼记》)

②太守谓谁,庐陵欧阳修也。(宋·欧阳修《醉翁亭记》)

③夜来风雨声,花落知多少?(唐·孟浩然《春晓》)

④亲友各驰骛,谁当访敝庐?(唐·韦应物《寄冯著》)

⑤假如方才这九十岁老头儿被你们一鞭打倒了,他的体面安在?(清·文康《儿女英雄传》第十六回)

近代汉语的疑问代词多是中古保留下来的,新产生的疑问代词绝大多数是复音词。如"兀"、"谁"、"那位"、"那些儿"、"那等"、"那搭"、"那儿"、"甚些"、"甚的"、"仔么"、"怎得"、"怎个"、"怎么个"、"多早"、"多早晚"、"多咱"、"做甚么"、"做什么"、"啥"、"奢"、"煞"、"嘎"、"吗"、"乍"、"咱的"等。如:

①我只心在张三身上,兀谁奈烦相伴这厮!(明·施耐庵《水浒传》第二十一回)

②掌柜的说:"在这儿,在这儿,你老啥事?"(清·刘鹗《老残游记》第四回》)

③这是怎的了?我多久有这样儿的哥哥呢?(清·石玉昆《三侠五义》第二十六回)

④我且问你,你们多早晚才念夜书呢?(清·曹雪芹《红楼梦》第十四回)

第四节　古今汉语代词变化发展比较

代词是指在语言中能起替代作用的词。主要分为人称代词、指示代词、疑问代词3种。语言是发展变化的,代词也不例外,在汉语几千年的发展史中,代词逐渐趋于成熟、完善。

一、人称代词

人称代词有第一人称、第二人称、第三人称代词之分。上古第一人称代词有"吾"、"我"、"卬"、"余"、"予"、"台",第二人称代词有"女(汝)"、"若"、"乃"、"尔"、"而"、"戎"等,第三人称代词有"其"、"之"、"厥"等。

中古时期人称代词的发展,一个很明显的表现是第二、第三人称出现了"渠"、"伊"、"他"

三个新形式。"渠"字最早见于魏晋时期,"他"字起源于唐代,而"渠"、伊"在六朝至唐代很活跃,到了宋代则趋于少见。

[滕]惊言失之,云:"女婿昨来,必是渠所窃。"遂从此绝。(晋·陈寿《三国志·赵达传》)

近代汉语人称代词的发展主要表现在两个方面:①"你"、"我"、"他"在官话区大量使用,宋代以后,"他"字使用更频繁,其中因受西洋语法的影响,"他"字分化为"他"、"她"、"它"。"渠"、"伊"只在南方一些方言中使用着。②形尾"们"字的产生。

上古人称代词单复数采取同一种形式。汉代以后,出现了"属"、"曹"、"等"、"辈"。

形尾"们"的产生大约在 10 世纪到 11 世纪之间。

现代汉语人称代词有(第一人称)自称、(第二人称)对称、(第三人称)他称。还有非三称代词。主要有反身代词"自己",总称代词"大家(大伙儿)",他称代词"人家",还有文言文留下来的人称代词"之"、"其"等。"我们"和"咱们"不同,"我们"既是"排除式",又是"包括式",而"咱们"只能用于"包括式"。"您"是第二人称的敬称,"您"在古代是不用于敬称的,这是第二人称的发展。"您"是"你们"的合音形式,所以,口语中不能说"您们",可说"您几位"、"您二位"等。第三人称"它"可以指生物,也可以指非生物。如:

①上山之前,我是干侦察员的。(王愿坚《党费》)

②你怎么参加革命的?(茹志鹃《百合花》)

③我觉着他确实是个"疲疲沓沓"的人。(马烽《我的第一个上级》)

④您坐,陆大夫,俺找您,说个情况。(谌容《人到中年》)

⑤大伙看见喜旺,就叫着他问:"喜旺,你看这是谁写的大字报,是不是您小菊她妈?"(李准《李双双小传》)

古今人称代词的分类及语法功能基本相同,前者根据对象的不同可分为第一、第二、第三人称代词,后者语法功能与其所指代的句子成分的语法功能大致相同。

古今人称代词的发展变化主要表现为:①古汉语人称代词的数量比现代汉语的多;②古汉语人称代词往往带有感情色彩,而现代汉语只用"您"表尊敬;③上古汉语没有严格意义上的第三人称代词;④古汉语人称代词基本上是单、复数不分;⑤古汉语的人称代词有兼类现象;⑥现代汉语的人称代词作宾语,只能放在动词后,古代汉语的人称代词作宾语,在否定句里总是放在动词前。古今汉语人称代词比较如表 1-4-1。

表 1-4-1　古今汉语人称代词比较表

时代	第一人称		第二人称	第三人称
古代汉语	我、鱼、吾、余、予、台、卬、身、朕、侬、阿、侬家、甫、奴、阿奴、寡人、孤等		汝(女)、尔、而、若、乃(酒)、戎	之、其、彼、夫
现代汉语	单数	我、咱、俺	你、您	他、她、它
	复数	我们、咱们、俺们	你们	他们、她们、它们

二、指示代词

指示代词细分之有近指代词、远指代词、旁指代词、无定代词等。甲骨文中的指示代词只有远指和近指之分,西周以后种类增多。目前所见甲骨文中的指示代词只有"兹"、"之"(有时写作"止")等,西周以后指示代词形式增多,近指的如"兹"、"时"、"是"、"斯"、"此",远指的如"厥"、"其"、"彼"、"匪"、"伊",无定代词如"或"、"莫"等。唐代出现近指代词"这"和远指代词"那",宋以后使用更加频繁,后世一直沿用至今。

现代汉语"这"和"那"是最基本的指示代词。"这儿"、"这里"、"这些"、"这样"、"这阵儿"、"这点儿"、"这么着"、"这么些"等都是近指代词,"那儿"、"那里"、"那些"、"那样"、"那么"、"那般"、"那阵儿"、"那点儿"、"那么着"等是远指代词。还有"每"、"各"是分指,"某"是不定指,"其他"是旁指,"另"、"一切"是统指。如:

①这不是运货和运牲畜的车吗?(王蒙《春之声》)

②那,那……那究竟是什么呢?是金鱼和田螺吗?(王蒙《春之声》)

③你不以我们的祖国有这样的英雄而自豪吗?(魏巍《谁是最可爱的人》)

古今指示代词比较详见表1-4-2。

表 1-4-2　古今指示代词比较表

时代	近　指	远　指	旁　指	无　定
古代汉语	此、是、兹、斯、时、之、尔、然、若、云	彼、匪、夫	他、异、若、之、旃、诸、焉	某、或、莫、毋、无、靡
现代汉语	这、这样、这么、这里、这儿	那、那样、那么、那里、那儿	别的、旁的	有的、有些、谁、什么

三、疑问代词

甲骨文语料中的代词只有人称代词和指示代词两种,尚无疑问代词用例,疑问代词始出现于西周,主要有"谁"、"何"、"孰"、"曷"、"胡"、"恶"、"安"、"焉"、"奚"等。按其所询问的对象的不同,可以分为三类:第一类是问人的,如"谁"、"孰";第二类是问事物的,如"何"、"曷"、"胡"、"奚";第三类是问处所的,如"恶"、"安"、"焉"。这 3 类疑问代词之间的分别,在先秦是非常清晰的,到汉代以后,界限就变得不那么清楚了。"谁"仍指人,延至今日。中古以后的文言作品里绝大部分都沿用这些疑问代词,但在口语里,除"谁"、"何"外,其他基本不用。

唐代的口语里产生了一个新的疑问代词"什么",它既可以指人、指事物,又可以指处所。可以写作"什么"、"甚么"、"甚末",或者单写一个"甚"字,也有说成"甚底"的。如:

①不说不行时,合行什么路?(唐·洞山良价《筠州洞山悟本禅师语录》)

②他不饥,喫甚么饭?(唐·洞山良价《筠州洞山悟本禅师语录》)

③时节恁么热,向甚处回避?(唐·曹山本寂撰《抚州曹山元证禅师语录》)

④我父亲是谁?名唤作甚末?(元曲《认金梳》)

除了"什么"外,还有"遮莫"。后来"遮莫"又写作"者么"、"者末"、"折莫"等。

现代汉语的"怎么",在唐代只用"争"字来表示。"争"的产生时代在 8 世纪前后,表示"怎么"的意思,到宋代用作"怎"字,同时产生了"怎生"、"怎么(怎末)"、"怎的"、"怎么生"等。如:

①游人一听头堪白,苏武争禁十九年。(唐·杜牧《边上闻笳三首》)

②风流意态犹难画,潇洒襟怀怎许传。(宋·杨无咎《鹧鸪天》)

③笑问双鸳鸯字、怎生书。(宋·欧阳修《南歌子》)

④这厮利害,一对拳剪鞭相似。我可怎末了。(元杂剧·无名氏《鲁智深喜赏黄花峪》)

⑤你只管与孩儿撒性怎的?(元·关汉卿《杜蕊娘智赏金线池》)

⑥怎么这一会儿不见俺那妮子,莫非又赶那厮去?(元·关汉卿《杜蕊娘智赏金线池》)

到明清小说里,"怎么"逐渐流行起来,至今日成为现代汉语规范化的说法了。

现代汉语的"哪"字,直到五四时代,还写作"那"。这种用法先秦时已有用例,例如:"弃甲则那?"(春秋·左丘明《左传·宣公二年》)但当时还比较少见。到南北朝时的作品中则使用得很多。疑问代词"那里"是从"那"发展起来的,但是用途扩大了,它既可问处所,又可表反问。如:

①桓曰:"我若不为此,卿辈亦那得坐谈?"(南朝·宋·刘义庆《世说新语》)

②双眉画未成,那能就郎抱?(《乐府·读曲歌》)

③败桥语方相,欺侬那得度?(《乐府·读曲歌》)

现代汉语疑问代词有"谁"、"何"、"什么"、"哪里"、"几时"、"几"、"多少"、"怎么着"等。如:

①周总理,我们的好总理,您在哪里呵,您在哪里?(柯岩《周总理,您在哪里?》)

②这场很难进行下去的谈话是怎么结束的呢?(谌容《人到中年》)

③要有谁能够做了出来,不得了,那可不得了呵!(徐迟《哥德巴赫猜想》)

疑问代词的作用主要是表示疑问,另外有非疑问用法任指、虚指、不定指 3 种。

古今汉语疑问代词比较如表 1-4-3。

表 1-4-3　古今汉语疑问代词比较表

时代	疑问代词
古代汉语	谁、孰、何、曷、那、以、台、奚、安、害、胡、恶、安、焉、畴
现代汉语	谁、什么、哪里、哪儿、怎样、怎么、怎什样、哪多会儿、多咱、怎、怎的、如何、为什么

第五章　数词和量词的发展

第一节　数词的发展

数词是表示数量或顺序的词,是汉语基本词汇之一。汉语数词产生得很早,这与我国数学科学产生得早有关。早在殷商时代,就已经有了数词的概念名称,在公元初的《九章算术》里,数词已趋于完备。这是从当时人们生产上的实际需要产生和发展起来的。汉语的数词属于基本词汇之列,但上古、中古时代的记数法,和近代、现代汉语不尽相同,它的产生与发展经历了几个阶段。

汉语的数词可分为两大类:基数词和序数词。基数词是表数数词,表数数词表示数量多少。序数词是表序数词,表序数词表示次序先后。在表数数词中,有的是陈述数目多少的,即述数词,如:三、十五、三分之一、四十多万、五倍等;有的是询问数目多少的,即问数词,如:几、几何、多少等。汉语的数词属于基本词汇之列,所以几千年来很少变化。但是,也不是一成不变的。有些数词和称数法曾经起过变化。

一、基数词的发展

基本数词是能单独称数又能相互组合(或与其他词组合)表示更大数字的数词。从内部组合看,基本数词是由系数词、概数词和位数词构成的系统,并且这种构成古今具有较大的一致性。但是在数词充当数词构词成分和与其他词组合方面,由于使用范围和被描写对象的不同,从古代起就产生了一些词语变体和书写变体,这些变体及使用的情况古今都有不少差异。系数词是表个位数和充当系数的基本数词。单纯的系数词只有 9 个:一、二、三、四、五、六、七、八、九。系数词从古到今都能作为一个词使用。作为独立的词使用有两个特点:①单独表达一个数。如:"二"表一+一,"三"表二+一,"四"表三+一,等等。②和非数词组合。和非数词组合时,从古至今,常见的功能是作修饰语。如:

①一人有庆,兆民赖之。(春秋·孔丘整理《尚书·吕刑》)

②天下无二道,圣人无两心。(战国·荀况《荀子·解蔽》)

③以上三种方法,以第一种为主体。遇特别情形,或苏维埃政府有力时,兼用二三两种。(毛泽东《土地法》)

但是,在现代汉语里系数词不作状语。像"三进山城"、"四出秦岭"是仿古格式的用法。

在上古汉语里,系数词还能单独作谓语。如:

①越冀日戊午,乃社于新邑,牛一、羊一、豕一。(春秋·孔丘整理《尚书·召诰》)

②彤弓一,彤矢百。(春秋·孔丘整理《尚书·文侯之命》)

③赐钱二千万,黄金二百斤,剑二,安车一乘,马二驷。(汉·班固《汉书·昭帝纪》)

古今系数词都可作宾语。如:

①不愤不启,不悱不发,举一隅不以三隅反,则不复也。(春秋·孔丘《论语·述而》)

②周太傅问:"未审大师年多少?"师云:"五六四三不得类,岂同一二实难穷。"(五代·静、筠二禅师《祖堂集》)

③地主人口不过百分之一,富农人口不过百分之五。(毛泽东《关于农村调查》)

系数"二"、"三"在表数中都有使用变体。系数变体的一个重要特点是不能和"本体"一样用来数自然数,构成自然数的序列。比如"两"是"二"的一个变体,从古至今数数是说"一二三四五",不是"一两三四五"。

汉民族在甲骨文中就有了系数词一、二、三、四、五、六、七、八、九和位数词十、百、千等,没有"万"、"亿"、"兆"等大数,但到了西周时代这些大数也就都有了。

甲骨文中还出现了一些复合数词语,这些复合数词语有的系数在位数之前,如:二十等;还有的系数在位数之后,如十五、一百九十有九、二百有四十八等,系数和位数之间加连词"又"(有)表示。从这些复合数词,我们可以知道汉民族是采用十进制记数的,这从商周时期留下的文献也可以得到一些验证。

概数词表示不确定的数目,它们都可以在后面加上量词形成数量短语。上古时期常见的概数词有"群、众、诸、庶、若干、若而"等。如:

①俾尔多益,以莫不庶。(春秋·无名氏《诗经·小雅·天保》)

②令齐赵楚各为若干国。(汉·班固《汉书·贾谊传》)

在中古时期,又出现了"许"、"来"、"以来(已来)"等概数。如:

①庚子嵩读庄子,开卷一尺许,便放去。(南朝·宋·刘义庆《世说新语·任诞》)

②出开远门二百步,正北行,有路阔二尺已来,此外尽目深泥。(唐·牛僧孺《玄怪录·吴全集》)

在近代时期,又出现了概数"多"、"把"等。如:

①也有三十多年了。(元曲《桃花女》)

②晁盖动问道:"敝村曾拿得个把小小贼么?"(明·施耐庵《水浒全传》第十四回)

现代汉语概数有"几"、"数"、"许多"、"多少"、"若干"等,都是古代、近代汉语留传下来的。如:

过了一段时间,不知是多少天多少月?(徐迟《哥德巴赫猜想》)

二、序数词的发展

表示事物次序的数叫"序数"。其用法:①在数前加"第"表序(古、近、现代汉语同,略冗)。②有时,为了强调或修辞需要,还往往要在"第一"前加"最"、"太"等程度副词表序之首。如"最小者,今犹未见"、"赏得若干宝,谁为最第一"。古代汉语序数表示法中,也常见在基数词前加"第"的,也有用"一"、"太"、"伯"、"甲"、"冠"、"太上"、"上"等表序之首,用"次"、

"其次"、"次之"、"下"、"又"、"再"等表序之二或三四等。如《史记·万石张叔列传》:"奋长子建,次子甲,次子乙,次子庆,皆以驯行孝谨,官至千石。"司马迁《报任安书》:"太上不辱先,其次不辱身,其次不辱理色,其次不辱辞令,其次诎体受辱,其次易服受辱,其次关木索被箠楚受辱,其次剔毛发、婴金铁受辱,其次毁肌肤、断肢体受辱,最下腐刑极矣!"不过,近代汉语要比古汉语加"最",尤其是在"第一"前再加"最"更多见。至于现代汉语则规范化了。另外,除用"一"表序之首外,近代汉语中,还经常有用其他整数表序。如"一"、"二"、"三"、"四"或"一者"、"二者"、"三者"、"四者"或"第一"、"第二"、"第三"、"第四"等表顺序系列。

在甲骨卜辞中,序数词和基数词在形式上还没有区别。如:

王占曰:有求,其有来艰,气至。七日己巳允有来艰自西。(《甲骨文合集6057正》)

上例中的"七日"就是第七日的意思。

除了用基数词作为序数词外,商周时代还有一些特殊的表示次第的方式。第一,在甲骨文开始有一套特殊的方法来表示年月日的先后,那就是所谓"干支"。这些词虽然不是数词,但也起到了序数的作用。还有"元"、"正"等不是数词,但也可以起到序数的作用。如"元示"、"元卜"中的"元","正月"中的"正"都相当于第一。第二,用"初"或"初一"表示"第一",用"次+基数"式表示"第一"以下的各个序数。如《周书·多士》:"周公初于新邑洛,用告商王士。"再如《周书·洪范》:"初一日五行,次二日敬用五事,次三日农用八政,次四日协用五纪,次五日建用皇极,次六日又用三德,次七日明用稽疑,次八日念用庶征,次九日向用五福,威用六极。"第三,用"上、中、下"组合表示等级序数。如《虞夏书·禹贡》把天下九州的赋税和土质分成九等,依次是:上上、上中、上下、中上、中中、中下、下上、下中、下下。

"第"字用作序数词大约汉代就出现了。《史记·太史公自序》的"作五帝本记第一"、"作夏本记第二"等,显然是用"第"作序数的。"第"作序数词的初期,后面不带名词,到了中古魏晋六朝时期就发展为带名词了。如:

羊去,卞(范之)语曰:"我以第一理期卿,卿莫负我。"(南朝·宋·刘义庆《世说新语·宠礼》)

"头"、"初"、"末"也可以用来表示序数,这在中古时期经常出现。如:

①一半走来争跪拜,上朋先谢得头筹。(唐·王建《宫词》)

②初七与下九,嬉戏莫相忘。(《乐府诗集·焦仲卿妻》)

近代时期还出现"一来……二来……"、"一则……二则……"、"其一……其二……"等表示序数的方法。如:

一来是神明鉴戒,二来是天公眷爱。(元剧《小张屠焚儿救母》)

古代汉语、近代汉语表示序数的方法,在现代汉语中都留传下来。一种是数字前加上"第、头、初、老"等表示序数的有标序数表示法,另一种是借用数字,借用天干、地支、基数词用在量词后等无标序数表示法。如:

①海上的头三日,我竟完全回到小孩子的境地中去了,套圈子,抛沙袋,乐此不疲。(冰心《寄小读者·通讯七》)

②谈到"臭老九"变成了"穷老三",谈到中年干部的疾苦,空气又沉闷起来。(谌容《人到中年》)

③"三床是工伤。"总住院医答道。(谌容《人到中年》)

④她往西头从北数第四个窗棚,门前有一棵小树……(王愿坚《党费》)

三、约数词的发展

在上古，约数有三种表示方法。第一，用整数表示约数，如《论语·为政》："《诗》三百，一言以蔽之，曰：思无邪。"第二，用相连的两个数表示约数，如《周书·康诰》："用肇造我区夏，越我一二邦以修我西土。"第三，用"余"、"许"、"所"等字放在数词后表示约数，如《史记·项羽本纪》："诸侯军救钜鹿下者十余壁。"

汉魏以来，"左右"表示约数在文献中出现。明代中叶《金瓶梅词话》还有用助词"来"表约数，如第九回"待事务毕了，我再与你十来两银子做本钱"。现代汉语表示约数的有"一半"、"好几"、"好些"、"几"、"来"、"点儿"等。如：

①加以进了几回城，阿Q自然更自负。（鲁迅《阿Q正传》）
②我的房主，是一个五十来岁的弯腰老人。（郁达夫《春风沉醉的晚上》）
③到了四马路，一连问了八九家旅馆，都大大的写着"客满"的牌子。（叶圣陶《潘先生在难中》）
④这马岁数也不太小了，跟我差不一点儿。（周立波《暴风骤雨》）

四、分数词的发展

甲骨文中没有分数。在两周时代分数的表示方法有两种：一是用"其＋数词"式，如《召伯虎簋》："公宕其参，女则宕其贰；公宕其贰，女则宕其一。"二是用"母数＋之＋子数"，如《逸周书·作雒解》："制郊甸，方六百里，国西土为方千里，分以百县。县有四郡，郡有四鄙。大县城方王城三之一，小县城立城九之一。"到了汉代，汉语分数完备的表示，即"母数＋分＋之＋子数"式就真正出现了，如《史记·货殖列传》："故关中之地，于天下三分之一。"到了近现代，类似古汉语的分数表示法也还留存。在分母和分子间用"分之"来表示分数。如："百分之一根本不算什么，上半年我们的线圈超过百分之二十、三十，也都走了。"（蒋子龙《乔厂长上任记》）

五、虚数词的发展

虚数在古代通常用"三"和"三"的倍数"六、九、十二、三十六、七十二"表示。如《周书·费誓》："鲁人三郊三遂，峙乃桢干。"此外，虚数还有一些特殊的表示法。第一，用"四＋名词"表示，《虞夏书·尧典》："光被四表，格于上下。"第二，用"百"、"千"、"万"、"亿"、"兆"表示虚数。如《周书·牧誓》："千夫长，百夫长。"第三，用重叠的成数表虚数。如《金瓶梅词话》第三十七回"一日走勾千千步，只是苦了两只腿"。

六、倍数词的发展

在商周时代还没有现代汉语的倍数表示形式，但西周已经有"倍"字出现，表示"一倍"，还有"倍差"表示超过一倍。《周书·吕刑》："墨辟疑赦，其罚百锾，阅实其罪。劓辟疑赦，其罚惟倍，阅实其罪。剕辟疑赦，其罚倍差。"到了《吕氏春秋》时期，还有用数词连用表示倍数的，如《吕氏春秋·审时》："其荚二七以为族。"高诱注：二七，十四实也。而现代汉语，基数词后加"倍"可以表示倍数。

七、几种特殊数词的发展和演变

(一)古代数词"三"、"九"的特点

"三"、"九"这两个词的意义在古汉语中并不一定是实在的,它们往往只是各自表示一个虚数。"三"表示多,"九"表示很多。这种虚义的来源很古,清朝的汪中曾撰《释三九》一文,说得很详细。他举出许多例子,如《论语》的"季文子三思而后行"、"雌雉三嗅而作",《孟子》说陈仲子食李三咽,这些都不可能知道是"三"。《论语》的"子文三仕三已",《史记》记管仲"三致千金",这些都不一定真的是"三"。所以"三"是虚数。《楚辞》的"虽九死其犹未悔",《史记》的"肠一日而九迴","若九牛之亡一毛",等等,这些数词都不能拘泥解说。从汪氏的举例,可见这种数词虚义,起源于上古时期的修辞法。现代汉语里还保存着这种说法,如说"三心二意"、"三言两语"、"九牛二虎"、"千方百计"时,这里的数词也是只能当作一种表示修辞手段的虚数。

(二)数词"两"和"二"的演变

上古一般说"二",不说"两",只有在两事物相对称的场合才用"两",因为"两"的原始意义是指特定双数、偶数的东西。比方说,有原告必然有被告,这叫"两造"。《书·吕刑》:"两造具备。"天与地相对称,所以古人管天地叫"两仪"。《易·系辞上》:"易有太极,是生两仪。"车有两轮,所以古人计算车数以"两"作量词。《诗经·召南·鹊巢》:"之子于归,百两成之。"伪古文《尚书·牧野》:"戎车三百两。"草鞋总是成对的,所以用"两"作量词。《诗经·齐风·南山》:"葛屦五两。"至于一、二、三、四,就不说一、两、三、四,二百不说两百。但在汉代,现在我们说"两三"、"一两",在西汉和东汉作品里已经相当普遍。中古前期还有"三三两两"的说法。南朝乐府民歌《妖女诗》:"行不独自去,三三两两俱。"此外,汉代开始,"两"与"二"的用法发生了交叉,且"两"的用法进一步发展为表示相对相成的概念了,如:"今大王垂拱而两有之。"(汉·刘向整编《战国策》)

"二"表数的变体主要有"两"和"双"。王力的《汉语史稿》中提到:在现代汉语里,"两"和"二"的用途并不完全相等。单位词前面不能用"二";零数前又不能用"两"。此外,序数不能用"两"。而在上古时代,"两"和"二"的区别,比现代的差别大得多。上古的"两"最初是表示天然成双的事物。当它用作单位词的时候,这种意义最为明显。直到现代,"两"还沿用作为"车"的单位名称,写作"辆"。当"两"字用作数词时,也经常表示天然成双的事物。此外,凡被古人认为成双的事物,自然也可以用"两"。在先秦时代,"两"字就有了两种引申的意义。第一种引申的意义是本来是独一无二的事物,在特殊情况下或假设情况下,就以两个并称。如:

①并后匹嫡,两政耦国,乱之本也。(春秋·左丘明《左传·桓公十八年》)
②楚人有两妻者。(汉·刘向整编《战国策·秦策》)

第二种引申意义是指两件事物处在同一情况之下。"两"字作为动词的修饰语,放在动词前面,表示甲物和乙物都是如此。如:

①盗跖大怒,两展其足。(战国·庄周《庄子·盗跖》)
②君子两进,小人两废。(战国·荀况《荀子·不苟》)

现代汉语里还残存着这种结构,如"两全其美"、"两败俱伤"等,它们已经不是自由组合了。

从汉代开始,"两"和"二"的范围渐渐变得交错起来了。甚至在同一部书里,用法也不一

致了。从此以后，"两"和"二"在某种程度上竟成为同义词。例如《晋书·左思传》"班固两都，理胜其辞；张衡二京，文过其意"，"两"和"二"是可以互换的。当然，在任何时期，零数都不能用"两"。这就是说，在零数的位置上，"二"始终没有让位给"两"。而在天然单位词前面，"两"渐渐占了"二"的位置。"两"和"二"还保留着一种分别，而且这种分别是有用的，就是基数和序数的分别："两级"和"二级"在意义上是不同的。

"双"是表成对的二。"双"字强调相配成对。从字源看是二鸟为双。"双"不是纯粹的数词，而是带形容词性质。在表数上是既表二又侧重于表配成对或合二为一的意思。如：

①至如信者，国士无双。(汉·司马迁《史记·淮阴侯列传》)

②何日依虚悦，双照泪痕干。(唐·杜甫《月夜》)

在先秦时代，"双"字罕见，所以也不至于和"两"字用法相混。到汉代以后，"两"和"双"的用途自然也有交叉的地方。"双"表成对或合为一体的二义，在现代汉语里还用。如：双十节、双人舞、双打(冠军)、双学活动、双座垫、双手用力。

不过在现代汉语里"双"不是以词的身份参与句子的组合，而是与其他语言成分先构成词或固定短语。这可能与在现代汉语平面上的数词要具备两个条件有关：①语义上表示数的意义；②结构上能与量词组成数量短语。"双"不能满足第二个条件，作为古汉语的数词，在现代汉语里只能呆在组词构语的造句材料平面上。就是在"双双中奖"里，尽管后一个"双"是表同时，但也是先"双双"组合，而后才入句的。

(三)关于"再"

王力的《汉语史稿》里提到：上古汉语里的"再"字和现代汉语里的"再"字意义上有很大的差别。上古的"复"等于现代的"再"，而上古的"再"等于现代的两次。而且在整个上古时期，"再"字始终只有"两次"的意义，而没有"复"的意义。如：

①五岁再闰。(春秋·无名氏《周易·系辞上》)

②一再则宥，三则不赦。(春秋·左丘明《国语·齐语》)

③一呼而不闻，再呼而不闻，于是三呼邪？(战国·庄周《庄子·山水》)

"再"字这种意义一直沿用到唐宋以后。但是，至少从唐代开始，"再"就产生了新的意义。在杜甫的诗句里，"再"字有仿古的用法，也有新兴的用法。在仿古方面，杜甫运用了一些老结构。如：

①人生不再好，鬓发白成丝。(《薄暮》)

②南菊再逢人卧病，北书不至雁无情。(《夜》)

有时在古义的基础上加上夸张的语气，含有"再三"的意思。如：

①吾衰将焉托，存殁再呜呼！(《遣怀》)

②再有朝廷乱，难知消息真。(《伤春之四》)

在杜甫时代，"再"字由"两次"的意义转到"第二次"的意义，于是和"复"的意义接近了；但是还有一个不同之点，就是还不像现代汉语的"再"能当"又一次"讲。譬如"不再来"，在上古的意思，应该是"不来两次"，在唐代新兴的意思，应该是"不来第二次"。至于已经来过两次，就不能说"不再来"，只能说"不复来"了。不是第二次的行为，在唐代就还只用"复"，不用"再"。到了后来，"再"字就和"复"字混用了。

（四）零数

在上古汉语里，十被认为整数，十以下被认为零数。因此，"十"一般不能直接和零数结合，中间往往加上个介词。在殷墟卜辞中，这个介词是"虫"（有）或"又"。

唯十月有（虫）一月丁亥。（《我方鼎铭》）

甲午卜，贞：翌乙未有于祖乙羌十有五，卯宰有一牛？（《甲骨文合集324》）

癸酉卜贞：王旬无祸？在十一月又二，甲戌工典，其酒其芚。（《甲骨文合集35407》）

壬午卜壳贞：侑伐，上甲，十又五，卯十小牢？（《甲骨文合集901》）

到了书经里更为严格了，"十"和零数的中间必须加上"有"字，全书没有例外。如：

①肇十有二州，封十有二山。（《舜典》）

②帝曰：咨，汝羲暨和，期三百有六旬有六日。（《尧典》）

到了春秋、战国时代，虽然也有人沿用这种"有"字，但是就在同一部书里，也没有依照这个规则，可见当时一般口语里已经不用"有"字了。而实际上，汉语数词中的"整"是并列结构中位置在前的高位数，"零"是"整"后面的低位数。汉语从古至今都不是以"十"为整，整零是汉语使用者心目中的相对概念，并且在古代书面语中好些整零之间都有整零连词"有"、"又"之类。

现代的零数另有一种说法，就是零位，例如"三百零六"、"一百零八"等。这"零"的概念和上古的"有"字并没有历史的联系，它产生得比较晚。王力在《汉语语法史》指出："零位的表示，首先是从数学上的演算开始的。因为演算时用筹（即数码），碰到有零位的数字，用笔记下来的时候；容易引起差错，所以创造一种'○'号代表零位，例如6020作六○二○。'○'的应用最早见于宋代数学家的著作中。"可见"零"字是近代才产生的。现代汉语缺位○的启用，可能是数学对语言的影响。这可从两方面来看。一是汉语能用"零"的复合词都是并列结构的词，在汉语使用者的语言心理中，系位结构连用和大小量词的数量结构联用是同一性质的，都是前项大后项小。事实上其数学基础也是一致的，如方言说的"三百零二十"和"三斤零二两"这两个数的数学值都是等于"零"连接的两项之和。在汉语使用者的心目中大量是"整"，小量为零，大量与小量之间是整零关系，同理并列复合词的高低两个并列支之间也是整零关系，并且很可能并列数词中间用"零"是由并列的大小数量结构中间用"零"类推过来的。

（五）分数

关于分数，上古和中古的分数的分母往往是"两"、"三"、"十"、"百"。为了在书面语言上和一般的"三"、"十"区别开来，又往往写作"参"、"什"。有时候也说成"几分之几"，这是今天分数称谓的来源。"几分之几"如果加上名词，按古代说法是加在"分"字后面，"之"字前面。如：

二十九日九百四十分日之四百九十九。（汉·司马迁《史记·历书索引》）

这和现代的"九百四十九分之四百九十九日"的说法是不同的。

八、数词的产生和发展

我国数学科学产生得很早，这是从当时人们生产上的实际需要产生和发展起来的。汉语的数词大约经历了以下几个阶段。

（一）上古时期

上古时期，数词的发展主要体现在八个方面：

1. 大数的表示。甲骨文卜辞中出现最大的数目是"万"，周代出现了"亿"以上的数词。

古代亿以上的大数表示有 3 种：一为上法，万万为亿，亿亿为兆，兆兆为京；一是中法，万、亿、兆、京、垓、秭、壤、沟、正、载，都以万递进；三是下法，万、亿、兆、京、垓、秭，都以十递进。汉代还有以百万为亿的。

2. 多位数的表示。甲骨卜辞中，在整数（十、百、千、万）和零数之间加连词"又"（有）的，在周秦时代还保留这样的计数法。不过，在两位数字之间加一"有"字，颇不简便，这种计数法逐渐减少，到两汉就基本不用了。

3. 复数表示法。汉语的本身没有单复数的形态变化，服饰一般用"诸"、"众"、"群"等形容词表示，此外，上古汉语还以"三"、"五"、"七"、"九"、"十二"、"三十六"、"百"、"千"、"万"泛指多数。

4. 约数的表示法。甲骨卜辞中还没有约数表示法，战国后出现了"数"、"余"、"所"、"许"、"左右"等表示约数的词。"数"放在基数词的前或后，"余"、"所"、"许"一般放在基数词之后。

5. 不定数表示法。两个数字连用表示数目连用，通常小数在前，大数在后，如"二三千人"。

6. 分数的表示。分数是周秦才开始的，有分母＋分子，分母多半为十，上古对于二分、三分、十分还有特殊写法，分别写作"两"、"叁"、"什"。还有分母＋分＋之＋分子、分母＋分＋分子、分母＋之＋分子、分母＋分＋名词＋之＋分子、分母＋分＋名词＋分子、分母＋名词＋之＋分子、分母＋动词（有、取）＋分子，分母为十时，只说出分子，分子为一时，只说出分母。

7. 倍数表示法。周代两倍用"倍"，三倍以上则加数字，五倍用"蓰"，十倍作"十"或"什"，百倍写作"佰"。

8. 序数表示法。甲骨文里序数与基数表示形式上没有区别，周秦仍沿用。

大致说来，上古的记数法有两种：一种是在整数（十、百、千、万）和零数之间加连词"又"（有）的，在甲骨文时代即如此，春秋以前时期，基本上沿用这种记数法。又一种记数法，是不用连词"又"（有）的，这也早见甲骨文和金文。《春秋》沿用前一种记数法，但《左传》改用后一种记数法，大约战国时期已不用"有"或"又"为整零数之间的连词，李斯所撰秦刻石铭词即如此。

(二) 中古时期

中古时期的整数、分数、倍数和序数的表示法并无太大变化，只是在约数方面，用"许"、"余"、"可"、"约"、"来"、"以（已）来"表示；不定数主要有用"些"、"些些"、"些儿"、"些子儿"、"些些子"表示一定的数量。产生于唐代。如：

①洛阳女儿对门居，才可容颜十五余。（唐·王维《洛阳女儿行》）

②更恐五年三岁后，些些谈谈亦应无。（唐·白居易《哀病》）

(三) 近代时期

零数的形式产生在宋元以后，用来填补对位数中的空位。多用"单"表示零位数；另在宋代还只是表示数的零头。明清逐渐普遍运用。在不同单位、表数的空位；在数的中间。在近代有了新的发展，上古、中古约数在近代继续广泛运用，除在基数后加"把"、"多"、"来去"外，近代还产生了在基数前加"上"。而"把"放在"十"、"百"、"千"、"万"等数词和单用量词后表示与基数相近，则产生于明代。不定数"三五"、"三二"、"三两"、"五七"、"千百"等仍然经常使用。

(四) 现代时期

现代汉语的记数法与上古、中古时期不尽相同。前者是后者的历史发展结果。上古记数法后来就在汉语里稳固下来，一直沿用至今。

第二节 量词的发展

量词在王力的《汉语史稿》中被称为单位词。他把单位词分为两种：第一种是度量衡单位，如"尺"、"寸"、"升"、"斗"、"斤"等，这是一般语言都具备的；第二种是天然单位，如"个"、"枚"、"匹"、"颗"等，这是东方语言特别是汉藏系语言所特有的。就它与其他词类配合的情况来说，单位词也有两种。一种是指称事物单位的，如"个"、"枚"等，与名词配合；另一种是指称行为单位的，如"次"、"回"等，与动词配合。汉语量词出现得很早，在殷墟卜辞中，我们能看见的单位词就有"丙"（马五十丙）、"朋"（贝十朋）。到先秦两汉时期，虽然量词在整体文献中依然属零星个别之用，但能看出随着当时生活、文化及文字的发展，量词和相关的表量形式也在逐渐发展。

一、名量词的发展

在甲骨文里没有动量词，只有名量词，且数量很少，大多借自名词，如：

①丁酉卜贞：王宾文武丁，伐三十人，卯六牢，鬯六卣，亡尤？（《甲骨文合集 35355》）

②其登新鬯二升一卣，王☒。（《甲骨文合集 30973》）

类似上述"卣"和"升"这种名词来作物量词的，甲骨文中还有"丙"、"朋"、"屯"、"丿"、"骨"、"人"、"羌"等。这些量词的使用范围很窄，只能跟特定的名词结合，或只表示特定东西的量。

到了西周时代，量词虽然有所增加，但仍然是用名词代替量词居多。个体量词、集体单位量词非常之少，量词主要集中为度量衡单位。如：

个体单位量词主要有"乘"、"两"、"品"、"终"、"篇"、"大"、"户"、"白"、"匹"、"朋"等。

集体单位量词主要有"家"、"堵"、"肆"、"縠"等。

度量衡单位除上述甲骨文中已有的外，还添了"丈"、"里"、"晦"、"锊"、"钧"等。

到了春秋战国时代，量词有了很大的发展，不论是度量衡单位还是个体量词的数量都有了一定程度的增加。

在上古汉语里，事物数量的表示，可以有 3 种方式：第一种就是数词直接和名词结合，数词放在名词前面，不用单位词。如：

①五事：一曰貌，二曰言，三曰视，四曰听，五曰思。（春秋·孔丘整理《尚书·洪范》）

②一言以蔽之。（春秋·孔丘《论语·为政》）

第二种方式在上古是比较少见的，就是把数词放在名词的后面，不用单位词。如：

越翼日戊午，乃社于新邑，牛一，羊一，豕一。（春秋·孔丘整理《尚书·召诰》）

第三种方式在上古也是比较少见的，就是把数词放在名词的后面，兼带单位词。如：

①不稼不穑，胡取禾三百廛兮。（春秋·无名氏《诗经·魏风·伐檀》）

②负服矢五十个。（战国·荀况《荀子·议兵》）

如果是度量衡单位，就必须用第三种方式。有时候，名词省略了，就只剩数词和单位词，这种单位词往往是表示度量衡单位的。

原始的天然单位的表示方法是在数词后面再加同样的一个名词,例如殷墟卜辞中所见:

羌百羌。(《甲骨文合集 32042》)

俘人十有六人。(《甲骨文合集 137 反》)

直到西周金文中还存在着这种结构方式。如:

玉十玉。(《乙亥殷》)

田十田。(《不嬰簋簋》)

但是,关于人的天然单位就用"人"为单位词,数词前面不一定也是"人"字。例如殷墟卜辞中所见:

羌十人。(《甲骨文合集 26913》)

羌十人又五。(《甲骨文合集 26917》)

随着生产发展产生了交换,其方式是粗略的计件。与此相适应,语言中产生了计算牲畜的自然量词(双、匹等)。商代基本上代表了这个时期。随着生产进一步发展,交换进一步扩展,人们已不满意于粗略计件,度量衡量词也就应时产生了。①度量衡量词。表示面积的有"亩、成、圻、同、雉"等;表示容量的单位有"勺、合、升、斗、豆、斛、区、石、庾、钟"等;表示重量单位有"两、斤、钧、镒、石、鼓"等。②容量单位。主要有"杯、车、箪、爵、盆、盂"等。③个体量词。表示事物的个体单位,主要有"本、乘、介、个、两、匹、品、张"等。④集体量词。表示事物的集体单位,有"秉、称、广、户、家、两、旅、乘、伍、行"等。

在先秦时代,度量衡制度建立以后,出现了许多度量衡单位词,但是,天然单位的单位词还是很少见的,只有"匹"、"乘"、"张"、"两"、"个"等极少数的几个字。天然单位的单位词在先秦已萌芽了,但真正的发达还在汉代以后。最常见的是"枚"字,此外还有"头"、"只"、"株"、"颗"、"块"、"枝"、"根"、"条"、"片"、"朵"、"把"、"粒"、"架"、"面"、"锭"等。如:

①土中得玉璧七枚。(北朝·北魏·郦道元《水经注》)

②唯桥姚已致马千匹,牛倍之,羊万头。(汉·司马迁《史记·货殖列传》)

③乃赐奔戎佩玉一只。(晋·郭璞注《穆天子传》)

④成都有桑八百株。(晋·陈寿《三国志·蜀志·诸葛亮传》)

到了汉以后,量词就有了更大的发展,特别是个体量词在魏晋时代,增加了很多,度量衡单位也愈加完备,且别的量词也有了很大的发展。根据刘世儒先生《魏晋南北朝量词研究》一书,论及的量词就已经约有 241 个。

中古时期,名量词可以连用,在南北朝时已经显现,到唐宋间例子更多了。如:

生口、细小等活捉三百余人,收夺得驼马牛羊二千头匹。(王重民等编《(唐)敦煌变文集·张义潮变文》)

唐宋以后乃至清代直至现在,名量词仍在不断增加。如《金瓶梅词话》中光名量词就有 215 个,其中有"扇笼"、"门首"、"鞋帮子"、"扇把子"等 4 个是以偏正词组形式出现的复合量词。

在发展过程中,有些单位词的应用范围扩大了,有些应用范围缩小了,有些应用范围转移了,有些新兴,另有一些消失了。

范围扩大的例如"个"、"叟"、"条"、"张"。"个"字原来只是竹的单位,例如《史记·货殖列传》里:"木千章,竹竿万个。"直到《新唐书·西域传》还说"或以竹一个植舍外"。但事实上,"个"字的应用范围在唐代已经扩大了很多。水果称"个"(岑参诗:"橘怀三个去,桂折一枝将")；鸟类亦称"个"(杜甫诗："两个黄鹂鸣翠柳")。同时,人也可以称"个"了(杜甫诗："砧响家家发,樵声个个同")。

又如"条"字,《说文》："条,小枝也",可见"条"在最初也是普通名词。后来发展为单位词,也可能先用于树木方面。后来用途扩大了,细长、狭长的东西一般都可以称"条"。如:

谨上襪三十五条。(晋·葛洪《西京杂记》)

范围缩小的如"枚"字,在汉魏六朝,"枚"字的应用范围很大,至少可以说它适用于鸟类、鱼类和一切器物。但是,在现代汉语里,它的应用范围缩小到了极点。现在像"一枚针"、"两枚奖章"之类,有些是方言,有些是书面语言;在普通话的口语里,"枚"字简直可以不用了。

范围转移的例如"盏"字。原先一般是用来指酒,例如毛滂词："七盏能醒千日卧"。但是现在"盏"字不再用作酒的单位词,而是用作灯、茶的单位词了。

新兴的单位词如"顶"、"挂"等;消失的单位词如"株"、"章"等。当然所谓消失的是指口语中已经死去;至于仿古的文言里,它们仍旧可能存在的。

中古时期的名量词中表示精确度量衡的量词仍然使用,而"仞、寻、咫"表逐渐失去了精确度量衡的作用。中古产生一部分到现在还在使用的量词,一些上古的量词在中古意义产生了变化。

一般说来,单位词是由普通名词演变而成的,并且它们的语法意义就是由它们的本来意义引申的。王力认为,就名词、数词、单位词三者的结合方式来说,有一种发展情况是值得非常重视的,那就是,在先秦时代,数词兼带天然单位词或度量衡单位词的时候,位置是在名词的后面的。先秦只说"马十匹",不说"十匹马"。后代沿用先秦这个规则,情况也非常普遍。同时,就在先秦时代,数词及其容量单位词的位置已经可以放在名词的前面。如:

①一箪食,一瓢饮。(春秋·孔丘《论语·雍也》)

②今之为仁者,犹以一杯水救一车薪之火也。(春秋·孔丘《论语·雍也》)

到汉代以后,不但数词及其容量单位词可以放在名词前面去,而且,度量衡单位词和天然单位词也都可以放在名词的前面了。如:

①一尺布,尚可缝;一斗粟,尚可舂。(汉·司马迁《史记·淮南衡山列传》)

②千畦姜韭。(汉·司马迁《史记·货殖列传》)

到了中古时代,单位词移动位置的情形更加普遍起来。

当数词和单位词放在普遍名词后面的时候,它们的关系是不够亲密的;后来单位词移到了名词前面,它和名词的关系就密切起来,渐渐成为一种语法范畴。从此以后,汉语名词分为百数的种类,每一种类有特定的单位词。最后的结果是名词和数词的结合不能不借单位词作中介。

在中古以后,单位词前面的数词如果是"一",这"一"字往往可以不用。如:

①权时作个慰安人。(王重民等编《(唐)敦煌变文集·维摩诘经变文》)

②方要做好事,又似乎有个做不好事底心。(宋·朱熹《朱子语类辑略》卷二)

名量词词序的演变——在甲骨文里如果使用量词的话,是名词在前,数词和量词在后的。这种词序在战国时期已经开始变化,数量词已经可以移到名词前面了,但名词与量词结合还不很密切,中间常插入一个连词"之"。与此同时,数量词后面紧紧跟着名词的用法,也开始出现于先秦作品。在汉代的文学语言里,已经把这种语法形式巩固下来,无论自然单位的量词也好,度量衡的量词也好,都已经直接接在名词前面了。六朝以后,数量词直接接在名词前面的用法,更为普遍。

名量词的另一发展是词尾化,结构是在名词后面接量词,但这样的量词,已带有后缀性质,同量词的其他用法不同。像这种名加量的构词法,个别例子,早见于先秦著作,量词的词尾化起源于汉代,而盛行于南北朝以后。

量词用在名词后面,不加数词,当作名词的词尾。这种名词往往是无定的,至少不是单数的。例如"车辆"、"船只"、"马匹"等,这种结构是相当后起的。直到宋元时期,单位词才用作词尾。比这种用法更晚,单位词还有另一用法,就是在单位词后面加上词尾"子"、"儿"、"头"等,单位词本身,重新转化为普通名词,如"个子很大"、"只儿不大"、"件头小"等。这种情形只限于北方话,而且只有一二百年的历史。如:班、邦、标、册、刀、袋、垛、杆、格、伙、肩、脚、句、棵、马、批、票等。

近代汉语里,一方面中古大量名量词保存下来,同时产生了几十个新的名量词。一些名量词的意义有了变化:一部分的应用范围扩大,有的则失去了某些用法。产生了一些新的动量词。古已有之的名量词在近代的应用更加广泛,有一些到近代逐渐不用了。量词到了近代,显示一定的特征:一为量词的复音化,汉语量词大多都是单音词,到了近代往往加上词尾"子、儿、个、家"等变成复音词,这种现象在中古已经开始,在近代普遍发展起来。二是量词的重叠日益丰富。这一趋势在中古就开始了,主要有"AA、一AA、一A一A、AABB"4种形式。三是名量词可以连用。如:

①兀的那一家儿人家,我地骈讨一把儿火。(元·秦简夫《赵礼让肥》第一折)

②群兽双双对对,回窝族族群群。(明·吴承恩《西游记》第一十四回)

③俘获贼属牛马骡羊盔甲枪刀等项共三百八十六名口头匹件副。(明·张羽《东田遗稿》卷下)

二、动量词的发展

动量词的产生,要比名量词晚得多。

对于动量词,先秦还没有产生,它的关系表现,完全不用量词而以数词和动词直接发生关系,有①数词置于动词之前,②数词置于动词之后。先秦以①为主,汉代后②普遍发展起来。

商周时代几乎没有动量词。今文《尚书》仅出现"步"、"伐"两例。如《周书·牧誓》:"今日之事,不愆于六步、七步,乃止于齐焉。今日之事,不愆于四伐、五伐、六伐、七伐,乃止于齐焉。"汉魏六朝时期产生了大量的动量词,它们大多由动词或名词虚化而来。一般说来,这些动词或名词在语义特征上具有一定的附加色彩和特征属性,因而虚化后在语义功能上,特别是在虚化初期具有一定的针对性。如"下"由方位词"下"虚化而来,因而多修饰具有向下方向性的动词,强调短时距的完毕;"遍"由"周遍"义虚化而来,因而多修饰能重复出现的可持续动词,强调长时距的完毕或动作的整体性。

语法化理论认为,汉语量词的产生主要是受到"隐喻"机制的制约。而隐喻的基础就是虚化前后具有认知域上的紧密相关性。"经过"为瞬间动词,即表示这一动作已经完成,因而经过的次数必然隐含着动作完成次数的意义。于是受到这种"隐喻"机制的影响,数词或表示数量的副词后的"过"经过重新分析发生语义迁移,虚化为量词,表示动作行为的次数。如:

①吾久废不复省之,今欲思论一过,数日当以相与。(晋·陈寿《三国志·吴书·赵达传》)

②一日之中,与天上相反覆者十数过。(晋·葛洪《神仙传》)

关于动量词"过"的产生时间,学术界意见不一。王力认为产生于南北朝,刘世儒认为产生于魏晋,并且指出"这个量词似乎远在汉代就已经产生,如'臣已见此枝三过'《别国洞冥记》,但《别国洞冥记》是伪书,是不足为凭的"。从材料来看,刘先生的观点更符合事实。

中土文献中,动量词"过"最早见于《三国志》。总的来说两晋时期中土文献中的动量词"过"还很少见,但两晋时期的汉译佛经中用作动量词的"过"已经较为常见了。如:

①求日月者,有日三过浴水中。(晋·法立、法炬译《大楼炭经》卷三)

②父母取鸡肉著儿口中,如是数过初不肯废。(晋·法立、法炬译《法句譬喻经》卷四)

至南北朝时期,"过"已经成为最常用的通用动量词,广泛见诸各类文献,几乎可以和各类动词结合而不受限制。如:

①香汤洗数十过,烧香忏悔。(南朝·梁·释慧皎《高僧传·译经篇》)

②约二百过出入即沸矣。(晋·葛洪《抱朴子·金丹篇》)

"过"的广泛使用反映了汉语动量词在一定发展阶段上的面貌。魏晋南北朝时期是汉语量词大发展的时期,很多动量词已经产生,但有些还不成熟、不稳定。如"回"、"次"等出现率很低,仍属于萌芽状态;"下"、"通"等还很少作状语。在这种情况下,"过"的活跃性就起了积极的作用,弥补了很多动量词还不成熟的缺陷,使得动词和量词呈现更大程度上的结合,同时也加速了量词系统的进一步调整和完善。

在唐代以前,除了"两次"的意义用"再"之外,关于行为的称数,一律用数目字加在动词的前面。唐代新兴的动量词主要有"场"、"遭"、"觉"等。"场"主要称量具有一定空间范畴或时间范畴的动词;"遭"多称量与行走有关的动词;"觉"多称量与睡眠有关的动词。旧有动量词功能发展最显著的就是"回"和"度",它们在南北朝时期还很少见,并且对所修饰的动词有所选择。至唐代已经演变为对动词语义无限制的通用动量词,位于最常用的动量词之列。唐代以后,表示行为单位的单位词如"回"、"次"等,逐渐出现了。如:

①一柱观头眠几回?(唐·杜甫《所思》)

②已向公门奉新馈,曲材和籴凡几次。(唐·王祯《荞麦》)

一般表示行为单位的单位词只有"回"、"次"两个字,看来"次"比"回"的产生要晚得多。此外还有"遭"字最初表示环绕或转动的次数。后来它的用法也一般化了。"遍"字表示读书完毕的次数。后来"遍"字的用法也一般化了。表示时间长久的行为单位,有"场"、"番"等,也都见于唐宋的史料中。行为单位的"场"和"番"都来自事物单位的"场"和"番"。"番"字最初表示轮番的事物。后来它的意义就和行为单位的意义没有分别了。"场"字表示时间长久,可能起源于科场的"场"。后来用途扩大了,就泛指时间长久的次数了。至于像"顿"、"阵"等字也是先用来表示事物单位的。当行为单位词发展出来以后,行为单位词和事物单位词有一个不同之点:事物单位词一般是在名词的前面,行为单位词一般是在动词的后面。

动量词系统的历时发展同样包含了一个不断调整和完善的过程,因而使得某些动量词负载了一定的时代特征,如"过"在南北朝时期具有突出地位;"回"、"度"在唐代具有突出地位,这恰恰是语言中积极因素和消极因素共同作用的结果。在整个量词系统中,动量词的发展并不是孤立的。南北朝时期"枚"也发展成为名量词中最常见的通用量词,因而刘世儒在

《魏晋南北朝动量词研究》中说:"'过'在动量词中的地位就如同'枚'在名量词中的地位一样。"当唐代以后"过"开始出现萎缩继而被"次"取代时,"枚"也呈现出萎缩并被"个"取代主导地位的规律。这种名量、动量演变的一致性也充分反映了语言演变的系统性、整合性。汉语中大多数动量词在魏晋南北朝时期已经产生并大大的向前发展,不仅有专用的动量词,也有借用的动量词。它们在语义上存在一定的分工,句法上可作状语也可作补语,可见动量词已经形成一种范畴和体系。

在语法上,中古时,量词就可以和指示代词结合,有时还可以把前面的数字省去;量词可以重叠;名量词有了词缀化的倾向;动量词的专用已较为广泛。时至唐代,借用景物的临时量词大量出现,"个"已逐渐成为最具个性的通用量词,宋代的同形动量词已有初步的发展。临时量词和同形动量词大大增多,一部分量词退出了历史舞台。魏晋南北朝时的临时量词有 50 多个,同形动量词还没有产生;魏晋六朝有了一些动量词。如《齐民要术》中就有"顿"、"步"、"沸"等。《颜氏家训》中有动量词"下"和借用动量词"声"、"骁"、"辈"等。隋唐时的临时量词扩大到 80 多个,同形动量词才刚刚萌芽。宋以后,动量词有了进一步的发展。宋代的《五灯会元》中同形动量词上升到 21 个;《朱子语类辑略》中共有 9 个动量词,它们是:"场"、"过"、"遭"、"次"、"遍"、"番"、"上"、"匝"、"行"。到了《元曲选》中,临时量词超过了 100 个,同形动量词达到 110 多个,而且还出现了双音节的同形动量词,句法功能上,既可作补语,也可作状语,但以作补语为多。还有一部分量词由于同类量词之间的整合而淘汰出局。例如"事"在唐宋时是一个可以量衣服、帽子、器物等的量词,如:"器物一千事,米一千石。"(唐·范摅《云溪友议》卷上)"天王赐得隐形帽一事。"(《大唐三藏取经诗话》)在《元曲选》中,其用法已分被量词"件"、"顶"、"只"所取代了。而到了明清时期,动量词则有了突飞猛进的发展。《金瓶梅词话》中动量词有 35 个,它们可分为动作所凭借的工具、动作的频次两类。

总之,动量词开始产生于汉代,"遍、出、过、通"等,大量的运用则在魏晋以后。但还未达到全盛阶段,直至近代,动量词的发展才算到了完备阶段。

第三节　现代汉语数词和量词

现代汉语数词、量词在其定义、分类与语义特征上有它们自身的特点。

一、关于数词与量词的定义

马建忠著《马氏文通》对数词是这样界定的:"滋静,言事物之如干也,凡以言数也。滋静象静,皆静字也,故用法大同。惟滋静一字一数,无对待、无司词,无比品,盖质言也。凡滋静所独而不同于象静者今特详焉。"(《马氏文通》,商务印书馆 1983 年,P121)

而王力著《汉语语法纲要》中是这样说的:名词之外,我们想把数目字另立一类,叫作数词。有些未开化的民族,数目字是和名词合成一个词的,恰像上古汉语对于一只鸟不叫"一鸟",只叫作"只";对于两只鸟不叫"二鸟",只叫作"双"。后来数目字离开了名词而独立,就变成了抽象的意义,所指的不复是摸得着或看得见的东西了。因此,数词虽也是实词,然而它们"实"的程度比名词差些。而对量词则称之为单位名词,具体是这样说的:"现代语法里,对于人物的称数,必须在数词和人物名称的中间,加上一个单位名词。"

在吕叔湘著的《中国文法要略》对数量词的描述却是独树一帜。他把数量词界定当辅助词中的指标词,又叫称代词。数词即数量指标,如一、二、百、千数等;量词即单位指标,简称单位词,如斤、挑、块、枝、个、只、件等。

张斌主编的《现代汉语》与黄伯荣、廖序东主编的《现代汉语》对数量词的界定是一致的。数词是表示数目和次序的词,量词是表示计算单位的词。而丁声树的《现代汉语语法讲话》则没有明确定义。

二、关于数词与量词的分类

对数词与量词的定义各家虽然词句不尽相同,但实质是一样的,但是对数词与量词的分类却不尽相同。

马建忠在《马氏文通》中给数词分类为 3 类:一是数字,凡可以当加减乘除者皆隶焉,如"一"、"二"、"三"、"四"、"十"、"百"、"千"、"万"之属;二为序数,所以第事物之序也。三是约数,即字母差分之数。而吕叔湘在《中国文法要略》里把对数量的表示分为以下 5 种:定量、约量、次序、程度、动量,定量中包括整数与分数。

丁声树在《现代汉语语法讲话》中把数词分为二大类。他说:"数词有基数序数的分别,基数表示数量多少,序数表示次序先后。"把量词分成 4 小类:个体量词、集体量词、度量词、临时量词。临时量词——名词表示的事物,有的是长度(包括空间的长度和时间的长度)、面积、容量的,这类名词都可以作临时量词用。此外,他还提到一种准量词。他说,有些名词可以直接和数词连用、当中不加量词。这种名词可以叫作"准量词",如"四国、三省、两年、一季、半天"。

黄伯荣、廖序东的《现代汉语》把数词分为基数、序数、倍数、分数、概数 5 类;把量词分为物量词与动量词两类。张斌的《现代汉语》也是把量词分为物量词与动量词,而在张斌主编的《现代汉语描写语法》中又多分出"时量词"、"复合量词"。

三、量词的模糊语义特征

量词的模糊义是指量词对表量对象所指称范围的边缘缺乏明确的界限,即外延划界不清,伸缩幅度较大,表量不确定。那些表量对象的范围,在比较之中有相对的确定性,其相应的量词不应列入词义模糊类。如:量词"队、排、班"等,这类量词表示的确实是不定量,"一队人"可以是数十、数百、数千,也可是几个人、十几个人。按其表示的具体量,"数"是不确定的。从词的意义上看,也似乎具有模糊的特征,但是经过义素分析,就可以看清这类量词并不真正具有模糊义。模糊义的量词经过分析,可以看到,它一定包含着具模糊义的义素。那么现代汉语量词的模糊义,主要表现在哪几类量词中呢?

(一)"些"和"点"的模糊意义

人们在现实生活的语言效果中,需要使用模糊量。如,"叫什么人给你点儿糖",必不会说"请您给我二两二钱糖"。而常使用模糊量语:"你给我一点儿糖吧。"模糊量词的使用,在现实生活的语言交际中,是普遍存在的。

(二)不定量量词中,其中那些表示表量对象外延界限不清楚、不确定的量词,具有模糊义

如:量词"帮、群"只要经过义素分析,就可以看出这类量词词义的外延是否划界清楚了。

(三)具描绘性的量词中,那些表示不可数事物的量词以及那些描绘性的表示某种景况、状态、现象的量词具有模糊义

如表示堆状、疙瘩状的量词"堆、疙瘩"等。

(四)用于表述抽象事物的量词具模糊义

有些表量对象词语的外延义不清楚,这些词语自身就具有模糊的语义,为其表量词也具模糊义。如量词"团、缕、股"等,即使单独看,这类量词就可以看出有一定的模糊性。用于表达抽象时,其模糊性则更明显。如:

不论是近百年的和古代的中国史,在许多党员的心目中远是漆黑一团。(毛泽东《改造我们的学习》)

用于计量延续一段时间的动作或事物变化过程现象的量词。这类量词所表述的时段或事物变化阶段及某种现象都没有确切的界限,其表示的量都具模糊义。如,量词"阵、通",经过义素分析,可以看到在它们充当量词时,有一个共同的义素,那就是它们都要表述一定的时段,或一段过程。这个时段或过程之间的外延界限是不分明的,很难找出固定的划界。如:

这一阵阵寒气仿佛是一盆冷水把他浇醒,他的手懒得伸出来。他的心也不再那么热。(老舍《骆驼祥子》)

"阵"在例句中表示的是模糊量,因为谁也难以说清"冷一阵"到底"冷"多长时间。

四、"个"的特殊用法

"个"是个体量词,但有些特殊用法:

(一)"个"字加在表示大概的数量的并列的数量词前头

如:"花个一百二百的","买辆七成新的,还不得个五六十块吗?"(老舍《骆驼祥子》十七)

(二)"个"字放在"有,没(有)"和动词形容词中间

"出门有个不累的吗?"是说"出门总是要累的"。"他那个主意没有个更改",是说"他那个主意不会更改"。这类句法总是限于疑问和否定。成语就没有这个限制。如"有个三长两短"。

(三)补语带"个"字的

如:李二叔放下灯,把大水爹怎么死的,双喜怎么牺牲的,一五一十说了个仔细。(袁静《新儿女英雄传》)

(四)"一个"放在谓语前头,表示条件或理由

如:他一个不答应,别人还能答应吗?

汽车忽然一停,我一个站不稳,就摔着了。

这种加"一个"的句子,必有下文,单说"他一个不答应","我一个站不稳",语意都没有完。

五、关于量词的活用

单位名词(量词)共有两种活用法,都不是为称数而用的。第一种活用用法是单位名词前面没有数词,后面又加上"子、儿、头"一类的字,表示人物的大小。如:

1. 我们这几个人里头,是他个子最大。

2. 我昨天买的鸡,只儿不大,可是很肥。

第二种活用法是单位名词紧接着人物名称的后面,没有数词。这样,单位名词失掉它那表示单位的作用,只像一种名词记号。这一种活用法比前一种用的普遍多了,许多单位名词都能这样用,而且差不多全国都有这种说法。

如:军队、官员、贼伙、人口、牲口、车辆、马匹。

这种说法有些是口语里常说的,如"军队"、"房间";有些只是文言的说法,如"车辆"、"马匹"、"书本"、"纸张"等。在文言里,连度量衡及币制的名称也可以做名词记号,如"盐斤"、"煤斤"、"银两"、"银圆"等。

六、数词、量词的语法功能

(一)数词的语法功能

1. 数词直接作主语和宾语。

①闽东的畲族人口占全国畲族人口的 40%,占全省畲族人口的 70%。(习近平《摆脱贫困·弱鸟如何先飞》)

②千条万条,最根本的只有两条:一是党的领导;二是人民群众的力量。(习近平《摆脱贫困·干部的基本功》)

2. 数词作谓语。

①我又问:"你多大了?""十九。"(茹志鹃《百合花》)

②孙主任已经快七十了。(谌容《人到中年》)

3. 数词作定语。

黄炎培先生曾对毛泽东同志说过,一人、一家、一团体、一地方乃至一国。不少都没有跳出周期律的支配。(习近平《摆脱贫困·干部的基本功》)

(二)量词的语法功能

1. 量词不同于数词,一般不能单独作句子的各种句法成分。

2. 量词可以与数词或数词短语组成数量短语,作各种句法成分。

3. 数词是"一"时,和量词组成的数量短语往往省略"一",这时量词可以单独作句法成分。如:

衣服件件都好。(主语)

他买杯茶喝。(定语)

电动车买辆骑。(宾语)

第六章　副词的发展

　　副词是表示动作行为或性质状态的各种特征、修饰谓词性成分的词,在句中一般作状语。副词可以分为六类:程度副词、范围副词、时间副词、情态副词、否定副词、语气副词。吕叔湘说:"副词内部需要分类,可是不容易分得干净利索,因为副词本来就是个大杂烩。"吕先生的这一论述道出了副词本身的复杂性。同时也可看出语法学界对副词所应包括的范围尚无共识,需要进一步研究。在没有定论的情况下,我们把下面条件作为确定副词的标准:能修饰动词、形容词、名词性谓语,在句中作状语或补语的单音词或复合词。

第一节　上古时期汉语副词

一、殷商时期的副词

　　张玉金在《甲骨文语法学》(学林出版社,2001 年)中指出,副词在甲骨文中已有用例,据张玉金《甲骨文语法学》的统计,甲骨文里共有副词 36 个,它们是"其、惠、唯、气(汔)、嚞、异(式)、骨(遄)、巳、不、弗、勿、弜、毋、非、妹(蔑)、既、咸、鼎、延、迺、乃、先、后、并、大、自、迟、迅、锐、亦、永、卒、皆、历、同、允"等。根据在句中所表达的语法意义的不同,这些副词可以分成 8 种类型:语气副词、否定副词、肯定副词、时间副词、频率副词、情态方式副词、范围副词、程度副词等。

　　(一)表语气的称为语气副词

　　有"其、惠、唯、气(汔)、嚞、异(式)、骨(遄)、巳"8 个。如:

　　①唯帝令作我祸?(《甲骨文合集 39912》)

　　②癸酉卜,王:命骨告。(《甲骨文合集 4488》)

　　③白牛惠二,有正?(《甲骨文合集 29504》)

　　(二)表否定的称为否定副词

　　有"不、弗、勿、弜、毋、非、妹(蔑)"等 7 个。如:

　　①戊辰卜:及今夕雨?

　　弗及今夕雨?(《甲骨文合集 33273》)

　　②贞:王其入,勿祝于下乙?(《甲骨文合集 1666》)

　　③贞:王有败,不之?(《甲骨文合集 17311》)

（三）表时间的称为时间副词

有"既、咸、鼎、延、廼、乃、先、后、并、其、气"等 11 个。如：

①己卯卜，王：咸伐先？（《甲骨文合集 7020》）

②贞：王福，鼎有伐？（《甲骨文合集 418》）

③贞：我其丧众人？（《甲骨文合集 50 正》）

（四）表情态、方式的称为情态方式副词

有"大、自、迟、迅、锐"等 5 个。如：

①癸未子卜：自来？（《甲骨文合集 21738》）

②今者方其大出？（《甲骨文合集 6690》）

③迟步，弗悔？（《甲骨文合集 27800》）

（五）表频率的称为频率副词

有"亦"和"卒"两个。如：

①己亥卜，㱿贞：有伐于黄尹，亦有于蔑？（《甲骨文合集 970》）

②丙申卜：自今五日方卒不围？卒。（《甲骨文合集 20412》）

（六）表范围的称为范围副词

有"皆、率、历、同"等 4 个。如：

①豚暨羊皆用？（《甲骨文合集 31182》）

②三戚王率用，弗悔，禾？（中国社科院考古所《小屯南地甲骨 2445》）

③同出，擒？（《甲骨文合集续篇 3·28·6》）

（七）表肯定的称为肯定副词

只有 1 个"允"，如：

丙戌卜，在箕：今日王令逐兕，擒？允。（中国社科院考古所《小屯南地甲骨 664》）

（八）表程度的称为程度副词

只有 1 个"大"，如：

癸卯王卜贞：旬亡祸？在二月。王占曰：大吉。（《甲骨文合集 35885》）

二、西周时期的副词

张玉金在《西周汉语语法研究》（商务印书馆，2004 年）中指出，西周副词在继承甲骨文副词的同时又有自己的发展。他归纳出西周汉语中的副词有 9 类，包括语气副词、否定副词、肯定副词、时间频率副词、情态方式副词、范围副词、程度副词、谦敬副词、关联副词等。

（一）表示程度的是程度副词

有"大、孔、笃、绝、肆、已、小、愈、少、丕、尽、皇"等。如：

我有嘉宾，德音孔昭。（春秋·无名氏《诗经·小雅·鹿鸣》）

（二）表示范围的是范围副词

有"备、毕、偏、并、凡、方、旁、敷、既、鞠、具、率、悉、咸、兴、胥、宣、卒、作、尽、乱、交、遂、讫、一、独、祇、唯、职、啻"等。如：

尽拘执以归于周。（春秋·孔丘整理《尚书·酒诰》）

（三）表示时间、频率的是时间、频率副词

有"已、既、咸、方、会、适、炁、将、行、先、基、初、肇、先、终、卒、竟、究、末、遂、复、或、申、同、每、常、时、适、肆、屡、尚、矧、又、申、亦"等。如：

譬若众畋，常扶予险，乃而予于济。（先秦·无名氏《逸周书·皇门解》）

（四）表示肯定的是肯定副词

有"必、允、成、亶、谅、慎、实、信、聿"等。如：

会审贮田。（《五祀卫鼎铭》）

（五）表示否定的是否定副词

有"不、弗、弜、勿、毋、未、非、亡、罔、无、蔑、靡、微、莫"等。如：

师出以律，否臧凶。（春秋·无名氏《周易·师卦》）

（六）表示情态、方式的是情态方式副词

有"大、笃、职、纯、自、亲、遄、崒、极、相、胥"等。如：

初九，无交害，匪咎，艰则无咎。（春秋·无名氏《周易·大有》）

（七）表示谦虚、恭敬的是谦敬副词

有"敢、敢敬"等。如：

克拜稽首，敢对天子不显鲁休扬。（《克盨铭》）

（八）表示语气的是语气副词

有"薄、不、诞、否、侯、式、思、斯、佳、无、伊、夷、亦、聿、遹、爰、曰、云、允、洪、率、维其、丕、夫、岂、汔、庶几、殆、居然"等。如：

文王惟克厥宅心。（春秋·孔丘整理《尚书·立政》）

（九）起词语或分句之间关联作用的是关联副词

有"反、乃、覆、转、终、或、乃、丕、若"等。如：

是究是图，亶其然乎！（春秋·无名氏《诗经·小雅·常棣》）

副词的语法特征是修饰谓词即动词和形容词，主要充当状语。如：

潜虽伏矣，亦孔之照。（春秋·无名氏《诗经·小雅·正月》）

西周副词仍以单音副词为主，但也出现了复合副词的用例，如："庶几夙夜，以永终誉。"（春秋·无名氏《诗经·周颂·振鹭》）及副词连用现象，如："既诞，否则侮厥父母曰：昔之人无闻知。"（春秋·孔丘整理《尚书·无逸》）

三、先秦两汉时期的副词

根据殷国光《吕氏春秋词类研究》和易孟醇《先秦语法》，先秦两汉时期副词可分为 8 类。

（一）范围副词

有"皆、凡、尽、俱、咸、毕、并、胜、周、遍、悉、备、举、斯、曲、偕、极、独、唯、惟、徒、特、仅、啻、乃、亦"等。如：

故凡战必悉熟遍备。（战国·吕不韦《吕氏春秋·察微》）

大国若宥图之，唯命是听。（战国·吕不韦《吕氏春秋·行论》）

（二）程度副词

有"至、致、极、最、太（大）、甚、多、殊、愈、逾、孔、良、过、小、略、薄、益、弥、滋、加"等。如：

境内皆言兵,藏孙吴之书者家有之,而兵愈弱。(战国·韩非《韩非子·五蠹》)

(三)时间副词

有"曾、尝、比、既、已、终、卒、方、适、会、将、且、临、每、还、遽、倾、始、新、少、姑、立、既已、方将、既而、始、初、须臾、斯须、俄、今、渐、已而"等。如:

太公望曰:"今四者不足以使之,则望当谁为君乎?"(战国·韩非《韩非子·外储说右上》)

时雨将降。(战国·吕不韦《吕氏春秋·季春》)

(四)否定副词

有"不、弗、未、非、莫、亡、蔑、罔、匪、微、否、勿、毋、无"等。如:

心弗乐,五色在前弗视。(战国·吕不韦《吕氏春秋·适音》)

自直之前,自圜之木,百世无有一。(战国·韩非《韩非子·显学》)

(五)语气副词

有"必、诚、乃、实、固、其、盖、殆、岂、且、独、庸、期、故、当、宁、钜、幸、苟、或、无乃、意者、得无、或者、庶乎"等。如:

非意之也,盖有自云也。(战国·吕不韦《吕氏春秋·观表》)

今季孙万乃血。其毋乃未可知也。(战国·韩非《韩非子·说林上》)

(六)谦敬副词

有"敬、窃、谨、惠、请、敢"等。如:

淳于髡曰:"敬闻命矣。"(战国·吕不韦《吕氏春秋·报更》)

(七)连接副词

有"遂、乃、遽、顾、又、反、亦、始、犹、且、宁、诚、既、犹若、犹且"等。如:

昭公惧,遂出奔齐。(战国·吕不韦《吕氏春秋·察微》)

(八)情状副词

有"又、复、更、骤、总、再、常、尚、犹、几、汔、正、浸、佯、徒、果、自、特、故、端、更、迭、交、相、各、犹若、反、顾、均、交相、相与、亲自"等。如:

平公又问祁黄羊曰。(战国·吕不韦《吕氏春秋·去私》)

君不爱宋民,腹心不完,特为义耳。(战国·韩非《韩非子·外储说右上》)

四、上古时期汉语副词的发展

(一)上古汉语副词单音词多

上古时期汉语副词的一个重要特点,是单音副词占副词总量中的绝大多数。甲骨文中,一共有 36 个副词,全部是单音词,不见复音副词。西周有 238 个副词,复音副词有"率惟、迪惟、维其、其惟、诞惟、薄言、姑惟、爽惟、越若、庶几、居然、敢敬"等 12 个。《吕氏春秋》共有副词 136 个,其中复音副词有"既已、方将、既而、已而、无乃、意者、得无、或者、庶乎、犹若、犹且、高相、相与、亲自"等 15 个。

(二)产生了大量新的副词

从殷商甲骨文到两汉,汉语副词系统有了巨大的发展。这是语言结构扩张的必然结果。

甲骨文时副词有 36 个,西周时副词有 238 个,东汉时副词有 1474 个。每个阶段,都产生新的副词,如东汉副词新生的有 669 个,占副词总量的一半左右。

(三)产生了新的副词类型

副词的发展不仅表现在新的副词产生上,还表现在产生了新的类型。如西周副词比甲骨文时期多出了谦敬副词和关联副词。到两汉时期,又产生了新的副词类型,如应对副词。在原有副词类型,种类也细化了。如东汉副词中的时间副词这类,表示的种类就有表过去已然、现在进行、将来未然、持续永常、偶尔暂时、突发短时、重复累加、先后早晚、缓慢逐渐、最终必然 10 个。而甲骨文时期,表时间副词一共才有 11 个,最多只有现在进行、将来未然、先后早晚、偶尔暂时等几类。

第二节　中古时期汉语副词

一、魏晋南北朝时期的汉语副词

以刘光明所著《〈颜氏家训〉语法研究》(合肥工业大学出版社,2006 年)对于副词的论述来窥见魏晋南北朝汉语副词的情况。

(一)否定副词

计有一般性否定(不、不复、弗、未、非、无、无复)、已然性否定(未、未尝)、判断性否定(非、非复)、祈使性否定(勿、无)、假设性否定(不、非)等共计 16 个。如:

二亲既没,所居斋寝,子与妇弗忍入焉。(北朝·北齐·颜之推《颜氏家训·风操》)

(二)范围副词

共有总括性副词(皆、悉、俱、具、尽、遍、并、咸、率、胜、凡、备、通、专、兼、偕、都、全、总、了、略、率皆、一皆、多、率、率多、略)、限定性副词(只、止、直、仅、徒、独、单、但、唯、惟、专、才、乃)、类同副词(亦、亦复)等 42 个。如:

汉时贤俊,皆以一经弘圣人之道。(北朝·北齐·颜之推《颜氏家训·勉学》)

(三)程度副词

共有高程度副词(极、至、大、太、特、甚、殊、已、以、颇、笃、过、偏、深、雅、苦、酷)、低程度副词(略、少、微、颇、粗、小小)、比较度副词(最、更、尤、愈、弥、益、倍、倍加)等 42 个。如:

微解药性,小小和合,居家得以救急,亦为胜事。(北朝·北齐·颜之推《颜氏家训·杂艺》)

(四)时间副词

共有过去、已然(曾、尝、常、已、既、向、向来、便)、将来、未然(将、欲、将欲)、先、后(先、预、豫、悬、夙、后、次)、当时(时、当时)、初始(方、方复、初、始、本、才、乃、新)、终竟(终、竟、卒、迄、讫、末、遂)、迅疾、短时(忽、卒、卒然、乍、顿、就、便、即、随即、即便、寻、近、一举)、持续、长时(犹、尚、长、良久、素)、暂时(聊、且)、逐渐(渐、稍、少复)、偶时(偶、时、有时)、惯常(常、尝、每、每常、每尝、往往、时、时复、动)、重复(重、复、数、还复、辄)等计 75 个。如:

但惧汝曹犹未牢固,略重劝诱尔。(北朝·北齐·颜之推《颜氏家训·归心》)

(五)累加副词

表示动作行为、性质状态或事物数量的累计和加合,常用副词有"又、再、复"等 3 个。如:

有子基、谌,皆已成立,而再娶王氏。(北朝·北齐·颜之推《颜氏家训·后娶》)

（六）关联副词

计有并列副词（既）、顺承（便、即、辄、遂、乃）、转折（却、又、即、遂、乃、反、翻）、让步（犹、尚）、假设（必）等计 16 个。如：

名终则讳之；字乃可以为孙氏。（北朝·北齐·颜之推《颜氏家训·风操》）

（七）语气副词

计有肯定、强调副词（便、乃、即、必、定、又、犹、或、亦、良、诚、信、正、果、固、故、实、自然）、推测、不定（或、略、大抵、大较、盖、殆、脱）、反诘（又、宁、独、岂、其、可）等计 31 个。如：

又宜思勤督训者，可愿苟虐于骨肉乎？诚不得已也。（北朝·北齐·颜之推《颜氏家训·教子》）

（八）方式、情状副词

计有方式副词（共、偕、俱、兼、并、相与、互、相、传相、递相、递共、亲、径、悬）、情状副词（妄、辄、徐、强、轻、固、难、偏、专、兀然）等计 24 个。如：

至于哀伤凶祸之辞，不可辄代。（北朝·北齐·颜之推《颜氏家训·文章》）

二、隋唐五代汉语副词

隋唐五代汉语副词继承上古和魏晋南北朝时期的汉语副词，也有它自己特色的副词。

（一）程度副词

主要有"奇、煞、瞅、大煞、大曬、太杀、太煞、方、较、教、校、熟、相、雅、酷、极其、剩、賸、非常、分外"等。如：

使者晏子，极其丑陋，面目青黑。（王重民等编《（唐）敦煌变文集·晏子赋》）

（二）时间副词

主要有"才、登、方才、登即、早、早是、早已、早个、经、已、就、犹、先、寻、看、从来、看即、看将、看看、眼看、依然、依旧、仍旧、依前、一直、一向、当下、当即、即便、即今、即将、立然、立地、连忙"等。如：

后有醉者，摘草嗅之，立然醒悟。（五代·王裕仁《开元天宝遗事》卷上）

（三）语气副词

主要有"定、必然、必须、必定、的毕、的必、的定、决然、决定、的确、确实、的的、大都、大概、大约、约莫、约摸、毕竟、必竟、到底、究竟、止竟、至竟、将不、将无、将毋"等。如：

至竟江山谁是主，苔矶空属钓鱼郎。（唐·杜牧《题横江馆》）

（四）范围副词

主要有"半、初、都、都来、都卢、了、劣、只、总、并悉、并皆、并总、皆总、皆悉、尽总、尽皆、悉皆、咸悉、咸皆、一齐、一同、一共、总皆"等。如：

兵士悉皆勇健，哭叫三声。（王重民等编《（唐）敦煌变文集·伍子胥变文》）

（五）情态副词

主要有"催、端、端的、顿、频、划、乾、飒、故故、脱、也、渐渐、到、真个、更互"等。如：

天涯春色催迟暮，别泪遥添锦水波。（唐·杜甫《奉寄高常侍》）

（六）否定副词

主要有"休"等。如：

休问梁园旧宾客,茂陵秋雨病相如。(唐·李商隐《寄令狐郎中》)

(七)指代性副词

主要有"相、见"等。如:

儿童相见不相识,笑问客从何处来。(唐·贺知章《回乡偶寄》)

三、中古时期汉语副词的发展

(一)汉语副词的双音化

上古汉语副词单音词多,甲骨文里都是单音词,西周副词仍以单音词为主,但开始出现双音副词,但仍占少数。但汉语副词的发展,呈双音化的趋势。到了东汉,即上古末期,据葛佳才所著《东汉副词系统研究》,东汉新增副词639个,而复音副词就有529个。到了中古,又产生了120多个副词,其中复音副词最少占76个。

(二)副词用法的扩大化

上古汉语一部分副词流传到中古,有一个重要的发展变化,即用法的扩大化。同样一个副词,在中古有了多样的用法。如:

还(hái):在上古是语气副词,表转折,相当于"却"、"反而":

[韩信之徒]战国获其功,称为名将,世平能无所施,还入祸门矣。(汉·王充《论衡·定贤》)

[秦]穷武极诈,士民不附,卒隶之徒,还为敌仇。(汉·班固《汉书·刑法志》)

到了中古,"还"有了多种用法。

1. 作情态副词,表示现象继续存在或动作继续进行,相当于"仍旧"、"依然":既耕亦已种,且还读我书。(晋·陶潜《读山海经》)

2. 作情态副词表示重复,相当于"又"、"再":将去复还诀。(南朝·宋·鲍照《东门行》)

3. 作程度副词,表示程度,相当于"更"、"更加":乐极还自悲。(晋·傅玄《明月篇》)

4. 作范围副词,表示数量,项目增加,范围扩大:故天下复平,岁还丰穰。(南朝·宋·范晔《后汉书·光武邓皇后纪》)

5. 作程度副词,表示程度上勉强过得去,相当于"稍":水满还侵岸。(南朝·梁·萧绎《出江陵县还》)

6. 作时间副词,相当于"已"、"已经":上国献诗还不遇,故园经乱又空归。(唐·杜荀鹤《下第东归将及故园有作》)

7.作语气副词,表示疑问:径山和尚还有妻不?(五代·静、筠二禅师《祖堂集》卷十五)

(三)副词词尾的产生

在中古时期,产生了许多副词词尾。如"复"在汉代开始作为副词词尾,在中古时期,应用非常广泛。有副词"不复"、"时复"、"还复"、"试复"、"当复"、"方复"、"非复"、"故复"、"忽复"、"皆复"、"空复"、"无复"、"乃复"、"岂复"、"稍复"、"已复"、"亦复"、"又复"、"自复"等。如:

豫章熊康,父以醉而为奴所杀,终身不复尝酒。(北朝·北齐·颜之推《颜氏家训·风操》)

五服之内,傍无一人,播越他乡,无复资荫。(北朝·北齐·颜之推《颜氏家训·终制》)

骄慢已习,方复制之。(北朝·北齐·颜之推《颜氏家训·教子》)

有盛名而免过患者,时复闻之,但其损败居多耳。(北朝·北齐·颜之推《颜氏家训·文章》)

机杼既薄,无以测量,还复采访讼人,窥望长短。(北朝·北齐·颜之推《颜氏家训·省事》)

寂寂首阳山,白云空复多。(唐·李颀《登首阳山》)

青春已复过,白日忽相催。(唐·李白《寄远》诗十一首之四)

还有其他副词词尾如"自"(本自、殊自、实自、必自、故自、常自、方自、已自、乃自、空自、尚自、深自、咸自、仍自、由自、犹自、正自等)、"然"(决然、断然、居然、依然、仍然、尚然等)等。如:

兄伯萧索寡会,遇酒则酣畅忘返,乃自可矜。(南朝·宋·刘义庆《世说新语·文学》)

部曲后生一男,自然无手。(北朝·北齐·颜之推《颜氏家训·归心》)

手卷珍珠上玉钩,依然春恨锁重楼。风里落花谁是主,思悠悠。(五代·南唐·李璟《山花子》)

柳士镇在《魏晋南北朝历史语法》(南京大学出版社,1992年)中指出:副词发展到魏晋南北朝,有3个比较显著的变化。一是呈简化规范的趋势,纷繁歧异的现象开始逐步消失,前期习见的副词后缀,此期常用者只留下"然"字一个,作用相同的副词在形式上也有较大幅度的减少;二是出现了一批新兴的副词以及副词后缀"自"与"复";三是与此期双音节词汇的增多相适应,新旧副词常以双音节的形式组合使用。

黄珊通过将先秦、汉、唐副词的发展作比较研究后归纳出汉语副词从先秦到汉到唐的发展变化(《古汉语副词的来源》,载《中国语文》,1996年第3期):

第一,古汉语复合副词中的联合式经过了从前后位置随意到前后位置固定的发展过程;而后置式则因其结构的不可变易性而迅速成词。这是与汉语词汇复音化的规律相一致的。

第二,单音副词在先秦的数量超过复合副词。自汉代起,单音副词发展缓慢,而复合副词则发展迅速;汉代以后复合副词大量出现,成为新生副词的主流。

第三,副词循着由少到多,再由繁到简的规律发展变化。每个历史时期都有新的副词产生,也有一些副词随着时代的发展而产生新义。如"坐"在汉代以前只表示"自然"、"自动"义,而魏晋后则新生出"正在"、"恰好"、"将要"诸义;又如"故"最初只有"原来"、"从前"等义,汉代后引申出"依然"、"仍旧"等义,唐宋诗词中又生出"常常"、"时常"等新义。

第四,单音副词在向复合副词繁衍的过程中,表示时间、范围、状态、程度、推测的副词,其构成复合词的能力最强,流传的时间也最长。

第三节 近代时期汉语副词

杨荣祥《近代汉语副词研究》(商务印书馆,2005年)对近代汉语副词作了很好的研究,但他认为近代汉语时期是从晚唐五代到明代,与我们的分期不同。所以我们吸收了他很多研究成果,但我们也加以选择和补充。

一、宋元时期的汉语副词

宋元时期的副词大致可分为总括副词、类同副词、限定副词、统计副词、程度副词、时间副词、频率副词、累加副词、情状方式副词、语气副词、否定副词共 11 类。

（一）总括副词

有"并、大都、都、都自、皆、尽、尽行、具、均、全、通、无非、一概、总、举、无非、悉、悉行、咸"等。如：

如天下皆君子而无小人，皆天理而无人欲，其善无以加。（宋·朱熹《朱子语类》卷一百一十五）

（二）类同副词

有"也、也自、亦、亦自、亦复"等。如：

天之所命，固是均一，到气禀后便有不齐。看其禀得未如何。禀得厚，道理也备。（宋·朱熹《朱子语类》卷四）

（三）限定副词

有"不过、才、但、第、独、仅、特、徒、唯、无过、直、只、只自、止、专、专一"等。如：

盟约已定，无过是着定了下个追陪财礼，选取良辰吉日，慕容三郎取那苏氏归家。（宋·无名氏《新编五代史平话》）

（四）统计副词

有"都、凡、共、总、通共、通、都来"等。如：

公而今说《诗》只消这八字，更添"诗无邪"三字，共成十一字，便是一部《毛诗》了。（宋·朱熹《朱子语类》卷十一）。

（五）程度副词

共有"差、粗、大、大段、大故、大略、大小、顶、多少、好、好不、分外、更、怪、过于、极、极其、加、较、尽、尽自、绝、几多、略、略略、颇、煞、稍、稍稍、稍自、少、少少、甚、十分、太、特、忒、微、益、尤、尤其、愈、愈加、愈益、越、至、最"等。如：

知与思，于人身最紧要。（宋·朱熹《朱子语类》卷五）

（六）时间副词

共有"竟、终、终久、终于、终自、卒、曾、曾经、尝、既、既自、问、已、已经、已自、预先、早、已行、俄便、便自、猝、卒然、顿、忽、忽然、即、及早、就、遽、亟、立、蓦、蓦地、蓦然、却、随即、遂、旋、一、一旦、辄、骤、未免、寻、辄、间、偶、时、时复、时乎、时时、早晚、才、方、方始、乃、始、乍、甫、姑、聊、且、暂、权、将、将次、将间、相将、行、行将、次第、渐、渐次、渐渐、日益、相次、旋旋、逐渐、寝、稍稍、正、正在"等。如：

虹非能止雨也，而雨气至是已薄，亦是日色射散雨气了。（宋·朱熹《朱子语类》卷二）

燕守志正在烦恼，朱温向燕孔目道：……（宋·无名氏《新编五代史平话》）

（七）频率副词

有"常常、长长、动、每每、时常、重、重重、重新、重行、反复、累累、屡、频频、数数、一再、再新、再三、连"等。如：

如同父云："将今法制，重新洗换一番方好。"（宋·朱熹《朱子语类》卷一百一十）

（八）累加副词

有"复、更、更自、还、却、仍、又、又自、再"等。如：

诗曰：五代都来二十君，世宗英特更仁明。（宋·无名氏《新编五代史平话》）

（九）情状方式副词

有"白、白地、白乾、白端、百般、百方、不觉、单单单、逆相、独、更互、公然、共、故、好生、胡、胡乱、互、互相、极力、急忙、交相、具、空、空自、若、若若、力、连、略绰、猛、难以、难于、平白、齐、窃、亲、亲自、斯、索性、特、特地、同、痛、徒、妄、相、信口、信手、信步、信脚、一边、一发、一例、一面、一齐、一昧、一向、一一、硬、硬自、直、直拔、只管、逐步、逐旋、逐一、著实、自、白干、大举、独自、分头、疾忙、急忙、竭力、径、陆续、密地、潜地、擅自、身自、兀、一就、一力、一同、一一、一直、只得、只管、只好、逐一、自行"等。如：

太后曰："付于卿自行处断，便族灭其家，不足以雪公之耻也。"（宋·无名氏《新编五代史平话》）

（十）语气副词

有"本、本来、本自、必、必定、毕竟、必竟、毕究、便、并、曾、诚、初、到底、倒、是、都、断、断然、反、返、就、决、决然、绝、乃、偏、其实、恰、恰方、恰好、恰恰、全、全然、确实、却、实、适、适然、殊、铁定、一、一定、又、元本、元来、元自、真、真个、正、正好、转、自、自然、足以、决意、良、了、委、委实、不妨、不免、未必、未尝、未免、未始、也、亦、大抵、大凡、大概、大率、大约、盖、几、几乎、其、容或、庶、庶几、似乎、往往、想、约摸、垂、殆、敢、怕、想、不成、还、还复、何必、何曾、何尝、曷尝、何苦、几曾、莫、那曾、岂、终不成、独、切、务、千万、切、索性"等。如：

当时若能听用，决须救得一半。（宋·朱熹《朱子语类》卷一百零一）

盖太史之评自未必是，何必泥乎！（宋·朱熹《朱子语类》卷二十三）

夫妻私自告语，怕生这男孩后，每岁田禾倍熟，因命名唤做郭成宝。（宋·无名氏《新编五代史平话》）

太后使人谓封禅寺僧曰："吾尝于此饭僧数万，今日独无一人相念耶？"（宋·无名氏《新编五代史平话》）

（郭威）思量白净面皮今被刺得青了，只得索性做个粗汉，……（宋·无名氏《新编五代史平话》）

（十一）否定副词

有"不、不必、不复、莫、靡、勿、不曾、设、未、未曾、未尝、未常、不成、毋、休、终不成"等。如：

不如此，便不安；才不安，便是不和也。（宋·朱熹《朱子语类》卷二十二）

天命之性，本未尝偏。（宋·无名氏《新编五代史平话》卷四）

因提案上药囊起，曰："如合药，便要治病，终不成合在此看。如此，于病何补！"（宋·无名氏《新编五代史平话》卷十一）

二、明清民初时期的汉语副词

明清民初汉语副词有总括副词、类同副词、限定副词、统计副词、程度副词、时间副词、频率副词、累加副词、情态方式副词、语气副词、否定副词等 11 种。

（一）总括副词

有"都、多、皆、尽、尽行、俱、全、无非、悉、一概"等。如：

举眼尽无欢，垂头私自鄙。（明·袁宏道《戏题斋壁》）

家里摆酒唱戏，贾府诸人都去了。（清·曹雪芹《红楼梦》第二十九回）

（二）类同副词

有"也、亦"等。如：

各处买卖都收了，房子也卖了。（明·兰陵笑笑生《金瓶梅词话》第八十七回）

（三）限定副词

有"才、单、但、独、刚、光、仅、惟、无过、只、只自、止、专、专一、自"等。如：

云离守道："两疋只要七十两。"（明·兰陵笑笑生《金瓶梅词话》第四十三回）

这又不知是那里的账，只拣软的欺负！（清·曹雪芹《红楼梦》第二十回）

（四）统计副词

有"凡、共、通、通共"等。如：

伯爵道："你看，连这外面两架铜锣铜鼓，带镲镲儿，通共与了三十两银子。"（明·兰陵笑笑生《金瓶梅词话》第四十五回）

凡死刑狱上，行刑者先俟于门外，使其党入索财物。（清·方苞《狱中杂记》）

（五）程度副词

有"粗、大、分外、更、好、好不、好生、何等、极、极其、较、侭、绝、老、良、略、颇、霎、稍、少、甚、生、十分、太、特地、忒、一发、亦发、益、益发、益加、尤、愈、越、最、过、过于、更加、最为、最是、极是、极为、很、挺、怪、颇为、甚是、甚为、非常、稍微、稍稍、略略、略微、有点儿、有点子、有点"等。如：

老夫人脉息，比前番甚加沉重。七情伤肝，肺火太盛。（明·兰陵笑笑生《金瓶梅词话》第六十一回）

贾母尚未用饭，知是薛姨妈处来，更加喜欢。（清·曹雪芹《红楼梦》第八回）

（六）时间副词

有"只当、终、终久、曾、尝、都、既、已、已却、已自、预先、早、便、不免、登时、顿、忽、忽然、即、即时、就、猛、猛可、猛然、蓦、蓦然、恰却、随、随即、遂、旋、一、一旦、一忽地、辄、不时、偶、早晚、才、方、方才、刚、刚才、刚然、却才、适、行、乍、聊、且、权、暂、从来、惯一、还、还自、尚、尚且、素、往往、兀自、一向、依旧、犹、犹自、直、待、将、将次、渐、渐渐、看看、逐渐、正"等。如：

予尝谓公解军而后，已将以悬岙为首阳。（清·全祖望《张公神道碑铭》）

朱重方才认得是丈人丈母，请他上坐。（明·冯梦龙《醒世恒言》卷三）

（七）频率副词

有"常、常常、常时、每常、变便、重、重新、从新、屡、屡屡、频、再三"等。如：

（武松）归到哥哥家，从新安设武大郎灵位，安排羹饭。（明·兰陵笑笑生《金瓶梅词话》第九回）

（八）累加副词

有"复、更、还、又、又自、再、再行"等。如：

妇人那里容他住，说道："……你趁早与我搬出去罢，再迟些时，连我这两间房子，尚且不

够你还人。(明·兰陵笑笑生《金瓶梅词话》第十九回)

余始循以入,道少半,越中岭,复循西谷,遂至其巅。(清·姚鼐《登泰山记》)

(九)情态副词

有"巴巴、白、白白、百般、百方、不禁、不觉、趁早、从实、单单、单管、独、独独、独自、乾、共、故、海、好生、胡、胡适、互相、即忙、尽力、经、竟、空、苦死、拉些儿、老实、连、连忙、陆续、忙、忙忙、明、明明、难以、平白、平地、平空、齐、悄、悄地、悄悄、且、亲、亲口、亲手、亲眼、亲自、轻易、三不知、擅自、生死、厮、私自、死活、特、特地、通同、同、枉自、险不、险些、扬长、一壁、一答里、一答儿、一发、一搅果、一经、一力、一例、一连、一面、一齐、一事、一套儿、一同、一头、一味、一直、一总、硬、直、只得、只个、只顾、只管、只情、逐一、着实、着老实、自"等。如:

雪娥道:"你骂我奴才,你便是奴才!"拉些儿不曾打起来。(明·兰陵笑笑生《金瓶梅词话》第十一回)

叟杸然谢别而去。(清·蒲松龄《聊斋志异》卷一)

(十)语气副词

有"白、本、本等、本自、毕竟、必、必定、必然、必素、便、并、才、嗔道、到、倒、定、定然、端的、端得、端自、断、断然、多定、反、干净、怪道、怪嗔道、管、管定、管就、管情、管取、果、果然、恒是、恒属、恒数、浑、紧、紧自、竟、就、决、决然、可、可可、乃、偏、其实、恰、恰好、恰然、且、且自、却好、十分、实、是、通、委、委的、稳定、幸、一、一定、已定、又、原来、须、越发、再、早时、早是、真、真个、正、正好、准、自、委时、自然、总、是、足以、左右、可知、未必、也、大抵、大凡、盖、敢、怕不、庶、想必、约、约莫、不成、何必、何苦、好歹、决烈的、怕不的、想是、没、平白、只情、还、几曾、没的、莫不、莫非、难道、岂、终不成、好歹、千万、切、是必、务、一发、亦发、越发、只顾"等。如:

你自和平安两个吃罢,陈姐夫想是也不来了。(明·兰陵笑笑生《金瓶梅词话》第六十四回)

雷海青,雷海青!毕竟你未戴乌纱识见浅!(清·洪昇《长生殿》第二十八出)

(十一)否定副词

有"不、不必、不曾、没、没曾、没有、别、没的、没得、莫、勿、休、未、未曾"等。如:

若从坑直下丞相原,不必复上此岭;若欲从仙灯而往,不若即由此岭东向。(明·徐宏祖《游黄山后记》)

必勿许贪心郎;若许,我必杀之。(清·蒲松龄《聊斋志异》卷五)

三、近代汉语副词的发展

晚唐五代以后,副词在中古汉语的基础上有进一步的变化发展,主要表现在新旧形式继续交替,双音节剧增,口语化趋势已形成。现代汉语中使用的副词大多在这一时期已经出现。副词在这一时期的历史演变中,文白异读的影响是很深远的。如:

(一)"皆"与"都"关系

据吴福祥《〈朱子语类辑略〉语法研究》(河南大学出版社,2004年)所说,在组合选择上,"皆"是由上古汉语流传下来的范围副词,文言程度高,倾向于与古旧的语法形式(语法成分及句法结构)共现,排斥新兴的语法形式;相反"都"是中古以后产生、成熟起来的口语副词,倾向于跟新兴的语法形式共现,排斥古旧的语法形式。

(二)"不"、"无"、"没"的变化

据愈光中《近代汉语语法研究》(学林出版社,1999 年)所说,元明时期是"不"(表对"实现"的否定,相当于现代汉语的否定副词"没")、"无"、"没"变化最大的时期,主要是"不"走向消亡,白话书面语中"没"取代"无",形成"不——没"分工的局面。

宋元以前对于"领有、具有"的否定多用"无",而少用"没"。至于副词"没",更是凤毛麟角。《祖堂集》"没"字凡九例,无一副词用法。《大堂三藏取经诗话》也没有副词"没"。元曲里副词"没"很少,明代也是有些作品在使用,偏于北系作品。元明以后形式发生了变化,出现了以"没"取代"无"的趋势,副词"没"开始普遍使用开来。

(三)产生新的副词

近代时期,除继承上古、中古时期汉语副词外,又产生了一些新的副词,如程度副词:一概、大都、无非、多、越、更、更加、较、越发、顶、非常、极其、尽、绝、煞、异常、大段、大故、分外、怪、十分、老、争些(儿)、更加、更为、更自、怪、好、狠、很、繁、略为、挺、益发、老、好不、试煞,范围副词:单、单单、仅仅、一并、一发、一创、尽行、光等,情态副词:一定、必是、白白、连忙、必定等,时间副词半会儿、即刻、方才、才刚、才此、刚然、才恰等,否定副词:别、没有、没等。如:

①君子之交,合当恁的。凉水大都一杯,算将来何足挂齿!(元·无名氏《崔护觅水》)

②[老旦云]多简慢了,待老身远送。(明·高濂《玉簪记》第十一出)

③此地来求婚者,纷纷托老身作伐,我偶然提起,他便更加气苦,这是什么意思。(清·蒋士铨《临川梦》第十出)

④你见这两个妇人么? 那一个分外生得娇娇媚媚,可可喜喜添之太长,减之太短。(元·石君宝《曲江池》第一折)

⑤碧天振动斗牛宫,争些刮倒森罗殿。(明·吴承恩《西游记》第二十一回)

⑥郭京只不过要他离眼前,他自要到江北,益发好。(明·施耐庵《水浒全传》第八回)

⑦伙计刚然拿了一壶荣,一个杯儿,走到西厢房,不见了李爷,就到上房来。(清·无名氏《施公案》第一百九十五回》)

⑧我只听天由命的! 倒没这们些前怕狼,后怕虎哩!(明·西周生《醒世姻缘传》第三十二回)

(四)产生了近代汉语中的副词词尾

如"然、乎、尔、生、自、复、个、地、其、可"等。

(五)形成和使用大量的合成副词

这是近代汉语副词在构成形式上的一个重要特点。如"必然、卒然、定然、公然、自然、依然、尚然、忽然、果然、刚然、适然、蓦然、猛然、决然"等。如:

①那说话定然乔,这心肠直恁歹,搅得我芳心一寸苟麻块,闷煞我流水赚天台。(明·叶宪祖《寒衣记》第一折)

②抵死要行云脚水,刚然求悟本来心;为蛇画足劳筋骨,辜负青山绿水深。(宋·颐藏主编、怀让、道一、怀海等《古尊宿语录》第二九卷)

(六)出现了大量的同义副词

如"亦"和"也","即"、"便"和"就","未"、"不曾"、"没"、"没曾"和"没有"等。

第四节 现代汉语副词

一、现代汉语副词的分类

现代汉语副词可分为时间副词、程度副词、范围副词、语气副词、否定副词、情态副词等。

(一)时间副词

有"姑、姑且、且、权、权且、暂、暂且、仍旧、仍然、正、便、平素、久久、始终、永、永远、顿、陡然、忽然、忽地、才、马上、蓦地、蓦然、猛然、骤然、突、乍、刚、就、登时、顿时、刚刚、立刻、立即、立马、顷刻、旋即、霎时、曾、曾经、稍顷、业已、业经、早已、必将、迟早、终将、终归、终究、早晚、老、总、老是、不停、不断、时刻、通常、总是、常、屡、频、不时、经常、常常、时时、屡屡、每每、频频、往往、偶、间或、偶或、有时、一时"等。如：

他答复来人：马上就去。（姚雪垠《李自成》四十章）

(二)程度副词

有"稍、稍微、略微、稍许、些、有点儿、有些、一点儿、较、比较、较为、较比、更、更加、格外、愈益、很、非常、十分、相当、极、极端、极其、透顶、最、最为、无比、绝顶、太、过、挺、过于、过分、不胜、特别、大为、多么、格外、分外、倍加、好不、顶顶、何其、何等、极度、绝对、颇为、深为、甚为、尤其、几乎、绝伦、万分、相当、异常、至为、不太、愈为"等。如：

这人生，这世界……太悲惨了。（巴金《家》二十七）

(三)范围副词

有"都、全、尽、统、通、凡、共、但凡、凡是、全都、统统、通通、统共、总共、举凡、是凡、一概、一共、一例、一律、一总、才、单、光、仅、就、独、偏、唯、惟、单单、独独、仅仅、偏偏、唯独、唯有、约、是、大都、大概、大略、大约、大致、大体、大略、大凡、大率、多半、最多、最少、顶多、至多、至少、起码、就是、只有、不过、不只、不止、只是、是是、顶多、无非、只消、单独、大半"等。如：

到下午一点半钟光景，二十多个人都到齐了，挤满了一个房间。（巴金《秋》十）

(四)语气副词

有"反正、确、诚、真、实、的确、诚然、确实、委实、盖、原来、本来、敢情、敢是、怪不得、难怪、无怪、无怪乎、怨不得、非、定、准、该、准保、必定、定然、管保、想必、一定、恐、怕、恐怕、大概、大约、或许、兴许、也许、反正、高低、长短、好歹、横竖、总算、似乎、还是、敢是、未免、敢情、万万"等。如：

外国小说虽然也有淫荡的，恐怕还未必把这等肉麻字样来做书名。（刘半农《复王敬轩书》）

(五)否定副词

有"别、不、甭、非、勿、设、没有、莫、未、休、不必、不曾、未曾、未尝、无须、毋须、毋庸、枉、不堪、不由、白白、徒自、枉自"等。如：

我实在不想打牌。（巴金《春》一）

（六）情态副词

有"常常、刚刚、渐渐、仅仅、冉冉、脉脉、落落、耿耿、放步、厉声、信口、一手、亲眼、充耳、全神、特意、勇于、劈面、正色、就便、趁势、急速、明码、分批、居中、并行、定点、竭力、日益、次第、大肆、毅然、偷偷、沾沾、历历、仓皇、鱼贯、一溜烟、一阵风"等。如：

这种颠倒是非充满欺辱敲诈的处理意见，丁作明当然不可能接受。（陈桂棣、春桃《中国农民调查》二）

二、现代汉语副词的句法功能

副词最常见的句法功能是作状语，它还有特殊的句法功能则作补语，以及超常的搭配功能即修饰名词。

（一）作状语

①她似乎很不满意李家兄弟，特别是黑李。（老舍《黑白李》）

②去年冬天，我从英德到连县去，沿途看到松树郁郁苍苍，生气勃勃，傲然屹立。（陶铸《松树的风格》）

③果然谢家骥正佝偻着腰拼命地往上爬，眼看就要爬到山的鞍部。（魏巍《东方》）

④在冰如简直梦想不到会有这一回风潮。迁去几具棺木竟至震荡全镇的心。（叶圣陶《倪焕之》）

（二）作补语

①都这么说，都约得死死的，可到头来该来的总是不来，又有几个是等到的。（王朔《给我顶住》）

②农民的举动，完全是对的，它们的举动好得很！（毛泽东《湖南农民运动考察报告》）

③屋里屋外，热闹非常。（郭澄青《麦苗返青》）

（三）修饰名词

①中秋过后，秋风是一天凉比一天，看看将近初冬，我整天的靠着火，也须穿上棉袄了。（鲁迅《孔乙己》）

②这位信通集团二公司的总经理，金燕静——这名字很中性，轻盈、文雅。（陆星儿《超级妇女》）

三、现代汉语副词的发展

（一）进一步词尾化

有一类字是形容词或副词的词尾，即"然"、"如"、"若"、"尔"、"而"、"耳"等，它们是同一个词的变形。词尾"如"、"若"、"尔"在上古汉语里是较常见的，"而"、"耳"较少见。"然"的使用时间最长，从《诗经》时代起直到"五四"时代，始终被用为副词的词尾。现代汉语里还说"忽然"、"突然"等，但"然"作为词尾，在现代只能在特定范围内应用了。"然"在未成为词尾前，应是一个实词，是个指示性的形容词，略等于现代汉语的"这样"。连词"然则"、"然而"的"然"和副词"虽然"的"然"都是从这种"然"字来的；最初时，"然而"、"虽然"应认为是两个词。"然"由独立的词发展为副词词尾是很自然的演变，由词变为词尾是语言发展过程中常见的事实。带词尾"然"的副词在最初时，词根多数还是单音的，如"惠然"、"斐然"等，但从战国时代起,"然"前面的形容词已经可以用叠字了。有些叠字已经成为不可分割的整体,不能减为单音,因此不能认为是由形容词变来的。这种副词是汉语中最形象化的成分,它们的应用也就是拟声法和绘景法,如"嗷嗷"是拟声方面的副词,"栩栩"是绘景方面的副词。这种拟声和绘景的叠字副词起初时是不用"然"字作为词尾的。后来用这种叠字作为形容词的词尾,成为三音节的形容词,是汉语的特殊构词法,这种结构最初见于《楚辞》,此后历代沿用下来。另有一种类似的结构是用双声叠韵的联绵字作为词尾,但这种结构似乎没有沿用下来。

"五四"以后产生了一些新兴的副词,其中一大部分就是利用这副词尾"地"字来构成的。宋人的"地"字主要加在连绵字的后面,名词后面不能加"地"。"五四"以后特别是中华人民共和国成立后,名词后面加"地"构成副词的情况渐渐多起来了,这是一个能产的构词法。

"上"字逐渐词尾化。"原则上"、"实际上"、"基本上"等词的"上"字,原来是用来翻译西文的介词。"上"字被认为后置词,用来翻译西文的前置词。后来"上"字词尾化了。

(二)副词的位置发生变化

古汉语中副词可以置于主谓结构前或整个谓语前,而现代汉语副词一般不能这样。如:

①轻重是非他人,最学者大病。(宋·朱熹《朱子语类》)

②我正说他,他却两个就来了。(明·兰陵笑笑生《金瓶梅词话》)

③你十分休小看他。(《朴通事谚解》)

④楚既灭,鲁已百姓皆降。(元·无名氏《前汉书平话》)

(三)一些文言程度高的副词如"勿"、"弗"等在普通话中消失,部分只留于方言口语中

(四)古汉语复合副词中的联合式

古汉语复合副词中的联合式经过了从前后位置随意到前后位置固定的发展过程;而后置式则因其结构的不可变易性而迅速成词。这是与汉语词汇复音化的规律相一致的。

(五)单音副词在先秦的数量超过复合副词

自汉代起,单音副词发展缓慢,而复合副词则发展迅速;汉代以后复合副词大量出现,成为新生副词的主流。

(六)副词循着由少到多,再由繁到简的规律发展变化

每个历史时期都有新的副词产生,也有一些副词随着时代的发展而产生新义。有一些副词由于使用范围太窄而消亡了。如"识"、"舍"、"俞"仅见于先秦两汉;"曼"只见于《法言》中。还有许多副词由原来的多义变为单义了。譬如"稍",古代有"甚"、"渐渐"、"稍微"、"全都"诸义,而现代仅保留了"稍微"义。

(七)单音副词在向复合副词繁衍的过程中,表示时间、范围、状态、程度、推测的副词,其构成复合词的能力最强,流传的时间也最长

(八)副词的语法特点从古汉语到现代汉语副词基本相同,主要有以下几种用法

①副词一般能修饰限制形容词和动词,有的副词还可以修饰副词但不能修饰名词。

②副词一般不能单独回答问题,这与其他实词不同。

③副词有时能带词尾"然"、"乎"、"焉"等。

四、关于现代汉语副词一些问题的探讨

在造句功能上,副词可以作状语也可以作补语,在古汉语中,副词有时还能作谓语。不

过这种情形比较少见。

在现代汉语中,副词的句法功能相对比较简单——主要作状语,然而,一些常用副词不仅使用频率高,而且用法复杂多样,尤其作为一种个性强于共性的词类。其内部成员在语法意义、语义指向、语用特点、组配方式、篇章特征等各个方面都存在有显著的差异,情况相当复杂。因此,自《马氏文通》问世以来,副词一直是汉语词类研究中引起争议及存在问题最多的一类。问题主要集中于副词的基本性质及虚实归属问题、副词的范围问题、副词的内部分类及单个副词的句法特征描写、语义内容归纳等方面。对这些问题至今仍缺乏系统的理论论述,也难以取得相对一致的共识。

(一)副词的基本性质及虚实归属问题

汉语副词究竟是虚词还是实词,这是我国语法学界长期以来无定论的一个问题。马建忠《马氏文通》一开篇就谈到虚实划分的问题。他划分虚实的标准是词的意义,即"有事理可解者曰实字,无解而惟以助实字之情态者曰虚字"。这种见解影响深刻,后来许多学者都采用了。如《马氏文通》以来的早期语法论述,包括《新著国语文法》、《中国文法要略》、《中国现代语法》、《语法修辞讲话》等,也都是以意义作为划分虚实的主要标准的。马氏著作中的"状字"理所当然归入虚字之列。

王力在《中国现代语法》中认为:"副词可说是介乎虚实之间的一种词。"它们不算纯虚,因为它们还能表示程度、范围、时间等;然而它们也不算纯实,因为它们不能单独地表示一种实物,一种实情,或一种实事。"

吕叔湘在《汉语语法分析问题》中,不再坚持副词是虚词的观点,认为以意义为标准来划分虚实没有太大实用价值,"只在'虚''实'二字上下琢磨,不会有明确的结论"。他提出:"倒是可列举的类(又叫封闭类)和不能列举类(又叫开放类)的分别,它的用处还大些。"按此说法,副词当属于开放类。而开放类在吕先生归类中当属实词,副词似归入实词之列。

朱德熙、丁声树及在中学实行的"系统提要"及一些教科书、语法书和绝大多数虚词词典都把副词收入虚词之列。

然而,20世纪80年代以后,以结构主义语言学理论出发的学者,认为划分词类时"意义没有地位",应着眼于其基本的句法功能,因而无例外地把副词归入实词之列。如在高校系列语法教材中,影响颇大的黄伯荣、廖序东主编的《现代汉语》就依据词的语法功能,把副词归入实词。

张斌在他主编的《新编现代汉语》(复旦大学出版社,2002年版)中提出:"由于汉语副词内部本身比较驳杂,有些意义较虚化,有些较实在,有的能单用,有的不能单用。根据不同标准,将副词列入实词或虚词都有一定道理,也都存在一定的困难。总之,现代汉语的副词是介乎虚实之间的一类词,但若从基本句法功能出发,将副词归入实词,也是一种权宜的处理方法。"

综合来看,副词的归属至今仍是悬而未决。原因不外乎以下3个方面:①汉语副词自身的特点;②各家分类标准的差异;③历史传统观点的影响。

首先,从副词本身看。同印欧语系诸语言的副词相比,汉语的副词是一种相当特殊的词类。主要表现在4个方面:①由于虚化程度不一,汉语的副词从总体上看,范围不易确定,而且内部各小类,各成员之间在功能、意义和用法诸方面都存在着相当的差异。②在句法功能方面,副词都可以充当句法成分,而且有相当一部分可以重叠,还有一部分副词可以单独成句和回答问题,在一定条件下还可以充当谓语。③在所表示的意义方面,副词的意义有的相当实在,有的则相对比较空灵,少数则是相当虚化。有的以表示语法意义为主,有的以表示词汇意义为主,有的以表示概念意义为主,有的以表示逻辑意义为主。④从绝对数量看,现代汉语副词的数量比起严格意义上的封闭类词,约 1000 多,情况也比较为复杂。但比起名词、动词、形容词这 3 类开放类词又要少得多。副词似乎是介乎开放和封闭之间的一类词。

其次,从分类标准看。多年来,人们在确定副词虚实归属时,提出了一系列互相矛盾的分类标准。大致有 4 个方面:①以功能为主的标准;②以意义为主的标准;③功能意义兼顾的标准;④其他综合性标准。譬如自由与粘着、定位与不定位等。凡是重视句法功能的,一般将副词归入了实词,凡是重视意义虚实的,则往往都把副词归入了虚词。而采取功能和意义相结合的标准,想都兼顾,又难以做到,结果往往只好顾一头弃一头。总之,不同标准可以得出不同的结论,甚至相同的标准也可能引起不同的结论,这就把这个问题复杂化了。

再次,从历史影响看。在我国传统的语文学当中,虚词研究一直占有相当的地位,尽管古人的虚词研究还不算真正的语法研究,主要是出于训释古籍和指导作文的需要,但人们很早就开始了对所谓的"词"、"辞"及"语助"等虚词进行研究了。当时分为"实字"、"虚字",所谓"实字"大致相当于今日名词,而虚字则大致相当于现代的代词、副词、连词、介词、语气词和叹词等,甚至还包括部分谓词。到清时虚字研究最为发达,副词始终是虚字研究中最重要的一部分内容。且《马氏文通》以来大部分早期的语法书也都依据意义划分标准,副词属于虚词观念可以说很久以来深入人心,很难改变。

正是由于上述 3 方面原因,使得我们在确定副词性质与虚实归属时,常陷入两难境地。一方面,词的分类是指词在语法结构中表现出来的句法功能类别,分类目的就在于了解词的句法特点,掌握用词造句的结构规律,分类的标准自然应该是词的句法功能。而汉语中词的语法功能主要表现在词与词的组合能力和充当句法成分的能力这两个方面,所以,能否单独充当句法成分完全有理由成为划分虚实的主要标准,副词理所当然应该归入实词。另一方面,词的分类又离不开意义,意义标准必然在成为划分词类的一个重要的参考项。如果分出来的类同意义不相吻合,一般来说较难被广泛地认可。而汉语副词中确实有一部分词义比较虚化,如"就、才、刚、还"等。将这些典型的副词归入实词从语感上讲较难让人接受。另外,一旦把副词归入实词,势必同传统的虚词研究和通行的虚词词典产生分歧,从而使现代语法分析同传统虚词研究相脱节,与一般虚词辞书相抵牾。这不仅使广大学习者感到困惑,而且还会影响到今后的副词研究与教学。

反过来,如果不顾副词的句法功能特点,仅考虑一部分副词的意义比较虚化,历史上副词都是归入虚词的,将副词归入虚词,那又不仅打乱语法体系的严密性和一致性,且这种副词本身语法功能相符合的归类,对于真正认识副词、掌握副词的规律也不会有多大意义。

由此看来,要想避开上述矛盾,彻底解决副词归属的分歧,光在虚实二字上琢磨,不会有明确的结论。因为副词本身的虚实两面性是客观存在的,要想顾此必然失彼。我们必须给汉语副词寻找一个新的归属。那唯一的办法就是走出虚实二争的老传统,为副词的分类寻找新的蹊径。

由于现代汉语副词内部具有的差异,所以无论归实归虚,都很难自圆其说,都会出现许多两可、两难的情况。因此,应坚持历时和共时相结合的原则,根据副词的虚化程度及句法功能为之分类,虚化程度较高,不能作句法成分者归为虚词;有一定意义,能够当句法成分者则为实词。

(二)副词的范围问题

在汉语中,究竟哪些词是副词,哪些词不是副词,历来也有不同看法。早期的语法书,譬如《马氏文通》和《新著国语文法》等,混淆了副词和状语这两个不同范畴和层次的语法概念,致使副词内部相当庞杂,范围难以确定。这种观念影响了后来的副词研究。纵观百年副词研究史,在如何确定副词的问题上,体现出两个明显的特点:

1. 根据位置确定副词。副词所能出现的公认的句法位置是状语,通常语法书都将"主要作状语"或"只能作状语"作为副词的一条主要语法功能。就句法位置而言,动词、形容词前的状语位置是副词所能出现的典型位置,而且历史上名词、动词、形容词虚化为副词时绝大多数是发生在动词、形容词前的句法位置上。随着某些词类出现于动词、形容词前状语位置的定位化、专职化,它们也就慢慢具备了副词的主要特征,经过重新分析而最终确认其副词的资格。

副词的主要句法功能是作状语,但能作状语的词并不都是副词。状语是根据句法结构中直接成分之间的句法关系确定下来的,它与副词之间并非一一对应的关系,但传统语法在词性判定问题上过于倚重作状语这一标准,而对词的其他句法分布缺乏足够的认识,因而所划定的副词范围过于庞杂,典型的就是将出现于状语位置上,但也能作主语、定语的时间名词、处所名词一律划归副词。作状语是副词的重要语法功能,但它们之间并不是严格对应的。汉语中可以充当状语的成分有多种,部分名词、动词、形容词等都可以有条件地作状语。但在许多语法论著中,我们都可以看到副词是"能作状语,而且只能作状语的词"之类的说法。

2. 副词中的例外。以往的副词研究中还有一些词并不符合"只能作状语"的条件,但通常也将其归于副词名下。主要有以下几种情况:

(1)某些词并非只能作状语,而是可以作状语,此外还可以充当其他句法成分,如补语,但一般不能充当句子的基本成分如主语、谓语、宾语等。如"很、极、万分"等。类似的还有某些形容词的重叠形式,如"死死的、慢慢的、紧紧的",它们只能作状语和补语,因此也归入副词。持此观点的有语法大家朱德熙。

(2)有些词既能作状语,也能作定语,但不能充当其他句法成分。对于此类词通常是处理兼类。即作定语时是区别词,作状语时是副词。如"长期、临时、正式"等。

(3)有些"副词"一般不能作状语,更常见用法是出现于名词性成分前,而且是只能出现于作主语的名词性成分前,用以表示符合某种条件的所有成员,作用类似于"所有",如"凡、凡是、但凡"等。很多人归其为表示范围的副词。

(4)不是典型的虚词,但也无法归入现行词类体系中任何一类实词的某些词,通常也归入副词,典型的是"是、连"等语用功能标注词。

与副词的范围有关的是现代汉语的副词的数量问题。就现有几部虚词词典所收副词条目看,各家所收副词多少不一。且各类副词出现频率也不一样。常用的主要是与时间、程度、范围以及否定有关的副词。

(三)副词的内部层次与分类

《汉语语法分析问题》中曾经指出:"副词内部需要分类,但不易分得干净利索,因为副词本身就是个大杂烩。"吕先生这番话有两层意思:一是强调划分词类是必要的,二是说给副词划分词类又是十分困难的。虽然如此,学者们仍未放弃对现代汉语副词的内部小类划分的尝试。《马氏文通》在"状字别义"一节中将"状字"分为 6 类,黎锦熙也分为 6 类,王力分为 8 类,吕叔湘分 7 类,丁声树等分 5 类,朱德熙分 4 类,黄伯荣、廖序东《现代汉语》分为 6 类。

各家所分次类中,大体都有"程度副词"、"范围副词"、"时间副词"、"否定副词"这 4 个类别。此外还有一些次类,各家多寡不一,名目也不相同。但其分类的依据却都主要是根据语义来划分的,尽管各类之间确实也存在或多或少的功能上的差别。同时,因为所分次类的数量不同,名目不同,且各次类所包括的副词也不相同,甚至同一个副词,不同的人往往归入了不同的次类。这样,就使人难以确知副词究竟可以分出多少次类,各次类间区别到底在哪里,引起了对副词认识的混乱。按张谊生观点,副词的分类单依据语义是不够的,应以句法功能为主要标准,以相关意义为辅助标准,以其出现顺序为参考标准。由此标准,把汉语副词首先分为 3 大类:描摹性副词、限制性副词和评注性副词,其中限制性副词内部差异很大,还可以再分为若干小类。

其实,词类作为一种原型的语法范畴,其内部成员也表现出隶属于某个类的程度高低的差别,即典型成员和非典型成员之分。副词的 4 种典型成员,即时间副词、程度副词、范围副词及否定副词,这也正是朱德熙《语法讲义》中所论及的现代汉语副词的 4 种主要类型。其他的则可归为非典型副词。当然,典型成员与非典型成员之间的区别也并非都是非常明显的,在副词小类划分中难于明确的其归类,可此可彼的情况也是不可避免的。如表示频率的副词、表示行为重复的副词、表示突然出现的副词等,都与时间有关,有人都归之为时间副词,但频率的高与低,动作行为的缓与急同样也可以视为动作行为发生的情貌,因而可归为情貌副词。由此可见,这几类词处于典型副词与非典型的过渡状态。那么副词切分也就不可能"一刀切"。

张斌主编的《现代汉语描写语法》则对现代汉语做了更为详尽科学的分类。他将现代汉语副词分为时间副词、程度副词、范围副词、语气副词、否定副词、情态副词。时间副词可分为表时副词、表频副词和表序副词。时间副词受位序限制和配合制约。凡是单音节的时间副词,只能位于句中主语之后,而一般不能位于主语之前。当两个分句或两个句子的主语相同时,时间副词不宜位于句首;而主语相异时,时间副词既可以位于句首,也可位于句中。时间副词的配合制约主要指时间副词和谓语动词的适应制约。首先,"是、像、有、在、等于"等关系动词一般多与表时段的时制副词和表已然的时态副词配合使用,而很少与表时点的时制副词和表进行的时态副词配合。其次,"坐、站、躺、躲"等的状态动词一般多与表时段的时制副词和表已然的时态副词配合使用,而很少与表时点的时制副词和表进行的时态副词配合。再次,"死、跨、灭、炸、丢"等瞬间动词一般多与表示时点的时制副词或表已然的时态副词配合,而很少与表进行的时态副词及表频副词配合。最后,"受、解开、堵死、打通"等终结动词一般多与表时点的时制副词或表已然的时态副词配合,而很少与表时段的时制副词及表频副词配合。程度副词有"最、更、较、稍、很、极、些、格外、稍许、相当、有些、绝顶、过于、十分、稍微"等。程度副词所表示的都是相对模糊的量,相互之间并没有明确的界限,程度副词的基本分布体现为两种方式。前附加充当状语,后附加充当补语。范围副词有统括性、唯一性和限定性 3 种。统括性范围副词是指某个范围内的全体成员,主要有"都、全、尽、净、统、通、共、凡、全部、统统、一律、一共"等;唯一性范围副词指所概括的对象是整范围的某个个体,主要有"仅、光、只、单、才、偏偏、唯独、唯有"等;限定性范围副词指所概括的对象在某个范围内既不是全体也不是个体,而是其中的部分,主要有"是、约、大约、大略、大致、大半、最多、最少、只有、不过、不止"等。范围副词的句法功能有附谓(修饰谓词性词语)和附体(主要修饰体词性词语)两种。语气副词是对相关命题或述题进行主观评注,具有传信、传疑的作用和表示情态意义,主要有"确、诚、真、实、的确、诚然、幸好、居然、反倒、必须、切切"等。否定副词是从逻辑的角度划分出来的一个小类,表示否定、禁止和劝阻等,主要有"不、没、没有、不曾、无须、别、勿、休"等。情态副词重在摹状与刻画,充当修饰性状语,其句法特点是修饰名词化动词、进入介词结构和充当判断宾语。主要有"冉冉、脉脉、耿耿、特意、有意、成心、顺便、按时、如期、难免、即兴、交替"等。

副词一般用在动词、形容词前边,表示行为、动作或性质、状态的程度、范围、时间、频率、情势、语气等。副词的语法特点:①副词主要用来修饰、限制动词或形容词,在动词、形容词前面作状语。②副词有时用在形容词后面,补充说明程度、结果、作补语。③副词不能修饰名词、代词。

以上是我们现代汉语副词研究中几个争议较大问题的粗浅认识。其实,所有的一切矛盾集中到一点,还是要考虑研究具体副词的具体用法。廓清这些问题对这个别副词的研究肯定有好处,但如果一直纠缠于这些问题作无谓的理论研究,也没有多少实用价值。期待着系统规范科学的关于副词的表述体系赶快出现,让这一堆乱麻,现代汉语中最复杂、最难处理的一个词类能尽快有个好的处理方法。

第七章 连词的发展

现代汉语连词系统中除了极少数几个连词之外,和古代汉语完全不同。现代汉语连词的这种变化不是突变而是渐变的。搞清汉语连词产生和发展的来龙去脉,揭示其产生的方式和发展的特点,是汉语连词研究的重要课题。

连词是连接词、短语、句子或句群,表示它们之间的语法关系的词。汉语的连词是一种具有多层连接功能的虚词,既可以连接词和短语,也可以连接分句和复句,还可以连接句群。而且,连词除了具有连接的语法功能之外,还兼有修饰的语义功能和表述的语用功能。连词没有任何实际语义,不能用来单独回答问题,只在语法单位中表示各种语法关系。连词是粘附的,本身不能单说,也不能被其他词语修饰。下面分具体阶段讨论汉语连词。

第一节 上古时期汉语连词

一、殷商时期连词

殷商时期甲骨文中连词共有 11 个:暨、于、罙、及、有、唯、此、若、则、以、延。这些连词有 5 种用法:一是用来连接两个名词语或两个动词语的,有"暨、于、及、罙"4 个。"暨、于"虽然都可以用来连接两个名词或名词语,但是它们是有区别的:"暨"在甲骨文中比较常见,而"于"只出现一次;"暨"不仅可以连接两个名词或名词语,也可以连接两个动词或动词语,这时"暨"用来表示两件事情的并列关系,可释为"并",这种"暨"字结构有时自成一句,有时作谓语,有时作为动词的宾语,有时还作定语,而"于"无此用法;"于"字结构(即指 NP+于+NP)在句中作宾语,而"暨"字结构(NP+暨+NP)则可以作施事主语、与格主语、受事主语、处所主语、受事宾语、介词宾语等多种成分。"及"一般连接两个名词,"罙"多连接两个或更多的名词,还可以连接两个动词或两个短句。二是用来连接整数和零数或价值不等的两项,有"有、唯"两个。其中"有"所连接的两个名词语都是表示赏赐或祭祀用品,它还可以构成多种结构,如 "数词1+有+数词2"、"数词1+有+数词2+有+数词3"、"数词1+名/量+有+数词2"、"数词1+名A/量A+有+数词2+名A/量A"等,在句中作受事主语、语句谓语、受事宾语、工具宾语、与格宾语、介词宾语、直接宾语、定语、同位结构中的一个成分。"唯"在甲骨文中不常见,只出现两次,而且"唯"前后的项只是数词,与"有"连接的项不同,"有"前后的项可以是数词,也可以是"数+量/名"或"量/名+数",还可以是"量/名"。三是用来表示假设关系的,有"此、延、若"3个,"此、延"都出现在假设复句后一分句里,都可释为"那么"、"就"。"此"常常出现在主语之后(如果有主语)、谓语动词之前,有时则出现在语句主语之前,而"延"都出现在谓语动词之前(它前面从不出现语句主语)。"此"有时和"迺"并用,而"延"从不和其他虚词并用。"若"多用在第一分句中,可释为"假如"。四是"则"用于句中,表示承接。五是"以"用来表示并列。如:

①贞:勿告于妣己眔妣庚?(《甲骨文合集 1248》)

②余其从多田(甸)于多伯征盂方?(《甲骨文合集 36513》)

③告于妣己眔妣庚。(《殷墟甲骨文乙编 3297》)

④惠狄有牛妣乙?(《甲骨文合集 22068》)

⑤贞:配以芻,不其五百唯六?(《甲骨文合集 93》)

⑥惠辛巳酒,此有大雨?(《甲骨文合集 41413》)

⑦贞:我至于口土,延亡祸?(《甲骨文合集 8795》)

⑧若兹不雨,帝隹兹邑龙,不若。(《卜辞通纂考释·别二·中村》)

⑨来庚则帚(旱),亡大雨。(郭沫若《殷契粹编 845》)

⑩河以岳。(《甲骨文缀合汇编叕 7.11》)

二、西周时期连词

西周汉语连词,既连接词语,又连接句子。

(一)连接词语

这类连词可用于表示并列、顺承、目的、结果、转折、修饰等。

1. 表示并列。这类连词可连接名词性、动词性、形容词性词语,表示两个事物、动作行为或性质状态的并列关系。这类连词主要有"暨(眔)、越(雩)、及、与、之、惟、于、矧、而、以、兼、有、且"等。

2. 表示顺承。这类词一般连接动词性词语,表示两个动作行为时间上的顺承关系。这类词主要有"而、若、以、如"等。

3. 表示结果。这类词连接两个动词性词语,表示后一项动作行为是前一项动作行为的结果。这类词有"用、以"等。

4. 表示转折。这类词语有两类,即连接两个谓词性词语的和连接主语和谓语的。这类词有"而、兹"。

5. 表示目的。连接两个动词性词语,表示后一项动作行为是前一项动作行为的目的。这类连词有"以"。

6. 表示修饰。这类连词有两类,第一类是连接两个动词语的,表示前一项动作行为是后一项动作行为的方式、条件。这类连词有"以"。第二类是连接状语和中心词的,表示前一项是动作行为的时间、条件、状态。这类连词有"而、以"。

(二)连接句子

这种连词可以分为以下几类,即并列连词、顺承连词、选择连词、假设连词、原因连词、递进连词、让步连词、转折连词、结果连词、目的连词等。

1. 表示分句的并列关系。这类连词有"越、曰、于、眔、惟(隹)、而、以、乃惟、矧惟"等。

2. 表示分句之间的先后相承关系。有"则、若、而、丕则、惟时、越兹、越其"等。

3. 表示选择。这种连词只有一个"宁"字。用于选择复句的前一个分句之中,表示在比较两者的利害得失之后选取的一面,可译为"宁可"。

4. 用于假设复句的第一个分句,表示假设关系。这类连词有"厥(毕)、乃、如、苟、借、其、有(又)、如、斯、其斯"。

5. 用于因果复句的前一个分句,表示原因,可译为"因为"。这类连词有"惟(维、佳、唯)、以、则、用"。

6. 表示递进。用于递进关系的复句之中,有" 矧、且、不啻、不惟、亦惟"等。

7. 表示让步。常跟表示转折的连词连用,有"虽、虽则、每、有"等。

8. 用于复合句的后一个分句,表示转折关系。这类词有"则"。表示转折的"则"有两种:①表示所连接的后一部分与前一部分正好相反,可译为"反而"、"却"。②表示所连接的后一部分与前一部分所预料的情况正好相反,可译为"原来已经"、"却"。

9. 表示结果。这种连词可以分为 4 类:①表示某种原因带来的结果有"肆、故(古)、则"等连词;②表示假设实现后产生的结果有"则、兹、斯"等连词;③表示在满足条件的情况下所产生的结果只有"则"一个连词;④表示某种动作行为或性质状态导致的结果,这类连词只有"以"一个连词。

10. 用于目的复句的后一个分句,表示目的,有"以、用"等连词。

试举例如下:

①王在周,令免乍司土,司奠还林眔吴眔牧。(《免盘铭》)

②屏遮而自燔于火。(周·无名氏《逸周书·克殷解》)

③兹殷多先哲王在天,越厥后王后氏兹服厥命。(春秋·孔丘整理《尚书·梓材》)

④人有小罪,非眚,乃惟终自作不典。(春秋·孔丘整理《尚书·康诰》)

⑤公朝至于洛,则达观于新邑营。(春秋·孔丘整理《尚书·召诰》)

⑥宁适不来,微我弗顾。(春秋·无名氏《诗经·小雅·伐木》)

⑦汝播食不遑暇食,矧其有乃室?(周·无名氏《逸周书·度邑解》)

⑧不惟不敢,亦不暇,惟助成王德显越,尹人祇辟。(春秋·孔丘整理《尚书·酒诰》)

⑨虽则劬劳,其究安宅?(春秋·无名氏《诗经·小雅·鸿雁》)

⑩汝无以家相乱王室,则莫恤其外。(周·无名氏《逸周书·祭公解》)

⑪苟克有常,罔不允通。(周·无名氏《逸周书·皇门解》)

⑫王不敢后,用顾畏于民碞。(春秋·孔丘整理《尚书·召诰》)

⑬予一人惟听用德,肆予敢求尔于大邑商。(春秋·孔丘整理《尚书·多士》)

⑭载燔载烈,以兴嗣岁。(春秋·无名氏《诗经·大雅·生民》)

三、先秦两汉汉语连词

先秦两汉连词数量比前大有增加,甲骨文时期连词一般只有 11 个,西周时期有 42 个。先秦两汉时期连词主要有:夫、及、与、以(已)、若、且、而、之、有、其、由、况、即、或、为、则、因、用、焉、然、虽、唯、使、苟、微、如、故、安、固、盖、无、暨、洎、惟、谓、於、越、爰、又、申、矧、能、兄、况、皇、遑、乃、丕、因、庸、遂、羌、将、既、即、顾、姑、斯、兹、滋、此、是、仰、意、假、眔、讵、诚、适、试、时、借、自、使、所、当、党、尚、向、第、令、犹、欲、必、纵、从、卒、嘻、缘、肆、坐、无有、亡其、於是、因而、与其、且若、然后、是故、况于、既……（且）、非独、非练、然则、非特、然而、其后、而后、斯乃、兹乃、则乃、则斯、丕乃、丕则、何况、于是、而况、又况、况乎、况於、而况於、又况於、且夫、然且、从而、仰亦、意亦、意者、与其……不若……、妄其、忘其、意亡、不若、无知、不如、莫若、孰与、岂若、宁其、无宁、若使、与其……宁、与其……孰若、如使、苟使、当使、若其、如其、若苟、苟为、若令、若犹、且如、假之、宁……安能……、今诚、自非、向者、虽使、虽然、至若、至如、若乃、乃若、乃如、至夫、若夫、至於、至乎、以至、以故、以至於、以是、是以、以此、此以、用是、是用、由是、由此、因是、是故、遂乃、兹故、辰故、所以、诚……则……、如……则……、若……则……、使……则……、及至其后、所以……者、以、今……则（即）等，这 187 个连词主要用于表示并列、提起、承接、递进、选择、假设、让步、转折、因果、条件等语法关系，用法也比以前大大扩展了。举例如下：

（一）表示并列

有"与、及、暨、又、申、矧、且、而"等连词。如：

①周公及召公取风焉。（战国·吕不韦《吕氏春秋·音初》）

②进受严命，退而不全，负孰甚焉。（汉·司马迁《史记·赵世家》）

③弦高诞于秦而信于郑，晁生忠于汉而仇于诸侯。（汉·桓宽《盐铁论》）

（二）表示提起

有"夫、且夫"等连词，如：

①夫国君好仁，天下无敌。（战国·孟轲《孟子·离娄上》）

②且夫水之积也不厚，则其负大舟也无力。（战国·庄周《庄子·逍遥游》）

（三）表示承接

有连词"而、以、且、则、兹、遂乃"等。如：

①其南则大夏，西则安息，北则康居。（汉·司马迁《史记·大宛列传》）

②曰："余为天子伐楚，而蔡以兵不听从。"因遂灭之。（战国·韩非《韩非子·外储说左上》）

③控弦之民，旃裘之长，莫不沮胆，挫折远遁，遂乃振旅。（汉·桓宽《盐铁论》）

（四）表示递进

有连词"况、且、以、则、而况、非独"等。如：

①且死者弥久，生者弥疏。（战国·吕不韦《吕氏春秋·节丧》）

②自此以往，巧历不能得，而况其凡乎？（战国·庄周《庄子·齐物论》）

③吏之所入，非独齐、陶之缣，蜀、汉之布也，亦民间之所为耳。（汉·桓宽《盐铁论》）

（五）表示选择

有连词"与、或、抑、意、无宁、与其"等。如：

①正行而遗民乎？与持民而遗道乎？（汉·刘向整编《晏子春秋·内篇·问下》）

②意者吾未仁耶，人之不我信也？意者吾未知耶，人之不我行也？（汉·司马迁《史记·孔子世家》）

③君将攫之乎？亡其不与？（战国·吕不韦《吕氏春秋·审为》）

（六）表示假设

有连词"假、苟、果、讵、若使、苟使、且如"等。如：

①若受吾币而不吾假道,将奈何?(战国·吕不韦《吕氏春秋·权勋》)

②诚以行义为阻,道德为塞,贤人为兵,圣人为守,则莫能入。(汉·桓宽《盐铁论》)

(七)表示让步

有连词"纵、虽、虽使、虽然"等。如:

①是鸟虽无飞,飞将冲天。(战国·吕不韦《吕氏春秋·重言》)

②桀纣即序於有天下之势,索为匹夫而不可得也。(战国·荀况《荀子·王霸》)

③今日之事,臣固伏诛,然愿请君之衣而击之焉。(汉·司马迁《史记·刺客列传》)

(八)表示转折

有连词"然、而、顾、以至、至夫"等。如:

①虽游,然岂必遇哉!(战国·吕不韦《吕氏春秋·报更》)

②乐毅信功于燕昭,而见疑于惠王。(汉·桓宽《盐铁论》)

③其卒虽多,然而轻走易北。(汉·司马迁《史记·张仪列传》)

(九)表示因果

有"以、为、盖、因、故、以此、由是"等。如:

①先王先顺民心,故功名成。(战国·吕不韦《吕氏春秋·顺民》)

②宋人有耕者,田中有株,兔走触株,折颈而死,因释其耒而守株,冀复得兔。(战国·韩非《韩非子·五蠹》)

(十)表示目的

有"所以"等连词。如:

愿罢盐铁、酒榷均输,所以进本退末,广利农业便也。(汉·桓宽《盐铁论》)

(十一)表示条件

有"则、无有"等连词。如:

①三军一心,则令可使无敌矣。(战国·吕不韦《吕氏春秋·论威》)

②无有丘陵沃衍、平原高阜,尽皆灭亡之。(战国·吕不韦《吕氏春秋·爱类》)

四、上古时期连词演变情况及特点

(一)演变情况

连词早在殷商时就已产生了。连词的产生,源于实词的假借、词义的引申导致功能的引申以及词语扩展的需要。而作为殷代王家档案的甲骨卜辞,可以反映出当时语言的基本面貌。

在甲骨卜辞文中已经初步具有一个包括连词在内的虚词系统,其中连词有"及"、"眔"、"于"、"以"、"若"、"则"等 11 个,既有连接词与词的,也有连接分句与分句的。甲骨文连词的语法功能主要表示其前后成分的并列关系和假设关系。西周金文连词连接句子成分都是表示并列,连接分句可以构成联合复句,也可以构成偏正复句。联合复句主要表示并列关系和承接关系,表示递进关系的复句仅 1 见。偏正复句主要表示条件关系和因果关系,表示让步关系的复句仅 1 见。今文《尚书》的连词连接句子成分可以连接名词或名词性词组,还可以连接动词或动词性词组、形容词以及数词或数量短语。连词连接名词或名词短语构成的并列结构,可作句子的主语、宾语和介词宾语,连词连接的动词或动词短语不仅可以表示联合关系,也可以表示偏正关系。今文《尚书》的连词连接分句可以构成联合复句,也可以构成偏正复句,可以表示分句间并列、承接、递进、因果、假设、让步、转折、目的和修饰等各种各样的语法关系。甲骨文连词中表示假设关系的连词"此"、"延"已在西周金文和今文《尚书》的连词系统里消失,表示并列关系的连词"暨"、"于"、"有"、"唯"仍然保留于西周金文和今文《尚书》的连词系统。甲文"有"、"唯"主要构成数量结构。西周金文的连词"又"是个高频连词,有64见,也主要构成数量结构。今文《尚书》的"有"却只能构成数量结构。西周金文的连词"惟"主要表示并列关系,也可连接分句表示复句间的让步关系。今文《尚书》的连词"惟"则不仅作并列连词,还可以作因果连词和转折连词。甲文里的"暨"常用来连接名词或名词性词组,也可以连接动词或动词性短语。在今文《尚书》里"暨"的语用基本同于甲骨文,"于"的语用则基本同于金文,但这两个连词在今文《尚书》的并列连词群中已显衰势。暨,6次;于,6次。而在今文《尚书》中出现的并列连词"而"出现频率却有18次。"而"也是后世文献语言中的高频并列连词。在连词的历时同义类化进程中,"有"、"惟"、"于"也渐次退出文献语言的连词系统。西周金文的高频连词"用",在今文《尚书》里已不再作承接连词和并列连词,除仍然可作因果连词外,主要连接分句构成表示目的关系的偏正复句,用频也由164次降至34次,在后世文献语言中"用"已不作连词而主要作介词了。西周金文中还有一个高频连词"粤",有学者认为是"涕"之初文,金文假借为并列连词,用频35次,在金文的连词系统里仅次于"用"(164次)和"又"(64次)而居第三位。此字已不见于今文《尚书》,在后世文献语言中亦难寻踪迹。

西周金文和今文《尚书》的连词较之甲骨文的连词数量成倍增加。数量不断增加一方面逐步完善连词的功能体系,另一方面是同义连词的大量出现。"以"是西周金文和今文《尚书》共有的连词。"以"表示并列关系,今文《尚书》中出现14个同义连词:而、暨及、兼、乃惟、若、捌、捌惟、惟、有、于、与、越、曰、之。"以"表示承接关系,今文《尚书》有16个同义连词:而、厥、乃、王则、工乃、如、时、是、肆、爰、惟时、爰、越兹、越其、则、兹。"以"表示因果关系,今文《尚书》有8个同义连词:故、既、乃、亦惟、乃惟、肆、惟、用。"以"表示目的关系也有1个同义词"用"。"以"在今文《尚书》中表示并列、承接、因果、目的的4种用法皆有与之相应的同义连词。同义连词的大量出现既使语言的表述更加丰富,也为连词的历时同义类化拓展了选择空间。

秦汉连词演变的大致趋势是语法功能的单一化,1个词的多个义位变成多个词。1个义位的多个词往往词形趋于一致。"以"到现代汉语仅仅作目的连词。"惟"在今文《尚书》可作并列连词、因果连词或转折连词,到了后世文献中所有的连词职能几乎皆为别的连词替代,主要用作副词。"用"后来则主要作介词。今文《尚书》中有些连词在后世典籍中几乎绝迹,如:乃惟、肆、厥、越兹、越其。有的连词的功能则更加明确,如"则"主要用作承接连词。当然,还有一些连词各种职能生命力都很旺盛,由于同义连词内部的义域差异,有的同义连词的各种语法功能仍得到延续。如"而",在历代文献语言中语法功能就一直很丰富。在秦汉时期,就可作并列、承接、递进、假设、转折等连词。

先秦两汉时期以后,连词有了较大的发展,不但数量有了增加,而且用法也已相当多样。

(二)特点

1. 从连接的对象看,有的连接词或词组,有的连接句子,有的既可连接词及词组,又可连接句子。在词与词之中或词组与词组之中起连接作用的有"与、及、暨"。如"子罕言利与命与仁"(《论语·子罕》),在句子之间起连接作用的有"则、斯、既、又、至于、若、故、然、乃、纵、虽、使"等。"而"既可连接词和词组,又可以连接句子。

2. 先秦两汉时期已出现两个连词前后搭配使用的语法现象,标明连词在语句组织中的关联作用更为加强。成对使用的连词主要用"与其……不若……"、"与其……宁……"、"虽……然……"、"虽……亦……"、"非独……亦……"、"非惟……亦……"。有些格式由于经常使用,比较固定,已接近与现代汉语中紧缩结构的形式,如"非……则……"、"不……则……"、"非……不……"、"不……不……"。

3. 先后出现了表示并列、提起、承接、选择、递进、假设、让步、转折、因果、条件等关系的用法。(例见前所举)

4. 上古时期,尤其是殷商西周时期,连词大部分是单音节词,双音节词很少,汉代前后双音连词逐渐增加,主要是将两个语法意义和语法功能相近的连词融合而成,如"与其……宁、然而、诚使、非独、然则、假令、假设、尚犹、顾反"等。

①与其礼有余而养不足,宁养有余而礼不足。(汉·桓宽《盐铁论》)

②行役戍备自古有之,非独今也。(汉·桓宽《盐铁论》)

③今萧何未尝有汗马之劳,徒持文墨议论,不战,顾反居臣等上,何也?(汉·司马迁《史记·萧相国世家》)

④前时某丧使公主某事,不能办,以此不任用公。(汉·司马迁《史记·项羽本纪》)

5. 上古前期的复句多用意合法构成,少用连词连接。如:

①得道者多助,失道者寡助。(战国·孟轲《孟子·公孙丑下》)(并列)

②子墨子闻之,起于鲁。(战国·墨翟《墨子·公输》)(连贯)

③乐岁终身苦,凶年不免于死亡。(战国·孟轲《孟子·梁惠王上》)(递进)

④敬叔父乎?敬弟乎?(战国·孟轲《孟子·告子上》)(选择)

⑤欲与大叔,臣请事之。(春秋·左丘明《左传·隐公元年》)(假设)

⑥斧斤以时入山林,材木不可胜用也。(战国·孟轲《孟子·孟轲《孟子·梁惠王上》》)(条件)

先秦时期开始出现两个前后搭配使用的现象,到了两汉时期,这种关联连词成对用法得到很大的发展,汉语的复句类型基本上在上古时期就奠定了。

第二节　中古时期汉语连词

一、魏晋南北朝汉语连词

魏晋南北朝,连词在秦汉基础上继续发展,有些连词消失了,大部分连词保留了下来,语法功能也基本沿用了下来。如:与、且、况、而、但、却、即、自、傥、以、及、或、并、若、如、一、故、加、然、抑、既、纵、虽、其、使、则、因、因尔、然后、而后、至于、至如、至乃、至若、於是、何况、况其、不徒、非徒、非唯、加复、加以、兼以、为当、然而、然则、纵使、纵复、虽复、若其、假使、向使、假令、傥然、一旦、一日、是以、以至、所以、业以等。

(一)表示并列

有"与、及、或"等。如:

江南诸宪司弹人事,事虽不重,而以教义见辱者,或被轻系而身死狱户者,皆为怨仇,子孙三世不交通矣。(北朝·北齐·颜之推《颜氏家训·风操》)

(二)表示承接

有"於是、而后、至于、至如、至乃"等。如:

降自秦汉,世资战力,至于翼扶王运,皆武人屈起。(南朝·宋·范晔《后汉书·马武传》)

(三)表示递进

有"且、况、加、何况、非徒、加复、况其、不徒、而且"等。如:

诸蒙宠禄受重任者,不徒欲举明主于唐虞之上,而己身亦欲厕稷契之列。(晋·陈寿《三国志·魏志·杜畿传》)

(四)表示选择

有"抑、为当、不如、或者、与其"等。如:

曹公善用兵,变化无方,众虽小,未可轻也,不如以久待之。(晋·陈寿《三国志·魏志·袁绍传)》

(五)表示转折

有"然、但、却、即、然而、虽然、否则、然则"等。如:

然则公者仁德之正号,不必三事大夫也。(南朝·宋·范晔《后汉书·郑玄传》)

(六)表示让步

有"纵、纵使、纵复、虽复"等。如:

冬夏之月,虽复长短参差,然辰间辽阔,盈不过六,缩不至四,进退常在五者之间。(北朝·北齐·颜之推《颜氏家训·书证》)

(七)表示假设

有"如、其、使、假使、向使、傥然、假令"等。如:

假使成王杀邵公,周公可得言不知邪?(南朝·宋·范晔《后汉书·杨震传》)

(八)表示条件

有"一、一旦、一日"等。如:

然而君子之交绝无恶声,一旦屈膝而事人,岂以存亡而改虑?(北朝·北齐·颜之推《颜氏家训·文章》)

(九)表示因果

有"故、是以、以至、所以、因此、因而、由是"等。如:

讫今季良尚未可知,郡将下车辄切齿,州郡以为言,吾常为寒心,是以不愿子孙效也。(南朝·宋·范晔《后汉书·马援传》)

(十)表示目的

有"业、以"等。如:

吾今所以复为此者,非敢轨物范世也,业以整齐门内,提撕子孙。(北朝·北齐·颜之推《颜氏家训·序致》)

(十一)表示推论

有"既"等。如:

心既痛矣,即为甚思,何故方言有如也。(北朝·北齐·颜之推《颜氏家训·文章》)

二、隋唐五代汉语连词

魏晋南北朝出现了一些新的连词,如"失、但、便、乃、即、加、不但、如若、如脱、不徒、为缘、因此、假若、假其"等,都在隋唐五代承用下来,隋唐时也出现了一些新的连词,如"和、将、却、便、一……便、才……便、还、况复、况乃、况当、况且、不唯、非论、尚且、因兹、缘兹、尚犹、尚自、不论、无论、只是、必其、必若、但若、或若、可中、可料、忽而、忽尔、忽然、忽若、若忽、只有、只要、遮不、遮莫"等。这些连词语法功能主要表示并列、承接、选择、递进、转折、因果、假设、条件、让步等。如:

①寄书长不达,况乃未休兵。(唐·杜甫《月夜忆舍弟》)(递进)
②可中用作鸳鸯被,红叶枝枝不碍刀。(唐·罗隐《绣》)(假设)
③只有朝陵日,妆奁一暂开。(唐·韩愈《大行皇太后挽歌词》之三)(条件)
④与其有誉于前,孰若无毁于其后。(唐·韩愈《送李愿归盘谷序》)(比较)

三、中古时期连词演变情况及特点

(一)一些意义重复的连词消弭了,一些新兴的连词产生了

这时期出现了表示并列关系的"共、和、将",这3个词此期由动词虚化为"连同"义连词,随即又进一步向并列连词虚化,意为"和、与"。表示递进关系的"加","加"字本也是动词,东汉时逐渐虚化为递进连词,此期运用甚为广泛。中古新产生的递进连词还有"况复"、"况乃"、"况当"、"况且"、"不论"、"无论"、"非但"、"非论"、"尚自"、"尚且"、"尚犹"、"不唯"、"不但"、"不徒"等。

表示选择关系的"为",东汉开始用如选择连词,意为"是……还是……",此期运用甚为常见。元明以后,"还"用作选择连词的逐渐消失,"还是"则大量使用,直到现代汉语。

表示转折关系的"还、但"。"还"字本是"返回"义的动词,具有反转的意思,此期又萌发出转折连词的用法,意为"反而、却"。"但"字先秦两汉时期主要用作范围副词,此期仍以此为通常用法,但由于经常用于转折复句之中,少数用例在性质上已经有些接近转折连词,意为"但是、然而"。中古新产生的转折连词还有"却"、"只是"等。

表示原因的"由、因"。它们由介词虚化而来,由于后面已经出现了句子形式或谓语形式充任句子,因而初步具备了连词的性质,意为"因、因为"。"由"字此期之前已可用作原因介词,此期又逐步向连词虚化。"因"字此期之前主要用作原因介词,此期进一步虚化后性质接近连词。表示假设关系的"脱","脱"字是此期新生的假设连词,运用甚为广泛。表示让步关系的"便、自",表示假设的让步,意为"即使、纵然"。"便"字是此期新兴的让步连词,不过用例并不常见。"自"字汉代即已产生让步连词用法,此期又进一步萌发出表示假设让步的用法,意为"即使、纵然",不过用例也不多见。

(二)随着词汇的多音化趋势,这时期也出现了不少双音节的连词

一方面来自两个同义单音节连词复合成一个连词。如:若其、就令、假如、假饶、虽然、然须、直饶、纵饶、遮不、遮莫、如其、苟其、假其、设其、若令、假使、假令、设令、若使、设使、借使、纵其、虽使、纵使、即使、虽令、虽其等;另一方面来自新旧连词的同义复用。如:如脱、若脱、脱若、脱其、就令、就使、正使等。又一方面来自固定短语的凝定。如:万一、于是、所以、不

徒、不独、非直、非徒、非唯、非独、非但等,有的是此期开始凝定,如"不但"。与上古时期连词相比,进一步复音化了。

(三)"复"字常附作后缀

"复"字自东汉开始用作副词后缀,此期又类化用为连词后缀,如:纵复、假复、若复、虽复、况复、正复、故复、脱复、就复、为复等。

(四)这时期连词在数量上增加了,在用法上也扩展了

上古时期,张玉金统计甲骨文连词共 6 个,管燮初统计西周金文连词共有 25 个,《尚书》的连词共有 42 个,《论语》的连词 25 个。中古时期,《世说新语》有 43 个连词。《后汉书》连词有 53 个。《敦煌变文集》除了用唐代以前已广泛使用的上百个连词外,还产生了一大批新的连词。在连词用法的分工上,也更加明显。如并列:"一头……一伴……";递进:不但、不说、非但、非论、不计;选择:为移、为当、为复;因果:因为、所以、为因;转折:然须、虽即、虽则、虽自、只是;假设:可中、或若、忽若、忽期、如或、忽然、忽尔、忽是、忽而、若也、如若、若其、若令、若使、倘令、倘期、倘或、倘如、倘若、必若、必其、除非、不但、不管、不问、不论、不拣、只要;让步:纵令、纵使、纵尔、纵然、设使、纵虽、任、假饶、直饶、遮莫;取舍:宁可、乍可等计有 58 个。

这时期连词的语法功能也大有扩展。同一个连词,可以有多种语法功能,如"而"可表示并列、承接、转折、假设、偏正等多种语法关系,"且"可表示并列、递进、推论、让步等多种语法关系。这时期连词除了用于并列、承接、递进、选择、假设、让步、转折、因果等关系外,还有目的、推论等用法。

第三节　近代时期汉语连词

近代汉语连词可以分为宋元和明清民初两个阶段。

一、宋元汉语连词

宋元以来,连词在中古汉语的基础上有进一步的变化发展,主要表现在新旧形式继续交替,双音节剧增,口语化趋势已形成,在语法功能上也有所变化。

(一)表示并列

有连词"亦、也、复、又、甚至、乃……非……"等。如:

①近有为乡邑者,泛接部内士民,如布衣交,甚至狎溺无所不至。(宋·朱熹《朱子语类辑略》)

②一边厢哭,一边厢怪他儿子。(元·佚名《元朝秘史》卷二)

(二)表示承接

有连词"遂、便、即、就、于是、然后"等。如:

到任,即知倭人入寇,必有自海道至者,于是买木为造船之备。(宋·朱熹《朱子语类辑略》)

(三)表示递进

有连词"况、且、况且、尚且、不但……而且……"等。如:

争奈灰容土貌,缺齿重颏,更兼着细眼单眉,人中短髭鬓稀稀。(元·锺嗣成《南吕·一

枝花·自叙丑齐·套曲》)

（四）表示选择

有连词"或、或……或、还是……还是……、宁可、比及……不如……"等。如：

①圣贤还是元与自家一般，还是有两般？（宋·朱熹《朱子语类辑略》）

②兀那小贱人，比及你受穷，不如嫁了李大户，也得个好日子。（元·石君宝《秋胡戏妻二折》）

（五）表示转折

有连词"然、但、却、但是"等。如：

夫子见文王所谓"元亨利贞"者，把来作四个说，道理亦自好，故恁地说。但文王当时未有此意。（宋·朱熹《朱子语类辑略》）

（六）表示让步

有连词"纵、纵然、虽、虽然、虽则"等。如：

①若先未有安著身己处，虽然经营，毕竟不济事。（宋·朱熹《朱子语类辑略》）

②更做道向人处无过背说，是和非须辨别。（元·白朴《墙头马上》三折）

（七）表示假设

有连词"若、若是、则、果若、若……即……"等。如：

①若是王道修明，则此等不正之气都消铄了 。（宋·朱熹《朱子语类辑略》）

②果若有出师表文，吓蛮书信，张生呵，则愿你笔尖儿横扫了五千人。（元·王实甫《西厢记》二本一折）

（八）表示条件

有连词"非、除外、除是、只是……才……、无论、不管"等。如：

①只是他那工夫大段难做，除非百事弃下，办得那般工夫，方做得。（宋·朱熹《朱子语类辑略》）。

②既然不好和我说，你就对学究哥哥跟前说波。（元·康进之《李逵负荆》第二折）

（九）表示因果

有连词"以、因、为、只因、只为、因为、为因"等。如：

①后山读之，则其意尤完，因叹服，遂以为法。所以后山文字简洁如此。（宋·朱熹《朱子语类辑略》）

②为因路阻，不能得去，数月前写书来唤我同扶柩去。（元·王实甫《西厢记》五本三折）

（十）表示推论

有连词"既……便……"等。如：

既说是虚，便是与真实对了；既说是清，便是与浊对了。（宋·朱熹《朱子语类辑略》）

二、明清民初汉语连词

明清民初阶段连词在宋元阶段基础上继续发展，还出现了一批连词连用的形式，现代汉语中使用的连词大多在这一时期已经产生。比如"不过"明以后由偏正短语凝固为连词，用在后一分句表示某种轻微的转折的意思。"倒"和"却"在明时两者连用成为连词。明清民初时期淘汰了一些连词，又产生了些新的连词。如元时"因为"、"为因"仍然并出，主要用在前一分句句首表示原因，清代以后，"如因"逐渐被淘汰。明清民初时期除沿用中古时期的连词外,还出现一批新的连词。如"以及",古代表示时间、范围的延伸,这时期成为并列连词;"一行……一行"是从"行……行……"的用法发展而来的,"就"古代有承接连词的用法,这时期又产生了"比是……就……"、"一……就"连用的形式,"因"、"为"和"所以"是上古、中古的因果连词,这时期产生了"因为(因、为、只因、只为)……所以(就、才、以此、故)"连用的形式;这时期还产生一批新的连词,如"不争"、"为是"、"因此上"、"便是"、"待要"、"但凡"、"任凭"、"就是"、"就算"等。语法功能也有所变化发展。

(一)表示并列

有连词"也、又、一边……一边……、既……又……"等。如:

①你住在外面,一边等我,一边看人,方不误事。(明·凌濛初《二刻拍案惊奇》卷九)

②一来是你模样好,二来高宅是大家,立下个根基好加纳。(清·蒲松龄《聊斋俚曲·禳妒咒》)

(二)表示选择

有连词"是……还是……、不是……便是……、若是……或者是……、与其……不若……"等。如:

①比及今日寻个死处,不如日后等他拿得着时,却再理会。(明·施耐庵《水浒全传》第十七回)

②若是选不的攥拳,劈脸就是耳巴,或者是脸上抓身上掐,腿上扭腚上砸,棒槌槌巴棍打。(清·蒲松龄《聊斋俚曲·禳妒咒》)

(三)表示承接

有连词"便、也、又、……便……便"等。如:

①许五既归,省视先莹已毕,便乃纳还官诰,只推有病,不愿为官。(明·冯梦龙《醒世恒言》卷二)

②多谢大爷费心,体谅我,就从命不过去了。(清·曹雪芹《红楼梦》第十六回)

(四)表示让步

有连词"只怕、除了、纵然、便道做、除了……之外……"等。如:

①便道做是亲,未必就该是他掌管家私。(明·凌濛初《二刻拍案惊奇》卷三十八)

②纵然地土官不断,赌博局骗也难饶,明日这状我必告。(清·蒲松龄《聊斋俚曲·翻魇殃》)

(五)表示递进

有连词"非但……亦……、不但……又……、何况、且"等。如:

①若是再输与他,不但低了声名,又恐朝廷不敬重了。(明·吴承恩《西游记》第四十六回)

②儿孙是自己生的,还要七拗八挣的;何况媳妇是四山五岳之人,相遇一处?(清·蒲松龄《聊斋俚曲·姑妇曲》)

(六)表示条件

有连词"使、苟、假使、既……便……、一……便……"等。如:

①既是如来有此明示,大圣就当早起。(明·吴承恩《西游记》第五十二回)

②任拘他怎么恶,不觉的激激笑。(清·蒲松龄《聊斋俚曲·姑妇曲》)

(七)表示转折

有连词"虽、却、虽然、可是、但是、不过"等。如:

①他倒不曾咬着,却进得我牙龈疼痛。(明·吴承恩《西游记》第七十六回)

②姐夫恼也应该,但是他比驴马呆,怎么当一个人儿待?(清·蒲松龄《聊斋俚曲·翻魇殃》)

(八)表示假设

有连词"如果、若果、设或"等。如:

①若果一家清白,他的犯刀锋是出于天性;倘其全家耽淫,他的言行是图个侥幸。(明·来集之《铁氏女花院全贞》)

②设或淹死在深湾,这冤可向何人辨?(清·蒲松龄《聊斋俚曲·翻魇殃》)

(九)表示因果

有连词"缘、盖、因、惟、是以、以此、所以、之所以"等。如:

①只为五黄六月,无人使唤,父母又年老,所以亲身来送。(明·吴承恩《西游记》第二十七回)

②他门户虽然不差,他女儿未知怎么,因此心上还悬挂。(清·蒲松龄《聊斋俚曲·禳妒咒》)

三、近代时期连词演变情况及特点

(一)连词内部不断演变,新旧更替,出现了一批新的连词

如"不是……便是……"已见于宋代,"不是……就是……"在元以后才在"不是……便是"基础上演变而成。又比如"还是"已见于中古时期,到了近代,与"只是"、"却是"连用,前后呼应,衍生出一批新的连词。

(二)双音节连词构成的手段更加多样

1. 两个意义相同的单音节连词复合成双音节连词继续增扩。如"倘若"、"因为(为因)"等。

2. 短语凝定成连词进一步发展。

3. 出现邻词粘合成连词。这时期开始出现相邻位置的非直接成分的两个词粘合成连词的现象。原来在句中处于相邻位置的非直接成分的两个词,其中有一个词的语法功能趋弱、虚化,成为构词成分,并和另一个词粘合组成新词,再进一步虚化为连词。

4. 原有连词附加后缀构词开始形成。双音节连词大量出现是汉语词汇双音节化趋势的体现,它不仅抑制了单音节连词进一步增加,而且可以使连词表达口语化、通俗化。这时期形成了原有单音节连词附加后缀构成双音节连词的现象,使这时期双音节连词占了绝对优势。比如《儿女英雄传》,双音节连词与单音节连词的比例是 146:43。

(三)连词总的数量剧烈增长

比如清代的《儿女英雄传》中共有 189 个连词,如:便、便是、便说、便算、别管、别讲、别说、并、并且、不、不但、不然、不如、不是、不惟、不咱、不则、不止、除、除非、但、但凡、但是、倒不如、而、而且、反、反倒、非、否则、跟着、更加、更兼等。

从中古到近代,还产生了许多新的复音连词,如表让步的连词"纵令、纵使、便做、是则"等。

(四)同义异形的连词并存现象多

像表示并列的"一边……一边……、一面……一面……、一壁……一壁……、一头……一头……",表示递进的"再、再不、再加、再兼、再讲、再说、再要、再者",表示选择的"宁、宁甘、宁可、宁使",表示转折的"虽、虽然、虽是、虽说、虽则",表示让步的"纵、纵让、纵然、纵使、纵说",表示因果的"因、因此、因此上、只为、只因、因为"等,这种完全同义而词形稍有不同的连词同时并用的现象不少。

(五)连词趋于口语化,但少量的文言连词还在使用

这时期连词日益趋于口语化,口语化的连词占了绝大多数,但还可以见到少量的文言连词与同义口语连词并用的现象,如:苟——如果,况——况且,抑或——还是。这是受到书面的影响的结果。

(六)紧缩形的单音节连词出现

这时期有一些较为特殊的单音节连词,如"不、再、让"等,这些词如从本身的意义和功能来看,都不具有连词的性质,像"不、再"是副词,"让"是动词或介词。但是它们可以作为连词使用,其意义和功能相当于一个含有与其同形语素的双音节连词,一般是在小说中的对话出现,具有强烈的口语性。如"不"当"不则"、"不么"、"不然"讲,可作条件连词;"再"当"再者、再说"讲,可作递进连词。

第四节　现代汉语连词

根据连词所表示的意义,可以将现代汉语连词分为表联合和表偏正两种。

一、联合关系

主要有并列、连贯、递进、选择、取舍、解注6种。

(一)并列关系

常用连词有"而、跟、及、和、同、暨、同时、还有、此外、另外、既……也……、边……边……、且……且……、一边……一边……、一面……一面……"等。如:

加林和亚萍拿着一些书从图书馆走出来。(路遥《人生》)

(二)连贯关系

常用连词有"至、从而、转而、而后、于是、然后、一……就……、首先……然后……、起先……后来……、然后……终于、于是……就……"等。如:

使广大群众从中体会到党和政府的关怀,社会主义制度的优越性,从而更加真心实意地拥护党、热爱社会主义。(习近平《摆脱贫困·干部的基本功》)

(三)递进关系

常用连词有"而且、并且、况且、反而、相反、不但……而且、既……更……、非但……而且……、不仅……反而……"等。如:

我赞美白杨树,就因为它不但象征了北方的农民,尤其象征了今天我们民族解放战争中所不可缺的质朴、坚强、力求上进的精神。(茅盾《白杨礼赞》)

(四)选择关系

常用连词有"或、抑、抑或、要么……要么……、或……或……、是……还是……"等。如:

比如说,歌颂呢,还是暴露呢? 这就是态度问题。(毛泽东《在延安文艺座谈会上的讲话》)

（五）取舍关系

常用连词有"宁、宁可、宁肯、宁愿、与其、如其、与其……不如、如其……宁可、与其……无宁……"等。如：

这种功业，与其说是威尔逊（Wilson）等的工业；毋宁说列宁（Lenin）、陀罗慈基（Trotsky）、郭冷苔（Collontay）的功业。（李大钊《Bolshevism 的胜利》）

（六）解注关系

常用连词有"总之、总而言之"等。如：

这就要求每个新闻工作者都要有较高的理论、政策水平，要学习法律知识，熟悉商品经济规律，要有较强的原则性和科学分析能力；总之，要求新闻工作者的政治素质和知识水平必须大大提高一步。（习近平《摆脱贫困·把握好新闻工作的基点》）

二、偏正关系

主要有转折、因果、假设、条件、目的、让步等 6 种。

（一）转折关系

常用连词有"而、虽、倒、却、但、不过、就是、只是、然而、然则、反而、而……却……、虽然……但是、尽管……但是……、可是……却……"等。如：

虽说故乡，然而已没有家，所以只得暂寓在鲁四老爷的宅子里。（鲁迅《故乡》）

（二）因果关系

常用连词有"因此、所以、从而、那么、因为……所以……、由于、因而、既然……但、要是……那就"等。如：

我们是文学者，因此亦主张全国文学界同人应不分新旧派别，为抗日救国而联合。（鲁迅、巴金等《文艺界同人为团结御侮与言论自由宣言》）

（三）假设关系

常用连词有"要、要是、果真、否则、如果……那么……、要是……就……、既然……那（么）……、如果……就……"等。如：

如果不认识矛盾的普遍性，就无从发现事物运动发展的普遍原因或普遍根据。（毛泽东《矛盾论》）

（四）条件关系

常用连词有"才、就、便、即、只有……才……、唯有……才……、只要……就……、不管……都……、无论……都……"等。如：

掌柜是一副凶面孔，主顾也没有好声气，叫人活泼不得；只有孔乙己到店，才可以笑几声，所以至今还记得。（鲁迅《孔乙己》）

（五）目的关系

常用连词有"以、好、以便、为了、以求、借以、以免、免得、省得、为了……就……"等。如：

正是"即以其人之道，还治其人之身"，虽然也是一种"报复"，而非为了自己。（鲁迅《"硬译"与文学的阶级性》）

（六）让步关系

常用连词有"便、就、哪怕、即使、即便、即或……也……、即使……也……、即使……但是……"等。如：

即使求到了，也是一种阶级性的"是"。（习近平《摆脱贫困·从政杂谈》）

三、汉语连词发展的特点

一般说来，连词大多是从副词、介词发展而来的；许多副词、介词又是从动词发展而来。上古时期，开始形成的连词，绝大多数是单音连词，比较集中地形成于先秦时期。复音连词（主要是双音节的），上古时也有，但不多。到近代多起来，并形成复音连词多样化的发展趋势，更显示出共存与竞争的现象，最后成为现代汉语复音连词的定型形式。上古时期，就有一些连词搭配组合使用。连词搭配组合使用的大发展时期在近代。现代汉语中的连词组合形式多产生于近代后期的明清时期。纵观汉语连词从"诞生"到现代汉语中的定型这段历史发展过程，我们可以将汉语连词发展的特点归纳为以下 5 个方面：

（一）精密化

上古时一个词身兼数职，有的一个职务又兼有多种意义，中古以后发生变化，近代汉语变化尤其大，变化的方式是同义竞争与同义替代，变化的结果是"职务分担"，由一个词的多个义位变成多个词。兼职分工以后，各词各司其职，有的不担任连词职务了，如"为"。这样，词的职务与词的自身都明确化、精密化了，这是语言发展的必经过程。汉语连词，在上古早期，数量很少，只有"以、而、惟、其、乃、且、则"等十几个，到春秋战国时期，连词渐渐多起来，一词兼数职也逐渐分工，用法开始固定化。中古以后，职务的分化与分担更为明显。经过近代汉语的职务消长演化，连词分工精细，发展成为现代汉语运用的连词。如连词"以"最少有6 项职务：①并列连词；②因果连词；③条件连词；④转折连词；⑤修饰连词；⑥目的连词。经过中古和近代的发展，有 5 项职务由其他连词分担，只有目的连词保留到现代汉语中了。"以"字用法的发展，表明连词的职务由兼任到分工，其法逐渐单一、明确。这种"一词多义"演变为"一词一义"，使表达更为精确，便于交际。

（二）定型化

连词在它发展的过程中，经常是相对地集中在一个历史时期涌现出成组成批的同义连词，经过一次又一次的"竞争"，同义连词在竞争的历史过程中逐步定型，最后成为现代汉语使用的连词。这种成组同义连词的出现，多集中在上古的春秋战国阶段和近代的宋元阶段。这两个阶段也是连词同义共存与同义竞争的典型时期。如"或者"义的选择连词，春秋时出现了"一、如、若"等，战国时出现了"壹、或"等。东汉出现了"或者"。在历史的竞争中，"或、或者"取胜定型，成为现代汉语中的代表性选择连词。

近代，还产生了与"或者"音似的"或是、或则"，现代汉语都沿用下来。但占主导地位的还是"或、或者"，它们从上古到中古，历经近代，乃至今天，一直以强大的生命力活跃在汉语的历史发展中。

同义连词的竞争表现在两个方面：一是一组同义连词和与之同义的另一组同义连词的竞争，如"惟"组和"除非"组的竞争。二是一组同义连词自身的竞争。如"除非"组的内部竞争。内部竞争虽有同义共存的现象，但仍有主次之分，如"或"组中主者"或、或者"，次者"或是、或则"。同义连词通过同义竞争，使连词的词形和用法都定型化，从而形成现代汉语的规范连词。

(三)通俗化

连词发展中,常有异形者更换的现象。异形,指书写形式不同的字,有单音节同义字的不同的书写形式,有同音近音的异形字,有双音节词中两个不同形体的字,形成一组同素逆序词。

单音节同义异形字,在连词中,自行更换。通假字,兼类字,书面语色彩较重的字被换下来,使之适合于那个时代的人乃至现在人的运用。它们的定型,仍靠一个"俗",语素的更替体现了词语发展的通俗化原则。

双音节异形字形成一组语素相对"错位"的同义词,呈同素逆序关系,发展的结果定型于较通俗较常用的一种形式。

词中的语素互为逆序,形成同义并存,同时也进行同义竞争,这也是词语发展过程中的一种"竞争"现象,通过历史的淘汰,其中通俗化的连词被保留下来。

(四)纯形化

在连词的发展过程中,出现了同形异义的连词,这两个同形连词,其中一个在发展中消亡,由其他的同义连词替代,而另一个则竞争取胜而留存下来,使词形与词义单纯化,即一形表一义,这同形音自汰,使连词纯形化,就便于人们交际。以"却"为例。

①但织绮罗数已毕,却放二个人归本乡。(王重民等编《(唐)敦煌变文集·董永变文》)

②人攀明月不可得,月行却与人相随。(唐·李白《把酒问月》)

这两例都出现于唐代。前例"却"是承接上文,表示条件句"但(只要)……却(就,便)……"称"却①"。后例"却"构成转折关系,表示明月得不到,可是却与人相随。称"却②"。这两个"却"是同形词,在发展过程中,"却①"消失,"却②"保留下来。它们的共存期是从唐到明代。

"却①"、"却②"表示的句中关系不同,它们分别组成双音词后,"却①"成为"陪伴";"却②"成为"主角",明代以后,"却①"消失,"却②"一直沿习至今,这就使"形"与"义"单纯而一致起来,避免了形同而意义分歧的现象,成为"纯形化"历史发展的一个代表。

(五)复杂化

1. 连接形式复杂化。连词本身的形式逐渐复杂,殷商时期极少连词,语言的连接多用意合而不用连词,呈零形式,后来发展多用形合而少用意合。在使用形合中,从个体形式单用发展到成对搭配形式合用,又发展到多对形式套用。如:

①现在西欧各国的革命的主观力量虽然比现在中国革命的主观力量也许要强些,但因为它们的反动统治阶级的力量比中国的反动统治阶级的力量更要强大许多倍,所以仍然不能即时爆发革命。(毛泽东《星星之火,可以燎原》)

这是转折关系和因果关系的多对关联连词的套用。

②只要准许他开张,则即使一开始赚不到多少钱,折本的可能也有,他也甘愿去碰碰运气。(陆文夫《小贩世家》)

这是表条件关系和让步关系的多对关联连词的套用。

2. 连接成分复杂化。连词连接成分也逐渐复杂化,早期连接词、短语,后来发展到连接小句、句子,后再发展到连接语段。不但连接成分复杂化,且连接成分的性质也复杂起来,如"和"从连接名词性成分发展到又能连接动词性成分和形容词性成分。如:

是的,这是只小粉蝶儿,有那份翩跹的姿态,更有那份雅致和妩媚。(琼瑶《几度夕阳红》)

　　总的来说，连词的发展，从古到今，主要有上述 5 种情况，也是 5 个特点。即：精密化、定型化、通俗化、纯形化、复杂化。这 5 种情况又是互相渗透，交织在一起的。连词的发展过程，使连词趋于精密、通俗、单一，以适合社会交际的需要。连词总的发展方式是"同义共存，同义竞争，自然淘汰，约定俗成"，到清代中叶至"五四"时期，连词发展成为现代汉语特定的结构模式及其语义语用内容。

第八章 介词的发展

　　介词是用来引进与动作有关因素的词,它与其引进的体词性词语构成介宾短语,放在动词的前面作状语或放在动词的后面作补语。《马氏文通》称介词为介字,马建忠最初的介词定义是:"凡虚字用以连实字相关之义者,曰介字","介字云者,犹为实字之介绍耳"。后来,严复写《英文汉诂》,称为"介系字"。

第一节 上古时期汉语介词

一、殷商时期的介词

　　殷代甲骨文里共有 18 个介词,它们是:邲、在、从、至、至于、于、暨、及、戠、即、由、若、终、先、后、自、卒、摮。又分为:

(一)引介时间词语

有"在、及、即、后、于、戠、必、至、至于、卒、终、自、由、从"等,如:

勿于今夕入?(《甲骨文合集 1506》)

(二)引介处所词语

有"在、即、至、至于、于、自、由、从"等。如:

其即宗祷?(中国社科院考古所《小屯南地甲骨 2860》)

(三)引介与格词语

有"至、至于、于、自"等。如:

甲子卜,古贞:祷年自上甲?(《甲骨文合集 10111》)

(四)引介施事词语

有"于、自"等。如:

旨千不若于帝,左?(《甲骨文合集 14199》)

(五)引介受事词语

有"于"等。如:

帝弗缶于王?(《甲骨文合集 14188》)

(六)引介对象词语

有"既、先、摮、戠"等。如:

毓祖丁戠大乙酒？（《甲骨文合集 27145》）

二、西周时期的介词

西周汉语中已有不少的介词，根据所介引的对象，可分为时间介词、处所介词、工具介词、施事介词、受事介词等。

(一) 引进时间的介词

可以分 3 类，表示在何时的（在、在于、于），表示从何时的（自、振），表示到何时的（至、于、至于、及、作、越、终）。如：

王命周公后，作册逸诰，在十有二月。（春秋·孔丘整理《尚书·洛诰》）

其自今，孙孙子子毋敢望白休。（《县妃簋铭》）

惟天不享于殷，发之未生至于今六十年。（周·无名氏《逸周书·度邑解》）

(二) 引进处所的介词

也可分为 3 类，表示在何处的（于、在、在于、爰），表示动作行为的所从（自、于、由），表示到何处的介词（于）。如：

凤凰于飞，翙翙其羽，亦集爰止。（春秋·无名氏《诗经·大雅·卷阿》）

太保承介圭，上宗奉同瑁，由阼阶隮。（春秋·无名氏《尚书·顾命》）

明夷，于南狩，得其大首，不可疾贞。（春秋·无名氏《周易·明夷》）

(三) 引进范围方面的介词

有“于、越”等。如：

祗保越怨，不易。（春秋·孔丘整理《尚书·酒诰》）

(四) 引进对象的介词

有引进动作行为延及的对象（及、于、及于），引进动作行为所向的对象（于、由），引进所给的对象（于、以），引进动作所对的对象（于），表示动作行为服务的对象（于、为），引进比较的对象（于），引进涉及的对象（以）等。如：

蚩尤惟始作乱，延及于平民。（春秋·孔丘整理《尚书·吕刑》）

赤帝大慑，乃说于黄帝。（周·无名氏《逸周书·尝麦解》）

王降征令于大保。（《大保簋铭》）

我闻其声，视其身。不愧于人？不畏于天？（春秋·无名氏《诗经·小雅·何人斯》）

蹶父孔武，靡国不到。为韩姞相攸，莫如韩乐。（春秋·无名氏《诗经·大雅·韩奕》）

藩决不羸，壮于大舆之輹。（春秋·无名氏《周易·大壮》）

咸，太史乃藏之于盟府，以为岁典。（春秋·无名氏《逸周书·尝麦解》）

(五) 引进伴随的介词

有“于、与、及、暨（咡）、以”等。如：

此邦之人，不可与处。（春秋·无名氏《诗经·小雅·黄鸟》）

(六) 引进施事介词

有“于、越、自、由”等。如：

自成汤至于帝乙，罔不明德恤祀。（春秋·孔丘整理《尚书·多氏》）

(七)引进受事的介词

有"以、用、由、于"等。如：

对越在天,骏奔走在庙。(春秋·无名氏《诗经·周颂·清庙》)

(八)引进工具的介词

有"以、用、由、于"等。如：

用宁王遗我大宝龟绍天明。(春秋·孔丘整理《尚书·大诰》)

(九)引进依据的介词

有"以、由、自"等。如：

以言取人,人饰其言,以行取人,人竭其行。(周·无名氏《逸周书·芮良夫》)

(十)引进原因的介词

有"以、用、为、于"等。如：

旅人先笑后号咷、丧牛于易。(春秋·无名氏《周易·旅卦》)

三、秦汉时期的介词

(一)引进时间的介词

有"自、於、乎、及、方、以、至、比、终、当"等。如：

自今以往,鲁人不赎人矣。(战国·吕不韦《吕氏春秋·察微》)

(二)引进处所的介词

有"自、从、乎、由、於、在、于"等。如：

禹往见之,则耕在野。(战国·吕不韦《吕氏春秋·长利》)

(三)引进对象的介词

有"於、乎、用、以、于、与、由、自、为、从"等。如：

孔子曰:"鲁今且郊,如致膰乎大夫,则吾可止。"(汉·司马迁《史记·孔子世家》)

(四)引进工具、凭借或方式的介词

有"繇、以、从、於、因、道、与"等。如：

杀人以梃与刃,有以异乎?(战国·孟轲《孟子·梁惠王上》)

(五)引进原因、目的介词

有"为、坐、用、缘、为、以"等。如：

古者大臣有坐不廉而废者。(汉·班固《汉书·贾谊传》)

(六)引进依据的介词

有"依、按、按照、照、据、根据、依据、如、凭、就、即、以"等。如：

再饮,病已,弱如故。(汉·司马迁《史记·仓公列传》)

(七)引进关系的介词

有"从、对、及、比、於、与、于、为、由"等。如：

今子与我取之,而不与我治之;与我置之,而不与我祀之,焉可?(战国·韩非《韩非子·外储说古上》)

(八)引进施动者的介词

有"於、乎、为、于"等。如：

一夫作难而七庙隳,身死人手,为天下笑者,何也? 仁义不施,而攻守之势异也。(汉·贾谊《过秦论》)

四、上古时期汉语介词的演变情况

(一)产生新的介词

从古至今,介词都是汉语中重要的功能词。现代汉语中的一些介词在先秦汉语中已经使用,如"在、向、为、以、于、自"等。如:

然后渐赏庆以先之,严刑罚以防之。(战国·荀况《荀子王制》)

方命虐民,饮食若流,流连荒亡,为诸侯忧。(战国·孟轲《孟子·齐宣王见孟子于雪宫章》)

所谓伊人,于焉逍遥。(春秋·无名氏《诗经·小雅·白驹》)

己所不欲,勿施于人。在邦无怨,在家无怨。(春秋·孔丘《论语·颜渊篇第十二》)

自虞氏招仁义以挠天下也,天下莫不奔命于仁义。(战国·庄周《庄子·骈拇第八》)

《马氏文通》所列的古汉语介词不多,只有"由、用、微、自、於、乎、于、以、与、及、为"等几个,实际上古汉语介词的数量远远多于这些。甲骨文中可以看作介词的有"惠、隹、于、乎、以、自、从、才(在)、从、至"等(程湘清,1992),其中"于、才(在)、以"已经是较为典型的介词了。甲骨文中有 18 个介词,"以、及、在、于、乎、从、自"等在周秦两汉继续使用,又产生了大量新的介词。到《左传》介词的数量已经增加到近 20 个,如"於、以、及、从、由、与、自、为、因、用、当、循、代、逮、诸、先、将、在、道、乡"等,《吕氏春秋》里有介词 22 个。《史记》中可以看作介词的已经达到 50 个左右,除《左传》中经出现的外,还有"即、旁、随、依、披、至、竟、逐、临、并、缘、比、方、坐、终、候、会、应、抵、赖、悉、到、居、乘、承、后、乎、于、焉、迨、讫、迟(zhì)"等,在秦汉时代使用的介词还有"迄(讫)、迟、自从、如、对"等。(程湘清,1992;向熹,1993)

(二)大多从动词虚化而来

上古时期的介词绝大多数是由动词演化而来,在上古后期,不仅在词义上与相应动词有明显的渊源关系,而且还保留着动词的部分语法功能。如:

武王果以甲子至殷郊。(战国·吕不韦《吕氏春秋·贵因》)("至"是动词)

名号至今不忘。(战国·吕不韦《吕氏春秋·报更》)("至"是介词,引进时间)

壬寅卜,王于商。(《甲骨文合集 33124》)("于"是动词)

中乎归生凤于王。(《中方鼎》)("于"是介词,引进动作的施事)

(三)介词的语法功能

介词往往与其宾语一起组成介词结构,才能担任其语法功能。主要是作状语和补语。绝大多数介词结构在述谓中心语之前,还有一部分在述谓中心语之后。

各个介词有不同的语法功能,在各个时期都有所变化发展。

"於":表动作发生的场所、动作归结点、动作的起点、经过的场所、存在的场所、滞留的场所。

静女其姝,俟我於城隅。(春秋·无名氏《诗经·邶风·静女》)

"自":表示动作的起点、动作发生的场所。

自西自东,自南自北,无思不服。(春秋·无名氏《诗经·大雅·文王有声》)

"从":表示动作的起点、经过的场所,"从"在先秦时期已经产生了,但用例非常少。"从"在西汉时期发展到引进动作的对象。

"在"：表示动作的归结点、滞留的场所，介词"在"在先秦时期已经出现，它位于动词之后。如：蛰虫咸俯在穴。（战国·吕不韦《吕氏春秋·季秋纪》）。但介词"在"用例很少。同时可受"在＋场所"修饰的动词也有限，主要是表示事物存在于某处及表示移动、离开义的两类动词。这说明介词"在"才刚刚出现。西汉时期介词"在"用例仍然很少，仍基本出现在动词后，位于动词前只有个别用例。直到魏晋南北朝用于动词前的介词"在"才开始多起来。先秦时期"於"几乎是引进对象的唯一介词。先秦时期引进对象的介词还有"自、由"，但用例非常少。西汉时期引进对象的介词基本用"於"，同时又新增加了一个"从"。

引进工具的主要介词是"以"。可以引进工具的介词还有"用、由"。"用"的用例较多。

先秦时期引进受事的介词只有一个"以"。"以＋受事"修饰的 VP 大多是可以带双宾的动词，主要是表示给予义的动词，还有少数表示言告义的动词。西汉时期"以＋受事"除了主要修饰给予义、言告义动词外，还可以修饰一般动作动词。

这一时期引进场所的介词词组基本位于中心成分后，"於＋场所"位于 VP 前时 VP 多带宾语、有强调作用，"自＋场所"位于中心成分前后均可，其位置受中心成分的构成复杂与否影响。由"於"引导的引进对象的介词词组大部分位于被修饰中心成分之后，少数位于 VP 前，位于 VP 前的介词词组多数出现在强调句中。引进工具、受事的介词词组位于中心成分前后均可，以位于 VP 前为主，但当 VP 很简单时其在中心成分前后的比率基本持平。《吕氏春秋》中的介词大多由动词虚化而来，不仅在词义上与相应动词有着明显的渊源关系，而且还保留着动词的部分语法功能。这些介词绝大多数是兼类词。在《吕氏春秋》中，绝大多数介词的位置是固定的，或只出现在述谓中心语之前，或只出现在述谓中心语之后。少数既可出现在述谓中心语之前、又可出现在述谓中心语之后的介词，其位置与该介词引进的事物的类别有关。《吕氏春秋》中少量介词的宾语可以前移，或可以省略。这两种现象只发生在引进对象、工具和原因 3 类介词之中，只发生在述谓中心语之前。从语义上看，介词的功能在于引进动作或状态相关的时间、处所、对象、工具、原因等。《吕氏春秋》中，约半数的介词是多功能的。

与前一时期相比，东汉时期介词使用上最明显的变化是"从、在、用"等新兴介词的使用增多了，虽然"於、以"仍是最常用的介词，但"从、在、用"等的用例也有相当的数量，不再只是零星用例，其中"从"的使用频率增长最快。

介词短语的前置与否与所修饰的中心成分的复杂与否有关，介词短语前置不再主要出现在表示对比、强调的语境中。据《论衡》与佛经介词的比较，我们可以较肯定地说大约在汉和帝到汉桓帝的 50 年间，汉语处所介词短语的语序开始有了微弱的变化，到东汉末年汉灵帝、献帝时，一些处所介词短语移至所修饰的中心成分前的趋势就较为明显了。

五、上古汉语介词特点

根据陈昌来的研究，上古汉语的介词有如下一些特点：

第一，介词的数量在发展，发展的途径是实词虚化，就古汉语介词来看，"以、于、於、与、从、由、自、在、乎、为"作为介词已基本定型，而其他介词跟动词的纠葛也很明显。

第二，介词的分布有两个主要位置。一是在动词前，一是在动词后，而且从使用情况来看，分布在动词后的介词数量较多，如《左传》有"於、于、以、自、及、诸、在"等，《史记》有"于、於、以、乎、自、诸、在、及、由、焉、抵"等。比较而言，分布在动词后的介词使用频率也较高。

这一点跟现代汉语大不相同,现代汉语介词多数分布在动词前,分布在动词后很少,而且使用频率相对较低。

第三,位于动词前的介词可以在主语前作句首状语(较少),也可以在主语之后作状语。

第四,同义介词较多,一词多用也较为普遍,如《史记》中"以"可以介引跟动作行为有关的人物,可以介引工具、原料、方式,介引条件、依据,介引原因,介引时间,介引态度或身份,也可以介引动作直接涉及的对象。古代汉语中可介引时间的介词很多,有"于、於、以、在、乎、当、方、会、从、由、自、逮、及、迄、至、到、迟、作"等,介引处所的介词也很多,如"于、於、在、即、从、自从、自、道、以、至、乡(向)、循"等,介引依据的也有"以、因、于、由、用、缘"等一些。

第五,在语序上,古汉语中介词的宾语可以提前。如:

康公,我之自出。(春秋·左丘明《左传》)

吾王不游,吾何以休!(春秋·孟轲《孟子》)

楚是以无分,而彼皆有。(春秋·左丘明《左传》)

现代汉语的介词宾语只能在介词后面,不能提前。

第六,古汉语中,介词后的宾语已经是有谓词性词语的情形了,如:

以私害公非忠也。(春秋·左丘明《左传》)

郑以救公误之。(春秋·左丘明《左传》)

第七,古汉语的介词已经可以跟方位词、助词组合成介词框架,如"自……以来、自……以往、自……以上、自……以下"等已经出现在《左传》中,但不太普遍。

总之,古代汉语介词跟现代汉语介词基本相同,但也有一定的不同。

第二节 中古时期汉语介词

一、魏晋南北朝时期介词

(一)引进时间的介词

有"在、於、从、自、方、及、及至、逮、逮于、比及、洎于、值、至、至于、以"等。如:

杨思达为西阳郡守,值侯景乱,时复旱俭,饥民盗田中麦。(北朝·北齐·颜之推《颜氏家训·归心》)

(二)引进处所的介词

有"在、於、焉、从、于、自、向、及、对、乎"等。如:

臣本布衣,躬耕于南阳。(三国·汉·诸葛亮《出师表》)

(三)引进范围的介词

有"於、自、及、由、以、就"等。如:

校定书籍,亦何容易!自扬雄、刘向,方称此职耳。(北朝·北齐·颜之推《颜氏家训·逸学》)

（四）引进工具、方式的介词

有"以、用、捉、将、着、把"等。如：

伊便能捉杖打人，不易。（南朝·宋·刘义庆《世说新语·方正》）

（五）引进施事、受事的介词

有"在、由、为、被"等。如：

汝曹若违吾心，有加先妣，则陷父不孝，在汝安乎？（北朝·北齐·颜之推《颜氏家训·终制》）

（六）引进对象的介词

有"共、似、同、替、於、为、与、比、以、乎、就、共、随"等。如：

荣即共穆结异姓兄弟，穆年大，荣兄事之。（北朝·北魏·杨衒之《洛阳伽蓝记》）

（七）引进依据、凭借的介词

有"於、随、由、因、以、就"等。如：

已嫁，则以夫氏称之；在室，则以次第称之。（北朝·北齐·颜之推《颜氏家训·风操》）

（八）引进原因、目的的介词

有"坐、由、因、为、以、用"等。如：

吾惜以虎牙将军围翟义，坐不生得，以见责让。（南朝·宋·范晔《后汉书·光武纪》）

二、隋唐五代时期介词

（一）引进时间的介词

有"达、抵、去、起、投、逗、闻、当值、会值、正值、趁"等。如：

抵暮但昏眠，不成歌慷慨。（唐·韩愈《朝归》）

（二）引进方向、处所的介词

有"扶、就、往、望、问、沿、着、冲、况、经、经、蓦、往"等。如：

入界先经蜀川过，蜀将收功先表贺。（唐·白居易《蛮子朝》）

缘目下无船往南，将十七端布雇新罗人郑客载衣傍海望密州界去。（唐·〔日〕圆仁《入唐求法巡礼记》卷四）

（三）引进工具的介词

有"把、捉、将"等。如：

生来不读半行书，只把黄金买身贵。（唐·李贺《嘲少年》）

（四）引进依据的介词

有"凭、据、凭仗、凭依"等。如：

凭依婚媾欺官吏，不信令行能禁止。（唐·韩愈《寄卢全》）

（五）引进对象的介词

有"同、似、替、共"等。如：

每日在长连床上，恰似漆村里土地相似。（五代·静、筠二禅师《祖堂集》卷七）

（六）引进范围的介词

有"除、和、连、兼、并"等。如：

亲中除父母，兄弟更无过。（唐·王梵志《亲中除父母》）

三、中古时期汉语介词的演变及特点

(一)产生了新的介词

上古汉语中的很多介词,如"在、自、与、对、为、从、由、因、于、於、向"等,在中古继续普遍使用。并且产生了新的介词。根据向熹的研究,"趁"大约产生于唐代,表示等到某个时候、利用某种时机或时间,相当于"乘"。如:"月乘残夜出,人趁早凉行。"(唐·白居易《早发楚城驿》)"去"在六朝时由动词"去到"义虚化为介词,表示动作行为发生的时间,相当于"于"。如:"娘去二月九日夜失车栏、夹杖、龙牵,疑是整婢采音所偷。"(南朝·梁·任昉《奏弹刘整》)到了宋代,又用以表示动作行为发生的处所,相当于"在"、"到"。如:"今要去一字两字上讨意思,甚至以日月、爵氏、名字上皆寓褒贬。"(《朱子语类》卷八三)"投"(又写作"逗")六朝时开始由动词"投奔"义虚化为介词,表示时间,相当于"到"、"临"。如:"世祖遂与光等投暮入当阳界。"(《后汉书·任光传》)"闻",产生于唐代,相当于"趁"。如:"林园亦要闻闲置,筋力应须及健回。"(唐·白居易《寄户部杨侍郎》诗)"扶",产生于三国,表示方向,相当于"循"、"沿"。如:"玉树扶道生,白虎夹门枢。(三国·魏·曹植《仙人篇》)"况"在唐代变文中用作介词,表示动作的处所或方位,相当于"向"。如:"交(教)我将你况甚处卖得你?(王重民等编《(唐)敦煌变文集·庐山远公话》)"蓦",唐代用为介词,表示动作行为的方向和处所,相当于"当"、"向"、"对着"。如:"待师到,云:'后底后底'。师便蓦口掴。"(五代·静、筠二禅师《祖堂集》卷四)"往",唐五代时用为介词,表示动作的处所或方向,相当于"向"。如:"五月十一日,从苏州松江口发往日本国。"(唐·[日]圆仁《入唐求法巡礼记》卷四)"望",产生于魏晋,表示处所或方向,相当于"对"、"向"、"至"、"到"。如:"蒲柳之姿,望秋而落。"(南朝·宋·刘义庆《世说新语·言语》)"问"产生于唐代,表示动作的方向,相当于"向"。如:"俨对无霸阵,静问严陵滩。"(唐·皮日休《上真观》)"沿",本义是"缘水而下",六朝虚化为介词,表示动作经过之处,相当于"顺着"。如:"往视之,槎乃移去,沿流下数里,驻湾中。"(晋·干宝《搜神记》卷十一)"著"在魏晋时表示行为产生的处所,相当于"于"、"在"。如:"以绵缠女身缚著马上。"(晋·陈寿《三国志·魏志·吕布传》)"共",六朝后作介词,引进共同行动的人物、动作行为的对象或比较的对象,相当于"和"、"跟"、"对"。如:"昔有一人,夜语儿言:'明当共汝,至被聚落,有所索取。"(南朝·齐·求那毗地译《百喻经·与儿期早行喻》)"似",产生于唐代,表示动作影响所及的对象,相当于"向"、"与"、"以"。如:"十年磨一剑,霜刃未曾试,今日把似君,谁为不平事。"(唐·贾岛《剑客》)还表示比较,相当于"于"、"与"、"过"。如:"其形貌体气,一似本帅所现体色同。"(唐·[日]圆仁《入唐求法巡礼记》卷三)"除",产生于六朝,表示动作所及的对象中应排除的人或事物。如:"一切但依此法,除虫灾外,小小旱不至全损。(北朝·北魏·贾思勰《齐民要术·杂说》)"和"产生于唐朝,表示包括或强调动作所关涉的事物,相当于"连"。如:"枕上酒客和睡醒,楼前海月伴潮生。"(唐·白居易《饮后夜醒》)"连",产生于六朝,表示包括或强调动作行为所关涉的事物。如:"尝发所在竹篙,有一官长连根取之,仍当足,乃超两阶用之。"(南朝·宋·刘义庆《世说新语·政事》)

(二)原介词用法的演变

中古时期,不但产生了一批新的介词,而且原有一些介词,到了中古,用法也有很大的变化。

1. 介词用法的扩展。"比",上古表示时间和关系,到了中古,又常和它的宾语一起用于比较性状和程度的差别,有"和……相比"的意义。如:"今虽死乎此,比吾乡邻之死则已后矣。"(唐·柳宗元《捕蛇者说》)"将",上古用作表示动作、工具、方式或手段,到了中古,又用于表示处置,把宾语提到动词前,如:"已用当时法,谁将此义陈?"(唐·杜甫《寄李十二白二十韵》)

《世说新语》是中古汉语的重要文献,《世说新语》中的介词有"与、於、于、自、从、因、以、为、在、及、被、当、向、对、诸、由、箸(著、着)、用、比、乎"等。跟古代汉语介词比较,《世说新语》的介词有一些新的发展:①一是新出现了用于动词后的介词"箸(著、着)"和用于动词前的介词"对",②出现了"于……下"、"在……上/下/中/后"、"於……上/下/中"等用法。到"敦煌变文"时代又出现了"自从、一从、一自、把、捉、共、和、同、闻、连、累、就、兼、依、据、触、背、沿、及乎、况、望、比为、缘、经、往、去"等新的介词。新出现的介词中"自从"的出现很有价值,因为真正的双音节介词开始出现。"共、和"、"望、往"、"把、捉"、"据"等的出现,也都是汉语介词发展史上的重要现象,说明汉语介词越来越丰富,介引的对象越来越多。"敦煌变文"中还出现了新的介词格式,如"从……到/至……"、"自……以后"等。中古时期,"趁、冲、除、除了、除却、扶、凭、起、似、替"等介词也已经产生,并且后附"上、中、下"以及"以往、后、以后、以下、以来、以上、以前、以外、以西"组成固定格式的现象也越来越普遍。

2. 介词用法频率的变化。

(1)秦汉时期,汉语介词的体系较为复杂,发展到魏晋南北朝,介词体系出现了简化的趋势,同时萌生了一些新兴的介词,中古介词的用法主要承自先秦两汉,魏晋南北朝发生发展的有"在"、"向"、"当"、"对"、"被"、"共"、"坐"等。

(2)魏晋南北朝时期介词的面貌发生了明显的变化。"於"的使用频率下降。新兴介词的使用频率上升很快,出现了很多新介词,如出现了新兴的介词"就、著、对","在、向"的使用频率有了很大提高,用法也有了发展。

"於"表示动作发生的场所、动作归结点、动作的起点、经过的场所、存在的场所、滞留的场所,使用频率下降。

"从"表示动作的起点、经过的场所、发生的场所,"从"的使用频率仍在上升。

"在"表示动作的归结点、滞留的场所、动作的起点,表示动作起点的用法是在这一时期才出现的。魏晋南北朝时期"在"的使用频率大大提高了,和"从"的使用频率差不多。"在"已迅速而广泛地使用开来。

"向"表示动作的方向、发生的场所、滞留的场所、动作的归结点。与前一时期相比,"向"的用法发展了,不仅能表示动作的方向,还能表示动作的归结点、发生的场所、滞留的场所,同时"向"的使用频率有了明显提高。

"著"表示滞留的场所、动作的归结点,介词"著"从表"附着"义"著"发展而来。魏晋南北朝时期介词"著"的用例很多,但多位于动词之后。位于动词前的介词"著"到唐五代时期才出现,并且用例很少。

引进场所的介词"对"是在魏晋南北朝时期才出现的。

"自"已经不是一个常用介词,在口语中已经很少使用了。

"於","於+对象"使用频率较前一时期有所下降。

"从"，"从＋对象"基本上修饰表示乞请义的动词。

"向"引进对象的用例较前一时期大大增加了，整个魏晋南北朝时期，"向"引进对象的用例和引进场所的用例要多。

介词"对"从表示"面对"义的动词发展而来。魏晋南北朝时期介词"对"有引进场所和引进对象两种用法，这两种用法的关系非常密切。

"在"，一般引进场所，但这一时期出现了少数引进对象的用法。

"以"，魏晋南北朝时期"以＋受事＋VP＋处所语"的用例增加了很多。

（3）唐五代时期介词面貌继续发生着剧烈的变化。

"於、以"的使用频率急剧下降，这一时期出现了更多的新介词。

"於"引进发生的场所、引进存在的场所、引进经过的场所、引进滞留的场所、引进动作的终点。用法与以前相同，但使用频率继续下降，且下降速度比前一时期快得多。

"从"的用法与前一时期相同，但以引进动作的起点最常见。

"在"这一时期引进场所的用法比魏晋南北朝时期略有提高，还有个别引进对象的用例。

"向"表示发生的场所、动作的方向、经由的场所、动作的起点、动作的终点。"向"的用法很多，最常用的是引进动作的方向、终点、发生的场所。"向"的使用频率较前时期提高很多，已成为口语中最常用的介词之一，这是唐五代时期引进场所的介词最显著的变化。

"就"引进发生的场所用例较前一时期有所增加，不再只是个别用例。

"对"引进场所的用例不多。

"著"最常用的用法是引进动作的归结点，也可引进滞留的场所。用例较以前时期少得多。

"到、至"引进动作的归结点。介词"到、至"在唐五代时期出现。

"由、自"引进场所有少数用例。

"於"，使用频率下降。

"从"，用例明显地减少。

"向"，使用频率上升，是唐五代最常用的引进对象的介词。

"对"不再是偶然出现，而成为较常用的介词。

"以"的用法与以前相同。"以＋工具"绝大多数引进具体的工具是唐五代时期工具介词"以"使用上的特点。同时在唐五代时期"以"的使用频率也下降了。"以"的使用频率下降以及它引进行为凭借、依据用例的减少与这一时期其他工具介词的兴起和大量使用有密切关系。

"将"，只引进行为的工具。介词"将"是唐五代时期才出现的介词，其一出现便被大量地使用。

"把"只引进行为的工具，也是唐五代时期才出现的，出现的时间比"将"还晚。

"依"引进行为的依据、凭借，是这一时期引进依据、凭借的几个新兴介词中用得最多的。它和"将"的大量使用与"以"使用频率的下降有直接关系。

"以"，引进受事的用例在这一时期剧减。这与唐五代"处置式"的兴起有关。

3. 介词词组语序的变化。

介词词组的语序在魏晋南北朝发生了很大变化。"介词＋工具"、"介词＋受事"已基本前移至 VP 前;"介词＋场所"已开始大量前移,介词词组在中心成分前后已开始形成语义对立,表示动作归结点的介词词组不能位于 VP 前,表示作起点或发生场所的介词词组倾向于位于 VP 前。

唐五代时期介词短语的语序有很大变化,"介词＋场所"按照所表示的语义的不同而分别位于中心成分前或后的规律大致形成,"介词＋对象"以位于 VP 前为主。这些规律与现代汉语的处所介词词组的语序规律基本相同。可以说现代汉语处所介词词组和工具介词词组的语序规律在唐五代时期已经形成了。

第三节　近代时期汉语介词

一、宋元时期介词

(一)引进处所的介词

有"于、自、到、从、乎、即、及、以、向、抵、临、由、就、打、去、著、捉、在、从自、打从、望、蓦、朝、照、拦、劈、往、经、经由、遵、循、缘、沿、顺、随"等。如:

打此德州平原县经过。(《元曲选外编·三战吕布》第一折)

(二)引进时间的介词

有"在、从、自、当、由、等、赶、徒趁、投到、投王、投得、投至得、投至的"等。如:

从那时直到唐太宗,天下大势定叠。(宋·朱熹《朱子语类辑略》)

时当暑,秽不可近。(唐·薛用弱《集异记·郭翥》)

(三)引进对象的介词

有"向、对、问、至於、至如、与、共、同、连、和、在、比、似、及、畀"等。如:

若有人问他说涵养,他又言是省察以胜之。(宋·朱熹《朱子语类辑略》)

(四)引进工具、方式的介绍

有"以、用、歔、将、把、因、凭、据依、仗、靠、把"引进工具,方式的介词有"以、用、歔、将、把、因、乘、凭、据、依、仗、靠、拿、把、凭赖、凭依"等。如:

我拿一块砖头打的那狗叫,必有人出来。(元·孙仲章《勘头中》第一折)

(五)引进范围的介词

有"就、在、于、乎、除了、自、连、从、就、向"等。如:

就三子中,韩子说又较近。(宋·朱熹《朱子语类辑略》)

(六)引进施事、受事的介词

有"捉、以、将、把、与、由、于、被、为"等。如:

得了自然开,如何由人放开?(宋·朱熹《朱子语类辑略》)

(七)引进原因、目的的介词

有"因、为、以、由、为着、为了"等。如:

为着别人,输了自己。(元·康进之《李逵负荆》第四折)

二、明清民初汉语介词

(一)引进处所的介词

有"在、于、到、至、当、打、打从、去、朝、朝着、照、照着、看着"等。如:

知道他死到那里去了,此是你梦想归境。(明·兰陵笑笑生《金瓶梅词话》第三十九回)

(二)引进方向的介词

有"往、向、问、对、对着、望、朝、朝着、迎、照、去"等。如:

一面把只脚,望虎面上眼睛里,只顾乱搞。(明·兰陵笑笑生《金瓶梅词话》第一回)

(三)引进时间的介词

有"自、从、自从、及、比及、及比、赶、临、待"等。如:

赶端阳前,我顺路就贩些纸札香扇来卖。(清·曹雪芹《红楼梦》第四十八回)

(四)引进工具、凭借的介词

有"拿、用、由、由着、把、将、靠、靠着"等。如:

更无家业,止靠着打柴为生。(明·吴承恩《西游记》第八十五回)

(五)引进对象的介词

有"与、和、同、替、连、等、给、跟、合"等。如:

我说再没有不借与我的,谁想就不借给我哩。(清·西周生《醒世姻缘传》)

(六)引进原因的介词

有"因、为、缘、以、因为、为了、为着"等。如:

今日因这些事情,就又薄了面皮。(明·兰陵笑笑生《金瓶梅词话》第三十四回)

(七)引进施事、受事的介词

有"被、吃、乞、为、见、着"等。如:

且说西门庆被两个邀请到院里。(明·兰陵笑笑生《金瓶梅词话》第二十一回)

三、近代汉语介词的演变和特点

(一)重要介词的演变

潘允中在《汉语语法史概要》中指出,汉语的介词,在甲骨文时代已有一部分被经常使用着。它们在语法上的基本功能向来是联系一些句子成分,大多数是介入词或短语,使它跟动词发生修饰关系。这跟后来的情况大致相同。

1."于"(於)、"乎"、"在"的演变。

"于"(於)的主要功能是:①介入地位词、时间词、人物词等以修饰动词;②表比较;③表被动句的施动者。

后世所谓"于"和"於"有区别,是不全面的,只有少数是例外。"五四"以后,受日语的影响,还从"於"产生出新兴的介词"对於"、"关于"、"由于"等。用于比较的,绝大多数用"於",偶亦有用"于"或"乎"的。表被动句的施动者,用"于"或"於"都成,但不能用"乎"。

2."之"的演变。

介词"之"主要有 3 种功能:①表名词的领属关系;②表名词或形容词定语的修饰关系;③作主语与谓语之间的介词,使句子词组化。

以上"之"的 3 种用法,中古以后的作品是全部沿用的,但在口语或接近口语的文学语言里却有很大的变化。①和②里的"之",在宋元时代,同用于形容词定语后的"之"一样,已经演变为"的"。"之"和"的"古音非常接近。③项的"之",唐宋以来的变文、弹词、平话、小说等都很少这种用法。

"之"字在汉语语法中是一个特殊的介系词。在现代汉语中,和"之"字大致相当的有"的、地"两词,有人把它们当作词尾,又有人把它们当作结构助词,也未必妥当。"之"字实应在介系词中独立为一小类。

3. "以"、"为"的演变。

"以"本来是个动词,和"用"同义,作为介词的"以"即由此义转来的。它的基本意义还是"用",它的最大特点是后面接以体言(名词或名词性的词)。"以"在先秦的用法主要有 3 种:①表动作的方式,今语"拿"、"用"的意思。②表动作的原因。③表领率,实际是由①的"方式"、"凭借"这个基本意义派生出来的。"以"的这种用法在后来的口语里没有保留。

"以"在甲骨文中还未发现。但在周秦时代的典籍中却已用得很普遍。"以"字或表方法手段,或表原因,或表依据,或表时间,或表连及。可以说用法已经很复杂了,到了两汉以后,"以"字的用法又有了进一步的发展。"以"字除作为介词之外,还可以作为连词。

"以"字既然用法如此复杂,也必然要发生分化。当作连词用的"以"字,除了"以上、以下、以东、以西、以往、以来"这一用法保留了下来之外,其他的用法都为"而"、"且"或"而且"所代替。当作介词用的"以"字,其各种用法在现代汉语中都分别改用"用、拿、靠"、"因为、根据、在、率领着、以……资格"等表现方法了。也有一些复合词如"所以、何以"等遗留下来。

"为"原来是个用得很多的动词,表示行为;念去声,则有帮助义。"为"在先秦分化为介词,首先即具有由原来动词的"助"义转化而来的"替"的意思。这种表"替"义的介词"为",后来一直沿用至今。"为"的第二种用法,表示原因或目的。也产生于先秦,沿用于汉魏以后。这一类的"为",如果在因果句里,它往往充当连词,表原因。在这种情况下,介词所介入的是句子,而不是词。在后来的口语里,改用双音词"因为"。

4. "与"、"同"、"和"的演变。

今天介词用"和"、"跟"、"同"的,在上古只说"与",偶然也用"同"。"与"也是由动词转化来的。"与"有随从、亲附义,由此虚化,便成为介词"跟"、"同"的意思。这个用法,起源于先秦,中古以后沿用。

(二)介词使用频率的变化

宋代"在、从、向、对、就"等新兴介词的格局有了明显的变化。"在"成为最常用的处所介词,"向"不再是最常用的介词,"对、就"的使用频率上升很快已经成为常用介词。唐代出现的介词功能分化的趋势在宋代有所加强,"从"基本成为引进场所的专用介词而极少用于引进对象,"对"基本上是引进对象而不再用于引进场所,"著"在宋代已经基本不用于引进场所而用于引进工具,"向"更多是引进动作的方向,发生的场所主要由"在"引进。

南宋《朱子语类辑略》介词共有 56 个,分为时间/处所介词、范围介词、方向介词、工具/方式介词、施事/受事介词、与事/对象介词、凭借/依据介词、原因/目的介词

《金瓶梅词话》的介词有 10 类 52 个,其中表处所的有:在、于、到、至、当;表所向的有:往、向、问、对、对着、望、朝、朝着、迎、照、去;表时间的有:自、从、自从、及、比及、及比、赶、临、待;

表所从：由、打、就；表凭借与处置的有：拿、用、由、由着、把、将；表原因：因、为、因为、缘、以；表关联的有：与、和、同、替、连等；表依循：依；表对比：比；表被动：吃、乞、着、被、见、于、为等。

明清《聊斋俚曲》中的介词比较接近于现代汉语，也有不少方言成分（包括方言介词和普通介词的方言用法）。俚曲介词和整个汉语的介词一样，在语法意义方面来看，除专职或者说只表示一类语法意义的介词（如表示对象的介词"与、共、同、和、给、替、问"）外，不少是兼职，即表示两类或两类以上的语法意义。如"自"、"从"既表示时间，又表示处所或范围；"向"则表示对象处所和方向，也表示时间；"往"表示方向和时间；"望"则表示方向和对象等。但是除个别的文言词外，俚曲介词在意义和用法上完全或大部分重叠的情况已极少见。

元明清时期古代汉语中的介词"於、以"已退出了口语。一些曾经经常使用的介词在这一时期衰微了，如引进场所的"著"只残存着个别用例，引进对象的"向"使用的次数和出现的文献都有限，引进工具的"将、把"的使用频率下降了很多。元明时期引进场所的介词最常用的是"在、从、向"，另外还有"往、到"等，引进对象的常用介词是"对"，还有"向、问"，引进工具的常用介词是"用、着、依"。新旧介词兴替的特点是由几个介词群取代了原来的一个介词，原来的介词的用法分化了。如引进场所的介词由"在、从、向、就、到"等分担了原来"於"的功能，其中"在"大致表示动作发生的场所、存在的场所、滞留的场所，"向"大致表示动作的方向，"从"表示动作的起点，"到"表示动作的归结点。此外，引进对象的介词由"对、向、问"等取代了"於"。引进工具的介词由"依、着、用、将"等取代了"以"。这种分工与现代汉语介词的格局基本一致。

当然，元明清时期处所介词和工具介词在使用上还有自己的特点，这与现代汉语不完全一样。如"在"引进场所时可表示动作的起点、经由路线，"向"引进场所时可表示发生的场所和动作的起点，而在现代汉语中这些用法都消失了。

（三）介词词组语序的变化

宋元时期"介词＋场所"的语序大部分符合"介词词组与其所表示的语义相对应"规律。不合规律的用例主要是"於"引导的介词。

元明清时期介词短语的语序变化全部结束，介词短语以位于 VP 前为主。

（四）近代汉语介词发展的特点

1. 晚唐宋元以后，介词发展的重要现象是出现了介词后附"着、了"的现象，如元代关汉卿杂剧中有"望着、对着、用着、随着、逮着"，明清小说中出现了"对了、同了、同着、向了、朝着、朝了、照着、照了、冲了、依着、据了、据着、看着、靠着、为了、为着、趁着"等，"除了"已经广泛使用。

2. 重要现象是双音节介词数量增多，如有了"与同、投到、投至、比及、一自、自从、打从"等双音节介词，后附"着、了"也使双音节介词增多。

3. 出现"等、赶、打、打从、朝、跟、拿、照、据、靠、给、跟、合"等，总之，近代汉语中，介词的总数在增加，介词的形态在变化（大量出现后附"着、了"的介词和双音化的介词），介词的类型在扩大，表义日趋丰富和细腻，分工更加明确，分布基本定型，各类介词框架基本形成。可见，在近代汉语中，现代汉语的介词系统基本形成并趋于完善。不过，跟现代汉语相比，近代汉语后附"了"的介词多些，"对了、向了、同了、照了、朝了、冲了、据了"等在现代汉语中基本不用。再次，双音化程度不够，后附"于"的现象还没有出现，同义并列合成介词还不多。

第四节 现代汉语介词

一、现代汉语介词的分类

(一)引进施事、受事的介词

有"挨、捱、被、叫、教、让、由、归、任、一任、任凭、任着、听、听任、听凭、随、于、为(为……所……)、令、给、把、对、对于、将"等。如：

然后是一袋子一袋子叫水浸透了的面粉和大米。(孙犁《荷花淀》)

(二)引进对象的介词

有"对、给、跟、管、和、替、同、为、向、与、对着、对于、关于、至于"等。如：

我要给阿Q做正传，已经不止一两年了。(鲁迅《阿Q正传》)

(三)引进处所的介词

有"挨、从、打、到、当、经、即、起、由、靠、于、在、顺、循、沿、至、照、挨着、打从、经由、顺着、循着、沿着"等。如：

虽说故乡，然而已没有家，所以只得暂寓在鲁四老爷的宅子里。(鲁迅《祝福》)

(四)引进方向的介词

有"奔、朝、对、隔、距、离、临、往、望、上、向、奔着、朝着、对着、隔着、向着"等。如：

第二天天不明就往区上走。(赵树理《小二黑结婚》)

(五)引进时间的介词

有"从、打、待、当、到、等、赶、及、距、离、临、起、俟、由、于在、至、自、从打、打从、当着、等到、赶到、及至、临到、正当、自从、自打"等。如：

当大地刚从薄明的晨曦中苏醒过来的时候……(丁玲《太阳照在桑干河上》)

(六)引进工具、依凭的介词

有"挨、按、把、将、靠、拿、以、据、用、本、冲、凭、依、以、因、由、照、从打、靠着、根据、挨着、基于、鉴于、凭着、顺着、依仗、依照、依着、仗着、照着、遵照"等。如：

先生，我经常照着你的指示，把我的生命献给祖国。(郭沫若《屈原》五幕二场)

清明前后扫墓时，有些人家大约是保存古风的人家，用黄花麦果作供。(周作人《故乡的野菜》)

(七)引进原因、目的的介词

有"为、以、因、由、与、为了、为着、因为"等。如：

前一任县长正是为了壮丁问题被撤职的。(沙汀《在其香居茶馆里》)

(八)引进范围的介词

有"除、从、打、到、就、由、于、在、自、除了、除掉、除开、除去、除却、打从"等。如：

不过我仔细想，除出将你底身子设法外，再也没有办法了。(柔石《为奴隶的母亲》)

二、现代汉语介词的语法功能

现代汉语介词与名词等组合成介词短语,介词短语的基本句法功能是作状语补语,包括句首修饰语和句首状语。介词短语不能作谓语。有一部分介词短语还可以作定语。如:

1. 作状语:我向大家介绍全国道德模范龚全珍同志,她是老将军甘祖昌同志的夫人。(习近平《为实现中国梦凝聚有力道德支持》)
2. 作句首状语:从各处聚合来多少同伴,全低首倾听这机件飞弦。(王统照《她的生命》)
3. 作定语:这些日子里,有好几个人为着觉民的事情而过痛苦的生活。(巴金《家》)
4. 作补语:屋子很少,像一切穷人的房子,屋顶低低地压在头上。(曹禺《雷雨》第三幕)
5. 句首修饰语:对比,我不知道上海人能说什么……(余秋雨《壮士》)

三、汉语介词发展的规律

陈昌来认为,综观汉语介词的发展,我们可以看出如下几个明显的规律:

第一,古代汉语介词、近代汉语介词、现代汉语介词是一脉相承的,它们在语法特点、句法语义功能、源流关系等方面都是一致的,现代汉语介词既继承了古代汉语中的一些介词,更接受了近代汉语中多数介词,从而形成现代汉语的介词体系。可见,从宏观上看,古今汉语的介词是同大于异。当然,汉语介词也是不断发展的,同中有异。

第二,随着语言结构的多样复杂化,介词的分工越来越细,以至汉语介词的数量越来越多,从古汉语的二十几个,到五十几个,一直发展到现代汉语达150多个。介词所可介引的语义成分类型也越来越丰富,像"把、被、将、和、对、给"等介引施事、受事、与事、关涉等的介词多是后起的。这样,介词就可以介引和标记多种句法成分和语义成分,使句子的句法语义结构更加严密、细致、复杂。句子结构的复杂和多变是介词发展的重要动因。句子越复杂,修饰语越多,核心动词跟相关句法语义成分的关系越多样,动词对某些句法语义成分的控制力就越弱,这样,为了明确某些句法语义成分跟句子核心动词的关系,就必须使用介词来介引句法成分,标记语义成分。

第三,从外在形式上看,介词逐步从单音化向双音化发展,双音化的途径有二:一是同义介词合并为一个新的介词,如:自+从——自从、打+从——打从、与+同——与同,这一点在现代汉语中表现得更为明显;二是后附"着、了",这一点在近代汉语中发展较快,现代汉语中却有萎缩的趋势,不过现代汉语中后缀"于、以"等的介词增多。双音节介词的增多,使得现代汉语介词能单双音节结合,适应不同的节奏的需要。

第四,介词的分布位置和不同位置的使用频率有所变化。古今汉语中,介词都有分布在动词前和动词后两种情况。有的介词只能分布在动词前,有的介词前后都可以,但古汉语中有的介词只能出现在动词后,如《左传》中"乎、于、诸"只能出现在动词后,不能出现在动词前。现代汉语中却没有只能出现在动词后,不能出现在动词前的介词。总的来说,介词的分布是倾向于向分布在动词前发展,不仅中古汉语、近代汉语、现代汉语中新产生的介词基本上都分布在动词前,而且古汉语中一些介词分布在动词后的频率在下降。更主要的是分布在动词后的介词如"以、于、向"越来越倾向于跟动词结合成合成词,"以、于、向"成了构词语素,"动词+在"后面可以另加动态助词跟后面的宾语隔开,"动词+介+宾"倾向于向述宾结构发展。可见,介词在分布位置上倾向于分布在动词前。介词在分布上的另一个变化是,一些介词短语倾向于出现在句首位置,做句首修饰语,尤其因事介词"为了、为着、由于"等,关事介词"关于、至于、对于、就、论"等,凭事介词"鉴于、基于、按照、依照"等,都倾向于位于主语前句首位置。

第五,介词框架大量出现,随着方位词、准助词的发展,各类介词框架发展较快,介词框架成了现代汉语特定格式或特定表达法的主要内容,它丰富了汉语的表达方法,尤其介词作为前置词和作为后置词的方位词配对使用,使得汉语句子结构更加严密。

第六,以某些介词为标志,有特定表达效果的特殊句式逐渐形成,古汉语中以介词为标志的特殊句式主要是以"比"、"于(於)"等为标志的比较句和被动句,到近代汉语中,"把"字句、"被"字句逐渐形成并成熟,"把"字句和"被"字句是汉语中最有语用价值的两个特殊句式,在现代汉语中,"对于"句、"关于"句、"连"字句等句式也逐渐形成。以介词为标志的特殊句式形成并成熟,丰富了汉语的句型句式系统,增强了汉语的表现力。最后,必须强调的是,古今汉语的介词主要都是从动词虚化而来的。在虚化开始的时候,动词用法强于介词用法,介词用法不典型,不明显;在虚化过程中,动词用法和介词用法不断竞争,有的此强彼弱,介词用法逐渐占上风,典型介词形成,像"于、以、与、同、把、被、自、从"等,有的却长期处于竞争,动词用法和介词用法互不相让,如"在、用、向、朝"等。所以,古今汉语语法中,介词和动词的纠葛一直存在,而且,随着汉语的发展,新介词的产生,这种矛盾会依旧存在。

四、关于介词的虚化

陈昌来认为虚化,又称语法化,是近年来认知语言学研究的重要内容。传统语法也重视虚化,但主要着眼在对个别虚词形成的历史考察,主要考察实词如何被逐渐虚化为虚词的过程,而对虚化的诱因或虚化的机制讨论不多。自 Joan Bybee 等人的《虚化论》出版之后,人们对实词虚化的诱因、模式和规律等的研究重视起来,学者们往往运用认知语言学的方法,把共时跟历时结合起来,来考察实词虚化的机制。汉语语法学界近年来也十分重视对实词虚化机制的研究。刘坚等(1995)、金昌吉(1996)、吴福祥(1996)、江蓝生(1999)等都涉及介词的虚化(语法化)问题。

(一)介词虚化的基本前提

从分布上看,介词在古代汉语和近代汉语中主要分布在两个位置,一是分布在动词前,构成"Np+PP(P+Np)+Vp"结构,二是分布在动词后,构成"Np+Vp+Pp(P+Np)"结构。如果说,介词是由动词虚化而来的,那么,可虚化的动词必须首先能进入上述两个结构类型中的 Pp 位置(以前者为主),当一个动词只能出现在"Np+V+Np"结构时,就无法虚化为介词。就是说,虚化为介词的动词首先得能充当连动句的第一个动词,构成"Np+V_{p1}+V_{p2}"(A式)格式,或者是充当连动句的第二个动词,构成"Np+V_{p1}+V_{p2}"(B式)。在 A 式中,V_{p1} 中的 Vl 因某种原因虚化,从而可能成为介词。在 B 式中,V_{p2} 中的 V_2 虚化,从而有可能成为介词。否则,动词没有虚化为介词的基础或前提。可见,句法结构位置是诱发动词虚化为介词的基本前提。如"将"在先秦是动词,有"执持"义,一般只能用在主宾之间作谓语中心,如:"吏谨将之"。(《荀子》)这里的"将"只能是谓语动词。但先秦文献中也有少数"将"位于主语后另一个动词前的句子,如:"苏秦始将连横说秦惠王"。(《荀子》)汉代以后,"将"可以进入连动式第一个动词位置的句子多了起来,如:"于是即将雌剑往见楚王"(《搜神记》),"孙子将一鸭私用"(《朝野佥载》)。由于句子结构信息的安排,往往是旧信息或已知信息在前,新信息或焦点在后,这样,在汉语的连动句中,第一个动词往往是旧信息或已知信息,动词本身往往是表示伴随意义的动词,后一个动词才是句子的中心。"将"经常位于第一个动词的位置,往往是作为非中心动词来使用,这样,其意义开始变弱,变得不显著,从而开始虚化,当"将"经常或固定处于这一位置时,也就逐渐失去了词性,只起介引作用,成为介词。如:"欲往蓬莱山,将此粮充饥"(唐·寒山《诗三百三首》之三八),"强将笑语供主人,愁见生涯百忧集"(唐·杜甫《百忧集行》),"将金一埒赠与凡有上表及讼世者"(唐·韩偓《开河记》)。再如介词"向"是从古代汉语动词"向"虚化而来的,动词"向"有"面对"和"向……进军、前进"的意义,如:"河伯始旋其目,望洋向若而叹曰"(《庄子》),"上方向儒术,尊公孙弘"(《史记》)。汉代之前,"向……而……"常常连用,可以看作连动格式,如:"秦伯素服郊次,向师而哭。"(《左传》)汉代以后,"而"字常不用,"向……"经常直接用于主语后第二个动词前,这样"向"就开始向介词虚化,如:"西门豹……向河立待良久"(《史记》),"缪公……向三人哭曰"(《史记》),"菊花随酒馥,槐影向床临。"(南朝·梁·庾信《西门豹庙》)"葬父已了,欲向主人家去"(《敦煌变文集》)。当动词固定位于动词后位置时,由于语音弱化,词义的弱化或抽象化,也有可能虚化为介词,如"着(著)"在古汉语中有动词义"附着",如:

①今戾久矣,戾久将底,底著滞淫,谁能兴之?(春秋·左丘明《国语》)

②著粉则太白,施朱则太赤。(战国·宋玉《登徒子好色赋》)

③满脸石灰更着些黑道儿抹。(元·杜仁杰《耍孩儿》)

当"着(著)"用于动词后并且带处所词语时,就开始向介词虚化,介引表示动作完成后事物附着或到达的处所,如:

①犹如花朵缠著金柱。(古印度马鸣著,北凉昙亢谶译《佛本行经》)

②豫掩一灯,藏著屏处。(北朝·北魏·慧觉《贤愚经》)

上述两句中的"著"还附着有动词义,但已经弱化。六朝以后,动词后的"着(著)"进一步虚化,介词意味已经很明显了,如:

①可掷着门外。(南朝·宋·刘义庆《世说新语》)

②文若亦小,坐着膝前。(南朝·宋·刘义庆《世说新语》)

③埋着蓬蒿下,晓月何冥冥。(唐·寒山《寒山诗集》)

"向"位于动词后时,经常带处所宾语,也开始向介词虚化,如:

①各举兵还向京都。(晋·陈寿《三国志》)

②走向太原,追兵及之。(晋·陈寿《三国志》)

(二)语义变化引起动词虚化为介词

句法结构的变化和固定使得动词向介词虚化有了基础或前提,而实现这种虚化还需要动词词义泛化以至弱化、虚化。如"将、把"作为动词时都有"持、拿"的意思,但动词后的事物一般是具体的事物,或有能力"持、拿"的事物,如:

①乐只君子,福履将之。(春秋·无名氏《诗经》)

②君教出,行有律,吏谨将之无铍滑。(战国·荀况《荀子》)

③爷娘闻女来,出郭相扶将。(南北朝·无名氏《木兰诗》)

④操刀把杖以击之。(汉·王充《论衡》)

当"将、把"向介词虚化时,后面跟的宾语已经不限于具体事物,如:

①已用当时法,谁将此义陈?(唐·杜甫《寄李十二白二十韵》)

②然后将全章反复细绎玩味。(宋·朱熹《朱子语类》)

③读书须将心贴在书册上。(宋·朱熹《朱子语类》)

④莫把杭州刺史欺。(唐·白居易《戏醉客》)

⑤心自是个识底,却又把甚底去识此心?(宋·朱熹《朱子语类》)

当词义泛化,趋于抽象时,搭配对象扩大,虚化后的介词所带的宾语往往比动词时所带的宾语在意义类型上多样化。如"给"作为动词有"给予"的意义,宾语往往是受益者。虚化为介词后,搭配对象增多,有受益者,如:

给平儿拾鞋也不要。(清·曹雪芹《红楼梦》)

有只表示动作行为涉及的对象的,如:

①这早晚才来,还不给你姐姐行礼去呢!(清·曹雪芹《红楼梦》)

②还不给我坐着呢!(清·曹雪芹《红楼梦》)

引进主动者,句子表示被动,如:

你只好生收着罢,千万别给他知道。(清·曹雪芹《红楼梦》)

"向"作为动词上文说过,主要有"面对"、"向……前进、进军"的意义,虚化为介词后词义泛化,搭配能力增强,可以介引方位或处所,如:

①见几个妇女向台儿上坐。(杜仁杰《耍孩儿》)

②掇过妆台去,向面盆内洗手。(明·兰陵笑笑生《金瓶梅》)

可以介引到达的处所,如:

夜至三更,不令人见,遂向南廊下中间壁上题作呈心偈,欲求于法。(唐·慧能《六坛祖经》)

可以介引经由的处所或来源,如:

①香从辛里得,甜向苦中来。(明·冯梦龙《喻世名言》卷三十三)

②日期满足才开鼎,我向当中跳出来。(明·吴承恩《西游记》)

可以介引方向,如:

①斋后向西南入谷逾岭行十五里,到大历法花寺。(唐·圆仁《入唐求法巡礼行记》)

②狄周寻向那里,催他起身。(清·西周生《醒世因缘传》)

可以介引动作行为所涉及的对象,如:

①此人向我道家中取食,不多唤人来捉我以否?(王重民等编《(唐)敦煌变文集》)

②他人未做工夫底,亦不敢向他说。(宋·朱熹《朱子语类》)

介词"向"还可以介引时间,如:

日日拾薪于晚后,朝朝采果向斋前。(王重民等编《(唐)敦煌变文集·妙法莲花经讲经文》)

第九章　助词的发展

　　助词是独立性最差、意义最不实在的一种特殊的虚词。附着在词、短语、句子后面表示某些附加意义。它可以用来表示各种语气,延长音节,可以使单词双音化,也可以表示语言单位之间的结构关系,甚至起断句的作用。助词是一个不可忽视的类别,因此,它历来受到经生、小学家、语法学家的重视。

　　助词按语法功能一般可分为结构助词(如"的"、"地"、"得")、时态助词(如"着"、"了"、"过")、语气助词(如"吗"、"呢"、"吧"、"啊")、比况助词(如"似的"、"一般"、"一样")、足句助词(如"之"、"于(於)")5类。如果按位置一般可分为语首助词(如"爰"、"越"、"伊")、语中助词(如"攸"、"其"、"兀")、语末助词(如"也"、"点"、"乎")3类。

第一节　上古时期汉语助词

一、殷商甲骨文中的助词

　　甲骨文中助词有"抑"、"有"、"于"等。如:

　　①翌选有正,乃壅田?(《甲骨文合集 9480》)(语中助词)

　　②癸亥卜,古贞:祷年自上甲至于多毓?(《甲骨文合集 10111》)(足句助词)

　　甲骨文中未发现严格意义上的语气助词。甲骨文表示语气往往用副词,如"不"、"弗"表示否定,"其"表示不定或委婉,"允"表示肯定语气的作用,但它们的位置一般放在动词前面。武丁晚期的卜辞中偶见有将表示语气的词放在句末的,如:

　　丙子卜今日雨不?(《殷墟文字乙编》435)

　　在甲骨文中只有两个句末语气助词"抑"和"执"。卜辞中的"抑"和"执"两者很接近。

　　"抑"有时出现在正反问句的前一分句末,与后一分句末尾的"执"相呼应,"……抑……执"表示疑问语气,可译为"……呢……呢"。如:

　　癸酉卜,王贞:自今癸酉至于乙酉,邑人其见方抑,不其见方执?(《甲骨文合集 799》)

　　"执"有时出现在正反问句的前一分句的尾,与后一分句末尾的"抑"相照应,构成"……执……抑"这样的句式,表示疑问语气,可译为"……呢……呢"。如:

　　辛酉卜,贞:有至今日执,亡抑? 亡。(《甲骨文合集 20377》)

　　有时,两个"抑"分别出现在构成正反对贞的两条名辞之末,表示疑问语气,都可译为

"呢";而"执"没有这种用法。如：

戊申卜：方启自南，其围抑？戊申卜：方启自南，不其围抑？(《甲骨文合集 20415》)

有时"抑"还出现在一个是非问句的末尾，表示疑问语气，可译为"吗"；而"执"无这种用法。如：

癸亥卜：小方不围今秋抑？(《甲骨文合集 20476》)

除此之外，有人认为卜辞中的"乎"、"才"、"不"也是句末语气助词，还有人认为卜辞中出现在句末的"不"是古汉语反诘问句所用的"否"的前身，这些说法都缺乏根据。

二、西周时期助词

西周汉语助词有结构助词如"之"、"所"、"者"、"厥（辝）"、"其"、"斯"、"惟"、"攸"等，语缀助词如"如"、"若"、"或"、"有"、"于"、"来"、"然"等，语气助词如"哉"、"则"、"兮"、"思"、"只"、"乎"、"且"、"胥"、"兹"、"远"、"其"、"而"、"止"、"也"、"矣"、"已"、"焉"、"而已"等。如：

①孟侯，朕其弟，小子封。(春秋·孔丘整理《尚书·康诰》)(结构助词)

②岂弟君子，民之攸归。(春秋·无名氏《诗经·大雅·泂酌》)(结构助词)

③临保我有周。(《毛公鼎铭》)(语缀助词)

④弗过，防之；从，或戕之。凶。(春秋·无名氏《周易·小过》)(语缀助词)

⑤[王]篏大正曰："钦之哉，诸正！"(周·无名氏《逸周书·尝麦解》)(语气助词)

⑥民言无嘉，憯莫惩嗟。(春秋·无名氏《诗经·小雅·节南山》)(语气助词)

三、秦汉时期助词

秦汉助词有"遹"、"曰"、"聿"、"言"、"於"、"云"、"员"、"薄"、"式"、"謇"、"塞"、"诞"、"忌"、"近"、"思"、"之"、"斯"、"彼"、"乃"、"元"、"惟"、"虽"、"侯"、"每"、"有"、"伊"、"繄"、"抑"、"宜"、"夷"、"亦"、"攸"、"猷"、"与"、"舒"、"舍"、"且"、"宁"、"迪"、"也"、"吴"、"焉"、"哉"、"兮"、"邪"、"者"、"耳"、"诸"、"而"、"然"、"期"、"安"、"如"、"胥"等。如：

①粤天辅诚，尔不得易定！(汉·班固《汉书·翟方进传》)(语缀助词)

②今楚王之善寡人一甚矣！(春秋·管仲《管子·霸形》)(结构助词)

③虽有田常、子军之臣，不敢欺也。(战国·韩非《韩非子·五蠹》)(结构助词)

秦汉汉语中语气助词，可分为两大类：一类是句尾语气助词；另一类是句中语气助词。

(一)句尾语气助词

按照语气的作用，可把西周汉语中的语气助词分为四大类，即感叹语气助词、祈使语气助词、疑问语气助词、陈述语气助词。

1. 感叹语气助词。表示感叹语气的，主要有"哉"、"则"、"兮"、"斯"、"思"、"只"、"乎"、"且"、"胥"等。

"哉"表示强烈的感叹语气，可译为"啊"、"呀"等。如"文王烝哉！"句尾加"哉"的感叹句，可将谓语前置，这样就显得感叹的情绪更为激越。如"永言孝思，昭哉，嗣服！"

"则"用于分句之末，表示感叹语气。可译为"啊"、"呀"。如："彼求我则，如不我得。"

"兮"用于句末或分句的末尾，起舒缓语气的作用，同时兼有抒发感情的作用，可译为"啊"、"呀"等。"兮"用于句末的例子如"既见君子，我心写兮！""兮"还可用于分句的末尾，如："念我独兮,忧心京京。"

"斯"用于句末或分句之末,表示咏叹,可译为"啊"、"呀"等。如"对越在天,骏奔走在庙,不显不承,无射于人斯!""天难忱斯,不易维王!"

"思"用于句末或分句之末,用于加强咏叹的语气。如"敬之敬之,天维显思"、"永言孝思,孝思维则"、"神之格思,不可度思,矧可射思"。

"只"用于分句之末,表示赞叹语气。如"乐只,君子! 天子命之"。

"乎"用于句子末尾表示赞叹语气。如"是究是图,亶其然乎!"

"且"在《诗经·邶风》中,可与"只"连用,如"其虚其邪,既亟只且"。"只且"被认为是两个近义词复合而成,用于句末,起加强咏叹的作用。在《诗经·小雅》中,语气助词"且"可单用,也用于句末,如"悠悠昊天,曰父母且"。

"胥"用于句尾或分句之末,表示一种咏叹的语气。

2. 祈使语气助词。表示或加强祈使语气的,有"哉"、"兹"等。用于祈使句末,加强命令、告诫、劝勉等语气,可译为"啊"、"吧"。

3. 疑问语气助词。这类语气助词表示或加强疑问语气,有"其"、"而"、"邪(耶)"、"欤(与)"等。

"其"帮助表达疑问语气的,可译为"呢"。"而"用于反问句末尾,帮助表达反问语气,可译为"吗"。

"邪"表示拟测未定的语气,用于带测度语气的是非问句、选择问句,有时也用于特指问句。

"欤(与)"的用法同"邪",用于是非问句时带有要求对方证实的语气,也可用于选择问句。

4. 陈述语气助词。有"止"、"也"、"矣"、"已"、"焉"、"而已"、"耳"等。

"止"用于句尾或分句之末,表示一种比较确定的语气,可译为"了"、"啊"、"呢"等。

"也"用于陈述句句尾,加强陈述语气,强调所陈述的内容或确认某种事情的真实性,可译为"啊"或不译。

"矣"用于陈述句句尾或分句之末,表示把已经或将要出现的新情况告诉人们。这是个动态语气助词,可译为"了"。

"已"作用与"矣"相近,但不相同。"已"表示"只能如此"这样的限止语气,可译为"了"或"啦"。

"而已"用于陈述句的句尾,表示限止语气,有"事实止于这种情况"的意思,可译为"罢了"。

"耳"用法比较单纯,有止此之解,相当于"而已"、"罢了"。

"焉"是一个有指代作用的语气助词,用于陈述句句尾,既表示"于是"的意思,又表示提示性的陈述语气。现代汉语中没有相当的词来对译。

(二)句中语气助词

西周汉语中的句中语气助词有"斯"、"兮"、"乎"、"也"、"焉"等。

"斯"用在语句主语之后,表示咏叹,也有表示停顿的作用,可译为"啊"、"呀"。

"兮"用于句中,有抒发感情的作用,同时表示停顿的作用,可译为"啊"、"呀"。

"乎"用于语句主语之后,表示语气在该处稍作停顿,同时也有强烈的感情色彩,可不译。

上古时期语气助词还可以连用,使整个句子的语气表达得更加生动细致。有两个语气词连用的,也有 3 个语气词连用的。这些语气词主要有:乎尔、乎来、乎哉、乎而、耳矣、耳也、耳哉、也夫、也且、也已、也邪、也乎、也矣、也者、也哉、焉尔、焉乎、焉耳、焉矣、焉哉、哉乎、已夫、已矣、已乎、只且、矣哉、矣夫、矣乎、而已矣、而已乎、也与哉、也已矣、也乎哉、焉耳乎、焉耳矣等。如:

①人生世上,势位富贵,盖可忽乎哉?(汉·刘向整编《战国策·秦策一》)

②若寡人者,可以保民乎哉?(战国·孟轲《孟子·梁惠王上》)

③而忧其瓠落无所容,则夫子犹有蓬之心也夫!(战国·庄周《庄子·逍遥游》)

④已矣哉!国无人莫我知兮,又何怀乎故都!(战国·屈原《离骚》)

⑤哀哉复哀哉,此是命矣夫!(汉·越壹《刺世嫉邪赋》)

⑥鄙夫可与事君也与哉?(春秋·孔丘《论语·阳货》)

⑦寡人之于国也,尽心焉耳矣。(战国·孟轲《孟子·梁惠王上》)

第二节　中古时期汉语助词

中古时期汉语助词除沿用上古时期一些助词外,还产生了一些新的助词。

一、魏晋南北朝时期助词

①将种前二十许曰,开出水洮,浮秕去则无莠。(北朝·北魏·贾思勰《齐民要术》卷一》)(语缀助词)

②刘作色而起曰:"使君如馨地,宁可斗战求胜?"(南朝·宋·刘义庆《世说新语·方正》)(结构助词)

③江水又东,经巫峡,杜宇所凿以通江水也。(北朝·北魏·郦道元《水经注·江水二》)(语气助词)

④市西有延酤、治觞二里,里内之人多酝酒为业。(北朝·北魏·杨衒之《洛阳伽蓝记·法云寺》)(结构助词)

⑤有县农行过舍边,仰视,见龙牵车。(晋·干宝《搜神记》卷三)(时态助词)

二、隋唐时期助词

①余禁所禁桓西,是法曹厅事也。(唐·骆宾王《在狱咏蝉并序》)(语气助词)

②玲珑玲珑奈老何,使君歌了汝更歌。(唐·白居易《醉歌》)(时态助词)

③欲趁寒梅趁得么?雪中偷眼望阳和。(五代·成彦雄《杨柳枝》)(语气助词)

④裴相公有一日微微地不安,非久之间便死。(五代·静、筠二禅师《祖堂集》卷四)(结构助词)

三、中古时期汉语助词演变情况

上古时期有许多语首助词和语中助词,如今文《尚书》就有以下一批语首助词:义、曰若、越、越若、诞惟、式、矧、载、洪惟、率惟、爽惟等;今文《尚书》中有些助词位于语首、语中两可的,如:无、其、不、思、攸、曰、厥等。这些助词在中古时期很多不用了。中古时期还产生了一些新的助词,如:许、已还、得、底、地、了、却、毕、竟、罢、着、过、看、取、将、么、那、者、休等。

语首助词通常称为发语词,它的主要作用在于表示叙事的开端,但有时也可能只是为调整节奏而加的衬字。语中助词主要作用于调整节奏,但也有少数是表示语气的。语末助词的主要作用在于表示语气,但也有少数只有调整节奏的作用,并不表示语气。

根据刘光明对魏晋南北朝的《颜氏家训》的统计,《颜氏家训》中的语末助词有 15 个,陈述语气助词有"也"、"矣"、"焉"、"耳"、"尔"、"而已"、"已"、"云"、"者"9 个,疑问语气助词有"乎"、"耶(邪)"、"欤"、"者"4 个,感叹语气助词有"哉"、"夫"两个。全部语末语气助词出现的次数为 738 次。"也",出现 395 次,表示判断 151 次,表示因果关系 17 次,表示对事物的确认 165 次,用于疑问句 20 次,祈使句 16 次,感叹句 11 次,表示业已变化的事实 15 次。"矣"共出现 78 次,表示"已然"语势 37 次,表示将然语势仅 1 次,表示"必然"语势 22 次,表示肯定语气 12 次,用于感叹句 6 次。"焉"共出现 21 次,表示直陈语气,还多少带有指点人注意的指示作用。"耳"共出现 97 次,表示相当于"罢了"的限止语气 24 次,表示肯定证据 64 次,表示事态的变化 9 次。"尔"共出现 12 次,表示限止语气 4 次,表示肯定语气 8 次。"而已"共出现 9 次,表示"罢了"。"已"仅出现 1 次,用于表示对所述事实的确信不疑。"云"共出现 4 次,表示对事情只作客观叙述,而不表示主观上的肯定与否定。"者"共出现 7 次,表示肯定。"乎"共出现 65 次,表示是非问相当于"吗"5 次,表示特指问相当于"呢"7 次,表测度问相当于"吧"4 次,表选择问相当于"呢"1 次,表反诘句相当于"吗"、"呢"45 次,表感叹相当于"啊"、"呢"3 次。"耶(邪)"共出现 10 次,表示反问语气 8 次,表示疑问语气 2 次。"欤"仅出现 1 次,表示疑问语气,并兼表感叹。"者"仅出现 1 次,与"何"配合,表特指问。"哉"共出现 34 次,表感叹 17 次,表反问 16 次,表疑问 1 次。"夫"共出现 3 次,表感叹。

《颜氏家训》中的语首、语中助词有"夫"、"盖"两个。用于句首,引发议论,"夫"共出现 29 次,"盖"共出现 3 次。"者"、"也"用于句中,均表示停顿语气。"者"共出现 78 次,用于判断句或陈述句的主语之后 33 次;"也"共出现 7 次。

《颜氏家训》中的结构助词共有"之"、"者"、"所"3 个。"之"共出现 668 次,用于定语和中心词之间,表示领属、修饰关系 591 次,用于主谓之间,取消句子的独立性,使句子变成词组 56 次,用于前置宾语和助词之间,作宾语前置的标志 6 次,用于主语和介宾词组之间,起强调介宾词组的作用 6 次,用于中心词和后置定语之间,作定语后置的标志 6 次,用于谓语和后置状语之间 1 次,用于时间副词之后,表示时间的持续等状态 2 次。"者"共出现 221 次,用于助词和形容词及其词组之后造成一个名词性成分"×者"218 次,用于数词之后 3 次。"所"共出现 164 次,用于动词及其词组之前用作名词化标记 145 次,用于介词之前 15 次,用于"副+所+动"4 次。

先秦时期的语气助词后代沿用甚久,从中古时期语气助词的使用情况来看,大体有如下趋势:①句子的语气越来越多地运用语调或副词来表达,而不仰赖于语气助词的使用。②判断句和叙述句减少了语气助词的使用,而感叹句、祈使句增加了语气助词的使用。③疑问语气助词的使用渐趋集中,主要用"邪"或"也",很少用"哉",不见用"欤"。这套语气助词不仅沿用至中古时期,而且沿用至明清时的文言中,实际上,从唐代开始,口语中语气助词的使用已经发生更迭变化,表示陈述、疑问、祈使、感叹的语气逐渐换用一套新的语气助词。

中古汉语助词承继了上古汉语助词,其中,语首、语中语气助词和结构助词在功能和用法上没有什么发展和变化,而语末语气助词则在承继中有变化,在沿袭中有发展,显示出一种新旧交替共融的过渡性质的语气助词的状态。第一,语末语气助词的使用频率有所下降,根据孙锡信、刘光明的统计,《论语》每万字使用语气助词 501 次,《孟子》507 次,而《颜氏家训》只有 175 次,这主要是判断句和叙述句减少了语末语气助词的使用。很多在上古经常使用的助词在中古都少用了,如晋干宝的《搜神记》、北魏杨衒之的《洛阳伽蓝记》、南朝宋刘义庆的《世说新语》等书中均不见"欤"和"夫"的运用;《洛阳伽蓝记》未见"已"、"云"用例,《搜神记》中"云"出现 4 次,"已"未见用例,《世说新语》中"云"出现 1 次,"已"出现 3 次。在整个中古时期,"云"、"已"已走向衰落。第二,语气助词的承用具有一定的选择性。"乎"在上古可用于疑问和感叹,最常见的是用于是非句,而在中古时期主要用于反诘语气。上古汉语中,"也"用如"矣",表示业已变化的事实或将要发生的情况的语例极其罕见,而到了魏晋南北朝,这种情况开始发生改变,《颜氏家训》中"也"用如"矣"共 15 次,占"也"总次数的 3.8%。在上古汉语,"耳"用如"矣"极为罕见,而到中古汉语,"耳"渗透到"矣"的语域已不足为奇,如《颜氏家训》中"耳"用如"矣"表示事态的变化共 9 次,占 9.28%。第三,语气助词在承传中形成较为明晰的分工。上古汉语语气助词的使用还未完全定型,语气助词彼此的语用界限还未完全分清,语用特征也较模糊。到中古时期,语气助词的分工则较为明晰。如"也"主要用于表示判断、肯定语气,"矣"主要用于陈述"已然"或"将然"出现的事实变化,"也"、"矣"分工开始明确。"哉"在上古时期可以表示反诘、疑问、感叹等多种语气,而到了中古时期,其主要功能则表示反诘和感叹语气。"耶(邪)"主要表示反诘语气,"焉"则一直用于表示直陈语气。

第三节 近代时期汉语助词

近代汉语助词主要有:了、却、著、过、将、助、的、个、底、地、也、矣、焉、已、耳、尔、手、哉、邪(耶)、哩(里)、在、无、价(家、假、加、介)、不倸、不沙、的这、的那、得这、可兀的、落可便、落可的、落可也、兀良、也波、也么、也不、也儿、也著也、也者么、唎、啰(罗)、也啰、罢了、罢唎、罢么、便了、有、有未、着哩(里)、着呢、的的呢、着的哪、么、吗、那、么那、呢、沙、眇、来、者、着、咱、只、则、则个、罢、波、啵、吧、者波、呵、阿、啊、嘎、哇、呀、煞也么哥等。

一、宋元时期的助词

①惟近年改了一字。(宋·程颐、程颢《二程语录·刘书》卷十)(时态助词)

②除却弑父与君,皆为之。(宋·程颐、程颢《二程语录·遗书》卷二三)(时态助词)

③理只是人理,甚分明,如一条平坦底道路。(宋·程颐、程颢《二程语录·遗书》卷一八)(结构助词)

④借问喧天成鼓吹,良自苦,为官哪!(宋·辛弃疾《江神子》)(语气助词)

⑤呀,真个下雪了,有这等异事。(元·关汉卿《感天动地窦娥冤》第三折)(语气助词)

二、明清民初时期的助词

①那老军猛然惊觉,麻麻糊糊的睁开眼。(明·吴承恩《西游记》第七十八回)(结构助词)

②老妈怠慢着他些儿,他暗暗把阴沟内堵上个砖。(明·兰陵笑笑生《金瓶梅词话》第十二回)(时态助词)

③那瘦子说:"想是了了事了罢咧。"(清·文康《儿女英雄传》六回)(语气助词)

④他老子是举人,早死了。(清·蒲松龄《聊斋俚曲集·姑妇曲》)(时态助词)

三、近代汉语助词演变情况

(一)结构助词的发展

结构助词是在词语中起组合作用,表达结构关系的词。

结构助词又分两小类:一类是表示领属关系或修饰限制关系或补充关系的,另一类是构成名词短语的。

1. 表示领属关系、修饰限制关系或补充关系的结构助词。西周时期,这一类结构助词有"之、厥、其、者、斯、惟"等。到《吕氏春秋》又增加了结构助词"是"。我们查阅先秦其他典籍,发现先秦时期的结构助词除上述外还有"于、则、而、以、焉、为、来、实、或、彼"等。南宋以后,这一类结构助词又添了"底"、"的"等。

2. 构成名词性短语的结构助词。

(1)"攸"结构。西周时期,"攸"用于动词之前,与动词组成一个名词性短语。如《尚书·大诰》:"予曷敢不于前宁人攸受休毕。"

(2)"者"结构。汉语的"者"结构可能脱胎于动词或形容词用如名词这一语言现象。先秦两汉以来,随着长篇巨制的不断涌现,人们必须细心琢磨才能明白这些词或词组的特殊词汇意义和语法作用。今文《尚书》中没有结构助词"者",却有类似"者"结构的语言现象。《左传》"者"出现了566次,其中作为结构助词就有457次。而《史记》"者"的使用频率是8.4‰,可见"者"从无到有,渐次递增。

(3)"所"结构。《左传》中"所"共出现463次,其中416次为结构助词。"所"作为结构助词最常见的用法是与动词或动词短语组成结构,"所"在其中的作用是改变动词或动词结构的性质使它具有名词的功能。其次是组成[所·介词·动(宾)]结构,"所"先和介词结合,再和动(宾)结合,组成名词性短语。

(4)足句助词。有些虚词,并没有什么实际意义,只是为了语言节奏的需要,把它放在句子里。这类虚词可称之为足句虚词。这里讲"之、于"二词。

A."之"。有些"之",形似介词,其实不是介词,而是"语助"。所谓"语助",也就是我们所谓足句虚词。这又可以细分为10种情况:①古代人的姓和名中间可以加"之"作为语助。②主语和谓语的中间可以插进介词"之",变为名词性词组。③状语及其所修饰的中心语中间,本来用不着"之"为介的,这种"之",也只能认为是"语助"。④状语后置。⑤"其"后使用"之"。⑥数量词放在动宾结构后面,"之"出现于它们之间。⑦用在专名与类名中间。⑧唐宋以后,在辞赋骈文中还出现一种新语法,定语后置,以"之"为介。⑨数量词放在名词前面,"之"用于二者之间。⑩"之"放于不及物动词后面。

B."于"（於）。有些"于"（於），形似介词，其实不是介词，而是"语助"。介词"于"（於）的作用，主要是表示处所，而作为语助的"于"（於）并不表示处所。

助词中时态助词出现得最晚，它们最初都是一些实词，具有实实在在的词汇意义。在长期的使用过程中，它们在句中的作用逐渐起了变化，由实词变为虚词，在句中表达动作或事件的某种状态，如完成、进行、将来等。在《二程语录》中，近代汉语中常见的动态助词都有体现，如"了、却、著、过、将、取"等。《朱子语类辑略》中还有"看、得、去"等。《聊斋俚曲》中"的"还作为动态助词出现。

（二）"了"

从表示"完结"意义的动词"了"演变而来，表示完成和变化的叙述语气。语气助词"了"只能用于句尾，可用于所有实词后。据刘坚、江蓝生等学者的研究，"了"的虚化是从中晚唐开始的，且只出现在韵文中，散文中是不多见的。曹广顺根据近代文献资料讨论语气助词"了"的源流，认为语气助词"了"的形成大致分为三个阶段：①魏晋前后，表示完成义的动词"了"开始进入"动＋宾＋完成动词"格式，用于表示完成貌。②唐代是语气助词"了"形成的重要阶段，发生了一些有重大影响的词汇、语法变化，"动＋宾＋了"的大量使用，使这一格式逐渐有了用在句末的自由，为语气助词"了"的结句功能占据了相应的语法位置。而"动＋了＋宾"和"动＋却＋宾＋了"格式为助词虚化为语气助词提供了必要条件。③宋代，3 种格式使用的普及促使语气助词"了"最终形成。在南宋中晚期朱熹的语录中，"动＋了$_1$＋宾＋了$_2$"格式也开始出现。这一格式的出现，标志着语气助词"了"的最终形成。

（三）"里、哩、呢"的来源与发展

"里"表示申辩、夸张的语气。语气助词"里"在五代时的变文中已经见到一些用例，宋代时运用更多。"里"后来改写作"哩"。"哩"、"里"只是同词异字，二者曾一度并存。"哩"一直沿用至今，而"里"从明代开始已不见运用。

明末出现"哩"、"呢"混用的现象，到清代，"哩"大多改写成"呢"，但"哩"并未消失。

"呢"的来源。这是一个比较复杂的问题。按"呢"的语法功能的不同，语法学界通常把"呢"分为表疑问的和表夸张的两个。

从语音和用法对应关系看，表疑问的"呢"最初应该来源于上古时期用于句末表疑问语气的"尔"。"聻"则是现代汉语疑问语气助词"呢"的前身。《祖堂集》中的"聻"也作"尼、你"等，主要用在特指疑问句中。到宋代"聻"在特指疑问句的用法仍是主要功能，但也开始出现用在设问句中。元代杂剧开始出现"呢"，明末清初小说出现为数不多的表疑问的"呢"，主要用于特指问用法。

表疑问的语气助词"呢$_1$"的来源大致可描绘为：那、聻（唐、五代）→哩（宋、元、明）→呢、哩（清代）→呢（现代）。

表非疑问的"呢$_2$"来源是：里（唐、五代）→哩（宋、元、明）→呢、哩（清代）→呢（现代）。

呢$_1$和呢$_2$在汉魏六朝文献中同用一个"尔"，它们的分工是在唐五代之后出现的。但是在唐五代之后所能见到的文献中，呢$_1$和呢$_2$的混用现象又是很多见的，甚至可以说"呢"系列演变的历史上，没有一段时间是严格区分的。元代之后呢$_1$和呢$_2$的用字重归统一。

"呢"的来源："呢"的最初形式是"那"。"那"最初用于夸张语气，这种"那"一直沿用到元曲里。在元曲里"那"作为语气助词，又用来表示疑问和反诘。

"呢"的另一个来源是"哩"。"哩"大约产生在13世纪左右。在元代已经普遍应用了。"哩"的较早形式可能是"里"。据吕叔湘考证，唐宋时代有个语气助词"在里"，宋人多单言"里"。"哩"就是"里"的另一个写法。在元代，"哩"主要是用来表示夸张语气。在元曲里，"哩"有时候也用来表示疑问或反诘。在元曲用"哩"表示疑问语气的地方，"哩"都可以用"那"来代替。《水浒传》里的"哩"只表示夸张语气，不表示疑问语气。到了《西游记》里，"哩"既可以表示夸张语气，又可以表示疑问语气。现代汉语普通话里用"呢"不用"哩"。"呢"的出现似乎也应该推到元代，但是只有少数例子，而且是不完整的句子。到了《西游记》里，"呢"也偶尔出现，也是不完整的句子。到了《红楼梦》里，"呢"完全接代了"哩"的两种语气，既可以表示夸张，又可以表示疑问或反诘。

近现代汉语中表示疑问语气的"呢"相当于古汉语的"尔"。"尔"的特指问用法延续到六朝时期。五代时起到北宋，出现了个"聻"，有时记作"尼"或"你"用于承前问和特指问。至元代时又用"呢"形代替了"聻（你、尼）"。

（四）"的"

"的"表示确认和强调的语气。"的"用于句末表示语气始于元代，明代时已经普遍使用。清代以后，"的"的这种用法更多，而且沿用至今。

（五）"来、来着"

这两个语气助词中"来"先出，"来着"是"来"发展出来的形式。"来"本是动词，即"来去"之"来"，因常用动词后，而且处于句末，故虚化为助词。"来"早在先秦时已有虚化迹象，最初语气助词"来"多用于祈使句中，相当于"吧"。用于陈述句中表示陈述语气的"来"在晚唐五代时已见运用。到宋元时期，语末的"来"运用已经相当普遍，运用呈现多样化的态势，可用于陈述句和疑问句。明代"来"的用途专一化了，专用于已然的事实。

（六）"无、么、吗"

现代汉语中的"吗"来自"么"，而"么"来自否定词"无"。唐代开始"无"可用于句末构成反复句。用于句末的"无"还不能看作纯粹的疑问语气助词，仅仅因为它可用于句末，故兼有表疑问语气的作用。以为"无"变成"么"、"磨"、"摩"，失去否定的含义，才变成为纯粹的语气助词。"么"等在中唐时已出现，五代时运用颇多。宋代以后这个语气助词在字形上趋于统一，多作"么"。宋代"无"尚未绝迹，可以肯定的是到元明时期，"么"已独步一时，"无"已不见踪迹。"么"一直沿用到清代，清代"么"又可记作"吗"。

（七）"那"

"那"用于疑问句是从"那"表示"奈何"义发展出的用法。《左传》中表"奈何"义的"那"不限定用于句末，但用于句末的很自然地带上疑问语气，不过还不是后来用于特指问或选择问的语气，而是反诘语气。元代时"那"用得很多，可表示特指问语气，也可表示选择问语气，还可用于表示夸张、感叹的语气。不过，这个"那"和现代汉语的"哪"并没有源流关系，"哪"是"啊"音变产生的语气助词，读轻声。

（八）"否"

"否"是《朱子语类辑略》中常见的疑问语气助词。如：

①岂孟子亦有战国之习否？

②如此，莫於道体有异否？

③其所谓知,正指此心之神明作用者否?

《朱子语类辑略》中的"否"有否定词和语气助词两种用法。这两种用法的"否"都只用于疑问句。

(九)"者、著、咱、则个"

语气助词"者"不用于句中,只用于句末,且用于助词或动词性词组之后,表示命令或要求的语气。"者"的这种用法是从唐代开始的。宋元时期,沿用"者"作为语气助词,直到明代仍有运用。

"著"从"者"得声,音甚相似,用于句末时语法作用也相当。"著"表语气在唐代已经开始运用,五代时已相当普遍。宋人沿用了这个语气助词,但元代反而少见。

"咱"用作语气助词多见于金元时期,不过上溯文献,宋代亦已偶见用例。

"则个"恐怕是"咱"音变而形成的形式。"咱"分化为两个音节,记录下来即为"则个"。这种语音变化可能是方言的作用。"则个"最早见于宋代文献,尤其多见于宋元明平话小说。

(十)"后、呵"

"后"为语气间歇之用,见于五代。宋代也有用例。在金元时仍沿用。不过宋人已经开始用"呵",元人更多的是使用"呵","呵"当是"后"音变而代兴的语气助词。"后"多半用在假设语气,而"呵"多半表示感叹或停顿。

(十一)"阿、啊、呀、哪、哇"

元代除了"呵",还有"阿","阿"与"呵"有共同之处,如都可用于呼语。很可能"呵"的声母弱化脱落后成了"阿"。"啊"是"阿"的后起字,在"呵"、"阿"并存时,"呵"的用途比"阿"宽泛;但"啊"出现后,显然兼顾了"呵"、"阿"的用法:不仅用于呼语和句中停顿处,而且更多的是用于句末感叹语气。"啊"是在清代开始运用的。"啊"受上字尾音影响可音变为"呀"、"哪"、"哇"。"哇"是清代才出现的,"呀"、"哪"在清代以前就已有运用。"呀"在元明时已使用。"哪"这个字在宋代已见个别用例。

近代汉语助词承用了上古、中古汉语的助词,但也发生了很大的变化,语末语气助词的运用已逐渐程式化、定型化,如"耳"、"矣"、"也"、"焉"等用于传信,即用于决定、陈述、论断事实;"欤"、"哉"、"耶"、"乎"等用于传疑,即用于咏叹、询问,兼具感情。而且,语末语气助词的使用量显著减少,除了"也"使用最广、最久,直到明初还在沿用外,"矣"、"欤"、"耳"、"乎"、"哉"、"焉"等语末语气助词在宋以后的文献中寥寥无几,趋于消亡,绝大多数已换用唐五代以后新产生的语末语气助词了。如陈述语气助词"的"、"啰(也啰)"、"唎"、"有"、"罢了(罢唎)"、"便了"、"有来"、"有呢"等,用在陈述句末,表示判断、肯定、同意等语气。宋代出现"哩",用于疑问句只是个别例字,而到元代后广泛应用起来。语气助词"呵"始见于宋代,元代又写作"阿",明清开始写作"啊"、"嘎"、"哇",用在句末,表示催促、疑问、感叹、辩解等语气,用在句中,表示呼唤或停顿。沙(吵、嗏)出现于宋代,元明应用得多些,用于句末,表示疑问、揣测语气,用于分句末,表示停顿、假设或条件等。语气助词"呢"出现于元代,到清代广泛应用,完全取代了"那"和"哩"的用法,表示疑问语气。"呢"出现于元代,直到明代,仅用于极少数疑问句,到清代,肯定句和疑问句都用。清代出现的"吗",用于是非问句或反诘问句。这时期除了继续使用"云"、"者"、"所"等助词外,还出现了"地"、"底"、"个"、"得"等助词。

第四节　现代汉语助词

一、助词的分类

根据助词所起的作用和所表示的意义的不同,助词大致可分为 7 类:

(一)结构助词

的、地、得,都是"de",在书面上写成"的"、"地"、"得"3 个,这可以使书面语结构关系更清楚。"的"短语概括性较大,相当于一类的人或事物。

(二)时态助词

着,了,过;来着,来。时态助词主要表示的是"体"(aspect),而不是"时"(texase)。"时"和"体"是一对既有联系又有区别的语法范畴。"时"可以分为"过去"、"现在"和"将来"等,"体"可以表示一般、进行、实现、经历等。汉语的时态助词往往还可以兼表"时"。"来着"、"来"都表示不久前刚发生的事,多用于口语,接近于英语的现在完成体。"来着"用在句末,一般表示不久前发生的事情,偏重于肯定动作行为。

(三)比况助词

似的、似地、一样、一般、般、样。比况助词必须同所附着的词、短语一起组成比况短语,要充当定语、状语、补语,有时也可以充当谓语。

(四)表数助词

第、初、老、来、把、多、上下、左右、开外。

(五)列举助词

等、等等、云云、的、什么的。

(六)限定助词

们、被、给、连、的话、看。"给"用在动词前面,表示加强语气,是个口语色彩较浓的助词,"连"用在名词性、动词性、形容词性词语前面表示强调,说明事实和情理的矛盾,谓词前面用"也、都、还"与之相呼应。"们"主要表示群体复数的,还可以表示连类复数,表示同类的人。"们"还可以用在专有名词后面表示比况复数。

(七)语气助词

有部分人把语气助词摒弃在助词之外,要语气助词单独成一语气词,我认为语气助词仍应在助词范围内。

从所起的作用看,现代汉语语气助词可分为典型语气助词和一般语气助词两类。典型语气助词就是那些使用频率特别高分布领域比较广,所表语气相对复杂的那几个语气助词。一般语气助词就是指那些使用频率比较低,分布领域比较狭,所表示语气比较简单的那些语气助词。

1. 典型句末语气助词的用法。现代汉语中,常用的语气助词有"的、了、呢、吗、吧、啊"6 个。但这 6 个语气助词的用法相当复杂,基本涵盖汉语语气助词的各种用法。

(1)"啊"在不同的语境中可以分别读成阴平、阳平、上声、去声 4 种不同的声调,受到前一音节的影响,可以分别写作"呀、哇、哪"等。"啊"用在陈述句句末可以起到加强解释、提醒、申明等作用,同时还兼有延缓语气的作用。用于疑问句句末,具有强化疑问的功能和舒缓语气的作用,尽管在不同类别的疑问句中,所起的作用强弱并不完全一致。用于感叹句句末,加强请求、劝告和命令的语气,用于祈使句末,加强感慨和惊叹的语气。

(2)"吧"主要表示说话人对自己的看法不很肯定,在不同的句类中其揣度性语气的强弱并不相等。在陈述句末,表示叙述不很肯定;在疑问句末,希望对方给予证实;在祈使句句末,可以使请求、命令、劝告、催促等的语气略为舒缓一些。

(3)"吗"是一个典型的疑问语气助词。"吗"在疑问句中的基本功用就是突出疑问焦点,强化疑问语气。从"吗"所可以附着的疑问句的形式类别看,主要用于是非问句句末。也可以用于反意问、回声问。从"吗"所附着的疑问句的疑问程度看,既可以用于疑问度为百分之百的真性疑问句,也可以用于疑问度为零的假性疑问句,也可以用于介乎两者之间的其他各种疑问度的疑问句。

(4)"呢"既可以用于疑问句,也可以用于陈述句;既可以用于句末,也可以用于句中。用于疑问句时"呢"主要用于特指问、选择问、正反问,一般不能用于是非问。"呢"在疑问句中其实并不真正负担疑问信息,其主要功用在表示一种深究的语气,同时还兼有指明焦点的作用。同样,"呢"也可以用在没有任何疑问信息的反问句。"呢"直接跟在一个体词或体词性短语后面,可以构成一种特殊的疑问句。主要有两种功用,一种是问该人或该物的处所,如"车呢?"一种是问对策,如"我们决定弃权了,你呢?"

(5)语气助词"的"用于陈述句句末,主要用以加强对事实的确定和未来的推断,表示一种明白无误、显而易见的语气。语气助词"的"常和副词"是"配合使用,如"问题是明摆着的"。"的"有时也可以用在疑问句和感叹句的句末,以加强对疑问点和感叹事实的确定,如"你是怎么搞的"。

(6)语气助词"了"用于陈述句句末也可以表示对已然事实的确定和推断,但与"的"不同的是"了"重在报告一个新的情况,如"稿子已经交给他们了"。"了"附在名词和名词性短语的后面,表示一种新情况的出现,如"春天了"。"了"有时也可以用于疑问句和感叹句句末,以加强对作为一种新情况的现象的疑问和感叹,如"你读几年级了?""这儿风景可美了"。

2. 一般句末语气助词的用法。双音节语气助词都是一般语气助词,主要有:也好、也罢、似的、的话、着呢、便了、罢了、而已,不可、不成、不行等,三音节只有"就是了"一个。

(1)"也好"、"也罢"这两个词都是连词和语气助词的兼类词。凡是成对使用的都是连词,单用的则还是语气助词。语气助词"也好"、"也罢"表示容忍语气——对某种措施、办法、行为、观点等虽然不满意,但既然已经存在也就算了。

(2)"着呢"一般只能用在性质形容词的后面,对该形容词进行量的强调,带有夸张的口气。

(3)"便了"多用于早期白话,表示肯定和应允的语气,略等于"就是了"。

(4)"似的"用于小句或句子后面表示委婉语气。

(5)"的话"是连词兼语气助词。凡是用在句末,用于帮助表示假设的"的话"是连词。语气助词"的话"常用在"哪里"、"哪儿"的后面。

(6)"罢了"、"而已"、"就是了"这 3 个语气助词都含有把事情往轻里说的意味,对前面的陈述有所减轻和冲淡。常同副词"不过"、"只"、"无非"等配合使用。

（7）"不成"还可以用于反问,常同"难道"、"莫非"配合使用。

单音节语气助词除去6个典型语气助词,一般语气助词主要有:嘛、哩、啦、么、喽、呗、咧、哟、呐、哕、咯等。

"嘛"确认事实,加强肯定,引出话题,提醒注意。

"哩"略带夸张地确认;可用于陈述、感叹、祈使。带有北方方言和口头语色彩。

"哟"用于祈使,加强感叹。

"呗"显而易见,无须多说;不很介意、不成问题。

"啦"说明新情况,舒缓疑问、祈使、感叹语气。是"了"和"啊"的合音词。

"喽"表示肯定和确认的语气。带有北方口语色彩。

试举例句如下:

①然而他所据以缀合,抒写者,何一非社会上的存在,从这些目前的人,的事,加以推广,使之发展下去。（鲁迅《答徐懋庸关于抗日统一战线问题》）（结构助词）

②我最恨小偷,每逢逮着就打个半死。（王朔《枉然不供》）（时态助词）

③他说:"离敌人越近,越觉着打得过瘾,解恨。"（魏巍《谁是最可爱的人》）（结构助词）

④小妞子也要出来着,被她的妈扯了回去。（老舍《四世同堂》）（时态助词）

⑤敌军攻占大场以后,又占领了江湾、闸北、真如,我军伤亡惨重,具体数字正在统计中。（周而复《南京的陷落》）（时态助词）

⑥一望无际的黄土地上,火似的沉甸甸的高粱的红穗在风里摇晃。（臧克家《毛主席向着黄河笑》）（比况助词）

⑦萧黄老当时二十来岁,也被庇护于此。（刘心武《链中一环》）（表数助词）

⑧要不然,有几位大师在前面光彩着,河姆渡再晚个千把年展示出来也是不慌的。（余秋雨《乡关何处》）（表数助词）

⑨大概说她一向致力新闻事业,不问政治,外界关于她的传说,全是捕风捉影云云。（钱锺书《围城》）（列举助词）

⑩那件衣裳不小心叫河水给冲走了。（铁凝《哦,香雪》）（限定助词）

⑪但是,杨杨在机关内,唯一能够倾吐内心,而不被嘲笑的,也就这个黎芬了。（李国文《情敌》）（限定助词）

⑫魏占奎说:"我们几个人去看一下好了! 要有的话,我们自己收拾一下!"（赵树理《三里湾》）（限定助词）

⑬他不是常送给妞子饼干、面包来着吗? （老舍《四世同堂》）（语气助词）

⑭他的话也就大可置之不理了罢。（鲁迅《华盖集·"碰壁"之余》）（语气助词）

⑮从倚着靠椅打盹的老板身上取走钱柜钥匙,取下名牌手表,老板熟睡如泥浑然不知,经商之疲惫,之艰辛是否也能从中窥见一斑呢? （洪国斌《乍浦路上的老三届》）（语气助词）

⑯派百把人进来,也能容得下哩吧? （柳青《创业史》）（语气助词）

⑰我乐了,若是给我百把斤柿饼,我也不可能有车,怎么从那深山老林里背回北京呀。（李国文《爱之极》）（语气助词）

⑱想想看吧,德胜门关厢的监狱不是被我们的游击队给砸开了么? （老舍《四世同堂》）

（语气助词）

王力说："总起来说，汉语语气词的发展有一个特色，就是上古的语气词全部都没有在口语里留传下来，'也、矣、焉、耳、乎、哉、欤、耶'之类，连痕迹都没有了。代替它们的是来自各方面的新语气词。譬如说，有来自语尾的'的'，有来自词尾的'了'，有来自否定词的'无、么（麼）'，有来自夸张语气的'那、哩'的'呢'。近代汉语还有一些新兴的语气词，如祈使语气用的'罢'（吧）和用途越来越大的'啊'及其变音'呀、哇、哪'。"（《汉语语法史》，商务印书馆，1989 年，P321）

二、现代汉语助词演变情况

（一）助词"的"的形成与发展

助词"的"的形成可以说和"底、地"的用法有关。"地"和"底"是近代汉语中新产生的两个结构助词。太田辰夫认为，结构助词"地"是从实词的"土地"、"场所"发展到表示动作或状态存在的环境，再发展到副词性的修饰语（暗的地方→在暗的地方→暗暗地）。从已有的成果看，作为结构助词的"地"在魏晋南北朝的文献中虽然已经出现，但大量被使用应该是晚唐五代时候。"底"作为助词出现的时间比"地"晚一些。宋代是结构助词"地"和"底"进一步发展、完善的时期。二者逐渐分工，"地"限于作状语和谓语，"底"主要作定语。这样的分工持续了很短一段时间，在南宋和元代，二者又开始混用。

助词"的"的出现与语音变化有关。在宋代文献中已经可以看到"的"，起初它只是代替"底"构成体词性结构，依照梅祖麟的研究，到了元代中叶，"的"最终取代了"底"。同时出现了"的"取代"地"的例子。元代之后"的"的位置的移动，使语气助词"的"具有形成的条件。

助词"的"的形成发展脉络大致为"实词'地、底'→结构助词'地''底'→结构助词'的'→语气助词'的'"。

（二）助词"吧"的形成与发展

现代汉语中表示祈使、忖度语气的"吧"，运用历史不长，是受"吗"、"呢"、"啊"之类影响新造的形声字，在清代以前一直写作"罢"。语气助词"罢"最早见于宋元时期的话本小说中，在可确定为宋代的作品中未见此"罢"，很可能"罢"是在元代出现的。明代以后至清代，一直沿用"罢"表示命令、要求的语气。由要求的语气可引申出商量、忖度的语气。

"吧"据太田辰夫考察，这个字从使用的时间看，历史是不长的，是"民国以后使用的，清代以前写作'罢'"。历史上的承继比较单一，却具有相当复杂的语气意义，这是"吧"与其他语气助词相比较为特殊的地方。

"罢"原来是述语性的。"罢"用于句末完全丧失了陈述的功能，成为单纯表示语气的了。语气助词"罢"在宋代的语料中很难见到，元明之后才逐渐增多。语气助词"罢"形成之初，大多用在陈述句中，在说话者的决断之话的末尾，表示决断、决定的语气。当说话人的动作、行为的决定牵涉到他人时，"罢"便带有些商量语气，语气开始有些委婉。虽然商量语气的"罢"是在决断语气"罢"的基础上产生的，但两种"罢"出现和运用似乎是同时的。商量的语气可以说是祈使语气的开始。除商量的语气外，表示要求、催促、命令的语气在"罢"初步形成阶段也能经常见到。到了明清时期，语气助词"罢"表示请求、催促、命令等语气的用法继续扩展，形成了大量出现"罢"的祈使句。

冯春田认为,如果说话人所表达的某种意思属于揣测,而又相信这种揣测是对的,这时候用"罢"便成为了揣测语气,早期大都用在表示肯定的场合。

太田辰夫认为,在清代时"罢"才开始大量地用于问句中,包括是非问句、特指问句、反问问句。

明清时期,助词"罢"已有运用于句中的例子,开始表示语句停顿,引出下文。

助词"吧"取代"罢"有一个发展过程。而这种严格意义上的取代至今没有完成,因为到目前为止"罢"仍在出现,现代汉语大型工具书中,"罢"仍作为句末语气助词被收录。从历史的发展考虑,"吧"取代"罢"的过程可分为 3 个阶段:①"吧"开始出现的阶段。②"吧"、"罢"混用的阶段。③"吧"基本取代"罢"成为"正字"的阶段。

据孙锡信考察,"吧"出现的时间是清代中期。到了 19 世纪"吧"的运用还不很普遍。但到了 20 世纪初写成的小说中"吧"的运用已十分平常。同时期的《孽海花》里,语气助词"吧"的出现几乎已囊括了"罢"的所有用法。不过此时的"罢"也在使用,"吧"、"罢"并存局面持续了很长一段时间,如鲁迅的绝大多数作品中还用的是语气助词"罢"。"吧"完全取代"罢"成为"正字"应该在 20 世纪 50 年代初。这和当时进行汉字的整理、汉语的规范化工作有关。

(三)现代汉语语气助词"哩"、"么"、"吗"、"吧"、"罢"的起源

1. 由"未"、"无"到"么"、"吗"。"么"来源于否定副词"未",因常常在句末,便虚化为语气助词,最早见于汉代作品。南北朝因沿用这个用法,后因声相近变作"无"或"么"。在宋元话本里,完全作"么"。后沿用至今。

2. 由"夫"到"吧"。由此可见,现代汉语的语气助词,表面上似乎跟古汉语完全不同,实则仍多来自古代。

3. 古今疑问语气助词不能成为简单的对应。王力将上古 4 种疑问句——纯粹传疑(乎)、纯粹反诘(哉)、要求证实(与、邪)、要求选择(乎、与、邪)和现代汉语的疑问句进行对应:

①纯粹传疑(乎),在现代汉语里往往用正反并列法。这种正反并列法的来源很早。在上古用"乎"的地方,现代也可以用"吗"、"呢",没有疑问代词或疑问副词的时候用"吗"。有疑问代词或疑问副词(包括反诘副词)的时候用"呢"。

②纯粹反诘(哉),在现代汉语里用"呢"。

③要求证实(与、邪),在现代汉语里用"吗"。在《庄子》等书里,有些"邪"是表示纯粹传疑或反诘的,当句中有疑问代词或疑问副词的时候,译成现代汉语就不是"吗"而是"呢"。

④要求选择(乎、与、邪),在现代汉语里用"呢"。

由此可见,"吗"和"呢"的分工不等于"乎"和"哉"的分工,也不等于"乎"和"与、邪"的分工。"吗"是独立性疑问语气助词,没有疑问词的句子要靠它来表示疑问;"呢"是依存性疑问语气助词,必须句子本身已经有了疑问词,它才能帮助疑问的语气。这样我们就能了解为什么选择性的疑问也要用"呢",因为正反并列法本身已经构成疑问。现代疑问语气助词和古代疑问语气助词的用途是交错的,因为现代疑问语气助词不是来自古代疑问语气助词,而是来自其他的词。

三、汉语助词发展的特点

(一)由少到多又到少的发展过程

汉语助词的发展经历了由少到多又到少的发展过程。在上古汉语的殷商甲骨文时期,助词就很少，根据张玉金的研究，只有语末语气助词"抑"、"执"、"乎"，结构助词"有"和"于"。姜宝昌认为语末语气助词有"乎"、"已（矣）"、"才（哉）"、"不（否）"，结构助词有"叀"、"隹"。赵诚认为语末语气助词有"不"、"弜"、"非"、"以"、"乎"，结构助词有"见"、"隹"、"其"、"惠"、"㞷"。充其量就是十来个。

张玉金的《西周汉语语法研究》中认为助词有 32 个，钱宗武的《今文尚书语法研究》中认为助词 38 个。去掉相同者，西周助词有：之、厥、其、者、斯、惟、攸、所、有、或、于、来、然、如、若、焉、哉、则、兮、思、只、乎、且、胥、兹、远、而、止、矣、已、而已、也、义、曰若、越、越若、乱、诞惟、式、矧、载、洪惟、率惟、爽惟、乃、猷、猗、迪惟、道、尔、咨、伊、无、丕、爰、诞、迪、惠、允、率、曰共 61 个。先秦两汉的汉语助词就更多了。易孟醇的《先秦语法》中，认为单音节助词有 60 个，结构助词有 15 个，语气助词有 42 个，合计有 117 个。

中古时期的《颜氏家训》语气助词有 17 个，结构助词 3 个，合计 20 个。近代时期的《二程语录》时态助词 6 个，结构助词 4 个，语气助词 13 个，合计 23 个。都比上古时期少得多。

张斌先生主编的《现代汉语虚词词典》中，收助词 38 个。所以汉语助词的发展从殷商的十来个发展到先秦两汉的一百多个，在中古、近代时期就逐渐减少，而到了现代，也不过 30 来个，说明了汉语助词从少到多又到少的发展特点。

（二）用法上由散乱到固定

关于助词的语法功能，易孟醇作了很好的概括，就是足音节、助结构、达神情 3 种。上古时期，同样一种语法功能却由好多助词来表达，显得非常散乱，经过一段时间的使用，表达这种语法功能逐渐从散乱到固定，先秦的许多助词，不十分凝固，粘附不定。如发语辞就有"叀"、"遹"、"曰"、"言"等多个，它们粘附的词也游移不定。"叀求元圣"（《尚书·汤诰》）、"遹求厥宁"（《诗经·大雅·文王有声》）、"曰至渭阳"（《诗经·秦风·渭阳》）。这些发语辞都没有实际意义，只是足音节而已，但用法却十分散乱。多个发语辞都可以用。而到了中古以后，发语辞大多用"叀"，显得比较固定。

上古时期，表疑问、反诘语气可用乎、夫、於、哉、邪、耶、与、欤、也、者、矣、焉、尔、为、其、期、居、诸、之等语气助词，而到了中古以后，则只有乎、哉、耶、欤等。一种语法意义可以用多种语法形式来表达到只要用少量的语法形式来表达。而到了现代汉语，助词的用法就更加固定了。如表示陈述多用"了"、"的"，表示疑问多用"吗"、"呢"，表示祈使多用"吧"，表示感叹多用"啊"。

另一种情况是同一种语法形式可以表达多种语法意义，到同一种语法形式只表达一两个语法意义。如"哉"在上古以表示反诘、感叹、疑问等多种语气，到中古时就主要表达反诘语气。这说明助词的用法由散乱到固定的发展过程。

（三）体现了新陈代谢、新旧交替共融的发展趋势

上古语首助词是相当多的。有"於、于、爰、越、粤、曰、叀、惟、云（员）、允、伊、亦、抑、洪、俟、庆、言、宜、诞"……像这些语首助词，一般都只见于先秦的典籍，汉以后的著作则少见，可见其消失的时间是很早的。后代的语首助词就很少见了。语首助词主要的作用是调整节奏，并无意义。语中助词大多数都是调整节奏的衬字。如拿"北风其凉，雨雪其雱"来说，其中的"其"正和歌剧《刘胡兰》插曲"数九那个寒天下大雪，天气那个虽冷心里热"中的"那个"相同。这种衬字乃至表示倒装的助词，都并非绝对必要的，所以后世也就少用了。不过既然有调整节奏、表示语气或表示特殊风格的作用,当然也不会完全绝迹。语中助词还有一些是表示语气的,主要有"岂、其、宁、可、难道"等几个词。

"岂"表示带怀疑的推度或反诘的语气。"岂"一直为后世的文言文所承用,甚至也用于口语。现代汉语中的"岂但"、"岂敢"都是由"岂"和其他词组合而成的。

"其"表示拟议不定、反诘和希望等语气。当作助词用的"其",后代除了文言中还使用外,口语中就不用了。

"宁"作为语中助词表示反诘的语气,"宁"的这一用法,在现代口语中也不用了。

"可"作为语中助词使用,在唐宋人的诗词中已常见,它的作用有二:一是作"岂",一是加强语气。

"难道"大约出现得比较晚些,现在只能上溯到元代,表示语气的语中助词,除"岂"、"其"、"宁"之外还有不少,如"盖、巨、庸、无乃、得无"等。

上古的语末助词很多。如"也、矣、焉、乎、与、哉,者"等。

"也"的语法作用大致可分为 7 种:

①表示一种情况,这是静态描写。②表示一种解释或说明。在复句中,"所以……者"与"也"相呼应,也是表示解释或说明原因。也可以不用"所以",单凭"者"、"也"相呼应,来说明原因。③表示一种判断。④表示命令或祈使。⑤表示感叹。⑥在复句的两个分句中间,表示停顿。在单句中,如果前面是"之"、"其"构成的名词性词组,这个词组后面也常常用"也"表示停顿。⑦在主语和谓语的中间,表示小停顿。专名后面也可以带"也"。"今"、"古"、"向"、"必"等字用作副词时,也往往带"也"。

总之,"也"是肯定或否定的语气。有的语法家以为"也"也表示疑问,那是误解。"也"一般要在句中已有疑问词时,才能表示疑问。在这种情况下,"也"表示疑问的语调。当先后两个"也"同时并用的时候,更足以证明后一个"也"只是凭语调而不是凭词汇意义表示疑问。偶然也有一些"也"前面没有疑问词而仍能表示疑问的,那也只是凭语调而不是凭词汇意义表示疑问。"也"的用法,似乎在中古以后没有在口语中流传下来。至少是少用了。《世说新语》接近口语,其中就很少用"也"。主要原因之一就是大量使用了系词"是"。

"矣"的问题比较简单。"矣"的词汇意义大致等于现代汉语的"了"。如果说"也"是静态的描写的话,那么,"矣"就是静态的叙述,它告诉人们一种新的情况。实际上,"矣"表示的是一种确定语气。凡已经发生的情况,已经存在的状态,必然发生的结果,可以引出的结论,都可以用"矣"煞句。

①已经发生的情况。假定式的前分句用"矣"煞句,也属于这一类。

②已经存在的状态。

③必然产生的结果。肯定必将产生的情况也属于此类。

④可以引出的结论。

这些是语气助词"矣"的 4 种用法,都和现代汉语语气助词"了"相当。大约在宋代以后,在口语里,"了"已经取代了"矣"。

"了"比"矣"的应用范围更宽了。在文言里许多地方是不用"矣"的,在白话里也用了"了"。这是因为"了"同时用于动词词尾,而"矣"不能用作动词词尾的缘故。另一方面,古代的"矣"也有不能译成"了"的。那就是表示感叹的语气。这种"矣"往往放在主语的前面,使句子成为倒装句。

其实这种"矣"的词汇意义和煞句的"矣"并没有什么不同,如果改为顺装句,一样地可以表示感叹。改为顺装句以后,就可以译成"了"了。

王力讲了"了"和"矣"的区别。《淮南子·说林》说:"'也'之与'矣',相去千里。"可见"也"与"矣"是有区别的。"也"所表示的语气没有保留下来(往往被判断词"是"代替了),"矣"所表示的语气却留下来(变成"了"),这也可以证明"也"、"矣"的语气是不同的,"也"表示肯定或否定,"矣"表示确定,语气似乎差不多。其实"也"表示一种静态,"矣"表示一种动态,就差得远了。"矣"往往是把新发现的情况告诉别人,这是"也"所不能表示的。过去也发生的事用"矣",过去未发生的事用"也"。

"耳"表示不满语气,等于现代汉语的"罢了"。"耳"又写作"尔",意思是一样的。煞句"耳"在现代汉语里为"罢了"所代替。"罢了"始见于何书,还没有考证出来。但是我们发现《红楼梦》里就有了。

语末助词"乎、欤(与)、耶(邪)"都是表示疑问的,但在用法上仍有区别。"乎"单纯的表示疑问,"欤"则带半信半疑或咏叹的语气,"耶"带测度或惊讶的成分。

"反问"和"反诘"往往形式上和疑问没有区别,所以表示疑问的助词"乎、欤(与)、耶(邪)"也都可以表示反问、反诘。

"乎、欤(与)、耶(邪)"这3个助词又都可以表示感叹语气。这3个语末助词在后世的文言文中也一直承用。

语末助词"哉、夫",都是表示感叹的。

古汉语的"也、矣"、"乎、欤、耶"、"哉、夫"这些助词,到了现代汉语中一个也不用了。代替它们的是"的、了、吗、呢"。"的、了、吗、呢"虽不是直接由"也、矣"、"乎、欤、耶"、"哉、夫"变来的,就其所表示的语气来说,"的"表示肯定的陈述语气,颇似"也";"了"表示肯定的陈述语气并表过去,颇似"矣";"吗"表示疑问的语气,颇似"乎"、"耶";"呢"表示感叹语气,颇似"哉"。

助词"的"大约来自间词"的",间词"的"又来自指示代词"之"。"之"原有"此"义。指示代词的"之"放在两个名词中间表示这两个名词有领属关系,就成了间词。间词"之"的用法进一步扩大,就不限于在两个名词之间起介系作用,而可以在任何定语和被限定语之间起介系作用了。指示代词和间词"之"的读音后来发生了变化,而口头的语音还未变,于是就产生了"底"、"的"的新写法。因此,"底"在唐宋时代既可以用为指示代词,又可以用为间词。另外,现代口语中的"的"一部分和文言的"者"相当,而"者"在唐宋时期也可以用为指示代词。由此可知间词"之"、"底"确是由指示代词"之"、"底"、"者"变来的。而"的"又是"底"的不同写法。

间词"的"变为助词"的",还得联想到"的字结构"。"的"虽是助词,但也可以拿来和它前面的词放在一起算作"的字结构"。而"的字结构"一般都带有名词性,作谓语照例要用"是"作连系。把"是"省略去了,"的"就无所附依,像是助词了。

助词"了"是由助动词"了"发展而来的。正因为助动词"了"有表示"完了"的作用,所以变为助词后,表示肯定的陈述语气之外仍旧兼表过去。

助词"吗"也写作"么",大约是从"无"变来的。

助词"呢"和古代的"尔"有继承关系。

（四）语法化是助词发展的动因

王力解释为什么不用"于是"和"之"而用"焉"的原因在于要用"焉"作语气助词，表示一句的结束。"焉"又可以纯任语气助词，不兼代词的作用。有时候，前面有了"于"状语，处所已明，"焉"也就专任语气助词了。语气助词"焉"在后代口语中没有保留下来，也没有别的词替代它。

上古疑问语气助词主要是 4 个："乎、哉、与（欤）、邪（耶）"。"与、欤"是古今字，为了区别于"与共"的"与"，后人造了一个"欤"。"邪、耶"是古今字，为了区别于邪恶的"邪"，后人造了一个"耶"。其实"与、邪"也是古今字，《论语》用"与"，《庄子》用"邪"，"与、邪"古音同属喻母鱼部，可能只是方言读音不同。《孟子》用"与"，《庄子》用"邪"。由此看来，古代疑问语气助词可以分为 3 类：表示纯粹传疑"乎"；表示纯粹反诘"哉"；表示要求证实"与、邪"。

"乎"表示纯粹传疑，是所谓是非问。"乎"又可用于反问，那是由于前面有反诘副词或类似反诘副词的词组，并非"乎"本身能表示反诘。"乎"的意义在现代汉语里是"吗"。"吗"的前身是"么"，"么"的前身是"无"。"无、么、吗"是一声之转。

疑问语气助词"哉"来自感叹语气助词"哉"。它本身不能表示疑问，只有前面有疑问词时才能表示疑问。而这种疑问不是真正疑问，而是反诘。反诘就带有感叹语气，所以适用"哉"。反诘句，往往既可用疑问号，又可用感叹号。在这种情况下，有人兼用疑问号和感叹号，这样，就规定了"哉"句必须是反诘，而不能表示纯粹疑问。

"与"作为疑问语气助词，一般是要求证实。这就是说，说话人猜想大约是这样一件事情，但是还不能深信不疑，所以要求对话人予以证实。《墨子》、《庄子》、《荀子》等书，在这一用途上，常常不用"与"而用"邪"（耶）。但是，应当注意到：在这些著作里，"邪"同时也用于纯粹传疑，而且用于纯粹反诘。可见由于方言的不同，"与"与"邪"用途的广狭也不同。"乎"、"与"、"邪"有一个共同点，即它们都可以用于选择问。

太田辰夫认为："懑"、"每"和"们"是相同的，或者是同一系统的词。"们"的语源是"门"，大概是指同一族的人。这个"门"在宋代和"懑"等共同使用。不过大概"门"是南方的写法，"懑"是北方的写法。"门"不会比"懑"更早。在表示口语的虚词时，除用加"口"旁"亻"旁等来造新字以外，还有借用使用得较少的字的办法。恐怕"懑"是基于这个理由而被使用的。出现的先后暂且不谈，从语源上讲，"门"大概更能传达其意吧。在宋代，除此以外，也写作"瞒"、"满"等。使用"们"是在明代。另一方面，在元代，除"门"外还用"每"。和宋代一样，大约有南方用"门"，北方用"每"的差别。"每"大概是继承在唐代的文献中很少见的"弭"或"伟"的系统的。而且它们有放在代名词之后的用法。

带有"～地"的复音节词不能都看成副词，只是有很多是作为副词用的，如"特地"、"白地"、"忽地"等，这样一些"地"似乎可以看作表情态的副词语尾，在中古前期肯定没有出现过。首先这个"～地"的来源就是问题。王力认为它和"常呼为张底"（《隋唐嘉话》）的"底"同源于"之"（《汉语史稿》中册），这里尚有不清楚之点。"～地"充当副词，"～底"充当形容词或修饰语，这两种写法早在敦煌资料中就有所区分。如"为说前生修底因"，"解说昨夜见底光"，"底"作为名词的修饰语表示所属关系。它是"～的"的前身。另一方面上面举到的"特地"、"掺地"、"立地"等"～地"本是副词词尾，可是后来在《祖堂集》和《景德传灯录》里面却与"底"混同使用了。如"腔腔地"（《历代法宝记》）写作"地"，而"微微底"、"恬恬底"、"饱鼻勾鼻勾底"（《祖堂集》）却写作"～底"。"忽地"写作"忽底"，用"～底"表示，一方面又和"特地"互用。"蓦地"同样写作"蓦底",说明"底"、"地"混用。使人怀疑"～底"和"～地"作为形态素差不多是同等的了,但"漫漫地"、"湛湛地"的"地"应该说是作为副词词尾而有意加上去的。变文里面只出现了"漫漫"、"渐渐",甚至《祖堂集》的"漫漫"也还没有带词尾"地"。

形容词词尾"者"向"底"发展的路线还是个问题。"底"的结合关系前面也讲过了,"佛把诸葛亮人修底(行),校量多少唱看看"(《(唐)敦煌变文集·妙法莲华经讲经义》)的"底"已表现出和近世"的"同样的功用。"定知帕帽底,仪容似大哥"(《(唐)敦煌变文集·朝野金载》)和"戴帕帽的人"意思相同。这两者都来自上古语的"者"。这个"者"还用于"井中水满钱尽,遣我出著,与饭盘食者,不是阿娘能德"(《(唐)《敦煌变文集·舜子变》),也可以用于条件句,如"若杀却阿娘者,舜元无孝道,大人思之",其中"白庄……问左右曰,西边是掳来者贱奴念经声"(《(唐)《敦煌变文集·庐山远公话》)的"者"用作连词,是"～的"的意思,跟"底"相通。

这种用法在《祖堂集》中显示出更加活跃的功能。有的后面不再带有被修饰语,如"师曰,将虚的来"、"师指山曰,青青黑奄黑奄底是"等。有的组合成介词结构,起连接复杂词组和名词的作用,如"将饭与阇梨吃底人,还有眼也无"。有的跟代词结合组成名词性结构,如"师曰,汝底与阿谁去也"。有的表示强烈的肯定,如"师曰,会即不会,疑即不疑。师却云,不会不疑底,不疑不会底"。这个"底"跟"得"、"的"有关系,如"要知委的"等用法。助词在近世发达起来,"底"作为这种发达的先驱现象而引人注目。

太田辰夫认为:"的"这个字开始使用是在元代。附在副词性修饰语后面的"的"源自"地";附在形容词性修饰词后面、紧跟在动词后面,用在句中,说明伴随动作的种种情况;用在句末,表示说明语气等的"的"源自"底";紧跟在动词后面,表示动作进行的场所或到达点的"的"源自"到、在";引入补语的"的"源自"得"。助词的"的"只限于"地"、"底"系统来的那些。"地"用得较多是从唐代开始的,但还用得不太广泛,有作为一定的复合词来使用的倾向,用得较多的有如下一些:"蓦地"、"忽地"、"特地"、"暗地"、"私地"。在唐五代,"地"用于形容词 AA 型的重叠后面的例子似乎还见不到,但用于 ABB 型或 AABB 型的例子在五代就能见到。"地"到元代写作"的",这是因为这两个字音近的缘故,大概是为了避免用"地"这个常用的带实义的字,而以用得较少的"的"来代替它。"来"也可以当语助词使用,上古本来就有"盍归乎来"(《孟子·离娄》)的用例,至六朝时期有了显著的发展,如"逐郎归去来"、"救我来"等。"子夜来"用作《子夜歌》的和声,"白日落西山,还去来"也是语助用法。对此王运熙在《六朝乐府与民歌》中做过论述。这种用法多半是用"来"表示"釐"(语末助词)的声音。先秦的用例如"贻我来牟",《汉书》刘向传引文作"釐麦牟",《诗经》中"莫往莫来,悠悠我思","来"与"思"押韵,"望夫君兮未来,吹参差兮谁思","来"与"思"押韵,则显示出南方也同样是合韵的,"于思于思,弃甲复来"也是同一类的例子。六朝时语助词"来"、"思"主要在南方继续使用,如"夜相思,风吹窗帘动,言是所欢来"(《华山畿》)。这样看来,"来"(《广韵》哈韵)"釐"(《广韵》之韵),在古韵中属同一韵部,六朝时大概在南方还没分化而继续使用着吧。另外,"襄阳白铜蹄,圣德就乾来"、"襄阳来"、"子夜来"的"来",是否从动词"来"的意思变来的还是个问题。我觉得有必要暂且把语助词"来"跟动词"来"分开讨论。

"～在"从唐代开始用为句终助词,如"他家解事在,未肯辄相瞋"(《游仙窟》),"定知心肯在,方便故邀人","若冷头面在,生平不熨空"等。这些例句中的"在"的意义多半不易把握,但可以看出它用在表示某种强烈感情的句子终了处,为整个句子加强语气,可以说它是相当于感叹符号"!"的口语助词。这种用法的"在",唐初就出现了,但后来不大见使用,直到晚唐特别是《禅宗语录》中才频频使用。《游仙窟》作者张鷟是北方人,说明这个意思的"在"南方北方都在使用。唐代其他诗人也有用"在"作助词的,如"诗酒尚堪驱使在,未须料理白头人"等,但变文中一例也没有出现。《祖堂集》中有为数不少的用例,如"犹将敬意向心头作病在"等。对此,入矢义高早就注意到了,在《论句终助词"在"——对吕叔湘氏论证的批评》一文中有详细论述。

"～著"也可以用作句终助词,如"或见不是处,有人读者,即与政著"、"井中水满钱尽,遣我出著,与饭盘食者,不是阿娘能德",这些例句说明,"著"由表使役的助动词变为表命令、劝诱的语气助词。

这种用法在五代的《祖堂集》里多见,说明当时日常生活中经常使用,如"盖复著"、"添净瓶水著",这其间好容易出现了写作"着"的例子,如"为什摩却言放下着"。

"～许"当时有各种各样的功能,也可以当助词用,如"奈何许"等,这种用法是否跟"遂如许"的"许"相通还把握不准。在"为许从戎赴朔边"等例中跟疑问词结合。"一生长恨奈何许"则原样套用了《读曲歌》的用法。这种用法后来在诗词中沿用,主要表示感叹的语气,如"知何许"、"可惜许"、"可怜许"等。另一方面,"许"还可以构成"尔许"、"少许"、"讶许"等,"如许骷髅"的"如许"还可以拆开来,如"如微尘许",类似的有"如然"和"如～然",这个"许"也被看成助词。"许"所具有的特殊功能,还须细加探讨。

"一般"在唐代出现,作为形容词表示"相同"的意思,但"心共如来恰一般",已经助词化了,表示"同样"、"一样"的意思。"便往斫营处"的"处"用于引出下面的韵文,是一种值得注意的用法,可以认为已经助词化了。

句终助词"磨"、"摩",唐代还没有写作"麼",一般认为它是从句终助词"无"变来的。"麼"是一个表疑问的助词,相当于"～吗"。写法有"暂向辽荒住得无"、"损失酬高价,求嗔得也磨",也有写作"摩"的,如"～知摩各、～愁摩愁、～狂摩狂"等的(《荷叶杯》)。太田辰夫认为这首词应在"摩"后点断,如"知摩?知"。唐诗中"拾得从他要赎麼"的"麼"恐怕是后人改写的,敦煌资料和《祖堂集》里还没有使用"麼"。"也磨"跟"也无"、"也摩"、"以不"、"以否"、"已不"等已有关连。追溯其渊源,可追到上古语的"～不"。原来从"～不"变到"～否",也是在特定的条件下发生的,"～否"本包含着对谓语动词的否定,如"不然,则否"的"否",是"不写"的意思。充分体会并探讨在助词化过程中发生的这些意义与用法上的变化很有必要。"～未"只在表示"已经做～了吗"的时候使用,因为用在句末是有条件的。

太田辰夫在谈句末助词时,提到:在古代,偶尔也有把"不"、"否"等具有否定意义的词放在句末以构成疑问句的,到唐代,"无"也这样用了。它也可以写作"磨"、"摩",到宋代用"麼"。另外,写作"吗"是清代的事情。"无"为"武夫切",是微母字,但在《切韵》时期是明母的一部分,它从明母分化出来可以认为是唐末宋初。"无"被写成"磨"、"摩",是因为这个词成了完全的疑问代词而和"无"的原义无关了,因此,也许有时候人们觉得用"无"这个字不太妥当。但也可能是因为微母成立以后,这个词仍然是明母,因此要换成非微母的字(也可能还因为韵母也有变化的缘故)。"麼"也见于唐五代的文献,但不见于作为同时资料的敦煌写本,而且,也能看到在较古的版本中不作"麼"的,所以可能那些"麼"全部是后代改写的。归根到底,应该说用"麼"是在宋代。

　　表示承前疑问、疑问的强调在五代都用"聻"，在《广韵》中是"乃里切，指物貌也"，与"你"同音。所谓"指物"，在这里也可能指的是承前疑问吧。也有写作"尼"的例子。"聻"是从古代汉语的"尔"发展来的，如果真是这样，那么助词"尔"变为"聻"，代名词"尔"变为"你"都是保存了古音。"吧"这个字是民国以后使用的，清代以前写作"罢"。"罢"的命令和酌定的用法，实际是同一个，只由第一人称和第二人称来决定。"罢"的实质是表示"决定做什么"，不过这种决定不是助词"了"那样基于时间的理由，而是以一种对动作的结果作出的判断为动机，即认为如果这样做就完了，就行了。恐怕，助词"罢"是用于句末的"便罢"，或者"也罢"的省略。即"罢"原来是述语性的，如果说"你去罢"，可能就有"你如果去就完了"，"你去就得了"一类的意思。用在句末的"便罢"、"也罢"似乎还能感到一些陈述意思的残留，因此，它应该说是准句末助词。再进一步省略了"便"或"也"，也只成了"罢"，那就完全丧失了陈述的功能，成为只能表示单纯语气的了。因此，它当然应该认为是句末助词。"罢"还用于表示推测，用于推测的例子在明以前可以说几乎没有，就是在清代，一般也和"大概"、"许"以及其他的副词相配合，不带副词的大概是稍晚才发展起来的。和具有推测意味的副词合在一起用的理由，恐怕是"罢"所表示的决定的语气是委婉的，后来成为只不过是仅仅表示委婉语气的词，就变得适合于和推测相结合。

第十章　叹词的发展

　　叹词是一种表示喜怒哀乐和呼唤应答的词。叹词独词成句,不与任何词或句子成分发生结构关系和语义联系。叹词因其独特的语用功能,早在甲骨文时代就已出现,"叹词"两个字也屡屡出现在汉代学者的传注中。

　　叹词,有的语法著作中称为感情词、感叹词等。它仅仅是一种表示声音的符号,既无任何意义,也无一定的书写形式,即,表达同一感情的声音,不一定用同一字。同时,表示同一声音的感情词,又可表达不同的感情。《马氏文通》云:"叹词终于单音,而极于三音,至矣。其发而为叹美、为伤痛者,或音同而字异,或字同而情变,所谓随字见情,因声拟字,不可拘也。"再加上语言的时代变化和地域差异,"情无定声,声无定字"这一感情词的特点,便更显得突出了。

　　从整体上说,上古汉语中叹词的使用情况基本上涵盖了文献语言叹词语用功能的各种表达内容。下面,我们就以上古汉语文献中叹词的使用情况为主,探讨叹词在汉语中的使用和发展情况。

第一节　上古时期汉语叹词

一、殷商时期叹词

　　叹词早在甲骨文时代就已出现,张玉金在《甲骨文语法学》中说,甲骨文中的感叹词只有一个"俞"字,它是表示惊叹语气的,可译为"哎呀",它自成一小句,不跟其他词语形成组合关系。如:

　　王占曰:俞! 有求有梦。(《甲骨文合集 10405》)

二、西周时期叹词

　　西周时期的文献中,叹词得到进一步的发展,据张玉金在《西周汉语语法研究》中统计,西周汉语中的感叹词,主要有以下一些:嗟、猷、徂、嗟嗟、於乎、乌虖、呜呼、猗与、噫嘻、吁、已、巳、猷、繇、霍、於等。可以看出,其数量已经很多了。这种情况在具体文献中表现也很明显,据钱宗武《今文尚书语法研究》,今文《尚书》中叹词一共有 10 个:呜呼、俞、吁、嗟、咨、已、都、猷、于、噫。

（一）嗟、叔、徂、嗟嗟

"嗟"多表示呼唤，在句子中多作独立语，见于《诗经》、《尚书》、《逸周书》之中。如：

嗟嗟烈祖，有秩斯祜。（春秋·无名氏《诗经·商颂·烈祖》）

（二）於乎、乌虖、呜呼

这三者记录的应是同一个感叹词，这个词在《诗经》中一般写作"於乎"，在《尚书》、《逸周书》中一般写作"呜呼"，在西周金文中一般写作"乌虖"。如：

呜呼！今予告汝："不易！"（春秋·孔丘整理《尚书·商书·盘庚中》）

（三）猗与、猗嗟

"猗与"这个感叹词中的"与"假借为"欤"，与后世文献中的"猗欤"记录的是同一个词。如：

猗嗟昌兮，颀而长兮。（春秋·无名氏《诗经·齐风·猗嗟》）

（四）噫嘻

这个感叹词仅见于《诗经》之中。对于这个感叹词，有两种解释：一是认为它是叹美之辞，跟"猗与"一样。二是认为它是祈祷时的呼叫声，即戴震说的"祝神之声"。如：

噫嘻成王，既昭假尔。（春秋·无名氏《诗经·周颂·噫嘻》）

（五）吁

这个感叹词仅见于《尚书》，表示呼叹的，可译为"喂"。如：

吁！来，有邦有土，告尔祥刑，在尔安百姓，何择，非人？何敬，非刑？何度，非及？（春秋·孔丘整理《尚书·吕刑》）

（六）已、㠯

这个感叹词见于《尚书》和西周金文之中。在《尚书》中写成"已"，在西周金文中写成"㠯"。裘锡圭认为"已"是"㠯"的分化字。它表示"感叹"，可译为"唉"。如：

已！汝惟小子，未其有若汝封之心。朕心朕德，唯乃知。（春秋·孔丘整理《尚书·康诰》）

（七）猷、繇

这个感叹词也仅见于《尚书》和西周金文之中。它在《尚书》中写作"猷"，而在西周金文中写作"繇"。它可表示呼叹，应译为"哟"。如：

猷！告尔四国多方惟尔殷侯尹民。（春秋·孔丘整理《尚书·多方》）

（八）霍

这个感叹词仅见于《逸周书》之中，表示呼叹，可译为"喂"。如：

王曰："霍！予天命维既，咸汝克承天休于我有周，斯小国于有命不易。"（周·无名氏《逸周书·商誓解》）

（九）於

在西周金文中，"於"也可以作感叹词。它表示呼叹，可译为"啊"。如：

王曰："於！令汝盂井乃嗣祖南公。"（《大盂鼎铭》）

同后世文言文一样，西周汉语中的感叹词也可以分为两类：一类是表示招呼或应对的，如"嗟"；另一类是表示感叹的，如"猗与"。

三、先秦两汉感叹词

(一)表叹息或哀伤的感情

於、恶、呼、噫意、懿、抑、呜呼、噫嘻、嘻、譆、欤、咨、嗟、嗟乎、於嗟、嗟兹、子兮、赍咨。如：

颜回曰："端而虚,勉而一,则可乎?"曰："恶! 恶可?"(战国·庄周《庄子·人间世)》

(二)表示惊讶的感情

嘻、吁譆、譆譆、恶、哑、吁等。如：

爰旌目曰："譆,汝非盗耶?"(战国·吕不韦《吕氏春秋·介立》)

(三)表示赞美的感情

嘻、都、吁、嗟嗟譆、於乎、猗与、猗嗟、嗟嗟、於嗟等。如：

文惠君曰："嘻! 善哉! 技盖至此乎?"(战国·庄周《庄子·养生主》)

(四)表示愤怒的感情

噫、叱嗟、嘻、吓訾、叱、哑、意、呼、嚇等。如：

鹓得腐鼠,鹓雏过之,仰而视之曰："嚇!"(战国·庄周《庄子·秋水》)

(五)表示呼告

咨、嗟、已唉、嗟嗟、皋等。如：

北面招以衣,曰："皋,某复!"(《仪礼·士丧礼》)

上古汉语中"感叹词"的句法功能,主要是用作句子的独立成分,即独立语。它可以出现在语句之首,也可以出现在语句之中,还可以出现在语句之尾。这些情况从上面例子中就可以看出来。

第二节　中古时期汉语叹词

柳士镇在《魏晋南北朝历史语法》中说:"叹词是表示感叹与应答的词。"它在句中的位置比较灵活,通常不同其他实词发生特定的关系,也不充任一般的句中成分,但是它们能够独立成句,所以是一种特殊的词类。根据功能的不同,叹词可分为感叹词与应答词两类。

一、感叹词

表示各种情感,又有表示感叹赞美、惋惜悲痛、惊讶疑怪的分别。

(一)表示感叹赞美

主要有"嗟呼、嗟夫、嗟乎、呜呼、噫"。如：

噫! 其自有公论。(南朝·宋·刘义庆《世说新语·品藻》)

嗟乎! 使六国各爱其人,则足以拒秦。(唐·杜牧《阿房宫赋》)

嗟呼,六艺以宣圣教,九流以判贤徒。"(南朝·梁·沈约《宋书·谢灵运传》)

(二)表示惋惜悲痛

主要有"呜呼、嗟夫、唒"。如：

呜呼！胜地不常，盛筵难再；兰亭已矣，梓泽丘墟。(唐·王勃《秋日登洪府滕王阁饯别序》)

(三)表示惊讶疑怪

主要有"噫、嘻、咄咄、噫吁嚱"。如：

恪因嘲之曰："豫州乱矣，何咄咄之有？"(南朝·宋·刘义庆《世说新语·排调》)

噫吁嚱，危乎高哉！蜀道之难难于上青天。(唐·李白《蜀道难》)

二、应答词

表示呼唤应答。

(一)表示呼唤

主要有"咄、吁"。如：

先生曰："吁！子前来。"(唐·韩愈《进学解》)

(二)表示应答

主要有"诺、唯、尔"。如：

何意多所短，不复得作声，但应诺诺，遂不复注，因作《道德论》。(南朝·宋·刘义庆《世说新语·文学》)

第三节　近代时期汉语叹词

近代汉语中的叹词有"嗨、哇、哦、喏、嚄、嗯、嘛、嗳、哎哟、啊呀"等。如：

噫！国之备塞，多用边兵，盖有以也。以其习战斗而不畏懦矣。(宋·王禹偁《唐河店妪传》)

呀！不思量，除是铁心肠。(元·马致远《汉宫秋》第三折)

呀！唬的我汗浸浸身上似汤浇，急煎煎心内类油调。(明·李开先《宝剑记》)

哎！我的根芽也没大兜搭。(明·徐渭《狂鼓史渔阳三弄》)

黛玉笑岔了气，伏着桌子，只叫"嗳哟"！(清·曹雪芹《红楼梦》第四十回)

叹词作句子成分，古已有之。但写于元末明初的《水浒全传》、《三国演义》，基本没有叹词充当句子成分的句式，在写于明代中叶的《西游记》里，叹词也极少充当句子成分，而在写于清代的《红楼梦》、《儿女英雄传》中，叹词充当句子成分的句式就明显地多起来了，在现代、当代的文学作品中，这类句式已经是常见的了。叹词作句子成分是有其历史发展过程的。大约在明末以前，叹词基本上是独立于句外的，明末清初以后，叹词的用法灵活了，语法功能逐渐增加，叹词开始进入句子作句子的结构成分，以后叹词的这个功能不断地发展、成熟起来了。

第四节　现代汉语叹词

一、现代汉语叹词的语法特点

叹词是表示感叹或呼唤、应答的词。如"啊、哦、呸、哼、唉、咦、喂、哈哈、哎呀"等。人们很早就注意到叹词的语言现象。东汉许慎的《说文解字》就有"吁,惊语也!"指出了语言的感叹现象。《马氏文通》仿效西方语法对文言文的词语进行 9 个类别的划分,其中"叹字"单为一类,"凡虚字以鸣心中不平者,曰叹字",如"於、噫、呜呼"之类。1924 年出版的中国第一部现代汉语语法专著《新著国语文法》(黎锦熙著)模仿西方语法对现代汉语词类也进行 9 类划分,采用了"叹词"名称,此后的语法论著多把"叹词"列为专门一类。叹词模拟人的声音,象声词除了模拟自然界的各种声音以外,也模拟人的声音,所以起初的研究并没有对二者加以区分,把它们当作一种词来讲。有认为象声词包含叹词的,如吕叔湘和朱德熙的《语法修辞讲话》就只采用了"象声词"一种说法,也有认为叹词包含象声词的。现在多数学者认为它们的界限是明显的,应该用两种术语来称说。

二、叹词的一般用法

叹词的一般用法可以从位置和作用两方面来探讨。

(一)从位置上看

1. 单独用为独词句。

(鲁贵)孩子,别打岔,你真预备跟妈妈回济南么?(四凤)嗯。(《曹禺剧本选》)

2. 单独用在句子前边。

哦,知道了。(叶圣陶《潘先生在难中》)

3. 单独用在句子后边。

是……兴离婚么?唉!(康濯《我的两家房东》)

4. 插在句子当中。

我总想畅畅快快跟你谈一次——唉,可总是没有时间。(张天翼《华威先生》)

(二)从作用上看

1. 表示喜悦。

哈哈,现在我是你底丈夫了。(柔石《为奴隶的母亲》)

2. 表示愤怒、鄙视或者斥责。

哼,我怕什么?(曹禺《雷雨》第二幕)(愤怒)

哼,还有你河伯……(郭沫若《屈原》第五幕)(鄙视)

3. 表示悲伤或者痛楚。

唉!要有个字典,多好啊!(康濯《我的两个房东》)

4. 表示惊讶或者感叹。

啊,是的,你说的很明白。(丁西林《压迫》)(惊讶)

啊,我思念那洞庭湖,我思念那长江,我思念那东海,那浩浩荡荡的无边无际的波澜呀! (郭沫若《屈原》第五幕)(感叹)

5.表示醒悟。

房东　王妈,去把巡警叫来。老妈　喔,太太。(丁西林《压迫》)

6.表示诘问。

呵呀,你们踏着人家的菜地哪,那是才撒下种的!(艾芜《石青嫂子》)

三、叹词发展的特点

第一,叹词开始大约都是一字一用,正所谓"随事见情,因声拟字",后来一用多字,即所谓"音同而字异"。

第二,语用功能多的叹词在发展演变过程中处于有利态势,逐渐成为高频叹词。

第三,复音化也是文献语言叹词构词的趋势。

第四,叹词独立成句或是句子的独立成分,位置灵活,在句群或语句中可前可后,这是由叹词的语法特点所决定的。

四、叹词的发展变化

叹词的发展不仅仅体现在数量上,还表现在其他各个方面:

(一)界限

现代汉语的叹词一般包括表示喜怒哀乐感叹声音的词,也包括性质与之相近的表示呼唤、应答等声音的词。在古汉语中应答之声一般都用实词而不独用叹词。这样古汉语叹词,则可说是一种单纯表示"哀叹"、"太息"等情绪的特殊虚词了。

(二)具体含义的固定性

在古汉语中,一个叹词,表达什么情绪,并不是固定的。虽然它们和其他虚词一样,一般也有一些习惯用法,但如果不把叹词放在具体的语言环境中,那是无法了解它的作用的。古今人的感情是一样丰富的,表现在语言当然亦应一样,但古汉语的叹词比起现代汉语的叹词数量上要少得多,这样古汉语叹词和现代汉语的叹词比较,前者的"叹词表示各种情绪没有实在含义"这一特征更为突出。

(三)异文现象

表达同一情绪可有不同写法的叹字,这也便是前人所说的"异文"。如"嘻"又作"嘻、熙、憘"等。古汉语的每个叹词,几乎都有几种异文。异文是异体字和通假字的统称,其中异体字同音同义,只是形体不同而已,而通假字则往往义同形异,声音也有所不同。古汉语叹词大概也因为其无词汇意义,纯粹只是声音的记录,所以字调也随语调变化而有所不同。这样表现在叹词用字上便有了这种声符变化不定,假借字特别繁杂的现象。

(四)连用情况

古汉语叹词比较多的情况是用一个字,但也有二字连文的。它们或者是单个叹词的形态变化即前人所谓的"重言",或者由两个不同叹词组成,也有与一个助词构成了一个新的叹词的。如:嗟嗟、噫嘻、嗟乎等。

（五）字序问题

古汉语中有些虚词字序可以倒置，即前人所谓的"倒转"、"倒文"。联绵叹词的字序同样也有倒置的情况。倒置后，意义没多大差别，只是其中一种常用，另一种则罕用。如：噫嘻——嘻噫，吁嗟——嗟吁等。

现代汉语中的叹词基本上属于一种封闭性的词类，它数量少，而且稳定，衍生能力较弱。但是，语言毕竟是一个动态的开放性的系统，它的开放性不仅体现在语言的语音、语法两个要素中，更体现在词汇要素中。从语法的角度看，它的开放性不仅体现在实词上，也体现在虚词中，尽管其开放的程度不同。叹词作为语言词汇这个子系统的一个有机组成部分，与实词中的某些此词类相比，尽管封闭性是它的显明特征，但另一方而，也有其开放性的特点。"哇噻，嗯哼"类新兴叹词的出现就是凸显其开放性特点的一个具体体现。"哇噻、嗯哼、哇、也"4个叹词，它们兴起于人们的口语中的时间尽管先后有别，但自兴起以来，应用频率至今趋高不下，而且倍受某些语言运用群体的青睐，表明它们的产生存在有着其他同义词语不可替代的独特价值与意义。

第十一章 拟声词的发展

拟声词是模拟声音的词,也叫象声词、摹声词。声音可以来自然界自然发出的声音,人的哭笑等动作发出的声音,人以外生物发出的声音,无生物自然地或受外力作用发出的声音,等等。如打雷的声音"轰隆隆"、人的哭声"哇"、狗的吼声"汪汪"、物体碰撞的声音"当啷"等。

第一节 上古时期汉语拟声词

一、拟声词的分类

西周以前汉语中已有拟声词。拟声词按结构的不同,可以分为"A 式、AA 式、有 A 式、AABB 式"等几个类别。

(一)A 式拟声词

这类拟声词只由一个音节所构成,如:

嘤其鸣矣,求其友声。(春秋·无名氏《诗经·小雅·伐木》)

(二)AA 式拟声词

这类象声词由两个相同的音节所构成,如:

伐木丁丁,鸟鸣嘤嘤。(春秋·无名氏《诗经·小雅·伐木》)

(三)有 A 式拟声词

这种拟声词是在一个表示声音的词根前加上一个前缀"有"构成,如:

服其命服,朱芾斯皇,有玱葱珩。(春秋·无名氏《诗经·小雅·采芑》)

(四)AABB 式拟声词

这种拟声词是由两个不同的音节重叠而成,如:

凤凰鸣矣,雍雍喈喈。(春秋·无名氏《诗经·大雅·卷阿》)

二、拟声词的句法功能

(一)作谓语

这是上古汉语中拟声词的主要功能。如:

钟鼓喤喤,磬筦将将。(春秋·无名氏《诗经·周颂·执竞》)

（二）作补语

这种用法也比较常见。如：

筑之登登,削屡冯冯。（春秋·无名氏《诗经·大雅·绵》）

（三）作状语

如：坎坎鼓我,蹲蹲舞我。（春秋·无名氏《诗经·小雅·伐木》）

（四）作定语

如：交交桑扈,有莺其羽。（春秋·无名氏《诗经·小雅·叠扈》）

第二节　中古时期汉语拟声词

一、拟声词的分类

（1）此时期的拟声词,就其语法意义,可以分为人类发出的声音,如"岂无山歌与村笛,呕哑嘲哳难为听"（唐·白居易《琵琶行》）、动物发出的声音和其他事物发出的声音,如"烈烈悲风起,泠泠涧水流"（西晋·刘琨《扶风歌》）、"大弦嘈嘈如急雨,小弦切切如细雨"（唐·白居易《琵琶行》）等。

（2）按结构上分,和上古时期一样,分为 A 式、AA 式、有 A 式、AABB 式 4 种。

二、拟声词的句法功能

此时期汉语拟声词的句法功能也和上古时期一样,能作主语、补语、状语、定语等。

（一）作主语

如：谡谡如劲松下风。（南朝·宋·刘义庆《世说新语·赏誉》）

（二）作补语

如：来闻鸣滴滴,照辣碧沉沉。（唐·刘得仁《和郑校书夏日游郑泉》）

（三）作状语

如：临风飘渺叠秋雪,月下丁冬捣寒玉。（唐·韦庄《捣练篇》）

（四）作定语

如：月中秘乐天半间,丁珰玉石和埙篪。（唐·郑嵎《津阳门》）

（五）作谓语

如：觉来未及说,叩门声冬冬。（唐·白居易《初与元九别后忽梦见之怅然感怀因以此寄》）

第三节　近代时期汉语拟声词

宋元明清民初汉语拟声词继承古代汉语拟声词而又有所发展。拟声词使用更加频繁。

如："寺僧使小童持斧,于乱石间择其一二扣之,硿硿焉"(宋·苏轼《石钟山记》),"冬冬的鼙鼓喧,腾腾的烽火黫"(清·洪昇《长生殿·惊变》)。

为了更好地了解近代汉语拟声词,现在以《西游记》中的拟声词为例。吴承恩在《西游记》中使用了大量的拟声词,使该书的语言更加具体、形象,给人如闻其声、如临其境的感觉,这为近代汉语拟声词的研究提供了丰富的材料。

就其书写形式而言,拟声词没有固定的字,同样的声音可用不同的音近字代替,书写自由。如不清楚的说话声音可用"呜哩呜喇",也可用"呜哩呜哪";劈打声,可以用"劈哩扑喇",也可用"辟哩拨喇";兵刃碰击声,可用"玎玎踏踏",也可用"叮叮当当"等。表现了拟声时文字使用的灵活性。

结构关系上,拟声词的语音形式不确定。从使用音节来划分,其形式因声音的长短可分为单音节与多音节词两大类。(1)单音节词。这类词所表示的往往是单一、短促的声音。如"猴王朴的跳下树来"。"只听得当一声"(第一回)。(2)多音节词。包括不叠音和叠音的。①不叠音的,分两种,一种是 AB 式,这类构词形式所表示的是两个紧相连接的声音,如"红铜嘴,黑铁脚,刷刺的一翅飞下来"(第三十二回);另一种是"A 里 AB"式,如"行者口里呜哩呜喇,只情念经"。②叠音的,其中又分几种。一种是 AA 式,这是单个声音的重复,如"忽然闻得丁丁之声"(第五十九回);一种是 AAA 式,此式在元曲中用得较多,而《西游记》中仅此一例,如"原来这怪头上角,极能分水,只闻得花花花,冲开明路"(第九十二回)。从构词形式看,单音节与 AAA 式、AA 式有一定的不同,单从结构意义看,如说 3 种形式间有什么不同,那也只是所表示的同一种声音持续时间的长短不同,因此 3 者间有一定的延续关系。第三种是 ABB 式,所表示的是两种紧相连接的声音,而后一种音用两个音节表示持续时间较长。如:"只听得嗡鲁鲁的雷声,又见那淅淅沥沥的闪电。"(第八十七回)从构词形式看,此式由"AB"式变化而来。二式虽然在格式上稍有不同,但所表示的声音是一样的,只是 ABB 式的 B 音的音程有所延长。由于 AB 式的 A 音延长并紧接 B 音而形成 AAB 式,仅 1 例,如"就像敲梆子一样,剔剔托,托托剔,紧几下,慢几下"(第九十回)。第四种是 AABB 式,是 A 与 B 两种单音的延续。如"只听得山背后,叮叮当当,辟辟剥剥,梆铃之声"(第七十四回)。第五种是 ABAB 式,此实为"AB"式的重叠,如"一家一个,咽啅咽啅的吃了出去"(第二十四回)。这种 AB 重叠式拟声词的使用,口语性极强,特别是文言文中却很少见,就连口语性极强的元杂剧也无此用法,《西游记》中仅三例,因此我们认为 ABAB 式拟声词的使用,最早出现在明代。

由以上可看出,《西游记》的拟声词按音节可分为两大类,共 8 种构词形式,其中以单音节词和多音节词里的 AB 式为基本形式。其结构意义所表示的均是人或自然界的声音,具有一定的客观描述性。

拟声词在句子中能充当各种语法成分,具有较强的语法功能。

1. 作主语。此种成分用得较少,如:"乒乒乓乓,好便似残年爆竹。"(第十六回)

2. 作谓语。后面不带宾语与补语。如:"只见那壁厢环珮叮,仙香奇异。"(第十回)

3. 作宾语。此位置上的拟声词用得极少,均为笑声,动词多为"打",拟声词前一般要加进量词或助词。如:"凌空子打个哈哈道。"(第六十四回)

4. 作定语。拟声词直接修饰名词或名词性成分,一般带助词"的"。如:"只听得吹嗡鲁鲁的雷声。"(第八十七回)拟声词作定语所修饰的中心语都有一个"声"字,显然与这声音有关,这体现了拟声词与被修饰的中心语间具有同一性,因而书中也出现"××一声"这种同位结构。因其有同一性,这种结构中的拟声词的位置可变换,其意义与用法不变。同时,这种同位结构能与偏正结构的"××的一声"相互替换,其意义与用法相同。说明这种偏正结构可去掉"的"而改为同位结构。

5. 作状语。这是其主要的语法功能。多数拟声词与中心语之间无其他句子成分而直接修饰动词或动词性成分。有时带"的",所描述的是动作时的声音。如:"赶上来,刷的啄一嘴。"(第六回)副词只出现在拟声词后、动词前,这时拟声词必带"的"。有少数拟声词直接置于句子或主谓结构前面,表面上看似乎是修饰的是全句或主谓结构,但是这类拟声词均可移至动词前,直接修饰中心动词,因此实际上是动词的间接修饰语,仍作状语。如:"只听得呼呼风响。"(第四十八回)

6. 作补语。如:"三般兵刃响搜搜。"(第六十回)

7. 作独立成分,加强表达效果。如:"呼呼渐渐,阴风又起而退。"(第七十九回)

综上所述,①拟声词在汉语言中有其自身的构词特点。就其意义而言仅仅是单纯、客观的对人或自然界所发出声音的直观模拟,不管是单一的或是连续的,本身不表达任何思想感情,这与叹词有别。②它虽然具有一定的客观描述性,但所描述的对象不是人或事物本身固有的性质或情状,而只是人或事物所发出的声音。这与形容词有别。③拟声词能与其他词相结合,在句子中能单独充当各种句子成分及独立成分,其语法功能较强。当然在充当句子成分时其功能有强有弱,总体看,充当主语、谓语较弱,充当宾语则更弱,作状语是其主要的语法功能。拟声词在作状语修饰动词时,不是直接描述动作行为时所产生的声音是什么样的,因而不是回答动作怎样的问题,而是回答动作的声音是什么的问题。这也与形容词有别。④拟声词不能单独直接回答问话,一般不受副词修饰特别是不受程度副词的修饰。

第四节　现代汉语拟声词

一、现代汉语拟声词的分类

拟声词被认定为"模拟事物声音的词。如:哗、轰、乒乓、叮咚、噗哧"。也就是说,拟声词忽视了汉字其本身的意思,通过汉字的音声来达到模拟事物的目的。汉语之所以被称为节奏感丰富的语言,很大的一个原因就在于其中的拟声词发挥了极大的作用。汉语拟声词可以按不同标准来分类。

(一)按表达对象分类

1. 动物的声音——哞(牛叫声),汪汪(狗叫声),啾啾(鸟和虫的鸣叫声)。

2. 人发出的语言以外的声音——哈哈(笑声),阿嚏(打喷嚏声),唧咕(小声说话声)。

3. 物体的声音——咚(鼓声),呼呼(风声),噼啪(爆竹声)。

4. 关于自然现象的拟声词,如:风声——瑟瑟、沙沙沙;雨声——刷、滴滴、淅沥、哗啦啦;雷声——轰、轰隆隆。

（二）按声音的性质分类

拟声词的分类方法并不统一，最为一般的方法是张静在《词汇教学讲话》中提出的分类方法。

1. 单音：当、啪、呼、突、刷、嗖、扑通、扑吃、扑拉、啪打、叭啦、巴基、卡吃、咕咚、轰隆、哗啦。

2. 连续音：哗哗、当当、呼呼、突突、啪啪、刷刷、飕飕、叭叭叭、叮叮叮、咕咕咕、巴打巴打、哗啦哗啦、轰隆隆、骨碌碌、呼噜噜、哗啦啦。

3. 混杂音：叮叮当当、吱吱喳喳、滴滴答答、叽里咕噜、噼里啪啦、几啦光当。

4. 节奏音：轰隆隆（火车车轮声）、咯噔咯噔（手表声）、嘀嗒嘀嗒（挂钟声）、叮铃叮铃（电话声）、咚咚咚（鼓声）。

（三）拟声词的词形构成分类

人们对自然界不表示具体意义，也不表示感叹和呼唤应答的纯粹的声音加以模拟，就成为拟声词。汉语的拟声词特别发达，历史也十分悠久。《诗经》已有许多记载，如："关关雎鸠"等。发展到今天，不但拟声词内部结构已自成体系，而且在语法功能上也形成了自己的特点。邵敬敏在《拟声词初探》中按照拟声词构词的基础和方式，把拟声词的词形构成分成 3 大类：

1. 单音节和它的重叠式。

（1）单音节（A 式）表示一种简单的声音。通常，多表示短暂的声音和急促的动作，当要表示连续的声音时，需要把单音节词进行反复。如：哗、呼、嘻、嗖、咚、嗯、嗞……

（2）二叠式（AA 式），如：嗡嗡、当当、呼呼、汪汪、叮叮……"

（3）三叠式（AAA 式），如：噔噔噔、咯咯咯、嗒嗒嗒、笃笃笃……

（4）四叠式（AAAA 式），如：蓬蓬蓬蓬、啦啦啦啦、索索索索……

五叠六叠等在口语和实际生活中是客观存在的，但是在书面语中为了精练，一般采用省略号来代替，或者二叠、三叠式重复一次使用。

2. 双音节和它的重叠式。

（1）双音节（AB 式）：

AB 一式：忽隆、扑腾、扑通、扑噜、咕咚、咕哧、咕嘟、克隆、咯噔、呼哧、吧嗒、咯吱等。

AB 二式：咕哝、吱呀、呜啦、淅沥等。

AB 三式：哗啦、嘟噜、咕噜、咯喳等。

AB 四式：索落、呱嗒等。

AB 五式：滴答、叽喳、噼啪、乒乓、叮咚、叮当、哗剥、悉索等。

（2）单重叠式（AABB 式）：

AB 二式、三式、五式可以构成此式：

咕咕哝哝、吱吱扭扭、哗哗啦啦、滴滴答答、叽叽喳喳、噼噼啪啪等。

（3）双重叠式（ABAB 式）：

所有 5 种格式都可以构成此式：

忽隆忽隆、扑腾扑腾、咕哝咕哝、吱扭吱扭、哗啦哗啦、咕噜咕噜、索落索落、呱嗒呱嗒、叮咚叮咚、叮当叮当等。

（4）后重叠式（ABB 式或 ABBB 式）：

AB 一式、二式、三式、四式可以构成：

忽隆隆、咕咚咚咚、吱扭扭、淅沥沥沥、哗啦啦、咕噜噜噜、索落落、呱嗒嗒嗒等。

（5）前重叠式（AAB 式）：

只有 AB 五式可以构成此式：

叮叮咚、叮叮当、噼噼啪、滴滴答等。

3. 双音节的重叠变式。只有 AB 三式、四式、五式可以有这种特殊的重叠变式，因为三、四式中的 AB 是叠韵，五式中的 AB 是双声，所以可以把声母或韵母部分重叠，构成一种 4 个音节的新格式（标为"甲乙丙丁"）。从意义上讲，它往往表示一种杂乱无章的噪音，带有强烈的描绘性。在形式上则存在着一种严格的双声叠韵交叉呼应规律：

甲丙：双声　　　　甲乙：叠韵

乙丁：双声　　　　丙丁：叠韵

（1）叠韵重叠变式（CDAB 式）：

稀里哗啦、滴里嘟噜、咪里麻啦等。

（2）双声重叠变式（ACBD 式）：

乒零乓啷、滴里嗒啦、噼里啪啦等。

但事实上大部分这样的格式很难分清究竟是从 AB 三式、四式还是从 AB 五式变来的，因为在"甲乙丙丁"中，甲丙属 AB 式，丙丁同时属 AB 三式或四式，如：

叽哩呱啦、叽哩咕噜、喊里喀喳、悉里索落、叮零当啷、噼里啪啦等。

这里我们所说的叠韵主要是指韵相同，有时尽管韵头并不同，仍算作叠韵。至于双声情况，似乎有不少例外，其实，从语音学角度进行解释便完全可以理解了。

（3）音节重叠式：

AB 一式中部分拟声词，重复 B 音节，构成 CBAB 式，其中除两个 B 是同声同韵外，C 和 A 也是广义的双声。如：

哪啦喳啦、咭吱咯吱、踢通扑通、咭噔咯噔等。

邵敬敏在《拟声词初探》中根据拟声词的内部结构和它的语法功能之间的联系，把拟声词分成 4 大类：X 式，称为基本式，或叫简单式，包括 A、AB。Y 式，称为重叠式，或叫复杂式，包括：（1）AA、AAA、AAAA。（2）AABB、ABAB、ABB、AAB。（3）ACBD、CDAB、CBAB。并分别讨论其语法特点。

他分出 X 式和 Y 式，看上去是一种形式上的分类，但实质上正反映了它们在语法功能上的差异。从词汇意义上来看，X 表示的是一种单一的声音，Y 表示的是一种复杂的声响，X 重于声音的记实，Y 则带有主观色彩，具有描写性。

拟声词带上后附成分"的"，可分出"X 的"式和"Y 的"式两大类。

二、现代汉语拟声词语法功能

拟声词可以作句中的状语、定语、补语、谓语、主语、宾语以及独立成句。

（一）作状语

拟声词主要作动词或动词短语的状语。X 中的 A 式只有带"地"以后才能作状语，否则不行。AB 式作状语，带"地"不带"地"都可以，看不出什么明显区别，如：

不想那个敌将在马上哈哈大笑，声如洪钟。（姚雪垠《李自成》）

（二）作定语

只那嗡嗡的响声就有点像飞机场上机群起飞,扬子江边船只拔锚。（吴伯箫《记一辆纺车》）

（三）作补语

X、Y 都不能直接作作补语。加上"的"以后,X 仍不能作补语,"Y 的"可以作"动词＋得"的补语,表示动作产生某种声响的结果,如:

你还是老样,不和我多说一句话,天一黑,你睡得呼呼噜噜……（贾平凹《童年家事》）

（四）作谓语

X 和 X 式中大部分都能活用作动词,这本来是一种修辞上的手法,使描写的动作更加有声有色,由于运用普遍,现已成为拟声词的一种功能,其中有的进入动词范畴,特别是一些表示人们说话声音的拟声词,如:哼、炸呼、叨叨、嘟哝,它们具有动词的一部分特性,可以带"了、着"（不能带"过"）,可以带宾语、补语,可以接否定副词"不"和一些状语修饰,如:

只"呵,呵"了两声出来了。（刘永义《春笋》）

加"的"以后,X 式不能作谓语,Y 式可作形容词性的谓语,表示一种声状,而不是表示一种动作,和不加"的"作动词有明显区别。

（五）作主语

X 和"X 的"都不能作主语。

Y 和"Y 的"都可以作判断性和比拟性句子的主语,谓语动词为"是、表示、好像"等。

忽忽忽忽,好像飞机又来了一样。（杨朔《三千里江山》）

（六）作宾语

X 和 Y 都可以作宾语,但有条件限制:（1）前面要有修饰定语,经常用的是数量结构,所以,按层次分析法,X 和 Y 并不是直接作动的宾语,而是作偏正短语中的中心语,然后整个短语再作宾语。如:

天边响了几声"忽隆"便沉寂了。（杨朔《三千里江山》）

（2）直接作某些和声音有关的动词,如"叫、喊、响、吹、打、听见"等的宾语。如:

牙齿打着得得……（梁斌《红旗谱》）

有少数拟声词,由于经常作这类宾语,并具有了特定的含义,便转化为名词了,如:打哈哈,打呼噜,打扑腾……

"X 的"和 Y 的"都不能作宾语,没有例外。

（七）独立成句

X 和 Y 都可以独立成句,这是拟声词最显著的特点之一。加上"的"以后,则取消了它的独立性。如:

"叮铃铃——!"开演的预备铃响了。（贾平凹《最后一幕》）

张斌在《现代汉语描写语法》中认为从不同的角度看,拟声词的功能包括单独使用功能、句法组合功能、重叠功能和模拟表达功能 4 个方面:

1. 独用功能。拟声词独用时,可以作为一个句子成分,也可以单独成为一个句子,可以一次使用,也可以多次重复,可以位于句首,也可以位于句中。比如,"咣,门被什么人一脚踢开了"、"'咕咕咕咕咕咕咕',一顿机关炮,打得山头烟火直冒"。大多数拟声词可以独立使用,少数像"琅琅"、"轰然"一类的象声词一般不能独立使用。总体上看,拟声词的独立性比叹词要低一些,充当句法成分的概率比叹词要得多。

2. 组合功能。拟声词可以在句中充当定语和状语,单独的拟声词后面常带数量词"一声"。充当定语时一般要有"的",充当状语时,可以没有"地"。拟声词也可以充当谓语和补语。直接作谓语的句子往往是对举性的。拟声词也可以单独充当谓语,后面常需要带"的"。

3. 重叠功能。单纯拟声词的重叠方式为 AA 式和 ABAB 式。如:当——当当,咕噜——咕噜咕噜。复合拟声词的重叠方式为 ABAB 式、AABB 式、AAB 式和 ABB 式。如:嘀嗒——嘀嗒嘀嗒、嘀嘀嗒嗒、嘀嘀嗒、嘀嗒嗒等。

4. 虚拟功能。拟声词的主要功能是模拟事物的声音。拟音可以分为实拟和虚拟,实拟是对客观事物的声音的据实模拟,虚拟是对客观上不存在但在心理上能感受到或想象到的声音的据虚模拟。比如:"他的面孔'唰'地变白了。他接过纸条一看,脸'腾'地一下红了。""面孔"和"脸"事实上不会发声,通过虚拟情态,能化无声为有声。同样,对抽象的心理活动,也可以用虚拟的方法,化抽象为具体。

第十二章　构词法的发展

所谓构词法是由语素构成词的方法。语素是最小的语音语义结合体,是最小的语法单位。根据不同的标准,可以把语素分成几种。以音节多少来分,一是单音节语素,以一个音节表达的语素叫单音节语素,如人、山、水、海等;二是双(多)音节语素,以两(多)个音节表达的语素叫双(多)音节语素,双音节语素为"玲珑、匆匆、咚咚、吉普"等,多音节语素为"尼古丁、英特纳雄耐尔"等;以语素的意义来分,一是实语素,表达词汇意义或含义实在的语素叫实语素,如"走、大、棵"等;二是虚语素,表达语法意义或含义空灵的语素叫虚语素,如"和、了、吗"等;还有成词语素、不成词语素,定位语素、不定位语素,多义语素、同音语素等,因与构词法关系不大,就不讲了。

由一个语素构成的词叫单纯词。由两个或两个以上的语素构成的词叫合成词。合成词分复合词和派生词两种。由实语素和实语素构成的词叫复合词,如"灵巧、春播、破产"等;由实语素和虚语素构成的词叫派生词,如"老师、会员、反法西斯主义者"等。

第一节　构词法的演变情况

汉语构词法的发展是沿着单音词到复音词的道路前进的。

古代汉语是单音词为主。但从先秦的史料看来,汉语已经不是纯粹的单音节语。一些名词由短语变成单词,形容词和副词由于大量的连绵字的缘故,有相当数量的双音词。动词形容词也有双音的。

一、上古时期汉语构词法

上古时期的词,绝大部分是单纯词,少数是复合词。其产生的途径也有不同,具体情况如下:

(一)单纯词

有两种方法,一是通过词义引申分化出新词,这叫义变构词法,二是通过音节中音素的变化构造出意义有联系的词,这叫音变构词法。

1. 义变构词法:一个词有本义,后来又有引申义。当本义和引申义尚未分化时,是一词多义。而当本义和引申义分化开来时,就是两个词,这两个词之间就是有同源关系的词。如:农田之田、田猎的田;生长的生、生育的生、活着的生、将要到来的生。

2. 音变构词法:甲骨文中的两个词有的音近义通,这说明这两者是通过音变构造出来的同源词。如：狩—畜,狩的上古音是书纽幽部,畜的上古音是晓纽觉部,两者的韵部为阴入对转关系,是通过音变构成同源词。见—观,两者的上古音都是见纽元部字,两者只有介音的区别。史—事,这两者在甲骨文中是同形,是同一个字,史在上古音是山纽之部,事的上古音是崇纽之部,两者声音相近。

(二)合成词

1. 复合式合成词:(1)联合型,如"戈矛"、"甲子"、"乙丑"。(2)同位型,如"祖乙"、"祖丁"、"人方"。(3)偏正型,如"大采"、"静言"、"赤刀"、"百姓"、"小食","上帝"。(4)主谓型,"日明"、"日中"。(5)动宾型,"食麦"、"积德"、"折民"、"易日"。(6)动补型,如"扑灭"、"震惊"。

2. 附加式合成词:(1)词缀+词根,如"有正"、"有苗"、"有典"、"有叙"、"有宗"。(2)词根+词缀,如"至于"、"杂然"、"莞尔"。

(三)上古时期构词法的特点

本期产生大批新词,虽然已有不少复音节的,但多数是单音节的。这种单音新词的构成主要是通过音变手段。词是声音和意义的结合物。而词义和语音是不断发生变化的。词义引申的结果,就造成一词多义现象。但是如果引申出来的新义在历史发展中逐渐离开原义,以致新义和原义之间的关系变得越来越不明显的时候,这就是词义分化而产生出新词。这个新词在语音形式上如果不发生变化,那就与旧词成为同音词。如表示"太阳"的"日"和表示时间的"日"在上古应看作是两个词,虽然"时日"的意义是从太阳的意义分化出来。

但是在更多的情况下,当词义发生分化以后,它的语音形式也起了变化(同时在文字上也另造一个新字)。所谓语音变化在上古汉语里就是变化声、韵、调。如"小",引申出多少的"少"。"小"和"少"就是通过声母变化构成的。同类有"或/国"、"首/头"、"老/考"。变化韵母的如"匹/配"、"民/氓"、"敌/对"、"赖/懒"等。变化声调的如"数/数"(shǔ/shù)、"过/过"(guò/guo)。

上古的反义词也往往是通过声韵的变化造词。如"水/火"、"夫/妇"、"好/坏"、"古/今"、"生/死"。

上古的复音词也有很大的特点,那就是以双声叠韵的为最多,即所谓"联绵词"。如:双声——参差、缤纷……叠韵——窈窕、逍遥……这类双声叠韵词是利用声母或韵母的变化创造出来的。还有上古汉语里出现的许多主言(叠音)词,也是通过语言变化构成的。

秦汉间汉语构词法基本上继承了上古汉语构词方法,直到中古时期,词汇发展中出现了一些特殊的突出现象。那就是复音词越来越丰富。上古时期那些正在形成的还不固定的复音词或词组到本期大都凝固下来了。同时还产生了一大批新的复音词。以《百喻经》里的一些例子为证。名词如自然、智慧、技艺、知识等,动词如布施、忍受、逃避、流传、养育等,形容词如快乐、亲爱、端正、真实等。这些复音词都是用句法手段构成的。

二、中古时期汉语构词法

(一)构词法演变情况

中古时期的单音词也有所发展,产生了许多新的单音词,而这些新的单音词是用音变手段构成的,但跟上古又有不同,它们主要不是通过声母或韵母的变化,而多借助于声调的分化,区别词性和词义,以构成新词。如:衣,《广韵》于希切,平声,名词;又,于既切,去声,动词。被,《广韵》皮彼切,上声,寝衣也,名词,部伪切,去声,覆也,动词……到了现代汉语里,词根加词头,词尾构词具有极大的能产性。就汉语发展的情况说,连绵字变化最少,因为有关连绵词方面的变化只是词汇方面的变化,而不是语法方面的变化。词头词尾变化比较多。短语(仂语)的资正固化,成为单词,如上古的"天子"、中古的"欢喜"等,在汉语构词法中是主要的。

汉语单音词的逐渐发展为复音词,是由于客观语言现实的需要,而不是人为的任意凑合,凭空使它分化的。时至魏晋,汉语双音词的形成和积累已经相当的多,有条件使训诂家采取方法,从事注释工作。其中比较显著的,除《尔雅》、《方言》的郭注外,其他如《论语》何晏注、《尚书》伪孔传,所用方法亦均与郭注不谋而合。这是值得注意的。现在就郭注的 839 条,按构词格式区分双音词为并列、偏正、连绵、重叠、附缀 5 类。显示出当时汉语单、复音词发展演变的一个轮廓。

魏晋至唐末五代的中古汉语就是复音节词作为语言单位明显化了。复音节词的增加从前代(特别是后汉末)开始就可以看出来。其原因有:声母、韵母的简化需要用声调的变读来排除意义的混同;文化的发展,科学知识的进步,分析的概念也进一步发展。具体表现为:汉译佛经盛行,译文中也大量出现复音节词;以复音节词为单位,确立了四六的基调。所谓基调,是指在表达的时候有意在四字、六字后给一间歇的总括作用。这是以复音节词为单位,使表达在形式上归于整齐划一,这是总括的作用。复音节化是当时的口语的倾向反映到书面语的结果。

(二)中古汉语构词法特点

从复音词的发展趋势看,中古汉语复音词的数量继续增长,并且复音词的使用频率、义项的丰富程度都比上古汉语有所提高,构词方式基本完备。在复合词构词法中,中古时期与上古汉语时期最大的不同就是联合式构词法最为能产,这是汉语语法史上的一大特色。

中古时期的特征之一是使成式的产生,使成式在汉代已具雏形,六朝时成为"使成复合动词",唐代得到普遍使用。它代替了以前单音节动词中及物动词的功能。复合动词的增加产生出把行为和结果同时表现在一个词内的复合词。中古时期有不少能够具体地看出一个新词的产生过程的例子。当时复合词中间还可插入宾语,说明使成复合动词词与词之间的结合尚不够紧密。但是,使成式的产生,使复合动词的形成,在语法史上具有重要意义。

三、近代时期汉语构词法

(一)单纯词

单字音变构词,是通过改变词一个汉字音节中一个或几个语音要素(声、韵、调)来构造意义相关的新词。如"王",一个是名词"帝王"的王,一个是动词"王天下"的"王";"间",一个是名词"间隙"的"间",一个是形容词"间语"的"间"(私,秘密地)。还可以通过"语之转"或"语转"构成新词,如"云、如,语之转",表明"如"一个形由于音变(语之转)导致产生另一新词(同源词)"云","云何"是"如何"的又一表现形式,同样,"廉丑"是"廉耻"的又一表现形式。

单纯词是由一个语素(词根)构成的词。如:

人、水、走、吃、红、高、乒乓、葡萄、仿佛、犹豫、巧克力、苏维埃等词,都只包含一个独立的语素。

(二)派生词

双音联绵构词。通过"双声"、"叠韵"形成联绵构词。如"阿邑"为双声构词,"储胥"为叠韵构词。

派生词是由词根加上词缀构成的。如：

老师、老虎、阿多、阿兄、阿大；

孩子、房子、疯子、女子；

石头、木头、后头、上头；

数儿、困儿、花儿、信儿等。

(三)复合词

中古之后,复合词大量增加。复合词是由词根加词根构成的。如：

联合型:动静、神仙、江湖、丹青；

偏正型:雪白、盛暑、春心；

主谓型:心虚、霜降、雌伏；

动宾型:注意、受刑、封侯、知音；

(四)近代时期构词法的特点

1.产生大量的双音副词和连词。新兴的双音副词和连词可以分为两种:在原来副词或连词的基础上发展为双音词；由词组发展为双音词。

2.产生简称发展为语词的构词法。有些双音词连用,可以采取习惯的简化说法,有些多音的专名也可以采取简称,这些简化说法和这些简称用久了,就变成了双音词。

3.出现大量对译外语新词。其演化方式也是短语→复合词→复音词。

唐五代之后,构词法仍在不断地发展。表现出的一些明显的特点有:(1)复音词大量增加,而且语素的位置逐渐趋于稳定。(2)ABB式大量使用,ABC、AABB、ABCD式的词开始出现。

总的来说,就汉语构词的变化的情况来说,汉语构词法的发展是沿着单音词到复音词的道路前进的。其中,连绵字的变化最少,词头、词尾的变化比较多,上古的词头、词尾大部分并没有沿用下来,而中古以后又有新的词尾,但在汉语中保留得还不是很多,在构词法中不占主要地位。汉语由单音词占优势发展为由复音词占优势,这是自然的趋势。可以预料,将来双音词还会大量产生。

四、现代汉语构词法

现代汉语的词,以句法手段构成的复合词为多数。这样,现代汉语构词法的基本特点是:构词的方式同造句的方式有着相当的一致性。但是,词法结构也有不同于句法结构的地方,并不是所有句法关系都能进入词法结构的。比起句法结构来,词法结构有两个更为显著的特点:

(一)成分组合的直接性

词法结构当中构词成分的组合是比句法成分的组合更加直接紧凑的,像名词性成素直接用在动词性成素前作"状语"在句法结构中不大能出现,而在词法结构中却可以成为一种配置方式,如:瓦解、粉碎、瓜分、踪吞、笔试、火热、冰冷、肤浅、血红、墨绿这些词,成分组合的直接性就很突出。

(二)成分序列的固定性

构词成分的组合,其排序比之句法结构中成分序列更其固定;调动次序就不成词,或者成为另一个不同的词。有一部分并列构词成分在词法结构中可以调动次序,如"代替:替代"、"喜欢:欢喜"、"摇动:动摇"等,调动后意义完全不变的词很少,一般在词义上总有些差异。

第二节　构词法发展的特点

一、经历循序渐进的历时过程

汉语构词法的产生和发展是一个循序渐进的历时过程。"任何语言的音素和音节都是有限的,而人类文明发展的初始阶段,由于词汇量不大,这种矛盾还不可能尖锐化。随着人们认识能力的增长,已有的词语和概念不够用了,为了扩展语词,近音滋生同义词和声调别义的方式便应运而生。"(李如龙《汉语方言的比较研究》,2001,P99)

关于汉语构词发展的途径及其特点,诸学者从不同的角度视野问题提出各种看法,但他们基本上都同意王力所提出的论点"汉语构词法的发展循着单音词到复音词的道路前进的"(王力《汉语史稿(修订版)》中华书局,1980,P342)。其分期的特点主要为:上古汉语以单音节为主,或者说"上古汉语词的词义表达是相当浑沦的,名与实(词形与词义)的对应往往不够明确,所以正名之事一度受到当时学者们相当程度上的重视,荀子是最突出的一个"(万献初《汉语构词论》湖北人民出版社,2004,P3)。中古汉语到现代汉语就是双音节逐渐增加,也是汉语音变构词的兴盛时期。

汉语经过几千年的发展史。随着社会的发展,人类交际的需要,汉语的词汇量也不断增加。词汇系统的内容和形式会变得越发丰富而复杂。社会的进步促进人的思维严密化和精确化,也就导致词所负载的语义趋于精密化,语义类型的划分越来越精细,语义的概括性也越来越高。思维的严密促进语义的精密化,语义的精密化就需要词形具有与之相适应的表义能力,词形表义功能增强的需要也就促使词形趋于多样化。就汉语词所负载的语义而言,古代的词义浑沦性逐步向后代的词义精密性发展,正是语义表达的精密化需要促使汉语词汇由单音单义走向大量的单字音变构词,又由单字音变构词走向双音合成构词,最终使汉语词汇全面复音化。总体来说汉语构词法的发展是沿着单音词到复音词的道路前进的。

古代汉语是以单音词为主。但从先秦的史料看来,汉语已经不是纯粹的单音节语。一些名词由短语变成单词,形容词和副词由于大量的连绵字的缘故,有相当数量的双音词。动词形容词也有双音的。

上古时期的词,绝大部分是单纯词,少数是复合词。其产生的途径也有不同。单纯词主要有两种方法,一是通过词义引申分化出新词,这叫义变构词法,二是通过音节中音素的变化构造出意义有联系的词,这叫音变构词法。合成词主要采用结构类型的方法。

义变构词法是一个词有本义,后来又有引申义。当本义和引申义尚未分化时,是一词多义。而当本义和引申义分化开来时,就是两个词,这两个词之间就是有同源关系的词。

词义构词和单音节构词是上古重要的构词方式,两汉以后,单音构词法虽日渐衰亡,但是单音词是汉语词汇的核心,词义引申分化出新词始终是新词构成的方式之一,只是比例越来越小。

结构类型是合成词的主要构词法。其包含复合式合成词、附加式合成词和功能类三大类。

李仕春在《从复音词数据看上古汉语构词法的发展》(《北京化工大学学报》2007年第1期)的论文中采用统计法就上古汉语复音词词类的发展趋势进行统计。其结果也符合于上述的论述。

表 1-12-1　上古汉语复音词词类的发展趋势

词类别	墨子	屈原赋	孟子	左传	国语	战国策	荀子	商君书	韩非子	睡虎地秦墓竹简	先秦双音词研究
复音词	1324	994	591	1252	1048	2688	2160	487	2038	930	615
名词	805	438	401	959	865	1999	1106	387	973	676	386
	60.8	44.1	67.9	76.4	82.5	74.4	52.5	79.5	47.7	72.7	62.8
动词	326	248	97	154	112	496	491	66	714	182	139
	24.6	24.9	16.4	12.3	10.7	18.5	22.2	13.6	35.0	19.7	22.6
形容词	121	290	73	111	66	146	457.	29	305	58	90
	9.4	29.2	12.4	8.9	6.3	5.4	21.2	6.0	15.0	6.2	14.6
其他词类	69	18	20	29	5	47	47	5	46	14	
	5.2	1.8	3.4	2.3	0.5	1.8	2.2	1.0	2.3	1.5	

与上古汉语专书复音词研究相比,着力于中古汉语专书复音词研究的学者更多一些,他们的研究涉及笔记、小说、史书、文集、诗歌、佛经、道教、医书、农书、注释等文献,内容十分广泛。从中古语料的实际情况看,中古语料很复杂,但大体可以分为两类:中土文献和以汉译佛经为主佛教类语料。中土文献又可以分为口语性强的和口语性弱的两类,前者如传统士大夫的传世之作《论衡》、《颜氏家训》、《世说新语》以及当时出现的佛教类语料等,后者如汉赋、骈体文等。以上几类语料中的复音词都有人用定量—定性的方法进行了研究,他们运用已有的构词法研究成果,从语法和语义两个方面研究了中古时期专书中复音词的构成和汉语单音词复音化的现象。

中古汉语的种种特色,都可以从这种口语的发展中得到说明。由于复音节化,单词增强了识别的独立性,表达也变得和缓。如使成式的产生,使成式在汉代已具雏形,六朝时成为"使成复合动词",唐代得到普遍使用。它代替了以前单音节动词中及物动词的功能。复合动词的增加产生出把行为和结果同时表现在一个词内的复合词。鸦片战争以来,复音词在汉语中,占了压倒的优势。

表 1-12-2　中古汉语复音词的发展趋势

词类别	五十二病方	列女传	论衡	焦氏易林	吴越春秋	三国志	撰集百缘经	大庄严论经	世说新语	洛阳伽蓝记	根本说一切有部毗奈耶破僧事
总词数	3491	2843	3366	5111	2227	17363	3594	3503	4698	4050	5649
单音词	2981 85.4	1631 57.4	1777 52.8	2598 50.8	1169 52.5	2700 15.6	1355 37.7	1916 54.7	2250 47.9	1600 39.5	1521 26.9
复音词	510 14.6	1212 42.6	1589 47.2	2513 49.2	1058 47.5	14663 84.4	2239 62.3	1587 45.3	2448 52.1	2450 60.5	4128 73.1

中古之后近代时期复合词大量增加。汉语复音词的构成，可以分为连绵字、词组演变而成、双音副词和连词 4 大类。

二、汉语词复音化的因素

（一）语音的简化

上古汉语的语音系统是很复杂的。声母、韵母都比现代普通话丰富得多。和中古音比较，也显得复杂些。有些字在上古是不同音的，到中古变为同音了。《切韵》里有些所谓重纽字，也反映了来源的不同。到了近古，如《中原音韵》时代，语音又简化了一半以上。单音词的情况如果不改变，同音词大量增加，势必大大妨碍语言作为交通工具的作用。汉语词逐步复音化，成为语音简化的平衡锤。这并不是说，语言的发展是由于人为的结果，而应该认为，语言的本质（交通工具）决定了语言的发展规律，汉语词的复音化正是语音简化的逻辑结果。今天闽粤各地方言的语音比较复杂，复音词也就少得多，可以作为明确的例证。

（二）外语的吸收

如果是音译，原来是复音词，译出来一般也是复音词。上古外来语如"琵琶"、"葡萄"，中古外来语如"菩萨"、"罗汉"，近代外来词如"鸦片"，现代外来语"沙发"、"咖啡"等都属这一类。甚至原来是单音词，译出来也可以变为双音词，如"伏特"、"坦克"等。

如果是意译，就更非复音不可。汉语新词的产生，其主要手段之一，本来就是靠词组的凝固化。至于吸收外语，在绝大多数情况下，就是靠偏正结构来对译单词。既然是词组，至少有两个音节。如"火车"、"轮船"等。

古代汉语是单音词为主的语言，现代汉语是复音词占优势的语言。从史料看来，秦汉以后，汉语的复音词越来越多；"五四"以后，由于受西洋文化的影响，复音词增长的速度远远超过前代。但是，我们注意到，只是增长到双音词为止，没有增长到三音词、四音词。凡三音以上的词，都可以认为是复合词。如："火车头"可认为"火车"和"头"结合；"帝国主义"可认为"帝国"和"主义"的结合。由此可见，汉语词复音化的道路，实际上是双音化的道路。

（三）历代新兴的连绵字

连绵字是汉语构词法之一种，历代新词的产生，也有许多连绵字。王力举出一些汉代以后的联绵字的例子说明。

另有一种双音词,既非双声,又非叠韵,也不像是由词组变来,也可以认为是一种连绵字。

(四)新兴的双音副词和连词

新兴的双音副词和连词可以分为两种:

1. 在原来副词或连词的基础上发展为双音词。如:

召汤而囚之夏台,已而释之。(汉·司马迁《史记·夏本纪》)

2. 由词组发展为双音词。如:

诗三百篇,大抵圣贤发愤之所为作也。(汉·司马迁《史记·太史公自序》)

(五)简称发展为语词

汉语由单音词占优势发展为由双音词占优势,这是自然的趋势。可以预料,将来双音词还会大量产生。有些双音词连用,可以采取习惯的简化说法,有些多音的专名也可以采取简称,这些简化说法和简称用久了,就变成了双音词,令人不再感觉到或不大感觉到是简化说法和简称了。这就使语言的发展得到了平衡。王力将所举的例子分为三类:第一类是报刊上的只是简称,不见全称,或罕见全称,如"指战员"、"党委"、"地铁"、"保密"、"疗效"等,这是完全词语化了。第二类是常见简称,少见全称,如"鞍钢"、"女排"、"统战"、"投产"等,这是准词语化,还没有完全词语化。第三类是简称、全称的频率差不多,如"高速"、"知青"等。但是第二类和第三类都有可能发展为第一类,像"投产"、"知青"就有这种倾向。简称的词语化,是不可抗拒的趋势。

(六)国家社会的大变动、音韵变化及其他背景

声母、韵母的简化尤其与复音节词增加的现象有关,对此,有必要从《切韵》的音系出发推定六朝初期的音韵。另外,由于同音词的增加,需要用声调的变读来排除意义的混同,还有,由于复音节化使得音节表达更加缓和等。当然,也不可忽视由于文化的发展,科学知识的进步,分析的概念也进一步发达。这一方面,在其根底,还存在着社会的动乱和政治的变化。比如数量词方面表现出相当高度的类别倾向。作为语言现象来说,以复音节词为单位,使表达明显地和缓起来,可以说始于中古时期。

六朝时期,汉译佛经盛行,译文中也大量出现复音节词,显示出佛家不拘泥于传统的雅言而大量使用当时的口语词汇的迹象。但是,从语法上看,其中也出现了许多不符合汉语传统的不规则的说法。佛经里出现的复音节词的急剧增加,是如此超乎寻常,这是在一种自由的不拘泥传统译法的基础上大量产生。在政治、社会的变动、音韵的变化等复音节化现象的诸种要因中,这种佛经汉译法也有很大关系。

接下来的变化为复音节化,这是当时的口语的倾向反映到书面语的结果。相对于口语的"书语"的说法,中古中期就有。志村良治在《中国中世语法史研究》中认为,从魏晋至唐末五代的中世汉语时期的语言层可以成为对象的是书面语,但在这一时期内出现了反映口语的新文体、新形式,词汇、语法方面也呈现出种种变化。第一个变化就是复音节词作为语言单位明显化了。中古汉语的种种特色,都可以从这种口语的发展中得到说明。名词在词汇方面产生出"菩萨"、"兰若"、"智慧",还有"马脑"、"玭珥"、"熨斗"等各种各样彼时代的新词。这样一来词汇量大大增加自不待言,其中带有词尾现象尤令人注意。"种子"、"刀子"、"偷儿"等词尾化的倾向,在其他的动词、形容词、副词中也同样存在,由于复音节化,单词增强了识别的独立性,表达也变得更和缓,反映了口语中呼吸的余裕,语法也因包容了上述的新产生的诸形式而急剧地增加了表现力,这都符合语言发展的方向。

第二篇

句法的发展

第一章　短语的发展

第一节　上古时期短语

短语是词和词以一定的方式组合起来的语法单位；是运用语序、借助虚词组合起来，表示一定的结构关系，有特定意义、能自由运用的造句单位。汉语的短语不仅可以充当句子的各种成分，而且大多数短语加上一定的语调，就可以成为句子。

一、殷商时期的短语

(1)主谓短语：王 入？(《甲骨文合集 914》)

(2)述宾短语：侑 祖乙五羖？(《甲骨文合集 1526》)

(3)偏正短语：乙巳卜，贞：(妇妥)子亡若？(《甲骨文合集 21793》)

　　　　　　　王[唯]侑祖丁？(《甲骨文合集 14755》)

(4)述补短语：乙丑卜：其告〈在毓祖丁〉，王受祐？(《甲骨文合集 27320》)

(5)联合短语：戊午卜，宾贞：酒祷年于岳、河夒？(《甲骨文合集 10076》)

(6)连动短语：贞：我共人┆伐巴方？(《甲骨文合集 6467》)

(7)兼语短语：呼 多臣伐 邛方？(《甲骨文合集 616》)

(8)同位短语：丁酉贞：王乍三师：左、中、右？(《甲骨文合集 33006》)

(9)数量短语：马五十丙。(《甲骨文合集 11459》)

(10)介词短语：辛亥卜：至伊尹用一牛？(《甲骨文合集 21575》)

二、西周时期的短语

(1)主谓短语：予‖独服在寝。(周·无名氏《逸周书·皇门解》)

(2)述宾短语：告│余先王若德。(《毛公鼎铭》)

(3)偏正短语：唯四月既生霸己丑，王赏作册大(白)马。(《作册大鼎铭》)

　　　　　　　颂其万年无疆，[日]杨天子显令。(《史颂簋铭》)

(4)述补短语：侯作册麦易金〈于辟侯〉。(《麦尊铭》)

(5)联合短语：越曰我有师师、司徒、司马、司空、尹、旅。(春秋·孔丘整理《尚书·梓材》)

(6)连动短语:而击之以轻吕,斩之以黄钺,折悬诸太白。(春秋·孔丘整理《逸周书·克殷解》)

(7)兼语短语:立王子武庚,命管叔相。(春秋·孔丘整理《逸周书·克殷解》)

(8)同位短语:唯三月,王令荣眔内史曰害井侯服,易臣三品:州人、东人、郭人。(《周公簋铭》)

(9)方位短语:及将致政,乃作大邑成周于土中。(春秋·无名氏《逸周书·作雒解》)

(10)数量短语:孚车十两。(《小盂鼎铭》)

(11)介词短语:古人有言:人无于水监,当于民监。(春秋·孔丘整理《尚书·酒诰》)

三、先秦两汉时期的短语

(1)主谓短语:云‖蒸雨降兮,纠错相分,大钧播物兮,块圠无垠。(汉·贾谊《鵩鸟赋》)

(2)述宾短语:此王者,知胜之道也。(春秋·孙武《孙子兵法·谋功》)

(3)连动短语:奔走‖而陈兵者,期也。(春秋·孙武《孙子兵法·行军》)

(4)联合短语:军旁有险阻、潢井、葭苇、山林、蘙荟者,必谨复索之。(春秋·孙武《孙子兵法·行军》)

(5)偏正短语:赖君之力,时时有之,然未至于是也。(汉·枚乘《七发》)

(6)述补短语:长老曰:"苦为河伯娶妇,以故贫。"(汉·司马迁《史记·滑稽列传补》)

(7)介词短语:尧乃使羿诛凿齿于畴华之野。(汉·刘安《淮南子·后羿射日》)

(8)数量短语:王车驾千乘,选徒万骑,畋于海滨,列卒满泽。(汉·司马相如《子虚赋》)

(9)同位短语:淮阴侯韩信者,淮阴人也。(汉·司马迁《史记·淮阴侯列传》)

第二节　中古时期短语

一、魏晋南北朝时期的短语

(1)主谓短语:后人有见此狸‖出坑头,掘之,无复尾矣。(晋·干宝《搜神记》卷十八)

(2)述宾短语:若能偕化|黔首,悉入|道场……安求|田蚕之利乎?(北朝·北齐·颜之推《颜氏家训·归心》)

(3)连动短语:怀良辰以孤往,或植杖而耘耔。(晋·陶渊明《归去来兮》)

(4)数量短语:见《抱朴子》牢齿之法,早期叩齿三百下为良。(北朝·北齐·颜之推《颜氏家训·养生》)

(5)同位短语:汝南周瑜,弘正之子,会稽贺徽,贺革之子,并能一箭四十余骁。(北朝·北齐·颜之推《颜氏家训·杂艺》)

(6)方位短语:边风急兮城上寒,井径灭兮丘陇残。(晋·鲍照《芜城赋》)

(7)偏正短语:谁能模暂离之状,写永诀之情者乎?(南朝·宋·江淹《别赋》)

(8)联合短语:王安丰(戎)妇常卿安丰。安丰曰:"妇人卿婿,於礼为不敬,后勿复尔。"妇曰:"亲卿 爱卿,是以卿卿。我不卿卿,谁当卿卿?"遂恒听之。(南朝·宋·刘义庆《世说新语·惑溺》)

(9)兼语短语:殷浩於佛经有所不了,故遣人迎林公。林乃虚怀欲往。(南朝·宋·刘义庆《世说新语·文学》刘孝标注引裴启《裴子语林》)

(10)述补短语:明不知,谓逃在积薪粪中,乃以杖捶〈使出〉。(南朝·宋·无名氏《录异传·如愿》)

二、隋唐五代时期的短语

(1)主谓短语:以言乎体‖则博大,以言乎木‖则精微。(唐·陆贽《奉天清罢琼林大盈二库状》)

(2)述宾短语:唯愿和尚久住世间,广度|众生。(五代·静、筠二禅师《祖堂集》)

(3)数量短语:江头宫殿锁千门,细柳新蒲为谁绿。(唐·杜甫《哀江头》)

(4)述补短语:如来告〈讫〉见神通,将身一念便腾空。(王重民等编《(唐)敦煌变文集·难陀出家缘起》)

(5)联合短语:扪参 历井仰胁息,以手抚膺坐长叹。(唐·李白《蜀道难》)

(6)兼语短语:五花马,千金裘,呼儿 将出换美酒,与尔同销万古愁。(唐·李白《将进酒》)

(7)连动短语:供给之人,各执其物,夹道|而疾驰。(唐·韩愈《送李愿归盘谷序》)

(8)方位短语:穷年忧黎元,叹息肠内热。(唐·杜甫《自京赴奉先县咏怀五百字》)

(9)偏正短语:旧时王谢(堂前)燕,飞入寻常百姓家。(唐·刘禹锡《乌衣巷》)

(10)同位短语:同游者:吴武陵、龚古、余弟 宗玄隶而从者,崔氏二小生:曰恕己,曰奉壹。(唐·柳宗元《小石潭记》)

第三节 近代时期短语

一、宋元时期的短语

(1)主谓短语:师‖喝一喝,便出去。(宋·普济《五灯会元》卷十一)

(2)述宾短语:我脱|这衣服,我自家扭扭干。(元·杨显之《潇湘雨》第四折)

古之人不余欺也。(宋·苏轼《石钟山记》)

(3)偏正短语:将德政因由都载上,使(万万代)官民见时节想。(元·刘时巾《上高监司·前套》)

(4)数量短语:三杯两盏淡酒,怎敌他、晚来风急。(宋·李清照《声声慢》)

(5)联合短语:三十功名尘与土,八千里路云和月。(宋·岳飞《满江红》)

(6)方位短语:郁孤台下清江水,中间多少行人泪!(宋·辛弃疾《菩萨蛮·书江西造口壁》)

(7)的字短语:说话的因甚说这春归词?(宋·无名氏《京本通俗小说·碾玉观音》)

(8)兼语短语:分明是你过犯,没来由把我摧残;使别人 颠倒恶人烦。(元·王实甫《西厢记》三本二折)

(9)同位短语:您 文武百官,计议怎生退了番兵,免明妃和番者。(元·马致远《破幽梦孤雁汉宫秋》三折)

(10)连动短语:那时节似鱼跃 龙门播海涯。(元·郑光祖《迷青琐倩女离魂》第二折)

(11)介宾短语:草行露宿,日与北骑相出没於长淮间。(元·文天祥《指南录后序》)

(12)述补短语:庭院深深深几许,杨柳堆烟,帘幕无重数。(宋·欧阳修《蝶恋花》)

二、明清民初时期的短语

(1)主谓短语:海棠‖欲睡不得成,红妆照见殊分明。(明·高启《明皇秉烛夜游图》)

(2)述宾短语:呜呼战功今已无,安得再生此辈西备胡。(明·李梦阳《石将军战场歌》)

(3)述补短语:秋官爱书上,顷刻飞骑传。一依叛臣法,吒死〈大道边〉。(明·王世贞《元江流钤山冈当庐江小吏行》)

(4)数量短语:平畴崇田,参错其下,目之所周,大约数十里。(清·魏禧《吾庐记》)

(5)连动短语:观者无不叹息泣下。(清·汪琬《江天一传》)

(6)联合短语:廿载包胥承一诺,盼乌头、马角终相救。(清·顾贞观《金缕曲》)

(7)偏正短语:盖有漏根因,未结(人灭之)果。(清·蒲松龄《聊斋志异·聊斋自志》)

(8)介宾短语:携手向花间,暂把幽怀同散。(清·洪昇《长生殿·惊变》)

(9)同位短语:我 阮大铖,亏了贵阳相公破格提挈,又取在内廷供奉。(清·孔尚任《桃花扇·骂筵》)

(10)方位短语:小生侯方域,被逮狱中,已经半月。(清·孔尚任《桃花扇·会狱》)

(11)兼语短语:无才便是德,忍令群雌盲。(民初·柳亚子《放歌》)

(12)"的"字短语:那红衣最忌的是酒,才沾滴点,其色便败,怎经得起这一大盉酒?(明·冯梦龙《醒世恒言》卷四)

第四节 现代汉语短语

一、短语在汉语语法体系中的重要性

短语是汉语中的基本语法单位之一。

(一)短语的直接成分中包括了汉语的8种语法成分

主语 谓语 述语 宾语 定语 状语 补语 中心语

短语直接成分间的 5 种基本结构关系是汉语的基本语法关系：

主谓关系　述宾关系　述补关系　偏正关系　联合关系

(二)短语的重要性

短语是静态单位,是组成汉语句子的备用单位,可以充当各种句子成分,构成句子的基本框架。短语处于语素、词之类的静态单位、备用单位和句子这一动态单位、使用单位的交接处,地位相当重要。

(三)汉语短语的构造原则与句子的构造原则基本一致

大多数短语加上句调(有的需加语气词)就具备了表述性,可以单独成句。

短语的结构关系又与合成词内部的结构关系基本一致。

(四)短语的扩展与紧缩体现了语法的层次性与递归性

二、决定短语结构关系的因素

语序和虚词决定了短语的结构关系,其中语序常常起重要的作用。

(一)改变语序可以形成不同的结构关系

如:工作积极(主谓关系)——积极工作(偏正关系)

任务完成(主谓关系)——完成任务(述宾关系)

(二)虚词的有无和不同虚词可以形成不同的结构关系

如:经济繁荣(主谓关系)——经济的繁荣(偏正关系)

学文件(述宾关系)——学的文件(偏正关系)

父亲母亲(联合关系)——父亲的母亲(偏正关系)

老师的学生(偏正关系)——老师和学生(联合关系)

三、短语结构类型的分析

短语的分类,可以从内部结构关系上进行,也可以从整体功能上进行,前者叫结构类型,后者叫功能类型。功能分类,实质上是看该短语在更大的语言结构中所起的作用,分为:连词短语、感叹短语、副词性短语、动词性短语、形容性短语、名词性短语。1991 年,林祥楣分为体词性短语、谓词性短语和加词性短语 3 类。结构分类,这是短语研究的重点所在。20 世纪 70 年代,张寿康列举了 21 种结构:主谓、动宾、判断、谓补、连谓、偏正、固定、数量、指量、方位、介词、所字、的字、是……的、复指、能愿、趋向、联合、紧缩、否定、比况等结构。李人鉴在 1979 年 7 月从 3 个方面批评了张文:①不是逻辑的分类;②没区分单层次结构与多层次结构;③分类太细,21 种结构可以合并成几大类。在这场讨论中值得一提的是邢福义《略论"结构"研究中的几个问题》,该文比较了张文与李文,认为张文比较重视结构的个性,李文比较重视共性,由于目前我们对结构的个性研究不够,因而充分肯定了张文的积极意义,并对涉及结构研究的 5 个理论问题作了阐述,明确反对"词、词组、句子"一级比一级大的三级论,认为结构和句子只是着眼点不同,却不存在着量的区别,它们的关系应为:

(一)结构类型

根据短语直接成分之间的结构关系,可以将短语分为主谓短语、联合短语、述宾短语、述补短语、偏正短语、介词短语等。由实词与实词构成的短语叫实词短语,或称"复合短语"。

实词短语包括主谓短语、述宾短语、述补短语、联合短语、偏正短语、连谓短语、兼语短语、同位短语、量词短语、方位短语。由实词与虚词构成的短语叫虚词短语,或称"派生短语"。虚词短语包括介词短语、比况短语、"的"字短语、"所"字短语。我们先介绍一下丁声树写的《现代汉语语法讲话》中对短语结构的权威分析。"我们说的话,书报上印的文章,句子的数目是无限的,可是句子的格式是有限的。"除了一个词的句子以外,每个句子都可以分成多少个成分,这些成分相互之间有一定的句法关系,造成一定的句法结构。汉语的主要句法结构有 5 种:主谓结构、补充结构、动宾结构、偏正结构、并列结构。

1. 主谓结构。主语在前,谓语在后,合起来构成"主谓结构"。

有些主语对谓语讲是"施事",就是说,谓语所说的行为是从主语发出来的。如:他在街上走了半天。"(老舍)有些句子正相反,主语并不是谓的"施事",倒是谓语的"受事",就是说,主语受到谓语所说的行为的影响。如:"大门锁了。"(曹禺)有些句子无所谓"施事"、"受事",主语只是谓语陈述的对象。如:"我有点头痛","这事咱们上当了"。以上的例句,就意义来讲,主语谓语的各种关系固然不同,就语法来讲,例句中加点的是主语,不加点的是谓语。主谓结构常常独立使用,成为句子。但是有时主谓结构并不独立,而只作为句子的一个成分。如:"成渝铁路通车了","成渝铁路通车充分表示中国人民的力量。"主谓结构作主语、作宾语,或者作修饰语,都只是句子当中的一个成分。

2. 补充结构。动词或形容词后面可以加上动词、形容词之类,来表示前一个成分的结果、趋向等等,这一类成分叫作补语,因为它对前一个成分有所说明,有所补充。动词带补语叫"动补结构",形容词带补语叫"形补结构",合起来叫作"补充结构"。有的补语是表示结果的,叫作结果补语,还有一种表示趋向的叫作趋向补语。如"飞来、走出、亮起来"里的"来、出、起来"都是表示趋向的。同时动补结构可以带宾语。如:"那个老头一脚可以踢死个牛。"以上的补语都是紧接在动词、形容词后头的。还有一种补充结构是在动词、形容词和补语中间加上个"得"字的。如:"每一个架子都摆得稳、准、利落。"

3. 动宾结构。动词后头可以有宾语。动词、次动词加宾语叫作"动宾结构",有些动词带宾语,有些不带宾语。带宾语的动词也不是老带宾语的。如:"他去了上海。/他去上海了。"次动词总是带宾语。如:"我对他什么意见也没有。"不同的动词跟宾语也有各种不同的关系。宾语是名词、代词的最常见。不过,宾语并不限于名词、代词。形容词、动词、动宾结构和主谓结构也可以作宾语。如:"我们不怕困难。/现在你们不愁吃,不愁穿了。/我赞成讨论这个问题。/我赞成大家讨论这个问题。"

4. 偏正结构。偏正结构由修饰语加中心语组成,修饰语放在中心语的前头。修饰语的功用是限制或描写中心语。如:"外面的河涨了水。"这句话的主语"外面的河"是偏正结构,"外面的"是修饰语,"河"是中心语。偏正结构的作用和中心语大致相同。但修饰语和中心语两个成分是不平等的,而是一偏一正的,所以这种结构叫作"偏正结构"。所谓偏正,所谓中心,都是就结构而说的,并不是说在意义上中心语比修饰语重要。偏正结构里头修饰语和中心语有各种不同的关系。拿名词前的修饰来说,有的是领属性质,有的是限制性质,有的是描写性质。限制性质的修饰语有区别作用,而描写性质的修饰语没有区别作用,领属性质的修饰语一般有区别作用,但也有没有区别作用的。名词前头的修饰语可以是名词,也可以是代词、动词、动宾结构、主谓结构等等。动词前头的修饰语最普通的是副词,如"他常常来"。形容词前头的修饰语大都是副词,如"很大,顶高"。还有一种修饰语,如"大体上说"、"认真说"等等。

5. 并列结构。偏正结构的成分有偏有正,如"大炮","大"是修饰语,"炮"是中心语。并列结构的成分是平等的,如"枪炮"的"枪"、"炮"两个成分是并列的。并列成分可以作句子的各种成分,可作主语、宾语、修饰语等等。并列结构的成分之间可以有连词,也可以没有连词。成分和成分之间讲究字数匀整,有时还可以用相同的字眼起头或结尾。所以一句话里即使有好些层并列结构,解释起来好像费事,但是看起来、念起来却并不觉得沉闷,反而觉得生动有趣。如:"爸爸妈妈去上海了。/爸爸和妈妈都去上海了。"

我们现在来分析一下短语结构。

1. 主谓短语。主谓短语,由主语和谓语两部分组成,主语在前,谓语在后,用语序和词类表明陈述关系。构成主谓短语的词类主要有以下几种:

①名词——动词、形容词;②代词——动词、形容词;③名词——名词;④名词、代词——数词、数量短语;⑤动词——动词、形容词;⑥形容词——形容词。

主谓短语按照其内部的结构成分,可分为如下几种形式:

①S+V/S+VP　大家讨论　考试结束　我们唱;

②S+A/S+AP　花红　经济繁荣　柿子已经熟透了;

③S+N/S+NP　明天晴天　鲁迅绍兴人　一斤白菜五角钱;

④S+SP　我国资源丰富　水乡歌声阵阵。

(1)主语的构成。主语表示陈述的对象,经常由体词性词语充当,谓词性短语在一定条件下也可以作主语,时间词、处所词有时也充当主语。

①体词性主语

中国共产党万岁!(毛泽东《两个中国之命运》)(名词)

我们主张积极的思想斗争。(毛泽东《反对自由主义》)(代词)

二十岁也不算年轻。(巴金《春》)(数量短语)

②谓词性主语

谓语性词语在一定条件下也可作主语,这种短语的谓语或谓语中心一般是描写、判断性质的,常用形容词或非动作动词"是、标志、使、证明"一类词语充当,用动作动词作谓语的情况很少。谓词性词语充当的主语主要有两种:

A. 主语是指称性的

幸福是可遇而不可求的。(琼瑶《冰儿》)(形容词)

怜悯更是一种危险的东西,尤其在男女之间。(琼瑶《烟雨濛濛》五)(动词)

打败日本简直可以比杀只鸡还容易!(老舍《四舍同堂》八十二)(述宾短语)

学习好才有可能进行创新。(习近平《依靠学习走向未来》)(中补短语)

两岸同胞一家亲,根植于我们共同的血脉和精神,扎根于我们共同的历史和文化。(习近平《共圆中华民族伟大复兴的中国梦》)(主谓短语)

B. 主语是陈述性的

快点好不好。(三毛《撒哈拉的故事·荒山之夜》)(中补短语)

秉公用权才能赢得人心。(习近平《把权力关进制度的笼子里》)

<u>坚持独立自主</u>,就要坚持中国的事情必须由中国人民自己作主张、自己来处理。(习近平《坚持和运用好毛泽东思想活的灵魂》)(述宾短语)

在 A 类里,充当主语的谓词性词语所表示的动作、行为、性质、状态等已经事物化了,即变成了可以指称的对象,可以用"什么"指代。因此,A 类的主语是指称性的。

在 B 类里,充当主语的谓词性词语不是指称的对象,而是对于动作行为状态、性质的陈述,不能用"什么"指代,但能用"怎么样"替换。因此,B 类的主语是陈述性的。

③时间词和处所词作主语

时间名词、处所名词具有双重性质:一是事物性,一是时地性。

<u>那天</u>奇热。(余秋雨《霜冷长河·长者》)

<u>今天</u>决定合力炒作这件事,<u>明天</u>决定联手灭掉那个人……(余秋雨《霜冷长河·关于友情》)。

<u>亚太地区</u>应该谋求共同发展。(习近平《深化改革开放,共创美好亚太》)

<u>屋里</u>异常清静,只有钟摆滴答地响着。(巴金《家》五)

(2)谓语的构成。谓语是对主语的陈述或说明,经常由谓词性词语充当,体词性词语有时也充当谓语。

①谓词性谓语

谓词性谓语主要有两种,即动词性谓语和形容词性谓语。

A. 动词性谓语

雷参谋的脸色突然<u>变</u>了。(茅盾《子夜》二)(动词)

倒是你妈<u>反对人写白话信</u>。(巴金《春》十八)(兼语短语)

消息<u>传得广而且快</u>!(茅盾《子夜》二)(正补短语)

恐怖<u>必须造成</u>。(老舍《四世同堂》五十)(能愿短语)

她的爱丈夫的心<u>像一颗灯光</u>。(老舍《四世同堂》四十八)(述宾短语)

共产党<u>像太阳</u>(述宾短语)

B. 形容词性谓语

觉民的心有点<u>软</u>了。(巴金《秋》五)(形容词)

书里面我个人的爱憎<u>实在太深</u>了。(巴金《家·后记》)(偏正短语)

群众实际情况究竟<u>怎样</u>?(习近平《切实把思想统一到党的十八届三中全会精神上来》)(疑问代词作谓语,其作用是指代动词或形容词)

②体词性谓语

体词性谓语指的是名词或名词性词语充当的谓语。名词性谓语比较短,口语里用得较多。名词作谓语限于说明日期、天气等等。名词性短语作谓语多是说明人物的籍贯、容貌或者说明事物的情况。

沈从文<u>湘西人</u>。(籍贯)

后天<u>阴天</u>。(天气)

明天<u>国庆</u>。(日期)

一斤白菜<u>八角钱</u>。(金钱)

③主谓短语作谓语

主谓短语作谓语构成主谓谓语句(有的称之为双主语语句)是汉语句法的一种特殊现象。如：

家和万事兴。(习近平《永远做可靠朋友和真诚伙伴》)

他们一个个面带欢笑,朝气蓬勃地走着。(魏巍《东方》六部十三章)

④由动词"是"组成的谓语

由动词"是"组成的谓语,一般表示等同或归类。

我是新闻记者,我的职业是自由职业。(茅盾《子夜》九)

他是掌柜。(老舍《四世同堂》五十九)

(3)主谓短语的功能。主谓短语最常见的功能是构成完全主谓句。主谓短语带上特定的语调后,无须借助其他成分就是一个典型的主语谓语齐全的句子。其主语就是句子的主语,其谓语就是句子的谓语。这是主谓短语在功能上区别于其他短语的一个显著特点。如：

春天到了──→春天到了。

我去──→我去。

除直接构成完全主谓句外,主谓短语还可以充当句子的各种成分。

他那样做是为了快点儿完成任务。(充当主语)

他迟到的原因是家里来客人了。(充当宾语)

老师办公的房间在三楼。(充当主语中心的定语)

他态度强硬地说:"我要去!"(充当状语)

房间里闷得气都喘不过来。(充当补语)

2. 述宾短语。述宾短语,由述语和宾语两个部分组成,述语在前,宾语在后,用语序表示述宾之间的支配和关涉关系。构成述宾关系的词类主要有：

①动词—代词；

②动词—名词；

③动词—动词；

④动词—形容词；

⑤动词—数量短语。

述宾短语按照内部的结构成分,可分为如下形式：

①V＋N/V＋NP　吃菜　是他　发展区域经济；

②V＋V/V＋VP　值得干　喜欢吃冰棍　主张去杭州；

③V＋A/V＋SP　安于清贫　过于严格　禁止你们抽烟。

(1)述语的构成。述语是带宾语的成分,一般表示动作行为、性状的变化或判断,常由动词或以它为中心的短语结构充当。

学习现代科学技术知识(及物动词)

住着三户人家(不及物动词)

(2)宾语的构成。宾语是动词的后置成分或连带成分,用来回答"谁"、"什么"等问题,分为体词性宾语和谓词性宾语两类。体词性宾语由名词性词语、代词性词语、数词性词语等体词性词语构成。如：

编写百科辞典　　相信他

说什么　　　　　　　三乘四得十二

多数动词都可以带体词性宾语。

谓词性宾语由动词性词语、形容词性词语构成。如：

进行调研　　　　　　给予高度评价

感到紧张　　　　　　显得十分紧张

但能够带谓词性宾语的动词有限。

（3）述宾短语的语法性质和句法功能。述宾短语有时带上特定语气语调，可以成为非主谓句。如：严禁烟火！

述宾短语的基本功能是充当谓语。此外，也可以充当其他各种成分。

新技师的录用降低标准了。（谓语）

他们做出了降低标准的决定。（定语）

他们降低标准地采用了几名技师。（状语）

他们被逼得降低标准了。（补语）

降低标准恐怕不是好办法。（主语）

他们早就决定降低标准了。（宾语）

3. 偏正短语。偏正短语，由修饰语和中心语两部分构成，修饰语在前，描写或限制后面的中心语，可分两类：

（1）定中短语。定中短语，主要由定语和名词性中心语组成，其间的修饰或限制关系有时用"的"来表示。构成定中关系的词类主要有：

①词—名词（一般要用"的"）；

②名词—名词（有时要用"的"）；

③动词—名词（一般要用"的"）；

④形容词—名词；

⑤区别词—名词；

⑥数量短语—名词。

还有一种特殊的定中短语是由定语和谓词性中心语构成，属不自由短语。其构成的词类主要有：

①名词—动词、形容词；

②代词—动词、形容词；

③形容词—动词；

④动词—动词、形容词。

（2）状中短语。状中短语，由状语和谓词性中心语组成，其间的修饰或限制关系有时用"地"表示。构成状中关系的词类主要有：

①副词—动词、形容词；

②时间名词—动词；

③方位短语—动词；

④代词—动词、形容词；

⑤动词—动词；

⑥形容词—动词；

⑦数量短语—动词、形容词；

⑧拟声词—动词；

⑨介词短语—动词；

⑩助动词—动词。

两种形式的偏正短语按照其内部结构可分为以下几种：

①N/V/A/VP/NP/AP/SP＋N/NP；

②N/NP＋的＋V/A；

③F/A/V/PP＋地＋V/A/VP/AP；

④VP/NP＋V；

⑤F＋N/NP。

从定语和中心语的意义关系来看，定语有修饰性和限制性两种。有的定语兼有两类作用。

修饰性的定语指有描写作用的定语，描绘人或事物的性质、状态，使语言更加形象、生动。如：

绿油油的庄稼　　　　雪白的大衣

美丽的原野　　　　　弯弯曲曲的小路

限制性的定语在于给事物分类或划定范围，使它表达得更加准确。名词、人称代词、名词性短语等作定语一般是限制性的。

中国学生　　　　　　我们公司

今天的报纸　　　　　货架上的酒

与定语一样，状语也可以分为修饰性状语与限制性状语两种。修饰性状语主要起描写作用，又可以分为两类。一类是描写动作的方式或状态，如：

他轻轻地拍拍衣服上的树叶和木屑。（琼瑶《女朋友》八）

吴孙甫勃然怒叫起来了。（茅盾《子夜》九）

一类是在意念上描写动作者的。其作用在于描写动作者动作时的情态，多出现于文学作品。如：

觉慧痴痴地望着她的背影。（巴金《家》二十八）

我要固执的将你缝进这条快乐而明艳的裙子里去。（三毛《背影·周末》）

限制性状语主要表示时间、处所、方式、条件、对象、数量、目的、范围、程度等。

明天来　旁边走　一页一页地翻阅　全部上缴

在困境中拼搏　对人民负责　多次说过　十分可爱

4. 述补短语。述补短语，由述语和补语组成，补语附在述语后面，对述语加以补充和说明，有的补语之前用"得"。构成述补关系的词类主要有：

①动词—动词、形容词；

②动词、形容词—趋向动词；

③动词—数量短语；

④动词—介词短语；

⑤形容词—副词。

述补短语两部分是补充和被补充的关系。述补短语可分为：

①V/A＋V/A　学懂　急坏　安排好；

②V/A＋得＋V/A/AP/SP　学得懂　飞得很高　闷得心慌；

③V＋量词短语　砍一刀　读两遍。

述补短语中的述语由动词、形容词充当,补语由谓词性词语和程度副词"很"、"极"充当。

补语的类型:从意义上看,补语可以分为:

①数量补语:一般表明动作的次数或动作延续的时间。

敲了〈三下〉　睡了〈八小时〉

②情态补语:说明与动作有关的事物的状态。

洗得〈干干净净〉　跑得〈满头大汗〉

③程度补语:是用在形容词和少数名词、动词(主要是表示心理活动的动词)后面表示性状的程度。

美〈极〉了　好得〈很〉　糟〈透〉了

④趋向补语:趋向动词用在中心语的后面表示趋向。

起〈来〉　上〈去〉　跑〈出去〉　热〈起来〉

5. 联合短语。联合短语,由语法地位平等的两个或几个部分组成,表示的内部逻辑关系有并列、递进、选择等。可构成的词类主要有:

①名词—名词(包括其重叠式)(表并列);

②名词—代词(表选择);

③数量短语—数量短语(表选择);

④动词—动词(包括其重叠式)(表并列或递进);

⑤形容词—形容词(包括其重叠式)(表并列)。

联合短语:有的直接组合,有的靠关联词组合,有的部分之间用顿号或逗号隔开,按内部结构可分为:

①N/NP＋N/NP;

②V/VP＋V/VP;

③A/AP/SP＋A/AP/SP。

名词的联系,可以用和(跟、同、与)连接。并列的两项之间有时也可以不用"和"。

并列成分如果有两项以上,习惯上只用一个"和",放在末尾两项之间,如"语法、修辞和逻辑"。动词的联合,一般用"并"连接,如"继承并发扬"、"讨论并通过"。有时也可以不用"并"。如"继承发扬"、"讨论、通过"。形容词的联合,一般用"而"连接,并列关系也可以不用,如:"光荣而艰巨"、"清新活泼"。不同的联合标志,在结构成分之间所表示的具体关系不完全相同。有的表示并列,如"和、及、并、而、而又"等;有的表示选择,如"或"或"或者";有的表示递进,如"且"或"而且"如:

聪明而壮实(并列)

聪明或壮实(选择)

聪明且壮实(递进)

6. 连谓短语。连谓短语,由两个或两个以上谓词性成分连用,谓词性成分之间没有语音停顿,没有上述 5 种基本结构关系,不用任何关联词,也没有复句中分句之间的各种逻辑关系。构成的词类主要有:

①动词—动词;

②形容词—形容词。

连谓短语根据动词的不同,可分为几种类型:

①VP＋VP;如:两个女孩子喝酒猜拳。(琼瑶《冰儿》五)

②"来、去"＋V/VP;V/VP＋"来去";如:于是那人替他将报纸铺在地上,阿 Q 伏下去,使尽了平生的力画圆圈。(鲁迅《阿 Q 正传》)

③动词"有"＋V/VP。如:禹要回京的消息,原已传布得很久了,每天总有一群人站在关口,看可有他的仪仗的到来。(鲁迅《理水》)

7. 兼语短语。兼语短语,由前一动词的宾语兼做后一谓语的主语,即述宾短语的宾语和主谓短语的主语套叠,形成一个宾语兼主语的兼语。构成的词类主要有:

①动词—名词;如:但是我有甚么天才在那儿呢?(郭沫若《歧路》)

②代词—形容词;如:她对是非的判断往往令我惊奇不已。(三毛《撒哈拉的故事·芳邻》)

③代词—动词。如:我替她拿住了纸包,她就开门邀我进她的房里去。(郁达夫《春风沉醉的晚上》)

兼语短语根据动词的不同,可以有以下两种类型:

①VP＋NP＋VP;

②动词"有"＋VP＋NP。

8. 同位短语。同位短语,多由两部分组成,前后各部分的词语不同但所指相同,语法地位一样,共同作一个成分。其构成的词和短语主要有:

①名词—名词;

②代词—代词;

③代词—名词;

④代词—数量短语;

⑤名词—数量短语;

⑥名词—代词;

⑦形容词—定中短语;

⑧联合短语—定中短语;

⑨动词—定中短语。

两个部分互相叠用,相互指称,同表一个事物。同位短语按组成部分的不同可以分为以下几种类型:

①N/NP＋N/NP;如:只是陈永年老头子回家来以后,还是不声不响。(康濯《我的两家房东》)

②N＋D/D＋N;如:看在我老汉面上,请你们诸位高高手……(赵树理《小二黑结婚》)

③D＋D;如:小朋友,两月之别,你们自己写了多少,母亲怀中的乐趣,可以说来让我听听么?(冰心《寄小读者》)

④N/D＋量词短语。如：<u>中年人</u>，局长的表弟同潘先生<u>三个</u>，已经领会局长这一笑的意味。（叶圣陶《潘先生在难中》）

9. 方位短语。方位短语，由方位词直接附在名词性或动词性词语后面组成，主要表示处所、范围或时间。构成的词或短语主要有：

①词—方位词；

②数量短语—方位词；

③述宾短语—方位词；

④主谓短语—方位词。

方位短语由两个部分组成，前一部分是词或短语，后一部分是方位词。方位短语可分为以下 3 种类型：

①一般实词＋方位词；如：父子两个一上了地，<u>家里</u>就只留下新媳妇一个人。（赵树理《小二黑结婚》）

②时间词/处所词＋方位词；如：婉儿<u>一年前</u>代替投湖自杀的鸣凤到冯家去当了姨太太。（巴金《春》二）

③一般短语＋方位词。如：各人都有自己的事情，再不能像在<u>新年里</u>那样痛快地游玩了。（巴金《家》十九）

10. 量词短语。量词短语，由数词或指示代词加上量词组成。主要有：

①数词＋量词；如：一个<u>二十岁</u>的青年人的生命，决不能和体面相提并论。（沙汀《在其香居茶馆里》）

②指示代词＋量词/代词＋数词＋量词；如：她们<u>那座</u>僻处沪西的大公园……（茅盾《子夜》三）

③疑问代词＋量词。是<u>哪个</u>？告诉我！（巴金《家》十六）

11. 介词短语。介词短语，由两部分组成，前一部分是介词，后一部分是词或短语，介词是这类短语的标志。介词短语主要是介词与名词性的偏正短语、联合短语、同位短语以及方位短语的组合，也包括介词与述宾短语、主谓短语的组合。主要有：

(1)介词—名词；如：海臣<u>把头</u>扭一下，扁了扁嘴答道……（巴金《春》五）

(2)介词—代词；如：这真是<u>从哪里</u>说起？（茅盾《子夜》八）

(3)介词—方位名词；如：这风<u>从南面</u>吹过来，<u>从稻秧苇尖上</u>吹过来。（孙犁《荷花淀》）

(4)介词—处所名词；如：徐世楚高大的身子，挺立<u>在房间中</u>。（琼瑶《冰儿》六）

(5)介词—时间名词；如：我学车的时间被安排<u>在中午十二点半</u>。（三毛《撒哈拉的古文事·天祥》）

(6)介词—动词。如：每分钟都<u>在战争</u>，要战胜那些病。（琼瑶《冰儿》七）

12. 助词短语。助词短语，由助词附着在词语上构成，包括"的"字短语、比况短语、"所"字短语。

①"的"字短语

由词或短语与助词"的"组合成，"的"是标志词。如：

这一家子，就靠这<u>老的</u>受嘛。人没人手没手，净一把子坐着<u>吃的</u>。（康濯《我的两家房东》）

②"所"字短语

由助词"所"和动词组成,"所"是标志词。如:

他所要的是肉,他发散的兽力,你便暂时有吃有穿。(老舍《月牙儿》)

③比况短语

前一部分是词或短语,后一部分是比况助词"似的"、"一般"、"一样"、"般"等。这些比况助词是标志词。根据比况助词前附成分的不同,比况短语可分为:词与比况助词的组合,主要是名词、动词、形容词、疑问代词"什么"和比况助词的组合;另一个是偏正短语、述宾短语和主谓短语与比况助词的组合。如:

像不知道果子是又香又甜似的,像拿着的是土块是砖石,那一点也没有喜悦的感觉。(丁玲《太阳照在桑干河上》)

他也跟别的妇女一样,裤子还是补了好几块的。(康濯《我的两家房东》)

(二)功能类型

短语的语法功能包括短语充当句子成分的能力、短语与其他词或短语的组合能力。另外,考察短语的语法功能还要考虑语法手段(语序和虚词),在短语中的作用,以及充当短语直接成分的词语的语法性质、直接成分之间的结构关系等因素。根据短语的语法功能,可以将短语分为体词性短语、谓词性短语和加词性短语。

1. 体词性短语。其语法功能主要是作主语、宾语,一般不作谓语。联系结构上的分类情况来看,体词性短语包括以下几类:以体词为中心的偏正短语;复指短语、方位短语、带有定语的以谓词为中心的偏正短语;由各类体词组成的联合短语;同位短语;"的"字短语和由名量词组成的量词短语;由名词组成的主谓短语。

2. 谓词性短语。它的功能与谓词一样,在句子中主要作谓语,有时也作主语和宾语。从短语的结构分类上看,谓词性短语包括了述宾短语、述补短语、连谓短语、兼语短语;由两个或两个以上的动词、形容词组成的联合短语;比况短语,以动词、形容词为中心的偏正短语;由动词、形容词作谓语的主谓短语。

3. 加词性短语。现代汉语中的加词主要是指区别词、副词。同时与加词具有相同的功能,只可以充当修饰语的短语是加词性短语,介词短语和其他只能作修饰语的短语。

(三)其他分类

1. 根据短语能否单独成句,可以将短语分为自由短语和黏着短语。

自由短语加上相应的语调或语气词后可以单独成句。如:

鲁迅先生的小说《狂人日记》。

推开大门走进去。

明天星期天。

运转正常。

黏着短语不能单独成句。如:

被大家

把脏水

所见

2. 短语还可以根据构成要素是否凝固分为固定短语和临时短语。

固定短语指结构固定、一般不拆开使用的短语,如成语、惯用语和谚语等。如:一箭双雕、病入膏肓、走后门、红花还要绿叶扶。

临时短语是指根据表达的需要,按照语法规则临时组合而成的短语。如:领导核心、努力工作、积极进取。

四、短语的句法功能

(1)联合短语在句中主要充当主语、宾语、谓语、补语、定语、状语、独立语以及定状语的中心语。

(2)名词性偏正短语在句中主要充当名词性非主谓句、主语、宾语、定语、状语、谓语(有条件)、独立语。谓词性偏正短语在句中主要充当主语、谓语、宾语、补语、定语、状语、独立语。

(3)述宾短语在句中主要充当主语、谓语、宾语、补语、定语、状语、独立语。

(4)主谓短语既可直接成为主谓句,又可充当句法成分的主语、谓语、宾语、补语、定语、状语。

(5)中补短语在句中主要充当主语、谓语、宾语、补语、定语、状语、独立语,在一定条件下也可直接成句。

(6)连动短语在句中可充当主语、谓语、宾语、补语、定语,一般不充当状语。

(7)兼语短语经常充当谓语,也可直接成句构成非主谓句。可充当主语、宾语、定语、补语,很少充当状语。

(8)同位短语常充当主语、宾语、定语、独立语,很少作谓语、状语,一般不作补语。

(9)方位短语在句中可充当主语、定语、状语。

(10)介词短语在句中主要充当状语、补语,有时借助"的"的帮助可作定语。

(11)数量短语可充当主语、宾语、定语、状语、补语;指量短语可充当主语、定语、状语。

(12)"的"字短语主要充当主语、宾语;比况短语可充当宾语、谓语、定语、状语、补语;"所"字短语可充当主语、宾语。

作为由短语组合构成的单句的结构,实际上可以看作是短语结构的扩展,其结构特征可从各短语的句法功能上得到体现,每个句法结构的成分可以通过所用短语的句法功能的不同而使句子内部呈现出不同的结构特征,如存现句、"把"字句、"被"字句、连谓句、兼语句、主谓短语作宾语的句子、主谓谓语句等等。所以汉语各单位间的组合是有句法规则和语义规则的,在此仅着眼于前者进行简单归纳说明。

第五节　句法结构的发展

汉语句法从古至今的发展趋势是由简单到复杂,原始语法结构的最初形式是独词句。由于独词句只含有一个实词,我们也称其为独心结构。但是,独心结构的实质就是没有结构,充其量也只能算作准结构、候补结构。人们为了有效地使用语言达到交际的目的,期待质真、量适的信息传通,说话要有关联,表述要清晰,避免含混与歧义,原来依赖语境提示的遁形句外的语义成分因而纷纷亮相进入句法表层,在独心结构的基础上,偏正结构、述宾结构、主谓结构、联合结构、同位结构等相继出现,并相继扩展出更为复杂的结构形态。这样,多词句便应运而生。到了甲骨文时期的句子还是非常简单的。金文的句子比较复杂一点。而《周易》的句法结构比较特殊,它类似甲骨刻辞的句法结构,但比甲骨刻辞成熟,与《尚书》比较,句式显然不同。《周易》的句法结构已经相当复杂,句式也相当丰富。从结构成分的繁简看,一种是由一个词构成的,一般称为独词句,如"亨"、"吉"、"凶"等。一种是由短语构成的,如:"东邻杀牛"、"丧其资斧"、"畜臣妾"等等。它比甲骨刻辞是大进了一步,比西周金文也显得通俗和成熟,规范的句式渐多,不规范的句式渐少。但比起春秋战国及汉以后的文献来,无疑还比较简单,还有一些不完善的方面,如疑问句、复句都没有关联词语,而且卦爻辞句子的结构比较简短,无主句多,附加成分多的句子和复杂谓语句很少。这些都反映了《周易》正处在汉语由简而繁的转型期的情况和时代层次,也体现了西周末年汉语语言配列的结构规律及其特点。而战国以后,汉语的句法进入了一个新的发展阶段。战国的句法比春秋时代的句法复杂多了。汉魏的散文,基本上是按照战国时代的句子组织结构来写的。魏晋南北朝是汉语言大发展的时期,新词新义大量产生,复音化趋势日渐增强,汉语正朝着精密化的方向迈进。魏晋南北朝时期,汉语整个句法结构发生了重大变化,如介词短语开始大量前移、宾语前置现象逐渐淡化、动补结构的开始产生等等。

特别是"述宾结构＋宾语"的句法结构自两汉魏晋以后,成为一种较有活力的语言现象,呈现出不断发展的态势。这种句法结构早期多出现于讲求简洁凝练的文言散文或古诗词中,后来"述宾结构"中的两个构成要素的亲合性越来越强,有些甚至融为一体,更多地具有纯动词的特征,因而在使用上显得更为自由灵活,可以出现在多种文体或语境之中。这种句法结构的增多与汉魏以来愈来愈强的双音节化趋势有密切关系。双音节词为主的语言客观上要求每一句法成分至少由一个双音节词语充任,而双音节述宾动词却要充任谓语动词及其宾语两个句法成分,使全句的句法成分和音节数目极不协调。对此加以调节的办法之一就是,限制述宾结构的语法功能,使其只充任谓语,宾语另由其他词语来充任,这就导致"述宾式动词＋宾语"的产生和不断发展。这样动宾式动词逐渐实现了词素的高度融合,加之带宾语的用法相沿日久,致使当时社会对很多"述宾式动词＋宾语"早已习焉不察。从"述宾式动词＋宾语"这一句法结构的产生、发展来看,汉语的句法结构是趋简的,同时语义蕴含丰富,兼容性强。

到了唐代,又是汉语句法向严密发展的另一个新阶段。佛教的传入,对汉语的影响是很大的,"因明"影响到汉语逻辑思维的发展。唐代是佛教比较鼎盛的时期,唐代的汉族知识分子,在逻辑思维上或多或少地受过佛教的影响。逻辑思维的发展在语言结构形式中具体表现为两方面:一方面是把要说的话尽可能概括起来,成为一个完整的结构;另一方面就是化零为整,使许多零星的小句结合成为一个大句,使以前那种藕断丝连的语句变为一个有机联系的整体。这样句子虽然长了,但是语言并没有变得拖沓,而是更简练了。从唐代到鸦片战争以前,汉语句子组织的严密性没有什么显著的变化。

在 15 世纪前后有几个重要句法变化,其中动补结构的成熟和体标记体系的建立,改变了汉语的单句结构,使得中心谓语动词的内部结构不同于以前,主要表现为中心动词与许多类型的量性成分融合成一个不可分割的句法单位,这些量性成分有结果补语、体标记、时间词、数量短语等。结果普遍赋予整个中心谓语以"有界性",使得它们拥有离散量的语义特征。

　　"五四"以后,汉语的句子结构在严密性这一点上起了很大的变化。基本的变化是主谓分明,脉络清楚,每一个词、每一个短语、每一个谓语形式、每一个句子形式在句中的职务和作用,都经得起分析。这样,也就要求主语尽可能不要省略,联结词不要省略。

　　王力的《汉语史稿》从 6 个方面来讨论现代汉语的句法结构体现出来的严密化。

　　(1)定语。上古汉语的定语总是比较短的。唐代以后,虽然有了一些比较长的定语,但是比起现代汉语来,无论在长度上,还是应用数量上都相差很远,特别是定语的性质(如结构的复杂性)也往往有所不同。长定语的作用是把一些在一般口语里可能分为几句(或几个句子形式)的话,改变组织方式,作为一句话说了出来,这样在句子结构上就显得紧凑。

　　(2)行为名词。行为名词的应用,是化整为零的最有效的手段之一。本来,行为用动词表示,动词的一般用途是用作谓语的中心词,这是汉语的语法传统。但是,如果这样做,就往往是一件行为用一个叙述句,语言就不够经济了。行为名词的应用,可以产生简练的效果。

　　(3)范围和程度。在句子里面表示某一判断(某一叙述、某一描写)的范围和程度,是加强语言的明确性的必要手段。

　　(4)时间。古代汉语并不是没有时间的表示,只是现在我们的时间观念更强,常常考虑到一件事情的时间因素。所以在现代汉语里时间的表示更为常见。

　　(5)条件。条件是表示事物的依存关系。现代的人们,当他们考虑一件事的可能性时,必然同时考虑到这件事所依赖的条件。因此,当我们陈说一件事情的时候,就往往把这个或这些条件同时说了出来。

　　(6)特指。特指也是语言的一种细致化的表现手法。它在指出某一事物的共同情况的同时,还指出这一事物当中的某一小类更适合于这种情况。

　　在汉语的历史发展进程中,包括句法格式、句法成分的历史发展,都渗透着融合,其实质就是相互竞争的格式或成分通过某种折衷方式,相互结合,融为一体。当然,并不是各种情况都存在着历时融合过程,但一些重要的句法现象,如比较结构、某些复合动词(如"蒙受"、"遭受")等,可能都经历了一个历时融合过程。像"X＋比＋于＋Y"、"比＋X＋于＋Y"、"X＋如(似)＋般＋ADJ"一类的比较结构,可能就是早期和晚期比较结构相互融合的产物。中国北方汉语和南方汉语在句法上存在着种种差异。其历史根源,可能就是汉语在其历史发展的各个阶段中,存在着不同的竞争格式,面对这些不同的竞争格式,南北地域的人们分别走上了各自不同的选择道路。由于汉语一系列动词结构演变成了介词短语、述补短语、述宾短语等,又由于汉语句法缺少曲折变化,现代汉语通过各种途径,如语法虚化、词法简化、语言精密化以及嵌入结构等,致使语言的表层结构变得越来越复杂。语义成分是以某种语用规则来安排它们的先后次序的,而各种句法模式似乎都会受到这种排列次序的制约。语言折衷在语言历史发展进程中不时发生,它在某种程度上使汉语句法系统呈现出现在这样的面貌来。总而言之,汉语句法的变化是比较显著的。今后汉语语法发展的基本趋向主要是两方面:一是在构词法上,今后创造的新词绝大多数将是双音词;二是在句法结构上,将来的句子结构会更加严密化,逻辑和语法将结合得更紧,使句子经得起分析。

第二章 语序的发展

　　"语序"指在一定语言符号序列中词语排列的先后或者排列的规则。汉语词与词的语法关系依靠语序和虚词来表示。一个句子在词语的排列上,要有一定的次序,这样才能表达明确的意思。汉语不靠词形变化表达语法意义。语序是汉语的重要语法手段之一,在表达语句含义的过程中起着十分重要的作用。语序的变动能使整个句子或短语具有不同的意义。

　　语言是思维与认知的结果,是心理的表征。语言构成成分之间不是无序的、杂乱的。而是有着内在的规律性。凝固词的构成成分之间的线性排列次序即语序,也反映出人类思维与认知的轨迹,语序要受时间顺序、空间顺序、思维视点和文化观念等认知因素的制约。

　　句子的组合方式,靠虚词作主要语法手段的"关联组合",如"父与子",是并列关系;"父之子",是偏正关系。靠语序作主要语法手段的,叫"直接组合",如"人好",是主谓关系;"好人"是偏正关系。现代汉语的一般语序是:主前,谓后,如"河水清澈";谓语前,宾、补后,如"踢足球","讲得好";定语前,主宾后,如"光辉的思想指引着我们前进的方向";状前,谓后,如"迅速发展"。

　　语序有广狭义之分。狭义语序仅指词素、词语的排列顺序,广义语序除了包括词素、词语顺序外,还包括语法成分(宾语、定语、状语、补语)序、句子成分(主语、谓语)序、分句序等。中国古代学者对语序早有研究,比如"倒文、倒语"等被用来概括古今汉语语序不同的现象。

第一节　汉语语序的发展

一、上古时期的汉语语序

(一)殷商时期的语序

　　陈梦家在《殷墟卜辞综述》中说:"汉语一般的语序是'主—动—宾',卜辞也是如此。"管燮初在《殷墟甲骨刻辞的语法研究》中也认为:"刻辞句子的平常语序和现代语言差不多,主语在谓语之前,谓语中动词在宾语之前,双宾语的间接宾语在直接宾语之前。"他们都指出汉语的总形式是"主—谓—宾"。但在上古汉语里,还有一些特殊的情况,比如宾语可以放在动词的前面。

　　沈培在《殷墟甲骨卜辞语序研究》中对甲骨卜辞中的语序进行详细的研究。

　　1. 主语的位置。汉语语序中,主语和谓语的相对位置从古到今一直比较固定,一般总是主语在前,谓语在后。主语放在谓语后面的现象很少见。在卜辞中,无论是命辞、占辞还是验辞,一般也是主语在谓语之前,这和后代的情况基本一致,但也有少数主语后置的例子,比如"受年商"(师友 2.47)和"受年王"(乙 98)。于省吾认为这应当理解为"商受年"和"王受年"。卜辞中的主语后置大概不像古书中感叹句和疑问句的主语后置,具有修辞作用。另外,卜辞中有少数看起来像主语后置的情况应该是由于漏刻添补而形成的。

2. 宾语的位置。(1)否定代词宾语前置。人们对古汉语宾语位置归纳出以下规律:①否定句的代词宾语常置于动词的前面;②疑问代词作宾语,大都置于动词的前面;③宾语可以通过"之、是"等的帮助置于动词之前;④宾语可置于"以、于"等介词的前面。管燮初在《殷墟甲骨刻辞的语法研究》中则认为在甲骨卜辞中,在用代词作宾语的谓语中,要是这里面又有否定副词,作宾语的代词必须放在动词之前。但陈梦家则认为,"在两种条件下可以先置宾语。即(1)只有在有否定词'不'之句中,(2)只有在有人称代词'我'的句中"。周光午同意陈梦家的说法。管燮初后来的态度也发生了转变,认为代词宾语在否定句中不前置的例外情况在甲骨卜辞中已经出现。但沈培则认为卜辞中代词宾语前置的否定句,并不限于"不我"句。否定词也可以是"勿",代词宾语也可以是"余、雨"等。但这类句子中的代词都是人称代词。

(2)由"惠"和"唯"提示的宾语前置句。卜辞中还有一种宾语前置句,它的肯定形式是"S+惠+O+VP",否定形式是"S+勿唯+O+VP"。张玉金认为这种前置句,因为"惠"和"唯"是语气副词,语气副词不能出现在动词和宾语之前,所以"惠+O"要放在动词之前。"惠 OV"比"勿唯 OV"使用的时间长,但在金文和先秦文献中看不见,一般认为,它合并到"唯 OV"句中。"唯 OV"句可以在金文和先秦文献中见到一些例句。卜辞时代之后虽然"唯"合并了"惠",但"唯 OV"出现的时间也不晚,最迟在战国时代。因为当时出现了"是、之"等表示强调的新宾语前置句;并且"唯"和这种句式结合形成了"唯+O+V 是/之+V"等句式。

(3)双宾语语序。双宾语指一个述语后边接连出现两个宾语。这两个宾语各自跟述语发生关系,它们互相之间没有结构上的关系。一般认为,先秦文献中常用的双宾语格式有 3 种:

①V+OI+OD(V 表示动词,OI 表间接宾语,OD 表直接宾语);

②V+OD+于+OI(这种不太常用);

③V+OD+OI(这是自古到今一直存在的双宾语格式)。

按照动词的不同性质,甲骨卜辞中的双宾语语序又分为非祭祀动词双宾语语序和祭祀动词双宾语语序。

①非祭祀动词双宾语语序按语义分成三类:Va 类含"给予"义,只有 Va+OI+OD 一种语序;Vb 类含"取得"义,有 Vb+OD+于+OI 和 Vb+OD+OI 两种格式;Vc 类既不含"给予"义也不含"取得"义,可以有 Vc+OI+OD 和 Vc+OD+OI 两种语序,但后者很少见。

②祭祀动词双宾语语序。卜辞祭祀动词双宾语语序有的是后来从没有见过的。凡能带原因宾语的为甲类祭祀动词,不能带原因宾语的为乙类。A.甲类祭祀动词双宾语语序。甲类词只带 $O_神$ 和 $O_因$ 时的语序大多是"$V_甲+O_因+O_神$"或"$V_甲+O_因+于+O_神$"。当甲类词带 $O_神$、$O_因$、$O_牲$ 形成三宾语句时,它最常见的语序是"$V_甲+O_因+于+O_神+O_牲$"。B.乙类祭祀动词双宾语语序。一共有两类 4 种:1A.$V_乙+O_神+O_牲$;1B.$V_乙+于+O_神+O_牲$;2A.$V_乙+$

O$_牲$＋O$_神$；2B.V$_z$＋O$_牲$＋于＋O$_神$。

3. 介词结构的位置。(1)非时间介词结构的位置。非时间介词结构包括"于"字结构、"自"字结构、"在"字结构、"从"字结构、"自……至(于)……"结构、"自……于……"结构。其中,表处所的"于"字结构在卜辞中一般总是后置的。表人物的"于"字结构,基本上既可以前置也可以后置。卜辞中的"自"字结构、"在"字结构既可以表处所,也可以表人物。在表这两种意思时,都是既可以前置,也可以后置。卜辞中的"从"字结构只表示处所,它既有前置的用法,也有后置的用法。卜辞中的"自……至(于)……"结构多用于表示人物,而且只有后置的用法,这与古书中的情况大不相同。"自……于……"结构在古书中尚未见到。卜辞中的"自……于……"结构只表示处所,而且只有后置的用法。总的来说,卜辞中的非时间介词结构以后置为多数,前置只占少数。但比起古书的情况,前置的介词结构数量也是相当大的。

(2)时间介词结构。卜辞中能引导时间的介词有:于、由、自……至(于)。"于"字结构既有前置也有后置用法。"由"字结构前置用法居多,后置用法只有一例。"自……至(于)"结构未见到有后置用法。总的来说,时间介词结构以前置用法居多,后置用法较少。

汉语介词结构的语序本来可能都是以后置为常。时间介词结构的语序最早发生变化,在殷墟甲骨卜辞中,已经变为以前置为常。卜辞中的非时间介词结构仍以后置为常,有的相当固定,从不前置。凡是既有前置用法又有后置用法的非时间介词结构,在前置时都是命辞的焦点。非时间介词结构的语序从后置为常到前置为常的变化是在商代以后才发生的。

4. 状语的位置。卜辞中可以充任状语的成分很多,其中副词和时间名词作状语时位置比较特殊。

(1)副词作状语。单个副词往往直接放在动词或形容词前面充当句子的状语。当副词与"夕、暮、明"时间名词连用时一般要放在它们之前。当副词与"今日、今夕、翌日"等时间名词连用时一般放在它们后面。在卜辞与后代的文献中,一般是把副词放在主语之后。当副词连用时,有以下几种情况:一是情态副词"其"和否定副词连用时,形成"不/毋/弗＋其＋VP"格式。这在先秦古籍中很少见。二是否定副词和"允"连用时,形成"否定副词＋允＋VP"格式。三是否定副词和"亦"连用时,形成"亦＋不＋VP"和"不＋亦＋VP",二者使用场合不同。

(2)形容词作状语。形容词作状语,其位置是直接放在动词前的。

(3)时间名词的后置现象。甲骨卜辞中时间名词大都放在主语之前。放在主语之后或谓语之前的其实并不多。比较特殊的是甲骨卜辞的时间名词可以置于句末,还可以置于句子中主要动词之后或其他成分之前,即置于句中。这种置于句中的时间名词应看作是说明全句的时间。

5. 数名结合的顺序及其他。甲骨卜辞中数词和名词的结合形式共有以下 7 种:①数＋名,如"十五犬";②数＋名＋又＋数＋名,这种格式在卜辞中只看到一例,"十犬又五犬";③数＋名＋又＋数,如"十牢又五";④数＋名＋数,如"十月一";⑤名＋数,如"虎二";⑥名＋数＋名,如"羌百羌";⑦名$_1$＋数＋名$_2$,如"贝十朋";在甲骨卜辞中,数名结构和名数结构在使用上是有区别的,陈梦家指出,数名结构主要出现在卜牲数的卜辞中,而名数结构主要出现在田猎卜辞中。甲骨卜辞中,由数词、量词、名词组成的结构,其顺序一般是"名数量"。

（二）西周时期的汉语语序

1. 主语的位置。跟后世的汉语一样，西周汉语的主语一般也是在谓语之前的。"主语＋谓语"始终是主流语序。但是，在感叹句、祈使句、疑问句中，主语可以倒置于谓语之后。在《诗经》中，为了押韵等格律的需要，或者为了造成诗味，有时使用主谓倒置句，如"有客有客，亦白其马"（春秋·无名氏《诗经·周颂·有客》）。

2. 宾语的位置。据管燮初对金文语法的研究，可以看到动词结构的语序，一般是动词（次动词）在先，宾语在后。而动宾结构的宾语在动词（次动词）之先的特殊情况与甲骨文相同：①用代词作宾语的否定式动宾结构（共见 3 次），宾语一概在动词之先。上古汉语中用代词作宾语的否定式动宾结构，宾语前置，这是一条规律，但是宾语不前置的例外情况在殷墟甲骨刻辞中就出现了。②指代词"是"作宾语的次动宾结构（3 次），宾语往往在次动词之先（2 次）。……指代词"是"也有在次动词之后的（1 次）。也就是说，从殷商甲骨文到西周金文，在语序上没有太大的变化，"主—动—宾"的语序一直延续下来。西周汉语中的宾语，同后世汉语中的宾语一样，是以放在动词之后为常见的。但是在西周汉语中，有时宾语又可前置于动词（需要注意的是，在被动句，特别是意念被动句中，其主语是受事，这时不能算是宾语前置）。

（1）否定句中代词宾语前置。这种句式在殷商时代已经很常见，在西周时代仍不少见。比较常见的是，一个动宾短语前出现否定副词"不"，而宾语又是人称代词"我"，这时"我"前置。"不"后"尔、汝、卬"作动词的宾语，否定词"莫"后的"我、予、之"、否定副词"毋"后的代词宾语如"汝、我"、否定副词"旺"后的代词宾语"汝"、"尔"也要前置。

（2）疑问代词宾语前置。这种句式，未见于殷商时代的语料。但在西周语料中可以见到。

臣实不才，又谁敢怨？（春秋·左丘明《左传·成公三年》）

颖考叔曰："敢问何谓也？"（《左传·郑伯克段于鄢》）

（3）代词"是"作宾语前置。在西周时代，由代词"是"充当的宾语，一般都放在动词或介词的前面，这是它通常的语序。

3. 定语的位置。西周汉语中的定语，一般都是放在中心语之前的，这跟后世汉语一样。但有时，定语放在中心语之后，有时则分置于中心语的前后。

4. 状语的位置。在西周汉语中，状语一般都出现在句子主语和谓语中心词之间，也就是说，状语一般都是句中状语。但有些表示时间的状语，一般都要放在句子主语之前，作句首状语。在《诗经》中，有些由形容词或象声词充当的状语，也可以出现在句子主语前，作句首状语。

（1）表示时间的句首状语。它多由短语构成。比较完整的格式是：语气副词＋年＋月＋月相＋日。

（2）表示描写的句首状语。它由形容词或象声词充当。这种句首状语，仅见于《诗经》当中，不见于西周其他散文文献。可以推想，这种状语的前置或者是出于诗歌格律的需要，或为了增强诗歌的韵味，也可能是出于强调状语的需要。

（3）处所状语的位置。"处所状语"专指介词"于"字及其宾语而言。在殷墟卜辞中，处所状语的位置还没有十分固定，既可以放在动词前，也可以放在动词后。但是放在动词后的结构是常见的结构。西周以后，这种常见的结构成为唯一的结构，处所状语必须放在动词（及其宾语）的后面。如"本在於上，末在於下"（《庄子·天道》）。特别是单音节动词（如"在、至、行")和被动性动词(如"施、见")直到后代,也只能放在处所状语的前面。但是相反地,如果"于"是对于的意义,就不是一般的处所状语,它就可以放在谓语甚至主语的前面,如"不义而富且贵,于我如浮云"(《论语·述而》)。此后,处所状语又变为前置后置均可。直到动词"在"字代替了介词"于"字,一般处所状语的位置才固定在动词前面。但是表示动作的施事者或受事者因动作的结果达到什么处所时,前后面都可以。如果工具状语被活用来表示原因,它的位置就只能在动词前面。

5. 补语的位置。按补语所在的位置,可以分为句中补语和句尾补语。句中补语一般是在中心语之后、句子末尾之前。句尾补语是与句首状语相对的。在西周时代,"唯十表年词语"既可出现在语句之首,也可出现在语句之末。

(三)秦汉时期的汉语语序

1. 疑问代词宾语后置的结构逐渐发展起来了。比如,"出户独彷徨,愁思当告谁?"(汉·无名氏《明月何皎皎》)。至于否定句中的代词宾语,到了汉代,后置的情况表现得更为明显了。

2. 可能式的语序在这时也得以发展。先秦的"得"字表示客观情况的容许,和表示能力的"得"字是有分别的。汉代以后,这种表示客观情况的容许的"得"字的位置可以移到动词后面去。这种后置的"得"字不仅用于肯定句,而且可以用于否定句。也就是说,这种"得"字和动词之间还可以被"不"字或"未"字隔开。等到使成式普遍应用以后,又有一种新的可能式出现,就是把"得"字放在动词的后面,成为"打得破"一类的结构。但是,在否定句中并不是用"不得"来否定,而是插入一个"不"字。最晚在 10 世纪(南唐时代),这种使成式插入"不"字表示对可能的否定结构就已经出现了。

二、中古时期的汉语语序

(一)魏晋南北朝时期的汉语语序

汉语的语序比较固定,先秦到现代并无太大变化;但相对说来,从先秦两汉到魏晋南北朝的演变要略为显著一些。这是因为汉末以后双音词逐渐增多,句子容量不断增大,借助语序变化来使意义表达更为丰富的方法日渐少用,因而前期经常出现的一些特殊语序开始趋于规律化,句中各个成分之间的排列顺序也就显得相对稳定。同先秦两汉相比,此期语序的发展主要表现为以下 5 个方面:

1. 疑问代词宾语前置的变化。疑问代词宾语后置在汉代以后却逐渐扩大范围,用例不断增多。魏晋南北朝时期正处于疑问代词宾语由前置向后置的发展变化阶段,虽然前置的现象依然占有优势。但后置的情况也为数不少。以下就后置现象分类说明:

(1)新兴的疑问代词充任宾语时以后置为主,又可以分为两类:①双音节疑问代词"何等、何物"不前置;②单音节疑问代词"底"字以后置为主,也有少数前置的现象,主要出现在乐府民歌中,为了适应诗歌押韵的需要。

(2)固有的疑问代词充任宾语时也常可置于动词或介词之后。

2. 否定句代词宾语位置的变化。周光午对先秦 16 部典籍进行研究,认为否定句代词宾语前置的条件,同否定副词、代词的具体形式有密切关系。他举例说明,先秦用"不"字的否定句,以代词"之"字做宾语的极大多数都置于动词之后,前置于动词的只有两个例子。由此看来,否定句代词宾语不前置这种语法现象,在先秦时期已经不少见了。发展到汉代,否定句的代词宾语逐渐后移,不只在"不"与"之"相配合的结构中如此,在其他的否定词与代词的配合中,后移的比例也不断增大。到了魏晋南北朝,前置现象进一步减少,后置成了占主导地位的语序。也是根据周光午的统计,在《世说新语》《古小说钩沉》《六朝民歌》《百喻经》4部书籍中代词充任宾语的否定句共有127例,宾语前置的只有15例,占11.8%,后置的112例,占88.2%;这15例宾语前置的现象出现在《世说新语》与《古小说钩沉》二书,而口语化程度更高一些的《六朝民歌》与《百喻经》中竟然没有一个用例。由此可见,魏晋南北朝时期,否定句代词宾语后置的语序在口语中已经基本定型。以下分两个方面说明:

(1)新兴的代词充任宾语时不前置。

(2)固有的代词充任宾语时也大多不前置。当然,我们在此期的载籍中仍然可以看到不少宾语前置的现象,这类现象在书面语色彩较浓的作品中并不罕见,但在口语化程度较高的作品中却较少见到,想来已经是文人笔下的一种仿古结构了。

此外,就疑问代词宾语前置与否定句代词宾语前置两类现象的发展进程而言,也存在着不平衡。从先秦开始,后者的发展已经比前者要快,两汉时期也如此。魏晋南北朝时期,否定句代词宾语前置的发展可以说在口语中已经大体完成,但疑问代词宾语前置的发展仍在继续进行。如果说此期汉语中"主语+动词+代词宾语"的语序已经基本确立的话,那么主要应当指否定句中代词宾语的位置,而且限于在口语化程度较高的载籍之中,而不应兼指疑问代词宾语的位置。而后者在口语中完成后置的进程,大概是隋唐时期的事情。

3. 数量短语位置的变化。

(1)数量短语内部语序的变化。先秦时期,数量短语组合的语序并用"数+量"式与"量+数"式。两汉时期呈过渡状态,即"数+量"的语序日渐增多,而"量+数"的语序则日渐减少。发展到此期,"量+数"的语序基本上被淘汰。就一般情况而言,数词与量词的组合,总是采用"数+量"式。

(2)数量短语与名词组合时语序的变化。先秦时期,这种组合原则上是数量短语后附于名词。虽然也有前附的现象,但为数较少,使用范围也较为狭窄。两汉时期也呈过渡状态,前附的语序逐渐发展,后附的语序日趋衰落,两者并用,尚未形成一定的规律。但从总体面貌上看,固有的后附语序依然占有优势。发展到此期,这种彼消此长的现象仍在继续。但在较为接近口语的文字中,数量短语前附于名词的语序正在逐步形成规范,后附开始受到限制。不过在书面语色彩较浓的载籍之中,数量短语后附的现象还较为常见。此期新兴的动量词在与数词组合时,一开始就采用"数+量"的语序。由它组合成的数量短语在计量动作时,则既可以位于动词之前充任状语,又可以位于动词之后充任补语。

4. 表示处所的介宾结构位置的变化。王力《汉语语法史》说:"在殷墟卜辞中,处所状语的位置还没有十分固定,它可以放在动词的后面,也可以放在动词的前面,但是放在动词后面的结构是常见的结构。西周以后,这种常见的结构成为唯一的结构,处所状语必须放在动词(及其宾语)的后面。"汉代以后,情况又发生变化,就一般现象而言,表示处所的介宾结构又渐可移至动词之前。魏晋南北朝时期,这种发展仍在继续,一方面表示谓语动词动作着落的介宾结构仍然沿用先秦以来的顺序,置于动词之后,另方面表示谓语动词动作主体位置的介宾结构改变了先秦时期的顺序,以置于动词之前为主。

（1）由新兴的处所介词组成的介宾结构前置。"在"字也是新兴的处所介词,由它组成的介宾结构在表示谓语动词动作主体的位置时,也置于动词之前。

（2）由固有的处所介词组成的介宾结构也大多前置。

5. 表示工具的介宾结构位置的变化。王力《汉语语法史》说:"在上古时代,工具状语放在动词前面或后面都可以。"发展到魏晋南北朝,这种两可的情况发生变化,表示工具的介宾结构置于动词之前已经成为通则,后置仅是少数现象。

（二）隋唐五代时期的汉语语序

1. 判断句中判断词"是"后置于宾语。

乌弋、身毒为浮屠,化被三千国,有九万品戒经,汉所获大月支《复立经》是也。(唐·段成式《酉阳杂俎·前集》卷二)

2. 疑问代词宾语和否定句中代词宾语后置已是常态。

老子之小仁义,非毁之也,其见者小也。(唐·韩愈《原道》)

3. 处所状语放在动词的前面已成常态。

太尉自州以状白府,愿计事。(唐·柳宗元《段太尉逸事状》)

4. 表示趋向的"在"字结构放在动词后也成常态。

住在胜业坊古寺庙。(唐·蒋防《霍小玉传》)

5. 使成式中插入"不"字表示对可能性的否定的结构也已产生。

玄德、子龙抵挡不住,迤逦退后便走。(晋·平阳侯陈寿史传、明·罗贯中编次《三国志通俗演义·诸葛亮博望烧屯》)

6. 某些作状语的形容词和不及物动词从状语的位置移到动词后表示强调的情况也趋于常态:

天高云去尽,江迥月来迟。(唐·杜甫《观作桥成月夜舟中有述诗》)

7. "将"、"把"作为提宾介词的用法在唐代已经出现,形成"将"、"把"互用的局面:

念我常能数字至,将诗不必万人传。(唐·杜甫《公安送韦二》)

闲常把琴弄,闷即携樽起。(唐·任华《寄杜拾遗》)

"唐五代的'把'字式尚有未完成的方面,但是这样就使宾语提前成为可能,却是语法史上的一个重要的进步。这意味着语法趋于更完整的表现,意味着使宾语提前予以强调的表现成为可能,也意味着明确地对事物做出处置的表现成为可能。"([日]志村良治《中国中世语法史研究》,中华书局 1995 年版)

三、近代时期的汉语语序

（一）宋元时期的汉语语序

1. "把"字式的完善。在中古时期,"把"字式尚未完成,到了宋元时期,"把"字作为提宾介词的用法才最后完成,"将"衰退并被淘汰,"把"成为提宾介词的专用词。

虞侯即时来他家对门的一个茶坊里坐定,婆婆把茶点来。(宋·无名氏《京本通俗小说·碾玉观音》)

2. 宾语的位置。据江蓝生研究,《老乞大》的前置宾语主要有 3 类,一是以受事主语的面貌出现,二是以处所状语的面貌出现,三是系词否定式宾语。

咱每结识相行呵,休说那你歹我好,朋友的面皮休教羞了。(元·无名氏《老乞大》)

恁主人家一就与俺买去,买著一斤肉者。休要底似肥的,带脇条肉买圪。(元·无名氏《老乞大》)

过的义州,汉儿田地里来,都是汉儿言语。(元·无名氏《老乞大》)

(恁这马是一主儿的那,是各自的?)一主儿的不是,这四个伴当是四个主儿。(元·无名氏《老乞大》)

这3种前置宾语,不同于上古时期的宾语前置的情况,可看作中古时期新出现的宾语前置,说明了元代语言语序的发展。

3.副词的位置。先前副词一般靠近或紧挨在被修饰语的中心语之前,但中古时期有与此常例相违者,副词远离被修饰成分。如:

你道的是,我也心里那般想著有。(元·无名氏《老乞大》)

那般时,马每分外喫的饱。(元·无名氏《老乞大》)

4.连词的位置。连词"既"和"怕",它们都出现在前一分句的句首,而且在主语的前面。与现代汉语的情况正相反。如:

相国夫人,怕伊不信自家说。(金·董解元《董西厢》卷二)

既你知道价钱,索甚么多说,拾好钞来,卖与你。(《老乞大》)

怕哥哥不嫌相辱呵,权为个妹。(元·关汉卿《拜月亭》)

(二)明清民初时期的汉语语序

1.工具状语的位置。在上古时期,工具状语放在动词前面或后面都可以。到了明清时期,动词"拿"代替了介词"以"字,"拿"字及其宾语(谓语形式)所组成的工具状语的位置就固定在动词的前面了。

拿真心待你,你到不信。(清·曹雪芹《红楼梦》第四十七回)

2.把字句动词后出现宾语。唐代的把字句,谓语动词后再不出现宾语。到了近代时期,特别是后期,明清民初时期,谓语动词的后面又出现了宾语。

沈链教把稻草扎成三个偶人,用布包裹,一写"唐奸相李林甫",一写"宋奸相秦桧",一写"明奸相严嵩"。(明·冯梦龙《喻世明言》卷四十)

四、现代汉语的语序(20 世纪至以后)

(一)现代汉语的语序

王力认为,在"五四运动"之后,产生一些新兴的语序。原来汉语的条件式和容许式,都是从属部分在前,主要部分在后的。在西洋语言里,条件式和容许式的从属部分前置后置均可。"五四"以后,汉语受了西洋语法的影响,这从属部分也有了后置的情况。比如,人称代词所代的名词,本来应该出现在人称代词的前面。但是在西洋语言里,如果复合句的从属部分放在主要部分的前面,人称代词放在从属部分,其所代替的名词放在主要部分,虽然表面上看是颠倒了,但是重点突出。"五四"以后,汉语语法有时候也受这种结构的影响,直到目前也还有出现。在西洋语言里,在叙述对话的时候,往往先把所说的话写出,然后指出这话是谁说的。如果所说的话不止一句,往往先把第一句话或者第一句话的一个部分写在前面,中间指出说话人是谁,其余的话放在后面。这一结构形式在"五四"以后也为汉语的文学语言所吸收。

一般来说,现代汉语语序的大体划分如下:第一层次划分为两大类:静态语序和动态语序。动态语序又初步划分为三小类:基本语序、非倒装移位语序和倒装移位语序。

汉语中,语序是句子生成的最基本,也是最重要的语法手段之一。随句子的动态与静态之分,句子的语序也分为静态语序和动态语序。静态语序即静态句子的语序,体现现代汉语最一般的语序规则,是派生动态语序的基本语序。动态语序即动态句子的语序,是具体语境中由静态语序派生出来的。动态语序有时候与静态语序一致,有时候按照具体交际环境的要求通过句子成分的移位而有所变化,当然这种变化受到很多方面的制约,不是随意的。

1. 现代汉语静态语序。总体来说,现代汉语静态句子的语序是相对固定的。句法语序、语义语序和语用语序相应,二者之间的关系较为单一,清楚明了,容易掌握。

(1)主语和谓语的语序。主语和谓语在句法平面上是句子的直接构成成分。现代汉语静态句子里,主语和谓语的排列规则是主语在前谓语在后。这种排列次序是固定的,不可随意变动。如果主语和谓语的位置颠倒了,句子将不能成立,意义不通或者句子的结构和意思将被改变。在语义平面上,主语表示主体或主事(动词联系着的主体动元,包括施事、感事、系事等),谓语的语义特征是对主语进行说明或描述,表示主体或主事的称位、性质、状态等。主语在前谓语在后这种句法结构成分的语序在语义平面的对应语序是:主体/主事在前状态、性质等在后。这种语义语序是固定的,不可随意颠倒前后位置。在语用平面上,和主语相对应的是主题,和谓语相对应的是述题。语用成分的排列次序是:主题在前述题在后。总体来说,现代汉语静态句子里,句法语序、语义语序和语用语序对应。这具体表现为主语和主事、主题重合,位于谓语之前;谓语是述题,位于主语之后,对主语主题进行说明、描述。如:

阿 Q 此后倒得志了许多年。(鲁迅《阿 Q 正传》)

"阿 Q"是主语、主事、主题,"得志"是谓语、施事、述题。

(2)述语和宾语的语序。带宾语的成分通常是动词,因此述语和宾语的语序常被说成动词和宾语的语序。在现代汉语的静态句子里,述语居于宾语之前。静态句子里,述语和宾语的这种排列规则是固定的,不可随意变动。如果述语和宾语的前后顺序颠倒了,会导致句子不能成立,意义不通或者将改变句子的结构和意思。静态句子里,宾语是动词的客体论元,宾语最典型的语义角色是受事,此外宾语常表对象、工具、系事、地点等。因此和述语在前宾语在后这种句法语序对应的语义语序是:述语在前,受事、对象、工具、系事、地点等宾语在后。在语义平面上,这种成分排列格局也是固定的,一般不能随意变动颠倒前后位置。如:

她大概已经认定我是一个忍心的人。(鲁迅《伤逝》)

"认定"是述语、述题、施事,"我是一个忍心的人"是宾语、客题、受事。

(3)述语和补语的语序。在静态句子里,述语和补语的排列规则是:述语在前,补语在后。这种排列规则是固定的,不可随意变动。如果述语和补语的前后位置颠倒了,会导致句子不能成立,意义不通或者将改变句子的结构,甚至改变句子的意思。补语的语义特征是对述语加以修饰。虽然都位于述语之后,但补语和宾语有着明显的区别。宾语一般表示动作所涉及的对象,而补语则主要对述语或主语进行补充、说明。静态句子里,补语的语义一般指向述语或主语。如:

炕桌擦得〈净净的〉。(康濯《我的两家房东》)

(4)定语和中心语的语序。在静态句子里,定语和中心语的排列顺序是:定语在前面,中心语在后面。这种排列规则是固定的,不可随意变动。如果定语和中心语的前后位置颠倒了会导致句子不能成立,意义不通。如:

山前有(浩茫茫)的大海,山后有(阴茫茫)的平原。(郭沫若《凤凰涅槃》)

(5)状语的位置。汉语的状语大致分为两大类:限制性状语和描写性状语。限制性状语对句子、谓语成分或形容词、动词加以限制。它没有描写作用,主要由副词、名词(表示时间、处所等)或介词短语充当。现代汉语静态句子里,限制性状语多数位于主语之后,谓语或形容词、动词之前的位置。一部分限制性状语只能位于主语之前。描写性状语的作用是对动作进行修饰、描写。静态句子里,描写性状语与述语(动词)排列顺序是:状语在前述语在后。这种排列规则是固定的,不可随意变动。如果描写性状语和述语的前后位置颠倒了会导致句子不能成立、意义不通或者将改变句子的句法结构。如:

她(静默地)走近走近。(戴望舒《雨巷》)

(6)宾语和补语同现的语序。现代汉语静态句子里,除了带"得"的程度补语是绝对不能与宾语同现于动词之后,其他类型的补语均有一部分能和宾语同现于动词之后。补语和宾语的排列顺序也是有一定的规则的,主要表现为以下几种类型:

①结果补语和宾语同现的语序。结果补语表示动作所产生的结果,主要由动词或形容词充任。当结果补语和宾语同现于动词之后,其语序规则是:补语在前,宾语在后。如:

枣树,他们简直落(尽)了叶子。(鲁迅《秋夜》)

那才拨得(开)这些愁云惨雾。(瞿秋白《乱弹及其他·一种云》)

②趋向补语和宾语同现的语序。趋向补语和宾语同现于动词之后的语序有 3 种情况:

A.补语位于宾语之前,构成述补宾语序。如:

南后她平常很喜欢我的诗,在国王面前也帮助过我。(郭沫若《屈原》)

B.补语位于宾语之后,构成述宾补语序。如:

第二日上午便须渡江〈到浦口〉,下午上车〈北去〉。(朱自清《背影》)

C.宾语位于复合补语中间。如:

你们滚下船来,你们滚下云头来,我都要把你们烧毁。(郭沫若《屈原》)

③可能补语与宾语同现的语序。可能补语大致有 3 种:由"得/不+结果补语趋向补语"构成的,由"得/不+了"构成的,和由"得/不+得"构成的。可能补语和宾语同现于动词之后的语序具体情况如下:

A.由"得/不+结果补语"构成的,由"得/不+了"构成的,和由"得/不+得"构成的可能补语和宾语的语序规则与结果补语的情况一致,即补语位于宾语前面。

B.由"得/不+趋向补语"构成的可能补语和宾语的语序规则有两种类型:一是补语位于宾语前面,一是宾语位于复合趋向补语中间。

④数量补语和宾语同现的语序。

数量补语和宾语同现于动词之后的排列顺序有两种情况:一是补语在前,宾语在后,一是宾语在前,补语在后。

(7)动词后两个补语的语序。动词之后有时候可能有两个补语,主要有以下两种情况:

①趋向补语和时量补语同现。当动词之后同时出现趋向补语和时量补语,其语序是趋

向补语在前时量补语在后。

②结果补语和时量补语同现。当动词之后同时出现结果补语和时量补语,其语序是结果补语在前时量补语在后。

(8)双宾语同现于动词之后的语序。现代汉语静态句子里,有一部分动词能同时带两个宾语。其排列顺序是:动词—近宾语(直接宾语)—远宾语(间接宾语)。宾语的论旨角色取决于动词的语义特征。多数情况下,近宾语是与事,远宾语是受事,因此其语义语序是:动词—与事—受事,如给予类动词(给、送)、索取类动词(拿、租)、告知类动词(告知、称),放置类动词(放、存)等。性状类动词(欠、少)的近宾语是与事,远宾语是涉事,其语义语序是:动词—与事—涉事。

2. 现代汉语动态语序。

(1)基本语序。动态句子的成分之间的排列次序有时跟静态句子的语序规则完全一致,这种动态语序我们称之为基本语序。

(2)非倒装移位语序。由于特定动态语境的表达要求,譬如表达的精细化、话语主题的选择、信息焦点的安排等语用动机,说话人有时可通过改变句子成分的句法或语义语序但不改变句子的语用语序(主述题结构)来达到特定的表达效果。以语用语序(主题在前述题在后)不变为前提,句法或语义语序的变化将给句子赋予特殊的结构意义或语用意义。句子成分配位的这种变化被称为非倒装移位。非倒装移位语序与基本语序最大的差别在于前者生成的句子句法语序、语义语序、语用语序不像后者生成的句子那样总是严格对应。句子的三个平面语序不对应体现在主语和主事(主体)、主题不吻合,或宾语和受事(对象、工具、系事等)不吻合等。

①由语义语序和句法语序的不同步变动产生的动态语序。动态句子有一类特殊的语序,其特点是句法语序与静态句相同,但语义语序不同。这种语序变动受到句法、语义、语用很多因素的限制。主要有以下两种类型:

A.语义成分的无标记移位产生的动态语序。语义成分移位,语义语序发生变化但句法语序不变。语义成分移位的这种类型(如受事前置到句首的位置充当主语,主事后置于谓语动词之后充当宾语等)使句子的语义语序发生变化但它不改变句子的句法语序,句子的语义语序和句法语序因此失去了对应性。交流者主要通过"意合"来领会句子所传达的内容。还有主事和受事(对象、工具等)换位;主事位于动词之后,表示时间、处所的成分或表示名物的成分(非核心动词的论元)位于句首的位置充当主语,主语是句子的主题;名词性成分的修饰语(在原句式充当定语)换位移到动词之前充当状语表示谓语动词的成分移位充当名词性成分的定语。

B.语义成分的有标记移位产生的动态语序。语义成分跟介词结合移位改变句子的语义语序,句子的句法结构也会受到影响,但句法语序跟语义语序的变化不一致:受事(对象、系事等)主题化前移到句首的位置,主事和介词构成介宾短语位于动词之前充当状语,句子的句法语序变为"主语—宾语—动词性成分"。这使得句法语序和语义语序失去对应性。能协助语义成分移位的介词主要有"被"、"让"、"叫"、"给"等。由这种语序变动产生的句式通常表示被动意义。

②由宾语移位产生的动态语序。

A.宾语与介词("把"、"连"、"对"等)组合成介宾短语,位于述语前面充当句子的状语,构成"把"字句、"连"字句等句式。宾语的移位使句子的句法结构从"主动宾"的排列顺序变成"主语—宾语—动词性成分"。句子的语义语序也随句法语序而改变。由"主事—动词—受事"的排列顺序变成"主事—受事—动词"。

B.由句法的强制性决定,宾语前置出现在动词之前。句子的句法语序变为"主语—宾语—动词",句子的语义语序也随之变为"主事—受事(对象、工具等)—动词"。主要有以下一些类型:一是宾语由疑问代词或疑问代词修饰的名词性成分充当,后边有"也、都"等相呼应;二是宾语前边有"一",后边有否定词("不"或"没有")构成"一……也(都)不(没有)"格式;三是某些对称格式的句子句法上的强制性决定(宾语后边一般有"也"或"都");四是因某些宾语和补语或双宾语不能同时出现于动词之后等成分位置抵触问题,宾语、补语可移位到述语之前。

③由成分的主题化移位产生的动态语序。具体交际环境中,在很多情况下说话人想要描述的对象并不是句子的主事而是与整体句法结构所表达的内容相关的对象、范畴、时间等,或者是句法结构核心动词的客体动元(如受事、结果、位事等)。现代汉语中,实现这种语用任务的语法手段之一是将这一结构成分主题化:将其位置移到主语之前,让它成为句子的主题。句子成分的主题化移位使原句式的句法语序和语义语序发生变化,句子的句法语序、语义语序、语用语序之间失去对应性。

按主题化的方式来分类,主题化现象可分为两种类型:一是主题化的成分前面不必加上介词,我们称之为无标记主题化;一是主题化的成分前面加上介词,我们称之为有标记主题化。主题化的成分通常是由名词或名词性成分充当。

A.无标记主题化。a.宾语主题化。动态句子里,由于句法强制性决定,或者说话人所要描述的对象不是主语而是宾语的原因,宾语有时候主题化前置于句首的位置,语用上成为句子的主题。如此一来,句子的句法语序变为"宾语—主语—动词",语义语序随之变为"受事(对象、工具等)—主事—动词"。b.定语主题化。当主语的定语和中心语之间是限定关系,一般为领属关系或者整体部分关系,而语言使用者所要描述的对象是定语表示的所属事物,则可通过删除起连接作用的结构助词"的",将定语主题化。句子成分的语序变成:主题—主语—谓语。c.状语主题化。当表示处所或时间的状语是语言使用者所要描述的对象,状语可前置于主语前面的位置成为句子的主题。由介词短语构成的状语主题化之后,一般不再用介词。句子成分的语序变成"主题(表示处所、时间的状语)—主事主语—谓语"。d.谓语动词的间接论元主题化。具体交际环境中,有时候谓语动词的间接论元(论旨角色为工具、范围等)或者跟句子整体语义结构相关的对象、范畴等可位于主语之前成为句子的主题。这类句子的成分语序是"主题—主事主语—动词性短语谓语"。

B.有标记主题化。谓语动词的直接或间接论元,或者是跟句子的整体语义结构相关的对象、范畴、时间等,有时可加上介词("关于"、"至于"、"对于"等)前置于主语之前成为句子的主题,句法上是状语。这类句子的语序规则是:受事(或对象、工具等)状语主题—主事主语—动词性谓语。

④由成分隐含产生的动态语序。成分的隐含使句子的语义语序和句法语序失去对应性。隐含的成分一般是谓语动词的主题论元(多为施事或感事)。主事的隐含让前置的受事

(对象、系事等)成为句子的主题主语。

（3）倒装移位语序。句子成分移位之后所产生的句法、语义、语用语序的变化是同步的，句子的三个平面语序之间仍保持着原来的对应性。移位成分具有"复位性"，即均能无条件地还原。句子成分的这种移位称为倒装移位。

句子成分的倒装移位主要有以下 3 种主要类型：

①主谓语换位。主语在语用平面上是主题，谓语是述题。为了强调、凸显述题所传达的信息或为了表达说话者的急促心理等，可将句子主谓语换位，句子的语序变为"谓语述题、主语主题"。述题和主题中间要求有停顿，书面形式用逗号隔开。

②定语的倒装移位。a.定语前移。在一些动态语言环境下，宾语的定语可前移到动词之前、主语之后的位置。b.定语后移。在一些具体交际环境中，主语或宾语的定语可后移。

③状语的倒装移位。a.状语前移。一些状语可移位到主语之前以强调、突出它所蕴含的信息内容。b.状语后移。为了强调、突出状语所负载的信息内容，状语可移位到句末的位置。

（4）个别成分结构的语序规则。①多层定语的语序。名词性成分可以同时带几个修饰语，这样的修饰语被称为多层定语。大家一般把多层定语分为 3 种类型：并列关系的多层定语、递加关系的多层定语和交错关系的多层定语。多层定语之间的排列顺序无论是哪一类一般都要遵循一定的语序规则。

A.并列关系的多层定语。并列关系的多层定语指的是没有主次之分，同时修饰一个名词性成分的多层定语。并列关系的多层定语的语序规则是多种多样的。但，当并列的各定语之间存在一定的逻辑关系时，就要按递升或递降的顺序排列。如：

预备送你的一个天赏堂制的银的装照相的架子。（郁达夫《茑萝行》）

B.递加关系的多层定语。

递加关系的多层定语指的是彼此互不修饰，而是递次地修饰中心语的多层定语。一般来说，递加关系的多层定语的语序规则是：a.表示所属关系的代词、名词（短语）；b.指示代词或数量词（短语）；c.主谓短语或动词、名词（短语）；d.形容词（短语）；e.表示性质的名词。如：

男青年在扭翻身秧歌，腰上还系着腰鼓，当那个面皮青白的相面先生冰凉的长指甲触到她肚皮时，她痒得格格直笑。（池莉《你是一条河》）

C.交错关系的多层定语。既包含并列关系又包含递加关系的多层定语，称为交错关系的多层定语。其排列顺序受到并列关系定语和递加关系定语两种规律的制约。如：

一个长长的瘦瘦的而面孔圆细的男子，就从房里走出来。（柔石《为奴隶的母亲》）

②多层状语的语序。句子可以同时出现多个状语，一般称为多层状语。多层状语也分为 3 类：并列关系的多层状语、递加关系的多层状语和交错关系的多层状语。并列关系多层状语的排列规则同并列关系定语一致，理论上是自由的，但在实际语言中有时要受逻辑关系、观察事物的过程、语言习惯等因素的制约，递加关系多层状语的排列顺序一般是：a.表示时间的状语；b.表示语气、关联的状语；c.描写动作者的状语；d.表示依据、目的、关涉、协同的状语；e.表示处所、空间、方向、路线的状语；f.表示对象的状语；g.描写动作的状语。如：

宣誓完毕，白度热烈地和元豹握手。（王朔《千万别把我当人》）

③名词性并列成分的语序。廖秋忠对名词性并列成分进行大量的考察，并且对其排列顺序提出了 11 条主要原则，包括：a.重要性的原则；b.时间先后的原则；c.熟悉程度的原则；d.

显著性的原则;e.积极态度的原则;f.立足点的原则;g.单一方向的原则;h.同类的原则;i.对应的原则;j.礼貌原则;k.由简至繁的原则。另外还有一些由语境产生的原则,如相关性的次原则、新信息次原则、对应性原则等。

④副词连用的语序。多项副词在谓语动词之前共现时,遵守语篇原则、范围原则和接近原则,其顺序排列一般为:关联副词 > 模态副词(语气副词和时间副词) > 总括副词 > 其他副词。("＞"表示左边优先于右边)

⑤语气词连用的语序。现代汉语句末语气词可以连用,连用时一般遵守如下顺序原则:"了、呢(表时态)、来、者"等时态语气词 > "呢(表疑问、祈使)、吗、吧(表疑问、祈使)"等疑问或祈使语气词 > "啊、呕、欸、嘿"等表示说话人的感情或态度的语气词。如:雨停了吗?

3. 语序的欧化现象。

(1)并列连词"和"等的语序变化。依汉语的传统,由多项词语构成的名词性并列结构中,可以使用连词,也可以不使用连词,使用连词在句中的位置也不固定。如:

辛丑,狐偃及秦、晋之大夫盟于郇。(春秋·左丘明《左传·僖公二十三年、二十四年》)

夏,四月戊辰,晋侯、宋公、齐国归父、崔夭、秦小子慭次于城濮。(春秋·左丘明《左传·僖公二十八年》)

你看那文武多官并三宫六院妃嫔与三千彩女、八百娇娥,一个个擎杯托盘,举碗持盘,等接甘雨。(明·吴承恩《西游记》第六十九回)

"五四运动"后,受英语的影响,并列连词"和"等的语序发生变化,一般只出现在最后两项之间。如:

照见了小小的一间房,由二条板铺成的一张床,一张黑漆的半桌,一只板箱,和一只圆凳。(郁达夫《春风沉醉的晚上》)

(2)选择连词"或"等的语序变化。依汉语的传统,由多项名词性成分构成的选择性并列结构,使用选择连词"或"、"或者"和"或是"等,这些连词的出现位置是不固定的。如:

或者被公人所害也不见得;或者去投冯公,见拒不纳,别走个相识人家去了,亦未可知。(明·冯梦龙《喻世明言》卷四十)

"五四运动"后,受英语的影响,选择连词"或"等不像过去那样有时连用几个选择连词,能省略的尽量省略,如果用,通常都用在最后两项之间。如:

这些幸运的人儿惟恐看了荷花他们一眼或是交谈半句话就传染了晦气来!(茅盾《春蚕》)

"车口儿"上,小茶馆中,大杂院里,每人报告着形容着或吵嚷着自己的事。(老舍《骆驼祥子》)

红色春联中间,大都是红纸剪的元宝、如意、八卦、或者木版印的"姜太公在此,百无禁忌"的图像。(夏衍《色身2》)

(3)主从复句的语序变化。依汉语传统,在一般情况下,主从复句各分句的语序是从句在前,主句在后。如:

使天下无农夫,举世皆饿死矣。(《(清)郑板桥集·范县署中寄舍弟墨第四本》)

"五四运动"后,汉语转折和假设复句等,从句的位置不再固定在主句之前,而是可前可后了。如:

他知道单靠勤俭工作,即使做到背脊骨折断也是不能翻身的。(茅盾《春蚕》)

最后,他代他的车家催那三十块钱的债,为的他是"中人"。(茅盾《春蚕》)

我的心就好像在月光下的蝙蝠,虽然是在光的下面,可是自己是黑的。(老舍《月牙儿》)

(二)现代汉语语序变换

汉语中的语序在一定条件下是可以变换的,变换之后,有些句子的意思变化不大,有些句子的意思变化很大。下面列举 7 种语序变换的形式:

1. 主谓变换,如:一斤苹果/五元钱 五元钱/一斤苹果

2. 主宾变换,如:雨下了 下雨了

3. "主动宾"句——"把"字句——"被"字句。传统语法学家认为"把"字句和"被"字句都是从"主动宾"句变来的。根据是"把"字的宾语在语义上是后边动词的受事,"被"字的宾语在语义上是后边动词的施事,前者"把"字提前了宾语,后者"被"字引出施事者。另一种看法认为"把"字的作用在于表示处置,强调主语的主动性;"被"字的作用在于表示遭受,强调主语的被动性。第三种看法认为"把"字句是由"把+受事主语句"构成的,"被"字句是一种带"被"字的受事主语句。虽然各家对"把"字句、"被"字句的看法不同,可是都不否认"把"字句、"被"字句和"主动宾"句之间存在着变换关系。如:猫把鱼吃了/猫吃鱼了/鱼被猫吃了。

4. 状语的位置变换。这里主要指副词作状语的情况。如:"电灯忽然灭了/忽然电灯灭了"这个例子中,"忽然"出现的位置不同,整个句子的结构关系也改变了。前一个句子是主谓结构,后一个句子是偏正结构。类似可前可后变换的双音节副词还有"毕竟、不妨、不过、迟早、处处、从此、大概、单单、当然、到底、的确、顿时、反正、仿佛、果然、何尝、忽然、居然、恐怕、明明、难道、偏偏、起初、起码、轻易、恰巧、是否、万一、无非、未必、幸亏、一时、终究、终于"等。不过,有的像"单单"、"偏偏"放在主语前后,意思并不完全相同。而绝大部分单音节副词只能放在主语后动词前作状语。

5. "在+名+动"和"动+在+名"的变换。由介词"在"组成的介宾短语可以放在动词前,也可以放在动词后。如:他在城里住/他住在城里。如果动词是具体的行为动作,那么动作的处所只能放在动词的前边,不能放在动词的后边。如果动词所表示的意义是抽象的,那么表示动作处所的词语只能放在动词之后,不能放在动词之前。

6. 双宾语位置的变换。汉语动词里有少数可以直接带双宾语,如果和"给"连用,双宾语的位置变换十分自由。如:送(给)他 5 斤花生/送 5 斤花生给他/给他送 5 斤花生。这类动词还有"发、找、递、分、退、租、夹、还"等。

7. 复谓式变换。连谓句中有一类前一个动作表示的是后一个动作的方式,这一类连谓句的两个动词结构可以变换其位置。如:他骑自行车上班/他上班骑自行车。变换后的句子表示的是习惯性的动作方式,带有某种修辞色彩。有些连谓句虽然前一个动作表示方式,但是不能变换其位置或者变换之后意义发生了变化。如:他睁着眼睛说瞎话/他说瞎话睁着眼睛。

语序是句子结构的外部形式特征,它是受语义结构关系制约的。语序变换也是在语义结构关系不变的条件下进行的,它反映了汉语表达形式多样性的特点。由于汉语里的短语和句子的构造原则是一致的,因此,语序基本上是稳定的,有规律可循的。

第二节　汉语语序发展的原因

一、汉语语序发展的特点

王力、史存直、潘允中等在《汉语语法史》、《汉语语法史纲要》、《汉语语法史概要》中都论述了汉语语序问题,根据他们的研究和我的学习体会,汉语语序发展有如下几个特点:

(一)汉语语序是稳定的

语序是汉语语法的主要内容。就一般来说,汉语的语序是固定的。从历史上看,汉语的语序并没有多大的变化,但也不能说完全没有变化。主—动—宾的语序,是从上古汉语到现代汉语的语序。

(二)宾语位置的演变

在原始时代的汉语里,代词作为宾语的时候,正常的位置本来就在动词的前面。到了先秦时代,由于语言的发展,这种结构分为 3 种情况:

第一种情况是旧式结构的残留,代词宾语无条件地放在动词的前面。在指示代词中,"是"字比较能保存原始的结构。在某些情况下,"是"字可以自由地放在动词的前面。由指示代词"是"字构成的另一个凝固形式是"是谓"。除此之外,还有"自"和"相"。这些结构之所以被认为是残迹,是因为到了先秦时代,除了凝固形式和"自"、"相"二字外,一般已不再用主语—代词宾语—动词这种结构方式了。正常结构已变为:主语—动词—代词宾语。

第二种情况是完全保存着旧形式。这种情况所依存的条件有两个:第一个条件为宾语是一个疑问代词;第二个条件为宾语虽是一个名词,但有一个指示代词复指。主要是用"是"字,偶然也有用"斯"字复指的。处所介词在这种情况下也能起复指作用。特别是"焉"字。名词宾语前置而又有"是"字复指的时候,名词前面往往还有词头"唯"字。代词"之"字和"是"字有同样的作用,名词宾语靠着代词"之"字的复指,也可以提到动词的前面。不但名词宾语可以用代词复指,连代词宾语本身也可以用另一代词复指,它更能显出是一个前置宾语。这结构是"是之"。

第三种情况是旧结构和新结构同时存在。这种情况最明显地表现在否定句的代词宾语上。在先秦时代,在否定句中,语序有一种过渡状态,新的形式产生了,旧的形式还没有消亡。这种情况要看具体的否定词是什么,也要看具体的代词宾语是什么。否定词是"莫"、"未"等,代词宾语是"吾"、"余"等,动词后置的情况比前置的情况多得多。到了汉代,疑问代词宾语后置的结构逐渐发展出来了。至于否定句中的代词宾语,到了汉代,后置的情况表现得更为明显了。

到了南北朝以后,这种疑问代词宾语和否定句中代词宾语后置的发展在口语中已经完成了。从此以后,凡是在书面语言里运用先秦时代那种代词宾语前置的情况,都只是仿古,而并不反映口语。

(三)处所状语和工具状语位置的演变

所谓处所状语,这里专指"于"(於)字结构而言。在殷墟卜辞中,处所状语的位置还没有十分固定,它可以放在动词的后面,也可以放在动词的前面。但是放在动词后面的结构是常见的结构。西周以后,这种常见的结构成为唯一的结构,处所状语必须放在动词的后面。

单音节的动词不带宾语者,"于"字结构必须放在它的后面。在被动句里,"于"字结构也必须放在动词的后面。在比较句里,"于"字结构也必须放在形容词的后面。如果"于"字结构表示趋向,它也必须放在动词的后面。相反地,如果"于"是"对于"的意思,就已经不是一般的处所状语,"于"字结构就可以放在谓语甚至主语的前面。但是,表示趋向的"在"字结构,须放在动词的后面。到了汉代以后,一般处所状语可以渐渐移到动词的前面。南北朝以后,在口语里,"在"字取代了"于"字,"在"字结构放在动词的前面。这种语序一直沿用到现代汉语里。

所谓工具状语,这里指"以"字结构,即介词"以"字及其宾语。在上古时代,工具状语放在动词前面或后面都可以。

如果工具状语被活用来表示原因,它的位置就只能在动词前面。如果根据状语被活用来表示时间,它的位置也只能在动词前面。到了近代汉语口语里,动词"拿"字代替了介词"以",于是"拿"字及其宾语(谓语形式)所组成的工具状语的位置也就固定在动词的前面。但是,"以"字结构在书面语言里仍然相当常见。

(四)可能式的语序演变

可能式也经历了语序的发展过程。先秦的"得"字表示情况的容许,和表示能力的"能"字是有区别的。但是,汉代以后,这种表示客观情况允许的"得"字的位置可以移到动词的后面去。等到使成式普遍应用以后,又有一种新的可能式出现,就是把"得"字放在动词的后面,再加上动作的结果,成为"打得破"、"煮得烂"一类的结构。但是,在否定句中并不是用"不得"来否定,而是简单地插入一个"不"字,表示不能做到。可见最晚在唐代,这种使成式中插入"不"字表示对可能性的否定的结构就已经出现了。

在汉语里,形容词或不及物动词用作状语时,一般总是放在动词的前面。从汉代开始,某些表示时间早晚的词可以从动词前移到动词后了。到唐代以后,某些作状语的形容词和不及物动词可以从状语的位置移到动词后面。用这样的方式表示强调的情况逐渐多起来了。常见的有"毕"、"尽"、"晚"等。现代汉语的"坐完"、"吃饱"等,都是这种语序。

(五)介词短语在句中位置的演变

状语如果是副词,一般都放在被疏状语的前面,但如果是介词结构,就不一定了。介词结构作状语,它的位置在汉语史的发展中也有一些变化。"于"在先秦时代,表时地的"于"字结构,有时放在动词前面,有时放在动词后面。而"在"所领导的介宾结构,如果表示动作作主体的位置或动作的时间,就一律放在动词前面。这样的语序一直维持到现在;"以"在先秦时代表方法手段的"以"字结构,可以放在动词前面,也可以放在动词后面。到了现代,虽然有时还出现在书面语中,但一般只能前置,不能后置。

(六)主谓倒置问题

在感叹句或疑问句里,主语—谓语的语序,往往因强调而倒置,变为谓语—主语。这种先谓语后主语的结构,现代汉语里也还保留着。此外,在先秦,表现强烈感情近似感叹句的韵文,也有把谓语倒置在动词前面的。

(七)行为数量的语序

行为数量的语序,古代汉语表示法和现代汉语表示行为数量时,一般是把数词和动量词放在动词之后(如"写三遍"、"去过两趟"、"打了几次")。古汉语有两点不同:一是一般不用动量词,二是数词一般要放在动词之前,如:"桓公九合诸侯,不以兵车,管仲之力也"(《论语·宪问》);"公输盘九设攻城之机变,子墨子九距之"(《墨子·公输》)。这些例句的数量词直接放在动词前作状语,句子没用动量词。现代汉语成语中也有保存。如:一劳永逸、百战百胜、千变万化。

假如要强调某一行为的数量时,可以改变句式,把数词从动词前面移到句尾,并在这个数词前面用代词"者"字复指,使"者"字前面的结构成为全句的主语,移到句尾的数词就成了全句的谓语。如:"于是平原君欲封鲁仲连。鲁仲连辞让者三,终不肯受"(《战国策·赵策》);"范增数目项王,举所佩玦以示者三"(《鸿门宴》)。表示动量的数词"三"从动词前面的状语上升为全句的谓语,自然就显得突出而重要了。现代汉语的数词一般不能单独作谓语。

(八)诗词曲中的特殊语序及其产生原因

1. 主语和宾语的位置。"主语—谓语"、"主语—谓语动词—宾语",这是现代汉语的典型语序。古代汉语除了在某些条件下,如否定句和疑问句中代词作宾语时可以提到动词前面之外,一般的句子也是符合上面两种语序的。而诗词曲却不尽然,句子中的宾语可以提前,主语可以挪后,甚至主语和宾语可以互换位置。兹分述如下:

(1)主语后置。如:唐代崔颢《黄鹤楼》:"晴川历历汉阳树,芳草萋萋鹦鹉洲。"意即"晴川(晴朗的原野上)汉阳树历历(可数),鹦鹉洲芳草萋萋","汉阳树"和"鹦鹉洲"置于"历历"、"萋萋"之后,看起来好像是宾语,实际上却是被陈述的对象。

(2)宾语前置。如:唐代杜甫《月夜》诗:"香雾云鬟湿,清辉玉臂寒。"实即"香雾湿云鬟,清辉寒玉臂"。这里的"湿"和"寒"都是所谓使动用法,"云鬟""玉臂"本是它们所支配的对象,结果被放在前面,似乎成了主语。

(3)主、宾换位。如:宋代欧阳修《被牒行县因书所见呈僚友》:"瑾户催寒候,丛祠祷岁穰。"上句意言寒冷的季节到了,已在催促农家重新涂抹门户,语序实应为"寒候催瑾户"。

2. 定语的位置。在偏正词组中,定语在前,中心语在后,这是古今汉语的一般情况。诗词曲定语的位置却相当灵活,往往可以离开它所修饰的中心语而挪前挪后。下面分别举例说明。

(1)定语挪前。如:唐代王昌龄《从军行》:"青海长云暗雪山,孤城遥望玉门关。"下句的"孤城"即指玉门关,为"玉门关"的同位性定语,现却被挪在动词"遥望"之前,很容易使人误解为站在另一座孤城上遥望玉门。

(2)定语挪后。如:唐代李白《梦游天姥吟留别》:"我欲因之梦吴越,一夜飞渡镜湖月。"意即"一月夜飞渡镜湖"。"月夜"这个偏正词组本为句首的时间状语,现被分拆为二,定语"月"远离中心语而居于句末,仿佛成了宾语的中心部分,但作者"飞渡"的显然只能是"镜湖",而不可能是"月"。

(3)定语与中心语互换位置,而成为前正后偏的结构。如:

宋代欧阳修《闻梅二授德兴令戏书》:"江山故国近,风物饶阳美。"意即"故国江山近,饶阳风物美"。故国:此指故乡。

3. 状语的位置。诗词曲中状语的位置和定语一样,也可以离开它所修饰的动词而挪前挪后。分述于下:

(1)状语挪前。如:唐代白居易《长恨歌》:"六军不发无奈何,宛转蛾眉马前死。""宛转"本是描绘"死"的状态的,现被置于主语"蛾眉"之前。

(2)状语挪后。如:唐代王建《水夫谣》:"夜寒衣湿披短蓑,臆穿足裂忍痛何?"意即"臆穿足裂何(怎能)忍痛"。

(3)以宾语面貌出现的状语。如:唐代杜甫《秋兴》八首之七:"织女机丝虚夜月,石鲸鳞甲动秋风。"唐代崔护《题都城南庄》:"人面不知何处去,桃花依旧笑春风。"二例的"动秋风"、"笑春风"表面上是述宾结构,实际上"秋风"、"春风"都不受"动"、"笑"的支配,而是分别表示"在秋风中动"、"在春风中笑"的意思。这类情况在诗词中比较常见。

4.谓语的位置。除上述因主语后置而造成主、谓颠倒的情况外,诗词曲中谓语位置还有一种值得注意的情况,这就是当递系结构或连动结构充任谓语时,其中作为第二谓语部分的动词、形容词或动宾词组往往可以前置。如:

唐代杜甫《晴》诗:"碧知湖外草,红见海东云。"意即"知湖外草碧,见海东云红"。唐代李商隐《陆发荆南始至商洛》:"青辞木奴桔,紫见地仙芝。"意即"辞(荆南)木奴桔青,(至商洛)见地仙芝紫",这里以木奴形容桔是用三国时李衡之事,以地仙修饰"芝"是用商山四典。二例都着眼于描绘景物时令的变化,故"碧"、"青"等词不能看作"草"、"桔"等的定语。

诗词曲的语序是极为灵活多变的。上述种种,不过是比较习见的情况,还远远不是全面的分析概括。启功曾以王维《使至塞上》中"长河落日圆"句为例,说明可以变出"河长日落圆"、"圆日落长河"等10种句式。即便有些句式不能单独成立,但一配上适当的上下文,仍可起死回生。(见《北京师范大学学报》社科版1980年第1期《古代诗歌骈文的语法问题》)这对于诗词曲语序灵活多变的程度,可说是一个很好的证明。

为什么诗词曲中会出现种种特殊语序呢? 概括说来,不外乎以下两方面的原因:一是声律的要求。二是出于修辞上的特殊需要。

二、影响汉语语序的因素

张斌在《现代汉语描写语法》中对影响汉语语序等因素作了深入的研究,他仍认为主要有以下因素:

(一)语义因素对语序的影响

1. 句子成分与语义角色的配位。话题、主语和宾语等句子成分与施事、受事等语义成分的配位原则有如下两条优先序列,一是充任主语和宾语的语义角色优先序列:施事 > 感事 > 工具 > 系事 > 地点 > 对象 > 受事。二是充任话题的语义角色优先序列:系事 > 地点 > 工具 > 对象 > 感事 > 受事 > 施事。(" > "表示左边优先于右边)

2. 名词性成分的指称性质对句法功能的影响。名词性成分的句法功能与其指称性质之间关系极其密切:主语、"把"字的宾语、双宾结构中的近宾语、数量补语前的受事宾语和领属性定语倾向于由定指的名词性成分充当;存现句中的宾语、处所介词短语前的宾语、双宾语结构中的远宾语、复合趋向补语后的宾语倾向于由不定指的名词性成分充当。

名词性成分有如下 7 种：①人称代词，②专有名词，③这/那＋（量词）＋名词，④光杆普通名词，⑤数词＋（量词）＋名词，⑥一＋（量词）＋名词，⑦（量词）＋名词。一般说来，无指成分限于 4～7 组中，有指成分则可以用 1～7 组表示，其中 1～3 组一般只用来表现定指成分，6、7 组一般只用来表现不定指成分，4、5 组则有很大的灵活性。汉语有一种很强的倾向，有定名词倾向于作主语，无定名词倾向于作宾语。

（二）语用因素对于语序的影响

1. 对比焦点对语序的影响。焦点是一个句子语义重心所在。句末成分是句子常规焦点成分。而对比焦点则是在上文或与语境里已经直接或间接引入，说话的人出于对比目的才着急强调的成分。除了标记词外，语序变化是表现对比焦点的另一重要手段。如：

这事老林有办法。→老林这事有办法。

由话题句加"连……都"构成的"连"字句用于表现极性对比，"连"后成分是对比成分。

连这事老林都有办法。→老林连这事都有办法。

2. 信息分布原则对语序的影响。现代汉语句子组织信息的原则为：伴随特征＋谓语动词＋结果特征。不管是什么词类，如时间词、介词短语、形容词和动词等，只要它们是表示谓语中心的结果的，都必须出现在谓语中心的后面。

（三）认知因素对语序的影响

1. 时间顺序原则。两个句法单位的相对语序决定于它们所表示的概念领域里的状态或事件的时间顺序。当两个句子或谓语相连时，第一个句子或谓语所表示的事件发生的时间总是在第二个句子或谓语之前。

2. 时间范围原则。时距小的成分排在时距大的成分之后，即不论时间上还是在空间上，大范围成分总是先于小范围成分。如汉语的时间状语绝不出现在动词之后。如：他昨天走了。→他走了昨天。（×）。

3. 语义接近原则。距离相似性原则，也叫语义接近原则，指语言成分之间的距离反映了所表达的概念的成分之间的距离，即语义关系比较近的成分在线性序列中也趋于靠得比较近。如组合式短语和粘合式短语作定语时，通常是组合式先于粘合式。如：漂亮的新大衣→新漂亮的大衣（×）。

4. 参照体先于目标原则。人们在感知两个物体的空间关系时，总是把一个物体当作"目标"，即所要感知的直接对象，而把另一个相关的物体当作"参照体"，借以确定"目标"的位置和方向。汉语中存在参照体在语序上先于目标的原则。

（1）方所结构。语法结构中的中心语的认知基础是目标，而修饰语的认知基础是参照体。即修饰语（参照体）＋中心语（目标）。这一原则揭示的偏正关系的不可逆性。

（2）比较结构。现代汉语的比较结构为：被比较对象＋比较基准（参照体）＋比较内容（目标）。这语序也体现了参照体先于目标的原则。如：这间教室和那间教室一样大。→这间教室一样大和那间教室。（×）。

（3）领属结构。汉语领属结构的语序为：领属者＋的＋领属物。领属者相当于参照物，领属者相当于目标。如：老王的别墅→别墅的老王（×）。

（4）地点、时间、头衔、名称词语的排列顺序。汉语在表达地点和时间时遵循由大到小的范围原则，头衔和名称的排列顺序也是如此，这语序体现的参照体先于目标的原则。如：福建省福州市鼓楼区水部街道福新社区。

(5)大小主语的排列。大小主语如果具有参照体和目标的关系,则参照体在前,目标在后。如:西湖公园菊花极其好看。

(6)偏正关系的复句。在偏正关系的复句中,正句作为目标而偏句作为参照体。正句所表达的内容都是参照偏句说的,所以,偏句在前正句在后是汉语偏正关系复句的基本语序。

三、汉语语序变化的原因

我们知道,长期以来,汉语的基本语序维持不变,但这并不等于说它没有细小的变化,比如否定句、疑问句的代词宾语位置变化等。这些变化是如何引起的?

(一)关于语序变化的假设

关于汉语语序变化的假设相当多。比如戴浩一的外部影响理论、黄宣范关于动词后"于"字的省略、李讷和 Thompson 认为的"动宾动"向"介宾动"的转化理论以及黎天睦的"位置意义原则"等。除此之外,还有从语音上来解释语序问题的,比如美国宾夕法尼亚大学冯胜利认为,否定句、疑问句中宾语位置的变动,"起决定因素的是语言的韵律结构"。

其中,以戴浩一的外来因素说最有影响。戴浩一认为,汉语语序从 SVO 转向 SOV 主要是由于汉语与北部阿尔泰语长期接触引起的。他这种看法深受日本学者桥本万太郎的影响。但我们知道,无论是上古汉语还是现代汉语都是以 VO 为主,而北部阿尔泰语从来就是 OV 型语言。汉语的修饰语和被修饰语关系从来就是 AN,和阿尔泰语一样,虽然在古汉语中也有少数"桑柔"、"中河"等,但多数的修饰语还是置于被修饰语之前。尽管在元、清阿尔泰民族统治了全国,但如果说汉语语序是受阿尔泰语影响的假设似不符合汉语发展的实际。

(二)汉语变化的内部原因

其实,这种变化从语言形成的一开始就已孕育在语言内部了。从变化的源头上说,语言的接触为变化因子注入语言内部提供了条件。汉语在上古就已经是一种混合的语言,我们所认为是"正宗"古汉语的周代文献其实已经是一种混合语的记载了。这正是不同民族、不同语言相互作用的结果。随着民族部落间广泛的接触,语言难以保持其绝对的纯正。在远古时期各部落语言都可能有自己的语音、语法形式,而随着部落之间频繁的交流,一些人往来交通,各部落的语言都会各自作出一些让步,从而在语音、语法上接近对方。在甲骨文中,的确存在着"羌+人用"和"用六羌"两种不同的语序,也有"桑柔"和"小臣"两种说法,这恰好证明古汉语是一种混合语。汉语不可能是单一发展的语言,而是经过各部落语言的帮助,吸收了其他语言的某些特点发展而来的。这也就是为什么在甲骨文中会出现少数不同类型的句子。远古汉语中可能同时存在着 SVO 与 SOV 两种语序,它们如同汉语这块肥沃土壤中的两粒种子,争相长大,应该说最终无论是向 SOV 发展,还是向 SVO 发展,都不为过。可以说,那些深层的变化倾向早已蛰伏在语言内部了。而当汉语发展到甲骨文时期时,双方的较量已经分出胜负,SVO 语序占了上风。而促使汉语向 SVO 方向,而不是向 SOV 方向发展,这其实是由汉语内部的语法特征所决定的。汉语是孤立语,因为没有词的内部形态变化,故而,语序和虚词是重要的语法手段。而相反,那些 SOV 语言除了语序之外,还有格助词和形态变化等几种语法手段。因此在表述动宾结构时,这些语言就能够调动格助词将宾语提到动词之前,或者用形态变化来表示主宾语的属性。但是,我们不能说因为有了丰富的格标记或形态变化而选择了 SOV 作为它的基本词序,更不能说因为 SOV 的基本语序,所以才产生出这么多格标记或形态变化来表示主宾语。汉语既没有主格、宾格助词,又没有词的形态变化,如果想把宾语放在动词前,就可能使主语、宾语混淆。因此,在没有格标记、形态变化的情况下,汉语只有选择语序而非其他办法来解决宾语标记的问题。这是因为:一方面在直接标记宾语的手段中,语序较格标记等手段来说,更为"省力",只要用动词将主语、宾语隔开就可以避免两者混淆;另一方面,也是很重要的一个原因,即语序和格标记是直接标记宾语的两种互补的手段。汉语由于缺少格标记、形态变化等,语序是剩下的语法手段中唯一可被汉语选取的方法。

综上,我们可以看出,由于缺乏格标记和形态变化是汉语最终选择走向 SVO 语序的催化剂,而远古汉语多种语序并存的混合状态是语序变化的源头和基础。远古社会各民族的广泛接触与融合恰好为汉语的变化提供了可变的方向,不管汉语后来是否变化,也不管它是怎样变化的,至少多种民族的接触、多种语言的交流对汉语的形成意义重大,也为后来的变化奠定了基础。

可变的环境加上自身的条件,汉语在语序类型上作出了选择。如果说,在甲骨文前,汉语还处于两种语序并存、混合的状态,那么到了甲骨文时期,因为没有形态变化、格标记,语序又不同的语言是不利于交际的,因此,汉语不得不倾向于走 SVO 的发展方向。当平衡开始向已存的可供选择中的这一边或那一边倾斜时,变化就发生了。从甲骨文时期到魏晋南北朝时期,一直是汉语语序调整、变化的阶段,之后汉语语序趋于固定。

第三章　描写句的发展

第一节　描写句的界定

根据汉语句型特点,王力早在 20 世纪 40 年代就把西方对句子分类的两分法改为三分法,即将句子分为叙述句、描写句与判断句。此后,研究古今汉语语法的人都注意三类句子的研究。然而 20 世纪 70 年代以来,不少研究古汉语语法的人认为描写句古今变化不大,于是把研究精力放在判断句与叙述句上,而研究描写句的论著却很少。

一般认为,描写句是用形容词或形容词性的短语作谓语的句子,描写事物是什么样子的。当然,这并不排除一些谓语由数词(数量词)、名词性短语或主谓短语充当的句子,因为它们也对主语所表示的人或事物的性质、状态等进行描写。

作为一种基本句类,描写句在古今汉语里都是很常见的,且没有多大变化。不过,语法规则在表达的要求、语音的演变、语法的类推等各种因素的作用下,处在逐渐的演变之中,描写句亦不例外。

第二节　描写句发展简况

一、一般发展情况

(一)上古时期的描写句

根据潘允中的研究,描写句在甲骨文中已有。如"壬午卜:鲁嘉?""壬午卜:鲁不其嘉?""妇妍鲁于黍年"。但甲骨文中的描写句并不常见。

关于上古前期的描写句的面貌,可以在先秦文献里约略窥见。从它的谓语形式来看,主要有以下几种:

1. 形容词或形容词性的短语作谓语。此类最为常见,这是描写句中较典型的一种。包括以下几种:

(1)单音节形容词谓语句。单音节形容词在文言中充当谓语是比较自由的,出现的频率也高。这主要是上古汉语中单音节词占优势所造成的。如：

君子惠而不费,劳而不怨,欲而不贪,泰而不骄,威而不猛。(春秋·孔丘《论语·尧曰》)

有火自上复于下,至于王屋,流为乌,其色赤,其声魄。(春秋·孔丘整理《尚书·泰誓》)

乐曰:瞽子父顽,母嚣,象傲。(春秋·孔丘整理《尚书·尧典》)

(2)叠音形容词谓语句。叠音词亦称重言词,在古代汉语里主要是形容词与副词。叠音形容词充当谓语在文言描写句中是常见的,通常用以描绘情状或模拟声音。如:

昔我往矣,杨柳依依;今我来思,雨雪霏霏。(春秋·无名氏《诗经·小雅·采薇》)

(3)带形容词词尾的谓语句。文言里形容词词尾有"然"、"尔"、"如"、"若"、"乎"、"焉"等,带有这类词尾的形容词常用作描写句的谓语。这些词尾多产生于上古。如:

巍巍乎其有成功也,焕然其有文章。(春秋·孔丘《论语·泰伯》)

(4)形补短语谓语句。如:

此二君者,异于子干。(春秋·左丘明《左传·昭公十三年》)这类是表比较的描写句式。

2.数词谓语句。数量词作谓语的句子,显然也有描写的性质,如:

鹏之徙于南冥也,水击三千里,搏扶摇而上者九万里,去以六月息者也。(战国·庄周《庄子·逍遥游》)

邹忌修八尺有余。(汉·刘向主编《战国策·齐策》)

3.名词性短语谓语句。以名词性短语充当谓语的描写句。如:

且是人也,蜂目而豺声,忍人也。(春秋·左丘明《左传·文公元年》)

高祖为人,隆准而龙颜,美须髯。(汉·司马迁《史记·高祖本纪》)

4.由"而"连接两个名词性短语充当谓语,用以对主语进行描写。这种句式的突出特点是"而"字所连接的两个名词性偏正短语,其中心语与主语具有领属关系。如:

是子也,熊虎之状而豺狼之声。(春秋·左丘明《左传·宣公四年》)

5.用连系性动词"若"、"如"等构成的描写句,表示主语像或好像什么。这种句子为数不少,结构上具有很大的灵活性。如果从修辞学角度看,这种句子都属于比喻句,但从句法上着眼,仍然把它作为描写句的一种。如:

尚桓桓,如虎如貔,如熊如罴。(春秋·孔丘整理《尚书·牧誓》)

天保定尔,亦莫不兴。如山如阜。(春秋·无名氏《诗经·小雅·天保》)

6.谓语是动词或动词性的短语。此类句子不是叙述行为,而是描写性质、状态,或称表态句,或者表述某种可能性,这种句子也往往变成描写句。表述性态的动词描写句,后来有了进一步的发展,它可以连用几个动词性的词组,构成复杂谓语,来充分表示事物的性状。如:

谁谓河广?一苇杭之。……谁谓河广?曾不容刀。(春秋·无名氏《诗经·周南·河广》)

维南有箕,不可以簸扬;维北有斗,不可以挹酒浆。(春秋·无名氏《诗经·小雅·大东》)

以上6种描写句,基本上可以代表汉语在上古时期所有描写句的面貌,即在周秦以后的描写句,大致不出这个范围。

(二)中古时期的描写句

吴姬越女何丰茸!(隋·王勃《采莲曲》)

行人皆怵惕。(唐·李白《古风第二十四首》)

夫尧、舜、禹、汤之事远矣，及有周而甚详。（唐·柳宗元《封建论》）

（三）近代时期的描写句

小乔初嫁了，雄姿英发。（宋·苏轼《念奴娇·赤壁怀古》）

三十的早年高，六尺的早最矬。（金·董解元《西厢记》卷三）

你道他匆匆喜，我替你倒细细愁。（元·关汉卿《窦娥冤》第一折）

天大寒，砚冰坚，手指不可屈伸，弗之怠。（明·宋濂《送东阳马生序》）

既尔，则恨滋深耳！（清·蒲松龄《聊斋志异》卷一）

肮脏尘寰，问几个男儿英哲？真只有蛾眉队里，时闻杰出。（清·秋瑾《满江红》）

二、特殊句式的发展情况

（一）连系性动词描写句的发展

在春秋战国时代，用连系性动词构成的描写句，上承《诗》、《书》，继续沿用"若"、"如"，同时也用"似"、"犹"。这四词意义差不多，都有"像、好像、如同"的意思。就句法而论，这种描写句已经有了新的发展，谓语后面添一个新成分"然"。"然"是副词，"那样"的意思。在《诗经》时代，"然"只能放在动词谓语或形容词之前，作为状语成分，没有后置于谓语或表语的。战国诸子中的语法，"然"字可以后置。较多出现的是"若"（如）字句，"似……然"和"犹……然"均未发现，"似"、"犹"都是独用的。"若（如）……然"构成一种固定结构，意思是"像……那样"。在"若（如）"和"然"之间的，可以是名词，可以是形容词，也可以是动词性的词组。"若（如）……然"在句中的语序比较自由，放在句首、句中或句末都可以。如：

如是，则夫名声之部发于天地间也，岂不如日月雷霆然矣哉！（战国·荀况《荀子·王霸》）

及以燕、赵起而攻之，若振槁然，而身死国亡，为天下大戮，后世言恶，则必稽焉！（战国·荀况《荀子·天霸》）

若性之自为而民不知其所由然。（战国·荀况《荀子·天地》）

其中"若"和"如"可以互换。至于"似"、"犹"，一般都是独用，后面不接"然"字：这是它们的一大区别。如：

譬之，犹以指测河也。（战国·荀况《荀子·劝学》）

吾惊怖其言，犹河汉而无极也。（战国·庄周《庄子·逍遥游》）

"若……然"、"如……然"的产生，使汉语语法得到进一步的完善。第一，这种结构使描写句的谓语具有较大的灵活性，在"若"、"如"后面，不论什么性质的谓语都可以容纳；如果所比拟的概念复杂的话，就先来个"若……然"，接着再加以说明；第二，"若（如）……然"在结构上比单用"若"、"如"的紧密得多，它可以把较复杂的结构放入"若……然"、"如……然"内，化作简单成分，从而使语言紧凑起来。

"如……然"即口语中的"如……一般"或"同……一般"、"似……一般"。在口语中，"一般"的词性也跟古语的"然"同样属于副词。"一般"和"一样"同义，是中古时期产生的新词。在口语化的书面语里，这种结构，直到唐代才出现。如：

暂得身居天下，还如花下一般。（王重民等编《（唐）敦煌变文集》）

如或信心不足，似无手足一般。（王重民等编《（唐）敦煌变文集》）

现代汉语的"像"、"像……一般",是在明、清小说里才用开的,但还不是很普遍,比方《水浒全传》就习惯用"似"不用"像",而《西游记》却用"像"为多。"一般"有的作"一样",或改用"似的",都是副词;放在谓语末尾,具有补语作用;有时和前面的"像"或"如"相呼应,有时可以单独使用。此外,有以"和"代"像",成为"和……一般"的。"和"有时又作"合"。这种多样化的用法,在《红楼梦》里反映得最为完备,《儒林外史》里的用法大致相同,如:

那些奇草仙藤,愈冷愈苍翠,都结了实,似珊瑚豆子一般,累垂可爱。(清·曹雪芹《红楼梦》第四十回)

各色笔筒、笔海内插的笔,如树林一般。(清·曹雪芹《红楼梦》第四十回)

这园子却是像画儿一般。(清·曹雪芹《红楼梦》第四十二回)

嫂子的妹子,就合我的妹子一样。(清·曹雪芹《红楼梦》第六十八回)

要是做了帐子,糊了窗屉,远远的开着,就似烟雾一样,所以叫做软烟罗。(清·曹雪芹《红楼梦》第四十回)

至于表相反、表疑问、表否定的句子,多半只用"像",句末可不用"一般"。上述诸例,足以充分说明汉语连系性动词构成的描写句,是极其丰富多彩的,它们是先秦这种句式多样化的历史发展的结果。

(二)动词谓语的描写句的发展

这种描写句的特点是:谓语的动词只表述主语的性质、状态,并且不止一个,而是几个动词的综合,它的长处是能够描写比较复杂的事物。它产生于上古前期,在战国时代已逐渐趋于复杂。如:

孔子再拜趋走,出门上车,执辔三失,目茫然无见,色若死灰,据轼低头,不能出气。(战国·庄周《庄子·盗跖》)

这种描写句普遍流行于整个上古中后期,很少有较大的变化。如:

高祖为人,隆准而龙颜,美须髯,左股有七十二黑子,宽仁爱人,意豁如也。(汉·班固《汉书·高帝纪》)

这种句法在近代白话小说里有了变化。描写句不论多么复杂,句子不论多长,都可以通过两种固定形式表达出来:

第一,用"只见"或"但见"引出一大串的复杂描写句。就整个结构说,这些描写句都成了动词"见"的宾语;就意义说,它们又是见到的情态,可以说全是表态句。在《红楼梦》里,这种句法到处可见,单只第十七回就有十几个例子,绝大多数用于写景,在别回则以写人物外表的居多。如:

只见进门便是曲折游廊,阶下石子漫成甬路,上面小小三间房舍,两明一暗,里面都是合着地步打的床几椅案。(清·曹雪芹《红楼梦》十七回)

只见三个奶妈并五六个丫鬟拥着三位姑娘来了:第一个……第二个……,第三个……。(清·曹雪芹《红楼梦》第三回)

第二,用"生得"引出一串描写句。这种句法只适用于描写任务,就其结构说,"得"字后的是补语的一种演化。如:

看那人时,似秀才打扮……生得眉清目秀,面白须长。(明·施耐庵《水浒传》第十四回)

以上是动词描写句在近代汉语里的两种演变,它说明这种句法已经有了较大的扩展。

第四章　问句的发展

第一节　上古时期汉语问句

一、殷商时期汉语的问句

张玉金在《甲骨文语法学》中对句类下了如下定义："根据语气不同分出来的句子类别叫句类。按句类的不同,可以把句子分为以下四类,即陈述句、疑问句、祈使句、感叹句。为甲骨文这种资料的特定性质所决定,甲骨文中疑问句最常见,陈述句次之,而感叹句和祈使句都比较少见。""具有疑问语调表示提问的句子叫疑问句。汉语疑问句可以分为 3 大类,第一大类是有疑而问,这又可以分为是非问、特指问、选择问、正反问四种形式;第二大类是无疑而问,这也可以分为是非问、特指问、选择问和正反问四种形式;第三大类是猜想而问,这只有是非问一种形式。"

在甲骨卜辞中,疑问句没有无疑而问这一大类,只有有疑而问和猜想而问两大类。由于甲骨文中没有出现疑问代词,所以甲骨文有疑而问的疑问句没有特指问。甲骨文有疑而问的疑问句中有是非问和正反问,有两条卜辞可能是选择问。卜辞猜想而问的疑问句也只有是非问这种形式。

(一)有疑而问的是非问句

这种句子的结构像陈述句,一般是对整个命题的疑问。甲骨卜辞中的贞辞,一般是是非问句。是非问句疑问语气的表达,有时是兼用疑问语调和疑问语气词的。如:"庚戌卜:今日狩,不其擒抑?"(《甲骨文合集 20757》)甲骨文是非问句疑问语气的表达,一般只用疑问语调,而不用语气词。甲骨文是非问句出现的环境,主要是单贞卜辞、重贞卜辞、对贞卜辞、重复对贞卜辞、选贞卜辞、重复选贞卜辞、对选卜辞和三联卜辞等。

(二)有疑而问的正反问句

这种问句是由谓语的肯定形式和否定形式并列构成的。这种问句一般都是复句,每个分句的末尾往往用句末疑问语气词。如:"贞:御妇抑,勿执?"(《甲骨文合集 802》)。有些虽然在句末没有用疑问语气词,但仍应看成正反问句,如:"己未卜:雀获虎,弗获?"(《甲骨文合集 10202》)

（三）有疑而问的选择问句

这种复句中提出不止一种看法供选择。这种句子在甲骨卜辞中十分罕见。一般是把供选择的几种看法分散在几条贞辞中，形成选择问，而把供选择的几种看法并入一条贞辞之中，在甲骨文卜辞中只有两例。如："乙巳卜：帝日，惠乙有日，惠辛有日？"（美国 USBll）

（四）测度而问的是非问句

测度语气是一种半信半疑的语气。测度句的形式只有是非问一种。甲骨卜辞中的占辞，一般是测度句。如："王占曰：今夕其雨。"（《甲骨文合集 3297》）

二、西周时期汉语的问句

张玉金在《西周汉语语法研究》中认为疑问句可以分为 3 类，即询问句、反问句和测度问句。询问句是有疑而问的真正疑问句，反问句是无疑而问的句子，测度问句是推测而问的句子。在西周汉语的语料中，可见到询问句、反问句，但未见到测度问句。

（一）询问句

询问句又可分为 4 类，即特指问句、是非问句、正反问句和选择问句。在现有的西周汉语的语料中没有见到选择问句。

1. 特指问句。这种句子用疑问代词及其短语来表明疑问点。一般要求对方针对所问的部分做出回答；没有回答的往往是一种自言自语的疑问，或者不要求回答。根据询问内容的不同，可做如下分类：一是询问人的，常用的疑问代词有"谁、畴、何"。句末一般不用语气词，有时使用语气词。如："昔尔出居，谁从作尔室？"（《诗经·小雅·雨无正》）二是询问事物的。这是对人以外的事物的询问。使用的疑问代词有"何"。在这种询问句的末尾一般不用语气词。如："何由知吾可也？"（《孟子·梁惠王上》）三是询问处所的。这时使用的疑问代词有"何、胡"。如："哀我人逝，于何从禄？"（《诗经·小雅·正月》）句末一般不用语气词。四是询问时间的。这时使用的疑问代词有"曷"。句末一般不用语气词，有时用"矣"。如："瞻卬昊天，曷惠其宁？"（《诗经·大雅·云汉》）五是询问数量的。这时使用的疑问代词语是"几何"，句末不用语气词。如："为犹将多，尔居徒几何？"（《诗经·小雅·巧言》）六是询问原因的。这时使用的疑问代词语有"割、害、何、何以、何用、胡、曷"等，句子末尾一般不用语气词。如："不稼不穑，胡取禾三百囷兮？"（《诗经·魏风·伐檀》）七是询问方法的。使用的疑问代词语有"如何、如之何"，句子末尾不用语气词。如："维莫之春，亦又何求？如何新畬？"（《诗经·周颂·臣工》）八是询问情状性质的，使用的疑问代词语有"何、如何"，在句子末尾可不用语气词，也可以使用"斯、其"。如："知进退存亡而不失其正焉，其唯圣人乎？"（《周易·乾·文言》）夜如何其？夜未央。（《诗经·小雅·庭燎》）

2. 是非问句。这种问句是对整个命题的疑问，一般只要求对方做出肯定或否定的回答。它的结构像陈述句，句中没有疑问代词（即使有也不表疑问），而是要用疑问语调或兼用语气词。这种句子在西周汉语的语料中十分少见，如："我有大事，休？"（《尚书·大诰》）

3. 正反问句。这种句子的谓语是由肯定形式和否定形式并列而成的。这是从正、反两方面进行询问，回答时要做出肯定或否定的回答。这种句子中一定要出现否定副词，或者出现在句中，或者出现在句末。句末一般不用语气词。这种句子在西周汉语的语料中也十分罕见，如："正乃讯厉曰：女（汝）贮田不？"（《五祀卫鼎铭》）

(二)反问句

这是一种无疑而问的问句。这是以问句的形式表达确定(肯定或否定)的意思。如果形式上是肯定的,那么表达的意思是否定的;反之,表达的意思是肯定的。反问句主要有两种格式,即是非问和特指问的格式。

1. 是非问式的反问句。这种问句在格式上跟是非问句相同,但表达的意思不同。是非询问句是有疑而问,是要回答的;是非问反问句是无疑而问,是不需回答的。

①形式上是肯定的。这种句子在形式上是肯定的,但表达的意思是否定的。句末一般不用语气词。句子前可以用表示反诘的副词,也可以不用。如:岂敢惮行?畏不能趋。(《诗经·小雅·绵蛮》)

②形式上是否定的。这种句子在形式是否定的,但表达的意思却是肯定的。句末一般不用语气词,有时用"而"。句子前可用反诘副词"岂",也可不用。如:我闻其声,不见其身。不愧于人?不畏于天?(《诗经·小雅·何人斯》)岂敢定居?一月三捷。(《诗经·小雅·采薇》)

(2)特指问式的反问句。这种问句在格式上跟特指问句相同,但表达的意思不是有疑而问,而是无疑而问。

①用疑问代词"谁"的,如:莫肯念乱,谁无父母?(春秋·无名氏《诗经·小雅·沔水》)

②用疑问代词"何"的,如:赫赫师尹,不平谓何?(春秋·无名氏《诗经·小雅·节南山》)

③用疑问代词"曷"的。如:今我曷敢多诰?(春秋·孔丘整理《尚书·多方》)

④用疑问代词"安"的,如:难至而悔,悔将安及?(周·无名氏《逸周书·芮良夫》)

⑤用疑问代词"害"的,如:越予小子考翼,不可征,王害不违卜?(春秋·无名氏《尚书·大诰》)

⑥用疑问代词"遐"的,如:岂弟君子,遐不作人?(春秋·无名氏《诗经·大雅·旱麓》)

三、先秦两汉时期的汉语问句

这时期疑问语气助词有"乎"、"与"、"耶(邪)"、"哉"、"也"、"焉"、"耳"等。主要有如下几种:

(一)是非问句
谓应曰:"君马服乎?"曰:"然。"(汉·刘向编《战国策·秦策》)

(二)选择问句
岂吾相不当侯邪?且同命也?(汉·刘向编《战国策·齐策》)

(三)正反问句
声威天下,欲为大事,亦吉否?(汉·刘向编《战国策·齐策》)

(四)揣测问句
得毋嫌于欲巫葬乎?(汉·刘向编《战国策·齐策》)

(五)反问句
吾内王于秦者,宁以为秦邪?(汉·刘向编《战国策·齐策》)

第二节　中古时期汉语问句

一、魏晋南北朝时期汉语问句

柳士镇在《魏晋南北朝历史语法》中说,疑问句包括提问与反问两类。先秦开始,汉语中的疑问句同疑问词语就有了密切联系。一般说来,疑问句或者须用疑问代词,或者须用疑问语气助词,或者两者并用。此外,在选择问句、反复问句、度量问句中有时还须用上选择连词、否定副词与疑问数词。这些特点有许多甚至一直沿袭到现代。魏晋南北朝时期,疑问句有两点值得注意的变化。一是出现了一些不用疑问词语的疑问句,这在较为接近口语的载籍中表现尤其明显,因为口语常常可以借助语境、语调来表示疑问;二是运用了一些新兴的疑问代词、选择连词,以及询问度量的词语。以下从 4 个方面加以说明。

(一)由"那"字构成的疑问句

此期新兴的疑问代词"那"字以表示反问为主,有时也可以表示提问。根据它是否同句末语气助词配合使用分为两类,一类是单独使用,如:"一日万机,那得速!"(南朝·宋·刘义庆《世说新语·政事》)二是同句末语气助词配合使用,如:"千里投公,始得蛮府参军,那得不作蛮语也!"(南朝·宋·刘义庆《世说新语·排调》)。

"那"字汉末产生之始,以及此期的语料中,在两种运用比例上始终表现得轻重分明。一是主要用于反问,较少用于提问;再就是主要单独使用,较少配合句末语气助词使用。"那"字主要单独使用,表明它一开始就具备独立表示疑问语气的功能;而有时又与语气助词配合使用,这除去表示语气的加强之外,大约又是传统的书面语言对于新兴口语的一种影响。

(二)选择问句的新形式

先秦两汉时期表示选择问通常采用两种方式,一是在并列的两个分句之后用上一般是相同的句末语气助词,二是再以"将、且、抑"等选择连词置于第二分句句首,与句末语气助词相呼应。魏晋南北朝时期的发展既有由上述第一种方式脱落句末语气助词演化成单纯并列两个分句来表示的选择问,第二种方式亦有 3 点重要变化。其一是选择连词采用新兴的"为"字或与"为"字的结合的"为复、为是、为当";其二是"为"字通常用于各个分句句首,如果只出现在一个分句句首,则以居于后一分句为常;其三是使用句末语气助词者只是少数。

1. 单纯并列两个分句的选择问句。如:便问人云:"此为茶,为茗?"(南朝·宋·刘义庆《世说新语·纰漏》)

2. 用连词"为"字的选择问句。这类选择问句的情况比较复杂。从分句句首看,既可逐句均用"为"字,又可只于一个分句;从分句句末看,既可用上语气助词,又可不用语气助词,此外,还有"为"字与旧有选择连词并用的现象。

(1)分句句首均为"为"字。其中,句末用上语气助词的,如:"汝为病耶? 为著风耶?"(《百喻经·人效王眼瞤喻》)句末不用语气助词的,如:"未知即是《通俗文》,为当有异?"(《颜氏家训·书证》)"为"字最常出现在两个分句句首配对使用,少数甚至可以用于 3 个分句句首。

（2）"为"字用于一个分句句首，有句末用上语气助词的，也有句末不用语气助词的。只出现在一个分句中"为"的字最常用于后一个分句句首，用于前一个分句句首只是罕见的现象。选择连词"为"有时以"为是、为当、为复"等"为"字的结合形出现。

（3）"为"字与旧有选择连词并用。此类句式的分句句末，特别是末句句末，均要用上语气助词。在使用语气助词方面，上古先秦常见的有"乎"、"与"、"邪"等，到中古则相对集中使用"邪"。在使用选择问句的关联词方面，上古时期关联词成双出现的极少，到中古就多了，在一般选择问句句式向近代转变的过程中跨出了重要的一步。而关联词也有新发展，除沿用上古旧有关联词"将"、"岂"、"宁"等，新出现了"当"、"当复"、"审"、"但"等。

（三）反复问句的新形式

反复问句是兼从正反两面提问的一种疑问句。它实际上也是一种选择问句，不过这种句式中并列的两项恰为肯定与否定的互相对立，所以通常又另称为反复问句。魏晋南北朝时期，由否定副词代表否定一面的反复问句在继承前期用法的基础上又有一些新发展。

1. 由叙事句构成的反复问句。表示否定方面的否定副词主要有"不（否）、未"。用"不（否）"表示否定方面。"不"字是"否"字的通假字，可以把它们并在一起讨论。此期的发展变化除去否定副词之后一般不再加用语气助词之外，主要表现在两个方面：

一是用于否定句末尾，如："政当无复近日事否？"（南朝·宋·刘义庆《世说新语·言语》）

二是与表示反问语气副词配合使用，如："太夫人宁复识挽鹿车时不？"（南朝·宋·范晔《后汉书·勃海鲍宣妻传》）

2. 用"未"字表示否定方面的反复问句。这种句式在《史记》、《汉书》中已有先例，此期运用增多。如："卿家痴叔死未？"（南朝·宋·刘义庆《世说新语·赏誉》）

另外，此期载籍中还经常出现"……以不"这一反复问句的固定格式，这也是前期用法的沿袭，如《荀子·正论》"犹有善於是者与不？"此期所不同者，一是用通假字"以"字代替"与"字，二是用例也较为常见，较为集中。有时又可作"……已不"，"已"也借用为"与"。

3. 由判断句构成的反复问句。表示否定方面的否定副词主要有"非、不（否）"，这是判断词"是"字广泛运用之后新兴的现象。

（1）用"非"字表示否定方面，如："太尉、安北是人臣与非？"（南朝·梁·沈约《宋书·张畅传》）

（2）用"不（否）"表示否定方面，如："太祖问群下：'可伐与不？'"（晋·陈寿《三国志·魏·刘晔传》）

（四）度量问句

度量问句询问事物的度与量，也即询问"多少、多远、多久"等等。魏晋南北朝时期在沿袭前期用法的基础上，又产生了一些询问度量的新词语，主要有询问数量的"多少、几许、几多"，询问时间的"何当、早晚"，询问距离的"远近"等。

二、隋唐五代时期的汉语问句

《祖堂集》中问句由于受中古中土文献、翻译佛经文献的影响，保留了中古问句的许多用法特点，尤其是书中引用佛典、引用古语的部分。因此此期以《祖堂集》中的疑问句为例窥视中古疑问句。

（一）特指问句

特指问句是指句中用疑问代词指出要求回答的内容的一种问句。在此我们选择特指问句中中古时期常用或新见的疑问代词作分析对象：云何、何等、何者、何物、那、若为、底、多少。以此可以看出《祖堂集》一书特指问句的用法特点。

根据张美兰《祖堂集语法研究》（商务印书馆，2003 年），"云何"在《祖堂集》中共出现 31次。在句中作主语，多为问事，相当于"什么"。作状语，问因由时，有"为什么"之义。问情状时，有"如何"、"怎样"之义。作谓语，表情状，有"如何"、"怎样"之义。如：问曰："汝执此镜，其意云何？"（五代·南唐·静、筠二禅师《祖堂集》张华点校简体字本，中州古籍出版社，2001年，下该书简称《祖》P50）

"何等"用于询问事物，相当于"什么"，其中"等"字亦为"何"义。"何等"汉代已见。但在《祖堂集》中却很少见，仅 3 例，均作主语。如："游子问曰：'普贤大士寄何等位？'"（《祖》，P747）

"何者"共 14 例，用于询问事物，相当于"什么"；用于问人，相当于"谁"、"哪一个"。主要作主语（12 例）也作谓语（1 例）、宾语（1 例）。如：薛简曰："何者是大乘人见解？"（《祖》，P93）

"何＋物"是由组合形式凝固而成的一个疑问代词，它是魏晋时期新出现的一个重要的疑问代词。尽管唐五代以后"何物"很快被"什（甚）么"等替代，但它却是近代汉语"什摩/么"、"没"、"作么"、"怎么"一系列重要疑问代词的源头。在《祖堂集》中有 19 例，1 例作主语，余 18 例作宾语。如：洞山云："光境未七复是何物？"（《祖》，P420）

疑问代词"那"产生于中古，汉魏六朝文献旦已见。吴福祥在《敦煌变文语法研究》（岳麓书社，1996 年）中指出只有在佛经文献中有少数询问处所的用例，其他多数是表反问。"那"在《祖堂集》中单独使用（15 例）不表询问，只表反问。但在《祖堂集》中疑问代词"那"发展的显著特点是用多音节疑问代词来表询问的："阿那"（2 例）、"阿那个"（40 例，其中"阿那个"充当判断句主语有 20 例）、"那个"（7 例）、"那里"（4 例）、"阿那里"（2 例）。可见《祖堂集》"那"单用表反问是对汉魏疑问代词"那"用法的继承。而复音词"（阿）那个"、"（阿）那里"也已出现并多用于表询问功能，用"那个"询问人、事物，用"那个"、"那里"询问处所，"那"系代词的不同分工，使疑问代词使用更为规范。这也是"那"系疑问代词所具有的唐五代的新特点。如：大德云："佛之诚言，那敢不信？"（《祖》，P640）

"若为"大概是魏晋南北朝时期才出现的，但较为少见，在唐代可以见到不少例子。在《祖堂集》中共用 9 次，主要用来作状语，也有作谓语的。相当于"如何"、"怎么"。如：汝若为得见我及闻我说法乎？（《祖》，P121）

"底"常见于南北朝的诗文中。《祖堂集》中偶见，如：黄昏戍，把火寻牛是底物？（《祖》P428）

"多少"的用法源于时示选择性疑问的词组"还少"，在《祖堂集》中，"多少"，也写作"多小"（2 次），主要用于询问数量，也问事物的长短、轻重、高矮，问人的年龄，共出现了 51 次（另有 4 例用于虚指或感叹句中）。"多少"是在唐代开始转为询问数量多少的疑问代词的。从《祖堂集》的用例看，它已是一个相当常见的代词了，并在汉语中沿用至今。如：僧曰："二圣相去多少？"（《祖》，P357）

（二）选择问句

选择问句是指发问人提出两个或两个以上选择项，让对方从中选择进行回答的句子。

《祖堂集》中前后选择项之间用表示选择询问连接词有：为、为复、为当、是。

1. 为（为……？ 为……？）用连接词"为"是《祖堂集》选择问句中保留魏晋南北朝"为"字用法特点的典型。共 13 例，连接词都是两两配对使用，其中 11 例是"为……？ 为……？"，2例是"为……？ 为复……？"。如："为问因中三德？ 为问果上三德？"（《祖》，P648）为复忧夏其国境事？ 为复夏念诸女身？（王重民等编《（唐）敦煌变文集·破魔变文》）

2. 为当（为当……？ 为当……？）共 11 例，其中有 3 例为连接词配对使用，2 例是"为当……？ 为复……？"式，其余 6 例为"只 NP/V，为当别……？"形式。如：为当求佛？ 为复问道？（《祖》，P130）

3. 为复（为复……？ 为复……？）共 12 例，其中 8 例连接词配对使用，1 例为"为复……？还……？"，2 例为"为复……？ ……？"，1 例为"……？ 为复……？"。如：为复敬礼大圣手？ 为复悲礼如来腰？（《祖》，P26）

4. 是（是……？ 是……？）共 20 例，其中配对使用者 16 例，"是……？ ……？"3 例，"……？是……？"1 例。如：和尚借问："山人所住是雌山？ 是雄山？"（《祖》，P117）

在《祖堂集》中，"为/为复/为当……为/为复/为当……"类问句出现 36 例，"是……？是……？"类有 20 例，可见《祖堂集》带关联词的选择问句既有对中古用法的继承，又透露出唐五代时期的新特征。"为/为复/为当……为/为复/为当……"类问句在唐五代时期的敦煌变文、宋代的《景德传灯录》等禅宗文献中仍然使用。但是由于唐代新的选择问形式的出现，并得到了迅速发展，这类问句在其他文献中出现的频率不是很高。

（三）反复问句

在《祖堂集》的反复问句中用的最多的是"VP 不"式（189 次，含"VP 以不"2 次、"VP 已不"1 次）和"VP 也无"式（280 次，含"VP 无"4 次）。其他形式用例不多，"VP 不 VP"（16 次）、"VP 也未"（11 次，含"VP 未"1 次）、"VP 否"式 4 次。如：僧曰："未审此三般分不分？"（《祖》，P459）

（四）提示式话题问句

"只如/且如……，……？"问句是一种提示话题式问句，"只如"问句共 92 例，"且如"问句仅 1 例。"只如"一般多用于问句句首，提示了后一分句所针对的核心内容，包括所要问的人、事件、动作、时间等，后一分句就此发问构成问句。这种疑问句型用于人物对话中（"只如"式非疑问句也是如此），说明其出自当时口语，是口语语法现象在书面语上的反映。"只如"式在特指问中出现最多。选择问是"只如"式用得较多的一种问句。从用例可推知，在中古时期佛经中，"只如"已用于句首，可用在一般的陈述句中，也用在疑问句中。而"只如"在《祖堂集》等禅宗文献问句的句首，可以说是中古佛经语言用法进一步口语化的结果。"只如"用于句首，由表示列举论证前面的话题发展到引出另一个新话题，特定的句法位置（句首）促使它自身进一步语法化而成为话题标记。

第三节　近代时期汉语问句

一、宋元时期的问句

(一)疑问句

疑问句分是非问、特指问、选择问、正反问、揣测问5类。5类各有不同的语法特点,使用的疑问词也不一样。

1. 是非问。是非问是有疑而问,是提问者要求对方对所提的问题作出回答。用在句末的语气词经常是"否"、"无"、"如何"、"何如"、"吗"、"么"、"呢"、"呢么"、"那(哪)"、"里"等。如:"林问:'入德莫若以几,此最要否?'曰:'然'。"(宋·朱熹《朱子语类》)(要求回答是或不是)经常用在句中谓语中心词前面的语气词是"如何"、"何以"、"何故"等,经常用在名词前面的是"何"。是非问句有时句末、句中都不用语气词。如:问:"康节近似庄周?"曰:"康节较稳。"(宋·朱熹《朱子语类》)有时"怎么"、"怎么样"用作谓语、宾语,表示发问。如问数目,就用"几"、"多少"、"几多"等。

2. 特指问。特指问是提问者要求对方回答:什么人、什么东西、什么地方等问题。句中一般使用"谁"、"孰"、"何"、"那(哪)"、"怎"、"几"、"甚么"、"那(哪)里"等疑问代词。如:问:"诚者何? 敬者何?"(宋·朱熹《朱子语类》)(要求回答什么东西)恭父问:"诗章起于谁?"(宋·朱熹《朱子语类》)(要求回答什么人)

3. 选择问。选择问一般是并列两个以上的提问项目,让回答者选择回答其中的一种。句中经常用"抑"、"呢"、"不知"、"还是"等词语来帮助提问。如:观所易之身后是何物,是我耶? 非我耶? 有耶? 无耶?(《古尊宿语录》卷三一)那座坟知他姓张也? 姓李也?(《元曲选》)

4. 正反问。这种问句在宋代以前很难见到。正反问一般是提问者把肯定的词语(正)与否定的词语(反)摆在一起进行发问。

(1)谓语动词或形容词的肯定、否定重叠式。如:

你自返照,是合道理不合道理?(宋·赜藏主编集《古尊宿语录》)卷三三

(2)"动补结构"的肯定、否定重叠式。如:

问芝:"史书记得熟否?"(宋·朱熹《朱子语类》)

(3)"状心结构"的肯定、否定重叠式。如:

义都是当爱不当爱?(宋·朱熹《朱子语类》)

(4)省略正的(肯定的)一面的正反问式。如:

弟子家中有一片石,或时坐或时卧。如今拟镌作佛,还得否?(宋·释道原《景德传灯录》卷八)

5. 揣测问。也叫委婉问。句中经常是用"莫"、"莫是"、"莫非"、"莫不"、"莫只(止)是"等词语来帮助提问(有时与"否"、"甚"等词配合着用来提问)。如:

如下文所言,莫是笃信之力否?(宋·朱熹《朱子语类》)

(二)反问句

疑问句是有疑而问,要求对方回答的句子;反问句不是有疑而问,只是对对方说的话反问一句,反问句并不要求对方回答。这种句子中经常使用的是"岂"、"其"、"宁"、"可"、"还"、"那(哪)里"、"怎"、"怎么"、"怎生"、"甚"、"甚么"、"几时"、"如何"、"何必"等语气词、副词来表示反问。其中"岂"、"其"一词用在句首。如:

博学亦岂是一旦硬要都学得了? 亦是渐渐学去。(宋·朱熹《朱子语类》)

"那(哪)里"、"何必"、"如何"、"几时"、"何尝"、"怎"、"怎生"、"为什么"一般用在谓语中心词的前边。如:

他初间也何尝有启狄乱华,率兽食人之意?(宋·朱熹《朱子语类》)

"甚"、"甚(什)么"一般用在名词性词语的前边;有时也用作宾语,用在句末。《朱子语类》中有一种用"不成"、"终不成"表示反问的新产生的句式。如:

不成说圣人之徒便是圣人?(宋·朱熹《朱子语类》)这里"不成"、"终不成"都用在句首,都是"难道"的意思。

二、明清民初时期的问句

(一)疑问句

1. 是非问。月娘就坐定了,问道:"六娘,你头鬓也是乱蓬蓬的?"(明·兰陵笑笑生《金瓶梅词话》第五十三回)是非问句有时句末、句中都不用语气词。如:武大道:"真个有这等事?"(明·兰陵笑笑生《金瓶梅词话》第十五回)有时"怎么"、"怎么样"用作谓语、宾语,表示发问。如问数目,就用"几"、"多少"、"几多"等。

2. 特指问。经济向袖中取出来,提溜着鞋、拽靶儿,笑道:"你看这个好的儿,是谁的?"(明·兰陵笑笑生《金瓶梅词话》第二十八回)

特指句的语法特点,一般是用疑问词将疑问点提示出来,以限定回答的方向或范围。其疑问词如"谁"、"怎"、"怎的"等,要求回答什么人、什么事等。

3. 选择问。伯爵道:"是李锦送来,是黄宁儿?"(明·兰陵笑笑生《金瓶梅词话》第五十二回)"一路上是吃素? 是吃荤?"(明·吴承恩《西游记》第三十六回)

选择问句有 4 种语法标志:①"是……是……"式,②"要……,要"式,③"……也……也"式,④用反复问的形式表示选择问,有"VP 不曾"式、"VP 未"式、"VP 不 VP"式等。

4. 反诘问。他若见你,便起来走了归去,难道我扯住他不成?(明·兰陵笑笑生《金瓶梅词话》第三回)

反诘问句大都通过语义关系(意念)来表达的,也可以通过副词"难道"、"莫非"、"莫不"、"不"、"休"或疑问代词"几"、"甚么"、"则甚"、"怎的"等来表达。

5. 正反问。①谓语动词或形容词的肯定、否定重叠词。如:这个"香"字到不妥,意思要换一个字,不知你服不服?(清·曹雪芹《红楼梦》第八十回)

②省略正的(肯定的)一面的正反问式。如:咱们娘儿们大家商量商量,不好吗?(清·文康《儿女英雄传》第四十回)

③省略反的(否定的)一面的正反问式。如:问:"姑娘这两天好?"(清·曹雪芹《红楼梦》第五十二回)

④省略反的(否定的)一面的动词,而保存了否定词语的正反问式。如:

尤氏因问:"你们奶奶吃了饭了没有?"(清·曹雪芹《红楼梦》第七十一回)

(二)反问句

明以后,这种句式在以南方官话写成的文学著作里都用的是"不成"、"莫成"、"莫不成"、"终不成"、"终不然"答。如:偌大去处,终不成官司禁打鱼鲜?(明·施耐庵《水浒全传》第十五回)在《西游记》里,"不成"已用在句子的后面了。如:岂有此理,你一人就占我二个女儿不成?(明·吴承恩《西游记》第二十三回)现代汉语普通话里,这种反问句式是继承《红楼梦》、《儿女英雄传》来的。现代都说成"难道……"或"难道……不成"。一种新兴句式的形成,往往是几百年上千年逐渐演变的结果。

第四节 古代问句的发展

一、选择问句与正反问句的发展

(一)表达方式

古代正反问句一般是用否定副词"否(否乎)"、"不"、"未"等来表示反的(否定的)一面,帮助发问。上古选择问句用得很多,正反问句用得极少,如《论语》、《孟子》、《战国策》、《左传》选择问句分别有 8 例、16 例、22 例、39 例,而正反问句分别有 1 例、3 例、1 例、2 例。

(二)特点

1. 上古汉语选择问句多,正反问句少,近代则相反,选择问句少,正反问句多。如《水浒全传》、《儒林外史》选择问句分别是 7 例、4 例,而正反问句分别是 43 例、47 例。

2. 正反问句在上古句式简单,只有 4 种用法,即:①……否? ②……否乎? ③……不? ④……未? 而近代汉语则句式复杂,有 8 种用法,即:①句末加"否"、"不"、"未"、"无"等字式。②肯定词语(正)与否定词语(反)之间加"也""耶"字句。③谓语动词或形容词的肯定、否定重叠式。④"动补结构"的肯定、否定重叠式。⑤"状心结构"的肯定、否定重叠式。⑥省略正的(肯定的)一面的正反问式。⑦省略反的(否定)一面的正反问式。⑧省略反的(否定的)一面的动词,而保存了否定副词(语)的正反问式。

3. 上古选择问句与正反问句二者的区别明显,界限分明,没有交叉现象;而在近代,这两种问句虽然界限基本分明,但有了一些交叉现象。

(三)秦汉时期并列选择问的两个小句未必用语气词

两小句间常有表选择的关键词语,配合表示选择问,到后汉,出现既不用语气词也不带关联词语的新格式。先秦两汉时期,并列选择问句两小句间的关联词语相当驳杂,汉魏六朝继续保留这种状况,但却出现了选择问句的重要标记"为"、"为是"、"为当"等新型关联词语。"为复"产生于唐代,"是"作为选择问句中的连接词出于唐五代,但在宋后才普遍使用开来。中古时期并列选择问句的发展特点:①继承了先秦并列选择问句的基本格式。②在前朝基础上有进一步的发展,即一是连接词出现了新变化,"为"、"为是"、"为复"、"为当"成为常见重要连接词;二是"是"开始替代"为"类连接词,进入并列选择句。③先秦并列选择问句的分句末一般都带有帮助传达选择疑问语气的语气词,而中古时期,选择问句分句末用语气词的情况减少。④还产生了新兴格式,即出现了与正反问交叉套合的形式,如:与摩道还得剿绝,为当不得剿绝?(五代·静、筠二禅师《祖堂集》第十一卷)。到近代时期,出现了在此期间不断发展并趋于成熟的新的选择问句式。其特点是:①不用连接词的由多到少,不用连接词的形式在不同时期呈明显下降趋势。②连接词单用比例由少到多,然后又逐渐减少。③句型由少到多,再逐渐减少,如今更少。④句末语气词出现了新变化。唐五代时期并列选择问句带语气词的数量较之上古时期遽减,而近代时期则较为复杂,《元曲选》《西游记》大多不带语气词,而《儿女英雄传》带语气词的并列选择问句达到59%(傅惠钧统计)。近代时期语气词另一变化是产生新语气词,如那、呢、啊、呀、哟、哪、哇等。

二、正反选择问句发展

(一)上古时期

甲骨文中就已经有了"VPNegVP"和"VPNeg(PRT)"式(如"雨不雨"、"雨不"等)正反选择问句。秦汉时期的正反选择问句有两个形式:VPNeg(PRT)、VPNegVP。

"VPNeg(PRT)"式正反选择问句经历了否定词的词汇替换过程,即先秦为"不"、"否",汉代,"未"、"无"进入,但"无"只能出现在与"有"相对的语境中。

(二)中古时期

1. 先秦汉语正反选择问句以"VPNeg PRT"式为主,汉代,该式减少,到六朝,"VPNeg"式为主要形式。唐五代时期,正反选择问句主要形式有"VPNeg"和"VPNegVP"两种形式,"VPNegPRT"式消失。

2. 在汉魏六朝时期出现了"疑问副词'颇(叵)/宁/岂(讵)'+VPNeg(PRT)"式正反选择问句形式,汉以后又出现了"否定副词+VPNeg"式非正反选择问句形式。

3. 进入"VPNeg"式的否定词有"否"、"不"、"未"、"无","否"、"不"居多,"未"仍少见,"无"在唐代大量进入"VPNeg"框架,不再局限于与"有"相对的语境。唐五代时期还出现了一些在"VP"与"Neg"之间加语气词的形式,有两类:一是加"已(以)",一是加"也"。

(三)近代时期

"VPNeg"和"VPNegVP"式是此期正反选择问句的基本形式,"疑问副词+VPNeg(PRT)"格式以"可"字句为主。

"VPNeg"式(否定词为"不"、"无"、"否"、"未")正反选择问句的发展表现为已然体的"不曾"、"没有"进入"VPNeg"框架。"不曾"进入"VPNeg"框架始自宋,元明时常见;明清之际,"没有"又代替"不曾"进入"VPNeg"框架,成为已然体正反选择问句的主要形式。"可"字正反选择问句在这一时期有了很大发展,元代以后,"可"后动词逐渐丰富,不再局限于"是"和"能","可 VP 么"元代趋多,明清时期成为带语气词的主要形式,明清时期还出现了少量句末加否定词"否"或"没有"的"可 VP 否/没有"式。清代还出现了"可 VP 不 VP"形式,这是前代所没有的。"VPNeg VP"式成为占优势地位的正反选择问句形式,随着述补结构的发展,充当"VP"的成分趋于复杂。

曹广顺等认为,中古汉语"VP 不"式疑问句,有"VP 不"和"Adv VP 不"两种变体,句型中的"不"已经在相当的程度上虚化了,许多句子可能已经是是非疑问句,而不是反复疑问句。到中古中晚期,为避免"不"虚化造成的正反疑问句(曹称反复疑问句)和是非疑问句表达上的模糊,开始出现"VP 不 VP"和"Adv VP"两种新的反复问句型。这两种句型的大量使用,以及在方言中的分布差别,是在近代汉语中才出现的。造成"不"虚化的原因,主要是受疑问语气词"乎/耶"的类化。汉语正反疑问句和是非疑问句表达的意义十分接近,正反问句"VP 不"中的"不"和是非问句"VP 乎/耶"中的语气词"乎/耶",在句型中的位置完全相同,"不"表示否定的词义在"VP 乎/耶"的句型中同样包含,这些都是使"不"向语气词"乎/耶"靠拢的因素。

向熹认为,近代选择问句有继承也有新的发展。主要有 5 种情况:①句中不用连词,句末不用语气助词。②句中有连词"却"、"却是"、"还是",句末不用语气助词。③句末有语气助词"呢"、"呀",句中不用连词。④句中有连词,句末有语气词"那"、"呢"。⑤句中有语气助词"那"、"也那"、"也"、"也是",句末不用语气助词。(参见《简明汉语史》(下),商务印书馆 2010 年版,P798—800)

第五节　现代汉语问句

一、现代汉语疑问句类型

根据语气功能的不同对句子的分类称为句类,现代汉语句类包括 4 种:陈述句、祈使句、感叹句和疑问句。其中,疑问句是具有疑问语调,表示提问的句子。它根据形式和语义的特点,又可以分为 4 类:

(一)是非问

提出一个问题,要求作出肯定或否定回答的句子。一般是在陈述句后面加上疑问语调或兼用语气词"吗、吧、啦"(不能用"呢")等。这种句子可以用"是、不是、有、没有"或点头、摇头来回答。如果是非问句不带疑问语气词,语调就必须是上升的。如:

你有朋友么?(郁达夫《春风沉醉的晚上》)

(二)特指问

用疑问代词表示疑问,希望对方针对疑问代词表示的内容作出回答。特指问句可以不用语气词,如果要用,只能用"呢、啊",不能用"吗、吧"。陈述句的每一个部分都可以用疑问代词代替,从而构成特指问句。如:

她才说:"你走,我不拦你,家里怎么办?"(孙犁《荷花淀》)

特指问句还有一些比较特殊的语用简化形式,句中不出现疑问代词,用于对话中,显得很简洁。一种是"NP+呢",询问处所或状态,相当于"NP 在哪儿"或"NP 怎么办呢"。另一种是"VP+呢",询问假设性的后果,句中可以出现假设连词。这类句子的谓语中心语限于"说、看、想"等动词。

（三）选择问

提出两种或两种以上的看法，希望对方选择一种作出回答。选择问句一般用复句的形式表示疑问，分句之间用"是、还是"连接，常用语气词"呢"。选择问句的回答形式比较灵活，可以就选择问中的一项回答，也可以全部否定或另作回答。如：

唯一的小方窗里透进了光束，是落日的余辉还是站台的灯？（王蒙《春之声》）

（四）正反问

正反问句是用肯定/否定并列的方式提问的句子。句末可以不用语气词，也可以用语气词"呢、啊"。正反问句的疑问信息主要由正反并列的结构表示，语调可升可降，用语气词"呢、啊"，可以增强疑问的语气。

正反问句的结构形式比较多，但是其基本特点是谓语部分的联合短语整体充当一个句子成分。正反问的回答形式比较简单，只需在正反两种情况中选择一种回答而已。如：

冬瓜做不做得甑子？做得。（沙汀《在其香居茶馆里》）

以上这些疑问句都是有疑而问，称为询问句。如果是无疑而问，叫反问句。这将在下一点详细讨论。

二、现代汉语反问句的类型

反问句有问句的形式和疑问的语调，但不需要回答，是通过问句的形式表示肯定的功能或否定的内容。

（一）是非问句的反问用法

1. 是非问句的反问用法，主要表明说话人的一种心态，包括主观上的意愿与客观上的推理。因此，由能愿动词"能、敢、会、肯、该"等构成的疑问句最容易成为反问句。能愿动词再加上语气副词"还"或者采用否定形式，则反问语气更为强烈。如：

再说他被自行车撞倒，心里还能痛快？（马烽《我的第一个上级》）

2. 副词"还"用在疑问句中，往往加强反问语气。如果"还"跟能愿动词或否定形式合用，反问语气更强烈。如：

骂人倒会，不懂牲口，还算什么庄稼人？（周立波《暴风骤雨》）

3. "V 得 C V 不 C"结构，即带可能补语的动补结构形式，由于表示一种主观上认识的可能性，也常常用于反问。

4. 用"难道"、"何必"等副词来帮助反问语气。"难道"表示自己的责问不容对方辩驳，有一种咄咄逼人的语势。"何必"只用于反问句中，表示一种规劝，即"完全没有必要做某件事"，语意跟"干吗"、"为什么"相近，但语气比较坚决。

使她衰老这么快的原因，难道只是岁月吗？（蒋子龙《乔厂长上任记》）

（二）特指问句的反问用法

1. 由"谁"构成的特指问句。疑问代词"谁"在反问句中，指代任何人，含有无一例外周遍性的意思，这主要有 3 种情况：（1）"谁 VP？"表示"没有任何人 VP"。（2）"谁不/没 VP"表示"任何人都 VP"。（3）"VP 谁？"表示"对谁都没有/不 VP"。如：

谁说我是这里的房东？（丁西林《压迫》）

2. 由"什么"构成的特指问句。疑问代词"什么"在反问句中，指代"任何东西"，也含有无一例外周遍性的意思。如：

他凭什么成了中国共产党员？（刘宾雁《人妖之间》）

3. 由"怎么"构成的特指问句。"怎么"在疑问句中可以问原因或方式，但用在反问句中，则表示两种意义：(1)"怎么"如问原因，表示"应该或不应该 VP"。(2)"怎么"如问方式，只有肯定形式，表示"不可能 VP"。如：

那怎么不公开？（康濯《我的两家房东》）

4. "哪儿"构成的特指问句。疑问代词"哪儿（哪里）"有两种用法：(1)实用，在反问句中表示"任何地方"，特点是"哪儿"可以作动词或介词"在、到、往、上、从"的宾语，其中"儿"、"里"不能省略。(2)虚用，在反问句中"哪儿 VP？"表示"决不可能 VP"，特点是不能做动词或介词"在、到、往、上、从"的宾语，其中"儿"、"里"可以省略，并可以用"怎么"来替换而语义基本不变。如：

我即使不被敌人打死也早就被河水淹死了，哪里还有今天？（峻青《黎明的河边》）

5. 由其他疑问代构成的特指问句。(1)"几时"：询问"什么时候"，反问句中表示两种意思：一是"从来也没有"，二是"永远也不可能"。(2)"几"：跟量词结合，问数量，在反问句中，往往极言其少，表示"没有几个"。(3)"多少"：可以单问数量，也可以修饰其他名词，但在反问句中，往往极言其多，表示"不计其数"。(4)"哪"：跟量词结合，要求在同类事物中加以确指，在反问句表示"任何、所有 NP 都 VP 或都不 VP"，有无一例外的周遍性含义，所以可以用"谁"或"什么"来替代而语义基本不变。(5)"为什么"：询问原因，反问句中表"应该或不应该VP"。(6)"干吗"：作状语时间原因，相当于"为什么"；作谓语时间目的，相当于"为什么"。反问句中，作状语时表示"应该或不应该 VP"。

(三)选择问与正反问的反问用法

1. 选择问作反问句，大体上有 3 种情况：(1)一连串的选择项都是否定的，结果整个选择问也表示否定的含义。这类反问句往往紧跟着明确表态的下文。(2)选择项后一项是肯定的，前一项则是否定的。这一语义倾向有的从问句本身即可以确定，有的要结合上下文或更大的语境才能确定。(3)选择项前一项是肯定的，后一项是否定的。这一语义倾向有的可以从问句本身即予以确定，有的则要结合上下文或更大语境才能进行。

2. 正反问句作反问，有两种情况：(1)肯定了前项肯定项，也就意味着否定了后项否定项。(2)肯定后项，即肯定否定项，也就意味着否定了前项肯定项。

三、现代汉语设问句的类型

设问句，又叫"自问自答句"。这是引起对方注意的一种修辞方式。这种用法以特指问句为多。它显然不是以结构特点为标准划出来的类，而是交际功能的类型。

(一)一般设问句

从疑问句本身性质来看，最常见的无疑是特指问句，当然也可以是正反问或选择问，也可以是是非问的简略形式，包括"NP 呢"和"VP 呢"。此外，是非问也可以，但是相对比较少一些。可见，疑问句各种结构类型都可以构成设问句，只是使用频率有所不同。

自问句与自答语之间存在着种种语义关系，它主要取决于问句的性质及其特点。

1. 针对性答语。问句为特指问，答语则针对问句中的疑问焦点作出问答。

2. 表态性答语。问句为正反问或选择问,答句则往往从正反两项或并列几项中选择一项。一种是简单回答,即答语都要曾在问句中出现过的,没超出问句所用词语的范围。另一种是复杂回答,即答语除表态性词语外,另外增加若干辅助词语。

3. 解释性答语。问句为是非问句,并常用"懂、知道、了解"等表言语、心理的动词发问,答语也不是简单地作出是或非的回答,而是有较详细的解释内容。

(二)混合设问句

设问句常常不是单纯的一种问句类型,即它也可以跟别的问句类型结合在一起,构成某种"混合设问句",它既有设问句的特点,同时又具有其他类型问句的特点。

1. "反诘问+设问"混合句式。反诘问以是非问为主,同时又因为它实际上自己又作了明确回答,所以兼有设问句特点。这类混合问句也可以由特指问或正反问、选择问构成。从问句和答语的语义关系看,①可以是强调性答语。正面重申了自己的看法,从而形成正反互补,使看法得到强调。②可以是补充性答语。即在简单表态后,还有比较具体的进一步的补充说明,有的干脆省去表态性词语,直接作具体的说明。③可以是释因性答语。这类答句可以在前面添加关联词语"因为",也可以问答句换位,并在问句之前添加关联词语"所以"。④纪效性答语。这类答语之前往往有表示因果关系的词语如"所以、于是"等。

2. "回声问+设问"混合句式。回声问是针对对方话语而来,相当于"你是问/说×吗?"回声问之后如果紧接着又由发问人自己作了回答,则这时回声问同时又是设问句。答语在语义上的特点,既是针对回声问兼设问句,又是针对对方提问的。

3. "回声问+反诘问+设问"混合句式。确定回声问的关键是有无相应的上文,确定设问句的关键是有无相应的下文答句;至于确定反诘问的关键是整个问句的语用深层意义和它的表层意义恰恰相反。这三者都可以独立成为一种问句类型,但也可以结合起来,即在形式上表现为既有相应的先导句存在,又有后答句存在,而在语义上又表现为不满、讥讽、责怪、反驳或不以为然的否定意思。这是两种问句类型混合的特殊句。

第五章　感叹句的发展

按句子的语气进行分类,句子可以分为陈述句、疑问句、祈使句和感叹句。其中感叹句是使用感叹语气抒发比较强烈的感情的句子。

第一节　上古时期汉语感叹句

一、殷商时期的感叹句

甲骨文中的感叹句比较少见,只有一例"俞"由感叹词构成的感叹句。如:

俞! 有求有梦。(《甲骨文合集 10405》)

二、西周时期的汉语感叹句

两周时期的感叹句,主要有下述两种:

(一)有词语标志的感叹句

这种感叹句或者在句首用感叹句,或者在句中用特有的副词,或在句末用语气词,或者既用感叹词又用语气词,或者既用副词又用语气词。

1. 句首用感叹词的感叹句。感叹词可以单独构成感叹句,也可以出现在感叹句之前。

呜呼! 君肆其监于兹。(春秋·孔丘整理《尚书·君奭》)

2. 句中用副词的感叹句。允王,维后! (春秋·无名氏《诗经·周颂·时迈》)

3. 句末用语气词的感叹句。有用"哉",有用"矣",有用"止"。

①哀哉,不能言! (春秋·无名氏《诗经·小雅·雨无正》)

②哿矣,能言!"(春秋·无名氏《诗经·小雅·雨无正》)

③民亦劳止! (春秋·无名氏《诗经·大雅·民劳》)

4. 既用感叹词又用语气词的感叹句。如:

访予落止,率时昭考,於乎! 悠哉! (春秋·无名氏《诗经·周颂·访落》)

5. 既用副词又用语气词的感叹句。如:

我不见兮,云何盱矣! (春秋·无名氏《诗经·小雅·都人士》)

(二)无词语标志的感叹句

这种感叹句无词语方面的标志,也就是说句首无感叹词,句中无特定副词,句末也无语气词。但是,这种感叹句却有语序方面的标志,即一般是主谓倒置的(有词语标志的感叹句,可以有主谓倒置现象,也可以没有)。但主谓倒置不是感叹句特有的,疑问句、祈使句也有主谓倒置现象。因此,要根据语境来辨别这种感叹句。如:

笃,公刘!(春秋·无名氏《诗经·大雅·公刘》)

昭昭,有周!(春秋·无名氏《诗经·周颂·时迈》)

三、秦汉时期的汉语感叹句

(一)表叹息或哀伤

主要用"恶"、"呼"、"意"、"噫"、"呜呼"、"噫嘻"、"嘻"、"欸"、"咨"、"嗟乎"、"嗟兹"等。如:

嗟兹乎,圣人之言长乎哉!(春秋·管仲《管子·小称》)

(二)表示惊讶

用"嘻"、"吁"、"嘻嘻"、"哑"、"吁"等。如:

哑!是非君人者之言也!(战国·韩非《韩非子·难一》)

(三)表示赞美

用"都"、"於"、"於乎"、"嗟嗟"、"嘻"、"嘻"、"於嗟"等。如:

文惠君曰:"嘻,善哉!技盖至此乎?"(战国·庄周《庄子·养生主》)

(四)表示愤怒

用"呰"、"叱"、"叱嗟"、"嚇嚇"、"意"、"噫"等。如:

齐威王勃然怒曰:"叱嗟,而母,婢也!"(汉·刘向编《战国策·越策三》)

(五)表示应诺或呼告

用"咨"、"嗟"、"唉"、"己"、"皋"、"嗟嗟"等。如:

北面招以衣,曰:"皋,某复!"(春秋战国·无名氏《仪礼·士丧礼》)

第二节　中古时期汉语感叹句

一、魏晋南北朝时期的汉语感叹句

魏晋南北朝时期的感叹句,从表达的意思上看,可以分为表示感叹赞美、表示惋惜悲痛、表示愤怒斥责和表示惊讶疑怪4种。

(一)表示感叹赞美

归周、孔而背释宗,何其迷也!(北朝·北齐·颜之推《颜氏家训·归心》)

(二)表示惋惜悲痛

噫!飞死矣!(晋·陈寿《三国志·蜀志·张飞传》)

(三)表示愤怒斥责

公亡,身尚未寒,汝辈何敢乃耳!(晋·陈寿《三国志·蜀志·魏延传》)

（四）表示惊讶疑怪

嘻，汝非圣人，焉知吾食枣？（北朝·北齐·魏收《魏书·符生传》）

二、隋唐五代时期的汉语感叹句

（一）表示叹息或哀伤

嗟乎！时运不齐，命途多舛。冯唐易老，李广难封。（唐·王勃《滕王阁序》）

（二）表示感叹赞美

嗟乎，倡荡之姬，节行如是，虽古先烈女，不能逾也。焉得不为之叹息哉！（唐·白行简《李娃传》）

（三）表示愤怒斥责

先生欺余哉！（唐·韩愈《进学解》）

（四）表示惊讶疑怪

呜呼！尧、舜，大圣也，民且谤之。（唐·皮日休《原谤》）

三、中古时期感叹句的发展

唐五代时期，禅宗文献《祖堂集》中感叹句种类多样，数量也不少。有的感叹句格式来自上古汉语，体现了句法格式的延续性；有的感叹句格式是晚唐五代时期新兴的，又体现了句法格式的发展性。这里仅介绍《祖堂集》中几类典型的感叹句。

（一）"程度副词＋×！"感叹句

《祖堂集》中"程度副词＋×！"感叹句有"太×！"、"大×！"，"甚×！"，"大杀×！"、"大煞×！"，"可杀×！"等多种形式，均为状中结构。

"太×！"这种感叹句至迟产生于西汉时期，如：师云："太钝生！"（卷二十）"大"同"太"，"大×！"与"太×！"是相当的。

在上古汉语中就已经出现程度副词"甚"，在《祖堂集》中"甚×！"的例子如：玄沙云："甚好！甚好！"（卷十九）

"大杀"同"大煞"，均是表示程度的副词，相当于"太"、"十分"、"甚"。《祖堂集》中感叹句"大杀×！"和"大煞×！"各有1例，×为单音节或双音节形容词。晚唐五代出现程度副词"大煞"，"大煞×！"自是晚唐五代时期新兴的感叹句。

"可杀"相当于"极，甚"，表示程度。在《祖堂集》感叹句"可杀×！"有2例，×均为单音节形容词。如：药山云："可杀湿！"（卷五）"可杀"是晚唐五代时期新生的程度副词，感叹句"可×！"在晚唐五代时期也随之产生了。

（二）"指示代词＋×！"感叹句。

《祖堂集》中"指示代词＋×！"感叹句有"这×！"、"者×！"和"与摩×！"，"这"和"者"均是近指代词，均产生于唐代。"这/者×！"往往附着于叹词感叹句"咄！"之后，呵斥意味更浓。如：师曰："咄！这多曰阿师！"（卷四）这是晚唐五代时期新兴的感叹句。

指示代词"与摩"的意思是"如此，这样"，产生于晚唐五代。感叹句"与摩×！"是晚唐五代时期新兴的。如：道吾云："师兄得与摩灵利！"（卷十六）

(三)"形容词＋×!"感叹句。

至迟在西汉时期就已出现"形容词＋×!"感叹句。在《祖堂集》中"形容词＋×!"感叹句有"好个×!"（3 例）、"真师（狮）子儿!"（4 例）、"钝汉!"（1 例）等。

感叹句"好个×!"中"好"充当定语,修饰"个×","个×"可以看作"一个×"的省略。×均为双音节名词。如:师云:"好个问头!"（卷十九）"好个×!"是唐代新兴的感叹句格式,沿用到了现代汉语中,不过往往在量词"个"前加上数词"一"。

感叹句"真师子儿!"、"钝汉!"表达的分别是赞美、呵责的情感。如:师一跳抚背云:"真师子儿! 真师子儿!"（卷十）学人拟申问,师喝出,云:"钝汉!"（卷七,岩头和尚）"形容词＋×!"至迟在西汉时期就已出现感叹句。

(四)"动词性成分＋×!"感叹句

在《祖堂集》中共有 3 例"动词性成分＋×!"感叹句。×为名词"汉",动词性成分修饰×,充当定语。"动词性成分＋×!"感叹句均为呵斥句。如:峰云:"咄! 不识好恶汉!"（卷十）"动词性成分＋×!"感叹句很有可能是晚唐五代时期新出现的。

(五)独词感叹句

狭义的独词感叹句是指由单独的一个词构成的感叹句以及句末使用语气词的独词感叹句。《祖堂集》中独词感叹句有叹词感叹句、名词感叹句、形容词感叹句等。

《祖堂集》中的感叹句集中体现了中古时期汉语感叹句的特点和发展。在《祖堂集》中叹词感叹句有:"咄!"（12 例）,"嘘!"（3 例）,"嘎!"（3 例）,"噫!"（2 例）,"哑!"（1 例）等。这些感叹句一般有后续句。如:师云:"咄! 这屠儿!"（卷二十）"嘘!"、"嘎!"等叹词感叹句可能是晚唐五代时期新产生的。

《祖堂集》中形容词感叹句最常见的是由单音节形容词加上语气词"哉"构成。这种感叹有"苦哉!","善哉!","俊哉!"。"形容词＋哉!"这样的感叹句在上古汉语中就已出现。另有 2 例形容词感叹句是由单音节的形容词"近"加语气词"那"构成。如:一人云:"近那! 动步便到。"（卷五）"那"作语气词始于魏晋,但是感叹句"×那!"直到晚唐五代时期才产生。《祖堂集》中还有 3 例由双音节形容词"惭愧"构成的感叹句,其后不加语气词。感叹句"惭愧!"也可连用。例如:又云:"惭愧! 惭愧! 老僧不如沩山,汝便是沩山弟子也。"（卷十五）可能是晚唐五代时期新出现这种句末不需要语气词的形容词感叹句。

《祖堂集》中名词感叹句有 2 例,连用的"贼也! 贼也!",表达了说话惊恐的情绪。名词感叹句在上古汉语中就已出现。

第三节　近代时期汉语感叹句

近代时期的感叹句常用"呵"、"阿"、"啊"、"嘎"、"哇"、"也呵"、"呀"、"煞（瞅）""也么哥"等语气词表示感叹、辩解、疑怪等语气。

一、宋元时期的汉语感叹句

(一)表示感叹

试听呵,寒食近也,且住为佳。(宋·辛弃疾《玉蝴蝶·追别杜叔高》)

(二)表示赞美

你也等我一等儿波,今日正是寒食,好个节令也呵!(元·张国宝《薛仁贵》第三折)

(三)表示斥责

我煞! 待嗔,我便恶相闻。(元·关汉卿《调风月》第一折)

(四)表示愤怒

相思债是前生负,偿他还着后瞧。(金·董解元《西厢记诸宫调》卷七)

(五)表示呼告

是必休误了也么哥! 休误了也么哥!(元·王实甫《西厢记》二本楔子)

二、宋元时期感叹句的特点

《元曲选》含"杀"感叹句按结构可分四类:"V/A 杀 O 也"型,"兀的不 V/A 杀 O 也"型,"则被 NV/A 杀 O 也"型,"(则)被""兀的不 V 杀 O 也"型。含"杀"的感叹句的主要功能是表达说话人的情感或感受,语义方面有如下特点:①表达内容的情感(感受)性。②情感(感受)的极度性。③情感生发的条件性。④句子意义的主观性。不同的结构类别存在着语用上的差异。

(一)V/A 杀 O 也(Ⅰ型)

它可以直接成句,没有主语,也没有呼语或感叹词语,如:羞杀我也!(《东堂老》四折)"V/A 杀 O 也"前也可以有感叹词语,有呼语,有主语等。在含"杀"感叹句中,"杀"、"也"不能省略,"杀"为基词,是必不可少的成分,作"V/A"的补语,极言"V/A"的程度(以下各类的"杀"同此);"O"由称代说话人的词语充当,最常见的是"我"还有"您孩儿"、"你兄弟"等称代自身的词语。"也"主要起凸显语气的作用,不仅直接表示感叹语气,还使得原有的感叹句的语音长度增加,客观上起到舒展语气的作用。

(二)"兀的不 V/A 杀 O 也"(Ⅱ型)

如:我那父亲呵,兀的不痛杀我也!(《浮沤记》三折)这类句子是在"V/A 杀 O 也"前面加上了"兀的不"、"可不"、"却不"、"岂不"等词语。杨天戈认为"兀的不 V 杀 O 也"中只起加强语气的作用,相当于"岂"、"难道"这一类的语气副词;起"反诘"作用,经过"兀的"等的强化,语气强烈了。因为这种强烈语气的足度,有时省"也"构成感叹句。

(三)"则被 NV/A 杀 O 也"(Ⅲ型)

如:哎,儿,则被你想杀我也!(《墙头马上》四折)此类感叹句不仅用"被"引出了"V"的广义施事,而且在"被"的前面还出现了"则"、"只"等起强调作用的副词。

(四)"(则)被""兀的不杀 O 也"(Ⅳ型)

如:"侯兴也,元来哄我! 则被你歹弟子孩儿,兀的不害杀我也!"(《罗李郎》二折)"被"接"N"后处于"兀的不"和"V/A 杀 O 也"之间,"兀的不"表示强调语气,因而限制了起作用的"则"类词语的出现。

三、明清时期的感叹句

(一)表示感叹

好苦嘎! 看这雪越下得大了。(明·徐畈《杀狗记·窑中受困》)

呜呼! 我中国其果老大矣乎? (民初·梁启超《少年中国说》)

(二)表示呼告

母亲呵,他是唐王驾下,差往西天见佛求经者。(明·吴承恩《西游记》第十三回)

(三)表示斥责

我不懂得你这绕口令儿啊! (清·文康《儿女英雄传》第七回)

(四)表示疑怪

我们不行哟,还得你老人家操心哪。(清·文康《儿女英雄传》第十五回)

四、明清时期汉语感叹句的特点

《红楼梦》中感叹句类型多样,数量众多,在形式上常常以副词作为感叹标志,这里主要介绍《红楼梦》中以"真"、"好"、"太"为标志的感叹句,在现代汉语中这3种句式也是主要的感叹句式。

(一)"真"组感叹句式

"真"组感叹句是指以"真"组副词为标志的感叹句。副词"真"用以加强说话者的主观判断语气或借以抒发说话者的感情色彩,其所表达的程度甚是高的。"真"带浓厚的感情色彩,在《红楼梦》中共有62个例句。所谓"真"组副词,是指和"真"表达作用相同或相似,而在形式上相关的副词,如"真真"、"真好"、"真正"、"真个"。

(二)"好"组感叹副词

"好"和"真"一样是典型的感叹副词。"好"组感叹副词虽只有一个成员,但形式多样。

1."好个+名"结构,如:丫头们总胡乱答应,有的说:"好个讨厌的老货!"

2."好一个+名"结构,如:薛姨妈听他的话,"好一个柔顺的孩子!"心里更加喜欢。

3."好+形/动"结构,如:众人都赞:"好精致! 难为怎么做的!"

(三)"太"组感叹副词

这组感叹副词有"太"和"忒"。如:黛玉冷笑道:"你这妈妈太小心了!"贾母眼泪交流说道:"是我弄坏了他。但只是这个丫头也忒傻气!"

第四节 现代汉语感叹句

张斌在《新编现代汉语》中说,感叹句主要是表达感叹语气的。由感叹语气表达的句子是表情的句子,感叹句表达的感情是强烈的,也是多种多样的,如可以表达喜悦、赞赏、愤怒、悲伤、惊讶、醒悟、斥责、鄙视、无可奈何、意外、慨叹等等不同的感情。由于感情的不同,感情的强烈程度也不同,因而表达方式也有差异,感叹词、感叹语气词、某些副词、某些句式都可以帮助表达不同的感情,语调更是主要的表达方式。一般来说,感叹句的语调是尾音拉长而下降,不过,表示斥责感情时也可以用高升调,表示惊讶或意外等时也可能用曲折调。所以感叹句的语调(句调)往往随感情的变化而有变化。

一、现代汉语感叹句的表达手段

兰宾汉在《汉语语法分析的理论与实践》说,现代汉语的感叹句大致可以分为 4 类:第一类直接用叹词构成,如:啊! 唉! 第二类是结构与陈述句相同的感叹句。在口语中,语调先升后降,音量加大;在书面语中,句末用叹号表示强烈的语气。如:我们赢了! 第三类是句中用副词"好、多么、多、太、真"或语气词"啊"加强感叹语气。如"天哪! 太可怕了!"第四类是表示强烈感情的各种标语和口号,如:祖国万岁!

张斌在《新编现代汉语》中认为感叹语气是感叹句的特点,仅语气是内在的,配合感叹语气的表达起感叹作用的手段主要是语调,还有感叹词、感叹语气词、某些副词、某些句式及句式变化等,书面语中的感叹号也是一种提示感叹语气的方式,尽管有感叹号的句子不一定是感叹句。

(一)叹词句

不少感叹句是由叹词直接构成的叹词句,即叹词非主谓句。不过,叹词句往往作为始发句,要跟后续句组成句群。如:

唉! 你知道,在劫难逃,我该有这一难!(郭宝昌《大宅门》)!

有的叹词,只是独立语,刚在句首。如:

哈哈! 我总有一天等到你!(梁实秋《梁实秋·韩菁清情书选》)

哈哈! 这下更热闹了!(郭宝昌《大宅门》)

(二)"天"、"妈"、"娘"、"上帝"等名词+感叹语气词

"天"、"妈"、"娘"、"上帝"等名词往往和感叹语气词结合起来表示感叹,这些名词已经失去实在的意思,成了纯粹的感叹语,作用同叹词。如:

哦,天哪。我是死了人!(曹禺《雷雨》二幕)

(三)句末带感叹语气词

句末带感叹语气词,这是常用的表达感叹语气的方式。如:

哼! 这那里是郭沫若在做文章,而是蒋介石在做文章呀!(郭沫若《洪波曲》第十三章)

(四)某些副词、代词跟语气词配合

副词"多么"、"多"、"好"、"真"、"太"、"可"以及"这么"、"怎样"、"什么"、"何等"等词语常和语气、语调配合表示感叹语气。如:

这也太糊涂了。(郭宝昌《大宅门》)!

"好"还可以做定语表示感叹,"好一个"是专职表示感叹的。如:

好酒,喝得痛快!(王朔《刘慧芳》)!

"这么"、"怎样"、"什么"做定语也表示感叹语气。如:

唉! 我这是生了个什么东西!(郭宝昌《大宅门》)

(五)口号、祝词

口号、祝词可以看作感叹句,一般没有语气词。如:

中华人民共和国万岁! 全国人民大团结万岁!(毛泽东《在新政治协商会议筹备会上的讲话》)

（六）主谓倒装

为突出对谓语部分的感叹，有主语和谓语的感叹句往往采用倒装句的形式。如：

飞回来呀！我们欢迎您！（韩菁清《韩菁清小品·暖流》）

上述各类表达感叹语气的方式多可以综合运用。如：

老天爷啊，你睁睁眼吧！我就这么一个大闺女呀！（郭宝昌《大宅门》）

嗬，好大面子，日本人这么瞧得起我？！（郭宝昌《大宅门》）

二、现代汉语感叹句的特点

第一，感叹句结构多比较简短。说话者在感情剧烈活动时，往往无法组织复杂言语，面对此情此景、面对直接的交际对象，往往用简短的词句，突出需要抒发的重点，而隐略其他。感叹句多是非主谓句。

第二，句型上，感叹句以叹词句、名词性非主谓句、形容词性非主谓句为多，感叹句往往是对具体的人或事物有所感慨、赞叹、斥责，往往在性质、程度上对人或事物有所感叹，所以，除叹词句外，更多的是名词性非主谓句和形容词性非主谓句，且多带有可供显示感叹点的性质、程度修饰语。

第三，主语多是第一、第二人称代词或指示代词，多用"是"字句在主谓句中，感叹句的主语以第一、第二人称代词和指示代词"这"、"那"为多，主谓句且以"是"字句为多。因为感叹句往往是直接面对感叹对象（第二人称、这、那）或感叹所谈论的对象（第三人称）。如：那该多妙啊！

三、汉语感叹句发展特点

第一，以感叹词和语气作为标志感叹色彩的主流并越来越扩散到其他词类（副词、名词、代词）。

第二，从句类角度来看，倒置式是感叹句的主要句式，但句式也不断地扩散。

第三，汉语感叹句发展的倾向符合人类语言以及汉语言发展的趋向。

第六章　判断句的发展

判断句是以名词或名词性的短语为谓语,表示判断的句子。古今汉语的判断句都分为肯定判断和否定判断两大类型。判断句的发展过程中,最重要的就是判断词的产生与发展。判断句在发展过程中有两个最主要的特点:一是判断句由没有判断词为主发展到以有判断词为主,二是由多个判断词发展到以判断词"是"为主。在现代汉语中,判断句的主语和谓语之间一般要用判断词"是"字来联系。但是,在古汉语中则不然。下面对汉语判断句的发展作分期的概述。

第一节　上古时期汉语判断句

一、殷商时期的判断句

肯定判断句

1. 主语＋名词性谓语

甲子卜,王。(《甲骨文合集 32811》)

2. 主语＋唯＋名词性谓语

王占曰:兹唯庚雨卜(《甲骨文合集 13399 反》)

二、西周时期的判断句

(一)肯定判断句

1. 主语＋名词性谓语。如:

一人冕。(春秋·孔丘整理《尚书·顾命》)

2. 主语＋唯＋名词性谓语。如:

毛公旅鼎亦唯簋。(《毛公旅方鼎铭》)

邦之臧,惟汝众;邦之不臧,惟予一人有佚罚。(春秋·孔丘整理《尚书·周书·盘庚上》)

3. 主语＋曰＋名词性谓语。如:

五行:一曰水,二曰火,三曰木,四曰金,五曰土地。(春秋·孔丘整理《尚书·周书·洪范》)

4. 主语＋乃＋名词性谓语。如:

不克终日劝于帝之迪,乃尔攸闻。(春秋·孔丘整理《尚书·周书·多方》)

5. 主语＋则＋名词性谓语。如：

岁则大熟。（春秋·孔丘整理《尚书·周书·金縢》）

6. 主语＋是＋名词性谓语。如：

启籥见书，乃并是吉。（春秋·孔丘整理《尚书·周书·金縢》）

7. 主语＋伊＋名词性谓语。如：

其镶伊黍，其笠伊纠。（春秋·无名氏《诗经·周颂·良耜》）

8. 主语＋惟（维）＋名词性谓语。这种句式是在判断句谓语 V 名之前添加表示判断语气的语气副词"惟（维）"。如：

天非虐，惟民自速辜。（春秋·孔丘整理《尚书·酒诰》）

尔维旧人。（春秋·孔丘整理《尚书·大诰》）

9. 主语＋维伊＋名词性谓语。这种句式是在判断句谓语 V 名之前既出现了"维"又出现了"伊"。如：

有颎者弁，实维伊何？（春秋·无名氏《诗经·小雅》）

10. 主语＋斯＋名词性谓语。这是在判断句谓语 V 名之前加了一个"斯"。如：

彼尔维何？维常之华。彼路斯何？君子之车。（春秋·无名氏《诗经·小雅·采薇》）

(二)否定判断句

1. 单纯否定式。如：

越则非朕，负乱惟尔。（周·无名氏《逸周书·商誓解》）

2. "罔非"表双重否定。如：

呜呼！王司敬民，罔非天胤，典祀无丰于昵！（春秋·孔丘整理《尚书·商书·高宗肜日》）

(三)判断句组成的表示并列关系的复句

其表现形式为"非……惟……"，相当于现代汉语的"不是……而是……"。如：

非予罪，时惟天命。（春秋·孔丘整理《尚书·周书·多士》）

三、秦汉时期的判断句

(一)肯定判断句

1. 主语＋名词性谓语。如：

墨子者，显学也。（战国·韩非《韩非子·外储说左上》）

2. 主语＋是＋名词性谓语。如：

哀哉复哀哉，此是命矣夫！（汉·赵壹《刺世疾邪赋》）

3. 主语＋无乃＋名词性谓语。如：

谁能为此曲？无乃杞梁妻。（《古诗十九首·西北有高楼》）

(二)否定判断句

上胡不法先王之法？非不贤也，为其不可得而法。（战国·吕不韦《吕氏春秋·察今》）

四、上古时期判断句的特点

判断句表述静态的论断关系，一般不用"是"，而是句末常用语气词"也"。判断句的谓语中常使用决断副词,此外还可以使用某些范围副词、连词"则"及决断的"唯"(惟、维)、"盖"等。表示否定的决断副词"非"主要用于对整个判断的否定。决断副词"必"、"矣"、"固"、"诚"、"其"、"乃"、"殆"则是在表示肯定的情况下,给判断句赋予了各种不同的辅助性意义。"必"表示确定不移,"固"表示本来,"矣"表示确认,"诚"表示的确,"乃"(迺)表示"就"或"不过"、"竟然","殆"表示不完全肯定,"其"表示"恐怕"、"大概"的推测等。判断句中还可以使用决断副词"又"、"亦"和连词"则"。在用"亦"、"又"时,重在表示前后呼应或表示类同。连词"则"可以表示前后呼应,也可以表示论断与事实之间有紧承关系。范围副词"皆"、"举"、"独"可用在判断句的主语、谓语之间,对有关的范围加以限度或总括。判断句谓语前还可用句首决断词"唯"、"盖","唯"表示排除其他,"盖"说明原因或表示难于完全肯定。判断句主语和谓语之间可以有停顿,让听话的人思想上有个准备,也可以避免主语与谓语直接组合在一起后可能形成的句法结构上的误解。判断句的主语之后可以加"者"、"也者",之前有时加句首决断的"夫"、"凡",有时判断句还可以没有主语,这种句子是针对现实加以判断。

五、上古汉语判断句的表达功能

一是表示事物等于什么或属于什么,这种判断句十分常见。如:

北冥有鱼,其名为鲲。(战国·庄周《庄子·逍遥游》)

仲尼,天下圣人也。(战国·韩非《韩非子·五蠹》)

二是表示比喻句。如:

虢,虞之表也。虢亡,虞必从之。……谚所谓"辅车相依,唇亡齿寒"者,其虢、虞之谓也。(春秋·左丘明《左传·僖公五年》)

三是表示事物的存在。如:

昔为鸳与鸯,今为参与辰。(《文选·苏子卿诗四首之一》)

四是表示造成某种结果的原因。如:

孟尝君为相数十年,无纤介之祸者,冯谖之计也。(汉·刘向整编《战国策·齐策·冯谖客孟尝君》)

良庖岁更刀,割也;族庖月更刀,折也。(战国·庄周《庄子·庖丁解牛》)

五是表示对事物的性质状态或特点作用的判断。如:

田肥美,民殷富,战车万乘,奋击百万,沃野千里,蓄积饶多,地势形便,此所谓天府,天下之雄国也。(汉·刘向整编《战国策·秦策·苏秦始将连横》)

第二节 中古时期汉语判断句

一、魏晋南北朝时期的判断句

(一)无判断词句

1. 句式。

①主语＋者＋谓语＋也,如:

陈留父老者,不知何许人也。(南朝·宋·范晔《后汉书·逸民传》)

②主语＋者＋谓语,如:

马者甲兵之本,国之大用。(南朝·宋·范晔《后汉书·马援传》)

张敞者,吴人。(北齐·颜之推《颜氏家训·书记》)

③主语＋谓语＋也,如:

夫兵,凶事也。(南朝·宋·范晔《后汉书·隗嚣传》)

门不停宾,古所贵也。(北朝·北齐·颜之推《颜氏家训·风操》)

④主语＋谓语,如:

君羌胡之种。(南朝·宋·范晔《后汉书·列女传》)

《仓颉篇》,李斯所造。(北朝·北齐·颜之推《颜氏家训·书证》)

⑤主语＋谓语＋其他语气词,如:

朕,孝成皇帝子子舆者也。(南朝·宋·范晔《后汉书·王昌传》)

此乃恒、代之遗风乎?(北朝·北齐·颜之推《颜氏家训·治家》)

此君子之所惜哉!(北朝·北齐·颜之推《颜氏家训·养生》)

2. 无判断词句主谓之间的语义关系。一是主谓之间是等同或类属的关系。二是主谓之间的不一致关系。有些判断句的主谓之间从表面上看没有直接的语义关系,显示出两者之间的不等同或非类属性,这实际上已经超出了正常判断句主谓之间语义关系的范围。这种情况通常是指主谓之间是比喻关系或主谓之间是复杂的逻辑关系。

①主谓之间是本体或喻体的关系。如:

此吾家之千里驹也。(晋·陈寿《三国志·魏·曹休传》)

张松,州之股肱。(晋·陈寿《三国志·蜀·法正传》)

②主谓之间没有直接语义关系。如:

狱者,天下之性命也。(晋·陈寿《三国志·魏·明帝纪》)

吏者,民命。(晋·陈寿《三国志·蜀·夏侯玄传》)

(二)有判断词句

1."为"字判断句。如:

内外两教,本为一体。(北朝·北齐·颜之推《颜氏家训·归心》)

"为"字判断句主宾语之间的语义关系大致与无判断词句主谓之间的语义关系相似。

2. "是"字判断句。如：

不礼贤,是失君子之望也。(晋·陈寿《三国志·魏·袁绍传》)

蒜颗是俗间常语耳。(北朝·北齐·颜之推《颜氏家训·书证》)

卓骑望见,围绕数重,定近觉是柱,乃止。(晋·陈寿《三国志·吴·孙破虏传》)

此等名目,皆是叶生形容之所象似。(北朝·北魏·贾思勰《齐民要术》卷四)

(三)魏晋南北朝判断句的特点

秦汉以后判断句的发展主要体现在有判断词句对无判断词句的替代上。无判断词句演变为有判断词句是一种系统的缓慢的变化。肯定判断句表达上的先天不足是导致判断词产生的语言内部原因,也可以证明有判断词句取代无判断词句开始侵入无判断词句的领域,这是有判断词句发展过程中首个意义重大的标志。最早是在旧有形式中插入"是",形成"非是"的否定形式。"非是"形式的出现,标志着有判断词句的发展过程中,跨出了又一十分重要的一步。新的否定形式的产生,是有判断词句替代无判断词句过程中又一个重要意义的标志。"是"字能够受助动词的修饰,意味着它基本具备了现代汉语判断词的性质和特点,是有判断词句取代无判断词句发展过程中第三个有重要意义的标志。

魏晋南北朝"是"字判断句有这样几个明显的特点:

1. 使用频繁,说明当时人用"是"字判断句已经习以为常。

2. 用法灵活。"是"字后面的宾语可以是谓词性成分或者主谓结构等。

3. "是"字判断句都没有"也"这一句尾语气词,说明它已经完全独立,不必再用"也"字煞句以帮助判断语气。

4. "是"字前可以用副词修饰,而且用来修饰的副词很多。如:皆、尤、纯、盖、直、便、乃、会、虽、极、都、甚、既、则、但、并、即等。

二、隋唐五代时期的判断句

隋唐五代时期的判断句根据性质分为肯定和否定两种。值得注意的是这时期的判断句有较为特殊的类型,反映了判断句在发展过程中的复杂性。

(一)判断词位于句尾

宝山者,吾身是也。(五代·静、筠二禅师《祖堂集》)

彼国王者,弥勒是。(三国·吴·康僧会《六度集经》卷一)

(二)杂糅组合式

即内依报招外果者,即人相成佛是也。(五代·静、筠二禅师《祖堂集》)

佛告诸沙门:"时乾夷国王者,即吾身也。"(三国·吴·康僧会《六度集经》卷一)

三、中古时期判断句的特点

判断句在发展的历史进程中,判断词在句中的位置、外来语的接触和渗透等因素的相互作用导致了判断句的多种表现形式。袁宾(1989)指出系词"是"在后的判断句在魏晋以来的汉译佛经里常用,并逐渐影响到其他佛教文献及佛教文艺作品,如《禅宗语录》、《敦煌变文》等。随着时间的推移,又影响到一般文艺作品,如金、元戏曲剧本等。

第三节 近代时期汉语判断句

一、宋元时期的判断句

(一)主语＋是＋名词

朕是百鸟王。(王重民等编《(唐)敦煌变文集·燕子赋》)

他是杭州柳永。(《(元)关汉卿戏曲集·钱大尹智宠谢天香》)

(二)主语＋是＋动词

将军实是许他念经。(王重民等编《(唐)敦煌变文集·庐山远公话》)

(三)主语＋是＋形容词

这厮是倒聪明着哩。(《(元)关汉卿戏曲集·钱大尹智宠谢天香》)

(四)修饰语＋是＋名词/动词/形容词

他那里暗暗的藏,我须索紧紧的防。都是些狐朋狗党。(《(元)关汉卿戏曲集·单刀会》)

母亲,你打我,则是疼你那学课钱里!(《(元)关汉卿戏曲集·状元堂陈母教子》)

好是奇怪也!老夫恰合眼,梦见端云孩儿,恰便似在我跟前一般。(《(元)关汉卿戏曲集·感天动地窦娥冤》)

看来屈原原本是一个忠诚恻怛爱君底人。(宋·朱熹《朱子语类辑略》)

二、明清民初时期的判断句

(一)主语＋(乃)＋名词或名词性短语

吴钩乃古剑也,古有干将、莫钚、太阿、吴钩、鱼肠、蹋跶之名。(明·兰陵笑笑生《金瓶梅词话》第一回)

柔软立身之本,刚强惹祸之胎。(明·兰陵笑笑生《金瓶梅词话》第一回)

(二)主语＋系＋名词或名词性短语

这陈文昭原系大理寺正,升东平府尹,又系蔡太师门生。(明·兰陵笑笑生《金瓶梅词话》第十回)

(三)主语＋是＋名词或名词性短语

武二是个顶天立地的噙齿戴发的男子汉!(明·兰陵笑笑生《金瓶梅词话》第一回)

咱家姓高名猷,字是仲鸿……(清·蒲松龄《聊斋俚曲·禳妒咒》)

(四)主语＋名词＋是(便是、是也)

自己徐氏便是。(清·蒲松龄《聊斋俚曲·禳妒咒》)

俺乃静业和尚是也。(清·蒲松龄《聊斋俚曲·禳妒咒》)

(五)主语＋是＋(名、动、形等＋的)

你不如分开罢,费也费的是他的。(清·蒲松龄《聊斋俚曲·翻魇殃》)

(六)主语＋是＋动、形、小句

万事不由人计较,一生都是命安排。(清·蒲松龄《聊斋俚曲·翻魇殃》)

(七)×＋是＋×

你就指地去做保,要钱是钱银是银。(清·蒲松龄《聊斋俚曲·翻魇殃》)

三、近代时期判断句的特点

(一)《金瓶梅词话》中的判断句

《金瓶梅词话》中的判断句有 3 种:名词(包括代词及名词性词组)谓语句、"系"字句、"是"字句。其中名词谓语句可以看作是对古代汉语的继承,语气助词"也"出现频率高,实际上是一种存古现象,但口语化的句子已脱落了"也",是现代汉语名词谓语句的滥觞;"系"字句是近代汉语的产物,为现代汉语所继承;"是"字句产生于上古,发展于近代,为现代汉语所继承。

"是"字句的发展表现在宾语、状语和所表语法意义上。

古代汉语的判断宾语主要是名词、代词和名词性词组,而《金瓶梅词话》所代表的近代汉语,其"是"字句的判断宾语远远超出了古代汉语,不仅有层次关系复杂的短语如总承式、总分式、因果式等,还有复杂的句群宾语,这也是现代汉语所没有的。

"是"字句的发展不仅表现在状语的多样化上,如可带表统括、限止、肯定、否定、时间、重复、连续、程度、表敬等副词状语和形容词、能愿动词状语,还表现在状语的双音化和连用上。

"是"字句所表语法意义是丰富的、多样化的,尤其判断宾语说明事情的来龙去脉、发展始末,是古今汉语所不备的,体现了"是"字句在近代的发展。

(二)《聊斋俚曲》中的判断句

在《聊斋俚曲》里,判断句已经是"是"字句的一统天下,对俚曲判断句的分析就是对"是"字句的分析。俚曲里的"是"字句已经基本上接近现代汉语。

(三)《洛阳伽蓝记》中的判断句

萧红的《〈洛阳伽蓝记〉的五种判断句式》探讨了《洛阳伽蓝记》中除"是"字判断句以外的五种判断句式:①主语＋(者)＋谓语＋也;②主语＋副词等谓语修饰成分＋谓语＋也;③主语＋(者)＋谓语;④主语＋副词等谓语修饰语＋谓语;⑤主语＋为＋谓语。并与《孟子》、唐张骘《游仙窟》中的同类形式作比较。对《洛阳伽蓝记》继承旧有形式的情况和旧有形式的历史发展概况有一定了解,发现 1、2 式逐步衰落,3、4 式反而呈略上升趋势,这说明旧有的形式并非一味地衰落,有时还存在局部的发展。

(四)近代时期汉语还出现了叠加式判断句

刘卫宁的《宋元明时期叠加式判断句的分析》指出:在宋元明时期,汉语口语中出现了大量的特殊句式,叠加式判断句即是其中极具代表性的一种。江蓝生曾将元明时期的特殊判断句归纳为 4 种模式,并且解释了其结构和出现的原因。

①"S＋是＋N 的＋便是"("便是"或作"是也"),如:

小人是屠家张千的便是。(《替杀妻》楔子白)

(注:有"的"及第二系词)

②"S＋是＋N＋便是"("便是"或作"是也"),如:

俺是沙陀李晋王太保李嗣源是也。(《残唐五代史演义传》第七回)

此式与第一式的区别在于称谓名词 N 后没有"的"。(注:无"的"但有第二系词)

③"S＋N 的＋便是",如:

贫道,陈抟先生的便是。(元刊杂剧《陈抟高卧》一折白)

此式主语后不用系词,人名后用"的"。

④"S＋N＋便是",如:

老夫,王员外便是。(元刊杂剧《小张屠》楔子白)

此式主语后不用系词,人名后也不用"的"。

江蓝生认为,之所以会出现有两次系词"(便)是"的第一、第二式,是因为阿尔泰语的动词多在宾语(或表语)之后,蒙古语也是如此,元明时期的汉语口语受到蒙古语影响,并与其相混合,因而,出现了有两次系词的叠加式判断句,其范式为 SVO(汉语)＋SOV(蒙古语)→SVOV(叠加式)。至于第三式和第四式,则可以看作是对阿尔泰语判断句句式"SOV"的直接套用模仿。随着蒙古语由强势语言变为弱势语言,这些特殊句式逐步回归到汉语的判断句结构"SVO"。按江先生的解释,可以认为元明时期的汉语口语受到蒙古语的影响,在一般判断句的句末加上了第二个系词,于是,出现了叠加式判断句,而这第二个系词,显然是为了在蒙古语和汉语的混合转变过程中,取得某种平衡而不自觉地添加上去的,它并没有独立的语法作用,即使有,也只是与处于其前的表语构成另一种系表关系,而这种系表关系其实与原先的系表结构重复,因而是多余的。如第一式中的"小人是屠家张千的便是",一般的判断句是"小人是屠家张千(的)",系词"是"与"屠家张千(的)"构成系表结构。叠加的第二个系词"便是",可以与其前的"屠家张千(的)"构成第二个系表结构,但这个系表结构与原先的"是屠家张千(的)"是重复的,因而,句中的"便是"是多余的。元明时期的叠加式判断句均可作如是观。

但通过对宋元明时期叠加式判断句的考察,文章指出,叠加式判断句是由于语言交际的实用性要求而产生的一种比较特殊的句式,它的特殊性并不只是在于掺杂了外来语言的痕迹,同时,也在于这种句式由口头语言记录成书面语言时,由于某些成分的省略,给语法分析带来的困难。但这种句式是由汉语言本身所孕乳产生的,仍然符合汉语言本身所固有的语法规律。如果把语用和修辞的因素考虑在内,仍然可以对这种句式作出正确的语法分析,进而对它的来源问题、句式的转化问题作出合理的解释。同时,笔者也不否认,元明之后的汉语言,由于受到蒙古语的影响,叠加式判断句愈来愈被人们所接受,在文献中大量出现。但笔者仍然坚持,在分析叠加式判断句的来源和嬗变问题时,不应仅强调蒙古语对它的影响作用。

第四节　判断词"是"

一、判断词"是"产生以前的判断句

古汉语中,最早是不使用判断词的,直接表示判断,或者用"者"、"也"表示判断,或者

"……者，……也"连用等表示判断，这些都是古汉语判断句中典型的格式。如：

农，天下之本。（汉·司马迁《史记·孝文本纪》）

虢，虞之表也。（春秋·左丘明《左传·僖公四年》）

陈胜者，阳城人也。（汉·司马迁《史记·陈涉世家》）

有时会加起联系作用的副词。如"乃"、"素"、"皆"、"诚"、"良"、"必"、"实"、"盖"等，或者否定副词"非（匪）"等表示判断。不同的副词表示不同的判断语气。如：

是乃仁术也。（战国·孟轲《孟子·梁惠王上》）

子诚齐人也。（战国·孟轲《孟子·公孙丑上》）

到了上古汉语中出现了类似判断词的"惟（维）"、"为"、"是"，它们的动词性已经很弱了，而系词性加强了，可看作判断词。它们的运用有时代先后。在春秋以前多用"惟（维）"，春秋以后多用"为"加强语气，这两个词有先后交替的关系。汉魏之后，"是"作判断词的用法逐渐增多。但是，无论在先秦还是汉魏这几个判断词都曾同时存在，尤其是"为"和"是"曾长期并用。如：

子为谁？（春秋·孔丘《论语·微子》）

楚为荆蛮。（春秋·左丘明《国语·晋语八》）

谁为君夫人？余胡弗知。（春秋·左丘明《左传·襄公二十六年》）

二、判断词"是"的产生与发展

关于判断词"是"的起源问题，最早是由王力在《中国文法的系词》一文中提出的，他认为"是"作为判断词（系词）始于"西汉末年或东汉初叶"。王力认为，在上古汉语里，名词或名词性词组不需要系词的帮助就可以构成判断。上古汉语的判断句，一般以"也"字煞句；有时候，主语后面还用代词"者"字复指。有了"者"字复指，句末可以不用"也"字。如：

天下者，高祖天下。（汉·司马迁《史记·魏其武安侯列传》）

虎者，戾虫。（汉·刘向整编《战国策·秦策》）

但是，这种情况是比较少见的。有时候，"者"、"也"都可以不用。那也是比较特殊的情况。王力认为，上古的"是"不是系词，而是指示代词。

"为"字本身不是一个系词，而是一个动词。"为"的本义是"做"，在上古汉语的某些句子里，它有某种引申的意义，使我们能够译成现代汉语的"是"字。如：

长沮曰："夫执舆者为谁？"（春秋·孔丘《论语·微子》）

这种叙述句代替了判断句。在用"也"字煞句的情况下，一般不用"为"字。"也"字煞句是上古判断句的基本形式；在特殊情况下，"为"字才是必需的。在主语和谓语指称同一事物的时候，"为"字就不可以省。相反地，在上古汉语的判断句里，如果主语和谓语不是指称同一事物，主语的内涵外延和谓语的内涵外延不一致，就不能用"为"字。可见"为"字并不是系词，系词应该是属于基本词汇的。如果"为"是系词，它不应该轻易给新兴的词所代替，可是，"为"在后来的判断句中消失了。如果说上古的系词既有"是"，又有"为"，则更不可能，因为在同一语言中同时有两个系词是不可能的。

"惟"、"伊"、"繁"、"维"是虚词，或类似词头的东西，可用可不用，不是系词。

"曰"、"谓"是动词，不是系词。它们等于现代汉语的"叫作"或"说的是"。"有"是"为"的意思,也不是系词。

"乃"字可以译为现代汉语的"就是"、"却是",但在上古汉语里它只是个副词。"则"字可以译为现代汉语的"就是",它在意义上与"乃"的区别在于:"乃"是简单的肯定,而"则"有对比的作用。它和"乃"一样,在上古汉语里只是个副词。

"即"可以译为现代汉语的"就是",它在意义上与"乃"的区别在于:"乃"是简单的肯定,"即"是加强语气的肯定,"即"和"则"、"乃"一样,都是副词,不是系词。"然"、"徒"也是副词。

"非"译成现代汉语是"不是",但"非"在上古汉语里是否定副词,不是系词。在上古汉语里,要对形容词或动词谓语加以否定,就用"不";要对名词谓语加以否定,就用"非"。"不"和"非"在不同的谓语中起相同的作用,它们的词性是一样的。我们试拿正反对比的句子来看,就会发现反面用"非",正面并没有用"是"。

王力指出,以上所论,牵涉到一个研究方法的问题。翻译的研究方法是很危险的。以今译古和以外译中有同样的危险性。现代汉语有这种语法,古代汉语不一定有这种语法。

在逻辑的命题中,系词是必需的。因此,我国许多语法学家也多错误地认为汉语的判断句必须有个系词:上古汉语往往不用系词,只能认为是省略。这种观点是错误的。有些语言从来不曾用过系词,有些语言虽有系词,也常常不用。在印欧语正常的名句中,一般不用系词,古希腊语也不用系词。现代俄语虽有系词,但常常不用。可见系词并非必需的。这样,上古汉语不用系词,就不足为怪了。

王力认为:"是"是由指示代词发展为系词的。发展的过程是这样的:在先秦时代,主语后面往往用代词"是"复指,然后加上判断语。主语可以是一个或几个名词,如"富与贵,是人之所欲也";也可以是一个或几个句子形式或谓语形式,如"千里而见王,是予之所欲也"。"是"经常处在主谓之间,这样就逐渐产生出系词的性质来。汉语真正系词的产生,大约在公元第一世纪前后,即西汉末年或东汉初年。在《论衡》中已有不少"是"当系词用。但是,系词在判断句中起经常作用,系词句在口语里完全代替了上古的判断句,则是中古时期的事情。在这个时期,系词句有三大标志:第一,它摆脱了语气词"也","是"成为一个必要的,而不是可有可无的系词。如:

问今是何世,乃不知有汉,无论魏晋。(晋·陶潜《桃花源记》)

豫章太守顾邵是雍之子。(南朝·宋·刘义庆《世说新语·言语》)

第二,系词"是"可以被副词修饰。如:

但克让自是美事,终不可阙。(南朝·宋·刘义庆《世说新语·方正》)

第三,系词"是"前面加否定副词"不",在口语里代替了上古的"非"。

"是"用作系词后,又产生许多种活用法,其中最主要的就是承认或否定某一事实,有时候是追究原因。由承认的意思又产生了变相的让步式。那是近代的事情。

王力的论述引起了许多学者的关注,他们围绕着这个问题,陆续发表了不少文章。而马忠认为"这"作为判断词(系词)"开端于东汉初年。又经过大约一百年的发展才确立起来"。洪诚则认为"是"这个判断词(系词)西汉前期就产生了。赵立哲认为"秦汉间已经有系词'是'"。史存直认为"到了春秋时代,判断句就有了系词,这时充当系词的主要有'为'、'是'两个"。"为"本是动词,意为"做","是"本是代词,意为"此"。但是失去本义后,都变成了系词。

"为"和"是"在春秋时代就已产生了系词的用法。

"为"、"是"产生系词的用法之后,它们的本来用法并未立即消失。特别是"为"字,当作"做"讲的用法一直维持到近代。

志村良治《中国中世纪语法史研究》的看法与王力大致相同,他认为:"是"原来是指示词,具有提示主题的功能。上古汉语中,它多用来对较长而复杂的主题进行再提示,从而使语句的脉络更明显。但在汉代已经可以见到用"是"提示单一主题的例子,"余是所嫁人之父也"(汉·王充《论衡·死伪篇》)就是一例。但汉代的"是"仍是指示词,强调提示的功能性很强。如"田儋者,狄人也"(《史记·田儋列传》),"汝阴侯夏侯婴,沛人也"(《史记·樊郦滕灌列传》)等。汉代通常使用辨别词"者",或者把主语和谓语直接结合,是普通的用法,"是"通常用于主题较长的场合,对主题进行再提示,因而可以说汉代是系词"是"的准备时期。"是"成为叙述句的必需成分时,才可以说它是系词。系词"是"经常使用是在六朝以后的事。这些出现在会话部分的"是"的用法,首先在口语中得到普遍使用。

但是,"是"的否定形式似乎不是直接成为"不是"的。"以是我定知,非是魔作佛"(罗什译《法华经》譬喻品),"未是斗豪奢"(张正见《轻薄篇》)等等,似乎"非是"、"未是"用在"不是"之先。"是"还保留着指示性,所以用了"非"。直到唐代用了"不是"的时候,"是"作为系词的用法才确定下来。虽然也有用"非是"的地方,但唐代"是"的否定形式大多用"不是"了。"是"作为系词的用法自六朝以来,直到唐代才普遍化了。

"是"系词化后,被赋予这种功能,它的变化也很复杂,须极慎重地斟酌才行。首先是表原因的用法,其次,"是"由指示词转为泛称词,可译为"一切"。还有"是"用于强调的情况。还可用作副词、连词的词尾,如"定是"、"必是"、"曾是"、"岂是"等等。这样,"是"及随后形成的"不是"逐渐代替文言断句而被广泛使用了。

潘允中在《汉语语法史概要》中指出:肯定的判断句在上古以不用系词为常,它经常采用的表示判断的语法形式有 3 种:(一)主语——表语;(二)主语——表语+"也";(三)主语+"者"——表语+"也"。但是,否定的判断句,却是借用否定副词"非"(匪)来联系主语和表语的。在甲骨卜辞和西周典籍里,在表肯定语气的句子的主宾之间,早已经常使用某些类似虚化词作为联系性的语法成分,其中较常见的"佳"(卜辞·蚕文作"隹",金文偶亦作"惟",古文《尚书》作"惟",今文《尚书》和《诗经》作"维")。上古春秋时期,还经常出现了另一个准系词"乃"。它早见于甲骨、金文,但其原始意义还不完全清楚。至于用作准系词,多见于春秋后期的作品。"乃"和"惟"一样,是个准系词性质的虚词。在当时的判断句中已经提出了系词的要求;在纯系词"是"产生以前,"乃"、"惟"初步适应了这个功能上的需要。所以,姑且称之为准系词。到了春秋以后,"为"就代替了"惟"。"为"的实义是做,是表示行为的动词;后来分化出了一个意义虚化的"为",它不表句子主语的行为,而只是表示主语和表语之间的同异关系。如"子为谁?"曰:"为仲由"(《论语·微子》)。"为"之所以是准系词,是因为:第一,它没有实义,不能作为动词的"做"来解释,即已经虚化。第二,它在句子的主谓之间起着联系作用,并且表示判断。这基本符合判断句的系词的功能,我们没有理由不承认它们是准系词。第三,这些句子的"为"并不是可有可无的,如果去掉它,就不成话,除非把句子改变,用"也"煞句。但也有根本不能改动的,它们不用"也"煞句,而用"为",恰好说明不用系词的旧形式,正在让位于使用准系词的新形式。这样,春秋战国时代的判断句就同时存在着两种形式：不用系词和用准系词"为"。

比"为"稍后，语言中还出现另一系词"是"。"是"的本义是"直也"（见《说文》），引申为"对"或"不错"。"是"在先秦的另一用法是作近指代词，跟"此"的用法大体相同，后来分化和虚化而成为系词。在秦代和汉代间典籍里，"是"充当判断句的系词的，已有一些用例。

"是"由指代词虚化为系词的过程，可以从以下 3 个方面来说明：

1. 由"者……也"到"者，是……也"。

照理，用"者……也"就不必用"是"来复指；用"是"复指主语，就不必用"者"，现在两者并用，"是"的指代词性质就已经虚化，但它在主谓之间的联系作用却是显然存在的。由此，"是"的系词性就逐步形成了。

2. 由"……是……也"到"……是……"。"……是……也"的"是"是复指主语，位置在主谓之间。这是先秦最广泛的用法。但是用之既久，复指代词"是"就容易流为形式，变成只有联系作用的虚词。

3. 由"是则"到"则是"。"是则"的"是"是指代词，"是则"等于今天的"这就"，而"则是"的"是"却不完全是指代词，它是在虚化中的系词性的东西。"则是"等于今语"这就是"。

综合上述 3 方面的演变来看。"是"由指代词虚化为系词，在战国后期周秦之际已臻于成熟。到了西汉，判断词"是"的使用已经在扩大并有所发展了。如："此是何种也？"（《韩非子·外储说左上》）"孰是吾君也，而可以无死乎？"（《国语·越语》）在以上例句中，我们可见，除了"是"以外已经有一个指示代词"此"、"其"存在，而且例句主语简略，没有复指的必要。可见，战国末期已经产生判断词"是"的用法，即使数量较少或处于萌芽状态，但我们仍然不可忽视它们的存在。

尤其是"是是"连用这样一个形式在战国末期的出现，也说明了判断词"是"的产生。前一个"是"是指示代词，后一个"是"是判断词，这也说明了当时指示代词"是"和判断词"是"是并存的。"谓彼是是也。"（《墨子·经说下》）在 1973 年长沙马王堆三号汉墓出土的一幅帛书中的彗星图更加证实了这一观点。"是是帚彗，有内兵，年大孰（熟）是是竹彗，人主有死者。"按裴锡圭鉴定，这幅帛书的成书年代在公元前 369 年到公元前 345 年之间或稍后，正是战国时代，这就有力地证明了判断词"是"在当时的产生与使用。

这种"是是"连用的表达方式在战国后期的竹简中还有例证，如："春子、夏卯、秋午、冬酉，是是人破日。"（《天水放马滩秦简·日书乙种》）"毋射、大簇、蕤宾之卦曰：是是水火之贫。"（《天水放马滩秦简·日书乙种》）到了西汉，判断词"是"的使用已经扩大了。在《春秋谷梁传》、《史记》、《说苑》、《淮南子》、《韩诗外传》等西汉作品中都有判断词"是"的用法。"何以知其是陈君也？"（《春秋谷梁传》）"何用见其是齐侯也？"（《春秋谷梁经》）"此必是豫让也。"《史记·刺客列传》在战国末期以前，有些"是"很容易被人误解为是判断词。判断词"是"产生以后，由于"是"同时可以用作指示代词和判断词，一些作指示代词的"是"也很容易被混淆为判断词"是"。"是"作为近指代词，可以指代人、事物、时间、处所，在句子中可以作主语、谓语、宾语、定语，而作主语的常常用来表示复指前面的事物，可以译为"这"、"这个"、"这样"、"这里"等。如："是吾师也"（《左传·襄公三十一年》），"是社稷之臣也"（《论语·季氏》），"古之人有行之者，武王是也"（《孟子·梁惠王下》），"汤之问棘也是已"（《庄子·逍遥游》）。到了东汉，判断词"是"使用的就更多了，在皇帝诏令、史家传记、学者论辩和文人辞赋以及佛经、道藏和笺注中都有判断词"是"的用法。举例如下:"其谓實之者皆是星也"(《论衡·说日》),"社是上公,非地祇,稷是田正"(许慎《五经异议》),"周礼是周公之制,王制是孔子之后大贤所记先王之事"(郑玄《王制》疏引《驳异义》),"同是被逼迫,此是命矣夫!"(《焦仲卿妻》)由上可见,东汉时修饰判断词"是"的副词增多,如上例中的"皆是"、"同是"、"真是"、"尽是"等,这些副词的使用,加强了判断的作用。在先秦不带判断词的判断句,两汉时增加了判断词"是",如"龟者,天下之宝也","余所嫁妇人之父也",都用上了判断词"是"。原来用判断词"为"的判断句也都改用"是"字,如"成社是上公","周礼是周公之制",在先秦一般用"为"字表示,说"成社为上公","周礼为周公之制"。这些都反映了判断词"是"在两汉时,已经得到了很普遍的使用。

三、判断词"是"的成熟与完善

经过长期的发展演变,到了魏晋南北朝时期,判断词"是"已经相当成熟和完善了,带判断词"是"的判断句已经在判断句中占了绝对的优势,完全处于主导地位。从散文到韵文,从书面语到口语,"是"字判断句都得到了普遍的运用。"是"字判断句句型有了变化,判断词"是"后面的表语扩大,"是"受更多副词修饰,成分趋于复杂化;产生了判断句的省略表达式;产生了确认事实、解释原因等引申用法;产生了"非是"、"不是"、"未是"等新的否定形式的判断句。如:

豫章太守顾邵是雍之子。(南朝·宋·刘义庆《世说新语·黠量》)

本是朔方士,今为吴越民。(汉·曹植《门有万里客行》)

问今是何世? 乃不知有汉,无论魏晋。(晋·陶渊明《桃花源记》)

克让自是美事。(南朝·宋·刘义庆《世说新语·方正》)

然君实是乱世之英雄,治世之奸贼。(南朝·宋·刘义庆《世说新语·识鉴》)

牛屋下是何物人?(南朝·宋·刘义庆《世说新语·雅量》)

夫存亡终始,诚是大体。(晋·葛洪《抱朴子·论仙》)

可见,魏晋南北朝时期,判断词"是"的发展已经完全成熟,使用形式更加多样,使用频率更高,使用范围扩大,在书面语和口语中都占主导地位。因而,在汉语发展史上,这是个极重要的时期,它上承古汉语的发展,下开现代汉语的先河,地位不可忽视。

"是"字判断句在发展过程中,某些判断句里的"是"和现代汉语很接近,这个大约从汉代就开始了,并且是从口头语言而来的。如:

①此必是豫让也。(汉·司马迁《史记·刺客列传》)

②不知木兰是女郎。(《木兰诗》)

③汝是大家子。(《古诗为焦仲卿妻作》)

宋元之后的诗文,尤其是平话小说里,"是"字判断句的使用越来越接近口语,也越来越接近现代汉语了。如:

①则予今所言如此,乃是朋邪之人尔。(宋·欧阳修《与高司谏书》)

②媳妇儿,你在我家,我是亲婆,你是亲媳妇,只当自家骨肉一般。(元·关汉卿《感天动地窦娥冤》)

③自谓少时用心于学甚劳,是可谓善学者矣!(明·宋濂《送东阳马生序》)

④我是年轻媳妇。(清·曹雪芹《红楼梦》第七十四回)

通过对判断词尤其是"是"这个判断词的产生发展过程的简单的描述,我们可以看到古汉语中判断句的简略发展过程。从最早的不使用判断词,到判断词的产生,从几个判断词的交替使用和并存,到判断词"是"的一枝独秀,这个过程正是判断句的发展过程。至于系词在东汉时期之普遍使用,是众所周知的事实。魏晋时期,系词使用得更为普遍,无论散文还是韵文,都有不少用例。判断句使用系词"是"确是萌芽于先秦,而完成和普遍于西汉,至于南北朝以后,判断句有进一步的发展,最突出的就是判断词"是"后的表语逐步扩大化,它可以是复杂的词组,也可以是复杂句子。

关于系词"是"的扩展用法,潘允中把它归纳为 4 类:

第一,"是"插在原来意思已经完整的主谓之间,以示强调,这种谓语都是形容词性或动词性的。最早的用例见于《荀子·天论篇》:"祆(妖)是生于乱。"本来按照先秦的句法,说"祆生于乱",语气已经完足,加上"是",无疑是为了加强肯定。"是"可能来源于"实",它不是指代词,也不是典型的系词,从功能上看,它是副词性质的成分。这种加强肯定语气的"是",在汉代继续出现了一些,但还不普遍。

第二,"是"在句首的。这是在无主句的谓语前头,或动词前头,凭空来个"是"(或"是"和别的副词结合),形成一种特殊判断的语气。这种用法,最早见于东汉时代。唐宋以后的文学语言或口头语里,这种用法更加普遍起来,用例很多。

第三,"是"用于煞句的。它单独充当谓语,后面除了能带语气词"也"、"矣"之类以外,再没有其他成分。

第四,"是"在主谓之间,但主语和谓语的关系并不是等于或属于的关系,而是毫不相干的两个概念,通过"是"而联系起来。这种句式,大概产生于魏晋时代,较早的用例见于《三国志·蜀书·赵云传》裴松之注引《列传》云:"子龙一身都是胆也。"自南北朝以后,这种用法很活跃,而且往往以方位词作主语。

钱宗武认为:判断句主要是以名词或名词短语作谓语,对主语进行判断的句子,起到解释事物的含义、申辩事物是非的作用。判断句分为肯定判断和否定判断两大类型。在现代汉语中,表现肯定的判断句用判断词"是"来连接主语和谓语,表示否定的判断句用"不是"连接主语和谓语。古代汉语中的判断句一般不用判断词,而是谓语后面用语气词"也"帮助表示判断。其语言形式为:主语+名词性谓语+也。王力认为:"也"字煞句是上古判断句的基本形式。它的另一种常见形式为:主语+者,谓语+也。王力认为:"这种用'也'字煞句和用'者'、'也'照应的句子,是古代汉语判断句的典型结构。"古代汉语判断句无论是"基本形式",还是"典型结构",都有较为显著的标志特征,比较容易识别。"者"、"也"表示判断已成为辨识古代汉语判断句的基本常识。然而,古汉语判断句尚有不少问题在学术界的见解不尽一致。诸如:①古汉语的判断句是否具有单一性和限定性。王力认为其谓语仅为"名词或名词性词组"。而《马氏文通》有"散动用如表词者"。易孟醇《先秦语法》则进一步认为可以是"动词性短语和主谓短语作谓语"。②古汉语判断句的判断词是否具有单一性。王力认为:"判断词仅有'是',其产生年代大约在公元一世纪前后,即西汉末年或东汉初叶。"吕叔湘认为:除"是"以外,"及"、"即"等词也可以表示判断,吕称之为"连系词"。廖振佑《古代汉语特殊语法》也认为:"除'是'以外,判断词还有'为'、'谓'、'如'、'若'、'似'、'犹'等。"廖振佑称为"准判断词"。③古汉语判断句的句型标准是根据外部形式还是根据主谓逻辑关系。具体到分析"夫战,勇气也"、"百乘,显使也"之类的句子,王力认为这是判断句的活用,易孟醇则认为:"具有判断句的形态,却不是判断句,因为它们的主谓之间无相关、相属、相等的关系。"④现代汉语语法著作和教材分析句型,或根据句子表达的内容分为:陈述句、疑问句、祈使句、感叹句;或根据句子结构分为:单部句、双部句,完全句、省略句,单句、复句。那么,有没有判断句呢? 如果有,判断句是一种独立的句型,还是一个相辅相成句型系统中的一种句型?

今文《尚书》是成书年代最早的古代文献典籍之一。钱宗武根据对尚书的研究得出如下结论:

第一,古汉语判断句的基本形式是"主语＋名词性谓语"。这种形式是西周金文和今文《尚书》判断句的主要形式,也是汉语判断句的最早形式。这种形式一直存在于文献语言中。到了秦汉时期,"也"字由煞句的需要而出现在名词性谓语后面,起到帮助判断的作用。"主语＋名词性谓语＋也"型判断句成为秦汉时期判断句的一种常式。同样,"者"字也是作为语气助词而在主语的后面,它起到标识判断句主语,提示停顿的作用,加强句子的语气。"主语＋者,＋谓语"型判断句也是秦汉时判断句的一种常式。"者"、"也"两字的出现,使得"者"、"也"俱全的判断句型"主语＋者,＋名词性谓语＋也"成为古汉语判断句的典型形式。这种形式在《史记》中已发展成为一种相当成熟的形式。

第二,古汉语判断句的判断词不是单一的。今文《尚书》就有"是"、"惟"两个判断词。"乃"、"则"是副词,用于主语和谓语之间确认谓语所作的判断或所说的情况真实无疑,合情合理。先秦两汉其他文献亦有这种用法。"乃"、"则"在今文《尚书》中表示判断的用例较少,不是普遍现象。今文《尚书》"惟"共409见,用法多达12种。其中用作判断词36见,在"惟"的各种用法中使用频次较高,而且分布广。今文《尚书》中,"是",还用作连词,表示"于是"的意思。《虞夏书·禹贡》:"桑土既蚕,是降丘宅土。""是"用在谓语之前,复指前面较为复杂的主语。"是"虽不是系词,已具备了系词的功能。"是"由于经常用在主语和名词性谓语之间,复指主语作主语的同位语,复指前置主语的作用不断弱化,代词的词性不断虚化,逐步变为系词,帮助主语表示判断或说明主语。到了西汉,"是"连接主语和谓语的语法作用业已明确。《史记·刺客列传》:"此必是豫让也。"主语是近指代词"此","是"为副词"必"修饰,"是"的语法地位十分明确。到了东汉,判断句"主语＋是＋名词性谓语＋也"式已频频出现在文献语言中。诸如:《论衡·龙虚》:"夷是其后也。"《论衡·死伪》:"余是妇人所嫁之父也。"到了魏晋时期,"主语＋是＋名词性谓语"已是一种成熟的判断句形式。陶渊明《桃花源记》:"问今是何世? 乃不知有汉,无论魏晋。"这里的"是"不再与主语具有同一性,它的作用是专门连接主语和谓语,表示判断。

第三,今文《尚书》的否定判断句已是一种相当成熟的形式。上自西周金文下至汉代《史记》,否定判断句均用否定副词"非"表示。现代汉语的否定判断词"不是"出现在"是"表示肯定判断之后。六朝时"非"已发展为"非是"。如"王非是天子儿叔"(《魏书·于栗传》)。隋唐时期"不是"取代"非是"成为否定判断的基本形式。"若其不是唐民,何其忧思之远也。"(伪古文《尚书·旅獒·孔疏》)。这种否定形式有着强大的生命力,一直沿用至今。

第四,古汉语判断句的谓语具有限定性,仅限于名词、代词或名词性词组。主语和谓语所表示的人、事、物之间具有相等、相属和相类的逻辑联系，主语和谓语多可以互换位置。古汉语判断句的句型标准除了外部形式和主谓逻辑关系外，主要依据谓语的性质来确定，汉语句型根据句意语气分为陈述句、疑问句、祈使句和感叹句，根据句子结构分为单部句和双部句、完全句和省略句、单句和复句，也可以根据谓语性质分为：判断句（名词、代词及名词性词组作谓语）。古汉语判断句与古汉语描写句、叙述句共处于一个相辅相成的句型系统。古汉语语法著作和古汉语教材在谈论句型时常常并提的判断句、被动句和省略句不属于一个句型系统。今文《尚书》中也不乏这样的语例。如《尚书·周书·多方》的"乃尔攸闻"句，《白话尚书》译作："这些是你所听说过的。"显性形式是主谓结构"尔攸闻"，而隐性形式却是"的"字结构"你所听说过的"。同样，古代汉语有些显性形式是判断句，名词或名词性词组处于谓语位置，实际上，其隐性形式却是陈述句，名词或名词性词组不是谓语，而是宾语，动词谓语省略了。如"夫战，勇气也。"其隐性形式是"夫战，（凭借）勇气也"。"凭借"省略了。至于"百乘，显使也"之类，其显性形式和隐性形式都是判断句。"百乘，显使也"即"百乘（之使），显使也"。古代汉语判断句的句型标准主要是谓语性质标准，但绝不是唯一标准，还必须参考主谓逻辑关系和外部形式这两个标准。古代汉语有些句子译成现代汉语成为"是"句型，"是"实际上是个副词，可有可无，在句中仅仅为了加强语气。现代汉语"是"字句型是一个语言形式和表达内容都相当丰富的句型。李临定《现代汉语句型》总结其结合方式有 33 种之多，谓语除名词、代词和名词性"的"字结构外，其他性质的词或词组作谓语，"是"在语法上多是可有可无的，只是在修辞上表达某种特定的语气是重要的。如："她是想妈"句意与"她想妈"同。"我是过一天算一天"句意与"我过一天算一天"同。至于"是不佩服咱尤老二呢，还是怕呢？""是"、"不是"是复句的关联词语，不是判断词。李临定也认为在名词、代词和名词性词组以外的谓语句里，"是"有强化和弱化的不同。"所谓弱化表现为：轻读，可有可无"、"所谓强化，表现为：重读，不能省去"。不能省去的重读"是"，实际上从语法意义上分析仍可省略，只是从表达句子的逻辑重心和表达句子的语气上分析是不能省略的。如"每天我是早晨六点钟起床"与"每天我早晨六点钟起床"没有什么不同，只是前者表达的重心为"是早晨六点钟"。一般说来，现代汉语"是"句型中的名词、代词和名词性词组谓语句是古代汉语判断句的流传。

第七章　动词谓语句的发展

动词谓语句是指主要以具有动作性的动词或表示动词的词语充当谓语的句子。

句子的基本功能是表述,句子的这种表述性主要通过动词谓语句来实现。因为,包含动词性结构的句子是人们表述客观世界变化或状态最常用的方式。除了由形容词性、名词性成分构成谓语的句子以外,汉语中使用最多的是由动词性成分构成谓语的句子,这类句子在汉语中占绝大部分。据赵淑华等对北京语言学院现代汉语精读教材主课文句型的统计分析,以动词性成分作句子谓语的句子在初、中、高级汉语课本 3 套教材和初级汉语课本教材中分别占 82％和 75％。上述数据还不包括独词句、无主句等句子中谓语使用动词性成分。

第一节　古代动词谓语句的形式

古汉语句子中绝大多数谓语也是动词性的。杨伯峻等据对《史记》、《左传》5000 句的抽样统计,以动词为谓语的句子均为 90％左右。

一、动词谓语句的主要形式

①因为是动词作谓语,所以可以是不及物动词句。如:

冬,晋文公卒。(春秋·左丘明《左传·僖公三十二年》)

②也可以用及物动词作谓语,带宾语。如:

晋侯秦伯围郑。(春秋·左丘明《左传·僖公三十年》)

③也可带补语。如:

初,郑武公娶於申。(春秋·左丘明《左传·僖公元年》)

④动词谓语前面可以带状语,后面可带宾语。如:

齐侯以诸侯之师侵蔡。(春秋·左丘明《左传·僖公四年》)

⑤可以带双宾语。如:

公赐之食。(春秋·左丘明《左传·隐公元年》)

这些形式在汉语历史发展的各个时期都是继承的。试举些例子:

1. 臣本布衣,躬耕南阳。(三国·蜀·诸葛亮《出师表》)

2. 夫人之相知,贵识其天性,因而济之。(魏·嵇康《与山巨源绝交书》)

3. 入春才七日,离家已二年。(隋·薛道衡《人日思归》)

4. 向后数岁,生父母皆殁,持孝甚至。(唐·白行简《李娃传》)

5. 金门未辟,玉漏犹滴。(宋·王禹偁《待漏院记》)

6. 齐臻臻摆着士卒,明晃晃列着枪刀。(元·纪君祥《赵氏孤儿大报仇》第三折)

7. 杭有卖柑者,善藏柑,涉寒暑不溃。(明·刘基《卖柑者言》)

8. 十娘抱持公子于怀间,软言抚慰道……(明·冯梦龙《警世通言》卷三十二)

9. 昨夜方寝,而杨令君文骢叩门过仆曰……(清·侯方域《癸未玄金陵日与阮光禄书》)

10. 我为剪纸招忠魂。(清·朱琦《关将军挽歌》)

11. 锡麟持短铳,遽击恩铭,数发,皆中要害。(近代·章炳麟《徐锡麟传》)

12. 祖父虽圣,何救之子孙之黄昏也哉!(民初·严复《译〈天演论〉自序》)

动词谓语句还有兼语式、意动式、处置式、被动式、使动式等等,这些形式我们将在特殊句式中加以说明。

现在着重讲讲古汉语中带宾语和带动量的动词谓语句。

二、带宾语的动词谓语句

(一)双宾句

①公语之故,且告之悔。(春秋·左丘明《左传·隐公元年》)

②多予之重器。(汉·刘向整编《战国策·赵策》)

③不如早为之所。(春秋·左丘明《左传·隐公元年》)

④且君尝为晋君赐矣。(春秋·左丘明《左传·僖公三十年》)

(二)宾语提前句

动词谓语句如果要强调宾语,则可以将宾语前置。又可细分为 4 种情况:

1. 用"是、实、之"等提宾助词提宾,如:

①岂不穀是为?先君之好是继。(春秋·左丘明《左传·僖公四年》)=岂为不穀?继先君之好。

②将虢是灭,何爱於虞?(春秋·左丘明《左传·僖公五年》)=将灭虢

③鬼神非人实亲,惟德是依。(春秋·左丘明《左传·僖公五年》)=鬼神非亲人,惟依德。

④姜氏何厌之有?(春秋·左丘明《左传·隐公元年》)=姜氏有何厌?

⑤商书曰:"无偏无党,王道荡荡",其祁奚之谓矣。(春秋·孔丘整理《尚书·洪范》)=谓祁奚矣。

2. 用"惟"(唯)字构成"惟(唯)……是……"或"惟(唯)……之……"式,表示唯一和排他。如:

①故周书曰:"皇天无亲,惟德是辅。"(春秋·左丘明《左传·僖公五年》)=惟辅德。——只辅佐有德之人。

②率师以来,唯敌是求。(春秋·左丘明《左传·宣公十二年》)=唯求敌。——只是为了寻求敌人(主力,与之决战)。

③孟武伯问孝。子曰:"父母唯其疾之忧。"(春秋·孔丘《论语·为政》)=父母唯忧其疾。——父母只担忧孩子生病。(东汉马融注:"言孝子不为非,唯疾病然后使父母忧。")

④不务张其义,齐其信,唯利之求。(战国·荀况《荀子·王霸》)=唯求利。成语:"唯利

是图、唯你是问"结构与此相同。

3. 如果宾语是指示代词"是"字,就可直接前置,不必用提宾助词。如:

①尔贡苞茅不入,王祭不共,无以缩酒,寡人是徵。昭王南征而不复,寡人是问。(春秋·左丘明《左传·僖公四年》) 寡人是徵=寡人徵是 寡人是问=寡人问是

②敏而好学,不耻下问,是以谓之文也。(春秋·孔丘《论语·公冶长》)

4. 当想要强调介词"以"的宾语时,也可将它前置,如:

①君若以力,楚国(方城以)为城,(汉水以)为池,虽众,无所用之。(春秋·左丘明《左传·僖公四年》)

(以方城)为城——把方城山当作城墙 (以汉水)为池——把汉水当作护城河

②醓醢以荐,或燔或炙。(春秋·无名氏《诗经·大雅·行苇》)

(醓醢以)荐=(以醓醢)荐,用醓醢来进献。

三、动词谓语句中带动量表示法的句子

所谓"动量"即表示动作的数量,这在古代有两种表示法:

(一)一般式

把数词直接放在动词的前面,而不用表示动量的量词。这时的数词在句中充当状语。如:

①(三)进及溜,而后视之。(三秋·左丘明《左传·晋灵公不君》)

②桓公(九)合诸侯,不以兵车,管仲之力也。(春秋·孔丘《论语·宪问》)

③禹八年于外,(三)过其门而不入。(战国·孟轲《孟子·滕文公上》)

④骐骥一跃,不能十步,驽马(十)驾,功在不舍。(战国·荀况《荀子·劝学》)

⑤秦赵(五)战,秦(再)胜而赵(三)胜。(汉·刘向整编《战国策·燕策》)

(二)强调式

当要强调动作的数量时,则把数词从动词前面移到句尾,并在这个数词的前面用"者"字,让它同前面的词语隔开,这样,"者"字前面的词语就充当了全句的主语,移到句尾的数词就上升为全句的谓语。如:

①於是平原君欲封鲁仲连,鲁仲连辞让者三,终不肯受。(汉·刘向整编《战国策·赵策》)

②范增数目项王,举所佩玉玦以示之者三。(汉·司马迁《史记·项羽本纪》)

③韩子庐者,天下之疾犬也。东郭逡者,海内之狡兔也。韩子庐逐东郭逡,环山者三,腾山者五,兔极于前,犬废于后。(汉·刘向整编《战国策·齐策》)

④陛下至代邸,西乡让天子者三,南乡让天子者再。夫许由(一)让,陛下(五)以天下让,过许由四矣。(汉·班固《汉书·袁盎传》)

第二节　动词谓语句的发展

从历时语言发展和个体语言发展(习得)看,汉语动词谓语句在结构方面的发展基本上

经历了一个由简而繁的过程。在发展过程中,逐步产生标记程度越来越高的动词谓语句。

一、不同标记程度动词谓语句的历时发展

从汉语语法历时发展看,动词谓语句的发展是一个标记程度不断提高的过程。自上古(殷商到两汉)汉语至现代汉语,不同句式在施受位置、VP 位置和补语 3 个方面的发展,主要表现如下:

(一)施受位置

在上古,汉语语法"在结构形式上没有被动和主动的区别。直到甲骨金文里也还是这种情况"。(王力《汉语史稿》,中华书局 1980 年版)如:"庄公死、子般弑,闵公弑,比三君死,旷年无君"(《公羊传·闵公二年》)。这说明,上古汉语中受事在前的句式已经存在,这种受事在前的句式无形式标记。受事在前并可以视为句子主题的情形同样表现在上古汉语中。如:"樊哙曰:'臣死且不避,卮酒安足辞!'"(《史记·项羽本纪》)以上是受事位置在前的发展情况。从上古汉语到现代汉语,使用被动句式(包括有"被"等形式标记)基本表示对受事主语产生影响(利弊等)的事件,这类句子在使用范围上比主动句式要少得多。此外,在句首位置,还出现了主谓谓语评论、描绘、叙述,既非施事又非受事的主题句。如:"夫滕,壤地褊小。"(《孟子·滕文公上》)尽管汉语语法发展过程中出现上述不同句式,施事在前一直占主导地位。

(二)VP 位置

在大多数情况下,VP 位置是否在通常位置,与宾语是否在动词的后面有关。一般来说,汉语词序是固定的。从殷墟卜辞起,汉语句子的主要形式就是主-动-宾。这种词序历经上古汉语到现代汉语而无大的变化。但在上古汉语疑问句和否定句中,代词作宾语时要放在动词前面。到了南北朝,口语里的疑问句和否定句中的代词已经后置了。这时,动词由于宾语回到了句子的后面而恢复了通常位置。但是,当句子的两个名词性成分中一个要作为句子的主体出现在句子前面,或者句子使用"把"、"被"、"是"、"之"以及动词带补语时,这时VP 的位置通常在句子后面。

(三)补语

古汉语动补结构有 3 种:结果补语、趋向补语、关系补语。古汉语的结果类动补结构源于动词的使动用法,是其结构发展之一。结果补语萌芽于先秦。如:"若火之燎于原,不可向迩,其犹可扑灭。"(《尚书·盘庚上》)到了西汉,结果补语开始流行。如:"旦飨士卒,为击破沛公军。"(《史记·项羽本纪》)

动词后带有另一表示动作趋向的词,为趋向补语。趋向补语在先秦后期开始出现。如:"燕将攻下聊城。"(《战国策·齐策》)汉以后逐渐盛行,并发展为几个小类。同时,这类补语结构还可以与结果补语重叠使用。如:"行一步,算一步,倒走得我困倦起来。"(《水浒全传》第八回)

动词后带有介宾结构表示时间、处所以及和动词有关的事物,称为"关系补语"。由处所介词"于"构成的介宾结构作补语,在商周时代就存在了。如:"贞:告于唐。"(《殷墟文字甲编·3518》)由介词"以"构成的介宾结构放在动词后作补语,表示动作的方式或手段,在先秦就出现了。如:"投我以木桃,报之以琼瑶。"(《诗经·卫风·木瓜》)到现代汉语,介词"以"可

以拿"用"取代,这类结构的位置由在动词后移到动词前作状语。由介词"自"构成的介宾结构放在动词后作补语始于先秦。如:"我来自东。"(《诗经·豳风·东山》)随着汉语语法的发展,关系补语大多从动词后面移到动词前面作状语。汉语补语结构历史悠久,内容丰富。它是汉语语法结构不断发展和完善的重要手段之一,是汉语语法的重要组成部分。

二、古代特殊用例

(一)不及物动词带宾语

汉语动词分为及物、不及物两类,及物动词可以带宾语,不及物动词一般不可以带宾语。可是,在上古汉语和中古汉语中,不及物动词也有带宾语的情况,这时表示"使宾语怎么样"的意思。这种用法一般称之为使动用法。如:

①故远人不服,则修文德以来之。(春秋·孔丘《论语·季氏》)

②乃与赵衰等谋醉重耳,载以行。(汉·司马迁《史记·晋世家》)

③海内之地,方千里者九,齐集有其一,以一服八,何以异于邹敌楚哉?(战国·孟轲《孟子·梁惠王上》)

④焉用亡郑以陪邻!(春秋·左丘明《左传·僖公三十年》)

⑤今尊立其子,将疑众心。(南朝·宋·范晔《后汉书·张步传》)

⑥庄公寤生,惊姜氏。(春秋·左丘明《左传·隐公元年》)

⑦吾惧君以兵,罪莫大焉。(春秋·左丘明《左传·庄公十九年》)

⑧成王发府,见周公祷书,乃泣,反周公。(汉·司马迁《史记·鲁周公世家》)

(二)及物动词与不及物动词相互转变

上文所举的这些不及物动词不能说是发展成及物动词了,因为这只是它的一种特殊的临时职务,这种临时职务并没有改变它的本来性质。词的这种临时职务一般称作词类活用。但是,在历史发展中,确实有些不及物动词变成了及物动词,还有些及物动词变成了不及物动词。现在分别举例如下:

1.“去”。

(1)“去”字本是不及物动词,表示离开某地。有"离开"、"走了"之意。如:

用则可,不用则去。(战国·荀况《荀子·臣道》)

(2)“去”的反面是"来",所以"去"和"来"常常并举。如:

①生之来不能却,其去不能止。(战国·庄周《庄子·达生》)

②吾以其来不可却也,其去不可止也。(战国·庄周《庄子·田子方》)

③地来而民去,累多而巧少。(战国·荀况《荀子·王制》)

(3)上古汉语的"去"字,用作不及物动词时,大致相当于现代汉语的"走了"。如"鸟乃去矣"可以译为"鸟飞走了";"使者去,子列子入"可以译为"使者走了,列子进来"。同时,"去"又可以用作及物动词,表示离开某地。如:

①纵不能用,使无去其疆域。(战国·荀况《荀子·君道》)

②去其故乡,事君而达。(战国·荀况《荀子·宥坐》)

(4)这种"去",和今天我们说"去广州"的"去"意义正相反。"去齐"的"去",表示离开某地;今天我们说"去广州"的"去"表示到某地去。"去"字当到某地去讲是很晚的事情了。这种"去"不是从古代及物动词"去"发展来的,而是从不及物动词"去"字发展来的,其过渡形式是"投某地去"、"奔某地去"、"到某地去",等等。如:

①五丫头哪里去了?(清·曹雪芹《红楼梦》第六十一回)

②你告诉他们,明儿大夫来瞧了宝玉,叫他再到林姑娘那屋里去。(清·曹雪芹《红楼梦》第八十三回)

(5)把目的地(处所)移到"去"的后面去,就变成了"去广州"的形式,"去"又变了及物动词了。

2."往"

(1)在上古汉语里,"往"字是不及物动词,不带宾语,因为目的地是明显可知的。如:

①往见四子藐姑射之山。(战国·庄周《庄子·逍遥游》)

②俄而子舆有病,子祀往问之。(战国·庄周《庄子·大宗师》)

(2)"往"的反面是"来","来"也是不及物动词,因此,"往"与"来"常常并举。如:

①一往一来,结尾以为事。(战国·荀况《荀子·赋篇》)

②吾已往来焉而不知所终。(战国·庄周《庄子·外篇·知北游》)

"去"也是"来"的反面,但是,在上古汉语里,"往"和"去"的意义是不同的。"往"表示前往某地,其目的地是明显可知的;"去"只表示离开某地,不管是到什么地方去。上古汉语的"我不往"等于现代汉语的"我不去";上古汉语的"我不去"等于现代汉语的"我不走",这是有分别的。

(3)"往"用作及物动词,大约在南北朝以后。下面是一些"往"用作及物动词的例子:

①欲往城南忘城北。(唐·杜甫《哀江头诗》)

②弟妹萧条各何往?(唐·杜甫《九日诗》)

3.兼词"焉"。"焉"字等于"于是",兼有介词"于"与代词"是"的作用,因此,"焉"字可以放在不及物动词"往"的后面。如:

①文王之囿方七十里,刍荛者往焉,雉兔者往焉。(战国·孟轲《孟子·梁惠王下》)

在疑问句里,"焉"等于"于何处",因此,"焉"可以放在不及物动词"往"的前面。

②天下之父归之,其子焉往?(战国·孟轲《孟子·离娄上》)

在疑问句里,"恶乎"也等于"于何处",因此,"恶乎"也可以放在不及物动词"往"的前面。如:

①今一以天地为大炉,以造化为大冶,恶乎往而不可哉?(战国·庄周《庄子·大宗师》)

②道恶乎往而不存,言恶乎存而不可?(战国·庄周《庄子·齐物论》)

一向以"适、之、往"三字为同义词。《尔雅·释诂》:"适,往也。"又:"之,往也。"但是,从语法上说,"往"与"适、之"不是同义词。"往"是不及物动词,不带宾语;"适、之"是及物动词,带宾语。下面是"适、之"的一些例子:

①故解之以牛之白颡者,与豚之亢鼻者,与人有痔病者,不可以适河。(战国·庄周《庄子·人间世》)

②适子之馆兮,还予授子之粲兮。(春秋·无名氏《诗经·郑风·缁衣》)

③仲尼之楚,楚王觞之。(战国·庄周《庄子·徐无鬼》)

④孔子行年五十有一而不闻道,乃南之沛,见老聃。(战国·庄周《庄子·天运》)

（以上"之"字）

由于"适、之"是及物动词，所以在疑问句中，"适、之"的前面用疑问代词"奚"或"何"，不用"焉"。如：

①彼且奚适也？（战国·庄周《庄子·逍遥游》）

②苑风曰："子将奚之？"曰："将之大壑。"（战国·庄周《庄子·天地》）

试比较"天下之父归之，其子焉往"和"先生将何之"、"彼且奚适也"，就可以知道，"往"是不及物动词，"之、适"是及物动词，界限是很清楚的。

（4）"至"

"至"在上古汉语里也是不及物动词，它和"来"一样，不带宾语。如：

①如川之方至。（春秋·无名氏《诗经·小雅·天保》）

②凤鸟不至，河不出图。（春秋·孔丘《论语·子罕》）

由于"至"是不及物动词，所以"至"后面用"焉"不用"之"。如：

①故质的张而弓矢至焉，林木茂而斧斤至焉，树成荫而众鸟息焉。（战国·荀况《荀子·劝学》）

②王无罪岁，斯天下之民至焉。（战国·孟轲《孟子·梁惠王上》）

由于"至"是不及物动词，所以"至"后面如果说出所至的处所的话，必须以"于"（于）或"乎"字为介。如：

①岁二月东巡守，至于岱宗。（春秋·孔丘整理《尚书·舜典》）

②既修太原，至于岳阳。（春秋·孔丘整理《尚书·禹贡》）

由于"至"是不及物动词，所以在疑问句里，"至"字前面用"恶乎"，"恶乎"等于"于何处"。有时也省作"恶"。如：

①恶乎至？ 有以为未始有物者，至矣，尽矣，不可以加矣。（战国·庄周《庄子·齐物论》）

②恶乎至？ 有以为未始有物者，至矣，尽矣，弗可以加矣。（战国·庄周《庄子·庚桑楚》）

但是，战国以后，这个语法规则已经不能严格遵守，"至"也有用作及物动词的时候。如：

①南荣趎赢粮，七日七夜至老子之所。（战国·庄周《庄子·庚桑楚》）

②御寇伏地，汗流至踵。（战国·庄周《庄子·田子方》）

试比较"行十日十夜而至于郢"（《墨子·公输》）与"七日七夜至老子之所"（《庄子·庚桑楚》），又比较"至于齐，反舍于鲁"（《庄子·田子方》）与"至齐，见辜人焉"（《庄子·则阳》），就可以看出，战国以后，"至"字既可以用作不及物动词，又可以用作及物动词了。

（5）"问"。有些动词，按其性质来说，应该是及物的；但也可以省略直接宾语。当其带宾语时，既可以只带直接宾语，又可以兼带间接宾语（"于"字结构）。而其直接宾语和间接宾语，又与后代有所不同。这一类的典型例子就是"问"。

"问"的直接宾语，在明显可知时，或不必说出时，可以省略，只带间接宾语。如：

①吾有知乎哉？ 无知也。有鄙夫问于我，空空如也。（春秋·孔丘《论语·子罕》）

②以能问于不能，以多问于寡。（春秋·孔丘《论语·泰伯》）

在上古汉语里，"问"直接宾语指事，间接宾语指人。《论语》里大量的例子都符合这个规则。如：

第一，只用直接宾语，不用间接宾语。

①季路问事鬼神。子曰:"未能事人,焉能事鬼?"曰:"敢问死。"曰:"未知生,焉知死?"(春秋·孔丘《论语·先进》)

②司马牛问君子。子曰:"君子不忧不惧。"(春秋·孔丘《论语·颜渊》)

第二,同时用直接宾语和间接宾语。

①卫灵公问陈于孔子。孔子对曰:"俎豆之事,则尝闻之矣,军旅之事,未尝学也。"(春秋·孔丘《论语·卫灵公》)

②哀公问社于宰我。宰我对曰:"夏后氏以松,殷人以柏,周人以栗。曰:使民战栗。"(春秋·孔丘《论语·八佾》)

搞清楚了"问"的直接宾语指事、间接宾语指人这个语法规则,才不至于误解《论语》。例如"仲弓问子桑伯子",并不是仲弓向子桑伯子发问,而是仲弓向孔子询问子桑伯子是怎样一个人。又如"叶公问孔子于子路",是说叶公向子路询问孔子是怎样一个人,而不是向孔子发问。从上古语法规则去了解,就不至于误解了。

第三,问疾、问遗(问候并赠送礼物)的"问"。不是一般问答的"问",直接宾语则是指人。如:

①伯牛有疾,子问之。(春秋·孔丘《论语·雍也》)

②问人于他邦,再拜而送之。(春秋·孔丘《论语·乡党》)

在《墨子》、《庄子》、《荀子》等书里,"问"的用法与《论语》基本相同,其直接宾语指事,间接宾语指人(以"于"为介)。如:

第一,只用直接宾语者。

①敢问临尸而歌,礼乎?(战国·庄周《庄子·大宗师》)

②敢问明王之治。(战国·庄周《庄子·应帝王》)

③请问为人君。曰:"以礼分施,均徧而不偏。"(战国·荀况《荀子·君道》)

第二,只用间接宾语("于"、"乎"为介)者。

①啮缺问于王倪,四问而四不知。(战国·庄周《庄子·应帝王》)

②故跖之徒问于跖曰:"盗亦有道乎?"(战国·庄周《庄子·胠箧》)

第三,同时用直接宾语和间接宾语者。

①问于若国之士孰喜孰惧。我以为必能射御之士喜,不能射御之事惧。(战国·墨翟《墨子·尚贤(下)》)("孰喜孰惧"是直接宾语。"若国之士"是间接宾语。)

②问于儒者何故为乐。(战国·墨翟《墨子·公孟》)("何故为乐"是直接宾语,"儒者"是间接宾语。)

"问"字后面的代词,直接宾语指事,用"之";间接宾语指人,用"焉"("焉"等于"于是"。)如:

①子贡曰:"女何问哉?"子路曰:"由问鲁大夫练而床,礼邪?"夫子曰:"吾不知也。"子贡曰:"吾将为女问之。"(战国·荀况《荀子·子道》)(古时父母丧十一月服练冠。练:熟绢。)

②伊尹,天下之贱人也。若君欲见之,亦令召问焉。(战国·墨翟《墨子·贵义》)("焉"指伊尹。)

但是,战国以后,这个语法规则已经不能严格遵守,有一些例外。有时候,直接宾语也可以指人。如:

①齐景公问晏子曰。(战国·墨翟《墨子·非儒(下)》)

②汤之问棘也是已。(战国·庄周《庄子·逍遥游》)

③颜渊问师金曰:"以夫子之行为奚如?"(战国·庄周《庄子·天运》)

从此以后,所问的人不但可以用作间接宾语("于"为介),而且可以用作直接宾语。所问的事,不但可以用作直接宾语,而且可以用作间接宾语("以"为介)了。如:"独有一丈夫,儒服而立乎公门。公即召而问以国事。"(战国·庄周《庄子·田子方》)

第三节 现代汉语动词谓语句

现代汉语常见动词谓语句主要有:

一、动词单独作谓语

动词单独作谓语是有条件的,或者用在对话里,或者用在复句的分句里。特别是在先行句和后续句里,或者用在对比、排比句里;不然,常常要加上一定的语气词或动态助词。如:

①他们‖不惊诧。(鲁迅《"友邦惊诧"论》)

②你‖知道么?(曹禺《日出》)

③月光‖复出。(郭沫若《屈原》)

④您‖要来?(沈从文《丈夫》)

⑤我‖记得。(老舍《月牙儿》)

⑥你‖该想想。(艾青《石青嫂子》)

二、动词谓语句的复杂形式

动词性词语经常作谓语,动词作谓语往往要用复杂形式,即在前面或后面要带上别的成分,其常见形式是动词前面有状语或后面有宾语、补语或动态助词,也可以是这几个成分同现,就是说谓语动词对它前后的成分有一定的依存性。如:

①他‖立即悟出自己之所以冷落的原因了。(鲁迅《阿Q正传》)(主+动+宾)

②潘先生心头‖突地跳起来。(叶圣陶《潘先生在难中》)(主+状+动+补)

③三仙姑‖也暗暗猜透大家的心事。(赵树理《小二黑结婚》)(主+状+动+补+宾)

④我们‖又往前走。(康濯《我的两家房东》)(主+状+动)

⑤他的嗅觉‖像和大地一同苏醒了过来。(丁玲《太阳照在桑干河上》)(主+状+动+补)

⑥我‖赶紧砍断我的心绪。(鲁迅《秋夜》)(主+状+动+补+宾)

一般说来,谓语动词对它前面的成分依存性并不很大,状语的运用取决于语义的需要,有时也能满足动词在句法上的成句要求,特别是表时间、频率的副词和能愿动词常常用来帮助成句。

三、几种动词谓语句

(一)"把"字句

指在谓语动词前头用介词"把"引出受事、对受事加以处置的一种主动句。如：

①郭全海把老孙头的玉石眼追了回来。(周立波《暴风骤雨》)

②我把巡警痛打一顿,让他把我带到巡警局里去,教房东把房子租给你。(丁西林《压迫》)

(二)"被"字句

指在谓语动词前面,用介词"被(给、叫、让)"引出施事或单用"被"的被动句。如：

①于是我们不得不被牵惹着,震撼着,相与浮沉于这歌声里了。(朱自清《桨声灯影里的秦淮河》)

②好像又被他们打了个折扣,怪不舒服。(叶圣陶《多收了三五斗》)

③你给狐狸迷着了么?(柔石《为奴隶的母亲》)

④已经借来了,再送回去,倒叫她多心。(茹志鹃《百合花》)

⑤我在省水利学校毕业以后,很快就被分配到这个县来工作。(马烽《我的第一个上级》)

(三)连谓句

由连谓短语充当谓语或独立成句的句子叫连谓句。如：

①几个女人羞红着脸告辞出来,摇开靠在岸边上的小船。(孙犁《荷花淀》)

②老田头牵着热毛子马回到家里。(周立波《暴风骤雨》)

③我才推上自行车继续往前走。(马烽《我的第一个上级》)

(四)兼语句

由兼语短语充当谓语或独立成句的句子叫兼语句。如：

①我想推举刘同志当主席。(张天翼《华威先生》)

②一向忍气吞声的日子驱使他接受了这个挑战。(沙汀《在其香居茶馆里》)

③今天县委召集我们开会。(孙犁《荷花淀》)

④她听见婆婆叫她走走娘家。(赵树理《传家宝》)

(五)双宾句

谓语中心之后先后出现指人和指事物两种宾语的句子叫双宾句。如：

①我正要问你 一件事。(鲁迅《祝福》)

②母亲教给我 许多生产知识。(朱德《母亲的回忆》)

③虎姑娘指给他 一把椅子。(老舍《骆驼祥子》)

(六)存现句

表示什么地方存在、出现或消失了什么人或物的一种句型。句首有处所词语作主语,宾语表示存现的主体。如：

①大家庭里‖自然不能个个都是好人。(曹禺《雷雨》)

②舱里‖躲着乐工等人。(朱自清《桨声灯影里的秦淮河》)

③小窝棚里‖挤挤巴巴坐着三个人。(王愿坚《党费》)

第八章　主谓谓语句的发展

第一节　关于主谓谓语句范围的界定

主谓谓语句又称双重主语句,是汉语中特有的语言现象。主谓谓语句是指谓语由主谓短语构成的主谓句。

近几十年来汉语语法学界曾经就主谓谓语句进行过两次讨论,取得了可喜的成绩。

自从陈承泽提出"得以句为说明语"这一看法以来,汉语语法学家都承认有主谓谓语句的存在,但对于这种句型的认识很不一致。对于主谓谓语句的主要分歧集中在对主谓谓语句范围的认识上。其原因在于对主语的划分看法不一。

其一,句首有多个名词性成分,其中含时间或处所名词时,对时间或处所名词的看法。

胡裕树、范晓等人认为句首多个名词性成分中的时间或处所名词不是主语,而是状语。这是依据语法关系得出的结论,而对非动词谓语句未作说明。以朱德熙为代表的学者坚持句法标准,持"主语说"的观点。持不同观点的学者对"下午我们开会"和"我们下午开会"之类的句子是否属于主谓谓语句的认识就有所不同。持"主语说"的视两者均为主谓谓语句。持"状语说"则不然。我们认为这种情况还是作状语处理。主要因为这样的时间、地点名词位置灵活,可在主语前,也可在主语后,这符合状语的特点。其次,如果把这种情况作主语处理,势必不可避免地扩大了主谓谓语句的范围,进而引起各种句型的交叉。采用黄伯荣的观点,结合形式和语义来考虑,句首表示时间和处所的名词,如果动词前还有表施受关系的名词作陈述对象,那时间、处所名词就是状语,如果没有,则时间、处所名词就是主语。

其二,句首多个名词性成分中,与 VP 没有所谓密切的语义关系的非动元成分、关涉语和工具成分是否为主语。如"这件事你还没有主意","这把刀他切肉用"。胡裕树认为"这件事"和"这把刀"都不是主语。邢欣还进一步提出"受事、与事、工具、关涉语在前时,一般都是话题"。这样,主谓谓语句的范围进一步缩小。

我们认为,只片面强调句首名词与 VP 之间的语义关系,无视句法结构的看法是不妥的,汉语缺乏形态变化,语序这一语法手段在句法分析中的作用至关重要。句法分析应该从句法结构入手,结合语义的关系。语义分析不能替代句法分析。因为语义分析本身具有较强的主观色彩,实际操作的时候容易出现见仁见智的情况。我们认为,这两个句子都不是主谓谓语句。

其三,首句不相连的复指。当被指称部分是名词性词语的,各家意见一致,都认为是单句,全句为主谓谓语句。若被指称部分是主谓短语的,或以为是复句,或以为是单句。如"青年人最富于理想,这是很宝贵的"之类的句子,大多数学者持复句说,也有学者认为是主谓谓语句。我们认为,这类句子也不是主谓谓语句。

其四,"这本书内容丰富,文字也生动。"之类句子的归类也让人颇费踌躇。或以为这个句子是复句形式作谓语的单句,并且是主谓谓语句。也可以说是后面的谓词性词语承前省略了主语,从而得出复句结论。我们认为,这类句子也不能算是主谓谓语句。

第二节　主谓谓语句的发展

古汉语是否存有主谓谓语句,有哪些类型,研究古汉语的语法著作提及很少或避而不谈。

一、殷商时期的主谓谓语句

其实早在甲骨文时期就有主谓谓语句。这种句型的主语可由名词充当,也可由名词性短语充当。如:

①三斧王率用,弗每,禾? 二斧用? (中国社科院考古所《小屯南地甲骨 2445》)

②癸亥卜,彭贞:王上下亡左? (《甲骨文合集 27107》)

③己亥历贞:三族王其令追召方,及于或? (《甲骨文合集 32815》)

二、西周时期的主谓谓语句

到西周时代,主谓谓语句有了进一步地发展。这一时期的主谓谓语句大致有以下 3 种:

(一)谓语里有复指大主语的复指成分

这又可以分为以下几个小类:

1. 复指成分作主谓短语里的宾语,如:

①信彼南山,维禹甸之。(春秋·无名氏《诗经·大雅·信南山》)

②肃肃王命,仲山甫将之。(春秋·无名氏《诗经·大雅·烝民》)

2. 复指成分作主谓短语里宾语的定语,如:

①不显文武,皂天引厌厥德,配我有周。(《毛公鼎铭》)

②维此王季,帝度其心。(春秋·无名氏《诗经·大雅·皇矣》)

3. 复指成分作主谓短语里的主语,如:

①岂弟君子,莫不令仪。(春秋·无名氏《诗经·小雅·湛露》)(例中的"莫"与"岂弟君子"有复指关系。)

②显允君子,莫不令德。(春秋·无名氏《诗经·小雅·湛露》)

4. 复指成分作主谓短语里主语的定语,如:

①疾威上帝,其命多辟。(春秋·无名氏《诗经·大雅·荡》)

②维柞之枝,其叶蓬蓬。(春秋·无名氏《诗经·大雅·采菽》)

（二）大主语和小主语有广义的领属关系，如：

①节彼南山，维石岩岩。（春秋·无名氏《诗经·小雅·节南山》）

②殷术孙受，德迷成汤之明。（周·无名氏《逸周书·克殷解》）

（三）大主语是受事，小主语是施事，如：

①岂弟君子，俾尔弥尔性，百神尔主矣。（春秋·无名氏《诗经·大雅·卷阿》）

②尔受命长矣！莳禄尔康矣。（春秋·无名氏《诗经·大雅·卷阿》）

三、西周以后直到明清，各类主谓谓语句的发展

（一）小主语同大主语有领属关系的主谓谓语句的发展

在各类主谓谓语句中，这类是产生和运用最早的一类。早在春秋战国时期，这种句型已见运用。如：

①今天下‖地丑德齐。（战国·孟轲《孟子·公孙丑下》）

②君子‖位尊而志恭，心小而道大。（战国·荀况《荀子·不苟》）

汉魏以后，此类主谓谓语句日渐增多。

①将乐县李诞‖家有六女，无男。（东晋·干宝《搜神记·李寄》）

②王蓝田‖性急。（南朝·宋·刘义庆《世说新语·王蓝田性急》）

③先生‖口不绝吟于六艺之文，手不停披于百家之编。（唐·韩愈《进学解》）

④希文‖平生刚正、好学、通古今。（宋·欧阳修《与高司谏书》）

⑤呼延灼‖心慌。（明·施耐庵《水浒全传》第五十七回）

⑥班氏‖文才甚美。（明·李贽《焚书·贾谊》）

⑦愚元‖平生最重农夫。（清·郑燮《范县署中寄舍弟墨第四书》）

⑧当下和尚‖工课已完。（清·曹雪芹《红楼梦》第十五回）

这种主谓谓语句从上古一直使用至今，实质并无大的变化。

（二）大主语是受事，小主语是施事的主谓谓语句的发展

这种主谓谓语句在先秦时很少见到。直到汉魏时也不多见。从语史材料看来，此类主谓谓语句的普遍运用是在唐五代时。宋元明时这种主谓谓语句更为丰富了，可用来构成对偶句。如：

①弱柳青槐‖拂地垂，佳气红尘‖暗天起。（唐·卢照邻《长安古意》）

②彤庭所分帛‖本自寒女出。（唐·杜甫《自京赴奉先县咏怀五百字》）

③小孩儿家‖口没遮拦，一迷的将言摧残。（元·王实甫《西厢记》第三本第二折）

④鸠工庀料，鸠工庀材，土木大作，‖马不能禁。（清·蒲松龄《聊斋志异·黄英》）

（三）大主语（施事）＋小主语（受事）＋动作的主谓谓语句的发展

这类主谓谓语句（"他一床乐器都会"）的特点是将动作行为的受事提至动词前，比上一类出现略晚，大约起于汉代，六朝时也有运用，但为例甚少，在长时期中处于萌芽状态。唐宋以后，此类主谓谓语句逐渐增多。为了强调句中的受事，往往在受事词前加"连"、"和"，后边用"也"等呼应，也可不加"连"，直接在动词前加"也"。如"他连这个也无，所以无进处"。到了清代，这种句式中的受事词可用表示任指的疑问代词"什么"充当，表示周遍性的事物，如：

①这十来个人，‖从小什么话儿不说。什么事儿也不做？（清·曹雪芹《红楼梦》第四十

六回）

②痴老狗！‖ 一些趣也不知。（明·汤显祖《牡丹亭·闺塾》）

（四）大主语和小主语之间没有直接意义联系的主谓谓语句的发展

如："顽话你又认真了。"这类主谓谓语句在历史上出现不多，但也不能无视其在历史上的地位。《论语》中有"禹，吾无间然矣"。"禹"是"无间然"关涉的对象，句子将关涉对象提至句首充当关系主语，全句则成为一个主谓谓语句。除关涉对象，关系主语也可表示关涉范围，这在六朝时已见到例证。如：

①风流秀出，臣不如恭。（南朝·宋·刘义庆《世说新语·方正》）

这类主谓谓语句在近代以前虽有运用，毕竟罕见，普遍用于口语是在明清以后。如：

①这般头号的货，他们还做梦哩！（明·冯梦龙《喻世明言》卷一）

②这件事，我看来是不成的。（清·曹雪芹《红楼梦》第一百一十八回）

（五）大主语和小主语有总分关系的主谓谓语句的发展

在唐以前，此类主谓谓语句只见少许例证，说明还处在萌芽状态。如：

三间瓦屋，士龙住东头，士衡住西头。（南朝·宋·刘义庆《世说新语·赏誉》）

到唐五代时，此类例已颇多见。如：

寺内数个尼，各各事威仪。（《王梵志诗校辑》）

大量运用此类句式是在明代以后，如：

①弟兄两个，‖ 哥哥唤作解珍。弟弟叫做解宝。（明·施耐庵《水浒全传》第四十九回）

②理之所在，‖ 各是其所是，各非其所非。（清·钱大昕《潜研堂文集》卷十七）

从以上 5 类主谓谓语句的简要叙述中可以得到如下结论：

①主谓谓语句作为汉语中一种句型由来已久，它不是现代汉语凭空产生的，是从汉语特点出发分析出的一种句型，在汉语史上都能找到其萌芽、运用和发展的线索。

②5 类主谓谓语句在历史上出现的时间先后不一，发展也不平衡，如果从出现、产生的角度观察。这 5 类主谓谓语句，早的在春秋战国时代出现例证甚至流行运用，晚的在汉魏六朝时也已产生，大体上在唐五代以后均已用开，在汉语句法中奠定了地位。

第三节　现代汉语主谓谓语句

现代汉语主谓谓语句根据大主语和小主语的句法功能和相互之间的关系，可以把主谓谓语句分为下列 3 种情况：

一、大主语是受事，小主语是施事

全句的语义关系是：受事 ‖ 施事——动作，如：

①什么话 ‖ 他都嘴一张就说了。（沙汀《在其香居茶馆里》）

②那个广告，‖ 什么报上都有。（丁西林《压迫》）

③这一点 ‖ 我很明白。（曹禺《日出》第二幕）

通过变换可以发现,这种句子中的大主语都可以充当谓语的受事宾语。由于采用单句结构进行表达的需要,为了强调而移到句首充当全句的主语。

二、大主语是施事,小主语是受事

全句的语义关系是:施事‖受事——动作。

这种句子的小主语(主谓短语的主语)有时是周遍性主语,强调其所指具有周遍性意义,后面常有"都"、"也"与之呼应,含有夸张的意味。如:

①我‖什么也看不见。(鲁迅《伤逝》)

②一个人在这苍茫的月下,‖什么都可以想。(朱自清《荷塘月色》)

有时连续用"受事——动作"结构并列的复句形式表示列举的事物,如:

①向来邋遢的他‖头发也理了,衣服也换了。

②我‖地也扫了,窗户也擦了,连垃圾也倒了。

三、大主语和小主语之间没有施受关系

(一)大主语和小主语之间有广义上的领属关系。如:

①赵太爷‖肚里一论。(鲁迅《阿Q正传》)

②你‖家在什么地方?(郁达夫《春风沉醉的晚上》)

(二)大主语和谓语中的某一成分有复指关系。如:

①小芹和小二黑‖各回各家。(赵树理《小二黑结婚》)(各复指小芹、小二黑)

②他们‖几个为什么还不回来?(孙犁《荷花淀》)(小主语"几个"复指大主语)

还有一种情况,主谓短语中的主语和宾语由同一个疑问代词充当,表示任指关系,如:

①他俩‖谁也没看见谁。

②咱们‖谁跟谁呀。

③这‖才哪儿到哪儿呀。

上面例子中重复使用的两个"疑问代词"都是任指用法,它们的指称范围受到大主语的限制。

(三)小主语是述宾短语,与大主语存在施事和动作的关系。如:

①你们‖以后工作不至于错误。(张天翼《华威先生》)

②麻姑‖待人有礼貌。

③小陈‖办事太认真,又不善应酬。

以上所举各例中主谓短语中的谓语都是谓词性词语,有的主谓谓语句的小谓语是体词性的,多见于口语里。如:

①苹果‖多少钱一斤?

②地瓜‖一斤八毛啦!

第九章　特殊句式的发展

在这里,我们重点介绍使成式、连动式、递系式、处置式、被动式、能愿式等特殊句式的历史起源、发展和演变情况。

第一节　使成式的发展

一、使成式的意义

所谓使成式,就是谓语动词后面带一个不及物动词或形容词作它的结果补语的句式。

①百日而饿死。(汉·刘向编《战国策·秦策三》)

②荆轲坐定。(汉·司马迁《史记·刺客列传》)

"使成式"一词最早由王力提出。"使成式"或又叫作动结式、动补结构、述补结构。王力在《中国现代语法》中为"使成式"定义:"凡叙述词和它的末品补语成因果关系者,叫做使成式。"叙述词包括及物动词和不及物动词。末品补语包括形容词和动词,其中动词必须是不及物动词。因此王力将"使成式"分为两大类:

1. 形容词作末品补语,是表示某一种行为所使成的情况。使受事者成为某种情况是正例,如:

①这个开销错了,再算清了来领。(清·曹雪芹《红楼梦》第十四回)

②一句话,又把宝玉说急了。(清·曹雪芹《红楼梦》第十四回)

使主事者的行为成为某种情况则是变例,如:

低头见是袭人哭了,方知踢错了。(清·曹雪芹《红楼梦》第十四回)

"错"是踢的行为错了,不是被踢的人错了。

2. 动词作补语,表示某一种行为所使成的情况。又细分为两类:

(1)主要动词是及物动词,和动词末品连接后,成为及物性短语,这样,此行为所使成的情形即受事者所遭受的。如:

是怕这气儿大了,吹倒了林姑娘;气儿暖了,又吹化了薛姑娘。(清·曹雪芹《红楼梦》第三十二回)

(2)主要动词是不及物动词者,和动词末品连接后,成为不及物性短语,这样,此行为所使成的情形即主事者所遭受的。如:

①因又睡迷了，来迟了一步。（清·曹雪芹《红楼梦》第十三回）

②没有看见老子娘饿死的理。（清·曹雪芹《红楼梦》第十三回）

王力从意义上将使成式分为两类：外动词带内动词的使成式，其施事者的行为的结果是使某种事物有某种行为；外动词带形容词的使成式，其施事者的行为的结果是使某事物有某种情况。

针对王力的定义，祝敏彻在《使成式的起源和发展》中提出了异议。他认为王力对"使成式"中叙述词所涉及的范围过于广泛，他给使成式重新定义：凡把行为及其施及对象所产生的结果在一个动补式的复合动词（古汉语是词组）中表示出来者，叫作使成式。

其实，在这之前，王力就已经在《汉语史稿》中为使成式重新定义并划分了类别：使成式是一种仂语的结构方式。从形式上说，是外动词带形容词，或者是外动词带着内动词；从意义上说，是把行为及其结果在一个动词性仂语中表示出来，这种行为能使受事者得到某种结果，所以就叫作使成式。

梅祖麟对使成式的定义为：①动补结构是由两个成分组成的复合动词。前一个成分是他动词，后一个成分是自动词或形容词。②动补结构出现于主动句"施事者＋动补结构＋受事者"。③动补结构的意义是在上列句型中，施事者用他动词所表示的动作使受事者得到自动词或形容词所表示的结果。④唐代以后，第二条的限制可以取消。

他的定义与王力、祝敏彻的定义基本一致，但是强调了在使成式产生之后、唐代之前，动补结构出现于主动句"施事者＋动补结构＋受事者"，唐代以后，这条限制消失。

二、使成式的产生的时代

（一）先秦说

持这一观点的有周迟明、余健萍、杨建国、孙锡信等。

1. 周迟明认为使动性复式动词合用式是由词法上的关系发展而成的，大概起源于殷代，分用式是由句法上的关系发展而成的，大概起源于先秦。前者的例子如《尚书·盘庚》中的"扑灭"，后者的例子如《左传·昭公二十一年》中的"城射之殆"。

2. 余健萍和杨建国认为是先秦萌芽。余健萍认为，使成式在周代已经萌芽，历秦至汉，应用日广，不是萌芽而是繁荣滋长起来了。他选取了周秦许多著作中的实例，如《尚书》中的"若火之燎于原，不可向迩，其犹可扑灭"，还有"剿绝"、"发出"等，但是文中似没有提出判定使成式产生的标准，更多的是凭现代人的语感，单纯从形式上将与现代汉语中的动补结构相同的结构认定为使成式，显然说服力不强。

杨建国将单个形容词（包括部分动词）紧置于另一动词（或形容词）之后组成的语言结构称为结果补语式，结果式的前一成分表示动因，后一成分表示结果。他认为结果式萌芽于先秦时代，但是当时表示动词对宾语所使成的结果更多用的是使动词，而不出现前面的"动因"动词。

3. 孙锡信认为从语言事实来看，动结式的出现是在春秋战国时期。孙锡信在《汉语历史语法要略》中说，动结式是动词带结果补语的形式，这种形式往往是两个动词连用或一个动词和一个形容词连用，前一个是及物动词，后一个是不及物动词或形容词，表示前一动词行为的结果。这与王力提出的使成式的第一个成分应该为外动词而不能为内动词这一观点吻合，孙锡信在书中也涉及了使成式的判定标准，他指出动词连用的格式中前后两个（或三个）

动词意义相同相近,所以只能构成联合结构;如果二动词连用,在意义上后补充前,前者表示行为,后者表示结果,那么就成为动结式的动补结构了。并认为商周时的一些动词连用格式还难以认为是动结式,将动结式的出现时间划定于春秋战国时期。可以看出,孙先生的判定标准更多的是从纯粹的语义角度来判定,即 V2 是否与 V1 为因果关系来判断两个动词连用格式是否为动结式。语法意义上则注重于分析后一动词是否表示使动。后一动词如果表示使动则为动结式,不表示使动则认为是联合结构。

(二)汉代说

王力、祝敏彻、吴福祥、胡敕瑞等是这一说法的代表。

王力在《中国现代语法》中曾说"使成式起于何时,现在未能考定。大约最晚在唐代口语里已经有了"。后来,他在《汉语史稿》中又修改了自己的看法:"使成式产生于汉代,逐渐扩展于南北朝,普遍应用于唐代。"(中华书局 1980 年,P404)

在《汉语史稿》中王力强调"我们讨论使成式,首先应该撇开那些似是而非的情况"。他举了"扰乱"(《诗经》)、"助长"(《孟子》)、"拉杀"(《史记》)、"扑灭"(《尚书》)4 例说明"那些似是而非的情况"。他认为,"扰乱"是同义的词素构成的双音词,"助长"是省略兼为名词的迁紧式,"拉杀"、"扑灭"则都是两个动词的并列结构。并且文中作者还举出了《史记》中的一些例子如"推坠"、"射伤"、"推远"来说明什么才是使成式。但是他并未明确说明使成式的判定标准。

祝敏彻认为使动用法和"外动词+'而'+内动词(或形容词)+'之'"式两种语言形式是使成式的前身,与使成式表达一样的意思。并认为使成式是由"外动词+'而'+内动词(或形容词)+'之'"这种句子中的外动词和内动词复合而成。

"在这类句子中,'而'字连接的外动词和内动词(或形容词)都是句中的主要叙述词,'而'前的外动词是主语的行为,'而'后的使动词是宾语的行为(或性状),二行为之间(或行为和形状之间)存在着因果关系,后一行为(或性状)是前一行为使其如此的。这类句子的叙述词,如果一旦失去'而'字的连接,两个叙述词复合在一起,就组成了使成式。"并进一步说明:"两汉时期,汉语叙述句出现了一种有规则的变化。变化的规则是:'而'字联接的单音并列动词,由于'而'字的消失,而出现了单音动词的复合化。"这种复合化的表现为:外动词和外动词的复合化,外动词和内动词的复合化,外动词和形容词的复合化。并提出这三种复合化产生的时代并不相同,但大致都产生于两汉时期。而之所以出现这样的变化是因为汉语内部要求"行使经济,内容明显",并且这种变化也符合汉语词汇由单音走向复音这一发展规律。

之后祝敏彻针对太田辰夫的唐代说发表论文《再谈使成式(动结式)的产生时代》。在文中根据蒋绍愚的两个标准认为"推堕"等已经是使成式,因为"堕"并不具有使动意义,是"推"使之"堕"而非"堕"本身具有使动用法。

吴福祥从语义和语法两方面切入,将补语分为"指受"、"指动"和"指施"3 类,进一步将使成式划分为 5 种格式,并指出指动补语产生最早(东汉),指施补语产生最晚(宋代)。

胡敕瑞根据动作和形状的语义强弱将古汉语动词分为 3 类,"杀"类、"破"类、"熟"类。根据"破"类词语动作语义特征消失而性状语义特征凸显这一现象作为判定使成式是否产生的标准。根据这一标准判定出使成式产生于东汉时期。

(三)六朝说

这一说法的代表人物有志村良治、梅祖麟、蒋绍愚等。

志村良治发展了太田辰夫的观点,但是认为"使成复合动词并非全都完成于唐代,在复合动词当中,其中也会有较早成熟的使成复合动词"。志村良治把使成式的复合动词的成立过程归结如下:

(1)动词的连续用法

①～而～之型　　　　　射而杀之

②～之～型　　　　　　射之殪

　～兼语～型　　　　　吹我罗裳开

　～宾语～型　　　　　始皇无道焚书尽

(2)动词的复合用法

①动词的并列连用　　　　　　灭尽尽灭

②连用动词的惯用化和定型化　灭尽

③第二音节动词的自动词化　　打杀＝打死

(3)使成复合动词化

①语义的等立性消失　　笑杀

②作为复合词的单词化　愁杀

③第二音节的自动词化　听取

他进一步提出了以"愁杀"这一复合动词作为判定标准。并指出使成复合动词化的条件"a)用复音节构成的动词,前面的形态素 A 表示动作的原因,后面的形态素 B 表示其结果。b)客观上能够证明,AB 两个形态素由于结合已经脱离了各自的原义,引起了语义上的变化。c)由于 AB 两个形态素的紧密结合表达一个新的意义。"

梅祖麟从纯粹的理论观点出发,列出"V 杀"、"V 死"可能出现的 4 种类型:

(1)施事者＋V 杀＋受事者

(2)受事者＋V 死

(3)施事者＋V 死＋受事者

(4)受事者＋V 杀

并解释说,在先秦两汉只有(1)、(2)两种句型,(3)句型不出现。在两汉时代,"V 杀"、"V 死"出现场合互补。并且以"V 死 O"的出现作为判定动补结构产生的标准。他着眼于分布,对处在 V2 位置的动词进行统计,判断出它们自动与他动的比例以及所能处的句法位置,用比例说话。最后指出使成式产生于六朝。

蒋绍愚在《汉语动结式产生的时代》中确定了使成式的判定标准:①只有当使成式中后一个动词自动词化或虚化,或者自动词不再用作使动,和后面的宾语不能构成述宾关系;②使成式中动词和补语结合紧密,语义中心通常在前一个动词。蒋绍愚认为:①汉代产生相当多的"V1＋V2(A)",这是汉语的一大发展,但这种形式究竟是动结式还是动词的并用式,还要仔细考察。②判断是否动结式,要重视语义,但不能单凭语义。只有当 V2 自动词化或虚化,或者自动词不再用作使动,和后面的宾语不能构成述宾关系,这才是动结式。并认为,为了确定动结式产生的时代,要把下列问题综合起来一起考虑:①使动用法什么时候开始衰微。②他动词什么时候自动词化。③"V＋O＋c"的形式什么时候开始出现。④动词词缀"得"、"却"、"取"什么时候开始出现。⑤动结式的否定形式什么时候开始出现。

根据上述看法,蒋文考察《史记》和《论衡》中一些被认为是述补结构的词组,认为《史记》和《论衡》中"V1+V2"中的 V2 能和后面的宾语构成述宾关系,所以还不是动结式。因此,在汉代只是具备了动结式产生的基础,或许有个别的词语已经成了动结式,但总的说来,动结式是在南北朝时期产生的。

(四)唐代说

太田辰夫(1958)提出这种说法。他说:"确定使成复合动词的产生时期虽有这样一种困难,但无论如何,这种形式多数是在唐代产生的,在那时,可以认为两用动词已经逐步固定为自动动词,因此,可以认为使成复合动词至迟是在唐代产生的。"(《中国语历史文法》,北京大学出版社,1987 年,P196)

对于使成式的判定虽然采用的方法不一样,结论不一样,但是研究的问题却是集中在两点,即判断使成式动词的他动性和自动性,及后一个动词与宾语是否构成述补关系。

从现代汉语语感看,类似使成复合动词的东西很早就有了。但是完全相同的一个词,在现代汉语是使成复合词,在古代汉语却不是,至少不一定是使成复合词。认为先秦就有使成式的观点,是站不住的。就目前研究来看,第三种观点较为普遍,即较多学者认为使成式产生于魏晋南北朝时期。

使成式既然是两个词的结合,就有可能被宾语隔开。这种情况之所以产生,可能是因为使成式发展的前一阶段动词和补语的关系还不是很密切。宋代以后,虽然还可以发现个别这样的情况,但是,就一般情况说,使成式中间已经不能再插进宾语了。如果有宾语,所放的位置有两种情况:第一种情况是宾语放在使成式后面,这是老办法,汉代以后就有了;第二种情况是宾语放在使成式的前面,这是新办法,是和处置式结合着使用的。有时候,两种情况在一个句子里同时出现。使成式的形成过程大致作如下描述:

①动词的连续用法→②动词的复合用法(动词的等立连用→连用动词的惯用化或定型化→第二音节动词的自动化)→③使成复合动词化(语义的等立性消失→作为复合词而单词化→第二音节动词的助动词化)。

第二节　连动式的发展

一、连动式的定义

连动式是两个以上的动词连用,中间没有停顿的一种语法结构形式。大概在原始汉语里就有了这种结构形式,不过后来这种形式越来越广泛应用了,越来越多样化了。

在《尚书》、《诗经》里,就有不少连动式的例子。如:

①王来绍上帝。(春秋·孔丘整理《尚书·召诰》)

②君王既皆听命,相揖趋出。(春秋·孔丘整理《尚书·康王之诰》)

③来假来乡,降福无疆。(春秋·无名氏《诗经·商颂·烈祖》)

④凤凰来仪。(春秋·孔丘整理《尚书·益稷》)

其他经典和先秦著作,也有许多连动式的例子。如:

①季姬及鄫子遇于防,使鄫子<u>来朝</u>。(春秋·左丘明《左传·僖公十四年》)

②被甲婴胄将<u>往战</u>。(战国·墨翟《墨子·兼爱(下)》)

③<u>往见</u>四子藐姑射之山。(战国·庄周《庄子·逍遥游》)

二、甲骨文中的连动式

根据张玉金的研究,按谓语结构的不同,甲骨文连动式的类别有:

1.(AV)+S+V1+V2

(AV)表示句首状语可以出现也可以不出现。如:

①己亥卜彀贞:翌庚子王涉归?(《甲骨文合集 5231》)

②庚戌卜,辛亥王出狩? 不出?(《甲骨文合集 33381》)

2.(AV)+S+AV+V1+V2

这类句型中的句首状语可以出现也可以不出现。主语后出现两个动词,两个动词前出现了句中状语。如:

①王勿往省,不若?(《甲骨文合集 7440》)

②惠王自往陷?(《甲骨文合集 787》)

3.(AV)+S+V1+V2+CO

CO 表示第二动词带有补语。如:

①王往省从西?(《甲骨文合集 5116》)

②王往次于京?(《甲骨文合集 7357》)

4.(AV)+S+AV+V1+V2+CO

翌癸丑王勿往省从东?(《甲骨文合集 5112》)

5.(AV)+S+V1+O+V2

惠亚以众人步?(《甲骨文合集 35》)

6.S+AV+V1+O+V2

王勿比望乘伐?(《甲骨文合集 6583》)

7.S+V1+O+CO+V2

师般以人于北奠次?(《甲骨文合集 32277》)

8.(AV)+S+V1+V2+O

今者王循伐土方?(《甲骨文合集 6399》)

9.(AV)+S+AV+V1+V2+O

今者王勿步伐夷?(《甲骨文合集 6461》)

10.S+V1+V2+O+CO

王往省牛于敦?(《甲骨文合集 11171》)

11.S—AV+V1+V2+O+CO

勿往逐麋于口?(《甲骨文合集 10343》)

12.(AV)+S+V1+O+V2+O

王比奚伐巴方?(《甲骨文合集 811》)

13.（AV）＋S＋AV＋V1＋O＋V2＋O

王其比望乘称册,光及伐望,王弗海,有杀?（《甲骨文合集 28089》）

14.S＋Vl＋O＋V2＋O＋CO

共众人立大事于西奠玫?（《甲骨文合集 24》）

15.S＋惠＋O＋V1＋V2

卑惠束人以舀?（《甲骨文合集 34240》）

16.（AV）＋S＋惠/勿唯＋O＋Vl＋V2＋O

王惠侯告比征夷?（《甲骨文合集 6460》）

17.S＋（AV）＋V1＋V2＋V3

卑其往福告?（《甲骨文合集 15839》）

18.S＋V1＋V2＋O＋V3＋CO

王往以众黍于冏?（《甲骨文合集 10》）

19.（AV）＋S＋V1＋V2＋V3＋O

王往莅刈黍,延比泟戜?（《甲骨文合集 9557》）

20.S＋V1＋O＋V2＋V3＋O

卑以众舀伐召方,受祐?（《甲骨文合集 31976》）

21.S＋V1＋O＋V2＋O＋V3＋O

［师］般以王族比蜀载［王］事?（《甲骨文合集 14912》）

以上 21 种连动式的句型可分为两大类,1～16 为第一大类,这类句子中出现两个谓语动词;后 5 种为第二类,这类句子中出现 3 个谓语动词。

从连动式动词之间的意义关系来看,甲骨文中的连动式可分为 3 类,第一类是表示先后发生的动作,第二类是后一个动作是前一个动作的目的,第三类是前一个动作表示后一个动作的方式。

甲骨文中没有动词为"有"的连动式。有些句子,基本上是连动式,但连动中又套着兼语。

三、西周汉语连动式

按谓语结构的不同,西周汉语连动式的类别与甲骨文时期的连动式基本相同。

从连动式的谓词性词语之间的语义关系,西周汉语连动式包括:

1. 表示先后发生的动作

①旅人先笑后号眺。（春秋·无名氏《周易·旅卦》）

②山拜稽首,受佩以出。（《善夫山鼎铭》）

2. 前一动作表示后一动作的方式

管叔经而卒。（周·无名氏《逸周书·作雒解》）

3. 后一动作表示前一动作的目的

癸卯,王来奠新邑。（《新邑鼎铭》）

4. 后一动作性状表示前一动作的结果

叔旦泣涕于常,悲不能对。（周·无名氏《逸周书·度邑解》）

5. 前一个动作表示后一动作的原因

假寐永叹,维忧用老。(春秋·无名氏《诗经·小雅·小弁》)

6. 从正反面说明同一件事

公亲曰名反曰:余肇事(使)女,休不逆,又(有)成事。(《多友鼎铭》)

四、魏晋以后的连动式

大约在晋代以后,有一种新的连动式出现。连用两个动词,并不是先后的两件事(如"来朝"、"往见"),也不是平行的两件事(如"往来"、"出没"),而是后面的动词补充前面的动词的意义,有人把这种词组叫作"补充词组"。其实后一个动词("取"、"得"、"到"等)具有副词的性质。分别叙述如下:

(1)"取"

"取"表示做到。如:肯与邻翁相对饮,隔篱呼取尽余杯。(唐·杜甫《客至》)

(2)"得"

"得"表示达到目的。如:尝闻秦帝女,传得凤凰声。(唐·李白《凤台曲》)

(3)"到"

"到"表示得到,做到。连动式的"到"产生较晚。如:

斩首万余级,夺到旗幡金鼓马匹极多。(明·罗贯中《三国志通俗演义·刘玄德斩寇立功》)

(4)"住"

"住"表示阻止。如:花倚朱阑裹住风。(宋·苏轼《赠妓卿词》)

(5)"出"、"入"、"过"

"出"表示从某处出去或出来;"入"表示从某处进去或进来(后来说成"进");"过"表示从某处过去或过来。如:

①最怜双翡翠,飞入小梅装。(唐·元稹《生春》)

②是儿要呕出心乃耳。(宋·宋祁、欧阳修《唐书·李贺传》)

③先主打马数鞭,一勇跳过檀溪水。(元·无名氏《三国志平话》卷中)

(6)"上"、"下"、"起"

"上"表示动作向上;"下"表示动作向下;"起"表示使某物起来或动作开始。如:

①众离烂漫睡,唤起霑盘飧。(唐·杜甫《彭衙行》)

②酒且斟下,某去便来。(明·罗贯中《三国志通俗演义》)

③堂中点上画烛。(明·罗贯中《三国志通俗演义》)

(7)"来"、"去"

"来"表示动作自彼方来;"去"表示动作自此方去。都是表示动向的。如:

①见鲍果从内出来。(唐·蒋防《霍小玉传》)

②乘电光中逃去。(宋·无名氏《五代史平话·唐史》)

到了近代,"入来"变为"进来","入去"变为"进去"。如:

①晴雯便命人叫宋嬷嬷进来。(清·曹雪芹《红楼梦》)

②一脚踢开了门进去。(清·曹雪芹《红楼梦》)

"来"又被用作语气词,放在句末,表示过去。《世说新语》里就有这样的例子,唐宋以后更多。如:

天锡心甚悔<u>来</u>。（南朝·宋·刘义庆《世说新语·赏誉下》）

（8）"起来"、"下来"等

这是 3 个动词连用的结构，其作用等于一个单词，即三音词。但是，当其带宾语的时候，宾语不是放在"起来"、"下来"的后面，而是放在"起"和"来"、"下"和"来"的中间（如"拿起帽子来"、"放下包袱来"）；在否定句中，"不"不是放在三音词的前面，而是放在中间（如"拿不起来"），所以它和一般的三音词不同。如：

3 个动词连用：连我也<u>骂起来</u>了。（清·曹雪芹《红楼梦》）

宾语插在连动式中间：<u>挂起帘子来</u>。（清·曹雪芹《红楼梦》）

"不"插在连动式中间：为什么我们那个过了门，更觉得腼腆了，话都<u>说不出来</u>了呢？（清·曹雪芹《红楼梦》）

以上所述的连动式都是以前一动词为主要成分，后一动词（或后两个动词）为次要成分，等于副词的。也有相反的情况，就是"行"字句。"行"表示进行某事，等于一个词头。如：

将那氏叔琮、朱友宁所将军马，尽<u>行抽回</u>。（宋·无名氏《五代史平话·唐史》）

这种"行"在近代常见于公文中，到了现代汉语里变了变音词"进行"，但用法稍有不同。连动式前一动词带宾语时，后一动词往往表示目的，等于补语。如：

朱温请他入酒店<u>买些酒喫</u>。（宋·无名氏《五代史平话·梁史》）

有时候，前后两个动词都带宾语。如：

宝玉因和他<u>借香炉烧香</u>。（清·曹雪芹《红楼梦》）

由上所述，可见连动式的发展是广泛而复杂的。

从连动式的谓词性词语之间的语义关系，现代汉语连动式可分为以下几类：

1. 表示动作的先后关系。

他还是会找到你家里见四凤的。（曹禺《雷雨》第二幕）

2. 前一个动作说明后一个动作的方式，V1 后常常有"着"。

我冒着大雨撑伞出去散步，一身是水，满脸雨珠。（梁实秋《梁实秋·韩菁清情书选》）

3. 前一个动作表示后一个动作的目的。

他很想出来说几句话替鸣凤辩护。（巴金《家》3）

4. 前一个动作表示原因，后一个动作表示结果。

小王病了住进医院。

5. V1 和 V2 表示互补关系，两者互相补充，互相说明。

他一直跪着不站起来。

6. "有"字型连动句，"有＋V"往往表示条件、能力和动作的关系

小王有能力写好这篇文章。

第三节　递系式的发展

一、递系式的定义

递系式又叫作兼语式。在兼语式中,同一名词一身兼两职,它既作前一动词的宾语,又作后一动词的主语。如:"我叫他来",又如"我请他吃饭"。

二、递系式的发展过程

王力认为:远在上古时代,递系式就产生了。"有"字的宾语,常常兼作主语。如:

入于穴,有不速之客三人来,敬之,终吉。(春秋·无名氏《周易·需卦》)

有朋自远方来。(春秋·孔丘《论语·学而》)

其有真君存焉。(战国·庄周《庄子·齐物论》)

这种"有"字句一直沿用至今。

在先秦时代,"命"、"使"、"遣"、"令"一类动词往往用于递系式。如:

①王命众悉至于庭。(春秋·孔丘整理《尚书·盘庚上》)

②不能使人必用己。(战国·荀况《荀子·非十二子》)

③乃遣子贡之齐。(春秋·墨翟《墨子·非儒(下)》)

④令彭氏之子御。(春秋·墨翟《墨子·贵义》)

到汉代以后,"命"、"使"、"遣"、"令"等仍旧沿用。如:

①光武于是命有司设坛场于鄗南千秋亭王成陌。(南朝·宋·范晔《后汉书·光武帝纪上》)

②加布为中军督。(晋·陈寿《三国志·吴·三嗣主传》)

但是,汉代以后,还使用其他的动词构成递系式,于是,递系式的应用范围更加扩大了。大致可以分为 3 种方式:

第一,使用与"命"、"使"、"遣"、"令"意义差不多的字眼,如"呼"、"唤"等,表示命令或祈使。如:

①后又呼相者使占诸女。(南朝·宋·范晔《后汉书·皇后纪·明德马皇后》)

②子敬神色怡然,徐唤左右扶凭而出。(南朝·宋·刘义庆《世说新语·雅量》)

第二,使用"留"、"邀"等,表示邀请。如:

①羽因留沛公饮。(汉·班固《汉书·高帝纪》)

②宁王邀臣契饭。(五代·杜光庭《神仙感遇传·罗公远》)

第三,使用"拜"、"立"等,与"为"呼应,表示封拜,册立。如:

①秦王拜斯为客卿。(汉·司马迁《史记·李斯列传》)

②正月,张耳等立赵后赵歇为赵王。(汉·班固《汉书·高帝纪》)

③后兼三公,署数十人为官属。(南朝·宋·刘义庆《世说新语·识鉴》)

④山公举阮咸为吏部郎。(南朝·宋·刘义庆《世说新语·赏誉》)

宋代以后,又有"教"、"叫"等用于递系式。如:

①得着娄式没家收活去做小厮,教敬瑭去牧羊。(宋·无名氏《五代史平话·晋史》)

②对不上来,就叫你儒大爷打他的嘴巴子。(清·曹雪芹《红楼梦》)

"使"等后面的名词虽然处于兼位(宾语兼主语),但是,当古人用人称代词来代替名词的时候,由于没有表示兼位的人称代词,就只能用宾语代词"之"来表示。如:

取瑟而歌,使之闻之。(春秋·孔丘《论语·阳货》)

正是由于它是处于兼位,所以这个宾语代词"之"是容易动摇的。在中古时期,"之"在这种地方渐渐让位于"其"。如:

修德使其来,羁縻固不绝。(唐·杜甫《留花门》)

在中古时期,口语里有了"伊、渠、他"之后,书面语里的"其"就不限定用于领位,至少它可以用于包孕句里的主位。这一转变很重要。这可以说明:递系式中的两系是一个整体,其中处在兼位的名词或代词既不能单纯地认为是宾语,也不能单纯地认为是主语。

由于"使"、"令"、"叫"、"唤"等动词的词汇意义的要求,在汉语里使用递系式是必要的。"五四"以后,汉语的表达内容丰富了,递系式的应用范围就比任何时期都扩大了。如:

①既是她的婆婆要她回去,那有什么话可说呢?(鲁迅《祝福》)

②然而叫他离开饭锅去拼命,却又说不出口。(鲁迅《在钟楼上》)

在兼位名词显然可知的情况下,它可以被省略,这样就使不同施事者的两种行为并列在一起。从上古到现在都有这种情况。如:

①无使滋蔓,蔓难图也。(春秋·左丘明《左传·隐公元年》)

②塞下之民,禄利不厚,不可使久居危难之地。(汉·班固《汉书·晁错传》)

③这高俅……若留住在家中,倒惹得孩儿们不学好了。(明·施耐庵《水浒全传》第二回)

总之,递系式的来源是很远的。自先秦到现代,两千多年来,除了兼位代词由"之"到"其"的变换以外,它是最稳固的一种结构形式。"五四"以后,这种递系式有了新的发展,那只是动词多样化了,它的结构形式仍然是和三千年前一样的。

三、兼语动词的类型和来源

太田辰夫详细地讨论了兼语动词的类型和来源:

他把兼语动词分为用于使役的和用于被动的两种。现代汉语中用于使役的兼语动词是"叫"、"使"、"让"。太田认为:"叫"原先写作"教"。可能是从教唆的意义转而成为使役的。在古代可以叫作兼语句,但还有很多并不限于明确的使役。较早的例子多半是虽然具有使役的意义,但还没有完全成为使役化,没有失去原意。"教"出现在先,它变为平声,然后再用"交"。

"叫"原来是表示"呼"的意义的动词。它用在兼语句中,表示"呼唤(某某)做(某事)"的意思,后来变成单纯的使役意义。因为"叫"是去声,"叫"逐渐用得多了,"交"就不用了,而原来有去声的"教"保留下来。但"教"也渐渐受"叫"的排挤变得不用了。不过最近也能见到"教"用得较多的趋势。"叫"用作单纯的使役在元代是没有的,就是在明代可能也不太多,不论在元还是明,在较早的例句中"叫"多伴随着"呼"的意义。

"使"用作使役动词在古代汉语中是很普遍的,在现代汉语中用"使"是较书面的说法。现代汉语中还有"使得"这种说法,这原来是江南方言,意思和"使"相同。

"让"是由表示"谦让"、"劝诱"的意义的动词发展来的。较早的例子是兼语句,但"让"仍是动词。如:

那佳人让客先行。(宋元·无名氏《大宋宣和遗事亨集》)

"让"从那样的原义发展而来,具有委婉的意味,所以,用于容许的意义的也较多。也有从容许的意思稍为变化而表示自己的意志的。

在古代汉语中作为使役的兼语动词的除"使"之外还有"令"、"遣"。从唐代开始又用"放"、"著"等。"令"是去声,但表使役读平声,"著"的命令语气比较强。而且从中古到近古产生很多由它们复合而成的词。如"令使"、"令教"、"使令"、"教令"、"教著"、"遣令"、"遣放"、"放教"、"著令"、"著仰"、"著落"。

因为古代汉语中"令"、"使"又用于假设,所以,如果产生这些复合词,对于区别意义当然是有好处的。

有的兼语句不用兼语动词,而凭借一般动词。在以这种兼语句来表达使役的情况下,它的第一个动词用"请"、"催"、"劝"、"嘱咐"、"吩咐"、"打发"以及其他各种词。如:

①王恭欲请江卢奴为长史,晨往诣江,江犹在帐中。(南朝·宋·刘义庆《世说新语·方正》)

②宋江大喜,遂取酒食,并彩缎二疋,花银十两,打发报信人先回。(明·施耐庵《水浒全传》第七十五回)

这些句子看起来是和现代汉语的兼语句一样。但其实不一样。因为现代汉语中是由于兼语句才赋予第二个动词以使役意义的。而在古代汉语中即使不依靠兼语句也能把中性的动词变为使役动词。因此上述例句不是兼语句,而可以看成连动句。至于像现代汉语那样不用兼语动词,可由兼语句而产生使役的意义,是从什么时候开始的,其时代还难以确定。因为古代汉语的连动句和现代汉语的兼语句在形式上可以是同样的。总之,在中性的动词不能用作使役动词之后,就能够看作兼语句了。但是因为在汉语中,文言文的势力很强,某个词也好,它的用法也好,要确定其下限都是很困难的。在只有弄明白某种用法的下限,其他东西的上限才能弄清楚的情况下,它的时代是很难确定的。但无论如何,现代汉语那样的兼语句很早就存在了,这是没有疑问的。

古代汉语的使役动词留在现代汉语中的非常有限。一是熟语,二是宾语限于是"人",三是主语是处所。

郭红的《变文兼语式与现代汉语兼语式之比较》一文将变文中的兼语式逐类与现代汉语相应的句式加以比较。(兼语前动词简称为"V1",而"V2"则代表兼语后动词)

1. 使令派遣类

(1)"使"在变文中作兼语式的 V1 时,分别表示派遣义、责令义和致使义,如:

①(其母)使人往诣桑林中,唤其新妇。(王重民等编《(唐)敦煌变文集·秋胡变文》)

②(岳神)使人娶之。(王重民等编《(唐)敦煌变文集·叶净能诗》)

③人家男女,父母(娇)怜,忽视保持,身染疾患,便使父心切切。(王重民等编《(唐)敦煌变文集·父母恩重经讲经文》)

而在现代汉语里,作兼语式 V1 的动词"使",其派遣义和责令义几乎消失了,只有致使义仍被广泛而稳定地使用着,如:

①汤使人的胃与气一齐宽畅。(老舍《海樱集·上任》)

②谦虚使人进步,骄傲使人落后。(毛泽东《1956 年中国共产党第八次全国代表大会开幕词》)

③但到春天,忽然听说他已被校长辞退了,这使我觉得有些突兀。(鲁迅《彷徨·孤独者》)

(2)"唤"、"呼"二词作兼语式的 V1 均有呼使义,变文中兼语式 V1 为"唤"的有 20 例,V1 为"呼"的仅 1 例,这与"唤"为白话词语,而"呼"多由文人雅士用于正式书面语有关。如:

①父母悔过,呼苞还家。(王重民等编《(唐)敦煌变文集·孝子传》)

②大王便唤业官侍命司录。(王重民等编《(唐)敦煌变文集·大目乾连冥间救母变文》)

③王闻褒誉,尚未委其根由,更唤须达向前。(王重民等编《(唐)敦煌变文集·降魔变文》)

现代汉语中没有以这两个词作 V1 的兼语句,因为双音词"呼唤"已经取代了这两个词的功用,不过仍只用于书面语中。

(3)"教"也是一个具有使令义的动词,在中古时读作平声,因而在变文、话本等俗书中常简化作"交"字,实为同一词的正体与俗写之别而已,意义并无分别。"教(交)"作兼语式的 V1 是汉代以后的事,如:

①得愿篙橹折,交郎到头还。(郭茂倩《乐府诗集·那呵滩》)

②祇(祇)合当年伴君死,免交憔悴望西陵。(唐·罗隐《雀名》)

③但使龙城飞将在,不教胡马度阴山。(唐·王昌龄《出塞》)

变文中用"教(交)"作 V1 的兼语式共 31 例,其中 28 例写作"交",如:

①况是掳得你来,教我如何卖你?(王重民等编《(唐)敦煌变文集·庐山远公话》)

②朝暮切须看稳审,惆怅莫教外人闻。(王重民等编《(唐)敦煌变文集·丑女缘起》)

③六道轮中,教永断来去之途。(王重民等编《(唐)敦煌变文集·维摩诘经讲经文》)

与敦煌变文同时代的唐传奇中有用"教"而无"交"作 V1 的兼语句,如:

①遂教方士殷勤觅。(唐·陈鸿《长恨歌传》)

②转教小玉报双成。(唐·陈鸿《长恨歌传》)

这是因为唐传奇是规范正式的文体,故只用"教"而不用简化了的俗字"交"。

现代汉语中兼语式中用"交"作 V1 的几乎没有了;用"教"的却不少,只是在地道的北京口语中常写作"叫",这是因为现代汉语的"教"读去声,如:

①这件事教人感到十分为难。

②大奶奶,我叫我的小孙子给您捎了点儿乡下玩意儿。

(4)在变文说白中,还有一些动词本身并不具有使令意味,只是在一定语境中才只有了使令色彩,即 V2 是由 V1 所使或在 V1 影响下发生的,如:

①却便充为养男,不放人知。(王重民等编《(唐)敦煌变文集·前汉刘家太子传》)

②(大人)发使遂告秦王。(王重民等编《(唐)敦煌变文集·搜神记》)

③女郎曰:"此人既远方学问,必是贤才,语客入来,我须见之。"(王重民等编《(唐)敦煌变文集·搜神记》)

④其催子玉于阶下立通曹官入□□皇帝。(王重民等编《(唐)敦煌变文集·唐太宗入冥记》)

⑤今有金?陈叔古(宝)便生为(违)背,不顺阿奴,今拟拜将出师剪戮,甚人去得?(王重民等编《(唐)敦煌变文集·韩擒虎变文》)

⑥欲与张令妻再活。(王重民等编《(唐)敦煌变文集·叶净能诗》)

现代汉语中同样有这样的动词,孤立看并不具有使令性(与"使"、"叫"、"让"、"派"等显

然有别),但由它们构成的兼语句在一定上下文中却只能归入这类。如:

①红星照我去战斗。

②安定团结的政治局面促进了生产水平进一步提高。

(5)汉语的兼语式,其V1从古至今都基本上是单音动词;偶有以复音动词充当的,则基本限于曲艺(包括旧剧中之韵白),一般是起强调作用,敦煌变文这样的俗文学作品中自然更以单音动词作兼语式的V1占绝对优势。值得注意的是,这些往往是由两个使令义单音动词合而为一,构成一个使令义复音动词。这些双音动词并未凝固在后代语言中,而是或被取代,或被淘汰。如:

①白帝每修道者,敕命天下修造尊容,并及观舍殿,(称)崇道教。(王重民等编《(唐)敦煌变文集·叶净能诗》)

②王曰:"其人寿命长短?"即令使鬼检子京帐寿命。(王重民等编《(唐)敦煌变文集·搜神记》)

③世尊遣教为使,往问维摩。(王重民等编《(唐)敦煌变文集·维摩诘经讲经文》)

④李陵处分左右搜括。(王重民等编《(唐)敦煌变文集·汉将李陵变文》)

⑤遂处分左右领至马前。(王重民等编《(唐)敦煌变文集·张义潮变文》)

除以上各例外,这样的双音动词在变文中还有"敕交"、"令教"、"宣令"、"令交"、"令遣"、"发遣"、"遣使"、"遣差"等。

在现代汉语中作兼语式V1的复音动词较敦煌变文时代有所增加,如"吩咐"、"打发"、"促使"、"使得"、"要求"、"迫使"、"催促"、"允许"、"禁止",这与汉语词汇发展过程中的复音化趋势是不无关联的。

(6)变文说白中的使令派遣类兼语式,还有一种情形值得一提,即两个使令类兼语句并列,构成并列复句。一般来说,这两个并列单句的V1为义同或义近的使令类动词,它们往往可以构成工整的对偶句。试看下例:

①总令诚断于贪嗔,悉遣修持于智慧。(王重民等编《(唐)敦煌变文集·维摩诘经讲经文》)

②令知织妇之劬劳,交识蚕家之忙迫。(王重民等编《(唐)敦煌变文集·长兴四年中兴殿应圣节讲经文》)

③唤风伯雨师作一营,呼行病鬼工别作一队。(王重民等编《(唐)敦煌变文集·破魔变文》)

这些句子大多使用了"文义互见"的手法,在意义上可并为一句,实相当于复音动词作V1的一种兼语句。这种特殊的兼语式格式为变文独有,与变文自身说唱相间的特点、唐代诗歌的蓬勃发展有密切关系。而在现代汉语中,兼语句的运用则以语义要求为准,呈对偶形式出现的较之变文少多了。

(7)还有一个问题。变文中如"皇帝诏挣能于大内饮宴(王重民等编《(唐)敦煌变文集·叶净能诗》)"、"皇帝诏高力士商量(王重民等编《(唐)敦煌变文集·叶净能诗》)"的句子既可分析为兼语句,亦可分析为连动式,这是由V2"饮宴"、"商量"等的意义决定的。这种结构在句法上被称为"同形结构",在现代汉语中也有,如"班长带领我们上山砍柴"、"通知马大海动手术"、"我陪着客人喝了几杯"。也有人将这种句式称作"兼语连谓融合式"。无论如何,这种分析对于认识汉语中一些特殊句式的结构是有启发意义的。进一步想,现代汉语中"请他来"、"我请医生去"类句子,通常被分析为兼语式,而实际上这是兼语和连动两种结构交叉的多义词组,归根到底这是由特定的语言环境所决定的。

2. 留邀请托类。指 V1 具有挽留、迎送、请托或纵容等义的兼语式,有人称之为"准使令义兼语式"。此类大多 V1 的用法多与今同,如:

但与[织]绢三百匹,放汝大妻归还。(王重民等编《(唐)敦煌变文集·搜神记》)

少部分如"遗、劳、发、容、许"在现代汉语中被复音词"遗留、劳驾、发送、容许"取代了,这体现了语言发展中灵活性与稳固性的统一。

3. 命名称谓类。这是汉代以来出现于史书的一种兼语式,在变文中亦是。V1 为"拜、立、册、封、改、举、召、用、雇、遣、册立"等,V2 则大多是"为",这与古代的官吏策封制度有关。今天的汉语中,这类的兼语式不再只表示封爵授职,而常用"认 …… 为 ……"、"认 …… 做 ……"、"叫 …… 做 ……"、"称 …… 为 ……"、"称 …… 做 ……"、"选 …… 当 ……"、"选 …… 做 ……"等格式来表达更宽泛的意义,如:

①你们选谁当代表?

②由于各国经常打仗,历史上称这一时期为战国。

与现代汉语不同的是,变文中这一类的 V2"为"有时可省略,如:

①新妇封郓都夫人。(王重民等编《(唐)敦煌变文集·孝子传》)

②汉景帝时,拜子珍光州刺史。(王重民等编《(唐)敦煌变文集·搜神记》)

4. 助引类。指由 V1 协助或引导兼语发出 V2 所表示动作或具有 V2 所表示状态的一类兼语式,如:

①何及引我至孟尝君之家,三年不得士(仕)者,是谁过也?(王重民等编《(唐)敦煌变文集·前汉刘家太子传》)

②所信能拔众生山生死泥。(王重民等编《(唐)敦煌变文集·维摩诘经讲经文》)

现代汉语中并无这类兼语句,像"他带我去小李家"、"我帮妈妈收拾房间"之类的句子多分析为前面提到的"同形结构"。

5. "有、无、是"类。这类兼语句比例较大,在变文说白中占 26.2%,在现代汉语中用法同前,只是"是 ……"句不再划入兼语句,而单以强调句称之。

变文中还有几例以"障、度、藉、索、怕、割、吹"意义,而是引申或借作其他意义了。如:

①割你你身亡。(王重民等编《(唐)敦煌变文集·孝子传》)

②阿谁障你念经?(王重民等编《(唐)敦煌变文集·庐山远公话》)

这种现象出现于语言急剧发展变化的过渡时期,而在现代汉语中已少见。

通过以上对比分析,我们发现了兼语句这一汉语特殊句式的发展演变脉络,有长有消,灵活中有稳定。变文中兼语句的面貌已奠定了现代汉语兼语句的雏形。

王力说:"递系式(相当于兼语式——引者注)的来源是很远的。自先秦到现代,两千多年来,除了兼位代词由'之'到'其'的变换以外,它是最稳固的一种结构形式。'五四'以后,这种递系式有了新的发展,那只是动词多样化了(如'选他做总统'、'派他当代表'、'让他回去'、'批准他请假'等);它的结构形式仍然是和三千年前一样的。"(《汉语语法史》,商务印书馆,1989 年,P294)

第四节　处置式的发展

一、处置式的定义

王力说:"处置式就是'把'字句。就形式上说,它是用介词'把'字把宾语提到动词的前面('一定要把淮河修好');就意义上说,它的主要作用在于表示一种有目的的行为,一种处置。"(《汉语语法史》,商务印书馆,1989 年,P266)

二、处置式的起源

处置式产生于近代汉语的前发展阶段,最早的用例见于三国时的汉译佛经中,但它的大量运用和迅速发展,却是在唐五代以后。

总的说来,这种新兴的句式,既突出了动作的对象,又突出了动作本身,因而丰富了汉语的表现形式,而它本身也成了汉语中最具有特色的句子形式之一。因此,王力才把它的产生称为汉语语法的"一大进步"。

关于处置式的起源学术界有不同的看法,有的学者认为处置式起源于上古,有的学者认为处置式起源于中古,有的学者认为处置式的来源不止一处,总的来说关于处置式的起源有3 种不同的看法。

(一)连动结构说

王力认为在上古汉语里没有处置式,处置式的产生大约是在第七世纪到第八世纪之间,也就是说处置式在唐代就已经产生了。"将"字和"把"字在唐代以前是动词而不是介词,它们经常出现在连动式中,就逐渐地虚化产生了初期处置式。

祝敏彻认为"目的语后面只跟一个简单的叙述词正是初期处置式的特征",因为一方面汉语的动补结构发展的较晚,另一方面"当时处置式刚从连动式中脱胎出来,就只具备简单的叙述词"。认为"将/把(动)+O+V"转化为"将/把(介)+O+V"这种语法化的过程发生于唐代。

(二)"以"字结构说

陈初生利用西周金文中的例证说明"以"字结构是处置式的更早期形式。"以"的用法在汉语中较为复杂,介词"以"的发展过程与"将"和"把"的发展过程有很多相似之处,都是由动词虚化而来:在语法功能上"以"与"把"和"将"也有若干共同之处,可与名词组成介词结构作工具语,可以用来提前宾语。陈初生也认识到作为早期的"以"字句与"将/把"字句相比,还是处于低级、简单的阶段,句式中还看不到处置的结果。陈初生认为处置式产生的原因:一是汉语施受关系表达方式多样化的结果,是修辞的因素刺激了这一句法的发展;二是处置式的词序似是上承远古和上古前期汉语的宾语前置而来。

太田辰夫也认为"以"字句是处置式的前身。太田辰夫把处置式分成6 类:①有两个宾语(直接、间接);②表示认定、充当;③比较、比喻;④改变;⑤命名;⑥一般的处置句。其中先秦时期的有两类,即①和②。

(三)多元来源说

以梅祖麟为代表的学者认为处置式的来源不止一个,一部分来自于古代的"以"字结构,一部分来自于受事主语句前加上"将、把",一部分来自于连动式。梅祖麟认为从历时的角度看处置式产生的方法有3种。一是继承先秦两汉的处置(给、到、作),二是在受事主语句前加"把、将",这种产生力量最强,三是用"把"或"将"把(主—动—宾)句式的宾语提前。

从上面我们可以看出关于处置式的起源大致可以分为两种看法,即广义处置式和狭义处置式。广义处置式认为在上古先秦就已经产生了,这是"以"字结构表示出来的。狭义处置式则是"把/将"字句表示出来的。因为处置式的产生并不是一个孤立的现象,它是语言结构内部自身规律作用的结果,汉语施受关系的表达方法可以用主动句,也可以用被动句,主动句和被动句可以互相转换而意思不变。处置式也是汉语表达施受关系的一种手段。一般的动词宾语句可以和处置式互换而施受关系不变,如"我杀了他"和"我把他杀了",其中施事者都是"我",受事者都是"他"。汉语的句式在中古发生了很大的变化,"被"字句和动补结构在这一时期大量地使用,处置式的初期形式在这一时期出现并不是偶然的,而是有它特定的原因,它和这个时期语言其他的用法是相辅相成的,所以我认同王力的看法,认为处置式起源于中古。

三、初期的处置式的特点

我们既然认为中古时期产生的"把、将"字句的处置式才是真正的初期处置式,那么它必然有其独特之处,我们就来看看这个新兴产生的句式是如何一步步发展完善,最终发展成为现代汉语的一种特殊句式。初期处置式中的动词多数为单音节动词,而且动词后面一般不带补语,这充分表明这个时期的处置式尚处于发展的初级阶段。

(一)有的处置式是单个的动词,前后没有任何的附加成分

①已用当时法,谁将此义陈。(唐・杜甫《寄李十二白二十韵》)

②却思城外花台礼,不把庭前竹马骑。(王重民等编《(唐)敦煌变文集》)

③偷把金箱笔砚开,众中偏得君王笑。(唐・王建《宫词一百首》)

④莫言鲁国书生懦,莫把杭州刺史欺。(唐・白居易《戏醉客》)

(二)有的处置式是动词前面可以带状语、动词后面可以带宾语,

①只把空书寄故乡,那堪旅馆经残腊。(唐・王建《维扬冬末》寄幕中二三事)

②应把清风遗子孙,莫将明月为侪侣。(唐・方干《李侍御上虞别业》)

(三)带补语的处置式寥寥无几,只有很少数的几个

①便与将丝分付了,都来只要两间房。(王重民等编《(唐)敦煌变文集》)

②乱把白云揉碎,应是天仙狂醉。(唐・李白《清平乐》)

我们可以把(一)叫作初期处置式的简单形式,把(二)和(三)叫作初期处置式的复杂形式,"把、将"字句处置式的复杂形式出现晚于简单形式。这个时期可以说是处置式形式极为简单的时代,补语极其不发达,因而句子的描写和叙述远远不如后代那样丰富多彩,虽然也有补语以外的成分,但都很简单,远远不如后代复杂。

潘允中对初期即唐代的处置式的特点,有很好、很全面的论述。他认为,唐代的处置式,由于产生的时间还短,结构比较简单,这表现出以下 4 个特点:①"将"与"把"后的宾语一般说来比较简单;②动词也单纯,几乎没有动后补语;③宾后罕见有否定词;④动词后头不再有宾语。到了近代时期的宋元以后,这些情况都逐渐改变了,朝着复杂多样而完备的方向前进。具体分析为:①宋元作品中出现许多长宾语的句子,宾语长了,就非用"把"、"将"提宾不可,处置式因此就成为必要的了。它从此巩固下来,也发展了。现代汉语里,"把"后带着一个长长的宾语,已经是司空见惯的,它比过去的处置式进步,而且更加完善了。②初期的处置式的动词,绝大多数是单词或词组,再没有什么补语。宋元以后的处置式往往和动补结构相结合,动词比较复杂,带有各种补语。这是汉语语法上的一大跃进,它使汉语的描写力与灵活性大大地增强起来。③唐代的处置式,"把"字后面还没有出现否定语,宋元以后就有了。处置式发展到这里,已离开了处置的意义,只有单纯的提宾作用。但这不是对处置式的否定,而是处置式的又一发展,因为这表示它不仅适用于肯定句,现在连否定句也能用了。④处置式既然是要把宾语提前的,当然在动词后头不会再有宾语(间接宾语除外)。早期处置式的确是这样。但宋元以后,处置式里可以同时有两个宾语,即除了"把"后的正式宾语以外,动词后面容许再带一个次宾语。它跟动词的关系,比正式宾语还要紧密些。

四、宋时的处置式特点

宋时的处置式有了进一步的发展,我们拿《朱子语类》中的处置式来讲,处置式动词前后的附加成分比唐代有所发展。

(一)处置式的动词前后有附加成分

①读论语,须将精义看。(宋·朱熹《朱子语类》)

②遂将吏人并犯者讯。(宋·朱熹《朱子语类》)

其中的单音节动词全部只用于散文句,《朱子语类》之后的后代文章中单音节动词也主要用于韵文,很少用于散文,而在现代汉语中则不再用于散文,只是偶尔用于韵文。

(二)处置式的动词加后附成分宾语

①遂将女妻之。(宋·朱熹《朱子语类》)

②将官家兵器皆去其刃。(宋·朱熹《朱子语类》)

(三)处置式的动词加后附成分补语或者助词,有结果补语、趋向补语、处所补语、动量补语、动态助词等

①公只将那头放重,这头放轻了。(宋·朱熹《朱子语类》)

②后人把文王虽说得煞地,却做一个道行者看著。(宋·朱熹《朱子语类》)

(四)处置式的动词加前附成分状语

看来子贡初年也是把贫与富煞当事了。(宋·朱熹《朱子语类》)

五、元明清时代处置式的发展

元明清时代处置式的动词类型已经相当地丰富,几乎包括了所有的动词性词语的类型,而且有的类型已经相当复杂了,并且绝大部分的类型与现代汉语的情况一致,可以说处置式在元明清时代得到了长足的发展。

（一）元明清时期的处置式和现代汉语的区别

元明清时期的处置式和现代汉语还是有一定的区别，我们可以从以下5点看出：

1. 处置式中的否定词可以放在"把"字结构和动词之间，如：

①谁知到今把恩无顾。（金·董解元《董西厢》）

②你把共乳同胞亲兄弟孙二不礼。（元·萧德祥《杨氏女杀狗劝夫》）

③把原与王六儿的无动，又另加上五十两银子。（明·兰陵笑笑生《金瓶梅》第四十七回）

④宋江分调众将，引军围城，东西北三面下寨，只把南门无围。（明·施耐庵《水浒全传》第六十三回）

但是在现代汉语的表达习惯里，否定词一般是要放在"把"字结构之前的，如：

①林震集中最大的注意力，仍然不能把他讲的话全部把握住。（王蒙《组织部来了个年轻人》）

②近来使我十二万分痛苦的，便是我还有记忆，不能把过去的事完全忘记。（茅盾《腐蚀》）

我们从语句信息传递准确与快速的交互关系来看现代汉语的这种排列语序，这种语序安排的积极意义在于：在句子的开头提出主题之后，然后紧接上否定词，预示主题后边述题的表述内容是相反的、否定的。把否定词置于"把"字结构之后，听话人在理解句子否定的述题表述内容就会推迟一段时间，这对于听话人尽快准确接受信息是一个滞碍。所以句法结构一般选择把否定词置于"把"字结构之前的语序，这样能够更加清晰准确地表达出句子的意思，元明清时代的处置式中否定词的位置不固定，既可以置于"把"字结构之前，又可以置于"把"字结构和动词之间，这只是一种过渡状态，说明这个时期的处置式正处于发展时期，到了现代汉语时期处置式就已经发展完善起来了，因此不再需要这种过渡状态了，因为用多种方式表达同一种意思显得冗余，不符合语言表达的简洁、明快，因而最终确立了一种最符合人类思维模式的格式，即把处置式中的否定词置于"把"字结构之前。

当然现代汉语中有些"把"字句的否定词也可以出现在"把"字短语之后，但是在语用价值上，否定词置于"把"字短语之后的"把"字句不同于否定词置于"把"字短语之前的"把"字句，这和元明清时代有很大的区别。否定词置于"把"字之前，一般是否定整个句子述题的表述内容，否定词置于"把"字短语之后，一般只是否定句子述题中的谓语动词所表述的内容，也就是说只否定动作行为或者是结果情状。如"他把我不放在心上，我也不把他放在心上"这个句子，前一分句的否定词"不"置于"把"字短语"把我"之后，否定词"不"否定的是"放在心上"，后一分句的否定词"不"置于"把"字之前，否定词"不"否定的是"把他放在心上"。

现代汉语中有些"把"字句处置式的否定词只能放在"把"字短语之后，它的特点是"把"字的宾语是"谁"或者"什么"与副词"都"或者"也"相互呼应来表示遥指的意义，如：

他把谁都不放在心上。

他把什么都没当一回事。

2. 处置式中的动词不一定是具有强烈动作的动词，不一定具有处置性，如：

①沙僧听说，咬指道："这泼贱也不知从那里就随将我们来，把上项事都知道了。"（明·吴承恩《西游记》第五十五回）

②正话处，早已万籁无声，正是天街人静，好行者，把身子小一小，脱下索来。（明·吴承恩《西游记》第二十五回）

这与以前时代相比有了一定的发展，因为处置式最初出现时动词都是表示的处置意义。

3. 处置式中"把/将"的宾语后边有时还带有补充、说明性的追加成分,现代汉语中没有这样的用例,如:

①西门庆把那些解到的人犯,也有好情的、斗殴的、赌博的、盗窃的,一一重审一番。(明·兰陵笑笑生《金瓶梅》第五十五回)

②今将第三子倪廷玺,年方一十六岁,因日食无措,夫妻商议。情愿出继与鲍文卿为义子。(清·吴敬梓《儒林外史》第二十五回)

4. 这个时期的处置式中还有一类复指性的宾语,如:

①大人不知,恰才一个人,把这妇人恰待要勒死他,恰好撞着小人,救了他性命。(元杂剧《货郎担》第三折)

②(老太太)叫把跟着的人都按着等儿赏他们。(清·曹雪芹《红楼梦》第二十六回)

5."把"字句与"被"字句套用时,"被"字结构一般在前面,但是也有在后面的情况,如:

①我师傅分明是个好人,必然被怪把他变做虎精,害了师傅。(明·吴承恩《西游记》第三十回)

②慌得他失了群,个个逃生。四散奔走,早把个辟尘儿被老龙王领兵围住。(明·吴承恩《西游记》第九十二回)

③只见那红焰焰、大火烧空,把一座火云润,被那烟火迷漫,真个是焰天炽地。(明·吴承恩《西游记》第四十一回)

这也是一种过渡状态。因为这个时期处置式和"被"字句共同使用时,它的位置还没有最终固定下来,所以有时在"被"字句前面,有时在"被"字句后面。随着处置式的发展完善,现代汉语中"把"字句和"被"字句共同出现时,一定是"被"字句在前,"把"字句在后,位置最终确定下来了。

(二)元明清时代处置式产生的新用法

处置式一经产生,它就会按照自己的规律在语言中生存,说话人就会根据自己对它的理解来使用,在使用过程中把它进行推广,而推广是通过类推来实现的。类推是语言中的某些成分格式之间的关系在说话人的心理上形成了一种平行的模式,说话人就把认为符合该模式的现象纳入这种平行的模式中的一种方式。类推不会创造新的语法形式,但是可以使现有的语法形式泛化,进而使得一种语法形式所表达的语法意义更加复杂,从使用的范围来考虑,元明清时代的处置式产生了许多新的用法,但是多用"把"字句的处置式,一般不用或者少用"将"字句的处置式。

1. 出现了一类表示恐吓、威胁等意义的处置式,它的谓语动词被省略掉了,后来一直比较多见,直到现代的某些方言中,仍然有这样的例子,如:

①且是你这脸生得俊,把我们吓这一跳,我把你个无分晓的老无知!(元杂剧《生金阁》三折)

②老人云:"我把你个老不死的老贼。"(元杂剧《生金阁》三折)

这种带有明显口语色彩的"把"字句处置式一般出现在元杂剧的宾白中。明清的白话小说里只是用于人物之间面对面的诉说、责骂里,说明这种新产生的用法最早也是出现在人民群众的口语里。这种新用法要么是表达一种强烈的不满,从语用的角度看整个句子相当于一个贬义的称呼,说话者的目的是在于告诫对方,引起对方的注意,整个句子在语义上是不完整的,后面往往要有进一步的说明;要么是表示说话人的某种感情,目的在于斥骂、责备或者埋怨,整个句子在语义上是完整的,后面可以有补充说明的成分,也可以没有此类成分。此类"把"字句处置式的语义重心主要在于"你+这+名词性成分"这种格式所特有的直陈语气上,"我把"只是一种羡余的成分,去除后并不影响原句的语义和语气。

2. 元代还出现了一种无主式的处置式,它表示的是对叙述者来说是意外、不幸或不如意的遭遇等,它们都是无主句,并且无法补出某一具体的主动者。如:

①你怎么不来接我,一路上把我跌下驴来,险不跌杀了我。(元杂剧《陈州粜米》三折)

②那日把棉花不见了两包。(明·兰陵笑笑生《金瓶梅词话》第六十七回)

现代汉语"把"字句中,否定词只能位于"把"字之前。但在近代汉语的处置式却不受此项,可放前,如:

二全不将学业修。(《元曲选》)

也可放后,如:

将繁华不挂眼。(《元曲选》)

由于施事的不存在,使得句子中"把"的正常功能(引出受事)消失殆尽,很显然这些句子的"把"字只是嵌在施事主语句之前的一种语意标记,表达一种不幸或者不如意的语义色彩,用"把"字只是加重了这个句子的语气。

3. 有时还可以连用"个","把个"由于经常使用,所以具有了一定的习语性,如:

①话未说了,把个宝钗气怔了,拉着薛姨妈哭道:"妈妈,你听哥哥说的是什么话!"(清·曹雪芹《红楼梦》第三十四回)

②忽然把个晴雯姐姐也没了,到底是什么病?(清·曹雪芹《红楼梦》第七十九回)

由于处置式发展到后期多是表示不如意的意思,并且能够和动词宾语句进行转换,如可以说"气怔了宝钗"、"没了晴雯姐姐"。这就说明说话人为了表达自己的主观情感和态度才选择了处置式,对这种不好的事情进行主观上的处置,或者是对它产生了积极的影响。随着处置式的发展一方面适应了主观表达的需要,另一方面又减弱了主观表达,近代汉语中处置式和动词宾语句并存时,处置式的主观性比动词宾语句的主观性强。现代汉语中有些谓语动词的后头紧接着一些附加成分,其中有些是不允许宾语把它跟动词隔开的,就非用"把"字把它提前不可,只能使用"把"字句的处置式,说明原来用作客观叙述的现在也要用处置式表示,从而说明处置式的主观性减弱了,如不能说"我种花在阳台上"、"放饭在桌子上",而只能说"我把花种在阳台上"、"把饭放在桌子上"。

到近代后期,处置式有了新的发展。在过去的处置式中,宾语既然提前,动词后面就不能带宾语(双宾语和保留宾语除外)。但到近代后期,出现一种新兴的处置式:宾语提前了,动词后面还有宾语。到现代汉语里,这种处置式才普遍应用起来。现代典范的白话文著作里,这种处置式也是常见的。不过,并不是任何处置式的动词后面都可以带宾语,这个动词后的宾语必须是一个动作性的名词。所处置的仍旧是动词前的宾语而不是动词后的宾语。

处置式是汉语语法走向完善的标志之一。由于宾语的提前,宾语后面能有语音的停顿,使较长的句子不显得笨重。更重要的是,由于宾语的提前,显示这是一种处置、一种要求达到目的的行为,语言就更有力量,这种力量不是一般的结构形式所能比拟的。

六、现代汉语的处置式

现代汉语处置式的宾语后面不能只跟着一个光杆动词。除韵文外,动词的前后要有前加成分或者后加成分。动词的后加成分有:动词+了(着),动词重叠。动词是动结式、动趋式,动词+动量、时量宾语,动词+介词短语,动词+得+情态补语;动词前有修饰成分。如:

①把咖啡喝了\把信用卡拿着

②把桌子擦擦\把房子打扫打扫

③把稿子打完\把小王叫进来

④把信又念了一遍\把这报告压了几天

⑤把书放在桌子上\把这袋米带给小王

⑥把我冻得直哆嗦\把客厅挤得水泄不通

⑦把羽绒被往小孩身上拉\把红旗一展

⑧孙逸民把傅家杰拉到前边作了介绍。(谌容《人到中年》)

⑨如果把几个花市的长度累加起来,"十里花街",恐怕是名不虚传了。(秦牧《花城》)

⑩我愿意把它写在这奔腾叫啸、而又安静温柔的长江一起。(刘白羽《长江三日》)

"把"字句在现代汉语北方口语里,尤其在北京话里,有一种常用的特殊句式,"把 O 给 V 了",往往表达一种不如意、不愉快的事,如:

①那您说让我怎么办? 我把它给烧了。

②你要是打了丹晓,就等于把我给揍了。

③我这一出煤,就像是把谁给得罪了。

④可你们小组把我的苍蝇拍给掐了。

这种特殊句式在南方话中则不存在,这种句式简短、利索、爽脆、有力,北京话中用得很普遍。其实从句法结构来看,这种特殊句式实际上是"把"字句和"给(被)"字句两种句式的重合,如上例 2 可以看作"你揍了我"和"我给揍了"的重合。这种句式有时也表达一种获得、受益的意思,如:

①老妈妈喜出望外地大声喊道:"哎呀,可把你给盼到了!"

②走,快上车间去! 这会非把吴总给高兴坏了不可!

"把"字句又名"处置式",这是由句中述语的"处置性"而得名的。处置的行为是动词才能具有的,因而,现代汉语中,"把"字句的述语总要由动词充当。但是,在近代汉语中,非动词性的词语也可以充当述语。如:

①大率人情处,自己事时甚著紧,把他人便全不相干。(宋·朱熹《朱子语类·论语十三》)

②高氏交周氏去灶前捉把劈柴斧头把小二脑门上一斧,脑浆流出死了。(明·洪楩辑《清平山堂话本·错认尸》)

像这样本身并无处置性的述语,在近代汉语中并不是个别的。

现代汉语的"把"字句,除韵文外,述语动词前后总要带别的成分,不能是单个的动词,近代汉语中,大多的用例虽然也是这样,但相反的用例也是存在的,如:

①这个泼皮强夺洒家的刀,又把俺打。(明·施耐庵《水浒全传》第十二回)

②老身见你是金枝玉叶,须不把你作践。(明·洪楩辑《清平山堂话本·十三郎五岁朝天》)

近代汉语中，"把"字句中可以用动词性的状语，而这在现代汉语中则极少见到。如：

①西门庆分付贪四，先把抬轿子的每人一碗酒，四个烧饼，一盘子熟肉，衣散停当。（明·兰陵笑笑生《金瓶梅》第四十八回）

②包兴将自己内里青纲夹袍蛇退皮脱下来，暂当几贯铜钱。（清·石玉昆《三侠五义》第三回）

现代汉语中，人们在谈到"把"字句的规则时，都不会忘记这样一点：否定副词只能用在"把"的前边，不能用在后边，而在近代汉语中，却没有这样的限制。

你娘把我们的人都不大看在眼里。（清·曹雪芹《红楼梦》第六十五回）

我们对几部作品进行了统计，结果发现，在《元人杂剧选》和《金瓶梅》中，否定性状语用于"把"后的句子大大多于用于"把"前的，到了《红楼梦》中，二者的数量基本持平，到了《儿女英雄传》中，用于"把"前的才占了优势。

不仅是否定性的状语，几乎所有的状语都有可前可后的两个位置，而现代汉语中，却不大有这样的灵活性，因为状语通常只有一个位置。所以，像下边的句子就只能出现在近代汉语中：

①把张小闲他们五个，初八日晚夕，在桂春妞屋里都拿的去了。（明·兰陵笑笑生《金瓶梅》第十九回）

②石秀道："他如令都把白杨树木砍伐了去，将何为记？"（明·施耐庵《水浒传》第四十八回）

现代汉语中，能做"把"字结构中"把"的宾语的，一般仅限于代词、名词以及名词性词组，而在近代汉语中，却没有这样的限制。如：

①婆婆衬不住，从头将打先生，骂嫌人，触夫主，毁公婆一一告诉一遍。（明·洪梗辑《清平山堂话本·快嘴李翠莲记》）

②讲到妇德最难，要把初一、十五吃长斋，和尚庙里去挂袍，姑子庙里去添斗，借着出善会热闹热闹，撒和撒和认做妇德，那就误了大事了。（清·文康《儿女英雄传》第二十七回）

方位结构在近代汉语中也时常用作"把"的宾语，这在现代汉语中一般也是不允许的。如：

萧玉仙便将带来驻防的二三千多兵内拣那识字多的选了十个。（清·吴敬梓《儒林外史》第四十回）

关于"把"的宾语，有一个重要的问题是"有定"和"无定"。现代汉语中，"把"的宾语都是有定的，即都是已知的某一确定的人或物，近代汉语中，大多数用例也如此，但也有不少无定的用例。

①黛玉听说，回手向书架一把个玻璃练球灯拿下来，宝玉便将这个灯递给一个小丫头捧着。（清·曹雪芹《红楼梦》第四十五回）

②月雄道："你做一个摆布，与他弄好了便好，把些香愿也许许，我是许了赛神。"（明·兰陵笑笑生《金瓶梅》第五十三回）

"把"字结构在现代汉语中通常是位于主语和述语之间的，而在近代汉语中，有时却放在了主语的前边。

①李勉至此，把你他万分亲热。（明·洪梗辑《清平山堂话本·李沂公穷邸遇侠客》）

②把我这个小象，妞妞带到妞妞屋里去。（清·文康《儿女英雄传》第二十九回）

有时，在连动式或兼语式中，"把"字结构是修饰第二个动词的，但却可以放在第一个动词前，这在现代汉语中也是不允许的。如：

行至马笼峰,六军不肯进发,把那贵妃使高力士将去佛堂后罔地里绞杀了。(元人作《宣和遗事》六集)

在现代汉语中,这句就只能说成"使高力士把那贵妃……"。

这样,近代汉语"把"字句中的"把"字结构实际上就有 3 个位置了,如此的灵活性在现代汉语中是没有的,因为它在现代汉语中只有一个位置。

除上述不同外,近代汉语"把"字句与现代汉语还有两点重要的差异。一是近代汉语中,许多"把"字句都有相应的省略式,这在现代汉语中是不存在的。如:

①那妇人只得从实招说,将那时放帘子因打着西门庆起,并做衣裳入马通奸,一一地说,次后来怎生踢了武大,因何设计下药,王婆怎的教唆拨置,从头至尾说了一遍。(明·施耐庵《水浒全传》第二十六回)

②延捱了两日,人情两尽,只把当厅责了他四十,论了个递解原籍徐州为民。(明·兰陵笑笑生《金瓶梅》第二十六回)

③我把你这个带角的蚯蚓,有鳞的泥鳅!你怎么助道士冷龙护住锅底,教他显圣赢我?(明·吴承恩《西游记》第四十六回)

④庞光便将庞吉与孙荣厚天成在书房如何定计,恐包三公子不应,故此叫小人假扮包兴,告诉三公子只管应承,自有相爷相救,别的小人一概不知。包公叫他画了供。(清·石玉昆《三侠五义》第四十八回)

以上 4 例,分别是省略"把"、"把"的宾语和述语动词的,其中只有第三句这样的用例偶尔能在现代的某些方言中见到。

二是现代汉语"把"字句通常都是"把—受事—述语"式的,但在近代汉语中,还有一种"把—施事—述语"式的句子。

一日,大尹把许宣一一招供明白,都做在白娘子身上。(明·洪楩辑《清平山堂话本·白娘子永镇雷峰塔》)

这种句子的进一步发展,又产生了另一类句子:

今日之上,把只煮熟的鸭子飞了。(清·文康《儿女英雄传》第十五回)

到这里,"把"字句已经不再表示处置了,它只被用来强调一种不幸的、不如意的意味。类似的用例,现代汉语中也有,但数量远不如近代汉语中多。如此纷纭复杂的形式和用法,远非现代汉语所能比。那么,这种情况是怎样形成的? 我们知道,语法是一个发展的过程,在这个过程中,在旧形式的基础上,又能产生新的形式,而新旧形式大致都有一个并存的阶段。此外,再加上那些时代缺乏严格统一的标准和规范,这样,人们在语言运用中有时就表现出一定的随意性。日积月累中,出现上述情况就不足为怪了。

第五节　汉语被动句的历史演变

学者们对于汉语被动句式的演变过程,无过多的分歧。较为普遍的观点是,汉语被动句从古至今经历了由"无形式标记"(即主动被动同形)到"有形式标记"的漫长发展历程。下面按各阶段的主要特点来论述。

一、古代汉语的被动句

古代汉语的被动句有"无标记的"和"有标记的"两类。

(一)无形式标记的被动句

无标记被动句从外部形式上来看并无专用的被动词汇标记,而其句式本身的被动义则主要是依据语言环境或特殊语境下的动词语音形式的变换来体现的。这种受事做主语但无专用被动词汇标记的被动句,在甲骨文时代和上古西周时期就已产生。如:

①直:王不置?(《甲骨文合集 2002》)

②王咸浩,何矍则什朋。(《何尊铭》)

③公违省自东,在新邑,臣卿矍金,用作父乙宝彝。(《臣卿鼎铭》)

④惟时怙冒,闻于上帝。(春秋·孔丘整理《尚书·周书·康诰》)。

黄广生指出,"根据现有的古代文献——契文、金文、先秦古籍,都足以证明在早期的汉语中是施受同辞的"。对于《春秋公羊传·庄公二十八年》中"春秋伐者为客,伐者为主"一句,何休注:"伐人者为客,读伐,长言之,齐人语也;见伐者为主,读伐,短言之,齐人语也。"这里读"长言"的"伐"实际上是表主动,读"短言"的"伐"表被动。可见语音上的"长言"、"短言"之分是上古汉语"主动"、"被动"之分在语音手段上的一种表现形式。

王力谈道,"远古汉语里,在结构形式上没有被动和主动的区别,直到甲骨金文里也还是这种情况",并举出了若干意念被动句的例句,如:"谏丘言贩"(《孟子·离娄下》)义为"劝谏被采纳、施行,意见被接受";"鲁酒薄而邯郸围"(《庄子·胠箧》)义为"鲁国(所送的)酒不好而赵国的首都被围"等。

据管燮初对西周金文的研究,远古汉语有用动词异读的语音内部屈折形态表示被动语法语义的用法。西周金文中:①"接受"义的"受"与"授予"义的"授"字形相同,都写作"受",但其古音不同,即"受,植酉反,容"(《切韵·有韵》),而"授,承秀反,付"(《切韵·有韵》);②"被召见"义的"见"读浊声母,而"进见"义的"见"读清声母;③西周早期的"令"字有"令"和"命"两个读音,西周中期以后,"令"读只用于主动句,而"命"则既可以表示主动,也可以表示被动,所以推想当时的"命"仍有"命"、"令"两读。

冯英在对汉语语法史的研究中也指出,上古汉语中"尽管已有'于'字、'见'字被动式,但广泛使用的是用主动的形式表示被动的意义,也就是意念被动句"。如:"三百羌里于丁"(《甲骨合集 295》)、"保侃母赐贝于庚宫"(《保侃母》)、"禹盟玄圭"(《尚书·禹贡》)、"商君车裂于秦"(《韩非子·和氏》)、"田常徒用德,而简公盆:子罕徒用刑,而宋君边"(《韩非子·二柄》)等例句都含有被动的语法意义。"东汉以后的注释书中,对于那些借用一般主动形式表示被动意义的句子往往加上表示被动的形式来注释"。如:①"乱生不夷,靡国不泯",毛传:"夷,平也;泯,灭也。"郑笺:"军旅久出征伐,而乱日生不平,无国而不见残匹也。"(《诗经·大雅·桑柔》)②"(儒)不呈长上,不阁有司。"郑玄注:"累犹系也,阁犹病也;言不为堵退,人大签吏鱼迫而违道。"③"夫章子……出妻屏子,终身不盖焉。赵岐注:夫章子……出去其妻,屏远其子,终身不麦工鱼盖也。"(《孟子·离娄下》)④"君者失准绳则度。"高诱注:"为鱼历鹰丝,更立贤君。"(《淮南子·本经训》)⑤"氏羌元民,其虚也。"高诱注:"言氏羌之民为寇贼,立人卫如复。"(《吕氏春秋·义赏》)⑥"天则不言而信。"郑玄注:"不言而见信,如天也。"(《礼记·乐记》)⑦"鲁之创也滋甚。"赵岐注:"鲁之见创,夺亡其土地者多若是。"(《孟子·告子下》)⑧"左右若塑,周旋若环。"高诱注:"左右谓骚也,步趋之力若被塑矣。"(《淮南子·览冥训》)⑨"今子内固而外室,且善否莫不信。"韦昭注:"内固,内得君心。外见立置。所善恶,无不见信。"(《国语·晋语》)

(二)有词汇标记的被动句

真正的被动式在先秦是比较少见的,而且它的出现是春秋以后的事。从历史文献来看,有词汇形式标志的被动句在西周时就已出现。汉语被动句的词汇形式标记经历了由单一性到多样化、由简单到复杂、由共存到竞争发展的漫长历程。在这个过程中曾出现过的专用被动标记词主要有"于"、"见"、"见……于……"、"为"、"为……所……"、"被"、"给"等。

1."见"字被动句。"见"字被动句是一种较古老的被动句式,在甲骨文中已有。如:"今日王其步,见雨,亡灾。"(《甲骨文合集续610·4》)这种被动句式广泛运用于春秋战国之交,两汉继续发展,但到了六朝时开始衰落,逐渐让位于其他被动式句型。"见"和谓语动词之间不能插入施事者。如:"年四十而见恶焉,其终也已"(《论语·阳货》),"投我以桃,报之以李,即此言爱人者必见爱也,而恶人者必见恶也"(《墨子·兼爱(下)》),"盆成括见杀"(《孟子·尽心(下)》),"臣闻武帝使中郎将苏武使匈奴,见留二十年不降"(《汉书·燕王旦传》),"臣诚恐见欺于王而负赵"(《史记·廉颇蔺相如列传》)等。这是被动式也可带直接宾语,王力所说始自唐代,实际上古已有之,如:"王子比干不见剖心乎?"(《荀子·宥坐》)"蔡泽见逐于赵。"(《战国策·秦策》)"吾长见笑于大方之家。"(《庄子·秋水》)

2."于"字被动句。据张玉金[《甲骨文语法学》(学林出版社,2001年)]的研究,甲骨文中已有可引进动作行为施事者的被动标记"于"。如:

①不若于示?(《甲骨文合集1285》)

②若于禹示?(《甲骨文合集1023》)

③贞:有不若于父乙?(《甲骨文合集3255》)

西周一些文献中也有"于"字式被动句。"于"字引出动作行为的施事,"于"字结构一般作补语。如:

①侯作册麦赐金于辟侯,麦扬,用作宝尊彝。(《麦尊铭》)

②唯王八月,息伯赐贝于姜。(《息伯卣铭》)

"於(于)"字式是汉语中最早使用的被动式,在上古汉语仍占主要地位。到中古汉语,不再是主要的被动式。据唐钰明的统计,在春秋战国之交的典籍《左传》、《国语》、《论语》、《墨子》中,"于"字式被动句共有54例;在战国后期的典籍《孟子》、《荀子》、《庄子》、《韩非子》、《战国策》中,"于"字式被动句共有149例。《史记》中被动式有208例,"於(于)"字式有38例,占总数的11%。据何亚南统计,《三国志》中被动式有598例,"於(于)"字式有41例,占总数的6.9%。据张振道《世说新语》中被动式有85例,"於(于)"字式有4例,占总数的4.7%。此式在中古时期衰落。

如:

①鍼惧选于寡君,是以在此。(春秋·左丘明《左传·昭公元年》)

②御人以口给,屡憎于人。(春秋·孔丘《论语·公冶长》)

③劳心者治人,劳力者治于人;治于人者食人,治人者食于人。(战国·孟轲《孟子·滕文公上》)

④故善战者致人而不致于人。(春秋·孙武《孙子兵法·虚实》)。

《史记》等汉代文献中,这类被动句也较多,但已明显少于"为"字句。如:

①怀王以不知忠臣之分,故内惑于郑袖,外欺于张仪。(汉·司马迁《史记·屈原贾生列传》)

②夫破人之与破于人也,臣人之与臣于人也,岂可同日而论哉。(汉·司马迁《史记·苏秦列传》)

3."宁"字被动句。"动·宁·宾"型被动句在《左传》及先秦诸子古典文献的各种被动句型中居于首位。如:

虞卿请赵王曰:"人之情宁朝人乎? 宁朝于人也?"(汉·刘向编《战国策·赵策四》)

4."乎"字被动句。先秦文献中有"动·乎·宾"式被动句。如:

①公子翚恐若其言闻乎桓。(战国·公羊高《公羊传·隐公四年》)

②万尝与庄公战,获乎庄公。(战国·公羊高《公羊传·庄公十二年》)

③是故得乎丘民而为天子,得乎天子为诸侯,得乎诸侯为大夫。(战国·孟轲《孟子·尽心下》)

5."为"字被动句。"为"字式是汉语史上使用历史最长的被动式。"为"字式被动句出现于春秋时期,在战国之交的典籍中已经占有一定的比例。"为"字和谓语动词之间可插入事者,这种格式一直沿用到汉代,如:

①不为酒困。(春秋·孔丘《论语·子罕》)

②道术将为天下裂。(战国·庄周《庄子·天下》)

③身死人手,为天下笑者,何也?(汉·贾谊《过秦论上》)

④身客死于秦,为天下笑。(汉·司马迁《史记·屈原贾生列传》)

⑤年登婚宦,暴慢日滋,竟以言语不择,为周逖抽肠衅鼓云。(北朝·北齐·颜之推《颜氏家训·教子》)

"为"后也可不出现施事而直接跟谓语动词,如:

失礼违命,宜其为禽也。(春秋·左丘明《左传·宣公二年》)

6."为……于……"式被动句。春秋战国时期,"为……于……"等"表明动作影响指向的助词和引进施事的介词并用的综合形式"也随之产生。如:

暴王桀纣幽厉,兼恶天下之百姓……使遂失其国家,身死为僇于天下。(战国·墨翟《墨子·法仪》)

7."见……于……"式被动句。战国后期,在原有各种被动式继续沿用发展的基础上又进一步产生了"见……于……"等更多的形式。如:

使文王所以见恶于纣者,以其不得人心耶? 则虽索人心以解恶可也。(战国·韩非《韩非子·难二》)

8."为……所……"式被动句。"为……所……"式被动句战国后期,最早出现于《庄子》、《韩非子》、《战国策》中,共有4例。如:

申徒狄谏而不听,负石自投于河,为鱼鳖所食。(战国·庄周《庄子·盗跖》)

夫直议者不为人所容。(战国·韩非《韩非子·外储说左下》)

楚遂削弱,为秦所轻。(汉·刘向编《战国策·秦策四》)

到了汉魏六朝,"为……所……"式迅速发展,成为优势被动式。如《搜神记》全书被动式66 例,该式 36 例,占 54.5%。《世说新语》全书被动式 85 例,该式 35 例,占 41.2%。《百喻经》全书被动式 63 例,该式 26 例,占 41.3%。如:

①如姬父为人所杀。(汉·司马迁《史记·魏公子列传》)

②卫太子为江充所败。(汉·班固《汉书·霍光传》)

③周弘正为宣城王所爱。(北朝·北齐·颜之推《颜氏家训·涉务》)

此外,在"为……所……"式的发展过程中产生了"为……之所……"、"为……之……"、"为……见……"、"为所"式等变式。"为……之所……"式被动句也可算是一种新兴句式。可能最早见于春秋前期:

有制人者,有为人之所制者。(春秋·管仲《管子·枢言》)

两汉时期偶有沿袭,到魏晋南北朝时期数量最多,并成为一种相对凝固的格式。如:

惟友深至,不为旁人之所移者,免夫!(北朝·北齐·颜之推《颜氏家训·兄弟》)

9."被"字标记被动句。"被"字是汉语被动句发展史上最为重要的、最为常用的词汇标记,汉语被动句的形成与"被"从名词到动词再到介词的语法化过程密不可分、相辅相成。"被"能够成为汉语被动句词汇标记,与其自身的语义基础有密切关系。关于"被",《说文》释"被,寝衣也"。

后取引申义,用作"覆盖"义以及后来的"施及"义动词。如:"西被于流沙"(《书经·禹贡》)、"光被四表"(《尧典》)、"去乱而被之以治"(《不苟》)等。"覆盖"义"被"还有另外一种引申用法,即用作"蒙受"、"遭受"义动词,如:"秦王复击轲,被八创"(《战国策·燕策》)、"请命乞恩,受辱被耻"(《吴越春秋·勾践归国外传》)等。这种"蒙受"、"遭受"义的"被"后来又进一步虚化为被动句专用标记词。关于"被"语法化过程,到 13 世纪就已经语法化了。以"被"字作为词汇标记的被动句包括两类:

(1)一类是"被"后直接跟动词的,这种被动句式萌芽于战国末期,汉代已普遍使用。如:

①今兄弟被侵,必攻者,廉也;知友被辱,随仇者,贞也。(战国·韩非《韩非子·五蠹篇》)

②吴郡陆襄,父闲被刑。(北朝·北齐·颜之推《颜氏家训·风操》)

③及秋将辞去,因被留以执事。(唐·韩愈《与孟东野书》)

(2)另一类是"被"后带施事的,这类被动句式萌芽于两晋,盛行于唐代,并在唐以后逐渐成为被动句的主要句式。如:

①被火焚烧。(晋·竺法护译《生经》)

②若官未通显,每被公私使令。(北朝·北齐·颜之推《颜氏家训·杂艺》)

③亮子被苏害。(南朝宋·刘义庆《世说新语·方正》)

④常被老元偷格律。(唐·白居易《戏赠元九、李二十》)

⑤娘子被王郎道着丑貌。(王重民等编《(唐)敦煌变文集·丑女缘起变文》)

⑥纵有衰蓬欲成就,旋被流沙剪断根。(王重民等编《(唐)敦煌变文集·王昭君变文》)

"被"结构的发展到中古时期,被字句也能插入事者,既丰富了语言的表达功能,又充实了语法的结构模式。因而,"被"及其结构的研究始终成为汉语语法学家关注的热点,也将是今后继续深入研究的课题。

二、近代汉语的被动句

近代汉语中又出现了3种被动句式：

(一)以"吃"为标记的被动句

"吃"字被动句常见于元代戏曲和元明小说中。这一时期的被动句,动词常常带宾语和补语,或后接语气词"了"。

"吃·动(宾)(补)"型,如：

①我回去时,须吃他耻笑。(明·施耐庵《水浒全传》第二十三回)

②武松右手却吃钉住在行枷上。(明·施耐庵《水浒全传》第三十回)

③若投别处去,终久要吃拿了。(明·施耐庵《水浒全传》第三十一回)

"吃·宾·动(宾)(补)"型,如：

①那白兔从筵前过……吃那朱友裕张着那弓,放着个箭,箭到处,那白兔死倒在地。(宋·无名氏《新编五代史平话·梁史》)

②那女儿吃郡王捉进后花园里去。(宋·无名氏《京本通俗小说·碾玉观音》)

③倒一觉好睡也,吃你只搅醒了我。(元·无名氏《争报恩·楔子》)

④我倒吃他抢白了这一场!(元·石君宝《秋胡戏妻》第二折)

⑤武松吃他看不过,只低了头。(明·施耐庵《水浒全传》第十四回)

(二)以"叫"为标记的被动句

"叫"字被动句大约在明清时期形成。如：

①谁知那日一下子失了脚掉下去,……到底叫那木钉把头砸破了。(清·曹雪芹《红楼梦》第三十八回)

②刚才一个鱼上来,……叫你唬跑了。(清·曹雪芹《红楼梦》第八十一回)

(三)以"给"为标记的被动句

"给"字被动句直到清末才发展出被动的用法。如：

①就是天也是给气运使唤着。(清·文康《儿女英雄传》)

②要是给姓何的老爷知道了,你可又要吃亏了。(清·连梦青《邻女语》)

三、现代汉语的被动句

本书所讨论的现代汉语被动句指带专用词汇标记的被动句式。

(一)现代汉语被动标记的多样性

现代汉语被动句的词汇标记具有多样性,除了使用与实词意义相关、由动词语法化而来的介词"被"、"叫(教)"、"让"、"给"等外,还有"为(被)……所"、"被(叫、让)……给"等配套使用的复合被动标记词。"被"、"叫"、"让"、"给"等是"有定性施事的标记",其作用在于"突出受事受施事的控制"。其中,"被"在书面语里最常用,"被"字句"在方言里并不是常用的被动句式","在北方话口语里也用得不多"。"叫"、"让"、"给"等在口语里的使用频率较高,如："饭叫狗吃了"、"我的钱让小偷偷了"、"这张纸给弟弟撕坏了"等。其中,"让"是"当今普通话口语中最为活跃的一个被动标记",在汉语普通话中"具有取代'被'的趋势",同时远比"叫"和"给"使用普遍。黄广生指出,现今以"叫、让、给"作为被动标记的被动句式,是远古"施受同辞"现象在现代汉语中的遗留。

(二)现代汉语方言被动标记的来源

1. 汉语方言被动词汇标记主要来源于"使令"义、"给予"义和"遭受"义外,还有①"叫、让";②"给、为";③"被(叫、让)……给……";④"为(被)……所……"等动词。

汉语方言被动标记的来源跟动词密切相关。石毓智指出,汉语方言被动词汇标记主要来源于"使令"义、"给予"义和"遭遇"义动词:很多方言不用"被"字结构,这种情况跟普通话口语的情况一致;现代汉语被动标记词"被"的使用"大大萎缩",并"基本让位于'叫'、'让'或者'给'"。汉语方言的"给予"义被动标记,如江苏淮阴话的"给"、温州话的"甘"、广西客家话的"分"、闽南话的"乞"。"使令"义被动标记,如洛阳话的"叫"、吴语武义话的"让"。"遭受"义被动标记,如云南鹤庆话的"着"、柳州话的"挨"、宁夏固原话的"遭"等。

2. 关于"叫"、"让"、"给"表被动。除了"遭受"、"遭遇"义动词之外,现代汉语"给予"义、"使令"义动词也可表被动。

(1)"给予"义动词表被动在"给予"义和"使令"两类被动词汇标记中,"给予"类"最具优势",虽然它只有100多年的历史,但是它也许代表了汉语被动标记发展的新趋势。"给"表被动的具体用法上,在施事者不可知或不必言说的情况下,"给"之后有时可不出现施事宾语。

(2)"使令"义动词表被动。"叫"、"让"等"使令"义动词表被动,主要用于汉语北方方言。"容任"义是"使令"义动词语法化为被动标记的语义基础。与"给予"义被动标记不同,壮侗语、苗瑶语被动标记词除了来自"遭受"义动词外,还有来自"给予"义、"(打)中"义动词的。汉语被动标记在来源上也有此3类,"叫"、"让"之后通常须出现施事宾语。

(三)新兴的被动式

从古代到近代,汉语的被动式一般只限于指称不幸或不愉快的事情。"五四"以后,汉语受西洋语言的影响,被动式的范围扩大了,不再限于不幸或不愉快的事情。

但是,一般来说,这种语法结构只在书面语言上出现。在口语里,被动式的基本作用仍旧是表示不幸或不愉快的事情。在现代普通话口语里,被动式一般不用"被"表示,而是用"叫"、"让"、"给"等表示,凡用"叫"、"让"、"给"等来表示的被动式,它们的应用范围仍旧和传统一样,并没有扩大。也就是说,它们仍旧表示不幸或不愉快的事情。

由此可见,接受外语语法的影响是有一定限度的。它可以在某种程度上影响到书面语言,但在口语里,历史因素还是占着主要的地位。

四、汉语被动句演变的基本线索

从以上3个时期的发展情况来看,汉语被动句经历了无形式标记(施受同形)到有专用词汇标记的发展历程。有形式标记的被动句,其被动标记词演变发展的主要线索如下:

上古时期就已出现的被动标记词有:单用的"见"、"于"、"宁"、"乎"、"为"、"被",以及"为……于……"、"见……于……"、"为……所……"等组合式被动标记。"见"字被动句是一种较古老的被动句式,在甲骨文中已有。"于"、"赟"、"乎"用来引出行为动作的施事者。春秋战国时期,"为"字被动句出现,"为"后跟动词的用法较早产生,后来"为……所……"式中"为"则用于引进施事者,使得施事提前。战国末期,"被"字被动式出现,中古唐代时"被"后带施事宾语的用法兴起,并逐渐代替了"为……所……"式被动句。在中古时期"为"及其相关配套句式发展的同时,"见"、"于"、"宁"式逐渐退出历史舞台。宋代以后,"被"前后成分(包括"被"后施事宾语以及谓语动词的状语、补语或宾语等)的复杂化以及"被"字句与"把"字句的配合使用等,使得"被"字被动句的功能逐渐趋于完备。"被"字被动标记一直沿用至今,并成为现代汉语被动句最重要、最常用的语法标记。近代出现的"吃"(喫)、"着"、"叫"(教)、"给"等被动标记中:只有"叫"、"给"、"着"等沿用至今,其中"着"在汉语方言口语里较常用。在汉语被动句的历时发展过程中,出现过各种被动标记词,这些被动标记之间有并存也有竞争、更迭和演进,最终形成了汉语今天以"被"为书面语常用被动标记,以"让"、"给"等为口语常用被动标记的多元化的共时格局。

五、其他语言影响下的汉语被动句

语言接触对汉藏语被动表述产生影响。语言是一种社会文化现象,是人类最重要的交际工具。语言的发展变化除了受内部机制的制约外,还受到外部因素的影响。语言接触导致语言结构要素发生变化,是语言受外部因素影响的表现形式之一。语言接触对语言结构的影响,可能涉及语言的语音、词汇、语法等各个层面,这其中以词汇、语音的影响最为明显,语法则是相对稳定的。

被动句是汉藏语的一种特殊句式,它的变化发展也同样受到语言接触的影响和制约。语言接触对汉藏语被动表述的形成和发展重要动因。语言接触对汉藏语被动表述的影响,在语义、表述手段等诸多层面都有所体现。

汉语和英语都有作为语法范畴的被动句型。汉语"被"从实义动词到后来表"遭受"义、"非遭受"义的被动标记,其间经历了语义不断扩大的过程。被动句原先的使用范围较窄,主要用来表示"不如意、不幸、不企望"等消极义。王力在《汉语史稿》中指出上古汉语(特别是先秦时代)的被动式基本作用"仍旧是表示不幸或者不愉快的事情",语义范围比现代汉语小得多。而近现代被动句的语义范围(尤其是书面语里的使用范围)有所扩大,表"如意"义有时也用"被",如"被表扬、被选为班长、被提拔了、病被治好了"等;还有表示"中性"义的,如"那本书被压在箱子下面了、杯子被拿走了"等。对于导致被动句语义功能扩大的动因,有学者认为被动句语义功能变化与语言接触有关,持此观点的学者有王力、吕叔湘、桥本万太郎等。王力认为"五四"以后"被动式的使用范围扩大"是因为"汉语受西洋语法影响"的结果。吕叔湘、朱德熙的《语法修辞讲话》也认为,现代文章中"被"字句意义上的限制(被动式叙述的行为对于主语来说大都是不愉快的)被打破,其原因是"受了外国语的影响"。桥本万太郎在《汉语被动式的历史·区域发展》一文中也指出,不带不幸、不利色彩的被动句是汉语和近代西欧语接触后慢慢发展起来的,汉语和近代西欧语接触后才大量发展的是以非活动体名词为表层主语的被动句。

此外,现代汉语方言除了使用"遭受"义、"给予"义动词表被动外,还有使用"使令"义动词做专用被动标记词的用法,是否也是语言影响的结果还存在不同的意见。桥本万太郎认为,现代北方汉语口语多用带有"使动"意味的"叫(教)"、"让"做被动标志,则是受阿尔泰语言的影响的结果,是"现代汉语结构的一种阿尔泰化"、"因为现在的北京话本来是以满族统治东北之后南迁进中原的各族(汉语包括在内)所共用的一种汉语方言为基础而发展来的,北方汉语里用使动标志来表达被动这一习惯很可能是以阿尔泰句法为背景而发展起来的"。

桥本万太郎还举出了阿尔泰语系的满语族和蒙古语族语言把使动词当作被动标志的例证。但也有学者（徐丹 2004）提出了不同的观点,认为"汉语方言里并不存在像阿尔泰语和南亚语言那样截然的区分",指出"有 3 种方言——北京话、粤语和客家话同时拥有使役结构和给予义动词两种表达被动式的手段"的"事实"使得桥本万太郎"一南一北两类被动式泾渭分明的假设难以成立"。

第六节　能愿式的发展

能愿式分为两类:可能式和意志式。分别叙述如下。

一、可能式

可能式又可以细别为两种:①可能性;②必要性。

(一)"能"

在上古时代,可能性的表示,最常见的是"能"、"可"二词。"能"字表示有能力做得到。"能",从"能力"发展为"可能"义。它本来是个动词,后面带直接宾语。如:

①柔远能迩。(春秋·孔丘整理《尚书·舜典》)

②非曰能之,愿学焉。(春秋·孔丘《论语》)

但是,它很早就被用作动词。如:

①是不能容许,以不能保我子孙黎民,亦曰殆哉!(春秋·孔丘整理《尚书·秦誓言》)

②以盛水浆,其坚不能自举也。(战国·庄周《庄子·逍遥游》)

(二)"可"

"可"表示被动的能。在上古时代,"可"后面的动词一般都有被动的意义。如:

①道不可闻,闻而非也;道不可见,见而非也;道不可言,言而非也。(战国·庄周《庄子·知北游》)

②锲而不舍,金石可镂。(战国·荀况《荀子·劝学》)

人们往往以为"可"与"可以"同义,那是错误的。"可以"是两个词,是"可以之"(能凭着这个)的意思。如:

①一言而可以兴邦,有诸?(春秋·孔丘《论语·子路》)

②其为舟车也,全固轻利,可以任重致远。(战国·墨翟《墨子·辞过》)

后来"可以"凝结为一个单词。表示在某种情况下可以做到的事。它和"可"不同有两点:

(1)"可"后面的动词是被动意义的,"可以"后面的动词是主动意义的。

(2)"可"后面的动词不能带宾语,"可以"后面的动词经常带宾语。如:

①温故而知新,可以为师矣。(春秋·孔丘《论语·为政》)

②故仓无备粟,不可以待凶饥。(战国·墨翟《墨子·七患》)

"燕可伐","人可杀","伐、杀"是被动意义,不能说成"燕可以伐"、"人可以杀"。"孰可以伐之?""天吏可以伐之"。"孰可以杀之?""士师可以杀之"。"伐、杀"是主动意义,不能说成

"孰可伐之?""天吏可伐之"。"可"与"可以"的分别是明显的。

到了后代,"能"、"可"、"可以"的分别逐渐乱了。如"可食"可以说成"可以吃",又可以说成"能食",三者的界限变为不清楚了。

(三)"得"

"得"也是可能式助动词,它表示客观条件的可能。如:

①得见有恒者,斯可矣。(春秋·孔丘《论语·述而》)

②为政若此,上帝鬼神始得从上抚之。(战国·墨翟《墨子·节葬(下)》)

"得"在中古时期从前置动词变成后置助动词。"得"本来是动词,表示"获得"的意思,它被后置的过程可以解释为一种语法上的缩约现象。

这个"得"后来移到动词后面,表示某种动作是能做的,或者是可以做的。如:

①无双若认得,必开帘子。(唐·薛调《无双传》)

②奈他有三般病,怎生把钱付他去得?(宋·无名氏《五代史平话·汉史上》)

在使成式里嵌进一个"得"字,也是表示可能。这种结构形式大约起源于唐代,还可以在"得"后再嵌进一个宾语。如:

奉承得他好。(宋·无名氏《京本通俗小说·碾玉观音》)

宾语也可以放在使成式的后面。如:

学士,怎生瞒得过我?(《元曲选·风光好》)

后来这两种形式都罕见了,代之而起的,最常见的形式是重复一个动词。如:

①因为他办强盗办得好。(清·刘鹗《老残游记》第三回)

②或者说话说得不得法,犯到他手里,也是一个死。(清·刘鹗《老残游记》第五回)

在否定句里,起初的时候,是把动词嵌在"不"和"得"的中间。或者把"不"字放在"得"字后面。到了后来,就索性取消了"得"字,只在使成式中间嵌进一个"不"字。这个"得"字又发展成介词。介词后面的部分表示动词的结果。如:

①吓得貂蝉连忙跪下。(宋·无名氏《三国志平话·卷上》)

②哄得宝玉不理我,只听你们的话。(清·曹雪芹《红楼梦》第二十回)

有时候,"得"字后面的话并不是表示动作的结果,而是一种极度的形容语,如:

①他们是惯皮惯了的,早已恨得人牙痒痒。(清·曹雪芹《红楼梦》第三十四回)

②宝玉听了,喜得眉开眼笑。(清·曹雪芹《红楼梦》第四十九回)

以上这两种情况,在《红楼梦》里都可以写成"的"。大约在《红楼梦》时代,这种"得"已经变为轻声,与"的"同音了。

(四)"会"

"会"字用作助动词,表示学习得来的能力。上古时代还没有这种"会",只用"能"来表示。如:

子生五月而能言。(战国·庄周《庄子·天运》)

到唐宋以后才有这种"会"出现。如:

师禅指一声云:"会么?"云:"不会。"(宋·释道原《景德传灯录·卷十二·睦州龙兴寺陈尊宿》)

在上古时代,必要性的表示,一般用"必"。"必"是"必须"、"一定要"的意思。如:

①夏德若兹,今朕必往。(春秋·孔丘整理《尚书·汤誓》)

②先生必无往。（战国·庄周《庄子·盗跖》）

到了近代，"须"又变成"须得"，最后变为"得"。在否定句中，"不须"也变为"不必"或"不用"。

二、意志式

(一)"欲"

在上古时代，意志式一般用"欲"。"欲"本是动词，它可以带直接宾语，如：

①民之所欲，天必从之。（春秋·孔丘整理《尚书·泰誓》）

②我欲仁，斯仁至矣。（春秋·孔丘《论语·述而》）

但是它又经常用作助动词，成为能愿式。如：

①工欲善其事，必先利其器。（春秋·孔丘《论语·卫灵公》）

②吾欲取天地之精，以佐五谷，以养民人。（战国·庄周《庄子·在宥》）

到了中古时代，"欲"作为助动词，又可以表示将来时，有"快要"的意思。如：

二月六夜春水生，门前小滩浑欲平。（唐·杜甫《春水生》）

唐宋以后，这种"欲"的意义也可以说成"要"。"要"作动词用，带直接宾语的，如：

此时一行出人意，赌取声名不要钱。（宋·刘禹锡《观棋歌送俨师西游》）

"要"作助动词用，成为能愿式。如：

①贾环见了也要玩。（清·曹雪芹《红楼梦》第二十回）

②他因为是宝丫头起的，他才有心要改。（清·曹雪芹《红楼梦》第八十四回）

"要"又可以表示将来时，如：

①人要死了，你们还只管议论他。（清·曹雪芹《红楼梦》第一百十四回）

②一经了火，是要炸的。（清·曹雪芹《红楼梦》第四十二回）

(二)"愿"

"愿"用作助动词，表示希望做或乐意做某一件事。如：

①愿闻子之志。（春秋·孔丘《论语·公冶长》）

②人愿安承教。（战国·孟轲《孟子·梁惠王上》）

这个"愿"一直沿用到现在，在口语里则变为双音节的"情愿"或"愿意"。

(三)"敢"

"敢"用作助动词，表示有胆量做某一件事，如：

①赐也何敢望回？（春秋·孔丘《论语·公冶长》）

②子在，回何敢死？（春秋·孔丘《论语·先进》）

"敢"又用于反诘，等于"岂敢"。如：

①贡之不入，寡君之罪也，敢不共给？（春秋·左丘明《左传·庄公二十年》）

②孤之罪也，敢不惟命是听。（春秋·左丘明《左传·宣公十二年》）

"敢"又用作谦词，表示冒昧之意。如：

臣愚不识，敢请之王。（战国·荀况《荀子·赋篇》）

"敢"字用于反诘，后代还相当常见。如：

敢将十指夸针巧？不把双眉斗画长。苦恨年年压金线，为他人作嫁衣裳。（唐·秦韬玉《贫女》）

至于"敢"用作谦词，后代就罕见了。

第十章 复句的发展

复句是由两个或两个以上在意义上有紧密关联、结构上相当于单句的,通过一定的语法手段构成的,以表达一个比较复杂的意思的句子。复句是相对于单句而言的,但复句的构成单位不是单句,也不是句子成分,而是由多个从功能和结构上看都相当于单句的分句构成的。分句与分句之间有种种不同的关系,大致可以分为两大类,一是平等关系,二是主从关系;复句按这两种关系,一可以是联合复句,二可以是偏正复句。每一种复句里又可以划分为几个小类。

第一节 上古时期汉语复句

一、殷商时期甲骨文复句

跟后代汉语一样,甲骨文中的复句也分为两大类,一类是联合复句,一类是偏正复句。联合复句内部又包括并列、顺承、选择、递进复句这4小类。

后世汉语中有的复句,如解说复句,在甲骨文中还见不到。有些复句虽然有,但内部的小类不如后世多。如选择复句,后世汉语可分为4小类,即数者选一、二者选一、先舍后取、先取后舍。但甲骨文中只有一个小类,即数者选一。

偏正复句内部又包括转折复句、条件复句、假设复句、因果复句、目的复句、背景复句、按断复句等。有些复句虽然有,但它所包括的小类不多,如后世的条件复句,有充足条件、必要条件和无条件3小类,但在甲骨文中只见到必要条件这一小类。有些复句,如假设复句、背景复句,由于甲骨文体例的关系,使用较为频繁,因而数量多、种类繁。

甲骨文中的关联词很少见,用于表示复句语法关系的连词只有"比、延、遘"3个,而且都不太常用,有这种作用的副词也不多,主要有"亦、既、咸、后、遘、乃、延、先"等。甲骨文复句间的关系多用意合法。因此,分析甲骨文的复句,可资凭借的形式很少,往往要从意义上加以区分。这样,一些复句在分类时往往是可此可彼的,只能依据上下文语境,凭借最可能进行归类。

甲骨文中已出现多层复句,多层复句包括2层复句、3层复句、4层复句,4层以上的复句还未见,在甲骨文中不是所有的复句都有多层复句,有多层复句的复句类型主要有以下几种:并列、顺承、假设、条件、按断、背景、目的复句。在上述几种类型中,只有并列复句有4层复句,其他类型的复句一般只有2层或3层复句。

(一)联合复句

1. 并列复句。用意合法或用关联词"亦":

己亥卜,殻贞:侑伐于黄尹,亦侑于蔑?(《甲骨文合集 970》)

2. 顺承复句:贞:王咸酒登,勿宾翌日?(《甲骨文合集 9520》)

3. 选择复句:辛酉卜:贞:有至今日执,亡抑?(《甲骨文合集 20377》)

4. 递进复句:旬有二日辛未妇来允娩,嘉。(《甲骨文合集 14017》)

(二)偏正复句

1. 转折复句,不用关联词语,而是用意合法:

贞:外有求,亡祸?(《甲骨文合集 16954》)

2. 条件复句

贞:翌辛巳王勿往逐兕,弗其获?(《甲骨文合集 40126》)

3. 假设复句,一般不用关联词语,而用意合法:

惠勿牛,有正?(《甲骨文合集 41421》)

4. 因果复句,不用关联词语,用意合法:

雨不既,其燎于亳社?(中国社科院考古所《小屯南地甲骨 665》)

5. 目的复句,一般不用关联词语:

贞:侑于大甲,祷年?(《甲骨文合集 10114》)

6. 背景复句,用意合法:

乙巳卜:其示于祖丁,惠今丁未示?(中国社科院考古所《小屯南地甲骨 632》)

7.按断复句,用意合法:

庚子卜,宾贞:王梦白牛,唯祸?(《甲骨文合集 17393》)

二、西周时期汉语复句

(一)联合复句

1. 并列复句。用意合法,或用"亦"、"又"、"复"、"眔"、"于"、"而"、"越"等关联词语。
赐君我,眔赐寿。(《县妃簋铭》)

2. 顺承复句。用意合法,或用"既"、"咸"、"既咸"、"咸既"、"乃"、"则"、"遂"等关联词语。
予不敢宿,则禋于文王、武王。(春秋·孔丘整理《尚书·召诰》)

3. 解说复句。用意合法,不用关联词语:
楚公逆自作夜雨雷镈,厥名曰身恤。(《楚公逆钟铭》)

4. 递进复句。用意合法,或用"不惟……亦……"、"不啻……亦……"、"乃"等关联词语:
尔不啻不有尔土,予亦致天之罚于尔躬。(春秋·孔丘整理《尚书·多士》)

(二)偏正复句

1. 转折复句。用意合法或用"虽"、"虽则"、"而"、"则"、"乃"、"复"、"亦"、"犹"等关联词语:
系小子,失丈夫。(春秋·无名氏《周易·随卦》)

2. 条件复句。用意合法或用"乃"等关联词语:
无敢不逮,汝则有大刑。(春秋·孔丘整理《尚书·费誓》)

3. 假设复句。用意合法或用"如"、"苟"、"其"、"乃"、"其乃"等关联词语。

其有宪令,求慈无远。(周·无名氏《逸周书·度邑解》)

4. 因果复句。用意合法或用"肆"、"故(古)"、"则"、"乃"、"是用"、"是以"等关联词语:

丕显朕烈祖考嶙明,克事先王,肆天子弗忘厥孙子,付厥尚官。(《虎簋盖铭》)

5. 目的复句。用意合法或用"用"、"以"等关联词语:

夫明尔德,以助予一人忧。(周·无名氏《逸周书·皇门解》)

6. 时间复句:得敌,或鼓,或罢,或泣,或歌。(春秋·无名氏《周易·中孚》)

三、先秦两汉时期复句

(一)联合复句

1. 并列复句。用意合法或用"与"、"及"、"暨"、"洎"、"为"、"谓"、"维"等关联词语:

贼仁者谓之贼,贼义者谓之残。(战国·孟轲《孟子·梁惠王下》)

国人恶子纠之母以及公子纠。(战国·吕不韦《吕氏春秋·不广》)

2. 顺承复句。用意合法或用"而"、"若"、"如"、"能"、"且"、"丕"、"爰"、"遂"等关联词语。

建信君入言于王,厚任茸以事能重责之。(汉·刘向编《战国策·赵策三》)

其子趋而往视之,苗则槁矣。(战国·孟轲《孟子·公孙丑上》)

大夫勃然作色,默而不应。(汉·桓宽《盐铁论》)

3. 递进复句。用意合法或用"况"、"而况"、"而"、"且"、"何况"、"况乎"、"而况于"等关联词语:

左右佐哀而泣者三人,曰:"臣细人也,犹将难死,而况公乎!"(汉·刘向整编《晏子春秋·外篇》)

天下事未可知且为天下者不顾家。(汉·司马迁《史记·项羽本纪》)

4. 选择复句。用意合法或用"或"、"且"、"若"、"抑"、"意亦"、"不若"、"莫若"、"孰与"等关联词语:

富贵者骄人乎,且贫贱者骄人乎?(汉·司马迁《史记·魏世家》)

5. 解说复句:

齐命使各有所主:其贤者使使贤王,不肖者使使不肖王。(汉·刘向整编《晏子春秋·内篇杂下》)

冬,公弟叔肸卒,公母弟也。(春秋·左丘明《左传·宣公十七年》)

6. 取舍复句。多用"与其……宁……"等关联词。

礼,与其奢也,宁俭。(春秋·孔丘《论语·八佾》)

(二)偏正复句

1. 转折复句。多用"乃"、"而"、"然"、"然而"、"抑"、"则"、"顾"等关联词语。

帝复笑曰:卿非刺客,顾说客耳。(南朝·宋·范晔《后汉书·马援列传》)

周勃厚重少文,然安刘氏者必勃也,可令为太尉。(汉·司马迁《史记·高祖本纪》)

2. 假设复句。用"假"、"苟"、"故"、"其"、"讵"、"若"、"诚"等关联词语。

当使虎豹失其爪牙,则人必制之矣。(战国·韩非《韩非子·人生》)

苟无岁,何有民?苟无民,何有君?(汉·刘向编《战国策·齐策四》)

3. 让步复句。用"纵"、"虽"、"唯"、"即"、"若"、"有"、"虽使"、"虽然"等关联词语。

虽有管晏,不能为之谋也。(汉·司马迁《史记·刺客列传》)

从许子之道,则市贾不贰,国中无伪。虽使五尺之童适市,莫之或欺。(战国·孟轲《孟子·滕文公上》)

4. 因果复句。用"以"、"因"、"缘"、"则"、"盖"、"由"、"因是"、"以是"、"是故"、"所以"、"由此"等关联词语。

内行刀锯,外用甲兵,故时变也。(战国·商鞅《商君书·画策》)

高帝已定天下,为中国劳苦,故释佗弗诛。(汉·司马迁《史记·南越尉佗列传》)

5. 目的复句。用"以"、"所以"、"使"等关联词表示:

敢尽布之执事,俾执事实图利之。(春秋·左丘明《左传·成公十三年》)

秦包商、洛、崤、函,以御诸侯。(汉·桓宽《盐铁论》)

6. 条件复句。用"则"等关联词语表示:

三十日不还则请立太子为王。(汉·司马迁《史记·廉颇蔺相如列传》)

事无大小,悉以咨之。(三国·蜀·诸葛亮《前出师表》)

第二节　中古时期汉语复句

中古复句比之上古复句,有数量多、类型多样的特点。到了中古,复句所占比重已很大,远远超过单句。复句种类也很多,以《盐铁论》为例,复句有并列复句、顺承复句、选择复句、递进复句、对比复句、总分复句、按断复句、时间复句、目的复句、转折复句、让步复句、因果复句、假设复句等等。

一、魏晋南北朝时期复句

(一)联合复句

1. 并列复句。用"与"、"而"、"以"、"及"、"或"、"并"、"若"等关联词语:

石崇与王恺争豪,并穷绮丽以饰舆服。(南朝·宋·刘义庆《世说新语·石崇王恺》)

2. 顺承复句。用"而"、"以"、"则"、"因"、"因而"、"然后"、"至于"、"至如"、"至乃"、"至若"、"于是"等关联词语:

吾曰:"凡如此例,不预研检,忽见不识,误以不识,误以问人,反为无赖所欺,不容易也。"因为说之,得五十许字。(北朝·北齐·颜之推《颜氏家训·勉学》)

3. 递进复句。用"并"、"且"、"而"、"况"、"何况"、"况其"、"不徒"、"非徒"、"非唯"、"加"、"加复"、"加以"、"兼以"等关联词语:

史之阙文,为日久矣;加复秦人灭学,董卓焚书,典籍错乱,非止于此。(北朝·北齐·颜之推《颜氏家训·书证》)

4. 选择复句。用"抑"、"为当"等关联词语。

今复无此书,未知即是《通俗文》,为当有异?近代或更有服虔乎?(北朝·北齐·颜之推《颜氏家训·书证》)

(二)偏正复句

1. 转折复句。用"而"、"然"、"然而"、"然则"、"但"、"却"、"即"、"则"等关联词语：

礼以哭有言者为号,然则哭亦有辞也。(北朝·北齐·颜之推《颜氏家训·风操》)

2. 让步复句。用"纵"、"纵使"、"纵复"、"虽"、"虽复"、"自"等关联词语：

门虽设而常关。(晋·陶渊明《归去来兮辞》)

唯王羲之《小学章》,独阜傍作车,纵复俗行,不宜追改《六韬》、《论语》、《左传》也。(北朝·北齐·颜之推《颜氏家训·书证》)

3. 假设复句。用"若"、"若其"、"虽"、"如"、"其"、"使"、"假使"、"向使"、"假令"、"傥"、"傥然"等关联词语：

如有聪明才智,识达古今,正当辅佐君子,助其不足。(北朝·北齐·颜之推《颜氏家训·治家》)

4. 条件复句。用"一"、"一日"、"一旦"等关联词语：

一有伪情,触途难继,功绩遂损败矣。(北朝·北齐·颜之推《颜氏家训·名实》)

5. 因果复句。用"以"、"故"、"是以"、"以至"、"所以"等关联词语：

昔虞国宫之奇,少长于君,君狎之,不纳其谏,以至亡国。(北朝·北齐·颜之推《颜氏家训·慕贤》)

6. 目的复句。用"业以"等关联词语：

吾今所以复为此者,非敢轨物范世也,业以门内,提撕子孙。(北朝·北齐·颜之推《颜氏家训·序致》)

7. 推论复句。用"既"等关联词语：

既不读用,无容散逸,惟当缄保,以留后世耳。(北朝·北齐·颜之推《颜氏家训·风操》)

二、隋唐五代时期

(一)联合复句

1. 并列复句。用"一……一……"、"一头……一伴……"等关联词语。

暮投石壕村,有吏夜捉人。老翁逾墙走,老妇出门看。(唐·杜甫《石壕吏》)

一在天之涯,一在地之角,生而影不与吾形相依,死而魂不与吾梦相接。(唐·韩愈《祭十二郎文》)

2. 承接复句。用"便"、"乃"、"即"、"便即"、"便乃"、"即乃"、"便遂"等关联词语：

永州之野产异蛇,黑质而白章。(唐·柳宗元《捕蛇者说》)

受口敕之次,便乃决鞭走过。(王重民等编《(唐)敦煌变文集·汉将王陵变》)

3. 选择复句。用"为"、"为当"、"为复"、"为是"、"还"、"还是"、"是"、"为移"等关联词语。

与其杀是童,孰若卖之。(唐·柳宗元《童区寄传》)

秀才唯独一身,还别有眷属不?(五代·静、筠二禅师《祖堂集》卷一一)

4. 递进复句。用"并"、"且"、"况"、"而况"、"非但"、"非独"、"况复"、"况乃"、"况当"、"况且"、"不但"、"不徒"、"不唯"、"尚且"、"不论"、"无论"、"非论"、"非但"等关联词语：

蜘蛛作罗,蜂之作窠,其巧亦妙矣,况复人乎?(唐·马总《意林·傅子》)

（二）偏正复句

1. 目的复句。用"以"、"庶"、"俾"等关联词语：

故拾汝而食京师，以求斗斛之禄。（唐·韩愈《祭十二郎文》）

2. 条件复句。用"则"、"除非"等关联词语：

臣无祖母，无以至今日；祖母无臣，无以终余年。（隋·李密《陈情表》）

无论贫与富，一概总须平。（唐·王梵志《坐见人来起》）

3. 转折复句。用"却"、"但"、"还"、"只是"、"虽然"、"虽自"、"虽则"、"虽即"、"然须"等关联词语：

来往报答甚分明，只是换头不识面。（唐·王梵志《欺枉得钱君莫羡》）

4. 因果复句。用"因"、"由"、"故"、"为缘"、"所以"、"因此"、"因兹"、"缘兹"等关联词语。

度感其灵怪，因此志之。（唐·王度《古镜记》）

5. 假设复句。用"必"、"必其"、"必若"、"假若"、"假其"、"可中"、"可料"、"如若"、"倘或"、"若令"、"若脱"、"除非"等关联词语。

如若凭脚是而行，虽劳一生，终不得见。（王重民等编《（唐）敦煌变文集·前汉刘家太子传》）

6. 让步复句。用"便"、"就"、"就令"、"假如"、"假使"、"设若"、"设使"、"虽然"、"虽令"、"虽即"、"遮莫"、"直饶"等关联词语：

佳节纵饶随分过，流年无奈得人憎。（唐·罗隐《重九广陵道中诗》）

虽鸡犬不得宁焉？（唐·柳宗元《捕蛇者说》）

妹子虽不端严，手头裁缝最巧。（王重民等编《（唐）敦煌变文集·丑女缘起》）

第三节　近代时期汉语复句

一、宋元时期的汉语复句

（一）联合复句

1. 并列复句。一般不用关联词语，而是多用分句排比以及重复句中的部分词语或个别词语来表现。

气自气，道义自道义。（宋·朱熹《朱子语类》第五十二卷）

也可以用关联词语"也"、"又"、"既……又……"、"则……则……"、"一面……一面……"、"一壁……一壁……"、"一边……一边……"、"一头……一头……"、"一行……一行……"、"或……或……"等。

一者与父亲出力，二者也就做孩儿进身之礼。（元·无名氏《小尉迟》）

2. 顺承复句。常用"便"、"又"、"也"、"又……便"等关联词语。

先是五十，后是七十，是一百，便是一番打碎一番。（宋·朱熹《朱子语类》第五十五卷）

3. 递进复句。用"非但……亦……"、"非惟……亦……"、"非惟……而……"、"且"、"而"等关联词语。

若先主事成,必灭曹氏,且复灭吴矣。(宋·朱熹《朱子语类》第一三六卷)

4. 选择复句。用"是……还是……"、"不是……便(就)是……"、"或……或……"、"不……便……"、"非是……便是……"、"与其……不若……"、"宁……不……"、"宁可……定不……"等关联词语。

今朝廷之议,不是战,便是和;不和,便战。(宋·朱熹《朱子语类》第一三三卷)

(二)偏正复句

1. 因果复句。用"缘"、"盖"、"故"、"因"、"为"、"惟"、"故"、"遂"、"所以"、"是以"、"以此"等相呼应的关联词语:

只缘后来有些不足,故不成。(宋·朱熹《朱子语类》第一三一卷)

只为一妇含冤,致令三年不雨。(元·关汉卿《窦娥冤》第四折)

2. 转折复句。常用"虽"、"虽然"、"只"、"只管"与"但"、"但是"、"却"、"然"、"而"、"其实"等配合相呼应的关联词语:

世间事虽千头万绪,其实只一个道理。(宋·朱熹《朱子语类》第一三六卷)

3. 条件复句。一般用"既……便(侧)……"、"一……便(则)……"、"才……便(则)……"等关联词语相配使用表示:

既云偏,则不得谓之中矣。(宋·朱熹《朱子语类》第五十八卷)

4. 假设复句。用"若"、"使"、"苟"、"如"、"假使"和"便"、"则"、"也"等关联词语相配合使用表示:

苟不知言,则不能辨天下许多淫、邪、诐、遁。(宋·朱熹《朱子语类》第五十二卷)

若不割得三镇土地人民,将有何面目归去见国人?(宋·徐梦莘《三朝北盟会编·山西军前和议录》)

5. 让步复句。用"只怕"、"除了"、"除(了)……(之)外"等关联词语表示。有的偏句、正句用成对的关联词语相配使用。

纵有时名,然所为如此,终亦何补于天下国家邪?(宋·朱熹《朱子语类》第一二九卷)

纵见,将何以为词?(宋·徐梦莘《三朝北盟会编·山西军前和议录》)

二、明清时期的汉语复句

(一)联合复句

1. 并列复句。不用关联词语,也可以用关联词语"为也"、"又"、"则……则……"、"一来……二来……"、"一则……二来……"等等:

一则是贤王之福,二来是小徒之功。(明·吴承恩《西游记》第七十一回)

2. 顺承复句。用关联词语"既"、"既然"、"以便"、"也……便"、"便……便"、"也……也……"等等:

既然是论日不论夜,有甚么话说?(清·蒲松龄《聊斋俚曲·禳妒咒》)

3. 递进复句。用"不惟"、"不拘"、"不止"、"不但"、"况"、"况且"、"何况"、"而且"、"方且"等关联词语:

他每日巴数我还要落泪,何况是到如今水净鹅飞。(清·蒲松龄《聊斋俚曲·翻魇殃》)

4.选择复句。用"宁可……不可……"、"宁可……别……"、"如……也须是……"等关联词语:

宁可我死,不可害他。(明·施耐庵《水浒全传》第三十六回)

姐妹中皆随便,或有一扇的,或有一字的,或有一画的,或一诗的,聊为应景而已。(清·曹雪芹《红楼梦》第六十一回)

5. 取舍复句。用"宁"、"宁可"、"与其……不若……"等关联词:

吾宁死于此地,誓灭马贼。(明·罗贯中《三国演义》第五十九回)

我宁可自己不是,也不敢累你呀。(清·曹雪芹《红楼梦》第四十四回)

(二)偏正复句

1. 因果复句。尚未见到复音词"因为","因为"与"所以"还不见在因果复句中相配成对,一般用"缘"、"因"、"由"、"但"、"惟"与"故"、"因此"、"所以"等相配合的关联词语表示。

因为连日赌钱输了,去林子里寻些买卖。(明·施耐庵《水浒全传》第二十八回)

因节间有碍,故忍了两日,所以今日特来阅人。(清·曹雪芹《红楼梦》第七十七回)

2. 转折复句。常用"虽"、"虽然"与"却"、"只"、"也"、"可是"、"不过"等相配成对的关联词语表示:

虽说佛门轻易难入,也要知道佛法平等。(清·曹雪芹《红楼梦》第七十七回)

3. 条件复句。常用"只要"、"除非"、"方"、"方才"、"才"、"无论"、"不论"、"任何"等关联词语表示:

除非是这等这等,才叫他贵贱难分。(清·蒲松龄《聊斋俚曲·翻魇殃》)

4. 假设复句。常以"若"、"使"、"苟"、"如"、"然"、"假使"、"若果"、"与便"、"则"、"亦"、"即"、"便是"等关联词语相配合使用:

老孙若要擒你,就好似火上弄冰。(明·吴承恩《西游记》第三十六回)

若果真心,即上来当着我拜了师父去罢。(清·曹雪芹《红楼梦》第七十七回)

5. 让步复句。用"除了……只怕"、"除了……之外"、"除……外"等关联词语相配成对使用表示:

你纵有太子在朝,如何能够打得到城池。(明·施耐庵《水浒全传》第八十八回)

除了自己留用之外,一分一分配合妥当。(清·曹雪芹《红楼梦》第六十七回)

6. 目的复句。用"以"等关联词语:

立石于其墓之门,以旌其所为。(明·张溥《五人墓碑记》)

第四节 现代汉语复句

我们根据分句间的意义关系,对复句加以分类。

一、联合复句

(一)并列复句

几个分句分别叙述相关的几件事情或同一事物的几个方面,分句之间的关系是并列的,内容没有先后主次之分。并列复句的各个分句有的依靠分句的排列顺序直接组合,有的依靠关联词语组合。常用的关联词语有"也、又、还、同时"等。如：

问题本来是很容易解决的，可是他不用那种办法——他觉得那样做了，一来他妈妈受不了，二来以后和舅舅、姨姨不好见面……（赵树理《三里湾》）

他一边放东西，一边对我们又抱歉又诉苦，一边还喘息地喝着水，同时还从怀里掏出一包饭团来嚼着。（茹志鹃《百合花》）

（二）顺承复句

几个分句按顺序说出连续发生的事情或出现的动作。这种复句常用的关联词语有"便"、"又"、"才"、"就"、"于是"、"接着"、"然后"等。如：

他见人很怕羞，只是不怕我，没有旁人的时候，便和我说话，于是不到半日，我们便熟识了。（鲁迅《故乡》）

（三）递进复句

后一分句的意思比前一分句的意思更进一层，或由小到大，或由轻到重，或由少到多，或由易到难。递进复句一般用关联词语。单用的关联词语常常出现在后一分句，有"更"、"而且"、"并且"、"甚至"、"况且"等。如：

输是输定了，马上开船回去未必就会好多少；镇上走一转，买点东西回去，也不过在输帐上加上一笔，况且有些东西实在等着要用。（叶圣陶《多收了三五斗》）

我不但收回房子，而且把乡下的地，城里的买卖也都卖了。（老舍《茶馆》）

（四）选择复句

几个分句分别说出两种或多种情况，让人从中选择一种。根据选择的形式和关联词语的不同，可以分为两种类型：①任选句。表示或彼或此，任选其一。此类复句带有商量的意味，语气比较缓和。常用的关联词语有"或"、"或者"、"还是"、"是……还是"。②必选句。非此即彼，必选其一。此类复句的语气比较强烈和肯定。常用的关联词语有"不是……就是"、"要么……要么"。如：

年轻富有活力的学生不加入国民党，就加入共产党。（林语堂《京华烟云》第三十六章）

用同志们的话来说，就是：努力于提高呢，还是努力于普及呢？（毛泽东《在延安文艺座谈会上的讲话》）

半夜里，或者已睡着，或者还在胡思乱想。（沈从文《丈夫》）

（五）解说复句

前后分句之间具有解释、说明或总括关系。解说分句可以分为3种类型：后一分句解释、说明前一分句；先总说后分说；先分说后总说。如：

他还是那个样子：驼着背，低着头，背着手，迈着八字步。（马烽《我的第一个上级》）

（六）取舍复句

取舍复句也叫优选复句。说话在分句提供的两个以上的可能项中，作出明确的选择。有先舍后取或先取后舍两种。先舍后取式的关联词舍项是"与其"、"如其"等，取项是"不如"、"莫如"、"何不"、"何如"、"宁肯"、"毋宁"、"无宁"、"勿宁"等；先取后舍式取项是"宁"、"宁可"、"宁肯"等，舍项是"也不"。如：

与其这样等着，不如找点事做做。（吕叔湘主编《现代汉语八百词》）

二、偏正复句

(一)转折复句

后一分句所表达的意思与前一分句的意思相反或相对,前后有语义上的转折。转折关系常常单用一个关联词语,如"却"、"但是"、"但"、"可是"、"然而"等。如:

虽然我一见便知道是闰土,但又不是我这记忆上的闰土了。(鲁迅《故乡》)

而他自己的那些肯定的判断,明确的意见,却变得模糊不清了。(王蒙《组织部来了个年轻人》)

(二)假设复句

前面的分句提出假设的情况,后面的分句说明往这种情况下会出现的结果。根据假设与结果的关系,可以将假设复句分为两类,一是假设与结果相一致,关联词语"如果……就"、"假如……就"、"要是……那么"、"就"、"要"、"便"、"那么"等,二是假设与结果不一致,关联词语有"即使……也"、"即便……也"、"哪怕……也"。如:

如果你也当它是"风景",那便是真的风景,是伟大中之最伟大者!(茅盾《风景谈》)

高原的人们,即使在盛夏季节早晚也离不开棉袄。(黄宗英《大雁情》)

(三)条件复句

前面的分句提出条件,后面的分句说明在满足这种条件时所产生的结果,可以分为三类:①充足条件句,如"只要……就"、"只要……便";②必要条件句,如"只有……才"、"除非……才";③排除条件句,如"不管……都"、"无论……都"、"无论……也"、"无论……都是"。如:

只要提起沈从文,立刻就会使人想到他那些描绘湘西的小说和散文。(林非《现代六十家散文札记·沈从文》)

只有实现民主,反对专制独裁,才能改变腐败和愚昧的旧中国。(林非《现代六十家散文札记·瞿秋白》)

不管春夏秋冬,每次洗脸之后,她都要抹一道雪花膏。(叶辛《蹉跎岁月》)

(四)因果复句

分句之间在意义上是原因与结果的关系。根据分句之间的意义的不同和关联词语的特点,因果复句可以分为两类,一是说明因果句,有"因为……所以"、"由于……因此"、"之所以……因为"等,二是推论因果句,如"既然……那么","既然……就"。如:

正因为柳岚文化差,才更应该让她上大学嘛!(李存葆《高山下的花环》)

既然必须和新的群众的时代相结合,就必须彻底解决个人和群众的关系问题。(毛泽东《在延安文艺座谈会上的谈话》)

(五)目的复句

一个分句表示某种行为,另一个分句说明行为的目的。可分为两类,一是达到目的句,如"以便"、"为了"、"用以"、"以"、"好"等,二是避免结果句,如"以免,免得,省得"。如果根据结构层次的多少,复句又可以分为一重复句与多重复句两大类。只有一个结构层次的复句叫一重复句,具有两个或两个以上结构层次的复句叫多重复句。如:

为了提高生产率,大家也进行技术改革,运用物理学上轮轴和摩擦传动的道理,在轮子和锭子中间安装加速轮,加快锭子旋转的速度,把手工生产的工具变成机械化。(吴伯箫《记

一辆纺车》)

那司机一向要等吴楚进了站台才走,免得他临时有事找不到人。(高晓声《陈奂生上城》)

(六)让步复句

偏句先退让一步,正句说明在这种让步条件下所产生的结果。偏句多用关联词"尽管"、"即令"、"即或"、"就算"、"就是"、"纵或"、"纵然"、"纵使"、"纵令"、"哪怕"等,正句多用关联词"也"、"还"、"亦"、"总"、"仍然"、"依然"等。如:

尽管缺点很多,女同志嘛,也不简单了。(黄宗英《大雁情》)

第五节 汉语复句发展的特点

一、复句类型的增加

汉语复句的基本类型,在殷商时期就有了,这种基本类型一直沿用到现代汉语。但随着时代的进步、语言的发展,复句类型越来越多了。

(一)种类的增加

在上古汉语,复句类型比较少,到近代汉语,就有较多的类型,如联合复句中有并列复句、顺承复句、递进复句、选择复句、取舍复句,偏正复句有因果复句、让步复句、转折复句、假设复句、条件复句。现代汉语的复句类型更加多了,联合复句有并列复句、顺承复句、递进复句、选择复句、取舍复句、注解复句,偏正复句有因果复句、目的复句、条件复句、假设复句、转折复句、让步复句等。

(二)复句类型下分小类的复杂化

上古汉语每种复句类型比较单一,近代汉语复句类型就比较复杂。如近代汉语的因果复句可以分为两种:一是由因及果:"因没有人认识他,所以受屈到此田地。"(清·吴敬梓《儒林外史》第三回)二是由果溯因:"夫子所以能集三子而大成者,由其始焉知之之深也。"(宋·朱熹《朱子语类》卷五十八)有的是一偏一正,有的是一偏两正:"因晴雯睡卧警醒,且举动轻便,故夜晚一应茶水起坐呼唤之任皆悉委他一人,所以宝玉外床只是他睡。"(清·曹雪芹《红楼梦》第七十七回)

现代汉语复句类型下分小类更为复杂。如并列复句下有 5 小类:

1. 并存。表示同时存在的相关的性质、状态或动作。合用的格式有"既……也……"、"又……又……"、"也……也……"等。如:

太太,今天时候也不早了,天又下雨,现在要这位先生另外找房子,也不太方便,可不可以让这位先生暂时在这儿住一宵,明天再想旁的法子。(丁西林《压迫》)

2. 并行。表示两种或多种动作同时发生,主要格式有"一边……一边……"、"一面……一面……"、"边……边……"等。如:

以为在这个名字内,一边要祝福孩子,一边要包含他底老而得子底蕴义,所以竟不容易找。这一天,他一边抱着三个月的婴儿,一边又向书里找名字。(柔石《为奴隶的母亲》)

小罗一面打开柜门,一面嚷着说:"要吃东西的准备!"(琼瑶《几度夕阳红》第十四章)

3. 并举。表示列举并存的情况。主要格式有"一方面……另一方面……"、"一则……二则……"、"一来……二来……"、"一者……二者……"。如:

另外那三个人却不能保释,一部分因为王老先生的信上没提到那三个人,一则因为陈三看来像个共产党,那两个小姐,都剪了发,看来大概是共产党。(林语堂《京华烟云》第三十七章)

4. 交替。表示动作交替反复发生。主要格式有"一会儿……一会儿……"、"有时……有时……"、"时而……时而……"、"忽而……忽而……"、"一时……一时……"。如:

一会儿浪涛把他们压在底下不见了,一会儿又从白花花的浪头上钻了出来。(峻青《黎明的河边》六)

5. 对照。前后分句说明一正一反两种情况,或者肯定某一事物而否定另一事物。前一种一般使用反义词或临时性反义词语,后一种常用"不是……而是……"、"不是……是……"、"不……而……"等。如:

他望着她,看到的是一个征服者的眼睛,里面盛着的不是属于女性的柔情,而是属于胜利的骄傲。(琼瑶《几度夕阳红》第十四章)

二、复句关联词语的变化

(一)意合法少用,关联词增加

上古汉语复句大多用意合法,也用关联词语,但关联词语不太多。到了以后,"意合法"逐渐减少,用关联词语多起来。殷商时代甲骨文卜辞中关联词才有"及"、"罙"、"于"、"以"、"若"、"则"等 11 个。到了周秦时,如《论语》中有 25 个,到了中古的《世说新语》就使用了 43 个连词,到了近代的《儿女英雄传》有 189 个连词。到了现代汉语,连词就有 246 个了。

(二)关联词用法多样,使用频率提高

上古时代连词到秦汉时,用法也多样起来,可用于表示并列、顺承、递进、选择、让步、假设、条件、转折等关系的复句。到了中古时代使用频率也有很大提高,如"而"在《世说新语》中使用了 336 次,"与"使用 103 次,"因"使用 108 次。

(三)关联词的双音节化

上古时期关联词大多是单音节的,到了中古时期,开始出现双音节化,词义复合得到进一步发展,有旧有关联词的同义复合,为"设令"、"纵其"、"如其"、"虽使"等,还有新旧关联词的同义复合,如"就令"、"如脱"、"正使"、"脱若"等。还出现了固定短语凝定为双音节关联词的,如"以"和"所"凝合为"所以"、"之所以"等,"于"和"是"凝合为"于是"等。

三、复句内容的复杂化

上古汉语复句内容比较简单,因而句子比较简短,如:

以其有功也,爵之。(战国·韩非《五蠹》)

宗族称孝焉,乡党称弟焉。(春秋·孔丘《论语·里仁》)

中古以后,复句的内容增多,汉语的句子结构日趋复杂化,在表达复杂思想有必要时可以有方法把句子造得既复杂又紧密精练。过去比较松散,拖沓的几个短句子现在多用比较简练紧凑的长句子来表示。这是汉语在长期使用中发展的结果。如:

草尚能如此,咱每行来的人不能救他呵,反不如丛草。所以将帖木真枷开着,烧了,于他后面盛羊毛的车子里藏了。(元·无名氏《元朝秘史》卷二)

只要略有知觉的人就都知道;这回学生的请愿,是因为日本占据了辽吉,南京政府束手无策,单会去哀求国联,而国联却正和日本是一伙。(鲁迅《"友邦惊诧"论》)

第三篇

总　论

第一章　汉语历史语法分期说略

第一节　前贤的分期概述

讲汉语语法史,不能不讲汉语史的分期。正如王力所言:"如果不能解决汉语史的科学的分期问题,那就意味着我们对汉语的历史发展的研究始终还停留在浮面,我们实际上没有看清楚汉语是怎样发展的。"(《汉语史稿》,中华书局,1980 年,P20)

一、几种主要的汉语史分期

许多学者也曾以语法为主要标准,对汉语史进行分期,结论大致可分为三派:

(一)分作上古、中古、近代、现代四期

1. 王力在《汉语史稿》中提到汉语史的分期,具体如下:

(1)公元 3 世纪以前(五胡乱华以前)为上古期。(3、4 世纪为过渡阶段。)

(2)公元 4 世纪到 12 世纪(南宋前半)为中古期。(12、13 世纪为过渡阶段。)

(3)公元 13 世纪到 19 世纪(鸦片战争)为近代期。(自 1840 年鸦片战争到 1919 年五四运动为过渡阶段。)

(4)20 世纪(五四运动以后)为现代期。

2. 以语法为标准进行分期最为典型的是潘允中,他同样是将汉语史分为上古、中古、近代、现代四期分期,根据的是各个时期一些语法特征。他的分期及具体标准如下:

(1)上古(商至西周两汉)。

(2)中古(两晋至隋唐五代)。

(3)近代(宋元明清至鸦片战争)。

(4)现代(五四运动以后)。

3. 周祖谟《语言文史论集·汉语发展的历史》(1988)分汉语史为四期:

(1)上古期:公元前 770 年至 219 年,周平王东迁后春秋战国时期和秦汉时期,东周春秋战国时期是一个阶段,秦汉时期是一个阶段。

(2)中古期:公元 220 年至公元 588 年,魏晋南北朝。

(3)近古期:公元 589 年至公元 1126 年,隋唐五代和北宋。

(4)近代期:公元 1127 年至公元 1918 年,南宋金元明清到五四运动以前。

周祖谟的分期有两个特点:一是分期考虑语法、语音、词汇、文字、语体等特点,并联系各期的社会、历史加以分析。二是魏晋南北朝有独立的地位,跟隋唐分开,分属于两个不同时期,分出近古期,中古期时间跨度较短,近古期较长。

4. 向熹《简明汉语史》(商务印书馆,2010 年)分为四期:

(1)上古期(公元前 18 世纪—3 世纪,殷商—西汉),其中又分为上古前期(殷商)、上古中期(周秦)、上古后期(两汉)。

(2)中古期(公元 4—12 世纪,汉朝—宋),其中又分为中古前期(六朝)、中古中期(唐)、中古后期(宋)。

(3)近代期(公元 13—20 世纪初,元—清),其中又分近代前期(元)、近代中期(明、清)、近代后期(鸦片战争—五四运动)。

(4)现代期(五四运动—现在)。

(二)分为五个时期

1. 太田辰夫《汉语史通考》(1988)分汉语史为五期:

(1)上古期(分三个阶段,商周时期、春秋战国时期和两汉)。

(2)中古期(魏晋南北朝)。

(3)近古期(分两个阶段,唐五代和宋元明)。

(4)近代期(清代)。

(5)现代期(辛亥革命后)。

2. 高本汉《中国音韵学研究》(1926)把汉语史分为 5 期:

①太古汉语(《诗经》以前),②上古汉语(《诗经》以后到东汉),③中古汉语(六朝到唐),④近古汉语(宋代),⑤老官话(元明)。

高本汉是以语音为分期标准,利用《切韵指掌图》等较晚的韵图和现代汉语方音构拟《切韵》音系,他的中古音基本上是韵图的音类,但是他的分期却表明,韵图时代的音系跟《切韵》有差异。

(三)分为三个时期

1. 黄典诚《汉语语音史》(1993)以语音为标准分期如下:

(1)上古期(公元前 11—6 世纪,以《诗经》音系为代表)。

(2)中古期(7—12 世纪,以《切韵》音系为代表)。

(3)近代期(13—19 世纪,以《中原音韵》音系为代表)。

这个分期,魏晋南北朝属于上古期,《切韵》为隋唐宋的代表音系。

2. 唐作藩和蒋冀骋的分期:分汉语史为 3 期:上古时期。中古时期分三个阶段:晋宋—齐梁(3—5 世纪)为第一期,陈隋—初唐(6—7 世纪)为第二期,盛唐、中唐(8—9 世纪)为第三期。近代时期。东汉是上古到中古的过渡期,犹如唐末宋代是中古到近代的过渡期一样。

3. 王云路、方一新《中古汉语语词例释》分为三期:

(1)上古汉语(先秦、秦汉)。

(2)中古汉语(东汉魏晋南北朝隋)。

(3)近代汉语(晚唐五代以后)。

4. 分为古代和近代、现代 3 期(如吕叔湘,1985)。

(四)分为两个时期

吕叔湘著作:一说根据文言和白话以晚唐五代为界将汉语史分为古代汉语和近代汉语,现代汉语是近代汉语的一部分。吕叔湘《近代汉语指代词·序》分为两期:①古代汉语(先秦—晚唐五代以前)。②近代汉语(包括现代汉语)(晚唐五代—现代)。另一说"以语法和词汇而论,秦汉以前的是古代汉语,宋元以后的是近代汉语,这是没有问题的"。考虑到长时间的言文分离,又建议把汉语史分为语音史、文言史、白话史三个部分。认为中古期是发生质变的时期,汉语语法史的分期不仅应照顾到语音,还应照顾到词汇,全面加以考虑。

(五)分为六个时期

孙锡信《汉语历史语法要略》(复旦大学出版社 1992 年版)分期:

(1)上古前期(公元前 14—前 8 世纪,殷商西周)。

(2)上古后期(公元前 8—公元 2 世纪,东周秦两汉)。

(3)中古时期(公元 2—6 世纪,魏晋南北朝)。

(4)近代前期(公元 6—12 世纪,隋唐五代北宋)。

(5)近代后期(公元 12—17 世纪,南宋元明)。

(6)现代时期(公元 18 世纪—现在,清初至今)。

二、关于东汉魏晋南北朝和近代的上限问题

(一)东汉魏晋南北朝在语法史上的地位

无论是几分法,各家上古的时段大致是相当的,即自殷商到汉代。分歧处是自魏晋以后要怎么划分,众说纷纭。①以持四分法者为例,对中古的分界点就有很大的出入。如王力(1958)为 4 世纪到 12 世纪;潘允中(1982)为两晋到隋唐五代,约为 3 世纪至 10 世纪。总之,可能的上限约当 2 世纪到 4 世纪,而下限约当 10 世纪到 13 世纪。②三分法则大约以隋末唐初或晚唐为界来划分古代和近代。③五分法的太田辰夫以魏晋南北朝为中古(可包括东汉),约为 3 世纪(或 1 世纪)到 6 世纪;其近古(唐代到明代)和近代(清)则大抵和三分法的近代相当。

在以上的各种分法中我们看到一个问题:魏晋南北朝语法地位的归属不明。在五分法中它和其他时期是等立的,在四分法中则和唐五代甚至宋代合并为一期,在三分法中则又归入古代,结果魏晋南北朝是从古还是就今,还是该独立出来,便成了颇为令人困扰的问题。不仅魏晋南北朝在语法史上的地位归属意见不一致,东汉的地位也未必明确。魏培泉的《东汉魏晋南北朝在语法史上的地位》(2000)一文对这个问题进行了有益的探索,认为可将东汉魏晋南北朝分离出来独立为中古一期,与上古汉语和近代汉语鼎足而立。

(二)语法史上近代的上限问题

近代汉语上承古代汉语,下启现代汉语,是汉语历史发展中一个十分重要的阶段。分期问题是近代汉语研究所遇到的基本问题之一。20 世纪 40 年代以后,特别是从 20 世纪 80 年代开始,对近代汉语上下限的划分问题,曾进行过较为热烈的讨论。关于下限,诸家的看法比较接近,分歧的焦点主要集中在对上限的划分。

1. 隋末唐初说。胡明扬在《近代汉语的上下限和分期问题》中,提出并初步论证了从隋末唐初到明末清初作为近代汉语阶段,并认为近代汉语内部可分为早期(隋末唐初到五代北

宋)、中期(宋元)、晚期(元末到清初《红楼梦》以前)。其分期标准为:①语音上阴阳入对应的严整格局开始动摇,入声韵尾-p、-t、-k 相混到消失;全浊声母的消失;-m 韵尾的消失。②语法上"的、了、哩/呢"的出现和全面替代旧的助词系统;"这那"替代"彼此";"将/把"字句的出现和发展;"动+将+趋"的出现、发展和消失。③语汇中"我、你、他"(还有"们")的出现和全面替代"吾、汝、其"等古汉语人称代词。

2. 晚唐五代说。吕叔湘在《近代汉语指代词·序》中说:"秦汉前的书面语和口语的距离估计不至于太大,但汉魏以后逐渐形成一种相当固定的书面语,即后来所说的'文言'。虽然在某些类型的文章中会出现少量口语成分,但是以口语为主的'白话'篇章,如敦煌文献和禅宗语录,却要到晚唐五代才开始出现,并且一直要到不久之前才取代'文言'的书面汉语的地位。根据这个情况,以晚唐五代为界,把汉语的历史分为古代汉语和近代汉语两个大的阶段是比较合适的。至于现代汉语,那只是近代汉语内部的一个分期,不能跟古代汉语和近代汉语鼎足三分。"

江蓝生认为吕叔湘以晚唐五代为近代汉语的上限"符合汉语发展的实际情况"。在语法方面,动态助词系统"了、着、过"开始出现并渐趋成熟;确立了"我、你、他"三身代词系统和"这、那"对立的指示代词二分系统。疑问词"什么"的前身就是唐五代文献里出现的"是物"、"是没"、"甚摩"、"什摩"等;表示复数的词尾"们"虽始见于宋代,但唐代文献中已出现"弭"和"伟"。

日本学者太田辰夫把唐宋元明划为"近古汉语",清代至民国初年划为"近代汉语"。

蒋冀骋通过对音韵、词汇、语法 3 方面的考察,认为将近代汉语定在晚唐五代—明末清初(9—17 世纪)比较符合语言实际。分期的标准是:音韵上,轻唇音已分化,舌上音已与照三合流,全浊声母、入声韵尾开始消失,-m 韵尾开始动摇。词汇上,地方俗语大量使用,"头、子、老、打"等构词成分的出现和大量使用;双音节词增多;新义大量出现;外来词大量进入。语法上,出现了新的指代词,如"儿"、"奴"、"这"、"那"等。新的语气词,如"了"、"哩"、"呢"、"那"。被动句有了新发展,形式上新出现了用"吃"表被动的句式;用法上,可以引进词组作行为主动者,动词可以带宾语。处置式也有了新发展。形式上除用"将"、"把"作处置词外,还可用"捉";用法上,处置对象可以是词组和名词性短语结构。

3. 自宋开始说。吕叔湘还有一种意见:"以语法和词汇而论,秦汉以前的是古代汉语,宋元以后的是近代汉语,这是没有问题的。"(《魏晋南北朝小说词语汇释·序》)

潘允中认为:"自宋元明清至鸦片战争以前,是汉语史的近代时期。"(《汉语语法史概要》,P17)近代汉语语法有以下特点:汉语的语法结构和表达形式都比前一时期有更多更大的发展。动词词尾"着"、"了",形容词词尾"的",副词词尾"地"都已经普遍使用,日趋于规范统一。由古汉语发展而来的句末语气词"么"、"吗"、"呢"、"哩"、"呀",在近代书面语言里已广泛出现。在句法上,提宾句又增加了一种,用介词和副词联结成一个特殊的结构"连……也"。复句比古汉语有较繁复而精密的结构。动补结构又有新的发展,在结构助词"得"的后面可以带上一连几个句子,使得句子的表现力更强了。

尽管近代汉语上限的划分问题还未取得一致的意见,但在古代汉语与现代汉语之间分出一个以早期白话文献为代表的近代汉语时期,已得到许多学者的同意。

三、关于分期的标准问题

关于汉语史分期的标准,不同的学者有不同的看法。有的以文体的转变为标准,以吕叔湘、刘坚为代表。有的主张按语言发展的内部规律,即汉语本身的特点来决定,根据语言的质变来分期。但侧重点有所不同:王力认为,语法的大转变应该作为语言发展的主要根据,语音和语法有密切关系,语音的演变也可以作为分期的标准,一般词汇的发展不能作为主要标准。苏联的查赫拉夫依据语法的特征为汉语史分期。瑞典的高本汉、法国的马伯乐则以纯语音为分期标准。胡竹安认为"词汇—词义"是语言(特别是口语)最活跃的因素,应以"词汇—词义"为主要分期依据。蒋冀骋、黄征、李峻锷等认为应以语音、词汇和语法三个方面的变化作为标准,应三者兼顾,综合考虑。

我们可以看到不少学者在做分期时,所采用的分期标准大致可以分为两种:采用两种或两种以上的混合标准,如综合了语法、语音或是语法、语音、词汇标准,以王力为代表;另一种是单纯地以语法作为标准进行分期,以潘允中为代表。

(一)混合分期标准

王力在《汉语史稿》中提出,从语音、语法、词汇 3 方面来看,应以语法作为主要的根据。而语音和语法有密切的关系,语音标准也可作为分期的标准。因此,在王力的分期中,不仅有语法标准,语音标准也承担了相当大的比重,他的中古和近代的区别就完全是以语音为据的。

吕叔湘也认为汉语语法史的分期不仅应照顾到语音,还应照顾到词汇,全面加以考虑。

魏培泉先生有一篇重要的文章《东汉魏晋南北朝在语法史上的地位》,文中认为混合的分期标准有如下的问题:其一是混用语音和语法两类标准。如中古的变化除了一项"去声字的产生"外,其他都是语法项目,二者混用。又从中古到近代只有语音的变化(而且还仅限于北方话),好似两个时期间并无语法上的差别。如果以语法为重,那么中古和近代就没有分期的必要。其二,这些特征也不见得都是从各时期起始就有的,如他的中古从 4 世纪开始,但词尾"了"、"着"在六朝时尚未产生。

而且从具体的实践操作中,混合语法和语音的标准来为汉语史分期是难度很高的挑战,因为各特征间的轻重大小是很难衡量的。如果汉语史分期要兼顾语音和语法,恐怕要等到语音和语法分别依据各自的标准分好期后,再来看可以达到怎样的归并。

(二)单纯语法的分期标准

以单纯语法的标准来分析,潘允中(1982)是相当具有代表性的一个。潘先生是根据语法特征来分期的,也算是有一个客观标准的。但其中也存在一些缺陷:其一,前后期的区别有的不一定是演变的关系,而是文献有无或文体的问题。如文献上语气词到西周以后才逐渐出现,并不一定能反映语言的实际面貌,而可能和语料的多寡及文体有关。其二,有的标准有时代错置之嫌。如中古栏下有声调区别词性一项。在我们看来,这是过于拘泥于文献的记载。中古声调区别词性的例子有限,它应是上古或更早的构词法的残遗,在中古并不具有能产性。其三,不能如实反映语言的特殊现象跻身为一项分期的标准。

在王力与潘允中的分期中,各时期并不根据相同的一组特征,固然各项特征可由是否新产生来判定以前是否存在,但总不如在各时期中都列出醒目。分期不根据一组相同的特征来评量,在比较上就比较散漫,因此比较好的做法是每个时期都根据相同的一组特征来评量。

魏培泉就语法历史分期的标准，做过有益的尝试：选择一组特征来比较各个时段的异同。其标准涵盖了构词、名词、代词、量词、方位词、动词、系词"是"、副词、介词、连词、助词。具体如下：

表 3-1-1 汉语语法历史分期特征展示表

特征	先秦	东汉魏晋	东晋南北朝	唐五代	宋	明清	现代
名词用为谓语	3	0	0	0	0	0	0
代词有格的对比	3	0	0	0	0	0	0
使用代词"之"	3	1	1	0	0	0	0
关系代词"所"、"者"	3	2	2	0	0	0	0
否定句代词宾语在动词前	3	0	0	0	0	0	0
疑问代词宾语在动词或介词前	3	0	0	0	0	0	0
代词兼可表事物及处所	3	0	0	0	0	0	0
名词表处所不以加方位词为条件	3	0	0	0	0	0	0
使动式（致动、意动）	3	1	1	0	0	0	0
副词"或""莫"	3	0	0	0	0	0	0
表工具的介词组可放在动词后	3	0	C	0	0	0	0
表所自的介词组可放在动词后	3	0	C	0	0	0	0
表所在的介词组一般在动词后	3	0	0	0	0	0	0
助断的"也"	3	1	1	0	0	0	0
"主—之—谓"	3	0	0	0	0	0	0

注：数字分别表示：3常用而规则化或具能产性，0消失或固化（如成为复合词的一部分）。

2虽尚常见而显著衰降，1见频大幅降低（低于原先之三分之一）。

表 3-1-2   汉语语法历史分期特征展示表

特征	先秦	东汉魏晋	东晋南北朝	唐五代	宋	明清	现代
词尾"子"	0	2	2	3	3	3	3
表示复数或集体的依附词	3	3	3	3	3	3	3
专用的第三身代词	0	0	3	3	3	3	3
"数＋量＋名"结构	0	2	3	3	3	3	3
动量词	0	3	3	3	3	3	3
使成式	1	2	2	3	3	3	3
系词"是"	1	3	3	3	3	3	3
动词词尾"了"	0	0	0	1	3	3	3
全量指量词修饰名词	?	3	3	3	3	3	3
反身的"自"不限于用为副词	0	3	3	3	3	3	3
介词组的位置按时间序列排列	0	3	3	3	3	3	3
助词"底（的）"	0	0	0	3	3	3	3
趋向助词"来""去"	0	?	2	3	3	3	3
"被 AV"式被动式	0	1	2	3	3	3	3
以二元动词为主要动词的处置式	0	0	?	3	3	3	3
平比式的标准项在动词前	0	2	3	3	3	3	3
"V 得 S"	0	0	0	3	3	3	3

注：表中的数字表示：3 常用而规则化或具能产性，0 无，2 虽非少见而尚未普遍化，1 有无不明，萌芽。

魏先生的做法无疑具有自身的优势：①每一项特征都具有相当重要的类型意义；②每个

时期都根据一组相同的特征来评量;③以正负值为参数,有无立判。虽然使用这7项特征的目的并非用来分期,但其中部分特征用于分期也还有其价值。其中第一项因自古至今不变,因此在汉语的分期上不具意义。至于其他6项在区别现代汉语和远古汉语上固然很有用,但对上古以后以至现代的分期所能贡献的就相对有限,因为在这6项特征中上古汉语和现代汉语间只有两项是确定有别的。若仅采用这两项特征,上古以降的汉语史顶多也只能分为两期。我们认为,从上古到现代,汉语语法是经历过一些重大变动的,因此应该还可以更深入地探求有哪些特征可以用来分期。当然,决定分期的关键并不一定在于特征项目的多寡,更重要的是这些特征在分期上是否都具有关键性的意义。无疑魏先生所采用的分期标准在科学性上又更进了一步,符合语言的渐进式的发展规律,可以很清晰地看到汉语语法发展的过程。关于语法史的分期,时间跨度大,涉及的语言材料庞杂,有些重要的材料难寻或可能已亡佚,等等,均是我们在处理这个问题上碰到的考验。但正如我们在篇首提到的王力所言般,虽然在历史语法的分期问题上存在种种困难,但又是我们不能回避的。

第二节　本书的汉语语法史分期

我们主张应以语法发展的特征分期。如全面考虑词汇、语音,则会造成一些错误,不能全面照顾到语法的特征。特别是对汉语语法史的分期,更应注重语法特征为分期的标准。我们分析各个时期的语法特点,可以将汉语语法史分为4个时期:

①上古(殷商—先秦两汉),②中古(魏晋南北朝—唐五代),③近代(宋到民初),④现代(民初到现在)。每个时期都会有过渡期,如东汉是上古到中古的过渡期,五代是中古到近代的过渡期,晚清是近代和现代的过渡期。

语法是语言三要素中最稳固的部分,语法的发展最能反映语言发展的本质特点。汉语语法的基本特点是用词序和虚词来表现语法范畴、造句规则和句型变化。这个基本特点早在商代就开始奠定了。商代汉语有了比较成熟的文字和书面材料,研究汉语语法史一般从商代开始,从商代到现在,汉语语法有了很大的发展,产生了许多新的语法形式和语法成分。下面简略谈谈汉语在各个历史时期语法的变化和发展。据此4时期划分,各个时期语法变化与发展特点如下。

一、上古时期(从殷商时代到先秦两汉)

大量出土的甲骨卜辞反映了商代语法的基本面貌,为商代语法的研究提供了可靠的材料。甲骨卜辞在词法和句法上都不太复杂。

(一)词类

甲骨卜辞中的词,按其意义和语法功能可以分为名词、动词、形容词、数词、量词、代词、副词、介词、连词、语气词、叹词等类。各个词类发展不平衡,有的内容比较丰富,有的仅具雏形而已。

（二）句子成分

构成句子的主要成分是主语、谓语和宾语。此外还有补语、定语和状语。甲骨卜辞里这些句子成分都已具备，但不十分发达。

（三）句型

卜辞里的句子大部分是简单句，主语、谓语部分都较简单；小部分是复杂句，主语、谓语部分比较复杂。主要可分为：①主＋谓，谓语可以是动词，也可以是形容词。②主＋谓＋宾。③主＋（其、不）宾＋谓。④主＋动＋双宾。⑤谓＋宾。⑥（不、其）宾＋谓。还有连动式、兼语句、复句等等。

总起来看，商代甲骨卜辞所反映的语法显然还处在汉语发展的早期阶段。第一，虚词是汉语语法的重要手段，卜辞里还很不丰富。第二，词序在汉语语法里占有非常重要的位置，主语在谓语前，宾语在动词后，定语和状语在中心语前。这些规律在卜辞里已大体形成，但并不严格遵循，宾语在动词前，主语在动词后的情况常有发现。第三，卜辞里的基本句型还相当简单，没有什么复杂句和复合句。东周之后，社会经济文化的发展，社会交际对语言的要求日益提高，使汉语语法手段逐渐丰富，语法结构也逐渐复杂起来。

二、中古时期（魏晋南北朝至隋唐五代）

表现在：

（一）系词"是"和"是"字句的发展

判断词"是"在口语中已经成熟，在判断句中"是"字式得到普遍运用，并且开始取代了上古典型的主谓相续式判断句。

（二）处置式的发展

处置式在本期完成了。还在动宾关系方面打开一个新局面，靠着介词"把"等将宾语、特别是长宾语提到动词前。

（三）被动句的发展

这时期"被"字式被动句发展成熟，并且结构也变得复杂起来，产生了"被"字式与补语式结合、"被"字式省略施事者等句式。

（四）汉语被动句到中古有了很大的发展

除"为……之……"式以外，上古非"被"字的被动句，这一阶段仍然可以看到，而且有的应用很频繁。

（五）"得"字结构的发展

上古"得"是动词，表示获得，又是能愿动词，表示客观容许。六朝以后，"得"虚化成为结构助词，既可以表示结果，又可以表示可能。到了唐代尤其是到了宋代，"得"字结构形式上也多样化了。谓语可以是复音词，宾语可以是词组，宾语之外又有补语，位置可前可后。

（六）中古补语发展

中古的述补式继承了上古用法，但在趋向补语、结果补语与数量补语方面也有一些新发展。

（七）疑问句发展

出现了一些不用疑问词语的疑问句，也出现了一些新兴的疑问代词"那"等。

三、近代(宋元明清到民初)

表现在：

(一)近代产生了大量的名量词,产生了一些新的动量词,量词呈现出复音化趋势,量词重叠日益增多

(二)实体助词"来"的广泛应用和"来着"的产生

实体助词"来"产生于中古,表示一种不久的经历。但元明是"来"的鼎盛时期,白话作品中广泛应用。还可以跟别的实体助词合起来,表示一种比较复杂的时体意义。

(三)"起来"

"起来"进一步虚化,趋向动词"起来"产生于唐末宋初,元明广泛应用

(四)"下去"

"下去"表示动作的继续。趋向动词下去产生于宋代,用在动词后表示动作由高处到低处或由上层到下层。近代很常见。

(五)数词方面

用"约"、"来"、"余"、"左右"等表示约数,古已有之,近代继续广泛应用,在基数后加"把"、"多"、"来去、来往"、"上下"、"外、开外",在基数前加"上"的约数表示法是近代产生的。

(六)名词、代词词尾的发展

唐代以前,汉语名词和代词没有数的区别,单数和复数一般只能从上下文体会出来。唐代代词和名词开始出现表示复数的词尾。

(七)副词

近代汉语产生了不少新副词,中古或中古以前产生的副词一部分消失了,大部分保留着,成为近代副词系统的一个组成部分。这就使得近代汉语里的副词非常丰富。整个近代汉语里的副词有 600 个以上。新产生的副词里,少数是单音词,多数是复音词。复音词大致有 3 种情况:一是两个同义的单音副词连用并且凝固成复音副词,意义和单音词基本相同;二是以一个单音副词为主,用另一个意义不同的单音词加以限制,构成意义相近的新的复音副词;三是单音副词加上词尾变成附加式的复音副词。

(七)补语

形容词谓语或某些动词带"得(的)"的程度补语,元代开始出现,明清以后逐渐发展起来。充当这类补语的有"很、紧、甚、厉害"。

(八)出现无动词相呼应的处置式

出现在对话中,带有较强烈的感情色彩,说话者没有把话说完就停止了,逐渐成为一种固定的句式。

(九)被动句的发展

近代汉语被动句出现了多个表示被动意义的介词相继产生。

(十)补语和宾语的位置趋向统一,结果补语形式多样化,产生新的程度补语

四、现代("五四"以后到现在)

五四运动以后,特别是 1949 年中华人民共和国成立以后,中国社会发生了极大的变化,

现代政治、经济、科学、文化得到发展,社会交际日益频繁,必须有一种非常丰富而严密的语言工具才能满足社会交际需要。适应于这种需要,汉语语法在"五四"以后也就大大地发展起来,产生了不少新的语法规则,使得汉语语法空前地精密完善起来。这既是汉语本身发展的自然过程,也在一定程度上接受了西洋语言的影响。某些西洋语言特有的语法形式被汉语借用过来,久之就变成了汉语自己的东西。当然吸收西洋语法必须受汉语内部发展规律的制约,完全违背汉语语法规律的东西是不能在汉语里扎下根的。

(一)代词的变化

五四运动以后,受英语人称代词 he、she、it 的影响,汉语书面语言里第三人称代词也有了性的区别。阳性用"他",阴性用"她",中性用"它"或"牠"。此外英语第三人称代词无论阳性、阴性、中性都用 they,汉语却按单数推论,分别写为"他们"、"她们"、"它们"。

(二)动词时体的发展

汉语动词的时体范畴开始产生于中古,到近代已基本形成。"五四"以后受西洋语言的影响,人们有意识地去应用它,发展它,就使这一语法范畴显得更加明确。最突出地表现在时体助词"着"的应用上。

(三)助词"的"、"地"、"底"的分工和统一

助词"的"、"地"和"底"中古就有,到了近代,统一写作"的"。五四以后,受西洋语言的影响,"的"、"地"、"底"在书面语言里重新进行了分工。"的"用于描写性的定语,"底"用于领属性的定语,"地"用于状语。在"五四"以后的一段时间里,作家把这三个助词的用法分得非常清楚。

(四)新的词序

一些在明清白话文中不用或者很少用的词序,"五四"以后普遍应用起来。汉语的句法于灵活中显得更灵活多样,更能表达各种不同的感情色彩。单句中的新词序,更明显地表现在定语和状语的位置上。定语、状语在前,中心语在后。还有后置定语的情况出现。为了修辞的需要,形容词作定语,副词作状语,有时也可以位于中心语后面,通常用逗号隔开。

(五)出现了新兴的介词结构的用法

连词"和"与"如果"用法扩大;状语范围扩大;新兴共用法;新兴把字句;文言语法成分的新应用。

(六)句子复杂化

随着现代科学文化的发展,汉族人民思维的精密化和复杂化,现代汉语的句子结构也空前地严密化和复杂化了。有的是单句,但各个句子成分往往有不同的修饰语,或者由复句构成出现了不少复杂的主语、谓语、定语和状语。有的是复句,几个本身已经相当复杂的分句在一起构成多重复句。整个句子也就更复杂了。

我们认为,根据以上各个时期不同的语法特点,将汉语语法史分为四个时期较为符合汉语发展的实际情况。

第二章　上古时期汉语语法的特点

殷商是上古前期,西周是上古中期,先秦两汉是上古后期。

第一节　殷商——上古前期的汉语语法特点

在上古前期,中国社会的发展从奴隶制度走向封建制度,作为交际工具的书面语言也正在走向发展的过程中,它的语法构造、表达形式,一般说来,较有灵活性,但从另一方面,某些词类和句式都有它的特殊性存在。

一、词类还没有互相区别开来的语法标志

名词、动词、形容词,往往"一身而三任焉"。但是,这不会妨碍词性概念的表达。上古汉语里,有的词性一望而知,有的却要受词序的制约。词序不同,词性就会改变。如,"树",在"李氏有嘉树焉"里是名词;在"五亩之宅,树之以桑"(五亩宽的住宅里,都种起桑树)里是动词;在"毋易树子"(别改变已经树立的太子)里又是形容词。

二、语气词的出现

语气词在前期——殷商时代比较少见,而西周以后才逐渐出现,甚至有在一句之中连用两三个语气词的,如《诗经·北门》:"已焉哉!天实为之,谓之何哉!"(算了吧,老天爷要这样做,还有什么好讲呢!)《左传·襄公二十五年》:"独吾君也乎哉?"这原因是语气词都只表音而不表义,汉字不是音符,要如实地记录语气本来就有困难;加上殷商时书刻不易,就只好把它省略了。

三、句子的主动与被动,最初基本上没有区别

在"庄公死,子般弑,闵公弑,比三君死,旷年无君,设以齐取鲁,曾不兴师,徒以言而已矣"(《公羊传·闵公二年》)这段文章中,"庄公死"是表示主动的句子,而"子般弑"和"闵公弑"却都是表示被动的,但在形式上3个句子却完全相同,其中的区别是靠意念或词义。"弑"是下杀上,所以是被动句。但是在西周金文里,新兴的被动式也开始产生。句子的主动与被动已由没有区别到有区别了,这主要是依靠介词"于"、"为"和词头"见"的继续虚化的作用。

第二节 西周——上古中期的汉语语法特点

西周时代,名词作谓语、述语不仅是其本身固有句法职能,而且相当自由和灵活,可以出现在多种句法结构格式中,可以表现丰富多样的语义关系、语义内容。

一、词法上的特点

(一)形容词、副词的特点

在上古中期的春秋战国时,汉语的形容词和副词有一部分已具有明显的构词特征,"焉"、"乎"、"然"等就是经常使用的接尾词,后来在文言中一直沿用了两千多年。名词词头"阿"是在上中古期间的过渡时期东汉产生的。春秋以后,文字上的假借较前发达,所以出现在书面语中的纯粹用字表音的语气词也就多了。

有些语法学家认为否定副词"弗"和"不","勿"和"毋"在先秦有严格的区别,"弗"="不……之","勿"="毋……之"。这就是说,"弗"和"勿"本身包含有代词性的"之",因此它们后面的动词只能是他动词,不能再带宾语;如果带宾语,那前面只能用"不"而不能用"弗"、"勿"。因此,自动词前面,也只能用"不"、"毋",而不能用"弗"、"勿"。这个结论,潘允中认为只符合先秦的局部的一时的事实而不能概括整个历史情况。不过,就在春秋战国时代,"弗"、"不"既可以相区别,也仍有不加区别的,因为有不少句子"弗"后仍带有宾语可证。"勿"和"毋"都是禁止词。这两个词的用法在上古的区别也和"弗"一样。上古前期的文献"勿"、"毋"没有区别,春秋战国时代有区别,但只是局部现象。汉魏以后仍然没有区别。有时候"勿"和"无"的用法可以交替。这说明在上古的文献中,"勿"不等于"毋(无)……之"。这种语法形式沿用至春秋战国时代。

在先秦文献如《尚书》和《诗经》里,可以经常碰到形容词的前加成分"其"和"丕",它们很像今人所谓的词头。其实不是,因为它们不但能接在形容词之前或之后,也能接在动词的前面。这样灵活的成分,决不是我们现在所谓的词头,而是和"有"一样用于足句或调整语气的语助词。上古汉语的构词法有这么一个特点,即叠音词的前或后一音节可以换用虚词,其作用和意义与叠音同。这种类似词头的成分,在春秋战国以后已罕见。

(二)人称代词特点

参考先秦群籍我们可以看出,第一人称代词"吾"、"我"、"余"、"予"、"台"、"朕"并没有什么变格之分,是基本上可以通用的。

先秦没有专用作第三人称的代词,习惯上常用名词复说法以表达他称,如:"阳货欲见孔子,孔子不见。归(馈)孔子豚。"(《论语·阳货》)遇有需要第三人称代词的时候,则借用指示代词"彼"或"夫"。"夫"和"彼"上古同属帮母,是同音借字,但用法不完全相同。"彼"以用作主语和宾语为常,"夫"则绝大多数用作主语,宾语仅偶一用之。有人认为,"其"在先秦只用于领格,汉魏以后,才有用于非领格的。根据文献例字并非如此。"其"从晚周至西汉,已经能用于主格了。

战国时代既然可以用"他"来指称第三人称"他们",那么,可以证实《后汉书·方术传》所载:"(费)长房曾与人共行,见一书生,黄巾被裘,无鞍骑马,下面叩头。长房曰:'还他马,赦汝罪。'人问其故。长房曰:'此狸也,盗社公马耳。'"这里"赦汝罪"前,显然省去一个主语"我";整句话就是我、汝、他三方对举,"他"指拟人化的社公,不能解作"别人"。

(三)介词特点

介词"以"在西周的用法主要有 3 种,其演变过程是各不相同的。①表示动作的方式,今语"拿"、"用"的意思。与此同时,西周作品也有"用"的意思,"以"、"用"同义,句法功能亦同。②表动作的原因。③表领率。由"凭借"这个基本意义派生出来的。"以"的这种用法,在后来的口语里没有保留。

"为"在西周分化为介词,首先即具有由原来动词的"助"义转化而来的"替"的意思。"为"的第二种用法表示原因或目的。这也产生于西周沿用于汉魏以后。这种用法,在后来的口语里,改用双音词"因为",在句法功能上是古今一脉相承的。"为"的第三种用法是表示被动,如"为戮"——被杀,"为辱"——被侮辱。

今语介词用"和"、"跟"、"同"的,在上古前期只说"与",偶然也用"同"。"与"也是由动词转化来的。"与"有随从、亲附义,由此虚化,便成为介词"跟"、"同"的意思。这个用法,中古以后沿用。同"与"作用一样的介词,还有一个"同"。"同"原来是动词,如"君子和而不同"(《论语·子路》)的"同",也作副词用,如"今王与百姓同乐,则王矣"(《孟子·梁下》)的"同"。但就在先秦,"同"已开始分化,向介词过渡,虽然这样的例子还不多。

(四)连词特点

连词"而"、"以"、"且"在先秦都可以用来连接两个词或词组,也可以连接两个分句,但作用并不完全相同。比如,"而"、"以"都可以连接名词、动词和形容词,"且"只能连接动词和形容词,可是不能连接名词。在连接两个分句时,"而"、"且"都表示并列关系。至于"于是"只能用以表示句子和句子之间的并列关系。

二、句法上的特点

(一)句法方面最突出的特点是:词序成为上古语法的重要手段

动词和宾语的词序在上古前期即已很固定。一般句子总是先动后宾,但疑问句和否定句的代词宾语却先置于动词(有少数例外),如《诗经·竹竿》:"岂不尔思?"又《击鼓》:"不我活令。"其中代词最为特别。在上古前期凡是代词作宾语的,即使非否定句,宾语也必须倒在动词前。如《尚书·大诰》:"民献有十夫予翼。"(有贤人十个来辅佐我。"予翼"即"翼予"。)

(二)上古前期句子语气词的特点

在上古前期的文献中,陈述句根本不用语气词,而感叹和疑问语气词则较常见。到了周初至春秋战国时期,语气词有较大的发展,不独数量渐多,而且使用也比较普遍了。

古代陈述句的语气词,有"也"、"矣"、"焉"、"耳"等。它们共同的特点是:都表陈述语气;分开说,又各有不同的用法。在甲骨文、殷周金文里有"它"无"也",《尚书》亦不见"也"字,唯《诗经》凡 77 见,其纯为句末语气词的即有 32 个。由此可以断定"也"字是西周以后才出现的字,用作语气词,看来很早就是个假借字。

在上古前期的文献里,疑问句是很少用句末疑问语气词的。依据文献,春秋以前,疑问语气词虽然用得不多,但的确已经产生。"矣"在西周书面语里,一般都有两种用法,即用以表已然的陈述语气和疑问语气。总之,上古语气词"也"、"邪(耶)"、"乎",从字形上看来,似乎和现代汉语没有什么继承关系,但从语音的演变考察一下,却又不然。

(三)西周语法的又一特点是,判断句基本上不用系词

但同时已经使用"乃"、"惟"、"为"来联系名词句的主语和表语,我们姑且称它们为"准系词"。到了春秋后期,真正的系词"是"就萌芽了,如《晏子春秋·内篇·谏第二》:"君若欲无礼,此是已。"

第三节　先秦两汉——上古后期的汉语语法特点

一、代词单一化

先秦时代,第一人称代词有"卬、朕、吾、我、予、余"等。第二人称代词有"戎、而、尔、乃、若、女"等。问人代词有"孰、谁"等。问物代词有"爰、曷、害(睢)、胡、奚、恶(wū)、盍、焉、安、何"等。近指代词有"兹、斯、若、夫、是、此"等。到东汉时趋于单一化,基本上仅留下"我"、"女"、"此"、"谁"、"何"。这种代词单一化的倾向,是作为交际工具的语言符号系统的特点决定的。

二、名词、动词句法功能分工化

先秦时代,叙述句中的谓语、述语,动词之外也可由名词充当;到东汉时代名词的这种句法功能基本消失,由动词代替。先秦时代动词作主语、宾语可表示兼代其所支配的中心名词,到东汉时代这种功能消失,虽然仍可作主语、宾语,但不含有名词性质。名词、动词造句功能的分化,是由这两类词的本质特点和句法结构的要求决定的。

三、词序类同化

从先秦到东汉时代,汉语的述宾结构词序,基本上是述前宾后;介词名词结合的词序基本上是介前名后。先秦时期,有少数格式,宾语前置;有少数介词跟名词组合,名词在前。到东汉时代,这些前置宾语都已经或开始后置;介前名词也移后了。又方位结构词序均是名词在前,方位词在后,这样"中—名词"方位结构中的"中"也移后。这些述宾结构,介名组合、方位结构的词序变化,是句法结构类同化的结果。

四、显性语法形式化

先秦时代,名词、动词的 N—V 结构组合和动词(主要是不及物动词)、名词的 V—N 结构组合(多是意合法)、N—V 结构、V—N 结构中种种语义关系是隐含的。到东汉时代,于 N—V 前和 V—N 间加上相应的介词,让隐性的语义关系具有显性的语法形式。先秦时代的判断结构,主词、宾词间无判断词;到东汉时期,判断结构中加上系词,让判断句完整化。先秦时代,复句内部分句间的语义逻辑关系也多是隐含着,其并列、承接、递进、选择、转折、让步、假设、因果等关系靠前后语义来表现,到东汉时代,复句内部分句与分句间加上相应的关联词。这样,种种语义逻辑关系就有了显性的形式。从先秦时代谓语部分中名词、动词组合和复句结构构成的意合法,到东汉时代隐性的语义关系具有显性的语法形式,这是汉语语法的一个大发展,也是汉语语法特点的一大反映。

五、关于动词作主语和宾语的两种现象

陈承泽《国文法草创》均称之为动字的活用。汉代注释家已经发现,这两种现象在先秦时代均是动词自身固有的职能,非"临时"活用。东汉时,陈氏所讲的"非本用的活用"现象消失,"本用的活用"现象继续存在(直到现代汉语)。这是动词、形容词的句法功能及其功能变化问题,不是"词类活用"问题。

六、显性语法形式从无到有

先秦时代,名词、动词的组合比较自由,不用介词介绍,这是当时汉语的特点,不是省略问题。语义结构存有某种关系不一定有相应的语法形式,这在秦时是正常的现象;而隐性语义关系的显性语法形式从无到有倒是汉语发展过程中的一个特征、一条规律。

上古汉语还没有像现代汉语那样的名词前加成分——词头,但是有一些类似词头的虚词,古人管它叫"发语词"。远在上古前期,已经有许多国名、部落名和姓氏的前头接个"有"字,如"有虞"、"有夏"、"有周"、"有仍"、"有鬲"、"有扈"、"有莘"、"有熊"、"有穷"、"有巢氏"等等。"有"似乎像是名词词头。其实,还不就是现在所谓的词头,因为它并不普遍地适用于一切名词,而且在秦以后已经没有这种用法(个别仿古者不计)。"有"既可以按在名词前头,也可以接在形容词之前,无论用于足句或足词,"有"都不是必需的,而只是临时凑数的虚字,跟语言学上所谓词头不能相提并论。说它是语助词,倒是恰当的。

比较能够说是名词词头的,是见于上古而成熟于中古时期的"阿"和"老"。"阿"(ā)是人名和亲属称呼的词头,最早见于汉代。《日知录》卷三十二说:"隶释汉《郎中郑固碑》阴云:'其间四十人,皆字其名而系以阿字,如刘兴—阿兴,潘京—阿京之类。'"可见人名前面接"阿",在东汉时代已经盛行。汉代的人已经认为瞳子的"子"是小称,如《释名·释形体》就说:"童子:童,重也,肤幕相裹重也;子,小称也。"小称正是名词词尾"子"的前身。不过,自春秋至两汉,"子"已经不限于小称,有时也接在生物或一般名词事物后面,像现代词尾"子"的用法一样。

汉魏以后,大家公认否定副词"勿"、"毋"已没有什么分别。在现代汉语中,"勿"作为文言成分,仍然偶一用之;但禁止词用得较多的是"莫"。古代"莫"有几种用法,其中作禁止副词,跟"勿"、"毋"作为同义词的,开始于汉代,而普遍使用于魏晋六朝。

关于东汉时代判断句式的特点:在东汉时代零形式判断句式(不用判断词、系词,如"予,王之爪牙","政者,正也"《论语·颜渊》)已经退隐。准判断词、准系词还在使用。"是"字句,"……,是……也"式,继续使用。典型的判断句式"……是……"已经形成。判断词"是"前还有副词"实"、"但"修饰。

第四节 上古时期汉语语法特点总述

一、词类还没有互相区别开来的语法标志

上古前期的动词、名词和形容词往往是合一的。但是在汉字创造到了相当时期,在记录词的概念上,动词和名词已有所区别。这在甲骨文里是可以约略看出来的。不过,汉语动词之所以为动词,并不是依赖形态来表示,而是表现在它的意义、词序和句子中的语法功能——如充当谓语,可接受副词的修饰,等等。像见于甲骨文的"射"、"杀"、"伐"、"行"、"去"、"往"、"来"、"食"等,的确是动词性的。可以说,在汉字初创时期,古人对于名词的概念和动词的概念已经萌芽还居于少数,显然是作为反映行为概念而产生的。但因受着文字结构的限制,汉语始终没有由此而产生像印欧语系那样的语法形态,而是始终以它的功能为主。

二、上古形容词和副词

上古形容词和副词一般具有共同的语法特点,这就是:

第一,在构词上都有两种重叠法——单词重叠和复词重叠,并且有共同的词尾"然"、"如"、"若"、"尔"、"而"、"焉"、"乎"。

第二,因此,形容词和副词的词形多半是共同的,区别只是在于功能上。同是一个词,用作述语和定语时为形容词,用作状语时则为副词了。

三、词头词尾

上古动词也和名词一样还没有词头或词尾之类的附加成分,但有类似这样的东西,多出现于先秦的韵文里,散文则罕见;而且在汉代以后,已经归于消失。古人把它一律解释为"辞也"或"语助辞";其中较重要的有"言"、"于"、"曰"、"爰"、"薄"、"聿"等 6 个。这些在上古类似动词词头的附加成分,绝大部分见于《诗》、《书》,而罕用于其他先秦典籍,在中古以后的汉语里更是绝迹。其他新兴的词头也没有。但是,上古确实有过一些颇为类似词尾的后加成分,古人管它叫语已词,或叫语末助词,这都是从句法上来说的,当然不是今天语言学上说的词尾,而实际只能说是形尾。类似"止"的还有一个"只"字,有时也用在动词后面;但同样,它不是动词固定的后加成分,自然不能算是词尾,只能说是语助。又有一个"思",或冠在句首,或在句中,也是语助之类的东西。

四、构词法

从构词法来说,上古的动词以单音词为主,如"虎、狮、桌、椅",但也开始出现了一些双音复合的动词(如卜辞里的"来归"、"往来",《诗》、《书》和其他经典中的"涉降"、"出游"、"登假"、"出征"、"毁坏"、"逋逃"、"扑灭"、"经营",等等)和双音单纯词("颉颃"、"邂逅"、"犹豫"等等)。但是,一个单音动词而同时表示动作对象的却有一些,如:聝(guó)——把敌人杀死

并割下他的左耳朵。《说文》："军战断耳也。"《诗经·大雅·皇矣》："攸馘安安。"《毛传》："馘,获也,不服者杀而献其左耳曰馘。"刵(èr)——割去耳朵,刖(yuè)——断足,劓(yì)——割鼻子,髡(kūn)——去发;均是记录古代一种刑罚动作的特殊字(词)。

五、人称代词

把第一人称代词"吾"、"我"、"余"、"予"、"朕"和第二人称代词"汝"、"尔"、"而"、"乃"、"若"的历史演变情况综合起来看,可以得出一个基本结论:在上古时期,这些代词具有一个共同特点,它们没有形态,即没有格的分别,三格——主格、宾格、领格完全可以通用。这些代词所以同时存在而没有格的分别的主要原因,是由于殷商时代汉字已盛行同音通假,往往一音而数字。东汉郑玄对这个现象曾有过中肯的解释:"其始书之也,仓卒无其字,或以音类比方假借为之,趣于近之而已。"

六、单复数

上古代词没有单复数的区别,"吾"、"我"、"尔"、"汝"、"彼"等既可用于单数,也可用于复数。自战国以后,表示复数的词如"侪"、"辈"、"等"、"属"、"曹"等才陆续产生。作用很像词尾,因为它们都不能独用,而必须接在人称代词的后面才有意义。

七、数词

有关数词的概念名称,在殷周时代已经不少,而在公元初的《九章算术》里更为完备。大致说来,上古的计数法有两种:一种是在整数(十、百、千、万)和零数之间加连词"又(有)的",在甲骨文时代即如此。春秋以前时期,基本上沿用这种计数法。又一种计数法,是不用连词"又(有)"的,这也早见于甲骨文和金文。《春秋》沿用前一种计数法,但《左传》改用后一种计数法。大约战国时期已不用"有"或"又"为整零数之间的连词,李斯所撰秦刻石铭词即如此。这种计数法后来就在汉语里稳固下来,一直沿用至今。

八、量词

上古前期的量词是不很发达的。在甲骨文里有 3 种情况同时存在:(1)不用量词,直接以数词接在名词前面或后面,这可能是远古时期汉语语法形式的残留。(2)以名词复用代替量词。公式是:名词+数词+名词。这表示初期量词的代用法。(3)用量词,它表示专用量词已经产生,公式是:名词+数词+量词。周以后量词逐渐发达,并且发展了。

在甲骨文里如果使用量词的话,是名词在前,数词和量词在后的。这种词序在战国时期已经开始变化,数量词已经可以移到名词前面了。但名词与量词结合还不很密切。中间常插入一个连词"之"。先秦时,也开始出现数量词后紧跟着名词的用法。到汉代,这种语法形式已巩固下来了,量词已经直接接在名词前面了。

动量词的发展。在周秦时代,关于动作次数是用数词直接加在动词前面来表示的,至于专用以表示动作单位的量词,是起源于汉代,但大量出现,仍在魏晋以后。

九、介词和连词

殷周及秦汉时期,最常用的介词有"于"(於)、"乎"、"在"、"之"、"以"、"为"、"与"、"同"、"和"等。

上古连词特点:

(1)在上古时期的书面语言里,句和句之间的联系,主要是采取意合法,书面很少使用连词,特别是主从连词很罕见。

(2)上古的连词灵活性很大,往往一词而兼有几种连系作用。它在具体句子中连系什么,完全取决于上下文,最典型的例子就是"乃"和"而"。

(3)上古专用的连词还不多,书面语常见的连词,多半是由别的词类兼充的,如"乃"、"然"、"既"等,本来是副词,却往往用作连词;"与"、"于"、"因"、"及"等,本来是介词,但同时兼充连词。

十、语序

在古汉语里,"主语—谓语"和"主—动—宾"的词序,一般说来是固定的,而且具有很久远的历史传统性,自殷到秦汉一直到现代,基本上都是这样。因此,语序便构成汉语语法的一大特点。语序成为上古语法的重要手段。

上古汉语语序变化:在一定条件下,语序就会发生变化。所谓一定条件,大约有 5 种。这些情况有的在殷商卜辞时期已经如此:

第一,在感叹句或疑问句里,主语—谓语的语序,往往因强调而倒置。此外,在先秦,表现强烈感情近似感叹句的韵文,也有把谓语倒置在名词前面的。

第二,指示代词复指宾语时,动宾倒置。在宾语后面带着一个指示代词以复指宾语,而把动词倒置在宾语之后。以"是"、"之"、"斯"等最为常见。

第三,代词作宾语的句子,动词也倒置。最初不论是肯定句或否定句,动词都后置于宾语;后来限于否定句。

第四,疑问句(包括反诘句)以代词作宾语时,那个他动词也必然后置于宾语。

第五,说话时因语气急促,也往往会影响语序。结果,应该先说的子句,反而后置了。这是一种在特殊情况下产生的现象。

十一、判断句

肯定的判断句在上古以不用系词为常,它经常采用的表示判断的语法形式有 3 种:①主语—表语;②主语—表语+"也";③主语+"者"—表语+"也"。但是,否定的判断句,却是借用否定副词"非"(匪)来联系主语和表语的。上古春秋时期,还经常出现另一个准系词"乃"字。它早见于甲骨、金文,但其原始意义还不完全清楚。春秋战国时代的判断句就同时存在着两种形式:不用系词的和用准系词"为"。在秦代和秦汉间典籍里,"是"充当判断句的系词,已有一些用例。"是"由指代词虚化为系词,在战国后期周秦之际已经成熟。到了西汉时代,系词已经发展完成,判断句已经渐渐使用系词。

十二、描写句

甲骨文限于文体,没有什么描写句。关于上古前期的描写句的面貌,只能在《尚书》和《诗经》里约略窥见。在春秋战国时代,用连系性动词构成的描写句,上承《诗》、《书》,继续沿用"若"、"如",同时也用"似"、"犹"。这种描写句的特点是:谓语的动词只表述主语的性质、状态,并且不止一个,而是几个动词的综合,它的长处是能够描写比较复杂的事物。上文已提到这种句式,它产生于上古前期,在春秋战国时代已逐渐趋于复杂。

十三、句子的主动和被动,最基本上没有区别

关于汉语被动式的起源时限,应该断自西周初期。用"于"表示被动句的施动者这种句式出现于西周初期,还可以《周易》和《诗经》为证。用介词"被"构成的被动式肯定起源于战国时代。但当时还不普遍,还找不出很多例子来。到了汉代,就逐渐使用起来了,不论散文或诗歌都常常出现这种被动句。这说明被动式在上古后期已经完成。

十四、处置式

上古时代,古人虽有处置式的概念,但在语言里还没有形成固定的语法形式。所以只能说是汉语处置式概念的萌芽时期。在上古"将"和"把"都是有实义的动词,而不是介词。

十五、文言介词往往一词多用

①杀人以挺与刃,有以异乎?(战国·孟轲《孟子·梁惠王上》)(用)
②成不以富,亦祗以异。(春秋·无名氏《诗经·小雅·我行其野》)(因为)
③斧斤以时入山林,材木不可胜用也。(战国·孟轲《孟子·梁惠王上》)(按照)
④天子以他县偿之。(汉·司马迁《史记·禅书》)(把)
⑤故说诗者不以文害辞,不以辞害志,以意逆志,是为得之。(战国·孟轲《孟子·万章上》)(凭)
⑥不我以归,忧心有忡。(《诗经·邶风·击鼓》)(与)

十六、数词直接修饰名词

①复见二十里许,又见一老父。(晋·干宝《搜神记》卷十六)
②鼓瑟希,铿尔,舍瑟而作,对曰:"异乎三子者之撰。"(春秋·孔丘《论语·先进》)

例①中的"一"直接修饰"老父",而现代汉语则加一个量词"个";例②中也是数词直接修饰名词,而现代汉语中则用量词"位"或"个"。

十七、词性活用现象较频繁

(一)使动用法

这是古代汉语中一种特殊的动宾结构。其中动词所表示的意义不是主语所具有的,而是主语使宾语所具有的,所以叫作使动用法。这里的动词不少由形容词转来,也有由名词充当。一般译作"使他(它)怎么样"、"让他(它)怎么样"。如:

①固国不以山溪之险。(战国·孟轲《孟子》)(使……强固)

②苦其心志,劳其筋骨。(战国·孟轲《孟子》)(使……痛苦;使……劳累)

(二)意动用法

这也是古代汉语中一种特殊的动宾结构。其主语在意念中认为宾语具有动词所表示的意义,所以叫意动用法。其动词往往由形容词、名词转来。一般可译作"以……为……"(把什么当作什么,认为什么怎么样)的句式。如:

少仲尼之闻而轻伯夷之义。(战国·庄周《庄子·秋水》)(认为……少;认为……很轻)

(三)名词用作状语

名词常常可直接用在动词前面,作状语,表示动作所用的工具、方法,或发生的地方、状态、时间等。如:

①秋水时至。(战国·庄周《庄子·秋水》)(按时)

②项王乃欲东渡乌江。(汉·司马迁《史记·垓下之围》)(往东)

③五年卒亡其国,身死东城。(汉·司马迁《史记·项羽本纪》)(就完全,身体)

(四)名词用作动词

在古代汉语中,名词往往可以活用为动词,后面可以带宾语。

①天祸许国,鬼神实不逞于许君,而假手于我寡人。(春秋·左丘明《左传·隐公十一年》)(降祸)

②声盛致志,鼓傻可也。(春秋·左丘明《左传·僖公二十二年》)(击鼓进攻)

十八、汉语语法的经济性

(一)省略、隐含、暗示

所谓省略,指结构上必不可少的成分在一定的语法条件下没有出现,从原则上说,省略的成分是可以补出来的。

从语法分析3个平面角度看,语言的句法、词义及语用平面都存在成分隐略现象,通常将句法上句法成分的隐略现象称为"省略",语义平面上的隐略称"隐含",将语用上某些语用意义的隐略称为"暗示",从而将以往统称为"省略"的现象区分开来。

1. 省略。在汉语中通常主语省略多种名称,至于宾、定、状省略各家看法有分歧。但省略的认定必有一个句法的标准:只有那些句法结构上必不可少的成分没有出现才是省略;不补上省去的部分句法结构就难完整,或虽句子能成立,但已不是原来所要表达的意思了。省略是句法结构成分的省略,因此句法是有可还原性的,即存在相应的"完整式";省略式和相应的完整式有语义上的完全同一性。

2. 隐含。隐含是由句法格式的紧缩而形成的一种隐略现象,也是汉语中极为常见的隐略现象,与句法上的省略不同,隐含是语义层面的概念。隐含与省略不同,它在句法上没有相应的非隐含式。隐含还可分为定指性隐含、非定指性隐含和泛指性隐含。

3. 暗示。暗示是一种语用现象。暗增义是一种语用隐含义。隐含义是一种确然的语义,暗示义是一种可能的语义。表示义大都可以从听话人的心理定式,说话人对听话人的心理预测,说话人与听话人的特定关系、说话时的特定性和情景条件等语境因素分析中得到解释或找到解释的线索。

(二)显性标记和隐性标记

关联词语可看作复句中表达分句意义关系的显性标记;不借助关联词语、靠语序直接组合来表达分句间意义关系的方法可看作隐性标记。显性标记是现代汉语中复句构成的重要手段。

从汉语发展史看,古汉语中关联词语很少,复句主要靠语序组合。口语或口语化的书面语中极少使用关联词语,一个极端就是通常所说的"流水句"。在结构上有两个特征:①一个流水句至少包含两个独立句段。②句段之间一般不是靠关联词语来联结的。

流水句语义特征是句段与句段间语义联系较松散,一般难以添补上表示某种紧密逻辑关系的关联词语。流水句是现代汉语口语或口语化的书面语中一种极为常见而又很有特色的一种句子类型,它的组合主要采用隐性标记,全靠句间的意义联系;是汉语"少形式,重意合"特点的明显体现。

句群,是汉语中最高的一级语法单位,由多个句子构成,有一个明晰的中心意思的动态使用单位。它们是一组互相衔接语意连贯的句子,这几个句子语法上各自独立,各有一个统一全面的语调;语意上上下句互相衔接语意连贯。这是句群的基本特点。当然,句群还必须有表达一个明晰的中心意思这一条件。

句群结构方式 { 意合法:依靠语序来表现句与句间的衔接。
形合法:使用特定的关联词语来衔接内部的几个句子。

第五节　各家对上古时期汉语语法的研究成果

一、管燮初《殷墟甲骨刻辞的语法研究》

甲骨文的造字方法有象形、象意、会意、形声;用字方法有本义、引申、假借。假借字大概是用同音字记录,没有文字语音。刻辞中假借用字很多,这一现象反映了甲骨刻辞是以口语为基础的殷墟书面语言。管燮初在该文里也提出一些属于这个时期的语法特点:句子结构大部分和现代语法差不多。句子的语序平常是:主语前,谓语后。谓语中动词、系词在宾语之前。在谓语有否定词作修饰语代词作宾语必须在动词之前。语序变例,最常见的是宾语在动词之前。疑问句有 4 种格式:①用语调表示疑问。②用疑问副词修饰。③用几句动词相同,主语、宾语或修饰语不同的句子来设问。④使用正反句子。

二、孙良明《古代汉语语法变化研究》

关于词类活用的问题,在名词作谓语、属于词类活用的现象,按马建忠《马氏文通》字类通假说是名字假借为动字,按黎锦熙《新著国语文法》依句辨品说是名词转为动词,按陈承泽《国文法草创》字类活用说是名字活用为动字。孙先生认为:"前两说现在一般很少有人再主张,陈氏的字(词)类活用说在现在古汉语语法教学中仍继续采用。而从本书所列语言事实看,不仅马氏、黎氏的理论不妥,陈氏的说法也欠当。"孙先生在该书提出例字说明:"先秦时代,名词作谓语、述语,不仅是其本身固有句法职能,而且相当自由和灵活。"

三、方有国《上古汉语语法研究》

"殷商时期'之'。用作动词、指示代词和第三人称代词,西周新增了连词用法,春秋战国时期'之'具有前两个时期的全部词性和用法,另产生了衬音词。'之'最初是动词。本义为'往',经词义引申产生出指示代词,进一步由指示代词发展出人称代词、连词和衬音词。连词'之'或定名为介词、结构助词,据其来源和作用,应定名为连词。先秦汉语中'之'字的语法作用曾发生过一系列变化,词性也多种多样。以往对这个词的研究偏重于共时描写,各用法之间的关系没有充分揭示出来。"

四、史存直《汉语语法史纲要》

汉语的基本词序虽然很早就确立了,但在上古时期还有若干例外,并不十分规律。例外的情况可以分为 3 种:①当宾语为疑问代词时,一般置于动词之前。②在否定句中宾语为代词时,一般置于动词之前。③宾语之后如果有一个指示代词来复指它,一般也放在动词之前。上古汉语的基本词序虽有 3 种例外情况,但除此之外却已相当规律。

五、王力《汉语语法史》

上古汉语语法的特点是:①判断句一般不用系词;②在疑问句里,代词宾语放于动词前。

六、潘允中《汉语语法史概要》

概括为以下 5 点:①是词类还没有相互区别开来的语法标志。在上古汉语里,词序重于词性,词性有较大的灵活性。②是语气词在前期——殷商比较少见。③是词序成为重要的语法手段,疑问句和否定句的代词宾语置于动词的前面。④是判断句基本不用系词。⑤是句子的主动与被动最初基本上没有区别。对照先秦文献,可以看出这 5 点是很符合当时的文献语言实际的。

七、李佐丰《上古语法研究》

他将上古汉语的语法特点概括为以下 3 个方面:即整体性、变异性及模糊性。

(一)整体性

这一特点主要是指语法中的多种范畴不是通过词的形态变化来表现,而主要是通过词语的组合或句子之间的关系表现出来。在词语的组合之中,虚词与其他词语的组合,实词与实词性词语的组合,都是古汉语语法的重要语法形式。

首先是虚词。与实词相比,虚词出现的频率一般都比较高,用法也灵活。比如句末用"也"常构成论断句,不用它则常构成叙事句。又如"者"、"所",它们与动词(或形容词)性词语组合在一起之后,都能把陈述性的词语变为指称性的。词语中陈述和指称之间的这种变化在古汉语中是一种很常见的现象。

其次,实词与实词的组合关系也很重要。名词区分为有生和无生,这两个重要的语法范畴,就是通过对实词性词语的组合分析出来的。有生名词主要表示人,无生名词主要表示物。有生名词经常用作主语,而且可以给多种动词作主语;无生名词作主语远不及有生名词

常见,而且许多动词不能给无生名词作谓语。如:

①种顿首言曰:"愿大王赦句践之罪。"(汉·司马迁《史记·越王句践世家》)(种:文种)

②东海之极,水至而反。(战国·吕不韦《吕氏春秋·君守》)

例①中的"种"是有生名词,它可以给"顿首"、"言"、"曰"等多种动词作主语;例②中的"水"是无生名词,虽然它可以给"至"、"反"等作主语,但很难给前一个例句中的那些动词作主语。正是根据"种"和"水"在与其他实词组合时表现出的这些不同特点,我们可以把它们分为有生和无生这样两类不同的名词。

(二)变异性

由于词类、短语、句子的特点主要是在整体关系之中确定的,这就出现了变异性的特点。变异性是说:对于某类比较确定的词、短语乃至于句子来说,在一定的语言环境中会出现某种变异。对于词来说,不同的词及同一词的不同用法,时常调和在同一个语音、文字形式之中,所以兼类、转称和活用等现象都比较常见。如:

①子反辞以心疾。(战国·韩非《韩非子·饰邪》)

②孙子无辞。(战国·韩非《韩非子·难四》)

例①中的"辞"是动词,例②中的"辞"是名词。同一个"辞"出现在不同的上下文中,分属不同的词类,这是名词和动词的兼类。例①中的"辞"之所以是动词,是因为其前是个名词,而其后又是个介宾短语。而例②中同样的是"辞",但由于其前是个"无",我们就把它认定是个名词。这主要是由于上下文造成的。

不但词类中有变异性,句子之中也有变异性,这种变异性,我们用"范式"和"变式"这两个概念来称说。比如判断句,范式是句中有停顿,句末用"也":在多数判断句句末用"也"的情况下,有些判断句的句末并不用"也",或句中没有停顿,这就是变式。如:

①白圭,周人也。(汉·司马迁《史记·货殖列传》)

②此人力士。(汉·司马迁《史记·魏公子列传》)

例①是典型的判断句形式,特点是句末用"也",主语和谓语之间有停顿。例②既没停顿,又不用"也",可仍是判断句。典型的判断句可以认为是判断句的范式,像例②那样不够典型的判断句,就是判断句中的变式。一般地说,范式总是比较常见的,而变式则不及范式常见,这也是变异性的表现。

(三)模糊性

世界上的事物都有精确性和模糊性两个方面,其中精确性是相对的,而模糊性则是绝对的。语言也是如此,既有精确性的一面,也有模糊性的一面;汉语更是模糊性较强的语言。所谓模糊性,就是亦此亦彼、非此非彼性。这种模糊性在古代汉语语法的各个方面都有反映,句子、短语和词类这3种基本的语法单位之间没有十分明晰的界限,而具体到每种语法单位中的各种类别之间,比如词类、短语和句子的分类等,也没有一条明晰的界限,都表现出亦此亦彼和非此非彼性。不要期求在语法的各种类别中找到一条明晰的界限,因为在实际上,它们处处都表现出过渡和弹性。比如词类有实词和虚词两个大类,实词中的代词比较虚,所以古人通常把它归入虚词,本书把它归入实词。代词的"之"、"其"就更接近虚词。再比如说介词,一方面它与动词有相通之处,另一方面又与连词有相通之处,可说也是介于实词和虚词之间的词类。又比如短语,述宾和述补这两种短语有时也很难区分。句子中也是处处表现出过渡。最常见的句子有叙事句、论断句和说明句3种,叙事句和论断句的对立比较明显,说明句则介于这两种句子之间,此外论断句和复句也是两种界限模糊的句子。总之,在语法的各种类别之间都表现出过渡性,这种过渡常表现为一种整体上的合理、局部的不合理。关于这种整体合理而局部不合理的情况,我们可以举一个常识中的例子说明。比如老年、中年和青年这 3 个概念,如果以年龄中的 60 岁、40 岁来划界。60 岁以上是老年,40 岁以下是青年。那么我们会看到:41 岁的人将被归入中年,其实 41 岁的人,在与归入中年的 59 岁和归入青年的 39 岁的人相比时,应该更接近 39 岁的人。所以从局部来看,把 41 岁的人归入中年并不合理。可是只要分类,无论从哪里给老年、中年和青年来划界,其实都存在这种局部的不合理,除非不分老年、中年和青年。虽然局部不合理,可是从整体来看,这种划界又是必要的,所以从全局来看,又是合理的。在语法分类中,也时常会出现这种现象。

语法中的模糊性是不可避免的,这首先因为现实世界,尤其是社会本身,本身就是模糊的,曲折入微而又无所不至地反映现实的语言,不可能没有模糊性。其次,语言系统是抽象的,言语活动则是个人的。个人的言语活动在一定规律的制约下,常有一定的任意性,这种任意性也必然带来一些模糊的结果。最后,语言是不断发展变化的,前一时代遗留的语法现象,后一时代将产生的现象,与当时的语法规律混同在一起,也必然产生一种模糊的结果。

第六节 结 语

对于上古语法特点,我们可以作出如下总结。

第一,殷商时期的语法还没定型,句法结构比较简单,但是某些词类和句式都有它的特殊性存在。在这段时期,句法成分初步已经有了主语、谓语。句法结构基本跟现代语法都差不多。到了先秦时代,词类运用如名词、动词、形容词等比较灵活,表现丰富多样语义关系和内容。周初至春秋战国时期,已经有明显构词特征,词序固定。语气词有较大的发展,数量渐多,而且使用也比较普遍了。春秋以后,文字上的假借较前发达,所以出现在书面语中的纯用字,表音的语气词也增多。到两汉时期,开始有词类功能分化现象,词类活用如名词充当谓语、主语;动词充当主语、宾语的句法功能基本消失。

第二,上古时期包括前期、中期、后期与过渡时期的基本特点在于:大部分是单音字,词法灵活,内容丰富,少而精,词序固定;省略法,活用法,让读者感到古人的纯朴而深奥的精神。表现了中国古人的智慧及其创造精神。从开始有文字代替语言就成立了基本用词、句式。也是语法基本的萌芽,逐渐发展完善到现在。虽然也有某一部分随着社会发展后来被淘汰,但大部分还被沿用到现在的现代语法。那就是上古语法的几大特点。

第三,关于各家语法研究,成果都差不多,一般从古文献琢磨研究,互相补充,完备刻画上古时期的语法发展和特点。争论古人的本义,是因为那时候语法还没有固定的规定,还没成立系统,如省略、活用等用法,但是都有文献为证。让后来的人顺利研究而作出新的成果。

总之,在上古时期,语法还没有规律、系统,但是成为语法萌芽,大部分成为语法基本单位。词类灵活,词义、内容丰富。后来学者从研究上古语法基础发现了汉语语法特点和发展,正如孙良明在《古代汉语语法变化研究》里所说:"语法符号、语法格式有的消失,有的新生,但总的是为了更好的表情达意,让汉语更好地充当汉族人民的交际工具。"

第三章　中古时期汉语语法的特点

　　从魏晋到隋唐五代是汉语史上的中古时期,这个时期的语法在继承上古语法的同时,在词法与句法方面,都有较为显著的淘汰与新生。这些变化构成了中古汉语语法的重要内容,并为近代汉语语法的进一步演变奠定了基础,宋元时期许多流行的语法现象均萌芽于中古,中古语法体现了新旧语法形式的交替,起着前承上古后启近代的作用,在汉语语法史上有重要的地位。

　　魏晋南北朝是我国历史上纷乱的时代,汉族往边远地带转移,外族向中原地区推进,促进了各民族之间的融合,促进了文化的传播与交流,对汉语的发展也产生了相当的影响。在语法方面,较之前代都有较为显著的变化,因而这个时期应当作为中古汉语的主体阶段。中土文献中的口语化语料以及汉译佛经中的浅易形式均对当时及后世的语言产生了不小的影响。整个中古时期反映了新旧语法形式的交替,诸多语法形式的萌芽或发展,至近代时期得到巩固流行,从而逐渐奠定现代汉语语法的基础。这些语法形式的萌芽或发展,表现在词法与句法两个方面。

第一节　词法方面

　　中古时期,汉语的语法构造有了较大发展,最突出的特点就是一部分已具有自己的语法特征。上古那种词类不分的状态,至此已有了很大变化。汉语词类的产生,主要来源于实词虚化(着),其次是方言的吸收(地),再就是古语词的转化(阿)。此外,以声调来区别词性,也是中古时期词类分化的又一标志。这说明古人词类观念有了进一步的发展。

一、名词

　　名词的发展表现在形态与功能两个方面。就形态而言,萌生发展了一些前缀与后缀;就功能而言,名词与其他类词的结合关系有了新的变化。这两方面的发展,使得汉语中名词的特点更加突出,名词的性质更加稳定。

(一)前缀与后缀

　　主要表现为词缀的发展。名词在上古时代没有什么标志。从东汉起,开始出现作为人名和亲属名词的词头"阿"和另一名词词头"老"。由实词虚化为名词词尾的"子"、"头"、"儿"也是这个时期产生的。尽管如此,这些词头词尾并不是普遍适用于一切名词的。哪些词适用哪个词头或词尾,要取决于语言的习惯。大多数名词只是靠意义和功能而不依靠词头或词尾来显示它们的词性。

动词、形容词和其他词类也是这样。这一点和印欧系语言有明显的不同。

"子"用作后缀是从小称虚化而来的。它的起源很早,秦汉时期已经有了虚化的趋势。中古时期完成了虚化过程,运用十分普遍,用法也有所扩展。由"子"后缀构成的名词大体可以分为如下 5 类:表示人物、表示动物、表示器具、表示植物,还可以表示其他物体。

"头"本指头部,后来引申出顶端的意义,这类"头"具有一定的实义,尚未发展为后缀,不过后缀"头"是从"顶端"义进一步虚化而来的。"头"在东汉时虚化为后缀。此期"头"的后缀用法已经成熟,只是运用尚不够广泛,又可以分为两类:缀于方位名词之后,缀于表示事物的名词之后。

"儿"本指小儿,常用来表示幼小之称,这类"儿"具有相当实在的意义,尚未发展为后缀,不过后缀"儿"正是从幼小义,逐步虚化而来的。此期"儿"的虚化尚未完成,见到的例句较少,主要集中在表示人或动物的名词之后,有时还很难说它们完全摆脱了词义。到唐代时,"儿"完成了意义上的虚化过程,经常用于表示动物的名词之后,如"雁儿、鱼儿",并又较多地用以表示无生命的物体,如"船儿、衫儿、窗儿、眉儿、唇儿",更显示出成熟的后缀性质。

此外,此期的"老"也开始了向前缀发展的虚化过程。主要用于对人的某些称谓之前。"老"虚化成熟的标志应当是缀于无所谓用老少来衡量的名物之前,如"老鸦、老虎、老元、老坡、老三、老六"等等,这时它才是一个纯粹的前缀。

(二)与其他类词的组合关系

在名词与其他类词或词组的组合关系上,此期较之先秦两汉有了新的发展。主要表现是名词与数量词组的组合愈加稳定,名词与方位词的组合更为普遍。

1. 数量名短语。先秦两汉时期,汉语中的名词在需要表示数的概念时,一般采用数词与名词直接组合的方式,有时为了强调事物的单位,也可以在数词之后加上量词。所采用的量词,先秦时以表示度量衡单位的量词为主体,两汉时续增了一些表示天然单位的个体量词。由于量词的运用尚不普遍,此期之前的数量名词组,尤其是由个体量词组成的数量名短语并不多见。此期开始,表示天然单位的个体量词不断涌现,量词已经发展成为一个独立的语法范畴,数词与名词在组合时通常也用量词作为中介,因此数量名短语的运用普遍增多,相互间的组合也愈加稳定。在这种情况下,由数词与名量词组成的数量短语也就成了区别名词与其他类词的一个语法标志。

2. 方位短语。名词与方位词组成的方位短语于先秦产生,不过运用较少,两汉时虽有所增多,但仍不广泛,而到中古时期运用十分普遍,已经成为一种习见的语法形式,主要用来表示处所、时间和范围。

二、动词

动词的发展,从形态方面看,主要表现为新的时态表示法的产生与发展;从功能方面看,主要表现为同计量动作的数量词组的组合以及动词补语式的广泛运用。另外,此期助动词在数量上也比前期增添了不少新形式。

(一)新兴的动词时态表示法

主要反映在过去时态与现在时态两个方面。

上古汉语中的动词时态主要用副词来表示,"既"、"已"等表示过去时态,"方"、"正"等表示现在时态,"将"、"且"等表示将来时态。中古时期,过去时态与现在时态出现了新的表达方式。用"毕"、"竟"、"讫"、"已"、"了"等词放在谓语动词之后作补语来表示动作的完成,用"着"等词放在谓语动词之后作补语来表示动作的持续。表示将来时态的副词则产生了"欲"、"要"两种新形式。"毕"、"竟"、"讫"、"已"、"了"与"着"字本来均为实义动词,当它们放在谓语动词之后作补语时,词义已经部分虚化,只是说明谓语动词动作的完成与持续。尽管它们还没有发展为时态助词,但是汉语中这种表示动作时态的成分由谓语动词之前移往谓语动作之后,由用副词作状语从时间上对动作进行限制,变为用部分虚化了的动词作补语从结果上对动作进行补充说明,却是一次极为重要的转变。

动词在先秦也没有任何语法特征,但是到了魏晋南北朝,开始出现动词词尾"着"、"了"。最初,它们的实词性还是很强,到了中古后期的唐代就彻底虚化了。它们分别表示动作的进行体和完成体。副词词尾"地"起源于南北朝,而隋唐以后逐步盛行。在唐代《禅师语录》里已经常常使用形容词词尾"底"(的)。

现代汉语中的时态助词"了"与"着"在唐宋时期的最终形成,正是以中古期间的上述用法为基础发展而来的。

(二)组合

1. 数量动短语。先秦两汉时期,在需要表示动作行为的数的概念时,一般将数词直接放在动词前面作状语,有时为了强调动作的次数,又可以在动词短语的后面加上"者"并将数词移到后面谓语的位置。由于动量词在西汉刚刚萌芽,东汉期间发展也并不很快,因而这个时期还很少有能够反映出动作行为的单位。魏晋南北朝时期,动量词的发展已经初步成熟,数词在与动词组合时常常会用上一个动量词作为中介,因此数量动短语开始兴起,而由数词与动量词组成的数量短语也就成了区别动词与其他类词的一个语法标志。

2. 动补短语。魏晋南北朝时期,动词补语式得到进一步发展,动词与动词以及动词与形容词之间的组合关系也较前期有较大变化。

(三)助动词的发展

助动词的发展主要有两个方面。一是增添了一些新的单音节助动词,如表示应当的"应"、"合"、"须",表示意愿的"要"。一是出现了一批组合使用的助动词的双音节形式,如表示应当的"当须、须当、当应、当宜、宜须、应须、宜应、应合、要应、要须、要当、要宜、会当、会应、会须",表示可能的"容可"、"容得"、"办得"等,其中大部分形式在唐宋时期仍有运用并得到进一步的发展。

三、形容词

AA式叠根形容词用法上的变化和形容语后缀"馨"的产生是中古时期形容词语语法上的发展。

上古已有AA式叠根形容词用例,但为数很少,中古时期不仅用例增多,而且在原有描写性质的基础上又加重了修辞上的强调作用;此外,当它们作定语或谓语时,与被修饰或被说明的名词之间已不必如上古时期那样在位置上直接相连,而可以插入其他修饰成分,特别在诗歌中表现得尤为明显。

这一时期产生了形容语后缀"馨",可用于动词"如"及其宾语之后,表示"像……一样"、"像……一般"的语意,或用于指示代词"宁、尔、如"后构成"宁馨"、"尔馨"、"如馨",表示"那样"、"那般"、"这样"、"这般"。晋宋之前未见使用"馨",隋唐以后又多用"生",因而具有鲜明的时代色彩。

四、数词

数词的发展主要表现在称数法上,先秦两汉时期汉语中的称数法已经得到较为完备的发展,其中许多方式一直流传到后世,有些甚至沿用到现代。中古时期,称数法虽没有发生太大变化,但也出现一些值得重视的现象,如概数、问数、零数在表达上出现了一些新形式,表示序数的前缀"第"完成了虚化的过程,等等。有的用 AABB 式的数词重叠如"十十五五"表示概数,有的用尾数相邻的两个数如"十八九"表示概数,有的用"垂"、"减"、"向"、"约"置于数词、数量词组之前或用"许、强"置于其后表示概数;并且产生了专用的概数词"数十、如千"。问数出现了"多少"、"几许"、"几多"等表达方式。序数中前缀"第"发展成熟,"第+数词+中心词"的完整表达形式已有较多运用。零数中,用于诗歌的"三千三"可以表示三千三百,与传统表达方式中"百五"表示一百零五已开始有实质上的不同。

五、量词

量词在中古时期发展最为显著。①产生了大批名量词。②名量词与数词结合。六朝以后,数量词直接在名词前面的用法更为普遍。③量词本身可以重叠。④名量词有了词缀化的趋向。⑤动量词起源于汉代,大量出现仍在魏晋以后。

以表示天然单位的个体量为主要标志的名量词,在前期初步运用的基础上得到广泛使用,进入全面成熟的阶段。大约新生了 100 多个;而且在语法功能上又有新发展,可以用于 AA 式的重叠,与序数词、疑问代词、指示代词组合,量词作为词根或后缀还可用来构成名词。再加上临时量词借用范围的扩大,度量量词的趋于规范,集合量词的增多,均反映了名量词的全面成熟。动量词则由萌芽状态转入迅速发展。动量词已有专用与借用的分别。专用的动量词有"过"、"番"、"遍"、"回"、"通"、"下"、"次"、"周"、"匝"、"反"、"合"、"度"等 10 余个,借用的动量词有"声"、"拳"、"口"、"杵"、"槌"等五六个,语法功能又扩展到与序数词或指示代词组合,反映了动量词的初步成熟。可以说,一个完整的量词使用范畴已经形成。

中古时期数词与量词的成熟状态为它们在宋元时期的进一步发展奠定了基础。

六、代词

代词在中古时期有明显的发展变化。

(一)人称代词的发展

1. 产生了两个分别具有时代特色、地域特色的第一人称代词,"身"、"侬"。

2. "汝"、"尔"新生出尊长呼卑幼者时表示亲昵的感情色彩;到唐代时即广泛使用第二人称代词"你"。

3. "其"突破上古的束缚,作主宾语;第三人称代词新生了"伊"与"渠","他"也处于萌芽阶段,为唐代时的形成与确立准备了条件。

4. 新生了作用相当于第一、二人称代词的谦称与尊称一类及之词"比",并得到大量运用。

(二)指示代词的发展

1. "尔"的用例增多,指示样状更为常见。

2. 新生了"阿堵"、"宁馨"、"尔馨"、"如馨"、"许"、"渠"等指示代词。"阿堵"、"宁馨"、"尔馨"、"如馨"具有时代色彩;"许"字则具有南方地域色彩,既可指示事物,又可指示样状,在这中古时期得到较大发展。

3. 某些唐宋时期广泛流行的指示代词在此期出现偶发性的运用,如指示事物的"那"、"个"、"就",指示样状的"能"等。

4. "是"字是一个近指代词,前期只用来对人或事物进行指别,此期又发展出任指用法。

(三)疑问代词的发展

1. 利用上古沿袭下来的"谁、何"构成新的语法形式,或者原有的由它们构成的语法形式可以表达新的意义,这些形式有"阿谁"、"何者"、"何等"、"何物"、"何所"等。

2. 产生了一些疑问代词的新形式,如主要表示反问,兼可询问原因、方式、处所、时间的"那"字,与"何"字大体相当却又具有南方地域色彩的"底"字,用例渐有增多的"所"字,以及询问度量的"若"字与询问方式的"若为"。

3. 开始出现与询问有关的"多少"、"早晚"、"远近"等由正反义形容词组成的新格式。这几个方面的新用法大多延续到唐宋时期。

七、副词

(一)呈简化、规范的趋势

纷繁歧异的现象开始消失,作用相同的副词形式有较大幅度的减少,前期习见的副词后缀,此期常用者仅留下一个"然"字。

(二)出现了一批新兴的副词以及副词后缀"自"与"复"

新兴的副词主要有:程度副词中表示转甚的"更"、"转",表示轻微的"做"、"差",表示极致的"偏"、"过"、"奇"、"酷"、"差"、"熟"、"绝";范围副词中表示总括的"都"、"了"、"初"、"全"、"略"、"差"、"总"、"顿",表示齐同的"通"、"齐";表示仅独的"正"、"政"、"劣"、"只"、"单"、"空";时间副词中表示曾经的"经",表示立即的"顿"、"升",表示将要的"行"、"欲",表示随即的"便"、"仍"、"寻",表示频数的"仍"、"频"、"累",表示每常的"每"、"动"、"经",表示往近的"向"、"比"、"近"、"当";情态副词中表示徒然的"唐"、"空"、"坐",表示猝然的"忽"、"猥"、"奄",表示恰适的"幸",表示几近的"垂"、"仅",表示偶然的"偶",表示持续的"故"、"还"、"方"、"仍",表示且暂的"暂",表示类同的"也"。表示相互的"互";语气副词中表示确认的"定",表示或然的"脱",表示疑问的"颇"、"可",表示测度的"将"、"宁",表示使令的"仰",表示反问的"将"、"更"、"可";指代性副词"相"与"见"。这些新兴的副词大多沿用到后代,成为近代汉语副词中的重要组成部分。此外,新兴的后缀"自"与"复"使用普遍,大大增强了副词的构词手段。

(三)与双音节词汇的增多相适应,新旧副词也常以双音节的形式出现

这种副词的双音节形式又可分为组合使用与结合成词两类。前者包括词组的凝用与同义副词的复合使用两种,后者则包括产生了副词新义的联绵词与后附词缀"自"、"复"、"尔"、"然"的合成词两种。副词双音节形式的构成方式也对后世产生了很大的影响。副词词尾"地"起源于南北朝,而逐步盛行于隋唐以后,形容词词尾"底"(的)则在唐代《禅师语录》里已经常常使用。

八、介词、连词、助词

(一)介词的发展

1. 上古较为繁复的介词体系,开始出现简化、规范的趋势,保留了一些使用频率较高的介词形式,淘汰了一些意义与作用重复的介词。

2. 出现了一些新兴的介词。主要有:时地介词中表示及至义的"投",表示处在义的"在"、"着"、"垂"、"夹",表示向对义的"向"、"当"、"对",表示沿循义的"扶"、"寻";原因介词中的"坐";方式介词中表示依据义的"依"、"缘"、"凭";人事介词中表示向对义的"向"、"对",表示被动义的"被",表示偕同义的"共"、"将"、"合连"。

(二)连词的发展

1. 淘汰了一批意义重复的连词,整个体系呈简化的趋势。

2. 出现了一批新兴的连词,以及新生的连词后缀"复"。主要有:表示并列的"共"、"将",表示选择的"为",表示进层的"并"、"加",表示假设的"脱"、"自",表示因果的"由"、"因",表示转折的"还"、"但",表示止步的"就"、"止便"、"自"。此外,副词后缀"复"又因类化作用而用为连词后缀。

3. 前期已经较常出现的连词同义复用,中古得到进一步发展,旧有连词的同义复用的有如表示假设的"若其"、"如其"、"苟其"、"假其"、"设其"、"傥其"、"假使"、"假令"、"若令"、"设令"、"设使"、"借使"、"若使"、"傥若",表示让步的"虽使"、"虽令"、"虽其"、"纵使"、"纵其"、"即使";新旧连词的同义复用的有如表示假设的"睨若"、"脱其"、"如脱"、"若脱",表示让步的"就使"、"就令"、"正使"。

4. 某些固定使用的词组逐渐凝定为双音节连词,主要有"于是"、"万一"、"因此"、"所以"、"不但";带"复"后缀的附加式合成连词主要用来表示假设与让步,主要有"若复"、"虽复"、"纵复"、"脱复"、"就复"、"假复"、"况复"、"正复",表示选择的则有"为复"。

(三)助词的变化

1. 随着语法结构的日趋紧凑严密,上古汉语中大量语法作用较弱的语气助词自然趋于消亡,只保留了较为常用的一小部分。

2. 个别新兴的句末语气助词有了少量的运用,如表示疑问或反问的"那"字。

3. "看"、"将"、"却"、"著"等几个助词正处于发展演变的过程之中。

介词、连词、助词的萌生与发展,形成了它们在唐宋时期进一步演变成熟的基础。

九、构词法

(一)语法结构造词的方式又有所增加

从语言材料看,其复合词的复合方式已较为丰富多样,新词中复音词(包括复合词)数量大于单音词 20 多倍,新复合词数量大于新单纯复音词近一倍。这种情况正好反映了汉语词汇发展至魏晋双音化倾向日渐明显、语法结构造词趋于成熟的状况。从近现代造词法看,主谓式、动宾式、并列式、偏正式、动补式、附加式、重叠式是主要造词方式,而这些方式有的在上古出现,但却在魏晋时得以充实,有的在上古刚刚萌芽,到中古才大量产出新词,而有的则在魏晋时产生并受双音化倾向的影响而得到一定的发展。因此,有理由说,时至魏晋时代,生产复合词的语法结构造词法已趋于完善。上古时产生的并列法和偏正法仍为主要合成方式,附加式、重叠式有了新的发展,主谓式、动宾式、动补式开始构造新词,状中式产生。

(二)中古汉语构词法发展的总体趋势是单词的双音化

由于外语的汉译以及汉语表达中形式美与精密化的要求,而使双音词不断增多。而此期构词法的特点,一是音译佛经词汇为主的外来词产生了大量的双音单纯词,二是运用词根附加词缀的派生法,与意译佛经词汇为主的外来词产生了大量的双音合成词。

(三)以声调来区别词性,是中古时期词类分化的又一标志

本来以声调构词是汉语的一大特点,通常是指词汇意义;因此,有人否定以声调区别词性的说法。其实声调构词有两种,应该加以区别:一种是声调不同,而词形、词义都各别的,这当然只有词汇意义;另一种却是声调不同而词形同,但是词类却是不相同的,这主要不是为了产生新词,而是为了区别词性。这种现象之所以出现于东汉时期,正是因为那个时候,词类已逐渐走向分化的缘故。最常见的例子可以分为 3 种类型,它们都是前人叫作"读破法"的:一种是平声为名词,去声为动词;二是平声为动词,去声变为名词;三是平声或上声为形容词,去声变为动词。另中古时期,还有利用声母交替法来构成不同的词类的,这是读破法的第二种。以上两种区别词性的现象直到现代汉语里还是存在的,不过它始终没有成为普遍规律,只是一部分的词有此特点而已。

第二节　句法方面

中古汉语句法研究主要集中在判断句、被动句、疑问句、存在句、动补结构、双宾语结构和处置式等方面。主要特点有:①句式方面:在口语的判断句中系词成为必需的句子成分。完整的"被"字式被动句的普遍使用,被动式进一步发展。除了沿用"为……所"式以外,被字句就是本时期流行起来的新形式,产生新的疑问句。②特殊的句法结构:处置式的产生,动补结构以及双宾语结构等。③疑问句和否定句的代词宾语,在上古必先置于动词,战国时期已经开始出现例外。东汉以后,例外发展成为正常规则,终于和一般句子结构一样,变成先动后宾。④语序方面的变化。

一、判断句

中古判断句发展的主要特点是,判断词"是"在口语中开始全面成熟,"是"字式判断句得到普遍运用,并且逐渐取代了上古典型的主谓相续式判断句。

(一)从构成句式上看

"是"字式判断句句末已不再使用"也","是"已有独立表示判断的职能;并且出现了一系列的省略用法,只要不影响意义的表达,主宾语可以分别省略甚至同时省略。此外,"是"式判断句的结构成分也趋于复杂化,主语可由主谓短语、动词或动词性词语、方位短语等充任,"是"可以受助动词、形容词或副词的修饰,宾语可由动词或动词性短语、形容词或形容词性短语等充任。

（二）从表达意义上看

"是"字式判断句又产生了解释原因与确认事实等引申用法，同时还可以助成副词或连词的语气。

（三）"是"的否定形式"非是、未是、不是"开始出现

"是"字式判断句在中古时期已经演变成熟，为近代汉语中在表达更为丰富的意义方面的进一步发展打下了基础。

二、疑问句

（一）出现了一些不用疑问词语的疑问句

在接近口语的著作中常常出现不用疑问词语的疑问句，口语常常可以借助语调、语境来传达疑问语气，因而疑问词语不再是疑问句中必不可少的构成成分了。

（二）一些新兴的疑问代词、选择连词以及询问度量的词语产生了，这些词语的运用也使疑问句出现了新面貌

新兴的疑问代词有"那"，常与助动词"得、可、能"配合用于反问句，有时也用于提问句。新兴的选择连词"为"以及"为"的结合形"为是、为复、为当"，它们常在选择问句各个分句的句首配合使用，单个使用较少；有时只用于一个分句，大多居于后一分句的句首；在运用中，它们较少与句末语气助词配合。选择问句中反复问句的用法也有所发展。既能由叙事句构成，用否定词"不（否）、未"缀于句末表示否定的一面；又能由判断句构成，用否定副词"不（否）、非"缀于句末表示否定的一面。新产生的用于询问度量的词语有：询问数量的"几多、几许、多少"，询问时间的"早晚、何当"，询问距离的"远近"等。

（三）反复问句的否定表达方式

由叙事句构成的反复问句，表示否定方面的否定副词主要用"不（否）、未"。由判断句构成的反复问句，表否定方面的否定副词主要用句末语气助词。

三、述补式

中古的述补式以继承上古用法为主，但在趋向补语、结果补语与数量补语方面也有一些新发展。表示结果的述补式中如果述语是及物动词、补语是不及物动词，围绕着宾谓的隐现以及位置在补语的前后而使这一时期的运用变得复杂起来。述语带有宾语时，宾语通常位于补语之后，少数也可位于述补之间，形成"隔宾补动"的格式，述语不带宾语时，作补语的不及物动词更侧重于表示述语动作的结果处于某种状态。如果述语是及物动词、补语是形容词，由于宾语的有无以及宾语位置在补语的前后而这一时期的运用变得相当复杂。述语带有宾语时，宾语最常位于补语之后，只有少数可位于述补之间；述语不带宾语时，作补语的形容词更侧重于表明述语动作的结果。这一时期带"得"字的结果补语也已开始萌芽。带"得"字的补语到了中古时期不仅表示结果的用法发展成熟，而且又立生出表示可能的用法。表示趋向的述补式中，宾语位于述语与补语之间，以及及物动词述语同"来、去"两个趋向动词的结合，在上古时期非常罕见，而到中古时期就产生了。此外，由于动量词的初步成熟，这一时期还产生许多动量补语。

四、被动式

"被"字式萌芽于战国末期。上古时期"被"与后一动词之间不能插入关系词（施事者），直到汉末魏晋时期，"被"与动词之间才能插入关系词，才产生真正的"被"字式被动句。

中古被动式的发展表现在：

（一）"为……所……"式被动句得到广泛的运用，并且发生了一些上古罕见的演变

这些演变主要有："为……所……"式与补语式的结合，产生了许多"为……所见……"式、"为……之所……"式，展现了与上古汉语不同的面貌。

（二）"被"字式被动句发展成熟，结构变得复杂多样

除去"被＋施事者＋动词"的典型句式之外，又发展出"被"字式与补语式结合、"被"字式省略施事者、"被"字式被动动词带有宾语以及"被＋施事者＋之＋所＋动词"、"被＋施事者＋所＋动词"等句式。"被"字式具有浓厚的口语色彩，尽管这个时期书面语言中"为……所……"式仍然占据绝对优势，但到中古时期以后，它在口语中只能逐渐让位于"被"字式被动句。

五、处置式

处置式是王力提出的一个术语，它的产生与发展是汉语趋向完善的标志之一。因而学术界多有关注。不过，以往研究较多集中在上古或近代两个时期，这与处置式的产生年代有关。人们一般认为：要么上古就存在处置式，要么唐代处置式才开始出现。祝敏彻认为："将"最初是一个动词，南北朝以后，经常用于连动句中。后来表处置式的"将"就是由动词"将"＋名词＋及物动词式中的"将"虚化而来的，这种连动句中的及物动词承担了主要功能，使得将成为一种无关紧要的辅助。董琨在分析了南北朝佛经译文中反映出来的一些表处置的"将"后认为：至少在公元 3 世纪间，汉语已经出现处置式。

处置式是在本期产生和完成的。在这以前，宾语和动词的关系及其语序比较单纯。处置式产生于三国时，而盛行于唐代。它使动宾关系打开了一个新局面。宾语，尤其是长宾语，靠着介词"把"、"将"可以提在动词前了。本期还产生了一个表示复数的代词和名词形尾"们"（也作"门"）。这大概是从吴地方言里吸收进来的，是代词用法的一个新发展，为此前所无的。

六、语序

（一）疑问代词宾语位置变化

中古时期正处于疑问代词宾语由前置向后置的发展变化阶段，虽然前置的现象仍占优势，但后置的情况也为数很多。

（二）否定句代词宾语位置变化

否定句代词宾语不前置现象，在先秦时期并不少见。发展到汉代，否定句的代词宾语逐渐后移，到了魏晋南北朝，前置现象进一步减少，后置占了主导地位。

（三）数量短语位置变化

先秦时期，数量短语组合的语序并用"数＋量"式与"量＋数"式。两汉时期呈过渡状态，即"数＋量"的语序日渐增多，而"量＋数"的语序则日渐减少。发展到此期，"量＋数"的语序基本上被淘汰。就一般情况而言，数词与量词的组合，总是采用"数＋量"式。

（四）表示处所的介宾结构位置的变化

汉代以后，表示处所的介宾结构又渐可移至动词之前。魏晋南北朝时期，"这"的顺序，置于动词之后；另一方面表示谓语动语动词动作主体位置的介宾结构改变了先秦时期的顺序，以置于动词之前为主。

（五）表示工具的介宾结构位置的变化

在上古时代，工具状语放在动词前后都可以。到魏晋南北朝，这种两可的情况发生变化，表示工具的介宾结构置于动词之前已经成为通则，后置仅是少数现象。

此外，中古时期由于翻译佛经，还产生了一些新的句法。《金刚经》第一句云："如是我闻。"意思是"这是我听来的"。但传统的句法没有这种句子。《百喻经》的第一句却作"闻如是"，显然是译者有意把它汉化的。

以上是中古时期汉语语法发展的主要面貌，由于语法发展的渐变性，从上述词法、句法各个方面所透露出来的众多口语消息，正预示着汉语语法将要发生重大变化。再具体到各类新兴的语法形式对后世的影响来看，中古语法的发展确实为后代语法的演变提供了厚实的基础，许多后世流行的语法现象正是从这一时期开始萌芽发生的，中古时期应是汉语语法自上古向近代转变的枢纽，它起着承上启下的关键作用，因而在汉语语法史上具有十分重要的地位。

第四章　近代时期汉语语法的特点

　　关于近代汉语语法的特点在早期的近代汉语语法研究并未受到学者们的重视,较早对近代汉语语法的特点进行描述的是王力的《汉语史稿》(中册)。当然,在今天看来,《汉语史稿》(中册)对近代汉语语法特点的描绘显得有些过于简略,近代汉语中一些特有的格式,一些格式在不同历史时期中的变化和不同的使用特点、一些特有的虚词等等都没有触及,对"使成式"等格式形成和发展过程的描写也显得比较简单,还没有进行一种深入、展开的研究。这些缺陷和不足很大程度上是研究工作历史发展阶段的局限性所造成的,随着研究工作的发展,正在逐渐得到解决。

　　20 世纪 70 年代后,学者们开始重视对近代汉语语法特点,对近代汉语语法中一些特有语法现象作了比较多的描述。近代汉语中有许多语法现象现代已经消失了,这些语法现象的产生和消失,是受汉语语法体系的变化及各种社会文化背景变化制约的,考察梳理这些现象的历史发展过程,有助于我们更深刻、全面地了解汉语的历史。比如,何融的《汉语动词词尾"将"的研究》(《中山大学学报》,1955.1)、俞光中的《元明白话里的助词"来"》(《中国语文》,1986.1)、余志鸿的《元代汉语"一行"的语法意义》(《语文研究》,1987.2)、伍华的《论〈祖堂集〉中以"不、否、无、摩"收尾的问句》(《中山大学学报》,1987.4)等文章都对这些问题进行了研究。当然,这些文章都是单篇的对近代汉语语法中的某一个现象进行研究,所以,对近代汉语语法特点的研究总体上呈现为一种零散的描述,没有进行系统的总结。

第一节　相对于古汉语的近代时期汉语语法特点

　　1991 年,刁晏斌的《试论近代汉语语法的特点》将近代汉语语法与古代汉语语法和现代汉语语法进行比较,归纳总结出了近代汉语语法的特点。

　　与古代汉语语法相比,近代汉语语法主要具有 4 个方面的特点:

一、新的语法手段出现并大量运用和定型化

　　汉语的语法构造和表达形式都比前一时期有更多更大的发展。近代汉语作为古今汉语之间承上启下的一个发展阶段,有其自身的特点和规律。由于这一时期涌现出大量的典范的文学作品,特别是长篇小说《水浒传》、《西游记》、《儒林外史》、《红楼梦》等的问世,对语法的发展起着巨大的推动作用,使汉语语法日趋完善,为现代汉语语法打下基础。

（一）前后缀的产生

总的来说，前缀、后缀的使用比较频繁，常见的前缀有"阿（阿谁、阿你）"、"兀（兀谁、兀那）"、"老（老哥、老弟）"、"打（打睡，打探）"、"所（所愿，所烦）"、"有（有负，有失）"等等。常见的词尾有"子"、"儿"、"头"、"地"（立地、坐地）、"当（问当、记当）"、"自（犹自、竟自）"、"来（都来、总来）"、"生（好生、怎生）"、"家（婆姨家、衲僧家）"、"行（咱行、谁行）"等。这些前缀、后缀多数是近代汉语阶段产生的，也有少数出现较早，但近代汉语用得比较普遍，而且用法也比较复杂，比如后缀"头"在南北朝时期已经出现，但只是充当名词后缀（且使用率较低），到了宋代的口语文献中，除了大量充当名词后缀外，还可以充当副词后缀（竞头、争头、暗头……这些词在句中充当状语，具有副词的性质）。

古代汉语中，没有可以称为"词尾"的东西，到近代汉语中，这样的东西出现了。"了"最初是一个动词，义为"完了"或"了结"，所以《广雅·释诂四》说"了，讫也"。后来，经过逐渐的虚化，它成了一个表示完成的词尾和一个单线的语气词，这在唐及唐以后的作品中用得很普遍，如"遥想公瑾当年，小乔初嫁了，雄姿英发"（宋·苏轼《念奴娇·赤壁怀古》）；"不则一日，到了潭州，却是走得远了"（《京本通俗小说·碾玉观音》）；"好了，兀的不是一个人来？"（《水浒全传》第十一回）

与"了"相似的还有"着"和"得"。

古代汉语中，人称代词最初没有单复数之别，战国以后，陆续出现了几个表示复数的词，如"侪、等"等。但是，它们本身仍有实际意义，因而是实词，不是词尾。到近代汉语中，才产生了专门用来表示复数的词尾"们"（先后写作"饵"、"伟"、"愁"、"满"、"门"、"每"等）。

"头"、"子"、"儿"最初也都是实词，在近代汉语中，分别都虚化成名词的词尾，而"的"、"地"则成了形容词或副词的词尾。

名词词尾"子"、"儿"、"头"和动词词尾"了、着"，不仅被普遍使用，日趋完善，而且产生了新的语法功能："子"、"儿"、"头"接在动词或形容词后边，构成新的名词；动词词尾"了"、"着"接在名词、形容词后边，构成新的动词，这就为大量创造新词提供了条件。如："罢了，别替我们闹乱子！"（《红楼梦》第六十三回）

（二）语气词

由古汉语发展而来的句末语气词"么"、"吗"、"呢"、"哩"、"呀"在近代汉语书面语言广泛出现。像这样一些纯语法手段的出现，标志着汉语语言形态及表达方式的巨大进步，甚至可以说是一个革命性的飞跃，它给人们的语言运用和接受带来了更大的方便。

二、句子结构的复杂化

古人在语言运用中，强调"辞达而已"，以简要为贵，正因为如此，古代的文句大都比较短小简洁，极少结构复杂的长句。这样，某种程度上束缚了一些句式自身的发展，同时也往往使意思的表达受到一定的影响。

被动句，这是古代汉语中很常用的一种句子形式。最初，较多的时候是采取意合的方法，即以主动的形式表示被动的意思。如：

春秋伐者为客，伐者为主。（春秋·公羊高《公羊传·庄公二十八年》）

句中的两个"伐"意思并不一样，否则的话，这句话就不可理解了；后一个是"被伐"的意思。尽管东汉末的何休在为《公羊》作注时指明二者有"长言"、"短言"之别,但这毕竟不是语言形式本身所能告诉人们的。由此可见,这种非形式化的被动式是有很大的局限性的。

后来,一些具有形式上的标志的被动式陆续出现,但至少仍有两点比较明显的局限:

首先是文句短小,容量有限,这样,一句之中所能给出的最大信息量也就很有限了。比如有的句子无法交待行为的主动者,而有的又缺乏时间、地点、情态、程度、结果等方面的修饰或限制。

其次是表意有时不明确。造成这一问题的原因,或是多义共用一词,或是某些词语的省略。像下边的句子,并非个别的用例:

①万乘之国被围于赵。(汉·刘向整编《战国策·齐策》)

②能谤讥于市朝,闻寡人之耳者,受下赏。(汉·刘向整编《战国策·齐策》)

前一句,因为"于"既可以引进主动者,更常用于引进处所,所以,这句是"被赵围"(事实上是这样的),还是"在赵被围",就不好分辨了。第二句因为省略了表示被动的"于"(闻于寡人之耳),使得被动关系也不十分明确。

近代汉语中沿用了用"被"字的被动句,与古代汉语被动句相比,近代汉语"被"字句的最大发展有以下两点:

首先是句子成分的复杂化。这既包括原有成分进一步的复杂化,也包括出现了原来没有的成分。如:

①唐璧初时不肯,被丈人一连数日,再三解劝,拌掇他早往京师听调。(话本《裴晋公义还原配》)

②马超带酒战败,被魏将张辽遂夺了阳关。(元·无名氏《三国志平话·卷下》)

③我弃孔被大师扭得痛不彻。(宋·释普济《五灯会元》卷三)

3 句中,后两句分别是动词带了宾语和补语,第一句,动词不但带了状语,而且它本身又是一个由兼语式构成的复杂结构。

在上古,一般宾语代词(宾语除外)没有后于动词的,中古产生处置式,宾语可以提到动词前,"把"字句是近代汉语中开始大量使用的一种句子形式,有不少"把"字句还与"被"字句合为一句,这样就形成了一种新的表达形式。如:

两个人在屋中计议,不想被跟小姐的乳母从窗外经过,将这些话一一俱各听去。(清·石玉昆《三侠五义》第三十五回)

还有相当数量的句子采取了"被—句子"的形式:

遂被袁达扯了国书,杀了燕使。(元·无名氏《七国春秋平话》卷上)

"被"字句的最大发展,是出现了不表示被动的句子:

当日亦着人捕捉,不知缘何被他逃回京来。(明·无名氏《杨家府演义》卷二)

这样的"被"的运用,大致只是为了表示或突出一种对某人来说是不幸或不如意的意味。

经过这样的发展变化,"被"字句无论是表意范围的拓展,还是所表达意思的丰富及复杂程度,都远非古代的被动句所能比。

三、新的句子形式的出现和发展

在这方面,最典型的句子就是"把"字句。"把"字句产生于近代汉语的前发展阶段,最早的用例见于三国时的汉译佛经中,但它的大量运用和迅速发展,却是在唐五代以后。如"应是天上狂醉,乱把白云揉碎"(李白《清平乐三首》之三);"你把杨执中老爹请出来罢"(清·吴敬梓《儒林外史》第十三回);"险把咱家走乏"(元·郑德辉《倩女幽魂》二折);"还亏得探春能言,见解亦高,把话儿慢慢的劝解了好些时"(清·曹雪芹《红楼梦》第一百一十九回)。

东汉时期,佛教开始传入我国,稍后开始有了佛经翻译。译经时,也引进了古代汉语中所没有的某些句式,出现了比上古汉语较繁复而精密的结构。动补结构在中古原有基础上,有新发展,在结构助词"得"的后面可以带上一连几个句子,使句子的表现力更强化了。比如,许多佛经的开始一句都是"如是我闻",大意无非是"我听到的是这样的"。还有,佛教的讲唱文学也创造了一些新的形式,如变文的结尾处常有"乃为诗曰"之类的话,用的虽是古词,句子形式却是新的。这样的形式,都丰富了汉语的表达手段,构成了近代汉语纷繁复杂、异彩纷呈的新貌的一个侧面。

总的说来,这种新兴的句式,既突出了动作的对象,又突出了动作本身,因而丰富了汉语的表现形式,而它本身也成了汉语中最具有特色的句子形式之一。正因为如此,王力才把它的产生称为汉语语法的"一大进步"。

同时,近代汉语里出现了许多新的句型,如"难道这二百五十两银子是我自己的不成?"(难道……不成?)"连我母亲处也不可使他知道。"(连,……也……)"我若见这臭老婆,问教口哑。"(动词+教+补语)"师拈一块土,度与僧曰:'抛向门前著!'"(著,表祈使)"五娘,救小的则个!"(……则个,表祈使)"被一人抱住刘思远。"(被动者置于动词之后)

这个时候还出现了各种单句的套用,如"师兄,你把那葫芦儿拿出来与我们看看"(明·吴承恩《西游记》第三十七回);"赵王便将钱大王府中这条暗花盘龙羊脂白玉带递与宋四公"(明·冯梦龙《喻世明言》第三十六卷)。例1是把字句与双宾语句/兼语句的套用,例2是将字句和双宾语句的套用。

四、旧形式的改变、消失

就近代汉语与古代汉语的对比而言,变化最多、最显著的,还是古代汉语中的某些形式的改变或消失。比如语序,古代汉语中有几种情况下宾语是要放在动词前边的如否定句、疑问句中的代词宾语等。到了近代汉语,这样的规矩就不存在了。

古代汉语中,有所谓的"使动用法"。以现在的眼光来看,这种用法虽有其独特的作用,但它本身也有不足。这种不足有时能使表情达意的效果受到一定的影响,并且妨碍人们对文句迅速、准确的理解。不足之一是只能表示某一结果,但却不能交待出达到这一结果所采取的手段方式,从意思的表达来说,这当然是不够全面的。比如,"买臣深怨,常欲死之"(《汉书·朱买臣传》)这句话,"死之"就是"使之死",至于如何使之死,就看不出来了。可实际上,置人于死地的方式有多种多样,像"杀死"、"毒死"、"打死"、"吊死"、"淹死"、"折磨死"、"害死"等都是。

为了弥补这一不足,汉代以后,产生了用一个动词性词组来表示出动作及其结果的"使成式",这是古代汉语自身发展的一个进步。如"陈余击走常山王张耳"(《史记·张丞相列传》)就是用"击走常山王"代替了"走常山王"。

但是,使成式并不多见,常用的还是使动用法。使动用法的最终消失,被另外的形式所取代,是在近代汉语中。如"类元遂入殿,将吕家三千口家属杀得似羊卧道,目绽口开,七横八纵,如排算子"(《前汉书平话》卷下),"夏侯俘被顾良赶的袍松玉带,盔落红缨"(明杂剧《义勇辞金》)。

像这样的由"得(的)"引进结果补语的句子,是古代的使动用法或使成式所无法比拟的。

不足之二是使动用法是以一般的动宾形式来表达特殊的动宾关系的,因而,它与一般的动宾式在形式上就重合了,并且,重合的还不止这两种,比如还有"意动用法"、"为动用法"等。这样,有时难免就不易区分,从而给人们的阅读和理解造成一定的困难。如,"往见盗跖"(《庄子·盗跖》)与"见其二子焉"(《论语·微子》)形式相同,表意却不相同。后者是使动用法,意为"使其二子出见",这在古注中说得是很明白的,而古注之所以要对这句加以说明,正好反映了这句话本身的不明确性。

通过以上4个方面的对比,我们可以看到,在近代汉语语法和古代汉语语法之间,繁与简的对比是相当明显和强烈的。总的说来,近代汉语语法在古代汉语语法的基础上有了长足的发展,在复杂化、精密化和多样化等方面产生了质的飞跃。这个进步是如此的巨大,以至于近代汉语语法与古代相比,在某些方面已经是"面目全非"了。

第二节　相对于现代汉语的近代时期汉语语法特点

与现代汉语语法相比,近代汉语语法主要有两个方面的特点。

一、近代汉语的某些句式远比现代汉语繁复芜杂

在这方面,最典型的例子就是"把"字句。以下,我们按句子成分的顺序分别来谈。

(一)谓语

"把"字句又名"处置式",这是由句中谓语的"处置性"而得名的。处置的行为是动词才能具有的,因而,现代汉语中,"把"字句的谓语总要由动词充当。但是,在近代汉语中,非动词性的词组也可以充当谓语。如:

①大平人情处,自己事时甚著紧,把他人便全不相干。(宋·朱熹《朱子语类·论语十三》)

②(高氏)交周氏去灶前捉把劈柴斧头把小二脑门上一斧,脑浆流出死了。(话本《错认尸》)

像这样本身并无处置性的述语,在近代汉语中并不是个别的。现代汉语的"把"字句,除韵文外,谓语动词前后总要带别的成分,不能是单个的动词,近代汉语中,大多的用例虽然也是这样,但相反的用例也是存在的。如:

①这个泼皮强夺洒家的刀,又把俺打。(明·施耐庵《水浒全传》第十二回)

②老身见你是金枝玉叶,须不把你作践。(明·洪楩《清平山堂话本·十三郎五岁朝天》)

(二)宾语

有一类复指性的宾语,是近代汉语中特有的,如:

(老太太)叫把跟着的人都按着等儿赏他们。(清·曹雪芹《红楼梦》第二十六回)

（三）状语

近代汉语中，"把"字句中可以用动词性的状语，而这在现代汉语中则极少见到，如：

①西门庆分付贲四，先把抬轿子的每人一碗酒，四个烧饼，一盘子熟肉。（明·兰陵笑笑生《金瓶梅》第四十八回）

②包兴将自己内里青绸夹袍蛇退皮脱下来，暂当几贯铜钱。（清·石玉昆《三侠五义》第三回）

现代汉语中，人们在谈到"把"字句的规则时，都不会忘记这样一点：否定副词只能用在"把"的前边，不能用在后边，而在近代汉语中，却没有这样的限制：

（你娘）把我们的人都不大看在眼里。（清·曹雪芹《红楼梦》第六十五回）

我们对几部作品进行了统计，结果发现，在《元人杂剧选》和《金瓶梅》中，否定性状语用于"把"后的句子大大多于用于"把"前的，到了《红楼梦》中，二者的数量基本持平，到了《儿女英雄传》中，用于"把"前的才占了优势。

不仅是否定性的状语，几乎所有的状语都有可前可后的两个位置，而现代汉语中，却不大有这样的灵活性，因为状语通常只有一个位置。所以，像下边的句子就只能出现在近代汉语中：

①把张小闲他们五个，初八日晚夕，在桂春姐屋里都拿的去了。（明·兰陵笑笑生《金瓶梅》第十九回）

②石秀道："他如今都把白杨树木砍伐了去，将何为记？"（明·施耐庵《水浒全传》第四十八回）

（四）"把"字结构

现代汉话中，能作"把"字结构中"把"的宾语的，一般仅限于代词、名词以及名词性词组，而在近代汉语中，却没有这样的限制。如：

①婆婆衬不住，从头将打先生，骂嫌人，触夫主，毁公婆一一告诉一遍。（话本《快嘴李翠莲记》）

②讲到妇德最难，要把初一、十五吃长斋，和尚庙里去挂袍，姑子庙里去添千，借着出善会热闹热闹，撒和撒和认做妇德，那就误了大事了。（清·文康《儿女英雄传》第二十七回）

（五）方位结构

在近代汉语中也时常用作"把"的宾语，这在现代汉语中一般也是不允许的。如：

（萧玉仙）便将带来驻防的二三千多兵内拣那识字多的选了十个。（明·吴敬梓《儒林外史》第四十回）

有时，"把"的宾语后边还带有补充、说明性的"追加成分"，现代汉语中，也不见有这样的用例。如：

今将第三子倪廷玺，年方一十六岁，因日食无措，夫妻商议，情愿出继与鲍文卿为义子。（清·吴敬梓《儒林外史》第二十五回）

（六）"把"的宾语

有一个重要的问题是"有定"和"无定"。现代汉语中，"把"的宾语都是有定的，即都是已知的某一确定的人或物，近代汉语中，大多数用例也如此，但也有不少无定的用例：

①黛玉听说，回手向书架上把个玻璃绣球灯拿下来……宝玉便将这个灯递给一个小丫头捧着。（清·曹雪芹《红楼梦》第四十五回）

②月雄道："你做一个摆布，与他弄好了便好，把些香愿也许许，我是许了赛神。"（明·兰陵笑笑生《金瓶梅》第五十三回）

(七)"把"字结构的位置

在现代汉语中通常是位于主语和述语之间的,而在近代汉语中,有时却放在了主语的前边:

①李勉至此,把你他万分亲热。(话本《李研公穷邸遇侠客》)

②把我这个小象,姐姐带到姐姐屋里去。(清·文康《儿女英雄传》第二十九回)

有时,在连动式或兼语式中,"把"字结构是修饰第二个动词的,但却可以放在第一个动词前,这在现代汉语中也是不允许的。如:

行至马嵬驿,六军不肯进发,把那贵妃使高力士将去佛堂后田地里缢杀了。(《宣和遗事》六集)

在现代汉语中,这句就只能说成"使高力士把那贵妃……"。

这样,近代汉语"把"字句中的"把"字结构实际上就有 3 个位置了,如此的灵活性在现代汉语中是没有的,因为它在现代汉语中只有一个位置。

(八)除上述不同外,近代汉语"把"字句与现代汉语还有两点重要的差异

1. 近代汉语中,许多"把"字句都有相应的省略式,这在现代汉语中是不存在的。如:

①(那妇人)只得从实招说,将那时放帘子因打着西门庆起,并做衣裳入马通奸,一一地说,( )次后来怎生踢了武大,因何设计下药,王婆怎的教唆拔置,从头至尾说了一遍。(明·施耐庵《水浒全传》第二十六回)

②延挨了两日,人情两尽,只把( )当厅责了他四十,论了个递解原籍徐州为民。(明·兰陵笑笑生《金瓶梅》第二十六回)

③我把你这个带角的蚯蚓、有鳞的泥鳅( )!(明·吴承恩《西游记》第四十六回)

④(庞光)便将庞吉与孙荣厚天成在书房如何定计,恐包三公子不应,故此叫小人假扮包兴,告诉三公子只管应承,自有相爷相救,别的小人一概不知( )。包公叫他画了供。(清·石玉昆《三侠五义》第四十八回)

以上 4 例,分别是省略"把","把"的宾语和述语动词的,其中只有第三句这样的用例偶尔能在现代的某些方言中见到。

2. 现代汉语,"把"字句通常都是"把—受事—谓语"式的,但在近代汉语中,还有一种"把—施事—谓语"式的句子,如:

一日,大尹把许宣一一招供明白,都做在白拍子身上。(明·洪楩《清平山堂话本·白娘子永镇雷峰塔》)

这种句子的进一步发展,又产生了另一类句子:

今日之上,把只煮熟的鸭子飞了。(清·文康《儿女英雄传》第十五回)

到这里,"把"字句已经不再表示处置了,它只被用来强调一种不幸的、不如意的意味。类似的用例,现代汉语中也有,但数量远不如近代汉语中多。

如此纷纭复杂的形式和用法,远非现代汉语所能比。那么,这种情况是怎样形成的?我们知道,语法是一个发展的过程,在这个过程中,在旧形式的基础上,又能产生新的形式,而新旧形式大致都有一个并存的阶段。此外,再加上那些时代缺乏严格统一的标准和规范,这样,人们在语言运用中有时就表现出一定的随意性。日积月累中,出现上述情况就不足为怪了。

类似的还不止"把"字句,其他的如"被"字句、受事主语句、兼语句等,也都是这样的。

一般认为,语法总的发展趋势是由简单到复杂,但由上边的分析看,也有相反的情况,即由复杂到简单。其实,这也不难理解:当一种句式达到了繁杂无比、缺乏严格统一的标准时,就必然会给表达和接受带来许多麻烦,那么接下来的,就是向简化的方向发展,即向简明实用、便于掌握的方向发展。

二、近代汉语语法在某些方面远不如现代汉语完备

(一)现代汉语中又出现了许多新的语法手段

比如一批新的词尾的出现,它们有很强的构词能力,其作用主要表现在既扩大了词类的灵活性,同时又能标明某些词所属的词类。这样的词尾主要有"者"、"家"、"式"、"型"、"性"、"化"等。

(二)现代汉语的表达进一步向复杂化、多样化发展,由此就又出现了许多新的表达形式,从而使表达更加细致、全面

与近代汉语相比,所有这些都大大地丰富了汉语的表达手段,使汉语结构的精密化、句式的完备化都达到了一个新的、更高的层次和境界,这无疑是汉语语法的又一次巨大的进步,乃至于飞跃。

近代汉语语法在古代汉语语法的基础上有了巨大的进步和全面、充分的发展,它的句式远比古代汉语完备,结构远比古代汉语严密和复杂,而语法手段也丰富多样,富有变化。

但是,这只是问题的一个方面,近代汉语语法的"繁",本身就包含一个矛盾,这就是它的芜杂。由于它的全面发展和迅速膨胀,有时就难免鱼龙混杂,良莠不齐(比如出现了不少"不规范"的用法)。在这方面,可以说近代汉语语法是走到古代汉语语法的另一个极端了,即繁复有余而简约不足。

另外,人们的思想和思维能力的不断发展,水平的不断提高,以及社会生活的发展变化,都对语言表达提出了越来越高的要求,而由这一点来看,近代汉语语法的发展又是不够的,在许多方面它还是粗疏的、不完备的,是"犹有所待"的。也正因为有上述两点不足,近代汉语语法才向着简约和详备这两个方向变化发展,最终形成了更加完美的现代汉语语法。

第三节　近代时期汉语语法的特点

自宋元明清至民初以前,是汉语史的近代时期。这是汉语文学语言日益走向完备成熟的时代。汉语的语法构造和表达形式都比前一时期有更多更大的发展。

在这期间,动词词尾"着"、"了",形容词词尾"的"、副词词尾"地",都已经普遍使用,日趋规范统一。由古汉语发展的句末语气词"么"、"吗"、"呢"、"哩"、"呀",在近代书面语里已经广泛出现,它们通过典范的文学作品(《水浒》、《红楼梦》、《儒林外史》等等),推广到全民语言中去,使汉语的书面语言形式越来越规范了。

一、近代汉语的语法特点分析

(一)时间和地域

1. 近代汉语语法具有丰富的时间变化形态。语法现象之间的差别有时是由时间因素造

成的,纵向的跟踪推寻的方法是经常使用也是十分重要的。

2. 近代汉语语法具有丰富的地域变化形态。时间变化形态表现语法的历时演变,地域变化形态表现语法的共时差异。同一时代语法现象之间的差异,有些是由地域(方言)不同而造成的。

(二)范围和频率

1. 范围指的是语法形式在语言内部能够使用的场合,它反映语法形式的实际功能(语法功能、搭配功能等等)。如:

(1)疑问副词"还"可以在反复问句和特指问句中表达疑问语气,也可以在选择疑问复句中充当关联词。

(2)表示判断语气的"是"一般置于主语和表语之间,也可以置于表语之后,还可以在一个判断句中出现两次。

2. 频率用来衡量语法形式在实际语言里使用机会的多少。在多半情况下,使用频率和使用范围成正比,但有些语法形式使用范围很窄,使用频率并不低。如动词后缀"地"只跟在"坐"、"立"、"卧"、"住"等几个表示人的活动的不及物动词之后,副词后缀"生"只跟在"好"、"偏"、"甚"几个副词之后,使用范围很窄,但"坐地"、"立地"、"好生"、"偏生"等带缀词却经常使用。

(三)沿用和替代

1. 沿用。语法形式的沿用维护着语法的传统格局,保持着语法的稳定性。语法形式的沿用并非一成不变,会发生或显著或隐微的变化。如人称代词"你,我,他"在近代汉语时期一直沿用,但自宋代起,有了以下变化:

(1)宋代起 $\begin{cases} \text{人称代词逐渐经常带上后缀"们"(门、每、瞒、懑等)表复数} \\ \text{产生了"我们"的合音词"俺"和"你们"的合音词"您"。} \\ \text{产生了"我们"用作排除式和"咱们"用作包括式的对立。} \end{cases}$

(2)宋元时常见的人称代词带后缀"家",明代以后逐渐消失。

(3)"阿你"的说法明代以后极少使用。

(4)"我"在宋、元、明时代可带后缀"们"。

2. 替代。一种语法形式代替另一种语法形式,这种情况在语法史上也是不断发生的。替代淘汰的陈旧的语法形式,不断地改变着语法的面貌。

如:《水浒全传》中的双音介词"自从"表时间(起点)和"打从"表处所(经由)的使用分工很明显。

元明时代的被动句"被"多表示不幸遭遇,"得"多表示合人心意的行为。

3. 混用。

(1)双向代用。"从"(表起点)和"行"(表趋向)可混用。

(2)单向代用。"谁"(指代人)可以代替"甚"(指代物),"甚"却不可以。

(3)互相混同,区别消失。这(近指)、那(远指),有时没有远近之别。

二、近代汉语在词法上的特点

(一)数量词

1. 事物数量。

(1)数词＋量词＋名词(与现代汉语相同)。如：

三个女人　三句语　五钱银子　三个铜子

(2)数词＋名词(与古代汉语相同)。如：

一神人　一事　一女子

(3)名词＋数词＋量词(与古代汉语相同)。如：

水一盆　字一行　元宝一百个　银子二十两

2. 动作数量。

(1)动词＋数词＋量词,作补语。如：

打三下　说了一回

(2)数词＋量词＋动词,作状语。如：

三拳打死　一下打折　一棍打去

3. 表概数。

(1)连用数词表概数。如：

一二十次　二三两银子　三四年

特点:A.一般是两个数词连用。

B.连用的数词在数序上一般相连。

C.连用的数词多由小到大顺序排列。

(2)使用某些表概数的词:约、可、数、许、以来(来)、把。

A.数 { a.于十、百、千、万等整数前,表示几十、几百、几千、几万的概数。如:数百多间。

b.置于十、百、千、万等整数之后,表示一十、一百、一千、一万左右的概数。如:十数碗。

B.清代之后,"零"变成一个专门用来填补缺位的词。

C.名词前单独用量词,而省去数词"一",这种"量词＋名词"结构说法简练,有表少的意味,如:

把茅＝一把茅　滴水未进＝一滴水未进

有些不便说出来的事(隐讳语)现代汉语也用。

(二)疑问代词

1. 谁。

(1)用疑问的形式表达否定的意思。如：

他谁睬某甲＝他根本不睬我。

(2)相当于"什么"。如:汝名谁耶?

(3)可重叠。如:谁谁　谁谁识

2. 什么,甚么,啥。

(1)"什么"和"甚么"实为一词。

(2)"什么"和"甚么"的特殊用法:

A.帮助表达诙谐、讽刺语气。如：

凤姐笑道:"我又不会作什么湿的干的……"

平儿咬牙骂道:"都是那贾雨村什么风村……"

B.含轻蔑语气。如:把那甚么孙行者拿来凑吃。

C."做甚么"经常置于句末表示询问原因,如:唤我做甚么?

D."啥"大概是"什(甚)么"的合音字。

3. 争、作么、怎。

(1)争=怎(唐、宋、元)宋元时代,"怎"逐渐替代了"争"。

(2)作摩(么)=怎么("怎"出现后,"作么"逐渐消失)。

4. 若,那。

(1)若 { ①哪:若个是师亲? ②怎:今日捉降,若生是? }

元后消失。

(2)那 { ①哪:问太子如今在阿那边?(使用到现代,改写为"哪"。) ②怎:无油那点佛前灯?("怎"的用法在元后逐渐减少。) }

(三)介词和连词

1. 从。

(1)表处所、时间起点及其他起点。如:

①大师问:"汝从何方而来?"

②从今一去,再不践也。

③正思从那一件事自那一个人写起方妙?

(2)表经过的地点:从独木桥上过。

(3)表动作行为的方向,相当于"向"、"往",这是近代汉语的特殊用法,如:

①流从石洞里去。(向)

②从东去了。(往)

2. 自,自从。

(1)"自"多表时间起点。如:

①自少出家。

②自古圣贤作此调。

(2)双音介词"自从"一般表时间起点,如:

自从分别来,田园日荒废。

(四)助词

1. 结构助词。

(1)底。

A.连接定语和中心语,如:

灵利参学底人。

B.中心语不出现,"底"字结构有指代意义,如:

为肯者说,不为不肯底。(不肯底人)

C.连接状语和中心语,如:

呵呵底笑。

D.附在某些形容词后,并没有连接作用,如:

时长恬恬底。

（2）地。

A.连接状语和中心语，如：

炬赫地显露，如今便会取。

B.置于谓语或补语之后，如：

飞龙在天，文言说得活泼泼地。

（3）的。

A.联系定语和中心语，如：

你两个撮鸟的头。

B.中心语不出现，"的"字结构有指代意义，如：

众做工的只得四散，分头各去。

C.连接状语和中心语，如：

整月的住下。　　秀童叫天叫地的苦将起来。

D.连接中心语和补语，相当于"得"，如：

吃的大醉。　　押司如何来的慌速？

（4）里（元代前少见）。

A.连接状语与谓语，如：

匹头里见一个先生。　　足足里病了一个多月。

B.用"里"连接的状语一般都是双音节的，有 AB（如"匹头"、"一心"）和 AA（如"白白"、"粗粗"）两种形式。

（5）得。

A.表动作、行为的可能性，如：

赃物现存，如何赖得？

你既害病，如何来得？

B.联系谓语和补语：吓得忘前失后。

C.联系谓语和宾语：

挑得三二百斤担子，打得三五十人。

D.表动作、行为的实现：天津桥上赊得一瓜。

（6）将。

A.联系动词谓语和趋向补语：

但见军马冲掩将来。叫将起来。

B.联系谓语和宾语：不谢将我。

C.动词和"将"之间可插入否定词"不"（少见）。

（7）形容词加上"煞"后能带宾语，如：

这糊涂煞了我！/岂不快乐煞了我吗？

（8）动词、形容词加上"煞"后，与宾语之间常常是使动关系，如：灵春，思量煞我也！/你想煞小弟了！

（9）置于动词、形容词之后的"杀"，如：

①便埋怨杀了，也不敢分说。

②偏偏错了一个码子,查死杀不对。

③谁知杀死拉不起。

三、近代汉语在句法上的特点

(一)判断句

判断句多用名词性谓语(也称表语)来说明主语是什么(肯定判断)或不是什么(否定判断)。近代汉语常见的判断句有如下几种形式。

1. 主语＋是＋表语。如:这位哥哥是张仪。

2. 主语＋是＋表语＋也。如:老夫是这襄阳人也。

3. 主语＋乃＋表语("乃"和"是"的区别是:"乃"前面不能加否定词)。如:曹丞相乃国之大臣。

4. 主语＋乃＋表语＋也。如:吾乃东吴甘兴霸也。

5. 主语＋乃是＋表语。如:此乃是前代老祖师锁镇魔王之殿。

6. 主语＋表语＋是(是也,便是)。如:我丈夫,张协是。

7. 主语＋是＋表语＋便是。如:贫道是司马德操的便是了。

8. 主语＋乃＋表语＋是也。如:某乃孙武是也。

9. 主语＋表语。如:妾身韩夫人。/小可汴梁人氏。

10. 主语＋表语＋也。如:某沛国谯县人也。

11. 主语＋为＋表语。如:文丑为河北名将。

12. 主语＋系＋表语。如:太尉杨彪系袁术亲戚。

13. 主语＋非＋表语。如:田猎恐非正道。

14. 只(则,即)＋主语＋是＋表语(强调式判断句),如:只这贱奴便是。/则我便是李春郎。/即汝便是。

15. ……好(多见禅宗作品—唐宋)

A.……好。　　和尚忌口好!

B.须……好。　　也须收取好!

C.比如……好。　　比如悟去好!

D.不妨……好。　　汝不妨会得好!

E.莫……好。　　和尚莫谩人好!

16. ……是,是的,不是(多见明代作品)。

①你可脱了衣服睡是。

②你替我老实寻是的。

③你上来不是。

17. 可。"可"置于句首可以表达祈使语气。如:

①可一见(请让我一见)。

②可放我们过去。

(二)被动句

"被"初用来表被动,是直接与动词相连的,大约在东汉末年,开始出现"被"引入主动者的句例,以后继续上升到占被动句的 90%,便不再上升。

1.被动句的类型。

(1)没有主语的被动句(金元时代燕京一带口语)。如:

被一人抱住刘知远。

(2)吃(乞)字句(元明)。如:

一生好汉各头到今弄坏,真是张天师吃鬼迷了,可恨!可恨!(明·凌蒙初《初刻拍案惊奇》卷三)

2.被字句的发展。

(1)"被 v"之间从紧相连接到可以插入主动者。

(2)"被 zv"中"z"的音节数量增加,结构复杂化。

(3)发展的总的趋势是:

①"被 v"之间越来越宽松(允许插入多种结构的"z";可以自由地插入状语)。

②"被 zv"式使用单音孤独动词的比例呈下降趋势。

3.被字句里动词有时带宾语,有以下情况

(1)宾语是个指代词,复指受动者。如:

县令有马,忽被蛇吸之。

(2)宾语属于受动者,或系受动者的一部分。如:

刘家太子被人篡位。

(3)宾语是"定语＋中心词"的偏正结构。如:

倒被他说了我们的一个去了。

(4)宾语是受动者的某种称呼,或是受动作支配而达到的结果。如:

即得免被唤作半个圣人?

(5)动词和宾语组成常用的动宾式短语。如:

六度被人下药。

(6)表言动词"言"、"道"等带有直接引语,如:

被婆子高声叫道:"大官人,少吃些儿怎的!"

(三)处置句

处置句一般表示处置意义,因此,谓语动词应该是及物的,应该有较明显的行为、动作性,应该能够表示处置意义。

1.比较特殊的处置句:

(1)谓语动词是不及物的。

将那一舱活鱼都走了。

(2)无明显行为、动作性。

把往事也如春梦。

(3)无处置意义。

谁把高山认的(得)?

将一个表子(女子)依随。

(4)形容词作谓语。

便把脸通红了。

2. 宋代开始,出现了处置式和被动式相混合的句型。

被主帅将小人打了三十背花。

3. 处置介词有时可省略宾语,这是口语的反映,具有简洁的修辞意义。

虽然这头发值不得惹多钱,也只把做些意儿。

"把"字后省略了"头发"或"它"之类的宾语。

第五章　现代汉语语法特点

第一节　语言学家对汉语语法特点的认识

一、马建忠

"中国文字无变也,介字济其穷"(《马氏文通·虚字卷之七》),"助字者,华文所独,所以济夫动字不变之穷"(《马氏文通·虚字卷之九》)。

二、黎锦熙

他认为汉语是名词孤立的分析语,全靠词的排列来表达意思。

三、王力

他认为汉语的语法构造以词序、虚词为主要手段。

"汉语没有屈折作用,于是形态部分也可以取消。""中国语法所论,就只有造句部分了。"(《中国语法理论·导言》)在《中国文法学初探》(《清华学报》第 11 卷第 1 期)提出汉语语法有如下特点:①词的次序较为固定,如主格先于动词,目的格后于动词等;②虚词在汉语中的文法成分,应列为文法学的主要对象;③汉语中较少用文法成分,如关系词就比西洋语言少得多;④汉语有很大的弹性,因而形成了词性的变化多端,但也不是毫无条理的,如词的变性就可归纳为若干条定律;⑤汉语并不是多音节的语言;⑥汉语里的"时"的观念跟西洋语言是不同的。

四、吕叔湘

他在《汉语语法分析问题》中认为汉语语法分析存在分歧的根本原因是"汉语缺少严格意义的形态变化"。他主编的《现代汉语八百词》认为汉语语法"最大特点是没有严格意义的形态变化",其次还有"常常省略虚词"、"单双音节对词语结构的影响"、"汉字对词形的影响"4 个特点。

吕先生在《语文常识·汉语语法的特点》(生活·读书·新知三联书店,1980 年)以实例说明在汉语语法中存在几种现象:次序不同,意义不同;分段不同,意义不同;关系不同,意义不同。证明次序、层次、关系在汉语语法中的重要作用,同时认为拿汉语的语法来说,经济,这不成问题,是一个优点。后来他在《汉语句法的灵活性》(《中国语文》1986 年第 1 期)中认为:"汉语句法不光有固定的一面,还有灵活的一面。只是教科书里往往只谈前者,不谈或少谈后者罢了。"该文以"移位"、"省略力"、"动补结构的多义性"为例说明汉语语法的灵活性。

五、张志公

他在《汉语语法的特点与语法学习》中认为:"汉语是非形态语言,汉语语法以各级语言单位的组合法为主,这个总的特点派生出一系列具体特点,其强制性之中有灵活性,灵活性之中有强制性,选择的基本标准是表情达意的需要,其核心是语义问题。"张志公强调组合规则的强制性与灵活性的统一,强调语义关系、表情达意对规则的制约。(详见《张志公自选集》下册,北京大学出版社,1998 年)

六、朱德熙

他认为汉语语法特点要是拣关系全局的主要方面来说,主要只有两条。一是汉语词类跟句法成分(就是通常说的句子成分)之间不存在简单的一一对应关系;二是汉语句子的构造原则跟词组的构造原则基本上是一致的。(引自《语法答问》,商务印书馆,1985 年)

由这两个特点决定了汉语语法其他一些具体的特点,一是没有形态变化。他说:"汉语和印欧语的一个明显的区别是没有形态变化。这主要指以下两种情形;第一,印欧语的动词和形容词后头可以加上一些只改变词根的语法性质(转化成名词)而不改变其词汇意义的后缀。汉语没有此类后缀。第二,印欧语的动词有限定式和非限定式(不定式、分词、动名词)的区别。"(《语法丛稿》,上海教育出版社,1990 年,P196)由于这种差异,使得汉语语法在以下两个重要方面跟印欧语语法大异其趣。一是在印欧语里,词类的功能比较单纯,而汉语词类功能就比较多,二是印欧语句子和分句是一套构造原则,词组是另一套构造原则,而汉语句子和词组的构造原则则是一致的。再是结构自由、松散。他说:汉语的主谓结构跟印欧语的句子或分句不同,构造比较松散。这表现在主语后头可以有停顿,或者加语气词,在口语里可以略去不说。二是动补结构是现代汉语里非常重要的一种句法构造,印欧语里没有跟它相当的格式。而且汉语动词和补语的组合极其自由,如可以说"洗干净了",也能说"洗脏了、洗破了、洗丢了、把我洗胡涂了、把他洗哭了",等等。第二是语序重要。他说:"在汉语里,不同的词序往往代表不同的结构。从这个角度看,倒是可以说汉语的词序比印欧重要。"(《语法答问》,P3)"从词序方面看,汉语一个重要的特点是所有的修饰语都必须放在被修饰成分的前边,所以修饰语不宜太长、太复杂。"(《语法丛稿》,P198)第三是主谓结构可以作谓语。他说:"跟印欧语比较的时候,主谓结构可以做谓语是汉语语法的一个明显的特点。……主谓结构做谓语的格式是汉语里最常见最重要的句式之一。应该看成是正好跟'主—动—宾'相匹配的基本格式。"(参考林玉山《论朱德熙的语法思想》,《福建师范大学福清分校学报》2006 年第 4 期)显然,朱德熙对汉语语法特点认识得是比较全面而深刻的,朱德熙的《语法答问》的问世,可谓揭开了汉语语法特点的盖头。他的观点被广泛接纳,《中国大百科全书·语言文字卷》采纳了这一认识(中国大百科全书出版社,1988 年,P128—133 页),并且也写进了一些教材,影响很大。

七、胡裕树、张斌

他们认为汉语语法特点中最主要的一条是缺乏严格意义的形态变化,由此产生其他 5 个特点:①语序是汉语里的重要语法手段。②汉语词类和句法成分的关系是错综复杂的。③音节多寡影响语法形式。④现代汉语里的简称数目多,有特点。⑤汉语里有丰富的量词和语气词。(见《汉语语法研究》,商务印书馆,1989 年)

张斌在《汉语语法学》(上海教育出版社,2003 年)中还详细论述了汉语语法特点。

1. 汉语和印欧系语言相比较。汉语是汉藏语系里最主要的语言,有 10 多亿人以汉语为母语。印欧系语言是当今世界上分布区域最广的语言,其中英语的使用范围极为广泛,被看成国际交往的工具。从类型学的观点看,汉语属声调语言,不同类别的声调能区别词的意义,印欧系语言属无声调语言。在词的结构上,汉语属分析型语言,缺少严格意义上的词形变化,而印欧语的词形变化比较丰富。在语序方面,汉语的修饰语出现在中心语之前,而印欧系语言的修饰语有的出现在中心语之前,有的出现在中心语之后。

2. 现代汉语和古汉语相比较(普通话和文言的比较)。(1)古汉语单音词占优势,现代汉语双音词占优势。(2)文言中的语气词在普通话中全部更换了。(3)代词基本上更换了。(4)文言的介词今天仍在沿用,大都见于成语或带点文言色彩的语句中,数目少,往往一词多义。现代汉语的介词数目比古汉语多,这是语言日趋精密的一种表现。

3. 普通话和方言相比较。普通话与方言之间的不同主要表现在语音上。普通话没有入声,除北方方言外,其他方言大都有入声。

4. 现代汉语语法的特点。汉语语法的特点是缺乏严格意义上的形态变化,由此有下列表现:第一,名词可以直接修饰动词。第二,动词或形容词可以直接充当主语或宾语。第三,词语结构常常受单双音节的影响。词语结构常常受单双音节的影响,最明显的是“双音化”的倾向。

八、陆俭明

在朱德熙的观点上又补充了两个特点,提出 5 个方面的特点:

1. 词序是灵活的,语序是固定的。

2. 句子成分可以套叠。

3. 缺乏形态,注重意合。

4. 词类和句法成分间是一对多的对应关系。

5. 汉语词组构造规则与句子构造规则一致。

陆先生从具体用例,从汉语语法的实际状况或语法体系自身来发现汉语语法的特点,实际上是从动态角度来观察汉语,汉语词句在实际运用中的明显表现就不妨认为是汉语语法的特点。

《汉语和汉语研究十五讲》列举了 5 个方面的特点。①缺乏形态标志和形态变化。②只要语境允许,句法成分,包括重要的虚词,都可以省略。③由①②带来的次特点:A.词类与句法成分一对多的对应。B.句子的构造规则跟词组的构造规则基本上是一致的。C.同一种语法关系可以隐含较大的语义容量和复杂的语义关系而无任何形式标志。④汉语的语序固定,语序成为汉语表示语法意义的重要手段。⑤汉语有量词和语气词。

九、邢福义

邢福义 1994 年在华中师大的一次学术报告会上提出了"小句中枢说",第二年发表了《小句中枢说》,第三年(1996)出版《汉语语法学》,他在导言中说"本书的语法系统,是'小句中枢'语法系统"。他认为:"在诸语法单位中,小句所包含的语法因素最为齐全;小句是语气、词和短语、复句和句群等语法单位的联络中心";小句能够控制和约束其他所有的语法实体,是其他所有语法实体所从属所依托的语法实体。小句跟其他的语法实体都有直接联系,并且也是其他语法实体所依托的核心,通过它能够发现"短语常备因素"、"小句特有因素"、"小句联结因素"等。在此基础上,邢福义提出了小句成活律、小句包容律、小句联结律。邢福义在他主编的《现代汉语》认为,同印欧语相比,现代汉语缺乏形态变化,词类和句子成分不简单对应,句子和短语的构造基本一致,拥有丰富的量词和语气词。同古代汉语相比,现代汉语里有一些类似形态变化的现象,而词类活用的现象有所减少。

十、黄伯荣

黄伯荣在他主编的《现代汉语》中认为汉语缺乏形态,与印欧语相比,汉语呈现出一系列分析型语言的特点:①语序和虚词是表达语法意义的主要手段。"我和弟弟"与"我的弟弟"语法关系和意义不同,"局势稳定"和"稳定局势"语法关系和意义不同。②词、短语和句子的结构原则基本一致。无论语素组成词。词组成短语,短语组成句子,都有主谓、动宾、补充、偏正、联合 5 种基本语法结构关系。③词类和句法成分不是简单的一一对应关系。同一词类可以充当多种句法成分,同一种句子成分又可以由几类词充当,两者之间又具有一定的灵活性。

4. 量词十分丰富,有语气词。数词和名词组合时一般都需要在数词后加量词,不同的名词所用的量词往往不同。语气词常出现在句末,表示各种语气的细微差别。

5. 词语组合受语义、语境的制约。黄伯荣主要是把现代汉语和印欧语作比较来探讨现代汉语语法的特点的,所谈几条特点十分鲜明、突出,但比较的角度较单一。

十一、范晓

范晓《三个平面的语法观》(北京语言学院出版社 1995 年版)中说,与印欧语相比,汉语语法有如下特点:①缺乏严格意义的狭义的形态变化。②词类和句法成分之间的关系错综复杂。③语序特别重要。④虚词较多,是一种重要的语法手段。⑤复合词、短语和句子的构造原则基本一致。⑥主谓结构构成的句法单位比较特别。⑦音节的多少会影响词语的搭配和使用。

十二、徐通锵

他认为汉语是语义型(区别于语法型)语言,临摹性原则是汉语句法结构规则的基础,从而提出语义句法理论(徐通锵《语义句法刍议——语言的结构基础和语法研究的方法论初探》,载《80 年代与 90 年代中国现代汉语语法研究》,北京语言学院出版社,1992 年)。而重视语义关系的传统说法是"意合法",不少学者认为"意合法"是汉语语法的特点。

十三、申小龙

他在《中国语言的结构与人文精神》中认为可以从探讨汉族人思维入手认识汉语语法的特征，这就是文化认同的方法。认为汉语的句子有"讲究意合、流动、气韵的文化性征"（申小龙《中国语言的结构与人文精神》，光明日报出版社，1988 年），他认为西方语言是受形态制约的"法"治语言，汉语则在语言单位的形式与功能的变化上持一种非常灵活的主体意识，因而是"人"治语言，具体表现在"汉语之弹性实体"的实体论、"汉语之流块建构"的建构论、"汉语之神摄方法"的方法论上。（申小龙《汉语人文精神论·文化通观下的汉语语法本体论》）

十四、郭绍虞

他在《汉语语法修辞新探》提出汉语语法的 3 个特点：以词、词组、句子三者结构的相似性为依据证明汉语语法的简易性；以虚词的可用可不用现象证明汉语语法的灵活性；以量词的复杂尤其是汉语结合修辞来证明汉语语法的复杂性。

十五、李临定

他着重就汉语本身研究汉语语法结构特点，认为现代汉语语法结构的特点是简略而繁复。简略表现在省略、综合、紧缩形式 3 方面，使语句构造简练，表达经济。繁复表现在：句子格式的多样性，句子成分的自由和受限制，类与类的渐变及交叉，语义关系的隐含及语法规律的参差不齐。（详见李临定《现代汉语语法的特点》，人民教育出版社，1990 年）

十六、龚千炎

他着眼于动词，认为"汉语的本质特点在于，由于缺乏严格意义的形态变化，因而结构独特灵活多变颇多隐含，着重内在的意念贯穿相承，不注重一个个孤立的句子，而往往围绕一个话题展开议论叙述"，"其次，句子隐含空位较多，移位变动灵活，大小语言单位组合接榫简易自然，没有形式上的束缚"。（详见《语言教学与研究》编辑部等编《80 年代与 90 年代中国现代汉语语法研究》，北京语言学院出版社，1992 年）

十七、张静

在他主编的《新编现代汉语》中认为汉语语法特点在于：①汉语结构形式简易明确，各种结构之间有较严格的对应性；②词序固定，句式精确；③虚词多样，生动传神。

十八、吕必松

他在《对外汉语教学概论》中提出了 8 个特点：①汉语句子结构的格局是：话头—说明（陈述的对象—对对象的陈述）。只要是陈述的对象，无论是施动者、受动者还是非施非受者，都可以无条件地放在句首，作为"话头"。②修饰成分的位置比较固定，一律放在被修饰成分的前面。③复合词和词组的构成方式基本相同。④汉语没有人称代词与物主代词的区别，名词没有性、数、格的区别，代词没有性和格的区别。⑤汉语的名词一般不能直接与数词结合，中间必须用一个量词。⑥汉语的动词没有形态变化，从动词本身看不出时和态的区别。⑦

汉语中有一种"动补结构"也是英语中所没有的。⑧汉语在语言环境和上下文清楚的情况下,有较大的省略余地。

综上所述,可以看到汉语语法特点的研究已经引起了广泛重视,但认识并不统一。这是由于人们观察研究的角度和学术思想不同造成的,也是汉语语法研究还不十分充分的客观原因所致。如果研究者能把汉语语法纳入普通语言学范畴,既注意共性又注意个性;从静态和动态中去研究汉语语法:不仅比较汉语和印欧语系,也着眼于现代汉语与汉藏语系内部其他语言的比较,着眼于现代汉语与古代汉语、近代汉语、方言的比较,现代汉语内部的比较,等等,那么汉语语法特点的研究将会取得更大的收获。

第二节　相对于印欧语言的现代汉语语法特点

汉语是汉藏语系里最主要的语言,有十多亿人以汉语为母语。汉语的特点与别的语言比较才能显示出来,当然,最主要的是跟印欧语言进行比较,因为印欧系语言是当今世界上分布区域最广的语言,它包括英语、德语、法语、意大利语、西班牙语等六十几种语言,有十五亿人以某种印欧语为母语,其中英语的范围极为广泛,被看作国际交往的工具。

跟印欧语比较,汉语语法有以下特点:

一、缺乏严格意义上的形态变化

所谓形态变化,即词形变化,是指一个词由于在句子中表示的语法意义不同,而在形式上发生的变化,印欧语言的形态变化很普遍、很丰富,如英语的动词"去"在下面几个句子中的形态各不相同:

①I'll go to school.

②She often goes to school at seven.

③He is going to school.

④My sister went to school yesterday.

⑤Linda has gone to school.

英语里的 go、goes、going、went、gone 属同一个词,汉语只须用"去"表示。除动词的时态变化外,英语的名词还有格的变化,如"I'm Lili"、"Don't bother me"、"This is my book"(我是丽丽、不要打扰我、这是我的书);英语的名词还有数的变化等,而汉语的词却没有这些变化,一个名词不论作主语、作宾语、作定语都是一种形式。汉语中表示人的名词可以加"们"表多数,动词可以加"了"表示动作的完成,某些动词可以重叠,表示短暂和尝试义(如"看"—"看看"、"研究"—"研究研究"),但汉语中有这种变化的词只占整个词汇系统中的极少数,而且加"们"、加"了"之类都不是严格意义上的形态变化。

汉语中的形态变化既不地道,也极不普遍,极不发达,这是汉语不同于印欧语言的一条最重要、最基本的特点。

印欧语中的"名词"、"动词"、"形容词"等都有自己特殊的形态变化规则,并且它们在句子中分别扮演不同的角色,泾渭分明,名词作主语和宾语,动词作谓语核心,形容词作定语或表语,副词作状语。但是这些比较严格的对应关系在汉语中并不存在,大量的语言事实是动词并不需要任何形式上的变化就能够充当句子的主语,形容词不需要任何系动词的帮助直接充当谓语,名词也能够作句子的谓语。

汉语在词形上属于孤立语,词的形态屈折变化较少,几个有限形态是:动词词尾(着、了、过)、重叠(如动词重叠)等少数几种形式,在印欧语中广泛使用的屈折形式表现的语法关系:性、数、格、时、体、态、式等,在汉语中有的不存在,有的通过其他非屈折形式来表现,有的虽然用屈折形式,但这种屈折形式并不是必要形式,而往往是充分条件形式(如动词词尾的"体"形式)。如各种语言中普遍存在的"主谓"一致关系(印欧语通常通过"数"的一致关系或"格"的关系来表现),在汉语中主要通过分析性的语序形式来表现。

汉语语法的基本特点是缺乏严格意义的形态变化,由此有下列表现:

(一)名词可以直接修饰动词

利用介词表示名词与动词的语义关系,古今是一脉相承的,差别只是现代汉语的介词更加丰富,分工更为精密罢了。名词直接修饰动词也是古已有之,不过现代汉语的表现形式略有发展。

表示方式的名词修饰动词最为常见,古今都有。表示比况的名词修饰动词也比较多见,现代汉语通常要用上"似的"(似地)、"一般"、"般的"、"一样"、"般"、"样"之类的字眼。有些单音节名词修饰单音节动词用来表示比况的,由于长期使用,便成了固定的结构。现代汉语中就当作复合词了。

古汉语中,名词修饰动词可以表示依据或原因,现代汉语不这么用了。在古汉语中,施事名词和受事名词都不直接修饰动词。在现代汉语中,施事名词也不直接修饰动词,但是受事名词直接修饰动词的现象日渐增多,这也许是受日语的影响。日语的宾语置于动词前边,汉语则是受事置于动词前边,是动词的修饰语,而不是宾语。如:

技术改进　心理咨询　民意测验　电影摄制　工作安排　会场布置

汽车修理　食品储藏　废品回收

这种用法在语音节律上显示出一个特点,即双音节名词修饰双音节动词。

(二)动词或形容词可以直接充当主语或宾语

汉语的动词或形容词充当主语或宾语,保持原来的样子,不改变形式,这和印欧语言很不相同,如英语的动词充当主语,或者构成不定式(前边加"to"),或者变成动名词(后边接"ing"),总之,形式上有改变。

词的形式不变,那么是否词性发生了改变? 答案也是否定的。如:

①游泳是一种很好的运动。

②坚持就是胜利。

①的主语可以扩展为"在海边游泳"。

②的主语可以扩展为"坚持真理"。直接受介词短语修饰和带宾语都是动词的功能。

值得注意的是汉语有许多动名兼类的词,如:

翻译　编辑　校对　教授　主管　掌舵　指挥　记忆　认识　开支　根据　工作

爱好　生活

报告　回答　创作　主张　希望　命令　组织

作为动词，它们可以用作谓语中的述语（谓语的中心），也可以充当主语。作为名词，它们不能用作述语，可以充当主语。所以，在主语位置上，究竟是动词还是名词，须根据具体情况才能决定。以"翻译"为例：

①我翻译了狄更斯的小说。

②翻译诗歌是一种创作活动。

③这位翻译通晓几种语言。

①和②中的"翻译"词性相同，意义也相同。①和③中的"翻译"词性不同，意义也有差别。但是，三者的形式都一样。在英语里，translate 是动词，转成名词是 translation 和 translator。translate 转成 translation，词性变了，意义基本未变；转成 translator，不但词性改变，意义也有明显的差别。前一种情况，朱德熙称之为自指；后一种情况，朱德熙称之为转指。在汉语里，自指没有词形变化，转指有时在构词上有改变。如：

编—编者　读—读者　记—记者　剪—剪子　夹—夹子　塞—塞子

学—学者　著—著者　患—患者　盖—盖儿　包—包儿　塞—塞儿

想—想头　盼—盼头　来—来头

这种变化不是一个词本身的形式变化，而是构成新词，所以不属严格意义的形态变化。

（三）词语结构常受音节的影响

汉语在一般的句法结构之外还讲究韵律，要求音节上的匀称。词的单双音节往往会影响到词语的构成和搭配。

从词的构成来看，汉语词的构成具有明显的双音化倾向，双音节复合词占绝对优势。多音节词常压缩为双音节合成词。如：豆腐乳—腐乳，猪肉松—肉松，牛奶粉—奶粉，照相机—相机。音译词也具有双音化倾向，双音节的不必带上类名，单音节的就需要。汉语的新词和词组的缩略语也多采取双音节形式。从词语间的搭配来看，双音节动词、形容词通常要求在后边跟它搭配的词也是双音节。

汉语词的组合与短语的结构类型也和词的单双音节有一定的关系。如现代汉语动词与名词之间单双音节组合时，单音节动词与单音节名词的组合（看报、写书、下岗），单音节动词与双音节名词的组合（逛展览、发微信、打排球）一般都是述宾结构；双音节动词与双音节名词的组合，依据词语之间的语义关系和上下文，可以是述宾结构（修理手机、兴建工厂），也可以是偏正结构（修理程序、兴建时间），还可以是述宾结构和偏正结构兼有（学习文件、改良品种）。

（四）汉语的基本语序

是 S（主语）＋V（谓语）＋O（宾语），如"我买米"。汉语的主语和谓语可以理解为话题和陈述，话题在前，对话题的陈述说明在后，主谓之间不一定存在"施—动"或"受—动"等语义关系，因此在语法上主语和谓语动词也不强求相互制约，按语序区分主语和谓语是汉语语法结构的特点。如"操场上站着人"，主语"操场"跟动词"站"没有施受关系。

（五）汉语的修饰语一般出现在中心语的前面

而印欧系语言的修饰语可以出现在中心语前。汉语的定语是以名词为核心的中心语的修饰语，状语是以谓词（动词或形容词）为核心的中心语的修饰语，在通常情况下，它们都用在中心语之前。如"从上海来的几位学生"（定＋中），"在工厂里做工"（状＋中）；汉语的补语放在以谓词为中心的述语后面,是对前面述语的补充说明成分,在西方语言中并没有同它相对应的形式。如"睡得香"、"跑得快"、"想清楚"(动+补)、"乐坏了"(形+补)都是汉语中特有的格式。

(六)汉语的语言单位与语言单位的组合注重意合

所以相关句法成分之间往往包含着较复杂的语义关系却基本上无形式标志。如"吃鱼丸"(动作—受事)、"吃馆子"(动作—处所)、"吃小碗"(动作—工具)、"吃五个人"(动作—施事)、"吃小灶"(动作—方式)、"吃父母"(动作—凭靠)等,在结构上都是述宾关系,但语义关系各不相同。这些不同的说法,结构上是述补关系,但语义关系却是丰富多样的。

(七)汉语自然语序的形成一般是遵循从大到小、从整体到部分,以及事物出现或事件发生的先后次序排列

由于不受形态变化的约束,汉语还可根据表达的需要灵活地改变语序,而语序变化所带来的结果又是多种多样的,涉及话语的焦点、有定与无定、已知与未知等因素。如"老师来了"与"来了老师",两个句法结构的语义关系相同,"老师"与"来"都是"施事"与"动作"的关系,但句法关系不同,前者为主谓关系,后者为动宾关系。语用意义也有别,前一个结构的"老师"是定指,表达已知信息,后一个结构的"老师"是非定指,表达新信息;"一锅饭吃六个人"和"六个人吃一锅饭",语序的变化没有改变句法关系和语义关系,但强调的重点不同,是语用上的变化;同一种语义关系有时可以用好几种句法形式表示,如"施事—动作—受事"关系,在汉语中至少可以用 4 种句法形式来表示;如"我看完了这本杂志"、"这本杂志我看完了"、"我这本杂志看完了"、"我把这本杂志看完了",结构形式发生了变化,"我"、"杂志"在不同的句法结构中功能也不尽相同,但"我"、"杂志"与动词"看"之间的语义关系没有变。可见语序的变化涉及句法的、语义的和语用的几种不同的变化结果。

(八)汉语中有时会出现语序排列相同但是组合层次、结构关系及语义关系不同的现象

如"关心工厂的工人"可以是"关心+工厂的工人"(动宾词组),也可是"关心工厂的+工人"(偏正词组);"鸭不吃了",可以是"(人)不吃鸭了",也可以是"鸭不吃(东西)了",因为"鸭"与"吃"之间有"施—受"和"受—施"两种潜在的语义关系。这种现象也是同汉语重意合,缺乏显性语法形式标志的特点密切相关的。

(九)汉语虚词的作用同样也存在句法、语义和语用的分别

如"父亲和母亲"(联合词组)与"父亲的母亲"(偏正词组),"和"与"的"的变化,造成句法结构关系和语义关系的变化;"我被他打了一顿"和"我把他打了一顿",介词"被"引进施事,"把"引进受事,"我"与"他"语义角色发生了变化;"这个问题我们还得再认真研究研究"和"关于这个问题,我们还得再认真研究研究",后者用介词"关于"引进话题,具有语用上的功能。

(十)形态标志和词形变化既不丰富,也不严格

印欧语系语言一般都有丰富的词形变化,也就是以词的形态变化为手段来表达各种语法意义,如数、性、格、时、体、态、级等。即使像现代英语这种形态变化已不十分丰富的语言,仍保留不少形态变化:

1. 名词、代词的数:英语可数名词、人称代词分单、复数,单数用零形式(不带标记的形式)表示,复数一般用附加词尾-s 表示,如 nation/nations、glove/gloves。也有用其他方式表示的,如 foot/feet、man/men(内部屈折)、I/we、me/us(异根)。甚至动词也有数,如:He reads a book,表示动作的发出者是第三人称单数。动词的数是从属的,因为处于主语位置的

名词或代词已经表明数的概念,主谓一致的要求使动词带上了数的标志。汉语有数的观念,但没有严格的数的语法范畴。汉语表示数用数量词或与数量相关的词,如五根甘蔗、一批甘蔗、一些甘蔗、很多甘蔗,"甘蔗"本身形式上没有变化。表人的名词、代词可用后面加们的形式表示群体(大致相当于复数)。

2. 动词的时、体、态:以说话的时刻为基点,英语时分为过去时、现在时和将来时。英语表示时间的词 yesterday、now、tomorrow 去掉后,通过动词的形态变化还可以清楚地表达时范畴。汉语没有专门用来表达时的语法形式,通过调用词汇手段(时间名词、时间副词等)来帮助表达时的意义。

英语体分普通体、进行体和完成体。汉语表示"体"的意义可用词汇手段,也可用虚词(或称词尾)着、了、过,或两者兼用,还可以利用动词重叠形式表示尝试和动作短暂。现在一般认为,汉语的动态助词"着、了、过"是表示动词体的虚词。"着"表示持续体,"了"表示完成体,"过"表示经历体。西方语言的体对动词词形变化的要求是强制性的,某种体要求动词必须做相应的变化,汉语是非强制性的。

英语态分为主动态和被动态,但汉语存在大量的主动和被动同构的句子,如果要求放宽一些,把置于动词前的助词被看作动词表示被动态的语法形式,那么可以认为汉语有态的范畴,表达主动态时动词用零形式,表达被动态时动词用带被的形式(如被杀),但同样是不严格的,因为汉语表达被动很多时候不用被。

通过以上英汉比较可以看出,汉语的形态变化的特点是:①不能说没有,但没有严格意义上的形态变化;②形态变化是柔性的,不具有强制性和整齐划一的特征。

如上所述,汉语语言单位的排列和组合即语法形式受到句法、语义、语用多方面因素的制约,在许多情况下,仅对语法形式进行句法结构上的分析是解释不了句子的内部规律的。

二、语序和虚词是主要的语法手段

正因为汉语缺乏严格意义的形态变化,所以语序和虚词就成了表示不同语法意义的主要手段。

在英语中,词与词之间的语法关系主要用形态变化表示,看看下面的例子。

①I'm from Hunan.

②Please give me a cup of tea.

③This is my book.

例①的"I"是主语,例②的"me"是宾语,例③的"my"是定语,但在汉语里都用"我"表示。

英语 my book、your book、his book 在汉语中分别说成"我的书"、"你的书"、"他的书"。英语用物主代词作定语表示领属关系,汉语则用人称代词加虚词"的"表示。汉语中"写文章"与"写的文章",用不用"的"意义不一样,"学校和工厂"、"学校的工厂",用"和"与用"的"意义不一样。这些表现出虚词在汉语中的重要性。

语序作为最重要的语法手段,它通常用来表示主谓关系、偏正关系、动宾关系等。"报告首长"是动宾关系,"首长报告"是主谓关系;"一流城市"是偏正关系,"城市一流"是主谓关系。语序不同,不仅语法意义不同,命题意义也不相同。

三、词类和句法成分无简单的对应关系

在印欧语里,词类和句法成分是一一对应的。一般说来,名词对应于主语、宾语,动词对应于谓语,形容词对应于定语,副词对应于状语。而在汉语中,词类和句法成分的关系却是错综复杂的。名词可以作主语、宾语,也可以作定语,在一定条件下还可以作谓语。动词除作谓语外,可以作定语,在一定条件下还可以作主语和宾语。如:

①厂长批评了张工程师。

②厂长对张工程师进行了批评。

③认真的批评是有益的。

①句中的"批评"作谓语的主要成分,②句的"批评"作宾语的中心,③句中的"批评"作主语的中心。但3个"批评"都是动词。这3个句子若译成英语,①句的"批评"用动词 criticize,②③句中的"批评"则要改用名词 criticism。

四、各级语言单位的结构方式具有一致性

汉语里有大小不同的四级语法单位——语素、词、短语、句子,其中词、短语、句子都是由较小的语法单位结构而成的,且三者的基本结构方式大体一致。如:

	主谓式	偏正式	动宾式
词:	月蚀	汽车	反腐
短语:	日光耀眼	美丽的公园	热爱人民
句子:	水开了。	好香的红酒!	禁止随地吐痰!

在印欧语言里,短语的结构与句子的结构是不同的,如英语中的述宾结构作为短语存在和它前面加上主语构成句子后的构造就不相同:作为短语,其中的动词用不定式或分词形式,加上主语构成句子,其中的动词要改用限定式。而在汉语中却没有这种区别:

①To study Chinese is interesting./Study Chinese is interesting.

②She likes to study Chinese.

五、有丰富的量词

俄语和英语都没有量词。英语中用在名词前面的有冠词,不确定的事物前用不定冠词,确指的事物前用定冠词。英语中的冠词跟汉语中表示事物或动作单位的量词是不同的。英语 a dog、a desk、a pen,名词前用的都是不定冠词,还有些名词前用短语,如 a piece of work。在汉语中分别说成"一只狗"、"一张桌子"、"一支钢笔",名词前分别用量词"只"、"张"、"支"。汉语的量词十分丰富,不同的事物有不同的量词,如一头牛、一匹马、一只羊、一条鱼、一块肥皂、一座城市、一套家具、一件衣服等等,丰富的量词是外国人学习汉语的一大难点。

汉语的语气词也很有特色。语气词配合语调能够细微地传达各种语气。如:

他去。(语气肯定)

他去吧。(语气和婉)

他去吗?(表询问)

他去呢?(他去呢,怎样?表征求意见)

英语表达语气靠语调和结构,不用语气词。汉语里有语气词,并且位置既可以在句末,也可以在句中。如:

英语:What a beautiful flower it is!

汉语:这一朵花多么美啊!

她呀,什么都吃。

他去吧。　他去嘛。　他去呀。

六、现代汉语语法的一般样式

现代汉语在语序类型上属于 SVO 型语言,句子成分一般按照"主语—谓语—宾语"的顺序排列,定语在名词的前面,状语在动词、形容词的前面,补语在谓语的后面。现代汉语的补语与其他语言不太一样,它通常对谓语动词、谓语形容词,甚至对句子的主语、宾语等作出进一步的描述,这些补语的共同特点都是在事件的发生时间上后于谓语核心表述的行为。语言学家们将这一现象归入现代汉语的"时序性原则",即现代汉语中,若干谓词的排列顺序遵循时间先后的原则,这一原则也可以用来解释谓词性定语、谓词性状语、连谓句中谓词的排列顺序。

现代汉语的双宾语句结构为:动词+间接宾语+直接宾语;被动句的结构为:受事+(被)施事+动词短语。

现代汉语在表达类型上,属于话题侧重型语言,句首成分通常是后续成分序列的表述对象,或谈话的起点、背景等。话题语的后面通常可以插入"啊"等语气词,将话题语和后面的表述语隔开。

七、述补结构是具有汉语语法特色的句法结构

(一)述补结构为汉语所有而为英语所无

述补结构是现代汉语中的一种结构,这种结构普遍存在于词、短语和句子层面,在词的层面,有述补结构的复合词;在短语层面,有述补结构的短语;在句子层面,述补短语充当谓语构成的述补谓语句是大量的。而英语中没有述补结构。

(二)述补结构是一种强陈述功能结构

1.述补结构是一种双重陈述结构:述补结构的中心语是对主体发出的动作行为或呈现的状态的陈述,述补结构的补语则是对主体的动作行为所产生的结果的陈述。这种双重陈述结构使汉语句法结构的语义容量更大,陈述能力也更强。

2.在述补结构中,述语中心语的陈述对象相对比较稳定,一般是对施事成分进行陈述;而补语的陈述对象则可以根据表达的需要进行调节。

3.述补结构陈述的内容可以概括为对因果关系的陈述。

(三)述补结构的陈述是开放性的

英语句子的结构模式是"主语—谓语","主语—谓语动词—宾语"形成句子的主干,这个主干是相对封闭的,其他的句子成分只能在这个相对封闭的模式内嵌入式地安排位置。而汉语的句子结构的模式则是"话题—说明",这种结构模式相对来说是开放的。句子的"说明"部分可以对一个话题进行多角度的陈述,从而形成"一话题,多陈述"的流水句式。(详见周国光《现代汉语语法理论与方法》,广东高教出版社,2003年,P26)

八、汉语中的口语可以表达丰富的语法关系和语义

由于有具体的语言交际环境,口语往往不像书面语那样循规蹈矩,口语里短句多,省略句多,句子结构比较松散,常出现某些不同于一般句法规则的说法,这主要包括:

(一)省略和隐含

如:(你)怎么了? ——(我的)脚崴了,(我)去不了了。括号内省略或隐含的成分,要是说出来,反而显得累赘。

(二)紧缩

如:上车请投币,证件请出示(上了公交车,要投硬币来获得乘车权;如果有免票的证件,请拿出来给司乘人员看看)。括号内是句子的语义结构。可说话时并不这么说,在句法结构上经过紧缩,简洁地表达同样的语义。

(三)句子结构较为松散,口语中时常根据表达的需要,在句中添加表示停顿的语气词或对句子结构进行移位

如:你呀,说话不算数! 快进来吧,你。

(四)特殊表达格式

汉语口语中有一些习用语或固定格式,如"死活不"、"动不动"、"没得说"、"可不是"、"有完没完"、"真有两下子"等,也是书面语中没有的。

第三节　现代汉语语法的新发展

汉语从上古发展到现代,就它本身的体系来说,无论词法、句法都已经达到相当丰富、优美的程度。

一、词法

(一)新兴词尾的产生

这所谓"新"是一种相对的说法,其实有的新兴词尾本来是古汉语所有,只是到了现代才虚化完成,变为纯粹的后缀,如"者"、"家"、"式"等。有的是借用日译的,如"型"、"性"、"化"。新兴词尾的作用是:一方面扩大了词类的灵活性,许多动词都可以接上"者"或"家",使它们名化;许多名词、形容词都可以接上"化",使它们动化。同时,这么一来,这些词尾就有使词性明确化的作用,如"老"、"家"、"性"是名词的标志,"式"、"型"是形容词的标志,"化"是动词的标志。

(二)词尾"的"、"地"的结构日趋复杂化

现在连词组也可以接上"地",使它副词化,并且可以连续上几个这样的词组了。这是从宋元词曲里继承下来而到了现代更加发展的一种结构。

(三)述宾式的动化,在它后面能带上宾语了

这是现代汉语语法的一大特点,在古代固然是绝无仅有的,就在近代也还少见,只是在

最近 50 年间才发展起来的。如"动员群众"等,这种现象之所以产生,是因为动宾词组的迅速动词化,使原来的宾语词素化,成为双音节动词不可分离的部分,因而失去原有的功能,要求另带宾语了。

由此可见,汉语的词类特征,已经从上古不明显的状态,逐渐发展为现代较明显的状态,虽然它并未成为普遍规律,虽然不少的词仍然保持着它们的灵活性,但汉语已经具有词类特征,则是肯定的。当然,这里的特征并不就是形态,它和印欧系语的形态是有所不同的,我们决不能以印欧系语的形态来衡量它们。

二、句法

(一)同时表示复杂时的新句法

汉语表示时间(现在、过去、将来)是要副词的帮助的。这种副词本身能表示时间性,因此,一个句子的谓语通常只能接受一个这样的副词,否则谓语的时间性就会闹不清。汉语史上句子也从来没有同时使用两个时间副词的,特别是表示不同时间性(现在、过去、将来)的副词,更不容许同时出现在一个句子谓语的前面。可是从五四运动以来却发生了新的变化,居然可以把表现过去时的副词和表现在时的副词结合起来同时使用,这的确是过去所无的新兴句法。如:"他们在斗争中已经改造或正在改造自己。"有时同时使用表示动作完成体的"了"和现在时的副词来达到这个目的,或者在副词后面再加进行体的"着"来表现复杂的时态。如"克服了和正在克服着这些错误思想"。本来"了"、"着"都只表体(完成体、进行体),而不表时,"了"受着后面副词的影响,却具有明显的表过去时的作用。这是句法上的一种新的变化。这种句子在表达上的效果也很好,它毫不费力地把单纯谓语变为复杂谓语,把单纯的时态变为复杂的时态。同时它还有使句子更加精密化的作用,因为它可以确切地表示某种行为在过去或现在的状态。如:

①他们在斗争中已经改造或正在改造自己,我们的文艺应该描写他们的这个改造过程。(毛泽东《在延安文艺座谈会上的讲话》)

②建立了或正在建立民选的共产党人和各抗日党派及无党无派的代表人物合作政府,亦即地方性的联合政府。(毛泽东《论联合政府》)

(二)同时组成合成谓语,它本身是合成谓语的一部分

因此,助动词通常只用一个(如"可以做"、"应该说")就成了,罕见有连用两个以上而超过它后面的主要动词的数目的。"五四"以后的新句法却打破了这个限制,可以在一组合成谓语中连用两个以上助动词。

①在民主革命阶段内,国内阶级间、党派间、政治集团间的矛盾和斗争是无法避免的,但是可以而且应该停止那些不利于团结抗日的斗争。(毛泽东《矛盾论》)

②但是,这种矛盾,这种不同的要求,在整个新民主主义的阶段上,不会也不应该使之发展到超过共同要求之上。(毛泽东《新民主主义论》)

(三)不是一般的并列谓语

那种并列是两个不同谓语的并列,而是同一谓语的并列——一个带助动词,一个不带,这多半是否定句,偶然也有肯定句。这种并列谓语的特点就在于同一谓语的并列,而不是不同谓语的并列,它是以单句达到复句的效果。

①鲁莽的专凭热情的军事家之所以不免受敌人的欺骗……就是因为他们不知道或不愿意知道任何军事计划,是应该建立于必要的侦察和敌我情况及其相互关系的周密思索的基础之上的缘故。(毛泽东《论持久战》)

②它取得了和可能取得数百万产业工人,数千万手工业人和雇佣农民的同意,……(毛泽东《论联合政府》)

(四)句式

一般说来,它的连动结构还不算复杂,而且没有连用几个动词共管一个宾语的。如:"项庄拔剑起舞。"到"五四"以后,连动结构渐渐复杂起来,往往一个句子一连用上三四个以上的动词或动词性词组,有时还让几个动词共管一个宾语。这也在《毛泽东选集》里表现得最为突出。这些句子的特点是:①一个主语发出连续性的动作,它不同于并列结构;②几个动词互相联系而且互相依存、互相制约,它们的语序一般是不能调动的;③连动式中又有连动。由这些特点构成的连动式,使汉语的句法大大地复杂和精练起来,日趋严密化。如:

①这就需要我们和全国人民更大地发展抗日和民主的运动,进一步地批评、推动和督促国民党,团结国民党内主张和平、民主、抗日的分子,推动动摇犹豫的分子,排除亲日分子,才能达到目的。(毛泽东《论持久战》)

②如果不是廿五年前习武骑马跌伤了腿……(茅盾《子夜》)

(五)复杂的修饰语

所谓修饰语,包括修饰名词的定语和修饰动词的状语。这两种修饰语在上古时期是很简短的。中古时期的修饰语已经比较复杂了一些,但基本上还是以简短为主,像下面这种带有较长的名词修饰语的句子毕竟是属少数,至于长状语根本就没有。近代白话小说里渐渐有一些复杂的名词定语,长长的状语还是罕见的。"五四"以后的现代汉语和上述各例有很大的不同,在这期间,纷繁的社会现象,复杂而多样化的新思想,都不是此前任何历史时期可以相比的,加上受到西方语言方面的积极影响,汉语也就相应地要求复杂而严密化的结构了。此外,"五四"以后,汉语还从外语中吸收了一些新的语法成分来丰富自己。如"主要的是因为……"、"有……必要"、"基本上"等等,就都是从外语翻译吸收过来的。如:

①著《欧洲战役史论》,主张德国必胜,后来又主张对德宣战的政客,也只得跟着人家凑一凑热闹,……(李大钊《布尔什维克的胜利》)

②在世界资本主义战线已在地球的一角(这一角占全世界六分之一的土地)崩溃,而在其余的角上又已经充分显露其腐朽性的时代,在这些……的时代,在……的时代,在……的时代,在这种时代,任何殖民地半殖民地国家,如果发生了反对帝国主义,即反对国际资产阶级的革命,它就不再属于旧的世界资产阶级民主主义革命的范畴,而属于新的范畴了。(毛泽东《新民主主义论》)

第六章　古今汉语语法比较说略

第一节　古今词法的异同

一、古今名词的异同

古今汉语的名词从整体上看具有许多共同的语法特点,但由于语言的发展变化、古今语境的差别,古今汉语的名词在语法上也或多或少地存在一些差别。

(一)词法的异同

1. 概念意义相同。古今汉语名词的概念内涵相同,都是表示人或事物名称的词。很多名词自古至今没有变化。如"人"、"风"、"天"、"山"等基本名词,都是自古沿用至今。古代汉语名词有专有名词和一般名词。专有名词包括人名、地名、山名、水名等。一般名词除普通名词外,还有集合名词和抽象名词。这些在现代汉语也都是一样的,只不过叫法不同而已。如古代"黄河"称"河","长江"称"江";现代把"江"、"河"变为集合名词,泛指所有的"江"与"河",以长江、黄河为其专名。

2. 组合功能基本相同。

(1)一般都能同数量词组合。如:

现代汉语　一碗饭　一盘肉　汽车三辆

古代汉语　一箪食　一豆羹　车千乘

(2)名词和名词组合,可构成联合短语、偏正短语或同位短语。如:

现代汉语　工人农民　科学文化　首都北京

古代汉语　天地　妻子　留侯张良

(3)都能同动词组成动宾短语或主谓短语。如:

现代汉语　读书　写字　鸡叫

古代汉语　伐楚　御车　日出

(4)一般都能同介词组合成介词短语。如:

现代汉语　跟同学谈心　为人民服务　向老师请教　被雨淋湿

古代汉语　夸父与日逐走　庖丁为文惠君解牛　赵氏求救于齐　兵破于陈涉

(5)古今汉语都有一部分名词与数词直接组合的用例。如:

现代汉语　二男一女　　五人同行

古代汉语　五侯九伯　　命夸娥氏二子负二山

（6）古今汉语都有一部分名词能和代词组合，构成偏正短语。如：

现代汉语　我老师是上海人。　　这位是你朋友吗？　　他儿子去年考了一大学。

古代汉语　是吾师也。　　而母，婢也。　　其子趋而往视之，苗则槁矣。

3. 组合功能的不同。在古代汉语里，有些名词在具体语句中的组合的功能与现代汉语不同。

（1）名词与数词组合的不同。名词与数词的直接组合，这是古今汉语名词共同的词法特点。但在应用范围和语序上存在细微的差别。在现代汉语里，名词直接与数词组合受特定条件的限制，应用范围很窄，而且结合的形式固定，名词总是置于数词之后。在古代汉语里，名词与数词组合，不受某种特定的场合的条件限制，应用范围较广，在书面语中常见，而且组合的形式自由，既可置于数词之后，也可置于量词之前。如：

①吏二缚一人诣王。（春秋·晏婴《晏子春秋》）

②帝感其诚，命夸娥氏二子负二山。（战国·列御寇《列子·汤问》）

③忽然三人中的女郎带几分不耐烦的神气说道："往哪里走呢？"（茅盾《子夜》九）

（2）名词与代词组合的不同。在现代汉语里，名词与代词组合，名词总是置于代词之后，构成偏正结构，古代汉语的名词与代词组合，名词可置于代词之后构成偏正结构，也可置于代词之前，构成动宾结构。如：

①孟尝君客我。（汉·刘向整编《战国策·齐策》）

②子谓公冶长："可妻也。虽在缧绁之中，非其罪也。"以其子妻之。（春秋·孔丘《论语·公冶长》）

③纵江东父兄怜而王我，我何面目见之？（汉·司马迁《史记·项羽本纪》）

④佗脉之。（晋·陈寿《三国志·方技传》）

（3）在现代汉语里，名词不能同助动词组合，在古代汉语里，有些名词在具体语句中能同助动词"能"、"可"、"足"、"欲"、"当"等组合，构成动宾结构。如：

①假舟楫者，非能水也，而绝江河。（战国·荀况《荀子·劝学》）

②子谓公冶长，可妻也。（春秋·孔丘《论语·公冶长》）

③古者妇人不织，禽兽之皮足衣也。（战国·韩非《韩非子·五蠹》）

④左右欲刃相如。（汉·司马迁《史记·廉颇蔺相如列传》）

⑤大王当王关中。（汉·司马迁《史记·淮阴侯列传》）

（4）现代汉语里，名词一般都不能同副词组合，在古代汉语里，有些名词在具体语句中，能同副词直接组合。如：

①夺项王天下者，必沛公也。（汉·司马迁《史记·项羽本纪》）

②梁父即楚将项燕。（汉·司马迁《史记·项羽本经》）

③高者不旱，下者不水。（战国·荀况《荀子·富国》）

④范增数目项羽。（汉·司马迁《史记·项羽本纪》）

⑤秦师遂东。（春秋·左丘明《左传·僖公三十二年》）

例①、②是判断句。名词"沛公"、"楚将项燕"分别与副词"必"、"即"组合。例③、④、⑤是叙述句，名词"水"、"目"、"东"分别与副词"不"、"数"、"遂"组合。

（5）在现代汉语里，名词和动词不能够成"连谓式"。在古代汉语里，名词和动词可用连词"而"连接，构成连谓式，如：

①若阙地及泉，隧而相见，其谁曰不然。（春秋·左丘明《左传·隐公元年》）

②孟尝君怪其疾也，衣冠而见之。（汉·刘向编《战国策·齐策》）

③贤者与民并耕而食，饔飧而治。（战国·孟轲《孟子·滕文公上》）

④（儒者）不耕而食，不蚕而衣。（汉·桓宽《盐铁论·刺相》）

⑤沛公引兵过而西。张良曰：……（汉·司马迁《史记·高祖本纪》）

（6）在现代汉语里，名词不能同"所"及介词结构组合，在古代汉语里能够。如：

①所宝惟贤。（春秋·孔丘整理《尚书·旅獒》）

②吾不能以春风风人，吾不能以夏雨雨人，吾穷必矣。（汉·刘向《说苑·贵德》）

（二）句法功能的异同

所谓句法功能是指词在句中充当句子成分的功能。从句法功能上看有两种情况。

1. 句法功能基本相同。

（1）古今汉语的名词在句中一般都充当主语、宾语和定语；

（2）多作名词性偏正结构中的中心语；

（3）都能受形容词、数词、代词的修饰而不受副词修饰；

（4）都能作判断句的谓语。

2. 句法功能的不同。

（1）充当谓语的不同。现代汉语里，名词充当谓语一般只用于判断句，它受特定条件的限制，限于说明天气、日期等简短的句子。在古代汉语里，名词作谓语的用法很自由，既可在判断句里直接作谓语，也可在叙述句里用作谓语。如：

①臣之所好者道也。（战国·庄周《庄子·养生主》）

②君者，舟也；庶人者，水也。（战国·荀况《荀子·王霸》）

③大楚兴，陈胜王。（汉·司马迁《史记·陈涉世家》）

④窃钩者诛，窃国者侯。（汉·司马迁《史记·游侠列传》）

⑤毋妄言，族矣。（汉·司马迁《史记·项羽本纪》）

⑥师还，馆于虞。（春秋·左丘明《左传·僖公五年》）

（2）充当状语的不同。在现代汉语里，时间名词作状语只是表示时间的修饰，古代汉语的时间名词"日"、"月"、"岁"作状语，并不单纯地表示时间的修饰，还可表示动作的频繁或经常，含"日日（每日）"、"月月（每月）"、"岁岁（每岁）"之义，如：

①今有人日攘其邻之鸡者。（战国·孟轲《孟子·滕文公下》）

②良庖岁更刀，割也；族庖月更刀，折也。（战国·庄周《庄子·养生主》）

"日"还可表示情况的逐渐发展和追溯过去。如：

①于是与亮情好日密。（晋·陈寿《三国志·蜀书·诸葛亮传》）

②日君以公孙段为能任事，而赐之州田。（春秋·左丘明《左传·昭公七年》）

在现代汉语的名词除了时间名词可充当状语外，名词都不用作状语。在古代汉语里，名词经常用作状语表示各种不同的意义。

表比喻，如：

①豕人立而啼。(春秋·左丘明《左传·庄公八年》)

②陈涉首难,豪杰蜂起。(汉·司马迁《史记·陈涉世家》)

表示对待人的态度。如:

①彼秦者……虏使其民。(汉·刘向编《战国策·赵策》)

②楚田仲以侠闻,父事朱家。(汉·司马迁《史记·游侠列传》)

表处所。如:

夫山居而谷汲者,耽腊相遗以水。(战国·韩非《韩非子·五蠹》)

表示工具或依据。如:

叩石垦壤,箕畚运于渤海之尾。(春秋·列御寇《列子·汤问》)

二、古今动词的异同

(一)组合功能的异同

1. 相同点表现为:

(1)一般都能同副词组合。如:

现代汉语:作业已经做完了。教室里的人都走了。古代汉语:郑既知亡矣。(《左传·僖公三十年》)二亲既没,所居斋寝,子与妇弗忍入焉。(北朝·北齐·颜之推《颜氏家训·风操》)

(2)一般都能带宾语,组成述宾结构。如:

现代汉语:他看书,我写字。不打人,不骂人。古代汉语:晋侯、秦伯围郑。(《左传·僖公三十年》)谷封人。(春秋·左丘明《左传·隐公元年》)

(3)古今汉语都有一些的重叠形式。如:

现代汉语:这本书让我看看行吗?无论做什么事都要讲讲。古代汉语:采采芣苢,薄言采之。(春秋·无名氏《诗·周南·芣苢》)

(4)古今汉语表示"给予"、"告示"意义的动词都可以带双宾语。如:

现代汉语:送他一份礼。给他一本书。古代汉语:公赐之食。(春秋·左丘明《左传·隐公元年》)

(5)在古今汉语里,不及物动词一般都不带宾语。如:

现代汉语:瞬间,一颗流星从夜空中消失了。火车在飞跑。古代汉语:或百步而后走,或五十步而后走,则何如,曰:"不可,直不百步耳,是亦走也。"(战国·孟轲《孟子·梁惠王上》)然郑亡,子亦不利焉。(春秋·左丘明《左传·僖公三十年》)

2.不同点表现为:

(1)古今汉语动词重叠式的不同。现代汉语的动词重叠是动词的一种构词方式,两个动词重叠构成一动词,与单音节动词相比,带有强调某种时态的作用。古代汉语的动词重叠有两种情况:一是形容词构词形式,两个动词重叠构成一个形容词,表示某种状貌。如"鳣鱼发发",朱熹注:"发发,盛貌。"二是两个动词表面上重叠,实际上是两个动词连用,并非构成一个动词。如"于时言言,于时语语"。《毛传》:"言其所当言语。"朱熹注:"于是言其所言,语其所语。"可见前一个"言"、"语"是动词,而后一个"言"、"语"带有名词的性质。即"所言"、"所语"(指谈论的事)。

(2)古今汉语动词带双宾语的不同。在现代汉语里能带双宾语的动词,仅限于表示"给予"、"告示"意义的动词,一般动词(不表示"给予"、"告示"之义的动词)则不能带双宾语。在古代汉语里,除了表示"给予"、"告示"意义动词可以带双宾语外,一般动词也可带双宾语。如:

①欲见贤人而不以其道,犹欲其入而闭之门。(战国·孟轲《孟子·万章下》)

②紾兄之臂而夺之食,则得食;不紾,则不得食,则将紾之乎?(战国·孟轲《孟子·告子下》)

古代汉语的一般动词带双宾语最常见的是动词"为"带双宾语。如:

①姜氏何厌之有?不如早为之所,无使滋蔓,蔓难图也。(春秋·左丘明《左传·隐公元年》)

②且君尝为晋侯赐矣。(春秋·左丘明《左传·僖公三十年》)

古今汉语动词带双宾语的差异,还表现在组合的形式上。现代汉语的双宾语的结构形式是指人的宾语置于动词后,指物的宾语置于指人的宾语之后。在古代汉语里的双宾语结构形式有与现代汉语相同的,也有与现代汉语不同的,即指物的宾语置于动词之后,而指人的宾语置于指物的宾语之后。如:

①今王地方五千里,带甲百万,而专属之昭奚恤。(汉·刘向编《战国策·楚策》)

②颍阴侯言之上。(汉·司马迁《史记·武安侯列传》)

(3)古今汉语不及物动词组合功能的不同点不及物动词不带宾语,这是古今汉语不及物动词共同的语法特点。但在古代汉语里,有些不及物动词可以带宾语,也可不带宾语。如:

①持其踵,为之泣。(汉·司马迁《战国策·赵策》)

②今亡亦死,举大计亦死,等死,死国可乎?(汉·司马迁《史记·陈涉世家》)

古代汉语的不及物动词带宾语,只有动宾的语法形式,而没有支配的照应关系。动词和宾语构成一种意义特殊的动宾结构。这种动宾结构所表示的意义灵活多样。概括起来有如下几种:

A.表示"使宾语怎么样"的意义。如:

焉用亡郑以陪邻?(春秋·左丘明《左传·僖公三十年》)

B.表示"为宾语怎么样"的意义。如:

①文嬴请三帅。(春秋·左丘明《左传·僖公三十三年》)

②提弥明死之。(春秋·左丘明《左传·宣公二年》)

C.表示"对(向)宾语怎么样"的意义。如:

①遂置姜氏于城颍,而誓之曰……(春秋·左丘明《左传·隐公元年》)

②君三泣臣,敢问谁之罪也?(春秋·左丘明《左传·襄公二十二年》)

D.表示"与(跟同)宾语怎么样"的意义。如:

重耳闻之,乃谋赵衰等。(汉·司马迁《史记·晋世家》)

(二)句法功能的异同

1. 从句法功能上考察,古今汉语动词的相同点主要是:古今汉语的动词在句中主要充当谓语。如:

现代汉语:妈妈哭着递给我她头上的银簪。(茅盾《林家铺子》)古代汉语:南山有鸟焉。(战国·荀况《荀子·劝学》)愚者言而智者择焉。(汉·刘安《淮南子·说林训》)

2. 不同点主要有以下几个方面:

(1)古今汉语及物动词都能带宾语。及物动词带宾语,动词和宾语一般具有支配和被支配的照应关系。但在古代汉语里有某些及物动词带上宾语却没有支配和被支配的照应,而是使宾语具有谓语动词所表示的动作行为。即表示"使宾语怎么样"的意义。如:

①欲辟土地,朝秦楚。(战国·孟轲《孟子·梁惠王上》)

②止子路宿,杀鸡为黍而食之,见其二子焉。(春秋·孔丘《论语·微子》)

(2)古今汉语都有一些动词可充当句子的定语,但定语和中心语的结合形式,古今存在着细微的差别。在现代汉语里,动词作定语一般要在用作定语的动词后边加上结构助词"的"。如:①可是当她刚刚这样想的时候,却听到一阵年轻女人的笑声。(丁玲《太阳照在桑干河上》)②等他的背影混入来来往往的人里,再找不着了,我便进来坐下,我的眼泪又来了。(朱自清《背影》)

在现代汉语里,作定语不必加"的"的情况很少,如"参考消息"、"学习材料"、"领导干部"、"死鸡"之类,必须是不至于被误认为是动宾关系的情况下才允许。在古代汉语里,动词作定语,一般不使用虚词,动词可直接与中心语结合,修饰中心语。如:

①不狩不猎,胡瞻尔庭有县鹑兮。(春秋·无名氏《诗经·魏风·伐檀》)

②冥冥而行者,见寝石以为伏虎。(战国·荀况《荀子·解蔽》)

3. 在古今汉语里,有时动词也可用作状语。这是古今汉语动词的共同特点。但在状语和中心语的结合形式上,古今存在细微的差别。在现代汉语里,动词作状语,一般要在作状语的动词后边加上结构助词"地"。如:

陈君宜慌慌忙忙地说,就站了起来。(茅盾《子夜》十六)

在古代汉语里,动词作状语可以直接和谓语动词结合。如:

①匈奴兵多……生得广。(汉·司马迁《史记·李将军列传》)

②豪富争匿财。(汉·班固《汉书·卜式传》)

古代汉语的动词作状语,如果要用虚词,一般是在用作状语的动词和谓语动词之间用连词"而"或"以"连接。如:

①子路拱而立。(春秋·孔丘《论语·微子》)

②咏而归。(春秋·孔丘《论语·先进》)

4. 古今汉语动词都可作谓语,构成"动述+体宾"的动宾结构。但古汉语的动宾语义关系可显现为"(使)体动"的递系结构,相当于现在的动词的使动用法。

5. 古今汉语动词都可作补语,都可置于谓语中心词之后表示结果和趋向。但现代汉语可以上述两种结构中加"得"或"不",表示可能与不可能,如"打得死"、"打不死"、"跑得出去"、"跑不出去",而古代汉语不必加。

三、古今形容词的异同

古今的形容词的概念内涵相同,但由于语言的发展变化,古今汉语的形容词在语法上有共同的特点,也存在各种细微的差异。

(一)词法的异同

1. 组合功能的基本相同。

(1)一般都能同程度副词和否定副词"不"组合。

(2)一般都能同名词组合,构成偏正词组。

(3)古今汉语的单音节形容词重叠,形式相同。

(4)古今汉语的形容词一般都可同名词组成偏正词组。

2. 组合功能不同。

(1)形容词重叠不同。重叠合成的形容词所表示的语法意义,古今有明显的差别。在现代汉语里,单音节形容词重叠构成复音形容词,用来修饰名词,往往表示程度的加重或轻减。含有"很"、"极"之义,如"高高"意为"极高"、"很高";"短短"意为"极短"、"很短"。

古代汉语的单音节形容词重叠构成复音形容词,并不表示程度的加重或轻减,而是描写或烘托事物的态貌,前人注释这类叠音词一般训为"……貌",如"奉璋峨峨",朱熹注"峨峨,盛壮貌"。

古今汉语形容词重叠在形式有同也有异,在古代汉语里,形容词的重叠只有一种形式,在现代汉语里,不仅单音节形容词可以重叠,复音形容词也可重叠,其重叠形式是 AABB。

(2)与名词组成偏正词组不同。在组合形式上可以直接和名词组合,也可通过虚词来组合。这种用虚词来组成的偏正词组,表面看起来没有什么不同,实际上是有差异的。在现代汉语里,由形容词加"的"与名词构成的偏正词组,可转换成意义基本相同的别类词组。其转换形式有两种:

①由偏正词组转换成主谓词组。如:冰凉的水——水凉凉,雪白的米——米雪白。

②去掉后边的名词,转换成"的"字结构。如:冰凉的水——冰凉的,雪白的米——雪白的。

古代汉语里,由形容词加"之"与名词组成的偏正词组,一般不能转换。因为"之"和"的"不同,"的"是结构助词,它是附着在词上,"之"字没有附着性,因此,它后边的名词(中心语)不能不出现,否则就结构残缺。如"膏腴之地"说成"膏腴之",则整个结构的完整性受到了破坏,语义不通。

(3)在现代汉语里,形容词不能同助动词组合,在古代汉语里有些形容词能同助动词组合。如:

①鼻大可小,小不可大也。(战国·韩非《韩非子·说林》)

②自上观之,至于子胥、比干皆不足贵也。(战国·庄周《庄子·盗跖》)

(4)在现代汉语里,形容词不能同"所"字组合,在古代汉语里,有些形容词能同"所"字组合成"所"字词组。如:

①上舍法,任民之所善,故奸多。(战国·商鞅等《商君书·弱民》)

②故俗之所贵,主之所贱也;吏之所卑,法之所尊也。(汉·晁错《论贵粟疏》)

(二)句法功能的异同

1. 句法功能的基本相同

(1)古今汉语的形容词在句中的共同特点是用作定语和谓语。如:

①现代汉语:

郭全海看着老王太太灰溜溜的样子。(周立波《暴风骤雨》)

老头子望望那些脏污褴褛的孩子。(艾芜《石青嫂子》)

生活是多么广阔,生活又多么芬芳。(何其芳《生活是多么广阔》)

②古代汉语:

师劳力竭。远主备之,无乃不可乎?(春秋·左丘明《左传·僖公三十一年》)

无惛惛之事者,无赫赫之功。(战国·荀况《荀子·劝学》)

然君之职分难明,以俄顷淫乐不易无穷之悲,虽愚者亦明之矣。(清·黄宗羲《原君》)

(2)古今汉语的形容词充当谓语,一般都不能带宾语。

2. 句法功能的不同。

(1)古代汉语有些形容词在具体语句里充当谓语可以带宾语,而现代汉语形容词充当谓语不能带宾语。如:

①江黄远齐而近楚。(汉·刘向《新序·善深》)

②楚左尹项伯者,项羽季父也,素善留侯张良。(汉·司马迁《史记·项羽本纪》)

(2)形容词在句中作主语,其语义可显现为一个定中结构或“者”字结构。这在古汉语常见,在现代汉语则少见。现代汉语形容词作主语,受到一定限制,谓语动词常常是“是”或者使令动词。如:

①礼之用,和为贵。(春秋·孔丘《论语·学而》)

②以盛水浆,其坚不能自举也。(战国·庄周《庄子·逍遥游》)

③谦虚使人进步,骄傲使人落后。(毛泽东《在中国共产党第八次代表大会开幕词》)

(3)形容词在句中作宾语,其语义可显现为一个定中结构或“者”字结构。这在古汉语常见,在现代汉语则少见。如:

居庙堂之高,则忧其民;处江湖之远,则忧其君。(宋·范仲淹《岳阳楼记》)

(4)形容词在句中作述语,其“形述＋体宾”或“形述＋谓宾”的述宾语义关系或显现“(使)体或谓形”的递系结构,即今之所谓形容词的使动用法,或显现为“(认为)体或谓形”的动宾结构,即今之所谓形容词的意动用法。这在古汉语是常见的,在现代汉语则极为少见。如:

厚其给,使得衣食之足;复赐以坚甲健马,则何敌不破!(宋·王禹偁《唐河店妪传》)

汝母在世多杀害,悭贪广造恶因缘。(王重民等编《(唐)敦煌变文集·目连缘起》)

(5)古今汉语形容词都可以作定语。现代汉语形容词作定语都放在中心语前面,而古代汉语形容词作定语可以放在中心语的前后。如:

身过圣贤高低相,法契人天深浅根。(王重民等编《(唐)敦煌变文集·长兴四年中兴、殿应圣节讲经文》)

一曲银钩小,宝帘挂秋冷。(宋·王沂孙《眉妩》)

他把软绵绵的手放在我的头上。(阿来《尘埃落定》)

四、古今数量词的异同

(一)古今数词的异同

1. 古今数词语法上的共同点

(1)都表示数目和次序。

①是知一国之政,万人之命,悬于宰相,可不慎欤!(宋·王禹偁《待漏院记》)

②果然黑油油地一股好头发。(明·兰陵笑笑生《金瓶梅词话》第四十八回)

③她发现自己睡在一间很破的茅屋里,面前尽是陌生的面孔,男女都有。(姚雪垠《李自

成》第三卷第五十三章)

古今汉语的数词都是用来表示数目和次序,表数目的叫基数。如:一、二、三、四、五、六、七、八、九、十、百、千、万、亿等。表次序的叫序数。序数一般都在基数前加一个"第"字。如:第一、第二、第三……

(2)都能同量词结合。古今汉语的数词都能同量词结合,组成数量短语。

2.古今数词语法上的差异。

(1)称数法的差异。称数法的差异,又可细分为下面几种:

A.基数称数法的差异。在现代汉语里,表示"十"以上的数目都是位数(十、百、千、万、亿等)和个数(一、二、三、四、五、六、七、八、九)直接组合起来表示。在古代汉语里,表示"十"以上的数目除了用位数和个数直接组合的称数形式外,还有一种与现代汉语不同的特殊的称数形式,即在位数和个数之间用一个"有"字。如:

二十年在百丈,俗气也未除。(五代·静、筠二禅师《祖堂集》)

语毕,怡然迁化,报年七十有一,僧腊四十四霜。(五代·静、筠二禅师《祖堂集》)

B.序数的差异。在现代汉语里,序数的表示总是在基数的前边加上一个"第"字。在古代汉语里,序数的表示,除了在基数前边加上"第"字外,还可用"太上"、"长"等表示"第一",用"次"、"其次"、"次之"、"次者"等来表示"第二"、"第三"、"第四"等。

C.分数表示法的差异。分数是表示子母差分之数。在现代汉语里分数的表示一般用"几分之几"。如"三分之一"、"五分之二"、"十分之六"等等。古代汉语的分数表示法与现代汉语有较大的差别,常见的有下列几种表示方式:

a."母数+名词+之+子数"。如:先王之制:大都不过三国之一。(春秋·左丘明《左传·隐公元年》)

b."母数+之+子数"。如:今行父虽未获一吉人,去一凶,于舜之功二十之一也,庶几免于戾乎!(春秋·左丘明《左传·文公十八年》)

c."母数+分+名词+之+子数"。如:方今大王之兵众不能十八吴楚之一。(汉·司马迁《史记·淮南衡山王列传》)

d."母数+分+之+子数"。如:故秦地天下三分之一。(汉·班固《汉书·地理志》)

e."母数+子数"。如:盖予所至,比好游者不能十一。(宋·王安石《游褒禅山记》)

D.倍数表示法的差异。倍数是表示增加同等的数字。古今汉语的倍数表示法存在细微的差别。在现代汉语里,表示倍数是把数字放在"倍"字前。在古代汉语里,倍数的表示一般只用一个数字来表示,只有表示一倍才用一个"倍"字。如:故用兵之法,十则围之,五则攻之,倍则分之。(春秋·孙武《孙子·谋攻》)

(2)充当句子成分的差异。

A.充当主语、宾语的差异。在现代汉语里,数词充当主语和宾语,受特定场合的限制,一般限于对事件的断定或数学的算式。在古代汉语里,数词充当主语和宾语,不受某种特定条件的限制,带有很大的灵活性。如:

①曩与吾祖居者,今其室十无一焉。(宋·柳宗元《捕蛇者说》)

②一是要勤学,下得真功夫,求得真学问。(习近平《青年要自觉践行社会主义核心价值观》)

B.作谓语的差异。在现代汉语里,数词作谓语限于极少数表示年龄等的简短的句子里。

在古代汉语里,数词作谓语不只限于表示年龄的句子,在一般句子里数词都可充当谓语,而且具有一定的灵活性,既可直接充当谓语,也可活用为动词充当谓语。如:

①女也不爽,士贰其行,士也罔极,二三其德。(春秋·无名氏《诗经·卫风·氓》)

②电话声叮令……地响了,一,二,三。(茅盾《子夜》)

(3)作定语的差异。在现代汉语里,数词一般不单独充当定语,必须和量词组成数量短语才充当定语。古代汉语数词可以直接作定语。如:

屠牛坦一朝解十二牛而芒刃不顾。(汉·班固《汉书·贾谊传》)

他所参加的那张茶桌已经有着三个茶客,全是熟人。(沙汀《在其香居茶馆里》)

(4)作状语的差异。在现代汉语里,数词不能单独充当状语,必须和量词组成数量词组才能充当状语。在古代汉语里,数词经常单独充当状语。直接用在动词前,表示动作的数量。如:

①乃受同瑁,王三宿、三祭、三咤。(春秋·孔丘整理《尚书·顾命》)

②王小嫚擦干眼泪走了,陆文婷才回到自己的诊桌,一个一个地叫号。(谌容《人到中年》)

(二)古今量词的异同

1. 古今量词在语法上的共同点。(1)都用作计量的单位。(2)都能同数词结合,构成数量结构。

2. 古今量词在语法上的差异。

(1)体系的差异。古代汉语的量词体系与现代汉语的量词体系作比较,最明显的差异是,现代汉语的量词体系较为完备,既有表示人或事物单位的名量词(或叫物量词),又有表示动作行为单位的动量词。古代汉语的量词体系还不够完备,在先秦汉语里只有少数表示人或事物的名量词,没有表示动作行为单位的动量词。直到魏晋六朝里期才开始出现的一些动量词。

(2)结合方法的差异。

A.在现代汉语里,量词可跟指示代词结合。在古代汉语里量词一般不同指示代词相结合。如:

①自此二十余年,家门口不增一口,斯获罪于天也。(南朝·宋·范晔《后汉书》)

②在这个家里,在这个环境里,他们完全成了陌生的人。(巴金《家》30)

③他看看那座电钟,正指着六点十分。(茅盾《子夜》八)

但到了近代,也出现量词和指示代词结合的情况,如:

这边郎舅两个去见县尊,哭诉这节情事。(明·陆人龙、石仁和《型世言》第二十八回)

B.在现代汉语里,单音节量词一般都可重叠。古代汉语的量词带有名词性,一般都不能重叠。如:

①既至;定市里,安民居,得鱼九尾皆千斤来献。(明·宋濂《元史·地理志》)

②如果一切以我为中心,必然漠视众生,斤斤计较。(余秋雨《霜冷长河·寺庙》)

(3)动量表示法的差异。在现代汉语里表示动作行为的数量,一般是用数词和动量词结合。在古代汉语里,表示动作行为的数量与现代汉语有较大的差别,特别是上古汉语,由于没有表示动量的量词,表示动作行为的数量,是用数词直接放在动词谓语前。如:

①吾日三省吾身。(春秋·孔丘《论语·学而》)

②且等我照顾八戒一照顾,先着他出头与那怪打一仗看。(明·吴承恩《西游记》第三十二回)

③崇祯把这个文件看了两遍,脸色十分严肃、沉重。(姚雪垠《李自成》第三卷第四十九章)

五、古今代词的异同

(一)古今代词在语法上的共同点

1. 都起替代、指示作用。

2. 古今汉语的代词都可根据所代替、指示的意义分为人称代词、指示代词、疑问代词3类。

3. 古今汉语的人称代词、指示代词、疑问代词都可单独充当句子成分。

(二)古今代词语法上的差异

1. 体系的差异。在现代汉语里代词的体系主要包括人称代词、指示代词、疑问代词三类。在古代汉语里,代词体系除了有与现代汉语大致相当的人称代词、指示代词、疑问代词以外,还有两类较特殊的代词:一类是"莫"和"或",叫无定代词;另一类是"者"和"所",叫特别指示代词。

(1)人称代词的形式差异。在现代汉语里,人称代词的体系较为完备。古代汉语的人称代词的体系不够完备,严格地说,还没有真正的第二人称代词,第三人称代词的职能是由指示代词"之"、"其"、"彼"兼任的。古代汉语第一人称代词是"卬"、"台"、"朕"、"予"、"余"、"吾"、"我",第二人称是"戎"、"乃"、"若"、"而"、"尔"、"女"、"汝",而现代汉语是"我"、"我们";"你"、"您"、"你们";"他"、"她"、"它"、"他们"、"她们"、"它们"。

(2)指示代词的形式差异。在现代汉语里,指示代词只有远指和近指两种,近指的用"这"表示,远指的用"那"表示。但古代汉语的指示代词除了表近指(此、兹、斯、是)和远指(彼、夫)这两种外,还有表泛指的"之",表无指的"或"、"莫",表旁指的"他"、"佗"和表特指"其"。

(3)疑问代词的形式差异。古代汉语问人的是"谁"、"孰",问事物是"何"、"曷"、"害"、"胡"、"奚"、"盍",问处所的是"恶、安、焉";而现代汉语分别是"谁"、"什么"、"哪里"。

在现代汉语里,疑问代词的代替、指示,基本上是各司其职,很少有兼用的。在古代汉语里,疑问代词的代替、指示虽然有一定的分工,但并不固守一职,具有相对的灵活性。

2. 结合方法的差异。

(1)与动词结合的词序差异。古今汉语和代词都能同动词结合组成动宾结构,但组合的词序却有同又有异。在现代汉语里代词与动词组成动宾结构,总是动词在前,代词宾语在后(动词+代词)。在古代汉语里,代词和动词组成动宾结构,有两种形式:一种是"动词+代词",这种形式中的代词一般是人称代词或指示代词,也可以是"代词+动词"的形式。

(2)与介词结合的词序差异。在现代汉语里代词和介词结合,组成介词结构,其结构形式是"介词+代词(宾语)"。在古代汉语里,代词和介词结合组成介词结构,其结构形式与现代汉语相比,有同又有异。人称代词,指示代词与介词结合,其结构形式大多与现代汉语相同,即"介词+代词(宾语)",只有少数指示代词如"是",和介词结合有所例外,置于介词前。

3. 充当句子成分的差异。在现代汉语里人称代词都可自由地充当句子的主语、宾语和定语。在古代汉语里,人称代词有多种表示形式,在充当句子成分上有一定的分工。如第一人称代词"我"可用作主语、宾语、定语,有时也可用作谓语。而同是第一人称的"吾",一般只作主语和定语,作宾语只作否定句的前置宾语。"我"和"吾"在同一个句子里运用,分工更加明显。"我"作主语,则"吾"作定语,"吾"作主语,则"我"作宾语。第二人称代词"女(汝)"、"若"、"尔"、"乃"、"而"也有一定的语法分工。"女(汝)"、"若"、"尔"可作主语、宾语和定语。"乃"、"而"一般只用作定语。第三人称代词"之"、"其"是由指示代词兼任的,语法分工更明确,"之"只作宾语,"其"只作定语。

六、古今副词的异同

(一)古今副词在语法上的共同点

1. 都用来修饰、限制动词、形容词以表示程度、范围、时间、肯定、否定等意义。

2. 在句中一般充当状语。除了极个别的否定副词(如"不"、"否"等)外,一般都不能单独回答问题。

(二)古今副词语法上的差异

1. 结合方法的差异。古今汉语的副词都用来修饰动词或形容词,但副词在句中所处的位置有同又有异。在现代汉语里副词修饰动词或形容词,其位置总是置于动词或形容词的前边。古代汉语的副词修饰动词或形容词所处的位置一般也置于动词或形容词的前边。但古代汉语有些副词(主要是程度副词)修饰动词或形容词可以与不同动词、形容词直接组合,而是置于句首或远离动词、形容词。如:

①姬见不饱,又进一豚。(南朝·宋·刘义庆《世说新语·任说》)

②她只是太爱徐世楚了。(琼瑶《冰儿》13)

2. 充当句子成分的差异。

(1)充当谓语的差异。在现代汉语里,副词只充当状语或补语,一般不单独充当谓语。在古代汉语里有一些副词可直接充当谓语。如:

①王之蔽甚矣。(汉·刘向《战国策·齐策》)

②魏王雅望非常。(南朝·宋·刘义庆《世说新语·容止》)

(2)充当状语的差异。古今汉语的副词一般都充当状语,这是副词最基本的句法功能。但现代汉语的副词作状语和古代汉语的副词作状语在语法形式却有某些差别。在现代汉语里副词作状语是修饰动词或形容词的,不修饰名词或名词性词组。在古代汉语里,副词作状语既可修饰动词或形容词,也可修饰名词或名词性词组。如:

①虽然,略以子之所闻见而言之。(汉·司马迁《史记·司马相如传》)

②子诚齐人也,知管仲、墨子而已矣。(战国·孟轲《孟子·梁惠王上》)

③他的腿已发僵,可是仍不肯坐下。(老舍《四世同堂》四十七)

七、古今叹词的异同

(一)古今叹词语法上的共同点

都用来表示感叹、呼唤、应答等情感,一般不同别的词语发生结构关系。

不能作句子成分,只能单独地放在句子之外作独立成分——感叹语或独词句。

(二)古今叹词语法上的差异

在古代汉语里,叹词只用作独立成分或单独词句,不充当主语、谓语、宾语、定语、补语等句子成分。在现代汉语里,叹词一般也作独立成分或单独词句,不充当句子成分。但也有少数叹词在特定的语言环境里可充当句子的成分。

(三)古今汉语叹词的比较

古今汉语叹词都表示强烈感情,一般可分为欢愉、惊赞、鄙斥、伤痛等。古今汉语叹词有不同的词。

1. 表示欢愉。古汉语这类叹词主要有嘻、咄等,现代汉语这类叹词主要有哈、哈哈、呵呵、啊、嘿等。如:

苏代自燕来入齐,见于章华东门,齐王曰:"嘻!善!子来。"(汉·司马迁《史记·田敬仲完世家》)

哈哈。自然真的。我家的王升的家,就和她家同村。(鲁迅《伤热》)

2. 表示惊赞。古汉语这类叹词主要有哑、恶、乌、于、譆、噫等,现代汉语这类叹词有啊、咦、阿、吓、嘿、唷、唉呀等。如:

噫!微斯人,吾谁与归。(宋·范仲淹《岳阳楼记》)

"阿!地狱?"我很吃惊。(鲁迅《祝福》)

3. 表示鄙斥。古汉语这类叹词主要有呼、嗟、咄、叱嗟、嗟嗟等,现代汉语这类叹词主要有啐、哼、唔、嗳、呸、咦等。如:

咄!儿过我,我能富贵汝。(南朝·宋·范晔《后汉书·袁谭传》)

"嗳,你真是!"他说。(张天翼《华威先生》)

"咦,兴这样打么?"她连连叫道:"这样眼睛不认人吗!?"(沙汀《在其香居茶馆里》)

4. 表示伤痛。古汉语这类叹词主要有噫、意、已、抑、懿、譆、憘、熙、嘻、噫嘻、乌乎、呜呼等,现代汉语这类叹词主要有哎、嗳、唉、哎哟、咳呀、嗳呀、唉呀等。如:

意!甚矣,其无愧而不知耻也!(战国·庄周《庄子·在宥》)

"唉,咱们的窟窿还大呢,春上的工钱都还没给⋯⋯"女人继续咕噜着。(丁玲《太阳照在桑干河上》)

八、古今介词的异同

(一)古今介词的系统的异同

1. 表示时间:

(1)古今共同的是"自、从、乘、于、当、自、在"等。

(2)不同的是:

A.古代汉语为:乎、以、为、由、因、迨、比、及、至、方、比及、及至。如:

武始元六年春至京师。(汉·班固《汉书·苏武传》)

B.现代汉语为:到、趁、打、随着、自从。

但到了晚上,仅仅相隔三四个钟头的光景,中央社的下一次通信稿又来了。(郭沫若《洪波曲》第六章)

2. 表示地点:

(1)古今共同的是"向、由、从、于、自、在"等。

(2)不同的是:

A.古代汉语：以、道、至、依、乎、旁、遂、缘。如：

引锥自刺其股,血流至足。（汉·刘向整编《战国策·秦策》）

B.现代汉语：到、朝、打、顺着、沿着。

你到厨房去看一看,问问给老爷做的素菜都做完了没有？（曹禺《雷雨》）

3. 表示原因：

（1）古今共同的是"因、为"。

（2）不同的是：

A.古代汉语：用、于、以、为、坐、由、维、缘。如：

而吾以捕蛇独存。（唐·柳宗元《捕蛇者说》）

B.现代汉语：为着、由于、为了。

我先前并不知道她曾经为了一朵绒剪绒花挨打。（鲁迅《在酒楼上》）

4. 表示依凭：

（1）古今共同的是"依、以、用"。

（2）不同的是：

A.古代汉语：因、缘、随、赖、于。如：

明王之治天下也,缘法而治,按功而赏。（战国·商鞅《商君书·君臣》）

B.现代汉语：按、经、就、据、靠、凭、照、按照、本着、经过、通过。

必须按照全面建设的思想努力推进军队的革命化现代化正规化建设。（习近平《把国防和军队建设不断推向前进》）

5. 表示对象：

（1）古今共同的是"为、与"。

（2）不同的是：

A.古代汉语：乎、于。如：

是孔丘逐于鲁君,曾不用于世也。（汉·桓宽《盐铁论·利议》）

B.现代汉语：被、把、比、对、将、叫、给、和、跟、同、替、让、管、论、对于、关于。

营里早把鱼鳖代替了米粮。（茅盾《大泽乡》）

用在名词、代词或名词性短语的前边,合起来表示方向、对象等的词叫介词。古今汉语介词的概念内涵相同,但在语法特点上有共同之处,也存在一些差异。

（二）古今介词语法上的共同特点

古今汉语的介词在语法上具有下列共同特点：

1. 一般同名词、代词或名词性短语组成介词结构。以表示时间、处所、工具、方式、原因、目的、对象等意义。如：

古代汉语：

是干戚用于古,不用于今。（战国·韩非《韩非子·五蠹》）

初,郑武公娶于申。（春秋·左丘明《左传·隐公元年》）

许子以釜甑。以铁耕乎？（战国·孟轲《孟子·滕文公上》）

余船以次俱进。（宋·司马光《资治通鉴·汉纪》）

天不为人之恶寒而辍尽。（战国·荀况《荀子·天论》）

季氏富于周公。（春秋·孔丘《论语·先进》）

不义而富且贵,于我如浮云。（春秋·孔丘《论语·述而》）

现代汉语：

我为这句话哭了一场。（朱自清《儿女》）

但有一件小事,却于我有意义,将我从坏脾气里拖开,使我至今忘记不得。（鲁迅《一件小事》）

究竟穷是什么事,暂且不放他在心上。（瞿秋白《饿乡纪程》）

（你）怎么就想到和人家做小老婆去？（田汉《梵峨璘与蔷薇》）

多的时候男子并不让坐给女子,这不但是听说,我并且曾经目睹了。（梁实秋《让坐》）

车,这辆以女儿换来,而因打死老婆才出手的车！（老舍《骆驼祥子》）

我们把老田安置在担架上,人们就抢着来抬。（马烽《我的第一个上级》）

她低下头去,用弯剪刀剪开了病眼的球结膜,手术就进行下去了。（谌容《人到中年》）

2. 都不能单独充当句子成分,和名词、代词或名词性词组组成的介词结构也都不能作谓语。一般作状语或补语。如：

古代汉语：

[缘溪]行。（晋·陶渊明《桃花源记》）

庖丁[为文惠君]解牛。（战国·庄周《庄子·养生主》）

子墨子闻之,起〈于齐〉。（战国·墨翟《墨子·公输》）

现代汉语：

除掉开头几句话,其余全吓忘了。拼命追忆,又像[把筛子]去盛水。（钱钟书《围城》）

关于孩子底名字秀才是煞费苦心地想着,但总想不出一个相当的字来。（柔石《为奴隶的母亲》）

淑英端了一个矮凳,坐〈在母亲的面前〉。（巴金《春》）

张存仁[把她们]送〈到大门〉。（姚雪垠《李自成》第三卷第四十八章）

(三)古今汉语介词语法上的差异

古今汉语介词在语法上的差异主要是构成介词结构的组合方式的差异。

1. 与名词或名词性词组组合的差异。

在古代汉语里,介词和名词或名词性词组组成介词结构,一般也是介词在前、名词或名词性词组在后。如：

①子路宿于石门。（春秋·孔丘《论语·宪问》）

②儒以文乱法,侠以武犯禁。（战国·韩非《韩非子·五蠹》）

③始吾于人也,听其言而信其行;今吾于人也,听其言而观其行。（春秋·孔丘《论语·公冶长篇》）

④项梁乃以八千人渡江而西。（汉·司马迁《史记·项羽本纪》）

⑤此中人语云："不足为外人道也。"（晋·陶渊明《桃花源记》）

在现代汉语里,介词同名词或名词性词组组成介词结构,名词或名词性词组总是放在介词之后。如：

朝南的房子。沿着小路走。

从上海出发。在教室里做作业。

为人民服务。按政策办事。

今年的收成比去年好。同老朋友聊天。

古代汉语里,有些介词如"以"、"向"与名词或名词性词组组成介词结构,名词或名词性词组可置于介词之前。如:

①将子无怒,秋以为期。(春秋·无名氏《诗经·卫风·氓》)

②君若以力,楚国方城以为城,汉水以为池,虽众,无所用之。(春秋·左丘明《左传·僖公四年》)

③江汉以濯之,秋阳以暴之。(战国·孟轲《孟子·滕文公上》)

④子曰:"诗三百,一言以蔽之,曰:'思无邪'"。(春秋·孔子《论语·为政》)

⑤楚将士无不一以当十。(汉·司马迁《史记·项羽本纪》)

⑥沛公北向坐,张良西向坐。(汉·司马迁《史记·项羽本纪》)

在现代汉语里,介词与代词组合,代词总是放在介词的后边。如:

替我抄写　同他谈话　比我强　为了他

在古代汉语里,介词与人称代词、指示代词组成介词结构,人称代词、指示代词一般都置于介词之后。如:

①子曰:"默而识之,学而不厌,诲人不倦,何有于我哉?"(春秋·孔丘《论语·述而》)

②为其老,强忍下取履。(汉·司马迁《史记·留侯世家》)

在古代汉语里,介词如果跟疑问代词结合,疑问代词要置于介词之前。如:

云横秦岭家何在?雪拥蓝关马不前。(唐·韩愈《左迁至蓝关示姪孙湘》)

2. 现代汉语介词结构有时可以作定语,如"林教授作了一个关于海峡两岸辞书编纂的学术报告"。而在古代汉语中却很少见到介词结构作定语的现象。

3. 古代汉语介词有时可省略后面所带的体词性宾语,直接其后的动词;而在现代汉语中很少见。如:"客从外来,与坐谈"(汉·刘向整编《战国策·齐策》),"人可与微言乎?"(战国·列衔寇《列子·说符》)第一句"与"后省"客",第二句"与"后省"他"。

4. 古代汉语介词结构所修饰或补充的中心语有时可以省略,但在现代汉语中中心语不能省略。如:"女死不于南方之岸,必于北方之岸"(《吕氏春秋·悔过》),"万物殷富,政由一家"(《史记·郦生陆贾列传》)。第一句第二个"于"前省"死",第二句"一家"后省"发出"。

5. 古今介词的语法差异,还有结合方法的差异。在现代汉语里,介词跟名词、代词或名词性词组组成介宾结构,其结构的形式总是介词在前,名词、代词或名词性词组在后。在古代汉语里,介词与名词、代词或名词性词组组成介宾结构,其结构形式有两种。一种是介词在前,名词、代词或名词性词组在后的。另一种介宾结构形式是名词、代词或名词性词组在前,介词在后。附加成分是疑问代词或被饰代词"所"字、地位名词,介词后置,如:

太师持奚以教寡人。(战国·韩非《韩非子·外储说右上》)

沛公北嚮坐,张良西嚮待。(汉·司马迁《史记·项羽本纪》)

介词"以"、"嚮"都置于"奚"、"北"、"西"后。

(四)古今同形介词的异同

古今同形的介词,常见的有"于"、"以"、"与"、"为"、"因",下面分别介绍。

1."于"。"於"字在古籍中又写作"于","于"字在甲骨文中已经存在了。"乎"在上古也有"於"义。就"於、于"两字的出现情况来说,甲骨文只有"于"而没有"於"。《尚书》《诗经》中多用"于","於"只偶尔出现。其他先秦古籍中,"于""於"并见。这种情况大概只能说是不同时代有不同的书写习惯。在古籍中,"于""於"的主要职能是:①和时间词、方位词乃至一般名词构成介词结构,来表示动作的时间、地点,以及对某一事物所发生的关系影响。②在被动句中介出施事。③在比较句中介出比较之事物。

"于"字古今都用作介词,用法基本相同。如:

古代汉语:

繁启蕃长于春夏,蓄积收藏于秋冬。(战国·荀子《天论》)

师还馆于虞。(春秋·左丘明《左传·僖公五年》)

季氏将有事于颛臾。(春秋·孔丘《论语·季氏》)

内惑于郑袖,外欺于张仪。(汉·司马迁《史记·屈原贾生列传》)

现代汉语:

他出生于 1949 年。

这部长篇小说写于上海。

忠诚于党的教育事业。

许多房屋毁于战火。

从上面所列举的例子可以看出,介词"于"古今用法大致相同,但深入地进行分析,则会发现它们之间存在细微的差别。在现代汉语里,"于"字用作介词使用的范围较窄。"于"字引进时间、处所、对象和引进行为主动者的用法大都出现在五四运动后早期的白话文著作中,或有意仿古的语句里。中华人民共和国成立后出版的语文著作中,用"于"引进时间、对象、比较和行为主动者的则越来越少,因为现代汉语越到后来就越精确。介词体系也越来越完备,出现了专门表时间的介词"在"、"从"、"到",表对象的"向"、"对"、"对于"、"给"、"替"等,引进比较的"比",引进行为主动者的"被"。这样"于"字的上述用法分别被"在"、"从"、"到"、"向"、"对"、"对于"、"替"、"比"、"被"等取代了。

介词"于"古今用法的另一个差异是表示动作行为的原因。

在现代汉语,已有专门表示原因的介词"由于",因此,一般不用"于"表原因。

在古代汉语里,可用来表示动作行为发生的原因。如:

①贫生于不足,不足生于不农。(汉·班固《汉书·食货志》)

②业精于勤,荒于嬉。(唐·韩愈《进学解》)

2."以"用作介词,古今用法有同也有异。"以"字在甲骨文中还未发现。但在周秦时代的典籍中却已用得很普遍。"以"字或表方法手段,或表原因,或表依据,或表时间,或表连及。可以说用法已经很复杂了,到了两汉以后,"以"字的用法又有了进一步的发展。"以"字除作为介词之外,还可以作为连词。"以"字既然用法如此复杂,也必然要发生分化。当作连词用的"以"字,除了"以上"、"以下"、"以东"、"以西"、"以往"、"以来"这一用法保留了下来之外,其他的用法都为"而"、"且"或"而且"所代替。当作介词用的"以"字,其各种用法在现代汉语中都分别改用"用"、"拿"、"靠"、"因为"、"根据"、"在"、"率领着"、"以……资格"等表现方法了。也有一些复合词如"所以"、"何以"等遗留下来。

在现代汉语里,介词"以"主要用来表示工具、方式、原因,这与古代汉语的介词"以"的用法相同。如:

现代汉语:

①以明末到现在,则中国的情形还可以更腐败,更破烂。(鲁迅《忽然想到》)

②大堰河以养育我而养育她的家。(艾青《大堰河——我的保姆》)

③你不以我们的祖国有着这样的英雄而自豪吗?(魏巍《谁是最可爱的人》)

④我想到李白、杜甫在那遥远的年代,以一叶扁舟,搏浪急进。(刘白羽《长江三日》)

⑤他就以惊人的顽强毅力,来向哥德巴赫猜想挺进了。(徐迟《哥德巴赫猜想》)

⑥以己之心度人之腹呀。(刘宾雁《人妖之间》)

古代汉语:

①寿毕,请以剑舞。(汉·司马迁《史记·项羽本纪》)

②儒以文乱法,侠以武犯禁。(战国·韩非《五蠹》)

③左右以君贱之也,食以草具。(汉·刘向整编《战国策·齐策四》)

④余船以次俱进。(宋·司马光《资治通鉴·汉纪》)

古代汉语的介词"以"用法比较广泛,除了上述几种用法外,还可引进动作行为所表示的时间、处所、对象等。如:

①文以五月五日生。(汉·司马迁《史记·孟尝君列传》)

②今以长沙、豫章往,水道多,绝难行。(汉·班固《汉书·西南夷传》)

③桓公独以管仲谋伐莒。(汉·韩婴《韩诗外传》卷四)

3. 与。"与"古今都可用作介词,用法有同有异。

在现代汉语里,介词"与"主要用来引进动作涉及的对象,古代汉语的介词"与"主要也用作引进动作的涉及对象。如:

现代汉语:

与他非亲非故。

与困难作斗争。

与虎谋皮。

古代汉语:

①夸父与日逐走。(周秦·无名氏《山海经·海外北经》)

②秦王使使者告赵王,欲与王为好。(汉·司马迁《史记·廉颇蔺相如列传》)

③昼累累与人兼行。(宋·柳宗元《三戒》)

古代汉语的介词"与"除了引进动作涉及的对象外,有时也可引进动作行为的处所和行为的主动者。如:

①昔者楚人与越人战与江。(战国·墨翟《墨子·鲁问》)

②吴王夫差与句践禽,死于干隧。(汉·刘向整编《战国策·秦策》)

4. 为。"为"古今都用作介词,在用法上有相同之处,也有细微差别。

古今汉语的"为",用作介词,在用法上相同之处是都可用来引进动作的服务对象,动作行为的目的。如:

古代汉语:

①寡君使群臣为鲁、卫请。（春秋·左丘明《左传·秦晋鞌之战》）

②君为我呼入。（汉·司马迁《史记·项羽本纪》）

现代汉语：

为人民服务。

为你庆幸。

在古代汉语里，介词"为"除了引进动作的服务对象、动作行为的目的外，还可引进动作涉及的对象、原因和行为主动者。如：

①淮阴人为余言：韩信虽为布衣时，其志与众人异。（汉·司马迁《史记·淮阴侯列传》）

②此中人语云："不足为外人道也。"（晋·陶渊明《桃花源记》）

③为其老，强忍，下取履。（汉·司马迁《史记·留侯世家》）

④天不为人之恶寒冷而辍冬，地不为人之恶辽远而辍广。（战国·荀况《荀子·天论》）

⑤多多益善，何以为我禽。（汉·司马迁《史记·淮阴侯列传》）

⑥吾子，白帝子也，化为蛇，当道，今为赤帝子斩之。（汉·司马迁《史记·高祖本纪》）

5. 因。"因"古今都用作介词，用法大同小异。"因"用作介词，古今用法相同之处是：都可用来介绍动作行为的凭借、依据、原因。如：

古代汉语：

①善者因其势而利导之。（汉·司马迁《史记·孙子吴起列传》）

②魏往年大破于齐，诸侯畔之，可因此时伐魏。（汉·司马迁《史记·商君列传》）

③狄实灭卫，因桓耻而不书。（唐·刘知几《史通·惑经》）

现代汉语：

①一切对立成分都是这样，因一定的条件，一面互相对立，一面互相联系，互相贯通，互相渗透。（毛泽东《矛盾论》）

②然而风格和情绪，倾向之类，不但因人而异，而且因事而异，因时而异。

③会议因故改期。

古代汉语的介词"因"除了上述用法外，还可引进动作行为的中介，可理解为"通过……"的意思。如：

①时子因陈子而以告孟子。（战国·孟轲《孟子·公孙丑下》）

②商鞅因景监见，赵良寒心。（汉·司马迁《报任安书》）

九、古今连词的异同

(一)古今连词的系统

1. 并列关系：

(1)古今共同的连词有：与、及、暨。

(2)不同的连词有：

①古代汉语：而、以。如：

今申不害言术，而公孙鞅为法。（战国·韩非《韩非子·定法》）

②现代汉语：向、和、跟、以及。如：

讨饭的娘和弟弟春杉都来到矿上。（张天民《创业》）

2. 主从关系:

(1)古今共同的连词有:而。

(2)不同的连词:

①古代汉语有:以。如:

舟遥遥以轻飏,风飘飘而吹衣。(晋·陶渊明《归去来兮辞》)

②现代汉语有:地或零形式。

我清楚地知道,任何一个新的局面,决不是任何一个人的力量所能打得开的。(峻青《黎明的河边》)

3. 递进关系:

(1)古今共同的连词有:而、且等。

(2)不同的连词:

①古代汉语有:况、矧、以、而况、况于等。如

夫夷以近,则游者众;险以远,则至者少。(宋·王安石《游褒禅山记》)

②现代汉语有:更、还、并且、而且、何况、况且、甚至等。如:

他顽强地和敌人斗争着,并且领导着狱中同志们的斗争。(杨沫《青春之歌》)

4. 选择关系:

(1)古今共同的连词:无。

(2)不同的连词:

①古代汉语有:如、且、抑、若、意等。如:

不识世无明君乎?抑先生之道固不通乎?(汉·刘向《说苑·善说》)

②现代汉语有:或、或者等。如:

孩子飞也似地跑,或者蹲在乌桕树下赌石子玩。(鲁迅《风波》)

5. 承接关系:

(1)古今共同的连词有:则、即、以、于是、然后等。

(2)不同的连词:

①古代汉语有:而、遂、乃、因、而后等。如:

玉在山而草木润,渊生珠而崖不枯。(战国·荀况《荀子·劝学》)

②现代汉语有:于是、那么等。如:

我和母亲也都有些惘然,于是又提起闰土来。(鲁迅《故乡》)

6. 转折关系:

(1)古今共同的连词有:但、而、然、然而等。

(2)不同的连词:

①古代汉语有:顾、乃、然、抑、则等。如:

吾不忘也,抑未有以致罪焉。(春秋·左丘明《国语·晋语二》)

②现代汉语有:却、不过、可是、但是、只是等。如:

这一段路他们很熟悉,可是现在他们都已经出发了。(峻青《黎明的河边》)

7. 让步关系:

(1)古今共同的连词有:零形式。

(2)不同的连词：

①古代汉语有：即、虽、纵、自、惟、只使、纵令等。如：

纵我不往,子宁不来？(春秋·无名氏《诗经·郑风·子衿》)

②现代汉语有：即便、尽管、就是、即使、纵使等。如：

你这个人什么都好,就是嘴硬。(杨朔《三千里江山》)

8. 条件关系：

(1)古今共同的连词有：非、不论、不管等。

(2)不同的连词：

①古代汉语有：无、微、舍、除、无论、不拘等。如：

天下无贤与不肖,知与不知,皆慕其名。(汉·司马迁《史记·游侠列传》)

②现代汉语有：只要、只有、除非、任凭等。如：

只要放在枕边,便可高枕而卧。(鲁迅《从百草园到三味书屋》)

9. 假设关系：

(1)古今共同的连词有：若、如等。

(2)不同的连词：

①古代汉语有：而、苟、今、令、即、向、设、傥、为、假令、当使、自非、藉使、藉第令等。如：

傥急难有用,敢效微躯。(唐·李白《与韩荆州书》)

②现代汉语有：如果、假使、假如、要是等。如：

如果他没有群众的支持,那他就什么都做不成。(峻青《黎明的河边》)

10. 因果关系：

(1)古今共同的连词有：故等。

(2)不同的连词

①古代汉语有：盖、为、由、以、是故、是以、以故、由是等。如：

以晏子短,楚人为小门于大门之侧而延晏子。(春秋·晏婴《晏子春秋·内篇杂下》)

②现代汉语有：由于、所以、因为、因而、因此等。如：

因为他姓孔,别人便……替他取下一个绰号,叫作孔乙己。(鲁迅《孔乙己》)

(二)语法上的异同

1. 古代汉语连词跨系统的现象较现代汉语为重。如"且"在古代汉语可用在并列、选择、递进等几个系统；"而"在古代汉语可用在并列、偏正、假设、转折、承接、递进等几个系统；"以"在古代汉语可用在承接、并列、偏正、因果等几个系统；"则"在古代汉语可用在承接、转折、假设等几个系统；"如"在古代汉语可用在假设、转折、选择等几个系统；"若"在古代汉语用在假设、承接、转折、选择等几个系统；"抑"在古代汉语用在选择、转折等几个系统；"乃"在古代汉语用在承接、转折等几个系统；"即"在古代汉语可用在让步、假设等几个系统。而"如"、"若"在现代汉语一般只表示分句间的假设关系,"则"在现代汉语一般只表示分句间的承接关系。

2. 古今汉语的连词从整体上看具有共同的语法特点：都不能单独充当句子成分,只用来连接词、词组或句子,表示各种语法关系。古代汉语的连词从语法特点上很难分辨出差异。

十、古今助词的异同

古今汉语助词的异同,可从助词的体系和助词的结合方法两个方面加以考查。

(一)古今助词体系的异同

(1)古代汉语的助词体系没有时态助词。而现代汉语有"了、着、过、起来、下去"等。

(2)古代汉语虽然有类似现代汉语的结构助词"之",但"之"的语法作用不只是简单地起表明结构关系的作用。而现代汉语有结构助词"的、地、得"。

(3)在古代汉语里有只表示凑足音节的语音助词,如爰、聿、载、曰、式、云、于、之、言等,这是现代汉语助词体系所没有的。

(二)古今助词结合方法的异同

在现代汉语里,结构助词有"的、得、地"。在古代汉语里,结构助词的问题虽然语法学界尚有一些争议,各家看法不尽一致。有人认为"者"、"所"、"是"、"之"都是结构助词,从语法结构上看,"者"、"所"、"是"都有表明结构关系的作用,但从语法意义上看"者"、"所"、"是"所构成的结构。"者"和"所"有明显的指代人或事物的意义。"是"多少还带有代词的性质。只有"之"字可看作结构助词。

(三)古今助词比较

1. 结构助词。古代结构助词是"之"、"底"、"的"等,现代汉语结构助词是"的"、"地"、"得"。"之"、"底"在现代已稍大用,"的"在古代汉语中已有使用,在现代汉语中被大量使用,有时也可替代"地"、"得"。如:

以子之矛,陷子之盾,何如?(战国·韩非《韩非子·难一》)

小谨者不大立,訾食者不肥体。(春秋·管仲《管子·形势》)

只想我日常的好处,休记我闲时的歹处。(明·施耐庵《水浒全传》第十七回)

终于"收蚕"的日子到了。(茅盾《春蚕》)

世间的人群结合,永没有像你们这样的彻底地真实而纯洁。(丰子恺《给我的孩子们》)

一位先生听得厌烦。(叶圣陶《多收了三五斗》)

2. 语气助词。古代助词有"也"、"乎"、"邪"、"哉"、"吗"、"矣乎"等。现代汉语语气助词有"吗"、"啊"、"呢"、"吧"、"罢了"等。如:

夫大国,难测也。(春秋·左丘明《左传·庄公十年》)

人生受命于天乎,将受命于户邪?(汉·司马迁《史记·孟尝君列传》)

我现在怎么办呢?(曲波《林海雪原》)

老彭那里,现在的工作基础更好了吧?(罗广斌、杨益言《红岩》)

3. 时态助词。古代汉语没有成套的时态助词,现代汉语有"着、了、过"等成套的时态助词。如:

小乔初嫁了,雄姿英发。(宋·苏轼《念奴娇》)

狼,速去! 不然将杖杀汝!(明·马中锡《中山狼传》)

我说了半天,你还没有听懂么?(丁西林《压迫》)

中年妇人两眼朦胧地颓唐地闭着。(柔石《为奴隶的母亲》)

总之,现代汉语不仅基本上继承了古代汉语的结构助词,而且还有了新的结构助词,如

"得"、"地"。古今汉语分别具有自己的语气助词和比况助词,古汉语中的语气助词、比况助词没有被现代汉语发展继承,到现代近于消失。现代汉语产生了新的语气助词、比况助词。现代汉语所具有的一套时态助词,古代汉语却没有。详细情况可参看各个时期助词演变发展情况和特点等。

十一、古今语气词的异同

(一)古今语气词的系统

1. 古今共同的语气词。古今共同的语气词有"而已"等。但古今没有相同的停顿、质疑、反问、测度、祈使、感叹等语气词。

2. 古今不同的语气词:

(1)陈述语气:

①古代汉语有:尔、已、耳、矣、焉、也等。如:

天下民天厚也,君于民天厚也。(汉·邓析《邓析子·无厚》)

②现代汉语有:啊、的、了、喽、呢、嘛、啦、罢了、也罢、也好等。如:

我说捉不着嘛。(曲波《林海雪原》)

(2)停顿语气:

①古代汉语有:矣、兮、邪、焉、也、者等。如:

祸兮福之所倚,福兮祸之所伏。(春秋·老聃《老子·五十八章》)

②现代汉语有:哟、吆、啊、呀等。如:

你这个坦克呀,光知道杀,一点政策观念也没有。(曲波《林海雪原》)

(3)质疑语气:

①古代汉语有:欤、与、邪、乎、也、为、耶等。如:

奚以之九万里而南为?(战国·庄周《庄子·逍遥游》)

②现代汉语有:么、啊、吗、呢等。如:

你看过今天的报吗?(罗广斌、杨益言《红岩》)

(4)反问语气:

①古代汉语有:乎、为、邪、哉等。如:

君长有齐,奚以薛为?(战国·韩非《韩非子·说林下》)

②现代汉语有:吗、呢等。如:

我怎么能那样呢?(张天民《创业》)

(5)测度语气:

①古代汉语有:乎、欤、耶等。如:

今民生长于齐不盗,入楚则盗,得无楚之水土使民善盗耶?(春秋·晏婴《晏子春秋·内篇杂下》)

②现代汉语有:吧等。如:

夫人,你的右腿还是很疼吧?(姚雪垠《李自成》第三卷)

(6)祈使语气:

①古代汉语有:乎、来、矣、也等。如:

君无疑矣！（战国·商鞅《商君书·更法》）

②现代汉语有：啊、吧、啦等。如：

你就让嫂子固执这一次吧！（姚雪垠《李自成》第三卷）

（7）感叹语气：

①古代汉语有：夫、乎、矣、哉等。如：

其霸也，宜哉！（战国·荀况《荀子·仲尼》）

②现代汉语有：啊等。如：

他唱得多么雄壮有力啊！（杨沫《青春之歌》）

（二）语法上的异同

1. 古今语气词语法上的共同点：古今汉语的语气词都不充当句子成分，都不表示句子成分之间的关系，只表示说话的各种语气。

2. 古今语气词语法上的差异：

（1）在现代汉语里，语气词一般只用于句末，表示各种语气。在古代汉语里，语气词从句中所处的位置上看可分为 3 种，即句尾语气词、句首语气词、句中语气词。

（2）在现代汉语里，判断句的句尾极少使用语气词。在古代汉语里，判断句句尾经常用语气词"也"帮助表示判断的语气。

3. 在现代汉语里，句尾语气词一般是不连用的。在古代汉语里句尾语气词可以连用。如：

①泰伯，其可谓至德，也已矣！（春秋·孔丘《论语·泰伯》）

②然则夫子既圣矣乎？（战国·孟轲《孟子·公孙丑下》）

③孙吉翁有一个草案在这里，就提出来好么？（茅盾《子夜》五）

十二、古今语素的异同

（一）共同点

古今构成词的语素类型大致相同，都有自由语素、半自由语素、不自由语素三大基本语素。

（二）差异点

1. 古代汉语半自由语素很少见，主要是自由语素，而现代汉语不仅有相当数量的自由语素，还有相当数量的半自由语素。

2. 虽然古今汉语不自由语素都比较少见，但现代汉语与古代汉语相比，不自由语素还算是较丰富的。

十三、古今构词的异同

（一）共同点

古今汉语都有音变构词、合成构词两大类型。都有合成构词的复合、附加、重叠、简缩等几种形式。

（二）差异点

1. 音变构词是古汉语构词的主要方式之一，现代汉语虽然也存在这一构词方式，但却是古汉语这一构词方式的残留，比古汉语要少得多。

2. 合成构词虽然古今汉语基本相同,但仍有如下差异:

(1)古汉语复合构词并列型中的两个并列语素不只限于实语素,还可以是两个虚语素或两个副词语素。

(2)古今偏正型构词也有差异:有一类定中式的偏正型名词构词,其修饰语古汉语要处于中心语素之后,现代汉语则处于中心语素之前。且状中式偏正型构成词的数量或使用频率现代汉语比古代汉语丰富或常见。

(3)中外型和主谓型在使用频率上,现代汉语要比古代汉语高得多。

(4)由两个不同语素的音义合在一个词形中,如"盍"(由何、不合成)、"旃"(由之、焉合成)、"诸"(由之、于或之、乎合成)这一合成构词方式在现代汉语较为少见,却是古代汉语特殊的合成构词方式。

(5)在附加式构词方式中,古今汉语均有较多的不自由语素附在前后,而现代汉语中还常见不自由语素介于中间的,如糊里糊涂、黑不溜秋等。

(6)古代汉语没有现代汉语合成构词那样的综合式。

(7)现代汉语合成构词比古代汉语总数上要大得多。

十四、词类方面的差异

(一)词的活用现象不同

古今汉语中的词根据词汇意义和语法功能都分为两大类——实词和虚词。古今实词都有活用的现象,但存在差异。现代汉语中一个词被临时借用为其他词,是少数现象。如"大家都说你很牛气,你就真牛了"。句中"牛"是名词,临时被借用为形容词、动词。而古汉语中词的活用范围比较宽泛,包括:

1. 名词、形容词活用为一般动词、使动动词、意动动词,如:

"左并辔,右援枹而鼓"中"鼓"是名词用作动词。

"孟尝君客我"中"客"是名词的意动用法。

"甘其食,美其服,安其居,乐其俗"中"甘"、"美"、"安"、"乐"等都是形容词的意动用法。

2. 动词有使动、为动用法,如:

"庄公寤生,惊姜氏,故名寤生,遂恶之"中"惊"是动词的使动用法,表示"使……惊恐"。

"邴夏御齐侯,逢丑父为右"中"御"是动词的为动用法,"御齐侯"就是"给齐侯驾车"。

3. 形容词可活用为名词,如:

"为肥甘不足于口与?轻暖不足于体与?"中"肥甘"、"轻暖"都是形容词活用为名词,意思是"肥美香甜的食物"和"轻柔暖和的衣服"。

4. 数词可活用为动词,如:

"夫金鼓旌旗者,所以一人之耳目也"中"一"是数词活用为动词,是"统一"的意思。

"人一能之,己百之;人十能之,己千之"中"百"、"千"活用为动词,就是"一百遍地去做它"、"一千遍地去做它"。

(二)一些双音节语言单位的构成不同

有些语言单位在古代汉语中是由词与词构成的短语,在现代汉语中却是语素与语素构成的词语。如"可以"在现代汉语里是表示可能的动词,如"我可以上去了吗?"在古代汉语里常常是由"可"和"以"两个词语构成的一个短语,"可"表示"可以"的意思,"以"是介词,有"凭借""用"等意义。如"忠之属也,可以一战。战则请从","虽然"在现代汉语里是一个词,是用来连接句子的连词。如"老哥哥虽然不在人间了,但他永远活在我心中"。在古代汉语里是由"虽"和"然"两个词语构成的短语,表示"虽然这样"或"即使如此"等意义。如"王曰:'善哉! 虽然,公输盘为我云梯,必取宋。'"(战国·墨翟《墨子·公输》)

第二节　古今句法的异同

一、句子的特点和分类

古今汉语的句子具有相同的语法特点,都是由词或词组按照一定规则构成的语法单位,表达一个相对完整的意思,具有一定的语调。古今汉语的句子都可以从不同的角度,用不同的标准进行分类:

(一)根据句子表达的语气分类

根据句子所表达的语气,古今汉语的句子都可分为:陈述句、疑问句、感叹句、祈使句。

(二)根据句子结构的繁简分类

根据句子结构的繁简给句子分类,古今汉语的句子都可分为单句和复句两大类。

(三)根据谓语的性质分类

古今汉语的句子都可根据谓语的性质进行分类。根据谓语的性质给句子分类有两种不同分类形式:一种是着眼于谓语的组织形式,即按充当谓语的词类划分,分为名词谓语句、形容词谓语句和动词谓语句3类。另一种是偏重于谓语所表示的语法意义,把句子分为判断句、描写句、叙述句3类。根据谓语的性质的两种形式划分出来的句子类别,基本上是对应的,一般说来名词谓语句也就是判断句,形容词谓语句也就是描写句,动词谓语句也就是叙述句。

二、古今判断句式的异同

古今汉语的判断句从语法形式和语法意义上都有一定的联系,有共同之处,也有不同的地方。

(一)古今判断句式的共同点

(1)古今汉语的判断句式都有肯定判断句式和否定判断的句式。

(2)古今表示否定判断的句式,都是用否定副词表示否定。

古今汉语的判断句式,虽然有相同之点。但也存在较大的差别。

(二)肯定判断句式的差异

在现代汉语里,表示肯定判断句式一般要在主语和谓语之间用判断词"是",构成"主语＋是＋宾语"的格式。不用判断词"是"字的判断句式,谓语仅限于表示时令、籍贯等。

在古代汉语里,表示肯定判断的句式与现代汉语相比,差别较大,判断句式的主语和谓语之间一般不用判断词"是"。其表示形式灵活多样,概括起来有下列几种格式:

1."主语＋谓语＋也"式。如:董狐,古之良吏也。(春秋·左丘明《左传·宣公二年》)

2."主语＋者＋谓语＋也"式。如:夫令名者,德之舆也。(春秋·左丘明《左传·襄公二十四年》)

3."主语＋者＋谓语"式。如:陈轸者,游说之士。(汉·司马迁《史记·张仪列传》)

4."主语＋谓语"式。如:兵,凶器。(汉·班固《汉书·晁错论》)

5."主语＋副词＋谓语＋也"也。如:汝为吏,以官物见饷,非唯不益,乃增吾忧也。(南朝·宋·刘义庆《世说新语·贤媛》)

(三)否定判断句式的差异

在现代汉语里,表示否定判断的句式是在判断词"是"的前边加上否定副词"不"构成"主语＋不＋是(谓语)＋宾语"的格式。在古代汉语里,表示否定判断的句式是在主语和谓语之间用否定副词"非",构成"主语＋非＋谓语"的格式。现代汉语的"不"和古代汉语的"非"虽然都是否定副词,但它们在判断句式中所表示的语法作用不同。在现代汉语的否定判断句式中"不"是修饰判断动词"是"的,而古代汉语否定判断句式中的"非"所否定的是整个谓语部分。

(四)古今判断句式中的"是"字的用法差异

在现代汉语的判断句式中,一般都有"是"字,这个"是"字是表判断的动词,或叫联系动词,它在句中的作用是直接表示判断。在古代汉语里,特别是先秦汉语里,表示判断的句式中也经常出现"是"字。其实这些"是"字并不是判断词,而是指示代词,相当于"此"。魏晋以后的古代文献中,凡口语成分较多的作品,判断句式中系词"是"出现的频率较高,而仿古的文言作品仍然很少用系词"是",这种状况一直持续到"五四"时代。

三、古今被动句式的异同

(一)古今被动句式的共同点

1. 古今汉语都有语义上表示被动的句子。

2. 古今汉语都有用表示被动关系的词语作为标志的被动句式。

(二)古今被动句式的差异

在现代汉语里,被动句式,一般用一个"被"字来表示。在古代汉语里,被动句式中表示被动关系的词语,形式多样。大致可概括为下列几种:

1. 用介词"于"引进行为主动者。如:郤克伤于矢。(春秋·左丘明《左传·成公二年》)

2. 用介词"为"引进行为主动者。如:此二子者,世谓忠臣也,卒然为天下笑。(战国·庄周《庄子·盗跖》)

3. 用助动词"见"帮助表示被动。如:举世皆浊我独清,众人皆醉我独醒,是以见放。(春秋·屈原《楚辞·渔父》)

4."见……于……"式。如:有间,晏子见疑于齐君。(战国·吕不韦《吕氏春秋·士节》)

5."……为……所……"式。如:和峤为武帝,所亲重。(南朝·宋·刘义庆《世说新语·方正》)

6."被"字式。这种被动句式出现于战国末期,汉代已普遍使用。到了东汉末,开始出现用"被"引进行为主动者的新的"被"字式。魏晋以后用"被"字引进行为主动者的被动式越来越多,在口语里逐渐代替了其他几种被动式。如:

①国一日被攻,虽欲事秦,不可罪也。（汉·刘向整编《战国策·齐策》）

②孔融被收,中外惶怖。（南朝·宋·刘义庆《世说新语·言语》）

③我一时被那厮封住了手,施展不得。（明·施耐庵《水浒传》第四十四回）

四、古今疑问句式的异同

（一）古今疑问句式的共同特点

1. 古今汉语的疑问句都可根据疑问的程度,表达的方式、目的分为询问句式和反问句式两种。

2. 古今汉语的疑问句式一般都有疑问词（有时候用疑问代词,有时候用疑问语气词）表示或加强疑问语气。

（二）古今疑问句式的差异

1. 词序的差异。在现代汉语的疑问句式里,疑问代词作动词的宾语,总是放在动词的后边。在古代汉语的疑问句式里,疑问代词作动词的宾语,必须置于动词前。古汉语的疑问代词作宾语,如果动词前边有助动词,那么疑问代词宾语要置于助动词前。在现代汉语疑问句式里,如果疑问代词和介词组成介词词组,疑问代词总是放在介词的后边。在古代汉语的疑问句式里,疑问代词和介词组合,总是放在介词前边。如：

①管仲敬诺,曰："公谁欲相?"（战国·吕不韦《吕氏春秋·贵公》）

②再猜猜,还有谁?（茅盾《子夜》六）

2. 使用表疑问的词语的差异。在现代汉语的疑问句式里,一般用疑问代词或疑问语气词来表示或加重疑问语气。在古代汉语的疑问句式里,除了用疑问代词或疑问语气词来表示或加重疑问语气外,还经常用一些固定结构,"如何（若何,奈何）"、"何如"、"如之何、若之何"、"如……何（若……何,奈……何）"、"孰……与"、"孰……与"、"孰与"、"何……为"、"何以……为"等表示疑问。如：

民不畏死,奈何以死惧之?（春秋·老聃《老子》第七十四章）

在现代汉语里,反问的句式一般用副词"难道"与语气词"吗（么）"搭配,构成"难道……吗（么）的"的格式。在古代汉语里,反问句式常用副词"岂"、"宁"、"巨"（讵）与疑问语气词"乎"搭配,或同表反问的语气词"哉"搭配,构成"岂……乎（哉）"、"宁……乎"、"巨（讵）……乎"等格式。如：

①赵岂敢留璧而得罪于大王乎?（汉·司马迁《史记·廉颇蔺相如列传》）

②中国人爱和平,而且敢于为和平而流血,难道这不是件该骄傲的事么?（老舍《四世同堂》四十一）

在古代汉语里,表示反问的句式除上述格式外,还用一些固定格式如"何……为"、"何以……为"、"何……之有"、"不亦……乎"等。如：

①学而时习之,不亦说乎?（春秋·孔丘《论语·学而》）

②宋,何罪之有?（战国·墨翟《墨子·公输》）

③然则,又何以兵为?（战国·荀况《荀子·议兵》）

④何恐朱儒为?（汉·班固《汉书·东方塑传》）

五、古今否定句式的异同

(一)古今否定句式的共同特点

1. 古今汉语的否定句式都必须有否定词。

2. 古今汉语的否定句式中的否定词,既可以是否定副词,也可以是表示否定意思的动词。

(二)古今否定句式的差异

1. 词序的差异。在现代汉语的否定句式里,代词作动词的宾语,总是放在动词的后边。在古代汉语里,由"不"、"毋"、"未"、"莫"等否定词构成的否定句式。宾语如果是代词,一般要放在动词前。否定句式中的代词宾语前置,是上古汉语正常的词序,其中"莫"字句、"未"字句,代词宾语前置最为严格,很少有例外,"不"字句的代词宾语从先秦开始出现了后置的现象。但后代的仿古作品都喜欢沿用先秦否定句式的宾语前置句式。如:

①莫我知也乎?(春秋·孔丘《论语·宪问》)

②彼不我恩也。(宋·柳宗元《童区寄传》)

2. 否定词的差异。在现代汉语的否定句式里,否定词一般由否定副词或表示否定意义的动词充任。在古代汉语里,充当否定式的否定词,除了否定副词和表否定意思的动词外,还可以是无定代词"莫"。

六、省略句式的异同

古今汉语语法中都存在省略句子成分的现象,都可以省略主语、谓语、宾语。不同的是:

(一)古代汉语中的主语省略以第三人称的省略为多

如"郉夏曰:'射其御者,〔 〕君子也。'""寋叔之子与师,〔 〕哭而送之。"如果在现代汉语里,这两句中的第二个主语就要用第三人称代词替代,而由于古代没有真正意义上的第三人称代词,这里若名词复说,文章会显得啰唆,所以干脆省去不提。

(二)谓语蒙后省在古代汉语中常见,而在现代汉语中则少见

如"杨子之邻人亡羊,既率其党〔 〕,又请杨子之竖追之。""子曰:'躬自厚〔 〕而薄责于人,则远怨矣。'"

(三)古代汉语中常常省略介词宾语的现象,在现代汉语中很少见

如"毋从〔 〕俱死也"中"从"的前面承前省略了宾语"沛公"。"公输盘为楚造云梯之械,成,将以〔 〕攻宋"中"将以"的后面承前省略了宾语"云梯之械"。现代汉语中的介词,除"被"可省略宾语之外,其他介词的后面都必须带上宾语,构成介宾短语,来修饰或补充动词、形容词,作句子的状语、补语。

(四)古代汉语有省略介词"于"、"以"的现象

如"又荆州之民附操者,逼兵势耳,非心服也"中动词"逼"与行为的发出者"兵势"之间省略了介词"于"。

七、古今语序的异同

语序是词语在构成较大一级语言单位时的排列顺序。由句法上分析,语序也指语言构

成成分的排列顺序。

(一)古今汉语语序的一致性

1. 古今汉语基本语序的一致性。古今汉语基本语序是一致的,古今汉语语言语法成分的构成大致有主语、谓语、述语、宾语、定语、状语、补语和中心语。这八大语法成分的排列次序古今基本一致;主语在前,谓语在主语之后;谓语在前,宾语在谓语之后;定语和状语在前,中心语在定语和状语之后;中心语在前,补语在中心语之后。

2. 古今汉语特殊语序的一致性。古今汉语特殊语序主要表现为主谓倒置、动宾倒置。古今汉语都可以主谓倒置、动宾倒置。如:

久矣,夷狄之为患也!(汉·司马迁《史记·匈奴列传》)

肉食者鄙,未能远谋。(春秋·左丘明《左传·庄公十年》)

(二)语序方面的差异

古今汉语的语序大致是相同的,但古代汉语中还有一些特殊的语序,是现代汉语中很少见的。这样的语序主要有以下几种:

1. 宾语前置。宾语前置是指把宾语移在了动词或介词的前头,以达到突出、强调的目的。如

"吾谁欺？欺天乎?"(《论语·子罕》)中动词"欺"的宾语"谁"前置。

莫余毒也已!(春秋·左丘明《左传·僖公二十八年》)中动词"毒"的宾语"余"前置。

2. 定语后置。定语后置就是把定语移到中心语的后面。如"带长铗之陆离兮,冠切云之崔嵬。"(战国·屈原《楚辞·九章·涉江》)中定语"陆离"、"崔嵬"后置。

3. 介宾短语后置。介宾短语后置就是把修饰动词、形容词的介词结构移到了动词、形容词的后面。如

"招以东居故地"中介词短语"以东居故地"后置。

4. 物量后置。把表示物量的数词或数量词放在名词之后。如"皆赐玉五珏,马三匹"(春秋·左丘明《左传·庄公十八年》)中的"五珏"、"三匹"等数量词。

八、古今复句的异同

(一)古今复句的一致性

从语义上讲,古今汉语复句类型大体相当,又略有差异。古今汉语都有并列、承接、递进、选择、解说、转折、因果、让步、目的、假设、条件等复句类型。

(二)古今复句的差异

1. 复句类型:古汉语还有按断复句一类,而现代汉语似乎没有。而且,古今汉语复句的下位类型也会有些差别。

2. 复句标记体:古今汉语复句的标记体也不一样。如古汉语并列复句的标记体有"亦"、"又"、"及"、"并"等,而现代汉语并列复句的标记体有"也"、"又"、"同样"、"同时"等。

总之,古代汉语语法与现代汉语语法存在着多方面的差异,只有掌握各自的规律,善于通过比较,明确它们的不同,才能很好地理解古文,准确地翻译古文。

第七章　汉语语法发展的特点和趋势

第一节　汉语语法发展的特点

一、稳定性

任何语法都有它的继承性,汉语也是这样。现代汉语及其语法构造,是古代汉语的继承和发展。这是因为语言有极大的稳固性,而语言的稳固性,是由它的特点本质决定的,即由它的语法构造和基本词汇的稳固性决定的。语言的语法构造,是千百年来逐渐形成的,跟语言中其他要素相比,根深蒂固,具有更大的稳固性。

语言是不断发展变化的,这是由它的本质——社会最重要的交际工具所决定的。语言三要素中,一般来说,词汇发展最快,语音次之,语法最慢,汉语也是如此。在古代汉语向近现代汉语发展的两千多年中,词汇有了很大变化,语音更是面目全非(由于汉字不表音的特点),而变化最少、继承性最明显的自属语法了。

汉语语法的稳定性主要表现在 3 个方面:

(一)语序变动不大,主语在谓语前面,修饰语在被修饰语前面,动词在宾语前面

汝不知稼穑之艰难,不闻小人之劳,唯耽乐之从。(春秋・孔丘整理《尚书・无逸》)

凤姐和李婶娘又吃了两杯酒。(清・曹雪芹《红楼梦》第五十四回)

绮云用力踢开了厨房的木门。(苏童《米》)

主谓宾、修饰语的位置几乎没什么变化。

(二)虚词有相当大的稳定性

"之"、"于"、"与"、"以"、"而"、"则"、"虽"、"若"、"如"等词直到今天还在书面语言中应用着,有些在口语里还没有替身,如"几分之几"的"之","为×而×"的"而"等。汉语不是屈折语,没有形态变化,句子的组织主要依靠语序和虚词。如上所述,这两方面比较稳定,变化甚微,也就说明汉语语法是比较稳定的。

(三)各地方言的语法很相似

各地方言的语法有很大的相似。各地方言的语音、词汇方面的差异较大,但语法上却很相似。个别方言之间有差别,也是细微的差别。如北京人说"猫比狗小",广州人说"猫细过狗";北京人说"我给他十块钱",广州人说"我俾十个银钱佢"。

汉语不是屈折语,没有形态变化,句子的组织主要依靠语序和虚词,语序和虚词没有太大的变化,这足以说明汉语语法的变化细微,稳定性较强。当然,所谓稳定性不等于不变。语言属于社会现象,语言的语法规律不能不受着世界一切都在变化、发展这一总规律的制约。汉语语法正因为它逐渐发展,逐渐改善自己的规则,加强自己的表现力,才能达到现在这样丰富、完善和发达的地步。

二、变易性

语言有它的稳固性,但语言又是发展变化的。语言的稳固性,并不排斥它的变易性。语言的发展变化,是经过新质的要素的逐渐积累,也就是经过旧质要素的逐渐衰亡来实现的。汉语语法在发展中既有其稳固性,又有其变易性。稳固性是基本的,但也要注意它的变易性,注意其变化的趋势,这样方能掌握汉语语法的演变规律,从而更好地理解古代汉语和现代汉语。

(一)上古时期

上古时期(殷商至两汉),书面语言正走向发展的过程中,它的语法构造、表达形式,一般说来,较具灵活性;但从另一方面,又发现它的某些词类和句式都有它的特殊性存在。首先,词类还没有互相区别开来的语法标志。名词、动词、形容词,往往"一身而三任焉"。上古汉语里,语序重于词性,词性有较大的灵活性。在上古中期的春秋战国时代,汉语的形容词和副词有一部分已经具有明显的构词特征。上古词类的另一特点是:语气词在前期——殷商时代比较少见,而西周以后才逐渐出现,甚至有在一句之中连用两三个语气词的。句法方面最突出的特点是:语序成为上古语法的重要手段。如在上古前期凡是代词作宾语的,即使非否定句,宾语也必倒在动词前。判断句基本上不用系词,这是先秦语法的又一特点,但同时已经使用"乃"、"为"来联系名词句的主语和表语。上古语法的另一特点是:句子的主动与被动,最初基本上没有区别。但是在西周金文里,新兴的被动式也开始产生。句子的主动与被动已由没有区别到有区别了,这主要是依靠介词"于"、"为"和词头"见"的继续虚化的作用。

(二)中古时期

中古时期(魏晋至隋唐五代),是封建社会达到相当发展,文学语言日益丰富的时代。在这期间,汉语的语法构造比上古有较大的发展,最突出的就是一部分词已具有自己的语法特征。名词过去没有什么标志。从东汉起,开始出现作为人名和亲属名词的词头"阿"和另一名词词头"老"。由实词虚化为名词词尾的"子"、"头"、"儿"也是在这个时期产生的。尽管如此,这些词头词尾并不是普遍适用于一切名词的。哪些词适用哪个词头或词尾,要取决于语言的习惯。大多数名词只是靠意义和功能而不依靠词头或词尾来显示它们的词性。动词、形容词和其他词类也是这样。这一点和印欧系语言有着明显的不同。动词在先秦也没有任何语法特征,但是到了魏晋南北朝,开始有动词词尾"着"、"了"的出现。最初,它们的实词性还是很强,到了中古后期的唐代就完全虚化了。它们分别表示动作的进行体和完成体。副词词尾"地"起源于南北朝,而逐步盛行于隋唐以后,形容词词尾"底"(的)则在唐代《禅师语录》里已经常常使用。所有这些表明,汉语的词类在东汉过渡时期至中古以后,已经渐渐有了自己的语法特征;加上词的意义和词的功能的稳固化,于是上古那种词类不分的状态,至此已经发生了很大的变化。汉语词类特征的产生,主要来源于实词虚化,其次是方言的吸收,再就是古语词的转化。此外,以声调来区别词性,也是中古时期词类分化的又一标志。中古时期由于翻译佛经,还从梵文里传来了一些新的句法。

（三）近代时期

近代时期（宋元明清至民初），是汉语文学语言日益走向完备成熟的时代。汉语的语法构造和表达形式都比前一时期有更多更大的发展。在这期间，动词词尾"着"、"了"，形容词词尾"的"，副词词尾"地"，都已经普遍使用，日趋规范统一。由古汉语发展而来的句末语气词"么"、"吗"、"呢"、"哩"、"呀"，在近代书面语言里已广泛出现，它们通过典范的文学作品，推广到全民语言中去，使汉语的书面形式越来越规范。

（四）现代

到现代（"五四"以后），汉语词法、句法都已经发展到相当丰富、优美的程度。其语法特点主要表现在 3 方面。

1. 新兴词尾的产生。"五四"以后，由于西洋语言的影响，现代汉语有了一些新兴的名词词尾。如"品"、"性"、"度"等。"品"字当物品，是鸦片战争以后的事。"性"和英语词尾-ty,-ce,-ness 大致相当，这是受了日本译文的影响，"度"大致相当于英语词尾-th,这也是受了日本译文的影响。

2. 词尾"的"、"地"的结构日趋复杂化。

3. 动宾式的动化，在它后面能带上宾语了。

王力在《汉语语法史》中认为汉语语法发展的具体表现有：

（1）"汉语双音词的发展，是汉语语法发展的一大特点。"

（2）"汉语动词的情貌的产生，是汉语语法的一大发展。"

（3）"汉语处置式的产生，也是汉语语法的一大发展。"

（4）"补语的发展，也是汉语语法的一大发展。"

（5）"量词的发展，名词、代词的词尾的产生，也都表现了汉语语法的严密化。"

第二节 汉语语法发展的趋势

汉语语法是有稳固性的，当然我们不能因此而得出汉语语法并无发展的结论,这种稳定性是相对于词汇、语音的发展而言的，它体现于渐变性中，只要我们留心对比古今汉语就会发现，在构词法和句式等方面有很多差异，突出地表现在双音词的发展，动词情貌的产生，处置式、使成式的产生和发展等方面。但语法演变的因素并不限于语法体系内部的相互影响、语音的变化、词汇系统的变化、语用的需要以及语言接触等等，都可以成为语法演变的动因。纵观这些差异以及它们对汉语发展所起到的作用，我们会明白汉语语法的发展是朝着严密、精确、完善的方向发展的。

汉语不像印欧语言那样富于形态变化，但汉语有丰富的虚词、严格的语序和多样的句法结构。这些构成了汉语语法的基本特征，也构成了汉语语法发展的基本趋势特征。

一、虚词的发展

虚词是汉语最重要、最活跃的语法手段。汉语虚词的发展有以下几个方面的特点：

(一)实词虚化

实词虚化是汉语虚词产生的主要方式和来源。汉语里副词、介词、连词、助词大都是从实词虚化来的。

上古汉语虚词很少,即使在实词中名词、动词、形容词所占的比例也非常大,这种状况是由当时人们的思维能力决定的。随着对世界认识的加深,思维能力的提高,句子也变得复杂起来,从而出现了大量虚词。但虚词并非凭空生造出来的,而是由实词逐渐演变虚化来的。当然这里的虚化不单指实词变为虚词,当一个词呈现出由实(不指实词)到虚(不指虚词)的发展态势,我们便称之为虚化,可见它是指词义、功能的相对虚化,如动词—助动词;名词—动词—介词;形容词—副词—连词等都可称作虚化。语序和虚词是汉语里极为重要的语法手段,古汉语中普遍存在的虚化现象必然产生大量虚词无疑丰富了这一手段。动词情貌产生,其实也是动词虚化为词尾的过程。"了"有"终了、了结"的意思。如:

人远则难绥,事总则难了。(东汉·仲长统《损益》)

为客无时了,悲秋向夕终。(唐·杜甫《大历二年九月三十日》)

到了唐人诗句中,"了"字已不作谓语,仅仅表示行为的完成,具有补语的性质。如:

二三豪俊为时出,整顿乾坤济时了。(唐·杜甫《洗兵马》)

何日桑田俱变了,不教伊水向东流!(唐·李商隐《寄远》)

虽然这种"了"含有"完毕、终了"的意义,但还不算真正表示时点的形尾,后者出现于南唐,它紧贴动词而且放在宾语的前面。如:

林花谢了春红,太匆匆。(五代·南唐·李煜《相见欢》)

花影低徊帘幕卷,惯了双来燕燕。(宋·毛滂《惜分飞》)

从这个漫长的演变过程,我们可以看出:词尾"了"无疑是由动词"了"演变虚化而来的。同理,表示时间的"着"也是由动词"着"虚化而来的。其他如因(茵)名词—动词(因依因就)—介词(用于句首表原因)—连词(表示因为);以(动词)—介词;"与"由动词虚化为介词和连词。此外还有词组的虚化,如"所以"、"虽然"等都已由以前的短语发展为连词了。

词语虚化还促进了句式的发展。如"被"字句的产生和发展便与词语虚化紧密相连。"被"原义为名词"被子",后引申出"蒙受、盖着"(动词),接着发展为助动词,最后变成介词。"被",词义虚化的过程也就是被字句不断发展并逐渐排挤其他被动式的过程,可见虚化不仅仅是词汇问题,还牵涉到了句式、句子表达。

实词虚化是指某一个实词的词汇意义发生变化,变化到一定程度,又引起这个词的功能发生变化,变化到只在语句中起某种语法作用而失去了它原来的词汇意义。实词虚化是汉语史中的重要现象。从实词方面来看,动词虚化的情况最多可以虚化为介词,如"以、为、从、因、由、及、有、将"等;可以虚化为副词,如"毕、并、会、既、渐、顾、几、旋、已、更"等;可以虚化为连词,如"使、令、纵、借"等;还可以虚化为助词,如:"了、着、过、第、如"等。形容词主要虚化为副词。名词可以虚化为副词、助词、代词,代词也可以虚化为副词。在虚词各词类中,副词和介词可以虚化为连词,介词和连词可以虚化为助词。

(二)虚词转化

在虚词发展中,某些略带实义的虚词可以转化为另一类完全没有实义的纯虚词。这种转化也往往和它在句中的位置分不开。

(三)单音虚词复音化

在发展中,虚词也和实词一样存在着复音化的趋势。如"假"、"令"、"如"、"使"等单音虚词连用为复音虚词"假令"、"假如"、"假若"、"假使"。双音虚词的形成,除了单纯词和联合式的合成词以外,也多与实词的虚化有密切关系。如偏正式的"不必"、"非常"、"一旦"都是由偏正词组发展为副词,动宾式的"依旧"、"有间"都是由动宾词组发展成为副词,介宾式的"于是"、"是以"都是由介宾结构发展成为连词,当它们发展成双音虚词以后,原来的单音代词、名词、数词、动词、介词就都作为词素而存在了。实词和虚词各司其职,使汉语语法的发展朝着严密化的方向又前进了一步。

二、句法的发展

几千年汉语句法发展主要表现在以下几个方面的特点。

(一)语序固定化

汉语词类缺乏形态变化,语序成为重要的语法手段之一。主语在谓语前,定语、状语在中心语前,宾语、补语在动词后,这是古今大致一致的语序,但也有一些特殊的词序。以复句为例,因果句、假设句、让步句等,通常是从句在前,主句在后。有时也可以主句在前,从句在后。由于有一定的连词表示分句之间的关系,完全不会引起误解。这种句式在"五四"后很常见,显示了汉语句法的高度成熟。

(二)句法手段多样化

在汉语发展中,随着虚词和虚词结构的发展,句法手段的日益丰富,任何复杂的意思都可以用适当的句法手段来表达,表达同一意思还可以采用不同的句法手段以求不同的修辞效果。如随着"比"的虚化,产生了许多新的比较句。一种新的句法形式产生后,往往又会出现某些引申用法,使句法形式更加丰富。如系词"是"产生后,一方面改变了名词谓语句的面貌,并引申出进行比喻、分析原因、强调语气等新的用法;另一方面"是"在句前、句中、句尾出现,形成了多种多样的系词句式。

(三)句子结构严密化

1. 单句力求结构完整。上古汉语里常常省略句子的某些成分,主语的省略尤为常见。发展到现在,就书面语而言,省略的现象大大减少了,尤其是政论文和科学论文,句子大都能够做到主谓分明,结构完整。这是汉语句法走向严密的一个重要方面。

2. 复句逐渐由意合走向形合。发展到现代,形合法已占绝对优势。意合的复句里,分句的关系缺乏一定的语法标志,凭意义去理解,很容易发生歧义。采用形合法,不同的复句有不同的连词连接,歧义的情形就不容易发生了。因此,从意合法到形合法,也是汉语语法日益严密化的重要表现。

3. 表达方式的多样化。动词情貌的产生使语法规则更加充实,"了"表时点完成貌,"着"表时面进行貌。上古汉语没有类似的词尾时,只能采用迂回曲折的说法或依上下文意会。如:

适子之馆兮,还,予授子之粲兮。(春秋·无名氏《诗经·郑风·缁衣》)

我们只有根据上下文语义才能了解这是已经发生的事。而在译成现代汉语时,我们会自觉不自觉地带上表示完成貌的形尾"了",表述明确严密而又不复杂。另外天然单位词从无到有、从简到繁、从事物单位词到行为单位词都表现了语法渐趋严密的特点。

古代有些关系语很不明确,如《孟子》"故术不可不慎也"就容易被人误会"术"是"慎"的主语,随着语言的逐渐发展,特别是"五四"以后,关系语大大地减少,代之以介词带宾语或类似的结构,或者另换一种说法,使句子组织更加严密,从而避免歧义,加强了语言的明确性。

另外,在语言发展中一些词语的细微分工,也体现了精密化的趋势。如"和"与"同"作为连介词是同义词,但为了语言进一步明确化,两词共用时,一般"和"作连词、"同"作介词。如:

张太太和琴正坐在窗下阶上闲谈。(巴金《家》)

周处老太太打发人来请太太同大少爷过去要。(巴金《春》)

他同国光约好了在医院见面的时间。(巴金《秋》)

各级党委和政府要高度重视高校工作,始终关心和爱护学生⋯⋯同他们交朋友,听取他们的意见和建议。(习近平《青年要自觉践行社会主义核心价值观》)

再有,第三人称代词分化为"他"、"她",也使书面语言表达更加精确明晰了。

(四)句法容量不断扩大

1. 句子成分复杂化。一个句子可以出现多主语、多谓语、多定语、多状语,而主语、谓语、定语、状语本身又可以是各种复杂的短语或句子形式。

2. 多重复句日益丰富。一个复句可以由几个分句组成,分句本身又可以是复句,三层五层,甚至更多的层次,整个句子显得十分复杂。从上古到中古到近代,句子容量扩大,句子结构复杂化的趋向日益显著,到了现代,这类句子普遍发展到了最高的限度。

三、由繁到简的趋势

由繁到简,不仅表现在词法上,也表现在句法上,这种简单化的趋向更加有利于发挥汉语言的交际作用,便于人们记忆和运用。主要表现在几个方面:

(一)繁杂无用的词逐渐归并,趋于简单了

如古代表示死亡意义的词有"崩、薨、卒、不禄、就木、殂落、仙逝、亡"等许多词。尽管有些用于不同的等级,有的用于不同的感情,有的用于不同的语气,但与现代汉语比较起来是繁杂的。随着时代的发展,社会关系的变化,把各种不同说法予以归并是极自然的事。到了现代汉语里,一般只用"死"来表示,虽也有"牺牲、逝世、过去了、去了、走了"等说法,但这些说法有的限于口语,有的出于褒贬,和古代相比少得多了。

(二)凡是没什么意义和作用的助词日渐减少,趋于淘汰

古代汉语中,特别是先秦时代的典籍中,句首、句中、句尾无实际意义和作用的助词多得很。有的虽有为下文作势或起强调语气和舒缓语气的作用,但没有它并不影响意思的表达,因此是可以删除不用的,如"夫、惟、盖、之、其"等。如:

①夫古今异俗,新旧异备。(战国·韩非《韩非子·五蠹》)

②惟始元六年,有诏使丞相御史与所举贤良、文学语。(汉·桓宽《盐铁论·本议》)

(三)古代汉语的句式,有的表现形式简单化了

如被动句式与判断句式。古代汉语中被动形式多种多样,现代汉语中只保留了"忠而被谤"这样一种形式。判断形式多种多样,现在汉语中也只保留了"巨是凡人"这样一种形式。

四、由粗到精的趋势

随着社会的发展,人们在交际实践中,不断丰富与完善了汉语言的表意功能,无论词的性质、词的意义,还是语法组织,都更加固定,更加精密,更加系统,更加科学了,从而更能适应人们交际和思维的需要了。

(一)词性日渐趋于固定

古代汉语中所谓"词类活用"现象,在现代汉语中基本上没有了;有,也只是出于修辞的需要。古汉语中许多词的词性并不固定,其性质随文而定,用法十分随便。人们所谓"词类活用",实际上是对古汉语词类的一种误解。之所以有那样的看法,是因为在他们的心里早存有现代汉语词类划分的概念,某词应属某类,一旦某词在文言中具有另一类词的用法时,就认为某词活用作某词了,这是不符合古汉语实际的。

(二)词汇更加丰富

由于社会的演变,事物的日趋复杂,因而表示事物概念的词必然增多;由于汉语中的词由单音向多音,特别是向双音发展,因而出现单音多义词的各个意义分别由该单音多义词为语素而构成的双音词表示的现象,汉语中同义词的大量出现与此有关系,即是说古汉语的单音多义词的各个义项分别由现代汉语中一组同义词来表示了。如"举"在古代汉语中有"兴办"、"抬起"、"行动"、"推荐"、"中举的人"、"进行"、"全"等意义,这些意义分别用现代汉语双音词"举办"、"举起"、"举动"、"举荐"、"举人"、"举行"、"举国"表示了。这样,表义更为显明,更为精确了。

(三)语法组织日益精密

主要表现在以下各个方面:

1. 古代汉语中,不但文言中代词不分单复,就是唐朝以前的白话文中的代词也难分单复,如禅宗《宗景语录》:"你诸人还曾怎么疑着么?""你"应该是复数"你们"。单复数的分别大概起于元代。

2. 现代汉语中代词表领属时,常加结构助词"的"表示;古代汉语中代词表领属时,就很少用结构助词,直到宋人白话小说中才渐渐使用。注意这里讲的是"很少用",并非说完全不用,《墨子·公输》中"吾知子之所以拒我"的"子"后就加了结构助词"之"表领属。

3. 古代汉语中代词没有性的区别,现代汉语中却有了性的区别:男性用"他",女性用"她",中性用"它"。不过这种区别的出现是很晚的,我们读鲁迅的小说就会发现,他笔下的代词也是不分男性和女性的,如《药》:"'瑜儿,他们都冤枉了你,你还是忘不了,伤心不过,今天特意显点灵,要我知道么?'他四面一看……"这里的"他"是代夏瑜的母亲。

4. 古代汉语中,指示代词近指、远指的区别不十分严格,并且不分单复。有的指示代词,既可指远,相当于现代汉语的"那"、"那些",也可以指近,相当于现代汉语的"这"、"这些"。《荀子·解蔽》中"不以夫一害此一"的"夫"与"此"相对成文,是远指,《礼记·檀弓》中"从母之夫,舅之妻,夫二人相为服"的"夫二人"即"此二人",是近指。究竟指示代词何时远、近指严格分开,尚难确定,至于单复数的区别,大概起于唐代,如禅宗《希贤语录》:"遮些关换子其是容易。""遮些"就是现在"这些"。在现代汉语中,指示代词近指、远指、单数、复数的区别极为严格了,没有或此或彼的用法。

5. 古代汉语中结构助词的用法没有严格的界限,一个"之"字可以是定语的标志,如"宗庙之祀,未当绝也"中的"之",也可以是补语的标志,如"以其求恩之深而无不在也"中的"之"。现代汉语中定语的标志为"的",状语的标志为"地",补语的标志为"得"。

6. 从上古到现代,主—动—宾一直是汉语里占统治地位的语序,但上古汉语中有一些特殊的情况:代词宾语可以放在动词的前面。王力作了这样的推理:代词宾语全部在动词前面(先秦)—否定句的代词宾语放在动词前后均可(汉代)—疑问代词宾语后置逐渐发展起来,否定句中代词宾语后置表现得更为明显(南北朝)—后置纯系仿古,口语中已全部变成"动词+代词宾语"(现代)—书面语、口语均为"动词+代词宾语"。从代词宾语位置的变化,我们可以看出语法有一种类推作用,也可称作内部完善机制,它促使那些不规范的句式句法渐趋完善统一。

7. 像系词的出现,处置式、使成式、兼语式的产生和发展,长句的出现、补语的发展等无不体现了语法渐趋完善精密的发展特点。我们还可以从下面这个很小的现象看出这种趋势:宋元两代被字句的用途比较大,不仅可以单纯地变主动为被动,而且可以以主动式的姿态出现,只求达到一个目的,就是表示不幸或不愉快的事情。但这种脱离正轨的结构形式在后代逐渐被淘汰了,因为语法是趋向规范和完美的。

8. 古代汉语尽管有主动、被动的区别,但除用"见"、"于"、"为"、"被"、"受"、"为所"、"见……于"、"受……于"、"为……所"等表示的以外,许多时候却没有表被动的形式标志,读者只能依据上下文或语序理解其被动意义,和现代汉语比起来,其主动、被动的区分并不十分严格。现代汉语中主动与被动的区分极严格,而且形式单一,便于人们识别理解。

9. 古代汉语中省略现象十分普遍。古人行文时往往任意省略,给阅读带来极大的不便。现代汉语则不同,除主语承上蒙下省略之外,谓语、宾语、介词结构中的介词很少有省略的情况。

10. 古代汉语中所谓句读是很简单的,常常只是一个停顿的标志,有的连标志也没有,因而意思往往模糊不清,甚至不堪卒读。随着新式标点的确定,文言文经过标点之后,语句间的关系和感情色彩就表现得明明白白了,因而大大提高了语言的表达效果。

五、由隐到显的趋势

古代汉语中有些语法现象隐而不明,往往必须从上下文意的推断中得知。到了现代汉语里,那些语法现象就用明确的形式去表示出来了,人们一看便知。

(一)古代汉语中复句之间的关系,常常是用意合法显示,很少用关联词,现代汉语里则不是这样,主要靠关联词语显示复句之间的关系

一看关联词就能了解复句关系。虽有意合法显示关系的,但与古代汉语相比就少得多了。在古代汉语里像"小惠未遍,民弗从也"和"城不入,诚请完璧归赵"这样的不用关联词的因果句和假设句是很多的。

(二)古代汉语中有这样一种现象通过语词的特定组合关系,把较丰富的意思隐括在有限的语词结构之中,以收到言约而意丰的效果

如:"壮其节"可以理解为"认为他的气节是壮烈的","降之"可以理解为"使他投降"。古代汉语隐括在各种语词结构之中的意义,现代汉语中均用明确的形式予以表示了,现分述于后。

1. 使令性隐括形式。凡属使令性隐括形式,都具有请求、命令一类祈使性的语法意义,由动词、形容词或数词充当的谓语是主语对宾语使令的结果,形成"主语使宾语怎样"的格式,译时可用兼语形式表述,其所隐括的意义,现代汉语中用使令性动词构成的兼语式明显地表示出来了。如:"故天将降大任于是人也,必先苦其心志,劳其筋骨,饿其体肤,空乏其身,行拂乱其所为,所以动心忍性,曾益其所不能。"(《孟子·告子下》)

2. 意谓性隐括形式。凡属于意谓性隐括形式,谓语、宾语之间都具有对人或事物加以认定的语法意义,谓语表示认定,宾语表示被认定的人或事物,构成"以……为……"的格式,译时有两种方式:一是用"把……当作……"这样的处置式译写,二是用"认为什么怎样"、"觉得什么怎样"、"感到什么怎样"的形式译写。这两种形式在现代汉语中均明确地固定下来了。如:"今法贱商人,商人已富贵矣;尊农夫,农夫已贫贱矣。"(《论贵粟疏》)

3. 目的性隐括形式。凡属于目的性隐括形式,谓语、宾语之间有行为与目的关系,谓语是行为,宾语是行为的目的,构成"为……而动"、"替……而动"、"对……而动"的格式。译时取状谓的偏正式形式。如:"伯夷死名于首阳之下,盗跖死利于东陵之上。"(《庄子》)

4. 性状性隐括形式。凡属于性状性隐括形式,状语、谓语之间都具有修饰、限制与被修饰、限制的关系,状语从时间、处所、工具、态度、根据、方式、性状等方面对谓语加以限制、修饰,谓语接受其修饰、限制,状语是一个名词,它隐括了一个介宾词组的意义,译时取介宾词组与谓语构成的偏正结构形式,构成"在什么时间、处所动"、"用什么工具、方式动"、"像什么那样动"、"按照、根据、凭借什么而动"的格式。如:"乡民蚁拥蜂攒,布满山麓,有十余万众。"(《三元里抗英》)

表比喻性状,含有"像……似的一样"的意思。

5. 比较性隐括形式。凡属于比较性隐括形式,主语和介词的宾语之间都具有双方对举比较的语法意义,构成"主语比介词的宾语如何"的格式和"什么与什么相比哪个怎么样"的格式。如:"膑至,庞涓恐其贤于己,疾之,则以法刑断其两足而黥之,欲隐勿见。"(《史记》)

6. 指代性隐括形式。凡属指代性隐括形式,通常是由"所"加动词或动词性词组构成,或由"所"加介词"以"再加动词或动词性词组构成,即是语法中所说的"所字结构"。这种结构是一种名词性结构。它或者隐括指代人、事物、行为、事理、处所、时间,或者隐括指代原因、工具、方式、条件、凭借、目的。所字隐括结构在现代汉语中基本上以明确的形式表示了。如:"以天下之所顺,攻亲戚之所畔,故君子有不战,战必胜矣。"(《孟子·公孙丑下》)

以上对汉语语法发展特点的归纳,其实只是为了叙述的方便,有时同一语法现象既体现了这一点,又体现了那一点,是很难截然区分的。比如系词的出现体现了语法的完善化,但说成句法严密化、精确化,甚至指示代词的虚化也未尝不可。动词情貌的产生,既体现了语法精确化、完善化的特点,又是词语虚化的结果。所以机械地去区分严密、完善、精确的发展特点既无必要也是徒劳的。

总之,整个人类的思维内容,思维能力在不断地拓展、提高,这就决定了语言必须义无反顾地向前发展,而发展的方向便是准确、严密、完美地把所要表述的思想、内容表述清楚,这便是语法发展所必然呈现的特点,可以说这适应于一切语言,只不过具体表现不同罢了。

参考书目

白兆麟《〈盐铁论〉句法研究》,商务印书馆,2003 年

蔡英杰《〈孙子兵法〉语法研究》,商务印书馆,2006 年

曹广顺、遇笑容《中古汉语语法史研究》,巴蜀书社,2006 年

查赫拉夫著,王海芬译《中古汉语研究概况》,《国外语言学》1980 年第 6 期

陈昌来《介词与介引功能》,安徽教育出版社,2002 年

陈桂棣、春桃《中国农民调查》,人民文学出版社,2004 年

陈梦泉《殷墟卜辞综述》,中华书局,2004 年

陈群《近代汉语程度副词研究》,巴蜀书社,2006 年

程湘清《汉语史专书复音词研究》,商务印书馆,2003 年

程湘清主编《两汉汉语研究》,山东教育出版社,1992 年

程湘清主编《宋元明汉语研究》,山东教育出版社,1992 年

程湘清主编《隋唐五代汉语研究》,山东教育出版社,1992 年

程湘清主编《魏晋南北朝汉语研究》,山东教育出版社,1992 年

程湘清主编《先秦汉语研究》,山东教育出版社,1992 年

崔山佳《汉语欧化语法现象专题研究》,巴蜀书社,2013 年

崔山佳《近代汉语语法历史考察》,崇文书局,2004 年

崔应贤《现代汉语定语的语序认知研究》,中国社会科学出版社,2002 年

刁晏斌《试论近代汉语语法的特点》,《辽宁师范大学学报》1999 年第 1 期

刁晏斌《现代汉语史》,福建人民出版社,2006 年

董治国《古代汉语句型大全》,天津古籍出版社,1988 年

杜道流《现代汉语感叹句研究》,安徽大学出版社,2005 年

方献初《汉语构词论》,湖北人民出版社,2004 年

方一新、王云路《中古汉语读本》,上海教育出版社,2006 年

方有国《上古汉语语法研究》,巴蜀书社,2002 年

冯春田《〈聊斋俚曲〉语法研究》,河南大学出版社,2003 年

葛佳才《东汉副词系统研究》,岳麓书社,2005 年

郭沫若《甲骨文合集》(13),中华书局,1983 年

郭锐《现代汉语词类研究》,商务印书馆,2002 年

郭锡良《古代汉语语法讲稿》,语文出版社,2007 年

郭锡良《汉语史论集》,商务印书馆,1997 年

郭志良《现代汉语转折词语研究》,北京语言文化大学出版社,1999 年

何乐士《古汉语语法研究论文集》,商务印书馆,2000 年

何乐士《〈史记〉语法特点研究》,商务印书馆,2005 年

何乐士《〈左传〉虚词研究(修订本)》,商务印书馆,2004 年

何亚南《〈三国志〉和裴注句法专题研究》,南京师范大学出版社,2004 年

贺阳《现代汉语欧化语法现象研究》,商务印书馆,2008 年

胡明扬《近代汉语的上限和分期问题》,商务印书馆,1992 年

胡竹安《中古白话及其训诂的研究》,《天津师范大学学报》1983 年第 5 期

黄锦君《二程语录语法研究》,四川大学出版社,2005 年

黄珊《古汉语副词的来源》,《中国语文》1996 年第 3 期

《甲骨文祭祀卜辞语言研究》,巴蜀书社,2007 年

江蓝生《近代汉语探源》,商务印书馆,2007 年

江蓝生《近代汉语研究新论》,商务印书馆,2008 年

江蓝生《试论吕叔湘先生对近代汉语研究的贡献》,《中国语文》1994 年第 1 期

姜岚、康健《〈红楼梦〉中以感叹副词为标志的感叹句》,《长春大学学报》2008 年第 5 期

蒋冀骋《近代汉语词汇研究》,湖南教育出版社,1991 年

蒋绍愚、曹广顺主编《近代汉语语法研究综述》,商务印书馆,2005 年

蒋绍愚《汉语词汇语法史论文集》,商务印书馆,2001 年

蒋绍愚《近代汉语研究概况》,北京大学出版社,1994 年

金昌吉《汉语介词和介词短语》,南开大学出版社,1996 年

老舍《骆驼祥子》,人民文学出版社,1979 年

李镜儿《现代汉语拟声词研究》,学林出版社,2007 年

李仕春《从复音词数据看上古汉语构词法的发展》,《北京工业大学学报》2007 年第 1 期

李仕春《从复音词数据看中古汉语构词法的发展》,《宁夏大学学报》2007 年第 3 期

李如龙《汉语方言的比较研究》,商务印书馆,2001 年

李佐丰《古代汉语语法学》,商务印书馆,2005 年

李佐丰《上古汉语语法研究》,北京广播学院出版社,2003 年

李佐丰《先秦汉语实词》,北京广播学院出版社,2003 年

梁银峰《汉语动补结构的产生与演变》,学林出版社,2006 年

廖序东《楚辞语法研究》,语文出版社,1995 年

刘光明《〈颜氏家训〉语法研究》,合肥工业大学出版社,2006 年

刘坚等《论诱发汉语词汇语法化的若干因素》,《中国语文》1992 年第 3 期

刘坚等著《近代汉语虚词研究》,语文出版社,1992 年

刘坚主编《近代汉语语法资料汇编(唐五代、宋、元明代三卷)》,商务印书馆,1995 年

柳士镇《魏晋南北朝历史语法》,南京大学出版社,1992 年

卢惠惠《古代白话小说句式运用研究》,学林出版社,2007 年

吕叔湘《近代汉语指代词》,学林出版社,1985 年

马贝加《近代汉语介词》,中华书局,2002 年

马建忠《马氏文通》,商务印书馆,1983 年

《毛泽东选集》,人民出版社,1964 年

明·罗贯中《三国演义》,岳麓书社,1986 年

明·施耐庵、罗贯中《水浒全传》,岳麓书社,1988 年

明·吴承恩《西游记》,岳麓书社,2006 年

潘文国、叶步青、韩洋《汉语构词法研究》,华东师范大学出版社,2004 年

潘允中《汉语语法史概要》,中州书画社,1982 年

齐沪扬《语气词与语气系统》,安徽教育出版社,2002 年

齐沪扬、张谊生、陈昌来《现代汉语虚词研究综述》,安徽教育出版社,2002 年

钱谷融主编《中国现代文学作品选读》,华东师范大学出版社,1985 年

钱宗武《今文尚书语法研究》,商务印书馆,2004 年

清·曹雪芹、高鹗《红楼梦》,海南国际新闻出版中心,1993 年

清·阮元《十三经注疏》,中华书局,1980 年

琼瑶《几度夕阳红》,鹭江出版社,1985 年

〔日〕裘燮君《商周虚词研究》,中华书局,2008 年

〔日〕太田辰夫著,蒋绍愚、徐昌华译《中国语历史文法》,北京大学出版社,1987 年

〔日〕志村良治著,江蓝生、白维国译《中国中世语法史研究》,中华书局,1995 年

沈家煊《实词虚化的机制》,《当代语言学》1998 年第 4 期

沈培《殷墟甲骨卜辞语序研究》,文津出版社,1992 年

申小龙《汉语人文精神论》,辽宁教育出版社,1990 年

史存直《汉语语法史纲要》,华东师范大学出版社,1986 年

史存直《文言语法》,中华书局,2005 年

四川大学汉语史研究所《汉语史研究集刊》,巴蜀书社

孙良明《中国古代语法学探究》,商务印书馆,2005 年

孙锡信《汉语历史语法要略》,复旦大学出版社,1992 年

孙锡信主编《中古近代汉语语法研究述要》,复旦大学出版社,2014 年

太田辰夫著,江蓝生、白维国译《汉语史通考》,重庆出版社,1991 年

万献初《汉语构词论》,湖北人民出版社,2004 年

汪维辉《〈齐民要术〉词汇语法研究》,上海教育出版社,2007 年

王进《〈元曲选〉中含"杀"的感叹句》,《语言研究》2008 年第 4 期

王珏《现代汉语名词研究》,华东师范大学出版社,2001 年

王力《汉语语法史》,商务印书馆,1989 年

王力《汉语史稿(修订版)》,中华书局,1980 年

王力主编《古代汉语》,中华书局,1978 年

王锳《近代汉语词汇语法散论》,商务印书馆,2004 年

王锳《宋元明市语汇释》,贵州人民出版社,1997 年

王育济、周作明主编《中国历史文选》,福建人民出版社,2007 年

王运照等著《中国历代名著全译丛书(50 种)》,贵州人民出版社,1984-1995 年

魏培尔《东汉魏晋南北朝在语法史上的地位》,《汉学研究》第 18 卷特刊,2000 年第 12 期

吴福祥《〈朱子语类辑略〉语法研究》,河南大学出版社,2004 年

习近平《摆脱贫困》,福建人民出版社,1992 年初版,2014 年再版

习近平《谈治国理政》,外文出版社,2014 年

向熹《简明汉语史》,商务印书馆,2010 年

徐适端《〈韩非子〉单音动词语法研究》,巴蜀书社,2002 年

许仰民《〈金瓶梅词话〉语法研究》,中华书局,2006 年

杨伯峻《古今汉语词类通解》,北京出版社,1998 年

杨耐思《加强近代汉语研究》,《语文建设》1987 年第 1 期

杨荣祥《近代汉语副词研究》,商务印书馆,2005 年

杨树达《高等国文法》,商务印书馆,1930 年

杨小平《〈后汉书〉语言研究》,巴蜀书社,2004 年

姚雪垠《李自成》,中国青年出版社,1981 年

叶桂郴《明代汉语量词研究》,岳麓书社,2008 年

叶建军《〈祖堂集〉中的感叹句》,《云梦学刊》2007 年第 9 期

易孟醇《先秦语法(修订本)》,湖南大学出版社,2005 年

殷国光《〈吕氏春秋〉词类研究》,商务印书馆,2008 年

余光中、植田均《近代汉语语法研究》,学林出版社,1999 年

遇笑容《〈撰集百缘经〉语法研究》,商务印书馆,2010 年

袁宾《二十世纪的近代汉语研究》,书海出版社,2002 年

袁宾《近代汉语概论》,上海教育出版社,1992 年

张斌主编《现代汉语描写语法》,商务印书馆,2010 年

张斌主编《现代汉语实词》,华东师范大学出版社,2000 年

张斌主编《现代汉语虚词词典》,商务印书馆,2003 年

张光坦《〈读书杂志〉词法观念研究》,巴蜀书社,2007 年

张光坦《古今汉语语法比较概要》,巴蜀书社,2007 年

张国宽《现代汉语形容词功能与认知研究》,商务印书馆,2006 年

张静、张桁《古今汉语比较语法》,河南人民出版社,1979 年

张美兰《近代汉语语言研究》,天津教育出版社,2001 年

张美兰《〈祖堂集〉语法研究》,商务印书馆,2003 年

张亚军《副词与限定描写功能》,安徽教育出版社,2002 年

张谊生《现代汉语副词研究》,学林出版社,2000 年

张谊生《助词与相关格式》,安徽教育出版社,2002 年

张玉金《甲骨卜辞语法研究》,广东高等教育出版社,2002 年

张玉金《甲骨文语法学》,学林出版社,2001 年

张玉金《20 世纪甲骨语言学》,学林出版社,2003 年

张玉金《西周汉语语法研究》,商务印书馆,2004 年

张豫峰《现代汉语句子研究》,学林出版社,2006 年

赵克诚《近代汉语语法》,陕西师范大学出版社,1987 年

赵元任《汉语口语语法》,商务印书馆,1979 年

中国社会科学院语言研究所现代汉语研究室《句型和动词》,语文出版社 1987 年

《中国大百科全书·语言文字卷》,中国大百科全书出版社,1988 年

周刚《连词与相关问题》,安徽教育出版社,2002 年

周国光、张林林《现代汉语语法理论与方法》,广东高等教育出版社,2003 年

周丽颖《现代汉语语序研究》,上海辞书出版社,2008 年

周守晋《出土战国文献语法研究》,北京大学出版社,2005 年

朱东润主编《中国历代文学作品选》,上海古籍出版社,1979—1980 年

朱德熙《语法丛稿》,上海教育出版社,1990 年

朱其智《西周铭文篇章指同及其相关语法研究》,河北大学出版社,2007 年

祝敏彻《近代汉语句法史稿》,中州古籍出版社,1996 年

祝敏彻《祝敏彻汉语史论文集》,中华书局,2007 年

后　记

　　1981年我研究生毕业后到福建人民出版社工作，福建师范大学即聘请我当兼职教师，给本科生上课。1986年，福建师范大学建立汉语言文字学硕士点，我就专门给硕士生上课。2000年，福建师范大学建立汉语言文字学博士点，我又被聘请为教授、博士生导师。时至今日，38年来，先后给学生上"汉语语法学史"、"现代语言学"、"语言理论"、"世界语言学史"、"汉语语法学"、"汉语语法史"、"中国语法思想史"等课程。

　　2003年，我到了耳顺之年，退下讲台是迟早的事，所以我开始将讲义整理成书稿，以给年轻教师留下一些参考，为研究生教学工作尽点绵薄之力。由于工作的需要，我搜罗并购买了大量语法史的书籍，研读之后，也在讲义里添加了许多时贤的研究成果，目的是使学生眼界开阔；但将讲义整理成书稿时，就不能掠人之美，必须将别人的研究成果与自己的研究心得区别开来。虽然下了很大功夫，将别人的研究成果分别注出来，但总有极少的部分，始终找不到出处。所以在参考书目中，将我所研读的书全部列出，但可能有一二本借自他人的书和一部分杂志上的文章，则连人名、书名、篇名都忘记了，万一在我的书中，有引用他们的观点、材料的地方，敬请谅解，因为连他们的著述都无法列出。当时在教学时，并没有想到要出书，所以都没有将观点、材料的来源写下来。现在内心是很愧疚的。

　　我要感谢王力、潘允中、史存直等先贤，他们为汉语语法史这一重要学科打下了基础。我还要感谢时贤，对各个时期的汉语专书作了语法、词汇的研究，涌现出许多很有分量的语法史专著，为研究汉语语法发展的历史提供了极其重要的观点和资料，为我写作汉语语法发展史提供了有力的支撑，没有这些先贤和时贤，我这本拙作是根本无法着笔的。

　　我还要感谢我的学生。我在2000—2018年教过的几十个博士生在课程的学习讨论中，时有一些见解，我也加以吸纳。他们是：谢朝群、陈鸿、陈芳、李绍群、林大津、王进安、王俊雅、陆招英、王树瑛、殷树林、蔡永贵、王曦、隆安龙、翁玉莲、蔡国妹、叶太青、陈会兵、陈静、郑丽、张忠平、董小征、侯莉、许颖颖、吴晓芳、刘芳、洪梅、吴文文、陈瑶、王娇、吕晓玲、黄薇、肖峰、张金发、谢建娘、赵映环、董国华、任翔宇、张晓静、岳婕、陈伟达、杜晓萍、朱媞媞、罗宝珍、胡志明、武氏玉璧、张莹莹、尹喜清、林琳、张伟、阮红清、陆露、郭菁、黄涛、张为、郭伟宸、陈晟、季明霞、钟昆儿、张涛、郑超群、林佳、潘晓丽等。特别是张为、郭伟宸、陈晟，他们在上课中，对我的汉语语法发展史的第二稿，提出了很多具体的意见，我又集中了近1年的时间，对稿件进行了修改，形成了第三稿，同样地，张涛、郑超群对我的第三稿，林佳、潘晓丽对我的第四稿，也都提了很好的意见，我都认真吸纳他们的意见，不断修改，直到第五稿才基本定稿。我想，让学生看了我的书稿，提出了他们的意见，再让他们看我如何修改，哪些意见我接受了，哪些意见我没有接受，我又做了哪些他们没有提及的修改和补充，这不但可以上好这门课,而且对培养他们的科研能力,都是很有好处的。这也是我研究生教学的一个改革和试验。

我要感谢厦门大学出版社原社长蒋东明、总编辑宋文艳、副总编辑黄茂林,在我于2011年将讲义整理成初稿时,就接受了这部书稿。这在出版社改制成企业后,对这种受众较小的学术著作还能极力提携,是很不容易。我的责编曾妍妍,更是费尽心血,为提高书稿质量努力工作,我向她表示衷心的感谢和崇高的敬意。

汉语语法史是很深奥的学科,自己只是为研究生教学工作而在此艰难地努力地登攀,也吸纳了学界和研究生的有益观点,但内心还是惴惴不安,所以定书名为《汉语语法发展史稿》。希望方家和读者不吝指教,有机会时再进一步修改提高。

林玉山

于福州炳仙斋

2018.10.7